CNC 머시닝 센터
MCT 가공
CAD/CAM

이성 지음

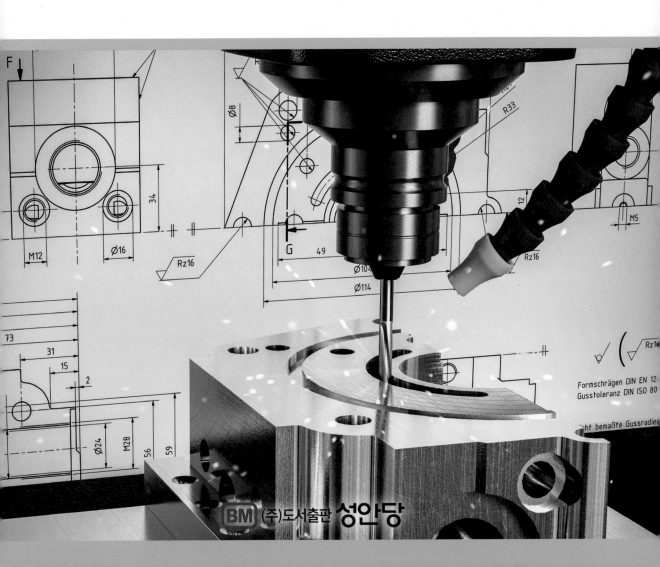

BM (주)도서출판 성안당

■ 도서 A/S 안내

머 리 말

30년 넘게 이 분야에서 활동하면서 배우고 경험하고 느끼고 고민하고 터득하고 가르친 모든 것을 이 한 권의 책에 넣기에는 부족하지만 도움이 될 만한 내용들을 틈틈이 정리하여 공유하고자 합니다.

기술의 발전이 인간생활을 편리하게 하고 있고 대한민국 산업 발전에 기계 가공 분야가 그것에 일정 부분을 담당하고 있기에, 저자로서 현장에서 일하며 생활하는 근로자의 한 사람으로서 보람을 느끼고 있습니다. 저뿐만 아니라 지금도 산업현장에서 묵묵히 맡은 바 직무를 충실히 수행하시는 분들에게 다시 한번 고마울 따름입니다. 기계 가공 분야가 나름 힘들고 어렵다고 느끼는 분들에게 조금이라도 도움을 주고자 다음과 같은 내용을 책 속에 담았습니다.

- 기본부터 실무 기술 & 현장관리까지의 내용을 수록하였습니다.
- 임가공 & 반도체, 공작기계, 산업기계, 자동화 장비부품 실무자에게 유용한 내용을 수록하였습니다.
- Fusion 360(퓨전 360) & Feature CAM(피쳐캠) 사용 실무자에게 유용한 내용을 수록하였습니다.
- 기계&컴퓨터응용가공 관련(밀링&머시닝 센터, CAM 부문) 국가기술자격시험을 대비할 수 있는 내용을 수록하였습니다.

세상을 풍요롭고 평안하게 하는 데 더욱 발전하는 기계 절삭 분야와 CAD, CAM 분야가 되기를 바랍니다. 또한, 이 시간에도 현장에서 부딪치며 고민하는 분들을 위해 조금이나마 도움을 주고 저 또한 받고자 인터넷 카페를 개설했습니다.

자세히 소통해야 되는 내용이 있으면 카페를 이용해 주시기 바랍니다.
주소는 https://cafe.daum.net/SCNC입니다.
※ Feature CAM(피쳐캠)은 PDF 파일로 제공
fusion 360(퓨전 360)에 대한 더 많은 정보는 "퓨전 360 유저 모임(https://cafe.naver.com/autodeskfusion360)" 카페를 이용해 주십시오.

출판에 이르기까지 세심한 작업을 통해 도움을 주신 성안당 출판사 관계자에게 감사드립니다. 그동안 이 책이 나오기까지 도움을 주신 모든 분들께 감사 인사를 드리며, 다시 한번 독자 여러분에게 감사의 인사를 드립니다.

저자 이성

본 도서에는 'CNC 머시닝 센터 MCT 가공'과 'Fusion 360(퓨전 360) CAD/CAM & Feature CAM(피쳐캠)'의 두 개의 파트로 구성되었습니다. (Feature CAM(피쳐캠)은 PDF 파일로 제공)

실제 장비 그림과 작동 방법 및 프로그램 작성 방법을 함께 수록하여 학습의 이해를 높였으며, [보충 설명]을 통하여 좀 더 자세한 설명을 수록하였습니다.

상세한 프로그램 작성 방법을 수록하였습니다.

기계&컴퓨터응용가공 관련(밀링&머시닝 센터, CAM 부문) 국가기술자격시험을 대비할 수 있는 117개의 필기 문제와 실기 문제를 수록하였습니다.

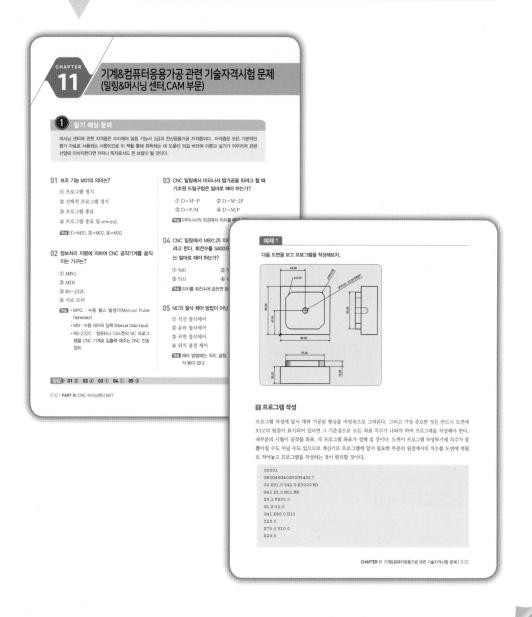

이 책의 차례

PART 1 CNC 머시닝 센터 MCT 가공

CHAPTER 1 CNC 밀링 Machining Center

1 머시닝 센터의 발달 …………………………………………… 2

2 CNC 공작기계의 제어 방식 ……………………………… 4

3 머시닝 센터 종류와 구입 시 조건 …………………… 5

4 머시닝 센터로 할 수 있는 작업 ……………………… 21

CHAPTER 2 명령어 코드 및 변수 기능

1 위치 결정 기능 …………………………………………… 33

2 이송 기능 ………………………………………………… 40

3 좌표 기능 ………………………………………………… 43

4 공구 기능 ………………………………………………… 47

5 고정 CYCLE 기능 ……………………………………… 61

6 여러 가지 기능 ………………………………………… 82

7 변수 및 연산, 제어문(Macro 변수) ………………… 101

CHAPTER 3 머시닝 센터의 작업 순서

1 도면 이해 ………………………………………………… 116

2 공작물 고정(Clamp)과 좌표 세팅 ………………… 153

3 절삭공구 준비와 작업 순서 결정 ………………… 165

4 프로그램 준비와 모의가공 ………………………… 188

CHAPTER 4 측정

1 측정기의 종류 …………………………………………… 196

2 제품(공작물) 측정 방법 ……………………………… 206

3 절삭공구 측정과 관리 ……………………………… 212

CHAPTER 5 기계 조작판

1 FANUC CNC CONTROLLER ································ 222

2 HEIDENHAIN CNC CONTROLLER(TNC-426) ········ 249

CHAPTER 6 가공 프로그램 작성

1 윗면 면가공(Face Cut) ································· 293

2 구멍 가공(센터, Drill, Tap, Boring) ····················· 295

3 원호(Circular, Arc) 작업의 가공 ····················· 299

4 사각(Rectangular, Pocket) 작업의 가공 ············· 321

5 MACRO 기능을 이용한 가공 ························· 353

6 CAM 프로그램과 수동 프로그램의 조합 ············· 375

7 기능 코드의 프로그램 상세 예 ······················ 376

CHAPTER 7 CNC 프로그램 종류

1 명령어 코드 ·· 396

2 주요 기능 ·· 405

3 MACRO 비교 ··· 407

4 ISO와 지멘스 ··· 410

5 ISO와 HEIDENHAIN ································· 415

CHAPTER 8 가공 방법과 know-how

1 바이스(Vase) 작업 ···································· 452

2 크기와 수량에 따른 클램프 및 가공 방법 ·············· 464

3 HOLE(구멍) 가공 ···································· 477

4 나사가공 ··· 485

5 ENDMILL(앤드밀) 작업과 경보정 ··················· 491

6 문자가공 ··· 516

7 소재에 따른 가공 방법 ································· 517

8 후공정이 있을 때의 가공 방법 ······························· 519

9 오면가공기 작업 ·· 521

10 평면도&평행도&직각도 맞추는 방법들 ···················· 523

11 척(Chuck) 작업 ·· 528

12 인서트 커터(Insert Cutter) 공구 ··························· 529

13 여러 가지 알아두기 ·· 533

CHAPTER 9 머시닝 센터 작업의 이것저것

1 가공환경 조건 ·· 548

2 시스템 설정&Parameter(파라미터) ······················· 553

3 기계 점검 및 Alarm&Error ································· 558

4 계산식 ··· 565

5 품질 인증& 작업장 안전사항 ······························· 586

CHAPTER 10 MCT 가공과 여러 가지 가공법

1 형상전극 가공의 기본사항 ··································· 594

2 반도체 금형 전극가공 ·· 599

3 사출금형 전극가공 ··· 605

4 MCT와 와이어, 슈퍼드릴 방전가공 ······················· 608

5 MCT와 기타 가공기 ··· 612

CHAPTER 11 기계&컴퓨터응용가공 관련 기술자격시험 문제
(밀링&머시닝 센터,CAM 부문)

1 필기 예상 문제 ··· 616

2 실기 예상 문제 ··· 634

CAD/CAM 부문

CHAPTER 1 CAD, CAM 정의

1 CAD란 무엇인가 …………………………………………… 644
2 CAM이란 무엇인가 ………………………………………… 647
3 CAD, CAM 구매 조건 ……………………………………… 648

CHAPTER 2 퓨전 360(fusion 360) CAD/CAM

1 퓨전 360(fusion 360) CAD ………………………………… 654
2 도면 만들기 ………………………………………………… 706
3 Fusion 360 CAM …………………………………………… 730

부록 **피쳐캠(Feature CAM)**
※ PDF 파일로 제공

1 피쳐캠(Feature CAM)의 CAD 기능 ……………………… 2
2 피쳐캠(Feature CAM)의 CAM 기능 ……………………… 21

PART

1

CNC 머시닝 센터 MCT 가공

CNC 밀링
Machining Center

Computer Numerical Control

1. 머시닝 센터의 발달

2. CNC 공작기계의 제어 방식

3. 머시닝 센터 종류와 구입 시 조건

4. 머시닝 센터로 할 수 있는 작업

CNC 밀링 Machining Center

머시닝 센터가 어떻게 해서 만들어져 왔으며, 종류는 어떤 것이 있으며, CNC 제어 방식과 구입 시 무엇을 고려해야 작업에 알맞은 머시닝 센터를 구입하는지에 대해 배워 보기로 하자.

1 | 머시닝 센터의 발달

1700년 후반 최초의 원통 작업을 하는 선반 공작기계가 나오고 모든 종류의 기계 부분품의 세부를 정밀하게 절삭해 내는 작업을 가능하게 함으로써 산업혁명의 기술적 기초를 구축했다고 전해진다. 대체로 19세기 중에 오늘날의 공작기계가 거의 탄생하였다고 여러 책에서는 전한다. 20세기에 들어와 여러 공작기계는 개량되어 두드러진 성능 향상이 이루어졌으며, 자동기계 등이 여러 방면에서 채택되기 시작하였다고 한다. 제 2차 세계대전 후에는 소재에서 완성까지를 1대의 기계로 가공하는 트랜스퍼 머신이 출현하여 오토메이션의 계기를 마련하였다고 전해진다.

이러한 기술의 발전을 가능하게 하는 인간의 노력은 계속 이어지고 손으로 움직여야 했던 작업들은 서보 모터를 이용하여 이동거리만 입력하면 입력한 수치대로 자동으로 움직이게 하는 NC 공작기계를 만들어 내는 데까지 왔다. 이것에 그치지 않고 오늘날은 공구도 자동으로 교체하고, 공작물을 고정하는 테이블도 자동으로 교체할 수 있는 머시닝 센터에 이르렀다. 또한 공구의 자동 측정, 작업의 진행 상황을 이더넷을 이용하여 실시간으로 사무실이나 집에서 볼 수 있고, 기계의 작업 상태까지도 체크하는 단계에까지 기술의 발전은 엄청난 속도로 다가왔다.

전자공학과 컴퓨터공학의 발달로 수치제어(numerical control; NC) 공작기계가 제조되어 20세기 후반이 되면서 공작기계는 커다란 변화를 맞는다.

CNC는 컴퓨터 수치제어(Computer Numerical Control)의 약자이다. CNC 머시닝 센터는 기존의 NC 밀링에 컴퓨터와 같은 DATA 처리 장치와 TOOL을 자동으로 교환하는 ATC(Automatic Tool Changer)와 APC(Automatic Pallet Changer) 장치들이 더해져 생긴 이름이다.

수치제어가 가능하게 한 가장 중요한 것은 바로 볼 스쿠류(Ball Screw), 서보 모터(Servo Moter)이다. (다음 그림 참조) 요즘은 서보 모터보다 더욱 빠르고 정밀도 유지가 향상된 리니어 모터도 본격적으로 채택되고 있다. 우리나라는 처음에 외국 서보 모터와 그에 따른 CONTROLLER를 사용하는 NC 장비가 나왔다.

요즘 서보 모터의 국산화가 늘면서 각 기계 메이커에서는 자사의 서보 모터와 그에 따른 시스템 개발로 머시닝 센터의 국산화에 노력하고 있다.

위 그림과 같이 볼 스쿠류 세트, 서보 모터, LM가이드 세트의 조합으로 인해 공작기계뿐만 아니라 모션제어가 필요한 산업 전반에 정밀한 수치제어가 가능해졌다. 복잡하고 다양한 가공을 위해서 1개의 가공물에도 여러 가지 작업 순서와 공구가 사용된다.

범용기나 NC 밀링기로는 단납기와 다품종 소량생산 및 대량생산, 복잡하고 다양한 제품가공에 맞지 않기 때문에 ATC, APC장치들이 더해진 머시닝 센터가 더욱 기계가공 현장에서 자리매김 하고 있는 것이다.

또한 작업에 필요한 여러 편리한 기능들이 많이 개발되고 있다.

- TOOL 길이, 지름 자동 측정 기능(tool 수명관리, counter 관리)
- 3차원 가공품 측정
- 가공물 자동 setting
- 좌표 자동 setting
- 로봇과 연계한 공작물 자동 클램프 및 교환

머시닝 센터는 단납기 및 다품종 소량생산, 우수한 품질의 제품 가공, 양산가공에 더욱 보답할 거라 기대된다.

2 CNC 공작기계의 제어 방식

머시닝 센터를 이용해 공작물을 가공하려면 각 축 X, Y, Z, (3축)W, A축, B축(3축+2축=5축)들이 움직여야 하며, 주축이 지령된 회전 수에 따라 회전해야 한다. 또한 여러 가지 보조 기능들이 기계어로 프로그램돼야 한다. 그 프로그램을 기계가 읽어서 각 축의 모터에 신호로 보내지며, 이 신호로 주축 스핀들과 Ball Screw를 서보 모터가 회전시키고 축이 회전하고 테이블을 움직여 비로소 가공이 되는 것이다.

servo 기구는 머시닝 센터에서 table 이동 거리, 위치와 속도 제어, 주축 회전 수(r. p. m)를 제어하기 위하여 벨트, ball screw limit switch, 주축과 조합하여 각 기계 명령어를 NC지령하면 지령 DATA에 따라 회전한다. 이 제어 방식에는 몇 가지가 있다.

1 개방회로 방식(open loop system)

제어장치로 입력된 pulse 수만큼 움직이고 검출기나 feedback 회로가 없으므로 구조가 간단하지만 정밀도가 낮아서 거의 사용하지 않는다.

2 반폐쇄회로 방식(semi- closed loop system)

위치와 속도의 검출을 서보 모터(Servo Motor) 자체에서 이루어지는 제어 방식이다. 위치 정밀도는 볼 스쿠류(Ball Screw)의 정밀도에 의해 결정된다. 대부분의 CNC 공작기계에서 이 방식을 가장 많이 사용하고 있다.

3 폐쇄회로 방식(closed loop system)

서보 모터에서는 속도를 검출하고 기계의 table 등에 scale(스케일)을 부착해 위치를 검출하여 feedback 하는 방식이다.

4 하이브리드 제어 방식(hybird control system)

반폐쇄회로 방식과 폐쇄회로 방식을 합하여 사용하는 방식으로 높은 정밀도가 요구되는 공작기계에서 사용되고 있다.

5 리니어 서보 모터 방식(linear servo system)

볼 스쿠류를 사용하지 않고 자석(자기)과 전기 원리를 이용하여 N극, S극의 밀고 당기는 힘으로 직선운동을 한다. 볼 스쿠류의 기계적인 마모나 백래시 부분의 문제점이 없다. 최근에 물류 장치에는 보편화되었고 정밀 공작기계에도 적용되는 추세이다.

3 머시닝 센터 종류와 구입 시 조건

머시닝 센터의 종류에는 어떤 것들이 있고 실제 현장에서 필요한 것이 어떤 것인지 구분할 수 있도록 알아보고 구매에 들어갈 때 상세 조건들에 대해 알고 있어야 한다.

1 머시닝 센터의 종류

① 수직형 머시닝 센터(Vertical(버티컬) MCT)

기계 앞쪽에서 봤을 때 Z축이 화살표 방향으로 상, 하 이동을 하며 절삭하는 것을 수직형 머시닝 센터라고 한다. X축은 평면 상에서 좌우, Y축은 전후 이동을 하며 절삭한다. 소형 공작물부터 대형 공작물까지 고정시켜 가공할 수 있게 기계의 크기가 다양해 많이 이용되고 있는 형이다.

② 수평형 머시닝 센터(Horizental(호리젠틀) MCT)

Y축이 하늘 방향으로 상, 하 이동을 하며 절삭하는 것을 수평형 머시닝 센터라고 한다. 일반적으로 보링머신과 별차이 없어 보인다. X축은 수직과 동일하게 이동하지만 Z축이 전, 후 이동을 하며 절삭한다. 구조상 수직형보다 크기는 제한되나, 절삭 시 발생하는 chip이 아래쪽으로 잘 떨어져 hole이나 탭 작업 시 좋으며 테이블이 90도 4회전할 수 있어 공작물의 4면을 가공하기에 이상적이다.

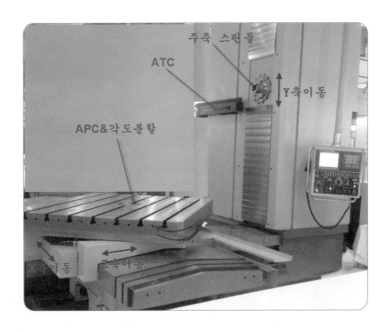

화살표 방향대로 수평식은 하늘로 상하운동을 하는 축이 Y축이 되고, Z축은 스핀들(테이블)이 전후 운동을 하며, X축 이동 방향은 수직 머시닝과 같다. 각도분할 가공테이블이 있어 다양한 측면각도 면에 가공이 가능하다. 장비 사양에 따라 Z축은 주축 스핀들 쪽에서 이동하는 수평식 머시닝 센터도 있다.

③ 오면(5면) 가공기(5면 프라노 밀러)

수직형 머시닝 센터에 360 방향을 가공할 수 있게 회전하는 장치(AAC)가 따로 자동 탈착할 수 있어 XY(G17)평면뿐만 아니라 YZ, YZ(G19) 반대평면 ZX, ZX(G18) 반대평면, 즉 5면을 가공할 수 있다. ATC, APC가 가능한 장비이다. 주로 한 번 공작물을 고정 후 바닥면을 제외한 모든 면을 가공할 수 있고 주로 대형 공작물을 가공하기에 최적이다. 이동할 수 있는 거리도 크며 테이블 또한 크다.

X축 8000mm, Y축 6000mm, Z축 1500mm, W축 1000mm 정도의 이동거리도 있다고 한다.

대형이면서 수평형과 수직형의 복합체라고 해도 좋을 것이다.

오면가공기는 보통 대형 공작물을 가공할 수 있게 테이블이 크며, Z축과 같은 W축이 별도로 상하로 움직여 높이가 높은 공작물 가공에 용이하다. 또 그림과 같이 자동으로 어테치먼트를 부착(AAC)해 G18과 G19평면의 4면을 가공할 수 있다.

④ 고속가공기

고속가공기라고 부르는 사양은 시대와 기술의 변화에 따라 다르겠지만 다음의 조건을 만족한다면 고속가공기라고 말할 수 있다.

⑦ 주축 회전수 20000rpm 이상이며 고속스핀들 및 공구아버 사용

주축 스핀들은 열 변형이 적고 축 지지 및 회전베어링이 다르며, 이 스핀들에 장착할 공구아버가 고속타입이어야 한다. 공구아버는 NSK형상 및 기타 고속타입 형상이다.

위와 같이 고속가공에 필요한 공구홀더 및 스핀들이 장착되어 있다. 위 그림의 고속스핀들은 고속 스핀들 전용 제작업체의 스핀들 모습이다. 고속스핀들만 전용 제작하는 업체도 있다.

ⓛ 고속, 고정밀 이송제어가 가능한 축모터와 컨트롤러 사용

- 절삭속도 2000mm/min 이상, 가감속 시 1000mm/min 이상이어야 하며, 이렇게 절삭할 때의 위치 정도는 0.005mm(500mm 구간) 이하이어야 한다.
- 고속윤곽제어가 가능한 리니어 모터나 서보 모터를 축제어 모터로 채택한 공작기계이다. 요즘은 속도나 정밀도 때문에 리니어 모터를 많이 채용하는 추세이다. (마찰면은 LM 방식이거나 이동 시 마찰이 적은 타입)
- 프로그램을 처리하는 속도나 저장능력이 우수해야 한다. 보통의 컨트롤러에서는 프로그램을 선행으로 읽는다고 하면 7블록 이하 정도이다. 하지만 고속가공을 하려면 몇 배 이상의 선행읽기나 연산이 가능해야 한다. 또한 이 프로그램을 저장하는 메모리나 리모트(tape가공) 가공속도가 빨라야 한다.

ⓒ 열에 대한 보정 장치가 되어있는지 확인
- 스핀들이 고속으로 장시간 회전했을 때 축의 늘어남과 Z축의 정밀도를 유지하기 위해 사용되는 열변위 보정장치의 정밀도가 어느 정도인지 체크한다.
- X, Y축의 열변위에도 어떻게 메이커에서 대처하고 있는지 확인한다.

ⓔ 기타사항
- 진동, 열 변형이 적은 바디구조로 되어야 한다.
- 보통 2축(X, Y)의 기계바디가 분리된 구조로 이동해야 한다. 이 구조는 문형구조라 하는데, 고정밀도가 요구되는 가공품의 경우 문형구조의 타입을 많이 채용한다. C형의 경우 보통 Y축 바디 위에 X축 바디가 올라가 있어 가공의 바탕이 되는 2차원 가공 시 진동을 피하기가 어렵다.

아래는 C형 구조타입의 공작기계이다.

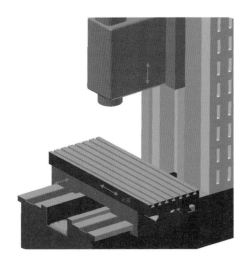

아래는 문형구조로 된 머시닝 센터이다.

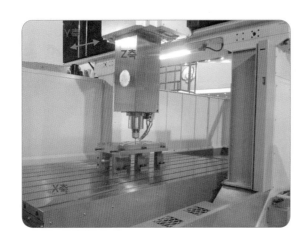

위 그림은 문형구조의 대형 MCT이다.

특히 2차원 가공이라고 하면 X축과 Y축은 서로 축이 분리된 구조로 돼 있어야 정밀가공에 적합하다.

- 공구의 조임 방식이 다르다. 고속 스핀들에 맞는 스핀들 아버의 열박음 방식, 기타 고속회전에
  적합한 조임 방식이 사용된다.

- 공구 교환이 빨라야 한다. 고속의 사이클을 실행하다 보면 가공 시간보다 공구 교환 시간이 더
  걸리면 안되기 때문이다.

- 주축 회전수와 절삭이송이 빨라야 한다. 고속가공하기 위해선 절입량을 적게 하고 여러 번 나누
  어서 빠른 속도로 축 이송 가공을 해야 하기 때문에 절삭이송속도가 빠르다 보면 이송 중 공작물
  형상이나 절삭 방향이 급커브 경로로 되어있으면 자동으로 기계가 감속이송과 가속이송을 한다.

이 부분도 기계마다 차이가 있어 실제 가공속도(FEED)를 똑같이 정해도 이것에 따라 가공 시간과 가공 조도가 차이 난다. 물론 이 가감속은 CAM 프로그램에서 지원하는 경우도 있다.

– 고속가공기의 장점

가공물의 열 변형을 최소화하고 가공 시간이 빠르며 공구 수명을 연장시킬 뿐만 아니라 절삭 부하를 최소화한 이상적인 절삭가공을 할 수 있다. 저자가 본 고속가공기 가공물 중 가장 인상 깊은 것은 가로 10mm, 세로 0.5mm, 높이 100mm 알루미늄판 가공물이다. 이것을 높이 방향으로 세워서 LONG ENDMILL로 가공했는데 공작물이 휘어지거나 파손되지 않고 조도도 잘 나왔다. 일반 머시닝 센터와 고속가공기로 가공할 때의 시간 차이는 가공 방법이나 공구의 선택에 따라 다르겠지만 보통 2배 이상 차이가 난다고 보면 될 것이다.

◎ 구매의 기타 사항

스틸가공, 알루미늄, SUS 가공 등 일반적인 범용으로 사용할 경우 요즘은 BT50도 8000rpm 정도의 MCT도 나오는데, 큰 제품에서 작은 제품까지 하려면 BT테이퍼도 사용할 만할 것이다. 그리고 좀 더 자금력이 있다면 될 수 있으면 큰 가공 범위를 할 수 있는 대형의 BT도 괜찮다.

② CNC Controller(제어 컨트롤러)의 종류

머시닝 센터는 축이 움직이며 스핀들이 회전해 절삭하고 APC, ATC가 있다는 것과 RS−232, LAN 통신, USB 통신 등과 같은 프로그램(DATA) 입출력 장치는 변하지 않는다. 따라서 어떤 CONTROLLER 시스템을 쓰던지 버튼 기능, 명령어, 작업의 편리만 다를 뿐이지 기본적인 기능들은 다 똑같다는 것을 이해하면 좋을 것이다.

CNC CONTROLLER를 만든다고 해서 머시닝 센터 전부를 만드는 것이 아니다. 대체적으로 1대의 머시닝 센터를 만드는 데 크게 2개 회사의 기술이 결합된다고 볼 수 있다. CNC CONTROLLER를 만드는 회사 그리고 기계(body) 및 전기장치를 만드는 회사이다. 그래서 공작기계 메이커에서는 대체로 CNC CONTROLLER를 만들지 않지만 예외인 곳도 몇 군데 있다.

공작기계 메이커마다 컨트롤러를 일정 기간 평가하여 자사 장비에 적합한 것으로 추후 변경하는 사례도 있다. 왜냐하면 컨트롤러에 따라서 전장 부품, 특히 스핀들 및 각 축 모터가 연관돼 채용되기 때문에 우리나라의 환경에 적합하고 고장, 수리 등 여러 가지 문제로 인해 변경하는 경우가 있다. 지금은 컨트롤러 사양도 중요하지만 서보 모터 사양에 따라서 좌우되기도 한다.

① CNC Controller 종류

공작기계 BODY(몸체)도 중요하지만 이 몸체나 기구물을 제어하는 제어장치도 중요하다. 이 컨트롤러에 따라서 기계의 성능이나 사양이 결정되며 구매 시에도 상당한 영향이 미친다.

㉠ FANUC(화낙(파낙))

일본의 제어기뿐만 아니라 자동화 관련 장비 및 공작기계를 생산하는 회사이다. 우리나라에서는 화천기계 및 두산 등 여러 회사에서 이 제어장치를 채용하고 있다. 저자도 1993년 처음 CNC를 배울 때 접한 제어장치이며, 약 7년 정도 이 컨트롤러로 작업하였다.

- CNC CONTROLLER: FANUC 0M~21M 등 다양
- 우리나라 채택 회사: 화천기계, 삼성공작기계, 두산공작기계, 남선, 남북, 한국공작기계 등 다수

㉡ HEIDENHAIN(하이덴하인)

독일의 하이덴하인이라는 기술공이 설립한 회사라고 한다. TNC-426, TNC420 등 TNC 시리즈로서 현재 우리나라에서는 채용한 사례가 거의 없다. 외국 공작기계인 MICRON 회사에서 채용한다. 독일의 하이덴하인 회사로 CNC 컨트롤러뿐만 아니라 리니어 스케일 등 제어기에 포함되는 측정장치도 생산하고 있다. 유럽 공작기계 회사들에서 많이 채용하고 있다. 저자는 1997년에 배웠고, 약 10년 정도 이 컨트롤러로 된 미크론 MCT로 반도체 방전 전극가공을 했다.

ⓒ SENTROL(센트롤)

국산 CNC 컨트롤러 및 기타 장비 및 부품제조 회사의
컨트롤러이다. 컨트롤러 국산화에 노력하고 있고 교육
용에 많이 활용되고 있다.

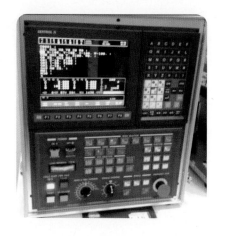

ⓔ SIEMENS(지멘스)

독일 지멘스 그룹 회사로 CNC뿐만 아니라 CAD/CAM
에서도 최근 사용자가 두드러지고 있다.

– 우리나라 채택 회사: WIA(현대, 기아 공작기계), 코마텍
   지멘스 컨트롤러가 현장에 빠르게 보급되고 있다. 이
   제는 화낙프로그램에 익숙한 작업자라도 쉽게 사용할
   수 있게 G291 코드를 실행하면 화낙프로그램을 그대
   로 사용해도 된다.

ⓜ TURBO CNC

국산 CNC 컨트롤러로 CAD/CAM 부분에서도 관련이 있는 회사이다. CNC CONTROLLER뿐 아
니라 CAD/CAM에도 활약하고 있다. CNC CONTROLLER로는 HX시리즈, 800S가 있다.

ⓗ brother CNC

일본 브라더사의 CNC 컨트롤러이다. MCT보다는 탭핑
머신에 주로 채용된다.

ⓐ 기타 컨트롤러

앞에서 언급한 컨트롤러들은 저자가 사용했기 때문에 사진이나 기타 부분을 넣었고, 그 이외에도 위 컨트롤러 못지 않게 훌륭한 것들이 있다. 고속가공기로 유명한 독일의 Roeders 장비의 컨트롤러를 비롯하여 HAAS, MAZATROL, YASNUC, OKUMA, MAKINO 등 많고 다양하다.

③ 옵션 사항

머시닝 센터 구입 시 구입 가격에 많은 영향을 미치는 것이 옵션 장치들이다. 경우에 따라서는 옵션장치가 머시닝 센터 가격의 50%를 넘을 수도 있다. 구입 시 고민을 많이 하는 부분이 될 수도 있다. 이 옵션 장치 설치 유, 무에 따라서 제품의 생산 능력, 제품 불량률, 작업환경에 큰 영향을 미치기 때문이다.

① 리니어 스케일

정밀한 작업의 경우에 서보 모터만의 제어에 의한 정밀도는 작업장의 온도, 가공 시간에 따라서 볼 스쿠류의 열 변형, 축의 열 변형, 테이블의 열 변형에 따라서 달라진다.

이때 이동축의 정확한 위치 제어를 피드백 해주고 보정할 수 있게 하는 것이 리니어 스케일이므로 정밀한 가공(위치공차 ±0.01 이하의 제품들)을 원한다면 채용해야 한다.

② 고속 윤곽제어 기능

컨트롤러 사양에서 확인해야 될 옵션 사항이다. 물론 고속가공기에서는 기본 사양이다. 이 기능은 프로그램 선두 블록을 몇십 블록의 앞을 연산하기도 하고 코너 가감속 부분, 제품의 형상을 최대한 원하는 형상으로 만든다.

스핀들이 8000 이상 되는 대부분의 머시닝 센터나 사용하는 컨트롤러에 따라 기본 사항이 될 수도 있겠지만 확인해 보는 것이 중요하다.

보통 절삭이송 속도(급속이송이 절대 아님) 1300m/min 이상에서 위 기능이 없으면 프로그램 실행 시 기계가 심한 진동을 일으키는 것을 체험했다.

또한 프로그램에 이 기능이 되는 코드를 별도로 삽입하여 가공하는 머시닝 센터도 있다.

③ 냉각장치

고속 스핀들이나 축의 고속이동 시 주로 열 변형에 따라서 정밀도가 많이 좌우된다.

축 이송보정으로 리니어 스케일을 사용한다고 하지만 이 리니어 스케일도 머시닝 센터 몸체에 부착되기 때문에 영향을 받는 부분이다. 특히 스핀들의 열 변형은 깊이공차를 맞추는 부분에서는 상당한 영향을 미친다.

저자가 스핀들 냉각장치가 없는 회전수 6000 머시닝 센터를 3시간 동안 쉬지 않고 볼앤드밀로 가공했을 경우에 200mm 구간에서 0.02 정도의 높이가 차이 나는 것을 경험했다. 경험이 없을 때는 단순하게 공구의 마모로 생각했지만 알고 보니 스핀들이 늘어나서 0.02가 더 절삭되는 결과가 되었다. 고속 스핀들 (10,000rpm 이상) 대부분이 기본적으로 스핀들 냉각장치를 설치하는 경우가 많은데, 이런 이유 때문이다. 또한 각 축의 이동 부분이나 볼 스쿠류 부분의 냉각장치도 따져봐야 한다.

④ 공구 길이&지름 자동 측정장치

기계 내부에서 레이저나 터치센서를 이용하여 공구 길이를 자동으로 측정하거나 아니면 기계 외부에서 공구측정기를 이용하여 수동으로 측정한다.

공구를 측정할 때 지름 1mm 이하의 공구는 잘못하면 부러지기 쉽다. 그래서 접촉 방식이 아닌 비접촉 방식인 레이저 공구 길이 측정장치가 유리하다. 레이저의 또 다른 장점은 기계 내부에서 측정할 때 직접 공구를 회전시켜 측정하므로 더욱더 공구의 경이나 길이 값을 정확하게 측정할 수 있다.

이 옵션과 관계가 있는 것은 공구 OFFSET 보정 화면과 실행 프로그램인데, 이 옵션을 선택하면 수동 화면에 공구측정 옵션에 관한 화면의 OFFSET 보정 화면과 실행 프로그램이 추가될 것이다.

다음 그림에서 B와 C의 화살표는 공구 측정장치이다. B는 레이저로 공구의 길이와 경을 측정할 수 있다. 비접촉식이어서 가장 정밀하게 공구의 길이와 지름을 측정하여 자동으로 공구 OFFSET에 입력해 준다.

그림에서 C는 접촉식 공구 길이와 지름을 측정한다.

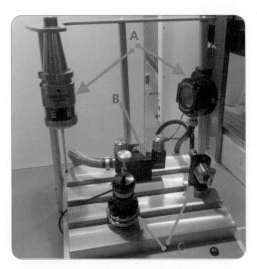

출처: 레니쇼 공구 측정장치

⑤ 공작물 WORK 세팅 장치

터치 프로브로 세팅을 하거나 수동으로 회전시켜 터치 포인터로 하게 된다. 이 옵션과 관계 있는 것은 WORK 좌표인데, 이 옵션을 선택하면 컨트롤러에서 수동조작화면과 WORK 좌표화면에 이 기능 버튼이 들어가야 한다.

위 그림에서 A 화살표, 즉 터치 프로브 세트가 공작물 WORK 자동 세팅장치이다. 이 세팅장치는 옵션 사항으로 구입할 때 컨트롤러가 이 세팅장치를 잘 사용할 수 있게 지원 가능한지도 확인해야 한다.

⑥ 자동 파렛트 교환 장치(APC)

자동으로 공작물을 교환하여 생산성을 높일 수 있다. 공작물의 클램프 시간이나 세팅 시간이 많이 차지하는 곳이라면 이 장치와 연관된 장치를 사용해서 생산성을 극대화시킬 수 있다. 이 부분을 추가할 때는 교환 시 위치 정밀도나 평면도가 얼마나 나오는지 메이커의 카탈로그를 참고하여 선택하도록 한다.

그림은 5호기 이하 작은 타입의 머시닝 센터에서의 APC 장치이지만 대형 오면가공기까지 다양한 APC 장치들이 있다.

⑦ 기타 옵션장치

기타 옵션장치는 작업자나 환경에 따라 다르고 머시닝 센터 구입 시 꼭 같이 구입하지 않아도 되지만 같이 검토하는 것이 바람직하다. 또한 이러한 장치를 ON 시키기 위해 머시닝 센터에서 M코드로 지령하여 ON, OFF 하는 것이 이상적이기 때문에 머시닝 센터 구입 시 참조하여 구매해야 한다.

㉠ 집진장치

절삭유 분진이나 흑연, 주물 등 특정 소재들을 가공 시 발생하는 분진은 제거해야 한다. 과거의 생산장비나 관련 회사들은 집진장치를 대부분 소홀히 하였지만 작업환경에 따라 근로자의 생산성과 이직에 상당한 영향을 미치기 때문에 경우에 따라서는 필수 채용 조건이 되기도 한다. 머시닝 센터뿐만 아니라 여러 산업기계에서 나오는 유해공기나 먼지, 기체, 분진 등을 흡입하여 작업자나 공장의 환경을 지켜 준다. 용도에 따라 건식, 습식, 건·습식 겸용이 있다.

이러한 옵션장치는 반드시 보조코드(M코드)로 제어하는 것이 편리하기 때문에 머시닝 센터 구입 시 보조코드 지원 여부를 확인해야 한다.

ⓒ 미스트(오일분사장치)

에어(Air)에 일정한 양의 절삭오일을 혼합하여 불어주는 장치로 경도가 높은 난삭재를 가공하기에 유리하다. 절삭유를 분사하는 대신, 기름과 에어가 혼합되어 분사하는 것이 오일 미스트이다. 저자의 경우 일반가공은 절삭유를 사용했고, 고경면 가공과 마이크로 앤드밀, 드릴(0.5mm 이하) 가공 시 오일 미스트를 사용했다.

오일 미스트 장치에 사용되는 오일 가격과 이 오일이 작업자에 미치는 환경적 요인을 확인해야 한다. 또한 이 장치를 사용하려면 반드시 집진기 설치를 해서 유해공기에 작업자가 노출되지 않게 하는 것이 친환경적이다. 이러한 옵션장치는 반드시 보조코드(M코드)로 제어하는 게 편리하기 때문에 머시닝 센터 구입 시 보조코드 지원 여부를 확인해야 한다.

ⓒ 절삭유 칩처리 장치

보통 칩처리 컨베이어 장치가 기본 사양으로 들어가나 이 칩처리 컨베이어 탱크에 작은 칩과 전극 가공 후에 전극가루가 쌓여 별도로 청소하는 데 시간이 소요되거나 칩 컨베이어 고장의 원인이 된다. 저자가 경험한 것은 칩 컨베이어는 큰 칩만 제거하는 데 사용하고, 별도로 이 칩처리 장치를 설치하여 절삭유에 섞여 있는 이물질을 깨끗하게 제거하는 원심분리기 칩처리 장치를 사용하였다. 이러한 옵션장치는 반드시 보조코드(M코드)로 제어하는 게 편리하기 때문에 머시닝 센터 구입 시 보조코드 지원 여부를 확인해야 한다.

⑧ 제4축, 제5축

아래와 같이 각도분할 가공과 원통캠 가공을 할 수 있게 제4축&5축을 옵션으로 채용할 경우도 있다.

⑨ 자동 전원 OFF 장치

M30을 만나면 자동으로 MCT 전원을 OFF 해준다.

④ 가공품 종류에 따른 구매 조건

가공하고자 하는 공작물은 다음 사항에 맞게 선택해야만 한다.

① 제품 수량 및 가공 공정의 종류

가공 수량이 많거나 가공 공정이 많은 제품은 공구메거진 수, ATC장치, APC의 Pallet 수를 고려해야
한다. 즉 가공 공정(센터, 드릴공정, 탭공정, 보링공정, 윤곽작업 등)이 들어가면 공구가 많아야 하므
로 공구를 장착하는 공구메거진의 수량과 공작물을 가공하는 시간에 상관없이 공작물을 클램프할 수
있는 PALLET의(TABLE) 수가 많다고 한다면 이를 교환하기 위해 걸리는 정지시간이나 loss time을
없애거나 줄인다. 실제로 머시닝 센터 절삭가공에 있어 공작물 칩 제거시간과 고정(클램프)시간이 상
당하다.

위 공구메거진은 여러 형태가 있다. 오늘날 좋은 장비들은 공구메거진이 공작기계에 부착되지 않고
별도로 있어 장착 공구수를 100개 이상이라도 원하는 대로 옵션 사항으로 추가할 수 있다. ATC 장치
가 없는 머시닝 센터도 있다. 이 경우는 공구메거진까지 축이 이동하고 Z축이 상하이동하고 공구 교
체 후 메거진을 빠져 나오는 경우도 있다.

위 그림의 화살표 지시는 ATC 장치이며 주축
과 메거진의 공구 교체 장면 그림이다.

② 제품 크기 및 무게

제품 무게나 크기에 따라서 슬라이드 방식을 사용할 것인지 아니면 LM 가이드 방식을 사용할 것인지 결정한다. 슬라이드 방식은 중절삭 및 대형물을 가공하기에 적합하고 LM가이드 방식은 소형, 중형이면서 고속가공하기에 적합하다. 즉 슬라이드 방식은 각 축 BODY(몸체)에 미끄럼 면을 직접 형성하는 반면, LM 가이드 방식은 BODY에 LM가이드를 볼트로 조립 시켜서 미끄럼 면을 구성하기 때문이다.

	슬라이드 방식	LM가이드 방식(리니어 모터 방식 포함)
장점	– 중, 강력 절삭을 할 수 있다. – 충격, 진동에 강하다. (타 가이드 부착) – 내구성이 우수한다.	– 고속 이동 동작에 용이하다. (15000mm/min 이상) – 기계 수리 및 기간이 비교적 짧다. – 공작기계 조립 및 생산, 가공 시간이 단축된다.
단점	– 고속이동이 어렵다. (15000mm/min 이하) – 기계수리 비용 및 수리기간이 길고 현장수리가 어렵다. – 공작기계 생산원가가 높다.	– 충격, 진동에 약하고 충격에 정밀도가 저하될 수 있다. – 중, 강력절삭에는 부적합하다. (LM 종류 및 규격에 따라 다름)

가공품의 SIZE와 무게에 따라 기계의 크기, 이동 범위(stroke), 테이블의 크기나 무게에 따라 기계를 선택해야 한다. 기계는 큰데 공작물이 아주 작으면 그만큼 생산성은 떨어진다.

왜냐하면 대형기계들은 그만큼 큰 공작물을 작업할 수 있게 급송이송 속도나 회전속도가 작은 기계들에 비해 느리기 때문이다. 공작물은 큰데 기계가 작으면 이 또한 문제가 생기고 공작물의 무게 또한 고려하여 문제가 발생되지 않게 기계를 구입해야 한다.

③ 제품 형상

가공품의 형상이 복잡한 3차원 형상에서도 제4~5축을 사용해야 가공이 되는 것인지, 아니면 선반 밀링이 결합된 복합기를 구매해야 하는지 고려해야 하며, 수직가공을 할 것인지 수평가공을 할 것인지에 따라 선택해야 한다. 3차원 형상을 많이 가공하면 주축 회전수가 10000 이상이 되어야 하며, 컨트롤러나 기계 사양이 고속가공 및 윤곽가공 제어에 적합해야 한다. 또 모양이 정사각형 공작물의 3면을 한 번의 클램프로 가공하기 위해선 수평 머시닝 센터가 적합할 것이다.

④ 제품 정밀도

가공품의 치수 공차에 따라서 공작기계도 그에 적합한 정밀도를 낼 수 있어야 한다. 기계 서보 모터의 방식, 리니어 스케일 사용 등을 따져 봐야 한다. 또한 기계의 구조가 문형구조로 돼있는 것이 C형보다 좋다. 또한 온도변화에 민감한 부품인지에 따라서 결정한다.

정밀도가 요구되는 반도체 MOLD 전극가공이나 리머 작업과 HOLE 위치공차가 요구되는 이러한 제품은 기계에 리니어 스케일을 장착하는 게 좋다. 리니어 스케일은 정밀한 위치제어를 원할 때 옵션사양으로 채택한다.

⑤ 제품 주 작업

가공품의 주 작업이 HOLE 가공인지, 형상, TAP, 보링 작업, 방전 전극 가공 등인지에 따라 기종을 선택해야 한다. 이것에 따라서 기종이 달라진다. 위의 방전 전극가공의 경우 흑연가공 및 동가공에 적합한 구조로 돼 있어야 한다. 왜냐하면 흑연의 경우 방수 및 밀폐형으로 커버를 제작하지 않으면 장비 슬라이드 면에 분진이 들어가 기계의 수명을 단축시키기 때문이다. 또한 보링전문기계의 경우 수평형으로 돼있는 장비를 사용해야지 수직으로 된 것을 사용하면 보링 면이나 정밀도가 떨어진다. 공작기계 메이커에서는 전극 전용기나 복합기, 보링기 등 전문적인 가공에 따라 다양하게 기종을 생산하고 용도에 맞게 사양을 보강하기 때문이다.

⑥ 제품 절삭 방식

가공품의 절삭이 경절삭, 강력 중절삭, 고속가공인지에 따라 스핀들에 탈착 시키는 공구 테이퍼 번호가 BT인지, NSK(브라운 샤프(30번, 40번, 50번, 고속가공용 SHANK))인지를 선택하며, 고속가공에 적합한 주축 회전수(RPM)와 축이송 속도가 적합한지에 따라 선택한다.

5 작업자와 공장 환경 조건에 맞는 선택

① 작업자들에 맞는 CONTROLLER와 호환성 있는 기계 선택

작업자들이 선호하는 공작기계가 있다. 이 부분은 조금 냉철해질 필요가 있다. 각각 작업자의 취향에 맞추다 보면 통일시키기 어려운 부분이 있는데, 보통은 한 가지 메이커나 많아야 두 가지를 채택하면 유지, 보수 측면에서는 좋다.

② 공장 생산체계

공장 생산체계가 다품종 소량생산, 단품종 대량생산, 다품종 대량생산, 단품종 소량생산인지에 따라 선택해야 한다. 즉 유연생산체제인지 아님 단품종 양산생산인지에 따라 기종을 결정하는 데 반영해야 한다.

⑥ 머시닝 센터를 설치할 공장 환경요건

① 지상에 설치한다.

설치 바닥은 진동이 발생하지 않게 하고 될 수 있으면 흙이 바탕이 되는 지상에 설치한다. 공장 건물의 2층 이상에 설치할 경우 미세 진동이나 충격, 변형이 일어나 제품 정밀도에 상당한 영향을 줄 수 있다.

② 유틸리티 공급이 적절한 곳이어야 한다.

전원의 안정적 공급을 위한 전기시설이 돼 있어야 한다. 전원이 불안정하면 기계 고장의 원인이 되며 생산에 직결된다.

유지보수 작업에 필요한 에어, 물을 공급하기에 편리하게 한다. 작업의 편리성, 작업자 효율성에 영향이 있다. 온도 부분에서도 온도변화가 적고 영상 16~24도를 일정하게 유지하는 곳에 설치하는 것이 바람직하다. 이 온도변화에 따라 제품 가공 정밀도가 변하기 때문이다.

③ 분진이 적은 곳에 설치한다.

각종 먼지가 많은 곳은 기계 고장의 원인이 되며 작업자의 건강에도 좋지 않다.

④ 제품 운반 및 장비 운반이 원활한 곳이어야 한다.

제품 크기에 따라 크레인이나 지게차 작업이 가능한 곳에 설치한다. 작업의 편리성, 작업자 허리 보호에 영향이 있기 때문이며, 추후 머시닝 센터 유지보수에도 영향이 있다.

4 머시닝 센터로 할 수 있는 작업

아래와 같은 형상이나 작업들을 할 수 있고 이 외에도 할 수 있는 작업들이 있지만 다음 그림 위주로 설명하겠다.

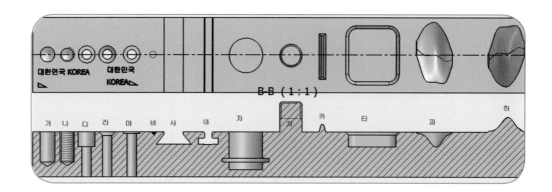

1 구멍가공(HOLE (그림 "가" 참조))

구멍 작업을 할 수 있다. 구멍가공 전문 장비인 건드릴 머신도 있지만 보통 단차가 없고 깊은 구멍(150mm) 이상이며, 구멍 정밀도가 높지 않은 구멍들은 건드릴에서 하는 것이 빠르다.

지름0.1mm~40mm 이상 드릴가공(기종에 따라 다름)

2 센터 찍는 작업

드릴 가공 전에 반드시 필수적으로 작업한다. 예전에는 정반에서 금긋기 바늘로 마킹하고 이 위치에 정으로 포인트를 찍어서 수동으로 작업한 다음 보루방(드릴머신)에서 작업을 했었고 현재도 이렇게 하는 곳이 있다.

(그림에서 "바" 참조)

❸ 원호 작업

전둘레원, 반원, 코너R 작업 등 원호에 관한 작업을 할 수 있다. 또한 원호보간과 헬리컬 보간에 의해 원 뿔 및 탭으로 할 수 없는 수나사, 암나사가공을 할 수 있다.

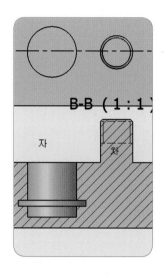

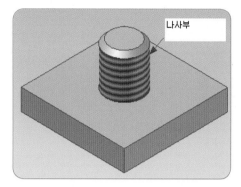

지름이 보통 50mm가 넘어가면 드릴 작업에 문제가 발생한다. 머시닝 센터에서는 G02, G03의 원호보 간을 이용하여 앤드밀이나 커터로 원을 만들 수 있으며, 그림에서 "차"의 돌출된 원에 나사 가공을 할 수 있다. (그림에서 "자", "차" 참조)

❹ 탭 작업 (그림 "나")

드릴 작업 후에 일반적인 탭(TAP) 작업을 할 수 있다. 뿐만 아니라 특정한 지름(내, 외경)에 특정한 크기 의 피치 나사 가공이 있을 때도 작업이 가능하다.

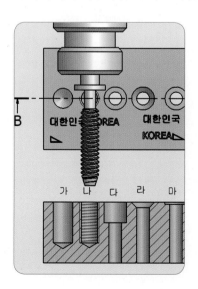

⑤ 보링 작업(그림 "자" 포함)

정밀한 HOLE 가공은 원호 절삭도 가능하지만 정확한 진원도가 나오지 않기 때문에 보링 BAR로 작업하는 것이 바람직하다. 수직보다는 수평형 머시닝 센터나 전문 보링기로 작업하는 것이 좋다.

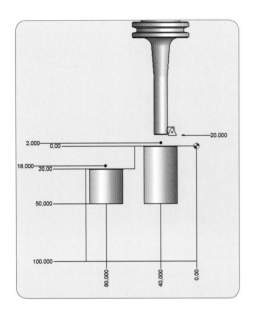

⑥ 복잡한 형상가공

금형의 복잡한 형상을 CAM을 이용하여 작업할 수 있다. 이러한 형상은 기종의 사양에 따라 차이가 많이 있으므로 기종 선택 시 고려해야 할 사항이다.

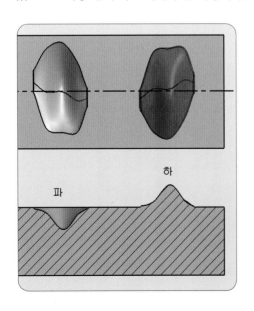

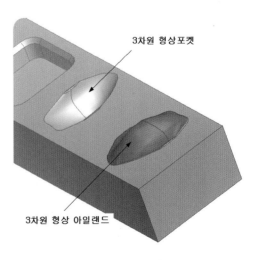

위와 같은 포켓 형상이나 아일랜드 작업은 아래와 같이 볼앤드밀로 작업한다.

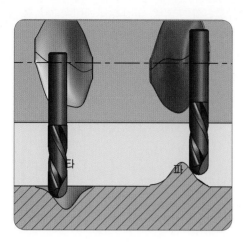

⑦ 면 CUT 작업

평면을 Face Cutter로 절삭할 수 있다. 제품의 두께를 맞추기 위해 가공하거나 많은 양의 평면절삭을 할 수 있다.

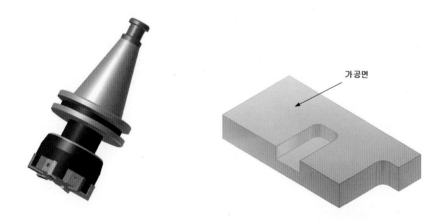

가공면

오른쪽의 가공면처럼 앤드밀의 직경에 한계가 있기 때문에 지름이 최대 500mm까지 다양한 페이스 커터로 작업하는 것이 효율적이다. (기계 사양에 따라 다름)

⑧ 제품 측정 및 공작물 세팅 작업

머시닝 센터에 장착하여 공구 자동 측정 및 공작물 세팅, 그리고 2~3차원의 제품 측정이 가능하다. 이 부분의 필요성을 가공현장에서 많이 느꼈다. 왜냐하면 가공물을 가공하고 측정하려면 클램프를 풀어야 하기 때문에 정밀가공을 벗어난다. 그렇기 때문에 이 옵션이 필요하다. 그러나 머시닝 센터의 기본 작업은 가공생산이기 때문에 가공에 필요한 측정만 하고 측정 작업은 기계 내에서는 될 수 있으면 하지 않는 것이다. 복잡한 형상 측정 및 제품 스캐닝 기능이 가능하도록 터치 프로브, 비접촉식 레이저 장치를 설치한 머시닝 센터로 가능하다.

⑨ 기타 작업

원하는 형상의 공구를 만들어 가공하거나 기타 표준으로 작업하는 여러 가지 작업들이 있다.

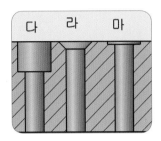

① 카운터 보어(그림 "다")

렌치 볼트를 사용하여 조립하는 제품을 가공할 수 있다.

② 카운터 싱크(그림 "라")

접시머리 볼트의 머리 부분이 공작물 윗면에서 튀어나오지 않게 작업해 준다.

③ 스폿페이싱(그림 "마")

공작물의 평면 상태가 고르지 못하지만 용도상 면 절삭을 하지 않고 바로 사용하는 제품들에서 볼트 홀의 볼트 머리 부분이 닿는 면을 볼트 고정이 잘 되도록 살짝 내주는 작업이다. 보통 표면이 불균형한 주물품에서 많이 작업한다.

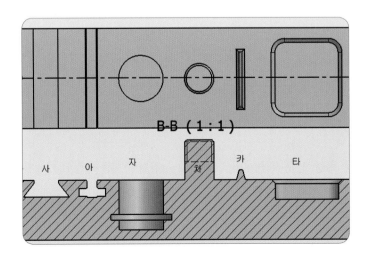

④ 더브테일 작업(그림 "사")

공작기계의 슬라이드 면이나 특정 부품의 실링 조립을 위해 dovetail milling cutter(더브테일 커터)를 이용하여 작업한다.

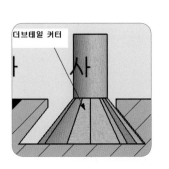

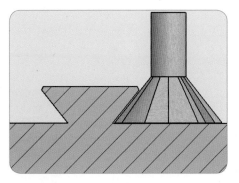

더브테일 가공은 먼저 앤드밀로 깊이 홈을 파고 나서 가공한다.

⑤ T홈 작업(그림 "아")

주로 공작기계의 TABLE에 클램프할 수 있도록 하는 T홈 작업을 한다. 또한 제품을 고정할 때, 이 작업도 평앤드밀 작업을 먼저 한 다음 한다. 이 작업을 할 때 Z축 이동에 주의해야 하며, 홈을 완전히 빠져 나온 다음 Z축이 상승해야 한다.

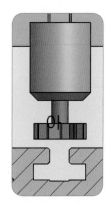

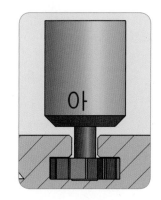

⑥ O-RING(오링홈) 및 오일홈 작업(그림 "자")

오일홈 및 O-RING 홈 작업을 한다. 오일홈은 내경 홀에 오일이 남아 있게 하는 역할을 하고, O-RING 홈은 고무실이 들어갈 수 있게 하는 작업이다.

위 작업도 Z축 이동에 주의해야 한다. 될 수 있으면 홀의 중심에 위치할 때 이동해야 한다.

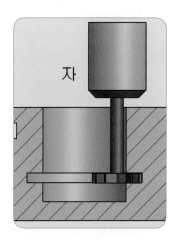

⑦ TAPER(테이퍼) 작업(그림 "카")

TAPER 앤드밀을 제작하거나 기존의 표준으로 만드는 공구를 구매하여 각도 가공을 한다. 또한 각도에 R이 들어가는 공구를 특수공구 제작업체에서 만들고 있으므로 이것을 이용하여 각도(다음 좌측) 부위 및 R 가공(다음 우측)을 할 수 있다.

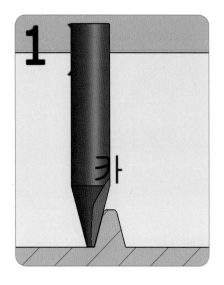 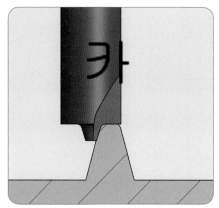

⑧ 포켓 작업 및 모따기 작업(포켓: 그림 "타", 모따기: "파")

평앤드밀로 그림과 같이 포켓형상을 가공한다. 또한 90도 TAPER 앤드밀이나 기타 각도로 공작물의 모서리 부분을 모따기 가공한다.

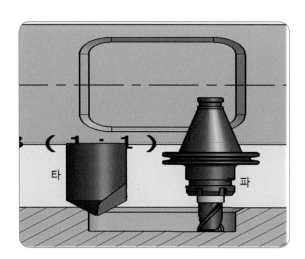

CHAPTER 2

명령어 코드 및 변수 기능

Computer Numerical Control

1. 위치 결정 기능

2. 이송 기능

3. 좌표 기능

4. 공구 기능

5. 고정 CYCLE 기능

6. 여러 가지 기능

7. 변수 및 연산, 제어문(Macro 변수)

CHAPTER 2

명령어 코드 및 변수 기능

머시닝 센터로 작업하기 위해서 알아야 할 기계 명령어들이다. CNC CONTROLLER 종류에 따라 코드나 명령어가 달라지기는 하나 본 장에서 배우는 기능들이 기초가 되면 어떤 CNC CONTROLLER를 사용해도 어렵지 않게 현장에 적용할 수 있는 바탕이 되는 것이므로 잘 익혀 둘 필요가 있다.(단, 아래 기능들은 ISO 계열 컨트롤러 기준임)

※ G코드 일람표(단, 주로 많이 사용하는 코드만 기록함)

CODE	그룹	의미
G00		위치 결정, 급속이송
G01		직선보간, 절삭이송,
G02		원호보간(CW 시계 방향 회전)
G03		원호보간(CCW 반시계 방향 회전)
G04		DWELL(휴지 시간)
G10		프로그램 공구 옵셋(OFFSET) 보정
G17		X, Y평면(Z축으로 공구 길이 보정)
G18		Z, X평면(Y축으로 공구 길이 보정)
G19		Y, Z평면(X축으로 공구 길이 보정)
G20		Inch 입력 치수 단위(0.0001inch)
G21		Metric 입력 치수 단위(0.001mm)
G28		원점 복귀
G30		제2, 제3 원점 복귀
G40		공구경 보정 해제
G41		공구경 보정 좌측
G42		공구경 보정 우측
G43		공구 길이 보정 좌표평면 + 방향으로 보정
G44		공구 길이 보정 좌표평면 − 방향으로 보정
G49		공구 길이 보정 해제
G50		scaling(확대, 축소 가공 해제)
G51		scaling(확대, 축소 가공), MIRROR 기능

CODE	그룹	의 미
G52		Local 좌표계
G53		기계 좌표계 이동
G54		work 좌표계
G55		work 좌표계
G56		work 좌표계
G57		work 좌표계
G58		work 좌표계
G59		work 좌표계
G60		한 방향 위치 결정(backlash 보정)
G66		macro 호출
G67		macro 해제
G68		좌표 회전(ROTATION)
G69		좌표 회전 해제
G73		Peck Drilling 고정 cycle
G74		역 Tapping 고정 cycle
G76		Fine boring 고정 cycle
G80		모든 고정 cycle 해제
G81		Drill 고정 cycle SPOT Drill & Boring
G82		Drill 고정 cycle Counter Boring
G83		Peck Drilling 고정 cycle
G84		Tapping 고정 cycle
G86		boring cycle
G87		boring cycle
G90		절대 좌표(Absolute coordinates)
G91		증분 좌표(Increment coordinates)
G92		프로그램 좌표 설정
G98		고정 사이클 초기점 복귀
G99		고정 사이클 R점 복귀

※ M코드 일람표(단, 주로 많이 사용하는 코드만 기록함)

코드	같이 사용하는 코드	기능
M00	없음	주축 및 절삭유 OFF 및 축 이동이 멈춘다.
M01	없음	M01 스위치가 별도로 있어 스위치 ON 시 축 이동이 멈춘다.

코드	같이 사용하는 코드	기능
M03	S	S, 즉 회전수 지령과 함께 쓰이며 주축 스핀들 정회전(시계 방향) 명령어이다.
M04	S	S, 즉 회전수 지령과 함께 쓰이며 주축 스핀들 역회전(반시계 방향) 명령어이다.
M05		주축 스핀들 회전을 정지 시키는 명령어이다.
M08		절삭유 ON 명령어이다.
M09		절삭유 OFF 명령어이다.
M19		주축 스핀들 정위치 명령어이다. (보링바 방향, 공구 교환 시 사용)
M29	S	Rigid mode 코드 명령 시 사용한다.
M30		프로그램 마지막에 기입해 프로그램 선두로 되돌리며 램프 점등을 한다. 또 모든 명령어를 해제하기도 한다.
M98	P, L	• 보조(SUB) 프로그램 호출 시 사용한다. 예 M98 P3333; 프로그램 O3333번 호출로 메인 프로그램 가공 중에 실행되면 O3333 번으로 이동해서 실행된다. • 보조(SUB) 프로그램 반복 시 사용한다. 예 M98 P3333 L7 ; L은 보조 프로그램 반복 명령어로 위의 O3333번을 일곱 번 반복하게 된다.
M99		보조(SUB) 프로그램 종료이며 메인 프로그램으로 이동시키는 명령어이다. 항상 보조 프로그램의 끝에 있어야 되는 명령어이다.
S	M03, M04	주축 회전수 지령 시 사용하는 명령어이다. 예 S4000
T		공구 대기 명령어이다. 공구 교환 전에 사용한다.
A		4축 로터리 인덱스 테이블 가공 시 각도회전 명령어이다. 예 G01 A30 F500; 위의 명령이면 로터리 인덱스가 F500으로 각도 30도 위치로 이동한다.
D	G41, G42	경보정 시 공구 옵셋(OFFSET) 번호를 알게 해주는 코드이다.
F		이송 기능에서 절삭속도를 지령하는 코드이다.
H	G43, G44	공구 길이 보정 시 꼭 사용되는 코드이다. 예 G43 H05 Z50 ; 위 명령은 공구 길이 보정 + 방향 보정을 하는 데 공구 옵셋(OFFSET) 번호 5번 값만큼 위로 보정하면서 WORK 좌표 Z50만큼 Z축이 이동된다.
K		Z축 증분지령 및 고정 사이클 반복 횟수
L		고정 사이클에서 반복 횟수 G91X−10 L5(증분X−10씩 5Q번 이동)
O		프로그램 선두의 프로그램명 앞에 붙인다. O1122;
P		DWELL(휴지 시간)에서 지령 값 P1000=1초
Q		고정 사이클에서 절입량이다.

1 위치 결정 기능

시점좌표(현재 위치)에서부터 정해준 위치(종점 위치)의 좌표로 이동하는 기능을 위치 결정이라 한다. 이 위치 결정에다 공구의 보정량을 포함하여 이동하는 기능을 보간 기능이라고 말할 수 있다. 이동 방법에는 크게 직선과 원호의 종류가 있다.

1 직선보간 기능

지령한 좌표로 이동하는 데 직선으로 이동한다.

① G00 명령 기능

급속 직선 이동 기능이다. 지령한 좌표까지 움직이는 데 절삭하지 않고 급속 이동 시킬 때 사용하는 명령어이다. 자동 CYCLE 운전 및 수동 조작 모두 아래 수동 조작 버튼에서 급속 이동(Rapid) 및 절삭 속도(Feedrate) 비율을 0%로 놓으면 G00, G01, G02, G03 모두 움직이지 않는다.

(이동속도는 제9장 파라미터의 이송속도 관계를 참조한다. 단 CNC 컨트롤러에 따라 Feed로 결정할 수 있다.)
※ 주의: 급속이송하는 관계로 공작물과 기계축이 충돌하지 않게 프로그램해야 한다.

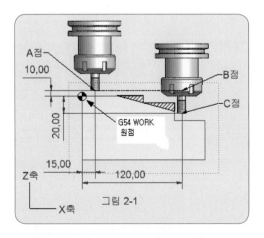

그림 2-1

위 그림에서 A점에서 C점으로 급속 이동할 때 A점에서 바로 C점으로 이동하면 공작물의 해칭 부위가 공구와 충돌하므로 아래와 같이 한다.

```
G00 X15 Z10;  (A점으로 급속 이동)
    X120;     (B점으로 급속 이동)
    Z-20;     (C점으로 급속 이동)
```

또한 항상 공작물뿐만 아니라 클램프나 치공구와 충돌하지 않도록 프로그램해야 한다. (단, 상기 프로그램은 G54 절대 좌표로 프로그램한 것임 → 상세 설명은 G90, G54에서 설명)

㉠ G00 명령 사용 예

G00을 한 번 지령하면 G01 명령어가 나올 때까지 계속 유효하다. 그래서 보통 아래와 같이 프로그램한다. G0으로 사용해도 실행된다.

```
G00 X_Y_Z_ ;
    X_Y_ ;
G01 Z_ F_;
G0  X_ ;   앞 블록에서 G01 기능을 실행했으면 다시 명령어를 써줘야 한다.
    Y_;
```

② G01 명령 기능

G00과 같이 직선이동을 하지만 정해준 절삭속도로 이동하는 명령어이다. 이송속도는 G01 명령과 함께 정해준다. 정해주지 않으면 기억된 값으로 실행되지만 이 값이 0이면 이동하지 않는다. 이 F 기능은 다음에 나오는 2. 이송 기능 코드에서 설명하기로 한다.

```
예 G01 X_Y_Z_ F1000 ;
       X_Y_  F500 ;  (앞 G01 명령을 기억하고 있기 때문에 G01 명령을 적지 않아도 G00 명령어를
                     읽기 전에는 계속됨)
```

② 원호보간 기능

시계 방향이든지 반시계 방향이든지 이동하는 데 지정한 R 값(원호의 반지름)이나 I, J, K 값으로 원호를 그리며 이동한다.

① G02 명령어

지정한 좌표치까지 움직이는 데 시계 방향(우회전)으로 원호를 그리며 이동한다. G02 뒤에 지정한 R

값 또는 I, J, K 값이 원호의 반지름이며 지령한 이송속도로 움직인다.

> 예 XY평면에서는 G02 X_Y_R2 F1000 ; G02 X_Y_I_J_ F1000;
> YZ평면에서는 G02 Y_Z_R2 F1000 , G02 Y_Z_J_K_ F1000

② G03 명령어

지정한 좌표치까지 움직이는 데 반시계 방향(좌회전)으로 원호를 그리며 이동한다. G03 뒤에 지정한
R 값 또는 I, J, K 값이 원호의 반지름이며 지령한 이송속도로 움직인다.

> 예 XY평면에서는 G03 X_Y_R2 F1000, G03 X_Y_I_J_ F1000
> YZ평면에서는 G03 Y_Z_R2 F1000, G03 Y_Z_J_K_ F1000

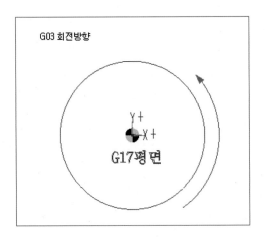

③ G02, G03의 세부 내용

㉠ I, J, K의 수치 및 부호

I, J, K의 수치는 가공하고자 하는 원호의 중심점이 항상 기준이며, 이 기준으로부터 위치한 원주 상의 좌표를 계산한다. 가공원의 중심점이 WORK의 원점이 아니고 다른 좌표에 위치하거나 절대 좌표든지 증분 좌표든지 항상 가공원호의 중심점이 0 값이 된다.

I=원주 상의 X축 위치 (기준점은 원호의 중심점으로부터 상대 값)

J=원주 상의 Y축 위치 (기준점은 원호의 중심점으로부터 상대 값)

K=원주 상의 Z축 위치 (기준점은 원호의 중심점으로부터 상대 값)

아래의 그림은 G17 평면 상태에서 부호를 알아본 것이다.

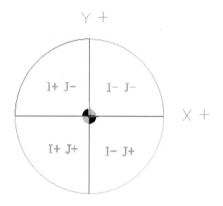

이 부호는 원호의 처음 시작점에서 기준점이 어느 방향에 있다는 것을 알려 주기 위해 붙인다.

가령 G02 X_ Y_ I_ J_ ;

일 때 X_ Y_ 는 종점의 좌표 값이다. I_ J_의 부호는 원호의 중심점이 원호가공 시작점에서 어느 방향에 있는가를 알려 주기 위해서 붙인다. 즉 시작점을 기준하여 − 쪽에 원호의 중심이 있다면 − 부호를 붙이고, 시작점을 기준해서 + 방향에 원호 중심이 있다면 + 부호를 붙인다. 그리고 I_ J_의 수치 값은 부호에 상관없이 원주 상의 좌표를 계산해서 표기하면 된다.

1사분면의 하늘색 부분은 I− J−이다.

2사분면의 빨간색 부분은 I+ J−이다.

3사분면의 노란색 부분은 I+ J+이다.

4사분면의 회색 부분은 I− J+이다.

ⓛ R의 부호 및 수치

위에서 I, J, K 대신 사용할 수 있는 것이 바로 R 값으로 표기하는 방법이다. 오히려 이 방법이 간단하다.

가령 G02 X_ Y_ R_ ;

일 때 X_ Y_ 는 I, J, K와 마찬가지로 종점의 좌표를 표기하며, R의 부호는 시작점과 종점의 각도가 원호의 중심점에서 180° 이하이면 +를, 180° 이상이면 − 를 붙인다. 그 다음 수치는 원호의 반경 값을 입력하면 된다.

ⓒ 평면에 따른 원호보간의 이해

지금까지 원호보간은 G17평면을 기준으로 설명하였다. G17평면을 먼저 이해하고 G18, G19평면을 이해하기 바란다. 그 다음 오면가공기와 같은 공작기계에서는 G18, G19의 후면, 즉 G18평면의 반대면, G19평면의 반대면을 이해하면 된다. 이 반대면은 밑(저면도)에서 본다고 생각하고 봐야 한다. 실제로 가공 방향도 G02와 G03 방향이 모두 반대 방향으로 회전하며 가공된다.

④ G02, GO3 예제 프로그램

다음과 같이 G17평면의 원호를 가공하려 한다. 여러 가지 경우를 프로그램해 보자.

지름이 Ø200mm이며, 반지름이 100mm인 다음의 원호에 빨간 점들(A~H)의 위치에서 시작하고 끝나는 경우를 프로그램 작성해 보자. 이 부분에서는 계산보다는 +, − 부호를 방향에 따라 어떻게 붙이는지를 자세히 보기 바란다.

여기에서는 G02와 G03의 경우 위치와 R 값의 부호를 알아보기 위한 것이므로 공구의 반경을 계산하지 않고 작성하였다. 실제로 경보정을 적용하여 진입, 진퇴 값을 제외하면 아래 계산된 값과 같을 것이다.

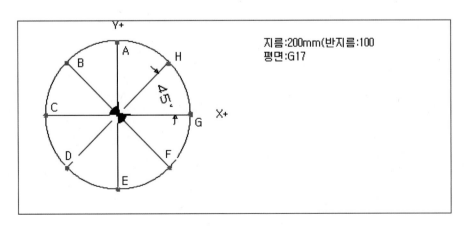

예를 들어 그림에서 H 점의 좌표를 구하면 X, Y 좌표가 70.71로 같다.

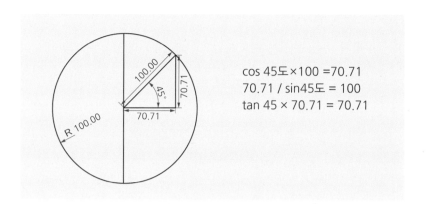

cos 45도×100 =70.71
70.71 / sin45도 = 100
tan 45 × 70.71 = 70.71

㉠ A~E 각 구간별 프로그램

이동점	원호 방향	I, J, K로 쓸 경우	R로 쓸 경우
A=시작점 E=종점	G02 방향	G01 X0 Y100; (시점으로 이동) G02 X0 Y−100 J−100 ;	G01 X0 Y100; (시점으로 이동) G02 X0 Y−100 R100 ;
E=시작점 A=종점	G03 방향	G01 X0 Y−100; (시점으로 이동) G03 X0 Y+100 J+100 ;	G01 X0 Y−100; (시점으로 이동) G03 X0 Y+100 R100 ;

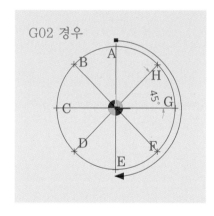

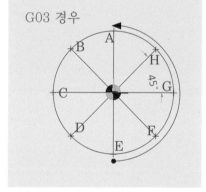

㉡ A~H 이동부

이동점	원호 방향	I, J, K로 쓸 경우	R로 쓸 경우
A=시작점 H=종점	G02 방향	G01 X0 Y100; (시점으로 이동) G02 X70.71 Y70.71 J−100 ;	G01 X0 Y100; (시점으로 이동) G02 X70.71 Y70.71 R100 ;
H=시작점 A=종점	G03 방향	G01 X70.71 Y70.71; (시점으로 이동) G03 X0 Y+100 I−70.71 J−70.71 ;	G01 X70.71 Y70.71; (시점으로 이동) G03 X0 Y+100 R100 ;

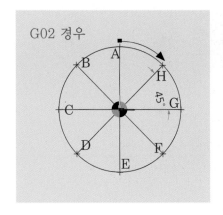
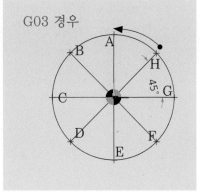

ⓒ B~H 이동부

이동점	원호 방향	I, J, K로 쓸 경우	R로 쓸 경우
H=시작점 B=종점	G02 방향	G01 X70.71 Y70.71; (시점으로 이동) G02 X-70.71 Y70.71 I-70.71 J-70.71 ;	G01 X70.71 Y70.71; (시점으로 이동) G02 X-70.71 Y70.71 R-100 ;
B=시작점 H=종점	G03 방향	G01 X-70.71 Y70.71; (시점으로 이동) G03 X70.71 Y70.71 I70.71 J-70.71 ;	G01 X-70.71 Y70.71; (시점으로 이동) G03 X70.71 Y70.71 R-100 ;

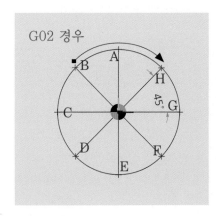
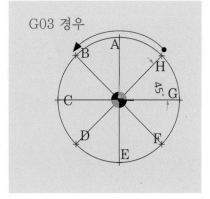

ⓔ A~A 이동부

이동점	원호 방향	I, J, K로 쓸 경우	R로 쓸 경우
A=시작점 A=종점	G02 방향	G01 X0 Y100; (시점으로 이동) G02 J-100 ;	
A=시작점 A=종점	G03 방향	G01 X0 Y100; (시점으로 이동) G03 J-100 ;	

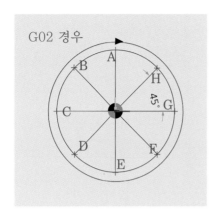
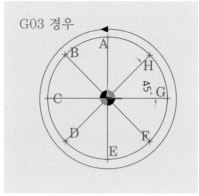

◎ G～G 이동부

이동점	원호 방향	I, J, K로 쓸 경우	R로 쓸 경우
G=시작점 G=종점	G02 방향	G01 X100 Y0; (시점으로 이동) G02 I-100 ;	
G=시작점 G=종점	G03 방향	G01 X100 Y0; (시점으로 이동) G03 I-100 ;	

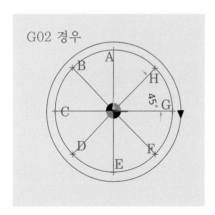
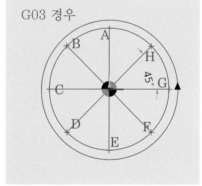

2 이송 기능

머시닝 센터에서 이송 기능은 기계를 움직이는 데 필요한 속도, 이동 형태, 또한 이러한 이동 단위를 말한다. 이송에는 크게 급송이송과 절삭이송이 있다.

1 이송속도 단위

대한민국이나 일본 도면을 보면 보통 치수 단위로 mm를 사용한다. 머시닝 센터에서도 치수의 단위로 mm 를 사용하는데, 이송속도 단위도 mm/min 단위를 사용한다. 이것은 1분당 몇 mm를 이동하느냐이다. 파라 미터 설정에서 이것도 설정하게 되지만 보통은 단위가 mm/min으로 기본 설정되어 있다.

CNC 선반의 경우 회전당 이송을(rev/min) 사용하게 되는데, 머시닝 센터에서는 드릴가공 속도를 계산할 때, 이 회전당 이송을 먼저 계산한 다음 분당이송으로 변환한다.

2 이송 형태

공작물을 절삭하다보면 절삭하지 않는 부분은 어떤 좌표치까지 이동하는 데 빠르게 이동해야 전체적인 가공 시간이 단축된다. 급송 이송 기능은 이런 경우에 사용된다.

① 급속이송(G00)

맨 처음 코드에서 설명한 대로 절삭하지 않고 빠른 이동을 할 때 사용된다.

```
예  G00 X50 Y50 Z50;
    Y-20;
    Z10;
    G00 Z0 F100;
```

설명

G00은 다음의 G01이 나올 때까지 계속 유효하므로 한 블록마다 계속 써줄 필요가 없다. 위 프로그램에서 Z0 뒤에 나오 는 Feed 값은 G00 기능에서는 소용없고 읽고 저장만 되어있다가 G00 다음에 G01을 읽는다면 그때 유효하다. 그러므 로 G00은 F 값을 줄 필요가 없다. 기계 파라미터에 설정된 대로 급속이송한다.

② 절삭이송(G01)

절삭이송은 말 그대로 공작물을 가공하는 이송이다. G01이나 G02, G03 등이 절삭 이송에 해당된다. 절삭 이송 시 기계주축 부하(LOAD)나 공구의 수명, 클램프 상태와 관계가 밀접하므로 적절한 절삭이 송을 지령하는 것이 중요하다.

3 F 코드(이송속도 값 지령코드)

아래 G00과 G01을 통하여 F 코드에 대해 알아보자.

① G01, G02, G03 코드와 함께 사용(절삭이송 명령어)

G01 코드 뒤에 그림자처럼 따라다녀야 할 코드이다. 절삭이송을 주면 G01 사용 블록에 절삭속도를

넣어 줘야만 한다. G01만 넣어 주고 F 값을 주지 않고 버퍼메모리에 저장된 값도 없다면 어느 정도의 속도로 가라고 명령하지 않았기 때문에 알람이 발생한다.

```
예  G01 X100 Y100 F30000;
    G02 Y10 Y10 R5 F500;
    G00 Z10, X40 ;
```

※참고: F 값도 새로 지령하기 전에는 기존의 지령 값이 계속 적용된다.

```
예  G01 X100 Y100 F300;
    G02 Y10 Y10 R5 F300;
    G01 Z10, X40 F50000;
```

위의 **F300은 1분에 300mm 이동하는 속도로 가라**는 이동속도 지령 값이다. G02의 경우도 절삭이송을 하므로 이 Feed 값을 넣어야 한다. 위에서 F50000은 사실 절삭이송으로는 너무 빠른 값이다. 특별한 제품이 아니면 절삭이송으로 이런 속도를 내지는 않는다. 그러나 위와 같이 지령해도 기계 사양이 된다면 속도를 내므로 주의해야 한다. 실제로 하이덴하인은 G00과 같이 급속이송의 코드가 별도로 나와있지 않고 이 Feed 값으로 결정한다.

```
예  L Z10, X40 F MAX  (기계가 낼 수 있는 최대이동속도)
    L Z5. F300
```

② 고정 사이클 기능과 함께 사용

고정 사이클 기능, 즉 드릴, 탭, 보링 사이클 맨 뒤에 F를 붙여 사용된다. 이 고정 사이클에서 특히 TAP(탭: 암나사) 작업 시 이송은 아래와 같이 구한다.

예 **미터 나사**의 M8×1.25의 경우 주축 회전수와 F를 구해보자.

스핀들 회전수는 가공물 재질에 따라 정해 주고 여기에 피치만 곱해주면 된다.

F=주축 회전수＊탭 피치

예 조건: 공작물 재질 알루미늄, S800(RPM) . M8×1.25 탭을 가공하시오.

800×1.25=1000(구해진 이송속도이다.)

```
G00 G90 X_ Y_ Z_ S800 M3
G98 G84 Z-15 R5. F1000
```

(G84는 탭 사이클이며, 제2장 고정 Cycle 기능에서 다시 배우기로 한다.)

※ 탭 깊이 지정은 항상 기초 드릴 깊이에서 드릴 Ø부 깊이보다 덜 내려가야 탭이 파손되지 않는다.

※ NC에서의 TAP 작업은 미터나사뿐만 아니라 모든 나사에서도 마찬가지로 주축 회전수를 탭의 피치에 곱한 절삭속도를 지령한다.

③ TIME 기능을 가진 부품 작업에서의 사용

제4축 로터리 테이블을 회전시키며 앤드밀 작업을 하는 부품의 사용 용도에 TIME 기능이 있다면, 로터리 테이블의 회전수와 이동축 간에 이송속도가 맞아야 원하는 부품을 가공할 수 있다.

– 원통캠 가공에서 이송속도 계산은 시간과 속도의 비가 정해진 대로 가공해야 한다.

– 아래는 평면 헬리컬 홈을 가공하는 부품인데, 1회전당 피치와 이송속도를 잘 지령해 줘야 한다.

※위 부품 모두 CAD, CAM을 사용한다면 계산할 필요는 없다.

3 좌표 기능

좌표 기능에는 어떤 것들이 있고 어떻게 사용하는지 배워 보자.

프로그램 작성 방식에 따라 절대 좌표와 증분 좌표(G90, G91), 공작물 원점 세팅을 해줄 때 사용하는 공작물 좌표계(G54~G59, G92), 프로그램상의 공작물 좌표계 이동인 G52 및 기계 좌표로 이동하는 지령 G53 등이 있다.

1 절대 좌표와 증분 좌표(G90, G91)

수동 프로그램을 작성하다 보면 절대 좌표와 증분 좌표를 적절히 혼합하여 사용하면 프로그램 단축과 편리성이 있다. CAM에서도 절대 좌표나 증분 좌표로 NC데이터를 출력할지를 선택해준다.

① 절대 좌표 G90

공작물 원점 세팅(G92, G54~G59 등)을 하면 그 원점(X0Y0Z0W0)에서 절대수치로 본다.

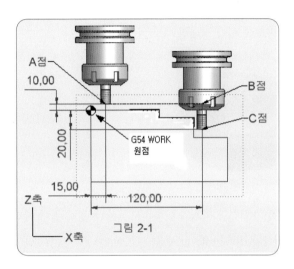

그림 2-1

즉 절대 좌표(G90)는 위 그림에서 G54 WORK 원점이라고 표시된 부분이 항상 기준점이 되어, 이 원점에서 이동한 지점까지의 거리 값이 좌표가 된다.

공구이동 순서는 'A점 → B점 → C'점 순으로 이동한다.

아래는 위 그림을 절대 좌표로 작성한 프로그램 예이다.

```
G90 G54 G00 X15 Z10; (A점 이동)
    X120;    (B점 이동)
    Z- 20;   (C점 이동)
```

※ G90 기능은 다음의 G91이 나오기까지 계속 유효하므로 블록마다 기입할 필요가 없다.)

② 증분 좌표 G91

G90이 원점을 항상 기준점으로 하는 반면에 증분 좌표 G91은 원점과 상관없이 현 위치(시작 위치)가 0점이 되며, 다음 이동 좌표까지의 거리만 생각하면 된다. 그리고 이동된 위치는(종점 위치) 다시 0점이 되며 다음 이동 위치까지의 거리 값만 넣어 준다.

증분 좌표로 모두 프로그램하는 것은 불가능하다. 공구가 처음 절삭 위치로 진입하기 위해서 어떤 기준점이 필요하며, 이 기준점은 항상 절대 좌표로 프로그램해야 된다.

공작물 원점 세팅(G92, G54~G59 등)을 하면 그 원점(X0Y0Z0W0)은 가공 진입점까지만 활용하고, 진입하고 나면 모두 증분 좌표로 할 수 있다.

위 그림을 이용하여 다시 A → B → C로 이동하는 경로를 증분 좌표로 아래 프로그램을 해본다면,

```
G90 G54 G00 X15 Z10; (A점으로 위치 이동)
G91X105;  (B점으로 이동)
Z- 30;  (C점으로 이동)
G91G28G0Z0
```

과 같다. G91은 다음의 G90이 나오기까지 계속 유효하다.

위 프로그램에서 마지막으로 나오는 G28 코드에 대해 알아보자.

G28은 기계원점 복귀 기능의 코드로 항상 G91과 같이 사용해야 한다. 그래야 현 위치에서 기계원점으로 복귀한다. 이 블록을 실행하면 Z축의 기계 좌표는 0.000으로 될 것이다.

- G91을 G90과 혼합하여 사용해야 되는 이유는 제6장에서 참조 바란다.

❷ 공작물 좌표계(G54~G59)

공작물의 가공 원점 X0Y0Z0W0A0점을 세팅해서 세팅한 위치의 기계 좌표를 넣어 주면 공작물 좌표계의 원점이 된다. 오면가공기의 경우 하나의 WORK 좌표를 잡았다면 나머지 WORK 좌표는 제품의 크기만 계산해서 넣어주면 된다. 여기서는 G17평면 기준으로 설명하겠다.

① G54~G59 WORK 좌표계

공작물 좌표계로 공작물의 원점을 잡고 그 원점의 기계 좌표를 좌표계에 입력하므로 잡아진다. 컨트롤러 사양에 따라 G54~G59 이외에도 많이 있는데, 여기서는 기본이 되는 것만 다루기로 하자.

NC 프로그램을 만들기 위해서는 가공하려는 공작물의 어느 점에 각 축(X0Y0Z0W0A0)의 가공원점(0점)을 잡을 것인지 미리 생각하고 WORK 좌표를 생각해서 프로그램을 작성해야 한다. 대부분 저자는 도면의 0점에다 WORK 좌표 0(Zero)점을 잡고 프로그램했다. 임의로 해도 되나 CAM 프로그램을 이용하지 않으면 프로그램 시 치수를 잘못 보거나 계산해야 되고, 오타로 인한 불량을 방지하는 데 유리하고 나중에 똑같은 제품을 다시 가공할 때 도면을 보고 프로그램을 재사용하는 데 도움이 되기 때문이다.

㉠ WORK 원점 잡는 방법(W축)

공작물 세팅(제3장 공작물 SETTING 참조) → 잡고자 하는 WORK 영점으로 기계축 이동(조작판의 JOG나 HANDLE로 이동) → 화면에서 각 축(XY)의 기계 좌표(MACHINE)를 G54~G59 중 사용하고자 하는 좌표계에 넣음 → Z ZERO점을 잡기 위해 기준 공구로 교환 후 제품의 가장 윗면

으로 이동 → TOOL PRESETTER를 이용해 기준 공구를 PRESETTER 윗면에 댄다. → Z도 마찬가지로 그 위치의 기계 좌표를 좌표계에 입력. (제5장 WORK 좌표 잡기 참조)

Z축을 나중에 잡았지만 순서를 바꿔도 상관없다.

3 G92 좌표계

많이 사용하진 않지만 간단한 작업 시 프로그램을 실행시키면 원점이 자동으로 잡힌다. 단, 기계의 전원을 끄고 다시 켤 때 잡았던 공작물의 좌표 zero점을 인식하지 못할 수 있으니 가급적 사용하지 않는 것이 바람직하다. 보통 1개의 공작물을 급히 작업하고 마칠 때 사용한다.

① 좌표 잡는 법

잡고자 하는 공작물을 WORK 영점으로 기계축 이동(조작판의 JOG나 HANDLE로 이동) → MDI 화면에서 G92X0Y0을 입력 후 입력블록 실행 → Z ZERO점을 잡기 위해 기준 공구로 교환 후 제품의 가장 윗면으로 이동 → TOOL PRESETTER를 이용해 기준 공구를 PRESETTER 윗면에 댄다. → Z도 마찬가지로 MDI 화면에서 G92Z0으로 입력 후 입력블록 실행

② 잡은 좌표 확인법

위 방법대로 하면 WORK 원점에 각 축이 위치해 있다면 absolut(절대) 좌표 표시 화면에서 프로그램에 입력한 축들이 다 0(ZERO)으로 바뀌게 된다. 프로그램 시 G54~G59코드를 넣을 필요가 없다.

4 Offset 좌표

옵셋 좌표는 G54~G59 WORK 좌표 화면에 맨 앞쪽 (00)으로 되어 있는 좌표이다. 공통좌표계(COMMON)라고도 하며, 좌표를 설정한 WORK 좌표를 전체적으로 이동시킬 때 사용한다.

오면가공기의 경우 G54~G59 모두 다 관련되어 있는데, 공작물을 고정하다 보면 앞에 작업한 공작물과 약간 차이 나게 된다. 이때 전체적으로 모든 좌표계를 이동시킬 때 많이 사용한다.

대량생산 체제에서는 제품 클램프 시 쏠리거나 G54~G59 좌표 전체를 전체적으로 이동시켜서 작업을 해야 될 경우와 가공한 상태에서 좌표를 전체적으로 변경하는 데 편리하게 사용한다.

※주의: 옵셋(OFFSET) 좌표는 G54~G59 좌표 전체에 영향을 준다는 것을 참고 바란다.

5 로컬 좌표(G52)

공작물을 가공하는 데 한꺼번에 비슷한 제품의 많은 개수(6개 이상)를 가공할 경우 좌표계가 G54~G59, 6개만 있는 컨트롤러에서 주로 많이 사용한다.

이 좌표계는 기준이 되는 좌표계가 일단 설정(G54~59)돼야 한다. 왜냐하면 프로그램으로 좌표계를 설

정하기 때문에 프로그램 해제 시에 기준이 되는 좌표계가 없다면 G52 좌표를 사용할 수 없기 때문이다.

※제2장 7. 주요 코드의 프로그램 예 참조

⑥ 기계 좌표(G53)

WORK 좌표(G54~G59)를 넣는 방법에서 배웠듯이 넣고자 하는 현재 위치의 기계 좌표가 사용되었다. 기계 좌표로의 이동도 프로그램에서 실행할 수 있는데, 바로 G53이다. 거의 사용하진 않지만 WORK 좌표와는 달리 좌표 값이 변하지 않기 때문에 주로 변하지 않는 위치에서 고정적으로 공작물 클램프를 사용할 때나 공작물 탈부착 시 작업자로 테이블을 오게 할 때 사용한다.

① 사용 예

보통 프로그램 끝부분에서 사용한다.

```
G0 G90 G53Z0 (Z축을 기계 좌표 0점으로 이동시킴, 즉 Z축이 맨 위로 올라간다.)
G90G53X250Y0 (아래 보충 설명, "A")
M30; (아래 보충 설명, "B")
```

"A" 보충 설명 : G90G53X250Y

기계 좌표 이동 기능 G53은 항상 G90과 함께 사용해야 한다.
(G28 기계원점 복귀는 G91과 함께 사용)
이 프로그램은 공작물 가공이 끝난 다음 작업자가 탈부착 가능한 위치로 테이블을 이동시킬 때 주로 사용한다.

"B" 보충 설명: M30

M30은 프로그램 종료 기능으로 프로그램 실행 커서를 선두 00001로 보낸다. 또한 M30과 동시에 대부분의 기능들이 해제되거나 리셋된다.

4 공구 기능

T, M06, M19, M03, M04, S, M05, G10, G43, H, G49, G44, G41, D, G40, G42
위에 나열한 코드들은 모두 공구와 관련된 코드들이다.
공구의 교환, 길이(LENGTH)보정, 경(DIAMETER)보정 및 옵셋(OFFSET)보정, 보정 해제 등 여러 가지 공구에 관한 사용 명령 코드를 알아보자.

1 공구 대기 및 교환 명령(T, M06)

① T명령

공구 교체를 위해 사용하고자 하는 공구를 공구 메거진에서 선택하는 명령으로 T 다음에 공구 번호를
넣어 준다.

② M06명령과 M19의 관계

㉠ M06명령

M06은 공구 교체를 실행하는 명령으로 앞에 나온 T번호 공구를 현재 스핀들에 장착된 공구와 교
환하는 명령어이다. ISO 시스템을 사용하는 MCT제조사마다 공구 교체 프로그램의 T와 M06의
순서를 바꿔야 되는 경우가 있다. 즉 M06 T01이던가 T01 M06 이런 식으로 순서를 바꿔줘야 하는
경우가 있다.

이 M06을 실행하면 CNC 내부적으로 매크로 프로그램이 실행된다. 물론 이 프로그램은 작업자가
대부분 못 보게 파라미터로 설정되어 있다. 어떤 기계는 이 공구 교체 매크로 프로그램 안에 고속
윤곽제어 기능을 넣어서 NC 프로그램할 때마다 번거롭게 넣어야 하는 고속이송코드를 아예 이 공
구 교환 매크로 프로그램에 넣어서 NC 프로그램에 넣지 않아도 되게 끔 한 경우도 있다.

M코드는 한 블록에 1개 이상 사용할 수가 없다.

> 예 G90G54X0Y0M3S200M8;

즉 위와 같이 M3과 M8, 즉 1개 이상을 같은 블록 안에 사용할 수 없다.

㉡ M19명령

M19는 주축 오리엔테이션으로 주축회전 방향을 정위치 정지시켜 주는 기능이다. 이 기능은 또한
M06 실행 매크로 프로그램 안에 들어가 있어 M06을 실행할 때 자동으로 실행된다.

작업자가 M06실행 시 별도로 지령해 줄 필요는 없다. 이 기능은 공구 교환 시 공구아버의 키홈이
주축이나 공구 교환 ARM 또는 메거진의 키에 들어가서 공구 교환 시 공구를 고정시켜 주도록 정
위치 회전 정지를 한다. 이 정지 방향이 어느 쪽인지 처음에 파악해 두어야 한다. 그래야 정삭 보링
작업 시에도 적절하게 사용할 수 있다. (G76 정삭보링 참조).

CNC 컨트롤러에 따라 실행 버튼이 수동 조작반에 대부분 있지만 없으면 MDI 모드에서 실행한다.

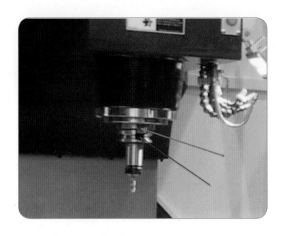

(위 그림에서 빨간색은 공구아버 키홈, 녹색 화살표는 스핀들 키)

위 그림은 BT TAPER 아버 그림이다. 고속가공기 열박음 공구 및 HSK나 기타 TAPER 아버는 해당 장비 공구 메거진 관련 매뉴얼 참조.

ⓒ 공구 교환 시 주의 사항

만약 공구의 길이가 길어 공구 교환 시 문제가 된다면 미리 인지하고 공구 교환 위치의 공작물이나 공구 메거진의 간섭 등을 체크해야 한다. 보통 메거진 매뉴얼에는 메거진에 장착할 수 있는 공구 지름이나 길이의 최대 값이 표기된다.

② 주축(스핀들) 회전 관련 명령(M03, M04, S, M05)

주축의 회전 방향과 회전속도 및 회전 정지를 지령하는 명령들이다.

① M03명령

주축 스핀들을 시계 방향(CW)으로 회전하게 하는 명령이다.

② M04명령

주축 스핀들을 반시계 방향(CCW)으로 회전하게 하는 명령이다. 공구가 대부분 정회전을 해야 절삭하게 끔 제작되어서 이 기능은 거의 사용하지 않는다. 탭(오른나사) 가공 시 자동으로 반시계 방향 회전을 해서 빠져 나오지만 특별히 명령을 지령하여 사용하지 않는다. 그러나 왼나사를 가공할 때는 사용한다. (참조: 고정 사이클에서 G74역탭핑 사이클 참조)

③ 스핀들 회전 값 지령 명령(S)

주축 스핀들을 얼마의 빠르기로 회전시킬 것인지 회전 값을 알려준다. 이 명령은 M03이나 M04 뒤에 반드시 나와야 한다. 단위는 1분당 몇 회전하는가로 Rev/min이다.

④ 스핀들 회전 정지 명령(M05)

주축 스핀들의 회전을 정지 시킬 때 사용한다. 이 명령은 공구 교환 전 사용해야 되지만 회전시키지 않더라도 공구 교환 명령을 내리면 회전을 자동으로 정지하는 장비들이 많으며, 확인 후 사용하면 된다. 공정 선두나 마지막에서 사용한다.

❸ 프로그램 명령의 값에 의한 공구 길이, 경보정 지정(G10)

같은 공구로 경보정 값을 다르게 프로그램하기 위해 사용한다. 주로 앤드밀 작업에서 황삭과 정삭을 1 개의 공구로 하기 위해서는 프로그램상에서 경보정 값을 각각 다르게 지정해줄 필요가 있다. 대체적으로 공구 길이는 한 번 OFFSET 값을 넣으면 따로 변경할 필요성이 거의 없기 때문에 G10을 사용하지 않는다. 주로 공구의 지름이나 반지름을 프로그램에서 변경할 때 사용한다.

① 방법

프로그램 작성 위치는 경보정(G41, G42)가 지령 되기 전)) 들어가기 전에 지령한다. 여기서 R은 경보정을 의미한다.

– G90과 G10을 같이 사용했을 때의 경우

```
G90 G10 P25 R5;
```

공구 OFFSET 값에 어떤 값(X)이 이미 들어가 있다 하더라도 프로그램상에 넣어준 치수로 OFFSET 값이 변경된다. 위 프로그램을 풀이하면 공구 OFFSET 번호 25번 자리에 값 5.0이 입력된다.

– G91과 G10을 같이 사용했을 때의 경우

```
G91 G10 P25 R5;
```

공구 OFFSET 값에 어떤 값(X)이 이미 들어가 있다면 그 값에 5를 더한 값이 입력된다. 공구 OFFSET 번호 25번 자리 X에 +5.0이 더해져 입력된다. 위 번호에 미리 3.0을 넣었다면 프로그램을 실행할 때 공구경 보정 값은 8이 된다.

❹ 길이 보정의 의미(G43, H, G44, G49)

여러 가지의 공구를 메거진에 장착하고 가공할 때 모두다 똑같이 공구의 길이를 맞추기 어렵기 때문에 필요한 기능이다. 만약 다 똑같이 맞추어 사용한다면 G43, G44, G49가 필요 없을 것이다. 이 책에서는 G17평면, 즉 길이 보정축이 Z축인 것을 설명할 것이다.

기준 공구 끝면이나 아니면 주축 스핀들 회전 끝면에 WORK 좌표 Z의 0점을 잡아놓고, 각기 다른 공구의 길이 값만 OFFSET 화면에 입력해놓고 그 값만 보정해 주면 길이가 다른 어떤 공구라도 공구의 끝면이 WORK 좌표 Z0점으로 이동하게 된다.

아래 그림은 공구 OFFSET 입력화면이다.

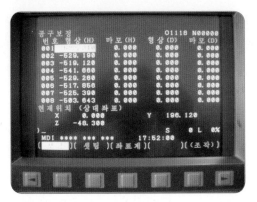

형상(H)는 길이 보정 값을 입력해주며, 형상(D)는 경보정 값을 입력해 준다. 마모는 공구의 마모가 있을 때나 공차를 맞출 때 주로 사용한다. 즉 마모 값만큼 공구 길이(마모 (H))나 반지름(마모 (D))을 차감해 준다.

※ 위 공구 OFFSET 화면은 컨트롤러 사양에 따라 다르며, 좋은 기종은 공구의 사용시간까지 나와 있어 공구 수명을 관리하기에 적합한 기종도 있다.

① 기준 공구로 보정축 WORK 원점을 잡을 때 사용 예(추천 사항)

기준 공구 끝을 WORK 좌표 Z0점(G17평면의 경우)으로 잡아 놓았을 때 사용하는 방법으로 기준 공구와 절삭공구의 길이 차이 값을 보정해 주는 방법이다. 기준 공구의 길이가 표준이 되어서 각기 다른 공구와 기준 공구의 차이 값을 공구 OFFSET 화면에 입력하면 G43, G44 코드를 사용할 때 이 값만큼 보정하게 되는 것이다.

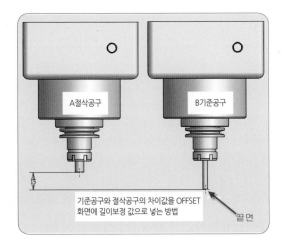

위 그림에서 차이 값 15mm가 공구 길이 offset 값으로 되는데, 해당 공구 OFFSET 번호에는 - 15.000으로 넣어 준다. 왜냐하면 기준 공구보다 짧기 때문이다.

※WORK 좌표 잡는 자세한 사항은 제5장 참조

○ 기준 공구 선정

기준 공구의 선정은 절삭에 사용하지 않는 공구(BALL EM)를 작업자가 임의로 기준 공구로 만들어
도 되고 구매품도 다양하다. 아래 그림은 기준 공구로 판매하는 것 중에 한 가지인데 길이뿐만 아
니라 z, x, y 각 축의 WORK 좌표를 잡을 때 사용한다. 공작물 또는 Zerosetter에 터치하면 불이
들어온다.

또한 위의 기준 공구로 Z점을 잡을 때 기계 내부에서 공구 측정을 수동으로 한다면 아래 Zerosetter
를 이용하여 공구 길이 측정을 한다. 물론 Zerosetter의 높이만큼 WORK 좌표 Z 값을 계산해 주
어야 한다.

– 기준 공구는 절삭에 사용하지 않아야 한다.

만약 기준 공구를 앤드밀로 했을 경우에 절삭가공에 기준 공구를 사용하면 공구의 파손이나 마
모도에 따라 공구 길이가 달라져서 나머지 공구들의 길이 값을 다시 측정해야 하기 때문이다. 그
래서 기준 공구는 공구 메거진에 보관해 사용하면 좋겠지만 절삭에 사용하지 않고 공구 번호 자
리만 차지하기 때문에 가공 시에는 메거진에서 빼놓고 따로 관리하는 게 바람직하다.

– 기준 공구는 다른 공구들보다 길어야 한다.

기준 공구 길이가 절삭공구들의 길이보다 길면 좋다. 이유는 실수로 공구 길이를 잘못 입력하거

나 입력하지 않았을 때, 혹은 G43, G44를 기입하지 않거나 잘못하여 해제됐을 때 기계 Z축이 공구 길이 차이만큼 공작물의 윗면과 충돌하기 때문이다.

주로 처음 머시닝 센터를 사용하는 사람들이나 기존의 사용자도 이 부분 때문에 기계를 손상시킨다. 기계가 공작물과 충돌하는 원인 중에 많은 비중을 차지한다.

② 스핀들 끝면을 보정축 WORK 원점을 잡았을 때 길이 보정 사용 예

저자가 처음 머시닝 센터를 배울 때 이 방법으로 배웠는데 경력이 쌓여서 여러 가지로 생각해 볼 때 이 방법은 위험한 방법이라고 결론을 내렸다. 하지만 아직도 산업현장에서 이와 같은 방법으로 WORK 좌표나 공구 길이 측정에 사용하므로 알아 둘 필요는 있지만 사용하지 않는 것이 바람직하다.

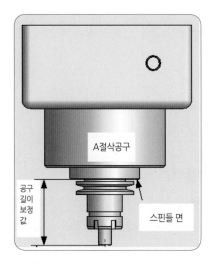

위 그림은 스핀들 면을 WORK 좌표 Z0점(G17평면의 경우)으로 먼저 설정하고 나서 공구를 장착하면 스핀들 면에서 공구 끝면까지의 길이 값을 공구 OFFSET 화면에 입력하는 방법이다.

5 공구 길이 보정 코드(G43, H, G44, G49)

다음에 나오는 공구 길이 보정 코드에 사용하는 보정 및 해제 축은 G17평면, 즉 Z축을 기준으로 모두 설명하기로 한다.

① G43 공구 길이 OFFSET 값 + 보정

공구의 길이 값만큼 Z축 WORK 원점의 기계 좌표와 공구길이 값을 +해서 보정해주는 길이 보정 코드이다.

G43 뒤에는 반드시 OFFSET 번호를 선택하는 H번호가 나와야 한다.

```
예  G43 H01 Z50;
```

② 공구 길이 보정 OFFSET 번호 선택(H)

공구 길이 보정을 하는데 OFFSET 화면에 나와 있는 해당 공구 번호를 선택한다. 이 공구 번호를 H 뒤에 반드시 넣어 주어야 하며, 이렇게 함으로써 해당 공구 OFFSET 번호에 넣어 놓은 길이 값만큼 G43, G44 기능을 실행하게 된다. 이 번호는 대부분 공구 번호와 같이 해준다. 그래야 헷갈리지 않고 기계 충돌과 같은 위험한 상황이 발생하지 않는다.

보통 공구 메거진 번호, 공구 번호, 공구 길이 OFFSET 번호는 동일한 번호를 사용한다.

```
예  G43 H01 Z50;
```

③ G44 공구 길이 OFFSET 값 – 보정

공구의 길이 값만큼 보정축 WORK 원점의 기계 좌표와 공구길이 값을 – 해서 보정해주는 길이 보정 코드이다.

G44 뒤에도 반드시 OFFSET 번호를 선택하는 H번호가 나와야 한다.

G44는 G18, G19평면의 각각의 반대 방향 평면에서만 사용한다. 주로 오면가공기에서 사용한다.

※제8장 오면가공기 작업 참조

④ G49 공구 길이 OFFSET 값 보정 취소(해제)(G17평면일 때)

이 기능은 공구의 길이 보정 G43이나 G44의 기능을 해제하여 길이 보정을 하지 않는다. 이 기능을 사용하지 않아도 공구 교환 에러가 발생하지 않는다면 굳이 사용할 필요는 없다. 그러나 이것은 공구 교환에 관련한 파라미터 설정에 따라 달라지므로 이 책에서는 G49를 사용했을 때의 프로그램에 대해 알아보도록 하겠다. G49 뒤에는 반드시 보정 해제 축과 해제 값이 나와야 한다.

```
예  G00 G49 Z400;
```

㉠ G49와 길이 보정과 해제 축의 관계

G49를 실행함과 동시에 길이 보정이 해제되면서 공구 길이 값만큼 보정 축이 이동할 수 있어 공작물과 공구의 충돌에 항상 주의해야 한다. 그러므로 G49 다음에 반드시 나오는 보정축 해제 값을 정할 때 신중해야 한다.

다음은 보정 해제 축이 G17평면의 경우, 즉 Z축을 보정축으로 했을 때를 기준으로 알아보자.

– 기준 공구 기준으로 공구 길이를 측정했을 때

기준 공구가 절삭공구들에 비해 가장 길다면, 즉 기준 공구 길이 값이 0mm이고, 나머지 절삭공구들의 길이 값들이 – 값이라면 Z축 해제 값은 0mm~Z축 WORK 원점부터 Z축 기계원점 이하까지의 Z+ 값을 넣으면 된다.

즉 0mm 이상이고 z축 리미트 알람만 발생 안되는 값 이하 값의 범위 값을 넣어도 된다는 것이다. 왜냐하면 G49 기능이 실행되면 기준 공구보다 절삭공구들의 길이가 작기 때문에 Z축은 길이 차이만큼 + 방향으로 올라가 충돌의 위험이 전혀 없다. 그러나 절삭 공구 중에 기준 공구보다 길다면 위 차이 값 이상만큼 Z+ 값으로 해줘야 한다. 만약 기준 공구보다 특정 절삭공구 길이가 130mm 더 길다면 아래와 같이 해준다.

G00 G49 Z150;

위와 같이 안전하게 20mm 더 여유를 준다. 여유량은 임의로 정하되 z축 리미트 이하 값이다.

– 스핀들 면을 기준으로 공구 길이를 측정했을 때

이때는 공구 길이가 공구아버 테이퍼부 최대 지름부부터 장착한 공구 끝까지의 길이이므로 최소한 50mm 이상이며, 보통 100mm 이상일 것이다. (BT40 기준)

이때는 Z축 리미트가 걸리지 않는 범위에서 최대 공구 길이 값 이상 Z축 해제 값으로 넣어야 한다. 만약 절삭공구들 중에 가장 긴 공구의 길이 값이 350mm이라면

G00 G49 Z400;

위와 같이 안전하게 50mm 더 여유를 준다. 여유량은 임의로 정하되 z축 리미트 이하 값이다.

ⓒ G49와 보정축 상한 리미트 알람 관계

앞에서 언급한 것 같이 Z축 해제 값을 정할 때는 Z축 상한 리미트 알람이 발생하지 않도록 해제 값을 정해 주어야 한다.

G0 G49 Z400.;

했는데 보정축이 올라 가면서 기계 좌표 0점을 넘어 리미트 알람이 발생했다면 보통 이때는 해제 값이 리미트 알람이 발생될만큼 커서 발생된다.

이때는 해제 값을 공구 길이보다 약간 크게만 수정해서 리미트를 넘지 않게 해주면 된다. 실제로 기준 공구와 절삭공구와의 차이 값으로 OFFSET 값을 넣고 기준 공구가 절삭공구보다 제일 길다면 해제 값은 0.1mm 이상만 해주면 될 것이다. 꼭 위와 같이 Z400이란 값이 아니어도 된다. 반드시 알아야 할 것은 해당 공구 길이보다는 조금이라도 큰 값을 해제 값으로 넣어야 한다.

⑤ 평면에 따른 길이 보정 사용 예

공작물을 최대로 가공할 수 있는 평면은 최대 5면이다. 즉 가공 영역으로 나눈다면 G17(XY평면), G18(XZ평면), G19(ZY평면)이다.

보정축은 G17(Z축 길이 보정), G18(Y축 길이 보정), G19(X축 길이 보정)이다.

※제8장 오면가공기 작업 참조

⑥ 공구경 보정(D, G41, G40, G42)

공구의 지름 및 반지름 값을 공구 OFFSET 화면에 입력하여 보정을 하는 기능이다.

위 화면에서 빨간색 네모 표시부에 공구의 반경(반지름)을 입력해 주어서 그 값만큼 공구경 보정을 한다.
컨트롤러에 따라서는 지름을 입력하는 것도 있으니 확인하고 작업해야 한다.

① 공구경 보정의 의미

공작물의 형상가공을 할 때 앤드밀의 경우 공구의 반지름 값을 계산해서 프로그램 작성해야 한다. 그러나 이런 불편함 없이 공구경 보정을 사용하면 스핀들 중심(공구 지름 센터점)으로, 즉 공작물 형상 치수대로 프로그램하면 된다. 복잡한 형상가공과 공차 값을 쉽게 맞추는 데 활용되기도 한다.

만약 1개의 공구만 사용하여 프로그램을 사람이 계산하여 쉽게 만들 수 있다면 경보정을 사용하지 않아도 된다. 또한 CAM을 이용하여 프로그램 길이(양)에 상관없이 작성한다면 선택하여 사용할 수 있다. 그러나 작업자가 수동 작성할 경우 아래와 같은 두 가지 이유 때문에 경보정을 사용한다.

㉠ 프로그램을 간결하게 작성할 수 있다.

경보정을 사용하지 않는다면 보통 PROFILE, 즉 형상가공을 할 때 황삭 앤드밀과 정삭 앤드밀, 그리고 모따기 작업까지 하나의 형상가공 프로그램으로는 여러 개의 공구로 가공하기 어렵다. 왜냐하면 공구의 지름이 다 다르기 때문에 똑같은 위치와 형상을 가진 어느 한 부분을 가공하는 데 공구 지름별로 여러 개의 형상 프로그램을 서브(SUB) 프로그램으로 작성해야 하기 때문이다.

㉡ 공구반경 보정 값을 CNC가 계산해 준다.

가공 형상이 복잡하다면 공구R보정 및 형상보정을 해주어야 하는데, 그럴 때 경보정을 사용하면 공구 반경에 따른 보정 값을 자동으로 계산해 준다.

다음 그림과 같이 모따기를 한다면 공구의 반경에 관한 계산을 해서 프로그램을 작성해야 하는데, 경보정을 사용하면 계산해서 할 필요가 없다.

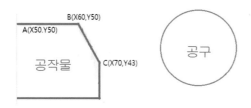

위와 같은 공작물의 형상과 공구(지름:16)가 있다고 하자.

다음과 같이 공구경 보정 사용 여부에 따라서 프로그램과 공구 경로의 차이점을 알아보자.

– 공구경 보정을 사용했을 때

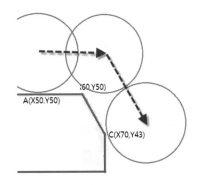

```
X50Y50;  (A점 이동)
X60;    (B점 이동)
X70Y43;  (C점 이동)
```

위와 같이 도면 치수를 그대로 보거나 쉽게 계산해서 어떤 공구든지 위 프로그램으로 대부분 가공할 수 있어 간편하다.

– 공구경 보정을 사용하지 않았을 때

```
X50Y58;   (A점 이동)
X64.619;   (B점 이동)
X78Y40.856;  (C점 이동)
```

위와 같이 공구 반경 및 반경에 따른 보정 값을 공구의 지름이 바뀔 때마다 계산해 주어야 하며, 프로그램도 공구 지름별로 모두 다르다. 왜냐하면 다음 그림과 같은 이유에서 공구 반경에 대한 보정 값을 계산하기 때문이다.

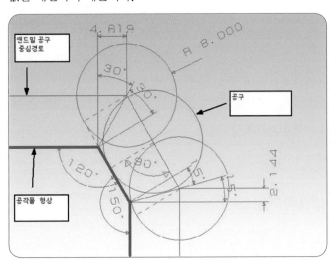

그림에서 공구 중심이 이동하는 가공 경로(파란색 line)를 자세히 보면 구배를 주는 부위 각도 150 도(보정 값=Y축으로 2.144), 120도(보정 값=X축으로 4.619)에서 공구 반경 8mm에 대한 보정 값 을 계산해야 한다. 이 값들은 공구 반경이 달라지면 변하는 값들이다.

CNC 선반가공에서도 공구 노우즈 반경만큼 계산을 해주거나 보정해 주는데, 이와 같은 계산이라 고 보면 된다. (실제 각 좌표와 위 그림의 각도는 참고만 할 것)

원호의 접선(원주에 접해 지나는 직선)은 그 접선과 원호의 중심점이 항상 수직으로 만난다.

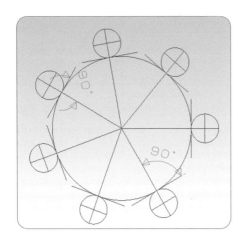 

② 공구경 보정 사용의 주의 사항

공구경 보정의 시작점(G41, G42 실행시점, lead in) 좌표 설정과 끝나는 점(G40 실행점, Lead out) 을 작성할 때는 항상 공구와 공작물의 간섭을 고려한 프로그래밍을 해야 한다. lead in, out은 경보정 사용 시 상당히 중요한 부분이다.

실제로 공구와 공작물의 형상 간격이 좁은 상태에서는 원하는 경로로 이동하는 것이 어렵다. 왜냐하 면 이동 경로에 따른 계산 값과 경로를 알고 있다면 상관이 없는데, 대부분 CNC 자동계산에 의지하기 때문이다. 그래서 장비나 CAM 작업 시 시뮬레이션 기능을 이용하여 미리 프로그램에 대한 공구경로 나 가공 영상을 보고 확인하여 프로그램하는 이유가 여기에 있다.

▌7▐ 공구경 보정코드 상세(D, G41, G40, G42)

이제 공구경 보정 코드에 대해 상세히 알아보자.

① 공구경 보정 OFFSET 번호 선택(D)

앤드밀로 형상가공을 할 때 공구경 보정 G41, G42 코드들 뒤에 반드시 사용하는 코드이다. 이 코드 를 사용하고 D번호를 지령해야 아래 공구 OFFSET 화면(형상(D))의 해당 공구 번호로 입력한 공구의 반지름 정보를 기계가 인식하여 가공 경로를 자동으로 계산하는 데 사용할 수 있다.

보통 길이 보정은 공구메거진 번호, 공구 번호, 공구 OFFSET 번호는 위 그림과 같이 동일한 번호를 사용하지만, 사양이 낮은 CNC 컨트롤러는 OFFSET 번호에 길이 값, 반경 값 구분없이 사용하는 경우가 있다. 이런 경우 길이 보정 H번호와 경보정 D번호를 어쩔 수 없이 다르게 사용해야 하므로 작업 시 D번호를 확인하고 공구 반경 값이 제대로 입력되었는지 반드시 확인해야 한다.

② 공구경 보정 왼쪽(좌측 방향) 방향 보정(G41)

공구경 보정을 하는데 공구의 반지름만큼(공구 OFFSET 값만큼) 좌측으로 보정한다. 즉 공구의 진행 방향(A▶B) 뒤쪽에서 따라가면서 본다면 왼쪽으로 반지름만큼 좌측으로 비켜서 간다고 볼 수 있다. 다음 그림과 같다.

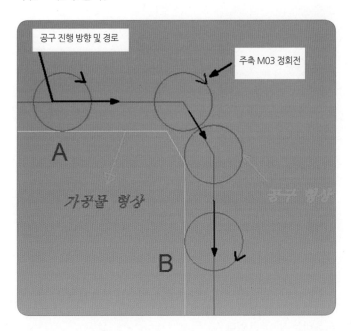

예 G01 G41 D38 X_ Y_ F500; (공구좌측보정실행, Lead in)

형상에 따라서 X나 Y 중 한 축만 사용하는 경우도 있다.

ⓒ G41과 하향절삭의 관계

G41 보정가공은 가공 방향과 스핀들 회전 방향을 평면 위에서 봤을 때 시계 방향으로 정회전하면서 이동하게 된다. 이러한 절삭 형태를 하향절삭이라고 한다. 그러므로 G41 기능은 하향절삭이라고도 한다.

※제8장 Endmill(앤드밀) 작업 참조

③ **공구경 보정 우측(오른쪽 방향) 방향 보정(G42)**

공구경 보정을 하는데 공구의 반지름만큼(공구 OFFSET 값만큼) 우측으로 보정한다. 즉 공구의 진행 방향(B▶A) 뒤쪽에서 따라가면서 본다면 우측으로 반지름만큼 오른쪽으로 비켜서 간다고 볼 수 있다. 다음 그림과 같다.

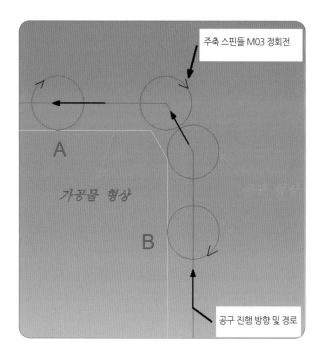

예 G01 G42 D35 Y_ F500; (공구좌측보정실행, Lead in)

형상에 따라서 X나 Y 중 한 축만 사용하는 경우도 있다.

ⓒ G42와 상향절삭의 관계

G42 보정가공은 가공 방향과 스핀들 회전 방향을 평면 위에서 봤을 때 반시계 방향으로 정회전하면서 이동하게 된다. 이러한 절삭 형태를 상향절삭이라고 한다. 그러므로 G42 기능은 상향절삭이라고도 한다. 다르게 표현하자면 깎아내면서 이동하는 형태라고 표현할까?

※제8장 Endmill(앤드밀) 작업 참조

④ 공구경 보정 해제(G40)

G41이나 G42의 공구경 보정을 해제하는 코드이다. 공구경 보정 상태에서 이 기능을 실행하면 보정 값만큼 이동했던 좌표가 원래대로 공구 중심으로 이동된다. 즉 프로그램한 좌표대로 이동하므로 공작 물과의 간섭을 참고하여 항상 공구경 보정을 해제할 때는 공구 반경 값 이상 공작물과 벗어날 수 있도록 프로그램 작성에 주의해야 한다.

※ 공구경 보정 사용 시 처음 경보정하면서 진입(lead in)하는 것과 해제하면서 빠져나올 때(lead out) 좌표는 공작물과 공구가 간섭을 받지 않도록 공구 반경 값 이상의 XY 좌표를 잡아야 한다. 형상에 따라서 X나 Y 중 한 축만 사용하는 경우도 있다.

> 예 G40 X_Y_; (경보정 취소 및 Lead out)

---

5 고정 CYCLE 기능

여러 형태의 구멍가공을 하기 위해 컨트롤러 제작사에서 만든 것으로 작업자가 쉽고 간단하게 구멍가공을 할 수 있도록 만든 것이다. ISO 계열 컨트롤러에서는 고정 사이클 기능이 구멍(hole)가공만 있지만 하이덴 하인, 지멘스 등 유럽 장비 CNC들은 여러 가지 작업 형상에 사용한다. 이 단원에서도 G17평면(Z축 길이 보정)을 기준으로 설명한다.

1 고정 사이클을 사용하는 이유와 특징

① 고정 사이클을 사용하는 이유

반복성이 있고 여러 개의 동일한 형상을 작업하거나 프로그램을 간편하고 쉽게 할 수 있어서 사용한다. 예를 들어 한 개의 Hole이 있는데 G01을 이용해서 가공한다면 별 무리없이 가공하나 그 숫자가 여러 개일 경우에는 프로그램이 엄청 길어진다. 또한 서브프로그램을 사용한다고 할지라도 깊이나 도피량 등 상당한 변수를 고려한다면 아마 프로그램하기가 힘들어 질 것이다.

② 고정 사이클의 특징

㉠ 프로그램을 간결하고 쉽게 작성할 수 있다.

동일한 작업을 하는 많은 포인트 좌표가 있다고 한다면 가공 방법에 맞는 코드 선정 및 값을 한 번만 지령해 주면 되므로 프로그램을 쉽게 작성하거나 시간을 줄여 준다.

ⓒ 절삭이송을 제외한 모든 이송속도는 급속이송 속도로 이동한다.

고정 사이클 실행 중에는 − Z 방향 절삭가공을 제외하면 모두 급속이송을 한다. 도피량, 초기점, R 점, Hole 간 이동의 속도는 모두 G00의 급속이송과 같다. 그래서 별도로 G00 코드를 지령할 필요는 없다.

② 고정 사이클의 종류

드릴, 리머, 보링, 탭 등 여러 가지 HOLE 가공 방법에 따라 고정 사이클 코드가 정해져 있다. 물론 꼭 정해진 코드를 적용하여 각각의 가공을 하라는 법은 없다. 예를 들어 드릴 사이클을 가지고 보링 작업과 리머가공을 해도 크게 문제될 건 없다. 또한 이렇게 사용하기도 한다. 하지만 각각의 가공에 관한 코드를 적용하여 가공하는 이유는 CNC 컨트롤러 회사에서는 각각의 가공 방법에 맞는 가장 이상적인 코드를 만들었기 때문에 코드와 상관없이 가공했을 때는 품질 불량이 발생하거나 절삭 방법이 맞지 않아 공구가 파손된다.

CODE	사용 작업	CODE	사용 작업
G73	Peck Drilling	G84	Tapping(오른나사 탭)
G74	역 Tapping(왼나사 탭)	G85	리머 작업 & 보링 Cycle
G76	Fine Boring	G86	Boring
G81	Drill & SPOT Drill & Boring	G87	Back Boring
G82	Drill & Counter Boring	G89	Boring
G83	Peck Drilling		

− 기타 고정 사이클에 사용하는 코드

CODE	사용 작업	CODE	사용 작업
G80	모든 고정 Cycle 해제(기능 취소)	G98	고정 사이클 초기점 복귀
M29	Rigid mode 코드(탭 작업 전 사용)	G99	고정 사이클 R점 복귀

① 드릴가공 코드들

G74, G81, G82, G83 등이 있다. 이 코드들은 드릴가공을 하는 데 필요한 전문 가공 방법을 코드화한 것이다.

② 리머 가공에 관한 코드들

G85가 전문적인 코드이며 경우에 따라서는 드릴 사이클 코드 G81, G82도 활용할 수 있다.

③ 보링 가공에 관한 코드들

G76, G86, G87이 전문적인 코드이며 경우에 따라서는 드릴 사이클 코드 G81, G82도 활용할 수 있다.

④ 탭(tap: 암나사 공구) 가공에 관한 코드들

G84, G74가 전문적인 코드이다. tap 사이클 코드를 대체할 수 있는 코드는 없다.

⑤ 고정 사이클 모든 코드 및 기능 해제 G80

G80은 모든 고정 사이클을 해제하는 코드로 고정 사이클 기능을 실행하고 공정의 맨 끝에 써주며 대부분 공구 교환 전에 사용한다.

G80과 같이 한 블록에 M, S, T코드를 각각1개씩 사용할 수도 있다.

```
예  G80M05T02 ;
```

※고정 사이클 사용 후 G80으로 해제하지 않으면 공구 교환 알람이 발생되기도 한다. (제9장 참조)

⑥ M29 Rigid mode 코드(탭 작업 전 사용)

탭 작업을 할 때 탭 진입 부위와 진퇴 부위의 가감속 속도에 맞게 스핀들 속도를 제어하는 기능으로 탭공구를 보호하기 위한 기능이다. 해제코드는 별도로 없으며, 스핀들 회전수를 지정할 때 사용한다.

```
예  M3 S500; M29 S500;
```

이 기능은 CNC 사양에 따라 다르므로 확인바란다.

⑦ G98과 G99의 사용

모든 고정 사이클을 사용할 때 반드시 들어가야 될 코드로서 공작물과 공구의 충돌을 방지하기 위해 안전도피 지점을 설정하거나 작업을 빨리 하기 위해 설정하는 코드이다.

※세부 설명은 다음에서 알아보자.

❸ 고정 사이클의 초기점 및 R점 복귀에 대해

초기점과 R점 복귀를 구분하여 사용하는 이유는 Z축 이동을 안전하고 빠르게 이동하는 목적으로 사용한다. 초기점 복귀나 R점 복귀 방법 2가지 모두 R점까지는 Z축이 급속 이동을 하는 것은 기본적으로 똑같다.

① 초기점 복귀 G98

G98은 초기점 복귀 명령어로 고정 사이클 지령 바로 전(前)의 Z 값만큼 급속으로 이동 복귀한다. 이

Z 값이 초기점으로 인식되며, 이 Z 값으로 급속 이동 복귀하는 것을 초기점 복귀라 한다. 예를 들어 어느 구멍 위치로 XY축이 이동하고 고정 사이클을 사용하여 원하는 깊이만큼 Z축을 가공했다고 하자. 이 Z축이 이제 구멍에서 빠져 나와서 안전한 거리만큼 도피(Z+쪽으로 이동)해야 하는데 앞서 말한 Z 값(고정 사이클 지령 바로 전의 Z 값)으로 급속 이동(복귀)한다.

사용 이유는 단차가 있는 구멍가공을 할 때 XY축 이동 시에 Z축(공구 포함)이 공작물과의 간섭이나 충돌하지 않게 안전하게 이동해야 하기 때문이다.

㉠ G98 사용 예

다음 그림과 같이 1번과 2번 구멍을 가공하려 한다. 먼저 1번을 가공하고 나서 2번을 가공하는데, 초기점 복귀 기능인 G98을 사용하여 프로그램 작성한 것을 보자.
(그림의 공구 길이가 실제 가공 깊이보다 작은데 공구 홀더를 보여주기 위한 것이므로 참고하기 바란다. 실제 이렇게 공구 길이가 가공 깊이보다 작으면 안된다.)

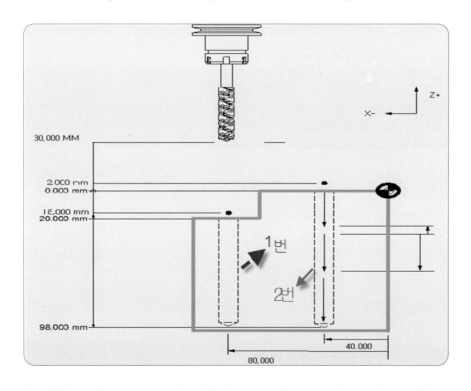

G0X80Y50Z100; (1번 구멍으로 XY 좌표 이동, Z축은 100mm 위로 이동(참고만))
Z30;   (위 그림과 같이 Z30으로 Z축 이동함, 이 Z30이 초기점으로 인식됨)
G98G81Z- 98R- 18F80; (아래 보충 설명, "A")
X40R2; (2번 구멍으로 이동하여 G81 실행함)

"A" 보충 설명

좌표 X40Y50의 1번 구멍 드릴가공 G81(뒤에 설명 나옴) 기능을 실행하여 Z- 98까지 1번 구멍만 가공 완료한 다음 Z축이 R점, 즉 Z-18까지 급속 이동 복귀한다. 여기까지는 R점 복귀와 동일하다. 그러나 초기점 복귀는 여기서(Z- 18) 다음 2번 구멍 좌표로 바로 X축이 이동하는 것이 아니고, 또다시 Z축이 Z30까지 복귀(급속 이동)하게 되는데, 이 Z30 값이 초기점이라고 말하며, 이 값으로 Z축이 급속 이동하는 것을 초기점 복귀라 한다.

– G98 프로그램을 잘못 작성한 경우

만약 위 가공에서 G98 초기점 복귀를 사용하지 않고 G99 R점 복귀를 사용했다면 어떻게 될까?

```
G99G81Z- 98R- 18F80;

X40R2;
```

이렇게 G98 대신 G99를 사용했다고 한다면 그 결과는 다음 그림과 같이 공구와 공작물이 충돌하여 공구가 파손되며 제품 불량이 발생될 것이다.

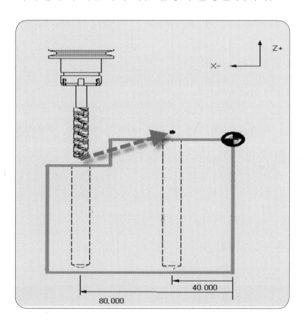

위 빨간색 화살표는 공구 끝의 이동 경로이다. 이와 같이 공구와 공작물이 충돌하므로 위험하다. 만약 단차가 위 그림보다 더 커서 공구 아버나 스핀들 높이 이상이라고 한다면 피해는 엄청 클 것이다.

또한 아래와 같이 G98 초기점 복귀는 사용했는데 2번 구멍으로 이동할 때 X40 R2와 같이 프로그램하지 않고 R2를 빼고 프로그램했다고 한다면 어떻게 될까?

```
G98G81Z- 98R- 18F80;

X40;       (R2를 빼고 프로그램함)
```

결과는 아래와 초기점 복귀로 안전하게 Z축이 빠지고 X40으로 이동했지만 R- 18, 즉 Z- 18의 R

점까지 또다시 급속 이송하므로 공작물과 공구가 충돌할 것이다.

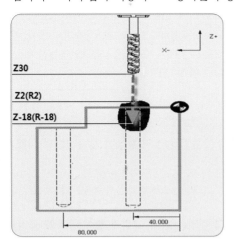

위 그림의 파란색 화살표 부위와 화살표 주변 검은색 부위 및 공구가 파손될 것이다.

② R점 복귀 G99

G99는 R점 복귀 명령어로 고정 사이클 지령 블록에서 사용하는 R 값까지 Z축이 급속 이동(복귀)하는 것을 R점 복귀라 한다. R점까지는 급속 이동하므로 R점을 정할 때에는 공구와 공작물의 충돌만 없으면 된다. 이 책에서는 보통 R2, 즉 2mm 여유를 주었는데 이 값은 작업자 임의로 정해주면 되는데 최소 값으로 주어야 가공 시간이 좀 단축될 것이다. 보통 0.5~2mm 정도 주게 된다.

㉠ G99 사용 예

다음 그림과 같이 2번과 1번 구멍을 가공하려 한다. 먼저 2번을 가공하고 나서 1번을 가공하는데 R 복귀 기능인 G99를 사용하여 프로그램 작성한 것을 보자.

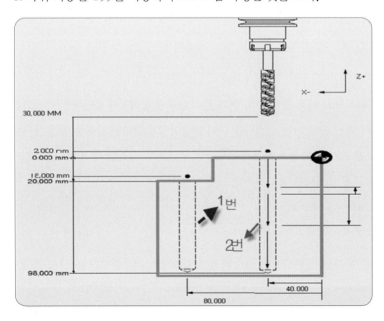

```
G0X40Y50Z100;   (2번 구멍으로 XY 좌표 이동, Z축은 100mm 위로 이동(참고만))
Z30;   (위 그림과 같이 Z30으로 Z축 이동함, 이 Z30이 초기점으로 인식됨)
G99G81Z- 98R2F80;   (아래 보충 설명, "A")
G98X80R- 18;   (아래 보충 설명, "B")
```

"A" 보충 설명

좌표 X40Y50의 드릴가공 G81(뒤에 설명 나옴) 기능을 실행하여 Z- 98까지 Z축이 내려가서 가공을 완료한 다음 급속으로 Z축이 R점(Z2)까지 빠져 나오게 된다. 여기까지는 초기점 복귀와 같은데 여기서부터 초기점 복귀는 Z30으로 또다시 이동하지만 G99, 즉 R점 복귀를 사용하면 Z2점, 즉 R점까지만 복귀하고 Z축이 정지한다

"B" 보충 설명

2번 구멍가공을 완료하고 "A"에서 설명한 것처럼 Z축은 Z2 위치에 정지해 있다.
이제 다음 블록인 G98X80R- 8; 을 읽게 되면 Z축은 그대로 있는 상태에서 X축이 X80으로 이동한 다음 Z축이 Z- 18까지(R점)까지 급속으로 이동한 다음 Z- 98까지 가공한다. 그런 다음 Z- 18, 즉 R점까지 급속으로 빠져 나오게 되는데 여기까지는 R점 복귀이다. 하지만 블록 맨 앞에 G98을 사용하였으므로 또다시 Z축이 Z30까지 급속으로 이동 복귀한다.

– G99 프로그램을 잘못 작성한 경우

자 이제 "B" 프로그램이 G98X80R- 18;인데 아래와 같이 R-18을 빼고 작성했다고 가정해보자.

```
G98X80;
```

위와 같이 R- 8이 빠지면

R점은 "A"에서 사용한 R2로 계속 인식된다. 이런 경우 어떤 문제가 있는지 설명하자면 Z- 18까지 급속으로 이동하여 가공 시간을 단축해야 하는데 R- 18이 빠졌기 때문에 Z2점부터 Z- 98까지 고정 사이클 가공속도인 F80으로 내려가므로 가공할 필요 없는 단차 부위(Z0~Z- 20) 허공을 천천히 Z축이 내려간다. 이로 인해 가공 시간이 많이 소요되는 결과를 가져오게 된다.

④ 드릴(Drill) 고정 사이클의 코드 기능 파악

이제 드릴에 사용하는 고정 사이클 각 코드를 하나 하나 상세하게 어떤 동작을 하는지 알아보자.

① G73 Peck Drilling

G73	Peck Drilling

G73은 고속으로 구멍을 가공하는 데 칩 배출을 원활히 하면서 드릴가공을 하기 위한 사이클이다. 그러나 이 기능으로 공구지름의 4배 이상의 깊이 가공은 하지 말아야 한다.
다음 그림을 보고 설명하기로 한다.

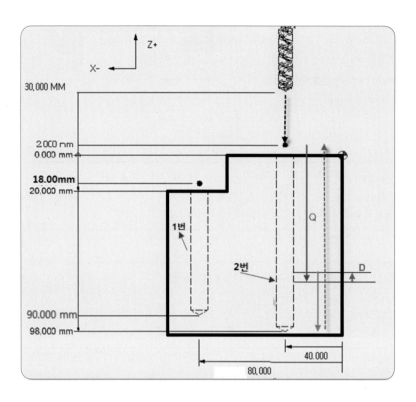

G98 G73 X40 Y0 Z- 98 Q60 R2 F400 ; (아래 보충 설명, "A")

X80 Z- 90 R- 18 ;　　(아래 보충 설명, "B")

G80 ;　　　(아래 보충 설명, "C")

"A" 보충 설명

Z30 X40 Y0점 급속 이동 후 R점인 Z2까지 급속 이동한 다음 아래와 같은 순서로 작업을 한다. Z축이 Z- 98까지 내려가서 가공을 완료하는 것은 다른 고정 사이클 모두 공통된 사항이다. G73은 Z- 8까지 내려 가는 동안 아래와 같이 ㄱ~ㄴ을 반복 작업하면서 내려가는 것이 특징이다.

먼저 Z축이 R점(Z2)까지 급속 이동한다. 그런 다음 아래와 같은 순서로 작업 완료한다.

ㄱ : (파란색 실선 화살표 구간): 절입량인 Q 값만큼 Z축이 아래로 60mm 내려간다.

　　설명: 처음 고정 사이클 절삭이송이 실행되는 R점인 Z2부터 Z- 60까지 절삭이송 값 F400으로 내려감. 보통 Q 값을 적게 해야 Chip 배출이 용이하다. 보통 Q 값은 드릴 지름보다 작은 값인 1/5 정도 해야 한다. (그림의 Q 값은 안맞음, 참조만 할 것)

ㄴ : (빨간색 실선 화살표) :후퇴량 D 값만큼 Z축이 급속 도피하며 위로 올라간다. (D 값은 별도로 써주지 않는다.)

　　설명: D 값은 파라미터에서 설정해 놓은 값으로 기본적으로 0.5mm 정도 설정되어 있을 것이다. 만약 D 값이 0.5mm로 설정돼 있다면 후퇴된 지점은 Z- 59.5mm가 된다. 이 D 값의 기능은 절삭 시 발생하는 칩을 절단(Chip brake)해주는 역할을 한다. D 값을 주어서 칩을 절단하지 않으면 칩이 길게 발생하여 칩이 드릴과 꼬여서 절삭가공에 방해가 되기 때문이다.

ㄷ : (연두색 화살표): 후퇴 지점부터 Q 값(절입량)만큼 또 다시 내려간다.

　　설명: 첫 번째 후퇴한 지점 Z- 59.5부터 Q 값인 60mm를 내려가는데 절삭 깊이는 1회 가공(파란색 화살표)이 끝났기 때문에 절삭할 수 있는 깊이는 Z- 98까지 38mm 밖에 남지 않았다. 이때는 Q 값이 남아있는 깊이 값보다 크기

때문에 Z축이 Z- 59.5부터 60mm를 내려가지 않고 Z- 98까지만 내려간다. 즉 38mm만 더 내려간다. 이런 계산은 CNC에서 자동으로 계산된다.

ㄹ : (보라색 화살표): 최종 깊이까지 가공 완료하고 나서 R점까지 급속 이동한다.

설명: 최종 깊이까지 가공을 완료했으므로 R점인 Z2까지 급속으로 빠져나온다.

ㅁ : Z30까지 급속 이동

설명: G98 초기점 복귀를 사용했으므로 Z축이 Z30까지 급속이송한다.

즉 ㄱ의 설명처럼 처음 R2점부터 절입량까지 1회차 가공을 완료했다면 G73은 ㄴ에서 ㄷ까지의 작업을 자동으로 반복하다가 프로그램에 정해준 Z깊이 값(Z- 8)까지 작업을 한다. 이런 자동 반복 작업(ㄴ~ㄷ)을 하는 것이 G73이다.

이런 방법으로 X40 Y0 위치의 1번 구멍가공이 완료되었다.

"B" 보충 설명

Z축이 Z30 위치에 있는 상태에서 X축이 X80으로 이동, 즉 1번 구멍으로 급속 이동한 다음, Z축이 다시 R점인 Z-18까지 급속 이동한다.

"B"부위에서의 이런 동작은 다른 고정 사이클에서도 마찬가지 동작인데, 이제 Z- 18부터는 G73 기능이 계속 실행 중이므로 "A"에서 설명한 ㄴ~ㄷ의 반복동작을 한다. 이 반복동작을 Z축이 Z- 90이 될 때까지 반복한 다음 초기점 복귀 G98이 계속 실행 중이므로 초기점인 Z30까지 급속 이동 복귀한다.

"C" 보충 설명

이제 2번과 1번 구멍가공을 모두 작업 완료하고 G73 드릴 작업을 해제하기 위해 G80을 사용한다.

만약 위 프로그램에서 G80 다음 블록에 포인트 좌표가 있다고 가정하자.

G98 G73 X40 Y0 Z- 98 Q35 R2 F400;

X80 Z- 90 R- 18 ;

G80 ;

X100 Y20;

위와 같이 G80 다음 블록인 X100Y20; 이 나오면 G73 고정 사이클이 G80에 의해 해제된 상태이므로 단순히 X축과 Y축이 위치 이동만 하고 블록을 종료하게 된다.

(Z축은 Z30점에 정지해 있고 동작 안함)

② G83 Peck Drilling

G83	Peck Drilling

G73과 비슷하지만 깊은 구멍(공구지름의 3배 이상)을 가공하기에 좋은 기능이다. G73과 비슷하지만 후퇴하는 방법과 후퇴 후 진입 조건이 약간 다르다.

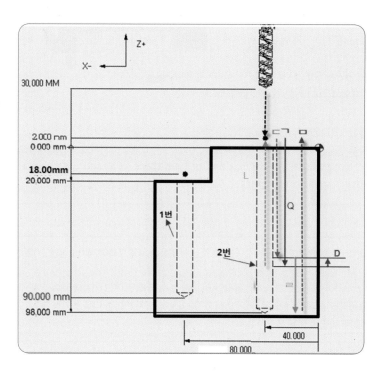

G98 G83 X40 Y0 Z-98 Q60 R2 F400; (아래 보충 설명, "A")

X80 Z-90 R-18; (아래 보충 설명, "B")

G80; (아래 보충 설명, "C")

"A" 보충 설명

Z30 X40 Y0점 급속 이동 후 R점인 Z2까지 급속 이동한 다음 아래와 같은 순서로 작업을 한다.

ㄱ : (파란색 화살표): 절입량 Q 값만큼 Z축이 F400속도로 절삭 가공한다.

설명: G73 기능의 ㄱ과 동일하다. 즉 Z2에서부터 Z-60까지 절삭 이송한다.

ㄴ : (오랜지색 화살표): 절입량 깊이만큼 내려간 위치에서 바로 Z2, 즉 R점까지 급속 후퇴한다.

설명: 항상 절입량까지 절삭하고 나서 그 지점의 Z점에서 R점까지 급속 복귀한다. 이런 R점으로 도피하는 것이 G73
과 다른 점이다. G73은 매번 D 값만큼만 도피한다.

ㄷ : (회색 화살표): Z2부터 다시 2회 절입량 가공하기 위해 전 가공 회차 깊이 부근까지 급속 이동한다.

설명: D 값만큼 떨어진 1회 가공 깊이 부근까지 Z축이 급속하향 이동한다. 즉 Z2점에서 Z-59.5mm까지 급속 이동
한다. (우측 파란색 하향 점선) 즉 D 값이 0.5mm로 파라미터에 설정되었을 때다. G83에서의 D 값은 안전 여유량
이 된다. D 값이 없이 바로 1회 가공 깊이인 Z-60까지 급속으로 내려가면 가공된 면이라도 공구 끝이 공작물과 닿
거나 칩이 쌓여 간섭이 발생된다면 공구가 파손될 수 있기 때문이다.

ㄹ : 2회차 절삭 가공한다. 절입량만큼 다시 절삭이송을 한다.

설명: Z-59.5부터 시작하여 Z-98까지만 절삭 이송하여 최종 깊이를 맞추게 된다. 왜냐하면 절입량은 Q60이므로
매번 60mm씩 Z축이 내려가는데, 최종 깊이가 Z-98이며 공구 끝은 현재 Z-59.5에 이동한 상태이므로 실제 절삭
깊이는 Z-98까지 38mm 밖에 남지 않았기 때문이다.

그래서 2회차 가공은 60mm가 더 내려가는 것이 아니고 CNC가 자동으로 계산해서 38mm만 더 내려가 최종 깊이
인 Z-98mm를 맞추게 되는 것이다.

즉 ㄱ의 설명처럼 처음 R2점부터 절입량까지 1회차 가공을 완료했다면 ㄴ에서 ㄹ까지의 작업을 자동 반복하는 것
이 G83 기능이다.

만약 위 프로그램에서 Q 값을 1mm 로 했다면 ㄴ ~ ㄹ을 몇 회차를 자동 반복할까?

정답은 98회차까지 자동으로 반복한다. 즉 처음 Z- 1을 작업하고 Z2점으로 급속 후퇴하고 다시 Z- 0.5까지 급속으로 내려간 다음 Z- 0.5부터 Z- 2까지 절삭 이송하고 또 Z2까지 급속 후퇴하고 또 다시 급속으로 Z- 1.5mm까지 내려 가서 이 점부터 Z- 3까지 절삭 이송한다. 이렇게 1mm씩 가공해서 Z- 98까지 가려면 98회를 반복할 것이다.

"B" 보충 설명

앞서 G73에서 설명한 "B"와 거의 동일하나 G83이라는 사이클 기능(반복 동작)만 다르다.

"C" 보충 설명

G83 드릴 사이클 기능을 해제한다. (G73에서의 "C" 보충 설명 참조)

㉠ G83의 장단점

G83은 매번 절입량만큼 절삭하고 R점까지 빠져 나오므로 G73에 비해 칩 배출을 원활히 하며 절삭열 발생으로 인한 공구의 마모를 감소시켜 주는 효과가 있어 깊은 구멍가공을 할 때 유리하다. 하지만 G73에 비해 가공 시간이 더 걸린다.

저자가 추천하는 선택 방법은 공구지름과 가공 깊이를 따져 봐서 가공 시간보다는 공구 파손이 되지 않는 절삭가공을 하는 방법으로 선택할 것이다. 또한 이것이 가장 이상적인 선택 방법이라 하겠다. 왜냐하면 드릴이 파손되면 공구 교환 시간이나 드릴이 파손된 구멍을 정상적으로 복구하는 데 걸리는 시간이 더 소요되기 때문이다.

③ G81 Drill & SPOT Drill & Boring

G81	Drill & SPOT Drill & Boring

G73과 G83 기능에 비해 단순한 센터 드릴 & 드릴 및 보링 가공용 고정 사이클이다.

절삭 방법은 아래와 같다.

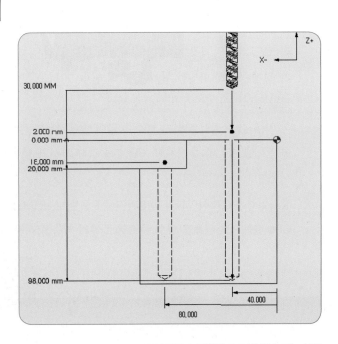

G98 G81 X40 Y0 Z- 98 R2 F400; (아래 보충 설명, "A")

X80 R- 18 ;   (아래 보충 설명, "B")

G80 ;   (아래 보충 설명, "C")

"A" 보충 설명

Z30 X40 Y0점 급속 이동 후 R점인 Z2까지 급속 이동한 다음 아래와 같은 순서로 작업을 한다.

ㄱ : R점부터 주어진 최종 깊이 값만큼 F400속도로 Z축이 내려가면서 절삭 가공한다.

　설명: R점인 Z2부터 최종 깊이인 Z- 98까지 Z축이 절삭이송을 하여 최종 깊이까지 한 번에 가공을 완료해 버린다.

ㄴ : 최종 깊이에서 바로 R점까지 급속 후퇴한다.

　설명: Z축 최종 깊이, 즉 Z- 98 위치에서 R점인 즉 Z2까지 급속 이동 후퇴를 한다.

ㄷ : G98 초기점 복귀를 사용했으므로 R점부터 초기점까지 급속 이동 복귀를 한다.

　설명: 초기점 복귀를 실행한다. 즉 Z2부터 Z30으로 Z축이 급속 이동한다.

"B" 보충 설명

X80으로 X축이 이동한 다음 Z축이 급속으로 R점인 Z- 18점까지 급속 이동 후에 G81, 즉 앞의 ㄱ~ㄷ을 실행하여 1번 구멍을 완료한다.

"C" 보충 설명

G81 드릴 사이클 기능을 해제한다.

---

④ G82 Drill, Counter Boring

G82	Drill & Counter Boring

G81과 거의 같으나 최종 깊이에서 휴지 시간(delay, 딜레이 타임)을 갖는 것이 특징이다. 물론 휴지 시간 동안 주축은 회전하고 있다.

이 코드 기능은 가공 깊이 면의 바닥의 정도를 잡는 데 주로 사용한다. 즉 절삭 방향 쪽으로 절삭 부하가 생겨 공구의 미세한 휨이나, 축의 밀림, 기타 공작물의 밀림 등의 이유로 Z축 지령 깊이 값과 실제 가공 깊이와의 차이가 발생하게 된다.

이 차이 값은 절삭 부하가 클수록 많이 발생하는데 G82는 절삭 깊이까지 내려간 상태에서 휴지 시간 만큼 있으므로 휴지 시간이 지날수록 절삭 부하가 줄어들거나 없어지면서 가공되며, 이 차이 값이 줄어들거나 없어지게 된다.

휴지명령은 G76사이클과 만찬가지로 P로 한다. P1000은 1초이다. 어떤 장비는 X로 표기하기도 한다. G04 단독으로 사용할 경우 주로 X로 휴지 기능을 사용하는데, X1은 1초이다.

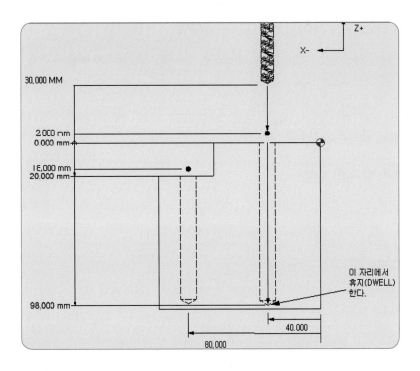

G98 G82 X40 Y0 Z-98 P2000 R2 F400; (아래 보충 설명, "A")

X80 R-18; (아래 보충 설명, "B")

G80; (아래 보충 설명, "C")

"A" 보충 설명

Z30 X40 Y0점 급속 이동 후 R점인 Z2까지 급속 이동한 다음 아래와 같은 순서로 작업을 한다.

ㄱ : R점부터 주어진 최종 깊이 값만큼 F400속도로 Z축이 내려가면서 절삭가공한 다음, 2초간 휴지 시간을 갖는다.

설명: G81처럼 R점인 Z2부터 최종 깊이인 Z-98까지 Z축이 절삭이송을 하여 최종 깊이까지 한 번에 가공을 완료하는데 최종 깊이에 도달하면 2초간 딜레이 타임을 갖는다.

ㄴ : 최종 깊이에서 바로 R점까지 급속 후퇴한다. (G81과 같음)

설명: Z축 최종 깊이, 즉 Z-98 위치에서 R점, 즉 Z2까지 급속 이동 후퇴를 한다.

ㄷ : G98 초기점 복귀를 사용했으므로 R점부터 초기점까지 급속 이동 복귀를 한다. (G81과 같음)

설명: 초기점 복귀를 실행한다. 즉 Z2부터 Z30으로 Z축이 급속 이동한다.

"B" 보충 설명

(G81과 이동만 같고 기능만 다름)

X80으로 X축이 이동한 다음 Z축이 급속으로 R점인 Z-18점까지 급속 이동 후에 G82, 즉 앞의 ㄱ~ㄷ을 실행하여 1번 구멍을 완료한다.

"C" 보충 설명

G81 드릴 사이클 기능을 해제한다.

⑤ 보링(boring) 및 리머 작업 고정 사이클의 코드 기능 파악

이제 보링(구멍 정밀가공)에 사용하는 고정 사이클 각 코드를 하나 하나 상세하게 어떤 동작을 하는지 알아보자. 보링 작업할 때 드릴 사이클 중에 가능한 사이클이 있다면 사용해도 된다. 보통 황삭보링할 때는 드릴 사이클의 G81, G82를 사용하기도 한다. 또한 정삭보링이라도 면조도를 따지지 않고 구멍 공차만 맞추는 작업이라면 위 코드로 작업할 수 있다.

① 정삭보링 사이클의 특징 및 주의 사항

정삭보링 사이클은 황삭보링 사이클과 달리 특별한 기능이 있다. 이 특별한 기능은 구멍가공을 완료한 다음 공구가 구멍에서 빠져 나올 때 어떤 방법으로 빠져 나오는지 알아보자.

⑴ 주축이 M19로 정지한다. (M19, M06 참조)

Z축이 최종 깊이까지 가공한 다음 주축이 정지한다. 만약 주축이 회전하면서 빠져 나올 경우 약간이라도 정삭보링된 구멍 면을 긁고 나오기 때문이다. 이 정지는 랜덤하게 하는 것이 아니고 M19, 즉 주축오리엔테이션이라고 불리는 기능으로 스핀들이 정위치 정지(정해진 회전각, 공구 교환 시에도 적용됨)한다.

※ 주의 사항

메거진에 정삭보링바를 장착할 때는 반드시 보링바이트 방향이 M19 실행 방향에 맞추어 장착해야한다. 즉 아래와 같다.

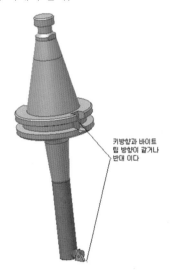

키방향과 바이트 팁 방향이 같거나 반대 이다

※ 주의: 만약 방향을 잘못 보고 메거진에 넣었을 경우는 보링바이트가 깨지거나 망가지는 경우가 발생하므로 필히 M19 및 정삭보링 사이클인 G76을 허공에 한 번 실행해 보고 작업하는 것이 좋다.

⑵ 보링바이트 팁과 구멍 면과의 간격을 주는 기능을 실행한다.

정삭보링 사이클을 실행하면 M19 기능의 방향에 맞추어 보링바가 구멍을 빠져나올 때 보링 면과 보링바 바이트가 접촉되지 않도록 지령 값만큼 X축이던 Y축이던 자동으로 SHIFT 시켜 준다.

다음 그림과 같다.

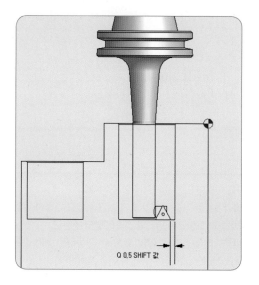

위와 같은 기능이 없으면 보링 면에 금긋기 한 것처럼 긁힌 줄이 생긴다.

※M19 방향과 주축 회전 정지 방향을 꼭 확인해야 한다.

② G76 정삭 Boring

G76	Fine boring

G76은 정삭(Fine) 보링 사이클이다. 정밀한 구멍 지름을 맞추는 작업을 하고자 할 때 사용한다. G76은 가공하고자 하는 위치까지 내려간 후 주축이 정위치에 회전 정지하고 바이트의 반대 방향으로 X축이던 Y축이던 이동하고 빠져나오는 기능이다.

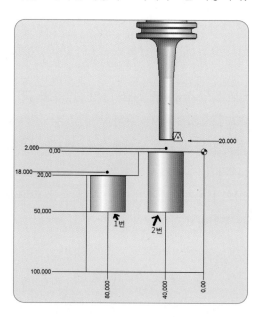

위 그림을 보면서 G76의 프로그램 방식을 설명하기로 하자. 프로그램은 다음과 같다.

(단, 여기에서 Q0.5 값은 X+축으로 이동하게 파라미터 설정됐다고 가정하고, Q설정 값에 대해서는 9장 파라미터 설정 참조 바람)

```
G98 G76 X40 Y0 Z- 49.9 Q0.5 P1000 R2 F120; (아래 보충 설명, "A")
X80 R- 18 ;    (아래 보충 설명, "B")
G80 ;     (아래 보충 설명, "C")
```

"A" 보충 설명

Z20 X40 Y0점 급속 이동 후 R점인 Z2까지 급속 이동한 다음 아래와 같은 순서로 작업을 한다.
ㄱ: R점부터 주어진 최종 깊이 값만큼 Z축이 내려가면서 절삭가공한 다음, 1초간 휴지 시간을 갖고 주축이 정위치 회전 정지(보링팁이 X0 방향을 보게)된 다음 X축이 이동하여 보링팁과 보링구멍 면과의 접촉이 안되게 한다.
설명: 위에서 1초간 휴지한 후 정위치 회전 정지한 다음, 파라미터 설정에서 X축이 0.5mm 이동하는 shift 값을 설정한 대로 X축이 X40에서 X40.5로 Shift 한다. 그다음 급속으로 초기점인 Z20 점까지 급속 이동 후퇴한다.

"B" 보충 설명

X80으로 X축이 이동한 다음 Z축이 급속으로 R점인 Z- 18점까지 급속 이동 후에 앞 블록에서 지령한 최종 깊이 Z-49.9까지 가공한 다음 G76 기능을 실행하여 1번 구멍을 완료한다.

"C" 보충 설명

G76 드릴 사이클 기능을 해제한다.

※ 위 도면 치수에는 Z- 50으로 보링 깊이가 돼 있다. 그러나 위 프로그램에서는 정삭보링 깊이는 Z- 49.9 밖에 넣지 않았다. 그 이유는 제8장 HOLE 가공에서 정삭보링 부분을 참조 바란다.

③ G86 Boring

G86	Boring cycle

G86은 보링 사이클이다. 황삭, 정삭 모두 사용하지만 많이 사용하지 않는다. 이 사이클은 G81과 거의 같지만 Z축 깊이만큼 절삭한 다음 주축이 정지하고 급속으로 빠져 나온다.

저자의 경우 이 사이클은 거의 사용하지 않았다. 보통 황삭 및 정삭 보링에 모두 G81을 사용했었고 보링 면이 중요하다고 할 때만 G76을 사용했었다. 저자가 이 G86 사용을 꺼린 이유는 Z축 깊이만큼 절삭한 다음 주축이 정지하고 빠져나올 때 보링 바이트가 깨지는 경우가 많았다. 즉 절삭 부하나 기타 클램프 및 공작물 변형의 원인이 많은 관계로 저자는 추천하고 싶지 않다.

사용 예는 아래와 같다.

```
예  G99 G86 X40 Y0 Z- 50 R2 F120;
```

④ G87 백보링(Boring)

G87	Back Boring cycle

Back Boring cycle은 진입 쪽 반대면에 보링하는 관계로 진입하는 hole이 적고, 반대 면의 보링 hole은 다음 그림과 같이 크다. 따라서 Back 보링 전용 보링을 바로 작업해야 한다.

또한 이 작업은 기계의 충돌 위험이 커서 대부분 작업 구멍이 많지 않으면 수동으로 마무리하는 것이 좋다. 하지만 어쩔 수 없이 사용해야 된다면 G76 기능과 같이 정위치 회전 정지의 방향, 어느 축으로 shift해서 처음 진입하는지를 작업 전에 파악해서 하는 것이 현명하다.

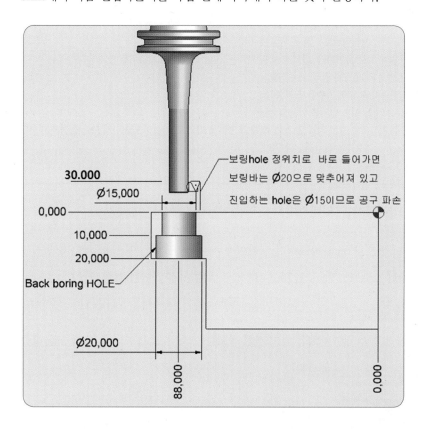

위의 그림에서 보는 바와 같이 팁의 반대쪽으로 이동하지 않고 곧바로 들어가면 공구가 파손된다. 또한 빠져 나올 때도 바이트가 파손되지 않도록 하는 기능이다.

그래서 G87은 Q 값만큼 이동(shift)하여 공구의 바이트 팁 부분이 닿지 않게 진입한 후에 원래의 hole 위치로 다시 Q 값만큼 이동해 Back boring을 실행 후 다시 Q 값만큼 이동 후 빠져 나간 다음 원래의 지령 hole 위치로 이동한다.

※G87은 항상 G98, 즉 초기점 복귀만 사용한다는 것을 명심하기 바란다.

```
G98 G87 X88 Y0 Z- 10 R- 25 Q3 F120;  (아래 보충 설명, "A")
G80;
```

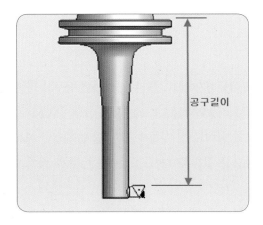

"A" 보충 설명

Z30초기점 및 홀 위치 X88Y0로 급속 이동한 다음, 아래와 같은 순서로 작업을 한다.
ㄱ : 스핀들 정위치 정지
ㄴ : X+축으로 3mm 이동(보링팁 파손 방지를 위한 Shift량)
　설명: 이 값은 보링공구 지름과 보링바 지름 및 진입 쪽 구멍 지름을 파악 후 간섭이 일어나지 않게 설정해야 한다. 실행 후 이동 위치는 X91mm에 X축이 위치해 있게 된다.
ㄷ : Z- 25까지 급속이송
　설명: 여기서는 R점이 된다. 그래서 위 설명에서 G87은 무조건 초기점 복귀를 사용하라는 이유가 바로 여기에 있다.
ㄹ : X- 축으로 3mm 이동(구멍 센터점으로 이동을 위한 Shift량)
　설명: 원래 지령한 구멍 위치로 복귀한다. 실행 후 이동 위치는 X88mm에 X축이 위치해 있게 된다.
ㅁ : 스핀들 회전 후 Z- 10까지 F120으로 절삭 이송한다.
ㅂ : 급속으로 Z- 25까지 빠져 나간 후에 스핀들 정지한다.
ㅅ : X+축으로 3mm 이동(보링팁 파손 방지를 위한 Shift량)
　설명: 이 값은 보링공구 지름과 보링바 지름 및 진입 쪽 구멍 지름을 파악 후 간섭이 일어나지 않게 설정해야 한다. 실행 후 이동 위치는 X91mm에 X축이 위치해 있게 된다.
ㅇ : 초기점 복귀점인 Z30으로 Z축 급속 이동 후 스핀들 회전

※위 Q 값은 Ø20- Ø15=5/2=2.5인데 여유로 0.5 더 이동시켜 3MM 이동했다.

또 Q 값은 가공하기 전 반드시 기계 파라미터를 확인해 어느 쪽으로 축이 shift(이동)하게 설정돼 있는지 알고 작업에 임해야 하겠다. (제9장 G76, G87 보링 작업 시 파라미터 설정 참조)

㉠ G87 백보링 작업의 보링공구 측정 방법

위 G87 프로그램에서 가공 깊이나 R점 및 초기점 복귀는 아래와 같이 공구 길이 측정을 하였다.

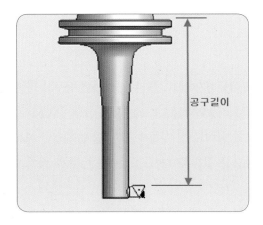

공구길이

즉 보링바의 지름부 맨 끝면 기준이 아닌 실제 절삭면의 바이트 팁 끝이 기준이 돼야 한다.

⑤ G85 리머 작업 및 보링 작업 사이클

G85	리머 작업 및 보링 cycle

리머 작업 시 주로 사용하며 보링 작업할 때도 사용하기도 한다. G81과 거의 같으나 절삭 깊이까지 내려간 다음 R점까지 복귀하는데 급속 이동이 아닌 절삭 이동으로 복귀한다. 리머 작업 특성상 절삭 부하를 많이 받으므로 이렇게 하지 않을 경우 구멍에서 나올 때 공구의 파손 및 탈착이 발생된다.(테이퍼 공구가 콜렛에서 빠져 버림)

⑥ G89 리머 작업 및 보링 작업 사이클

G89	리머 작업 및 보링 cycle

G85와 거의 같으나 절삭 깊이까지 내려간 후 지령한 휴지 시간만큼 기다린 다음 R점까지 절삭이동으로 복귀한다. G85 기능보다는 많이 사용하지 않는다.

```
예  G99 G89 Z- 100 P1000 R2 F800;
```

⑥ TAP(탭 작업, Tapping) 코드 기능 파악

암나사를 tap 공구를 사용하여 내는 작업으로 크게 오른나사 및 왼나사 기능이 있다.

① 탭 작업 시 주의 사항

탭 작업 시 주의할 사항은 크게 아래와 같이 2가지가 있다.

㉠ 주축 회전수와 절삭이송 속도를 맞추어야 한다.

tap 가공은 나사가공이므로 반드시 절삭이송과 주축 회전수를 잘 맞추어야 한다. 먼저 설정해야 할 값은 주축 회전수이다. 재질에 따라서 공구회사에서 추천하는 주축 회전수를 먼저 정한다. 작업자 임의로 주축 회전수를 정해도 상관없다. 경험이 있다면 경험치의 회전수를 입력해도 된다. 주축 회전수가 정해졌으면 아래 사용하는 tap 공구를 보면 피치가 적혀 있는데, 피치를 알아 놓은 다음 아래와 같이 주축 회전수에 tap 피치를 곱하면 원하는 절삭이송 속도 값이 나온다.

(단, 주축 회전수를 300으로 정하고 사용하는 tap=M8×1.25로 정한다.)

300(주축 회전수)×1.25(피치)=375MM(이송속도가 나온다.)

㉡ tap 가공 깊이는 드릴 깊이 값보다 덜 들어간다.

기초 드릴, 즉 tap가공을 하기 위한 드릴가공을 했다면 이 드릴 깊이보다 더 들어가면 안된다.

(제8장 나사가공 참조)

② 오른나사 가공 G84

G84	Tapping 고정 cycle

가장 많이 사용하는 기능이다. 이 기능은 절삭 깊이까지 정회전(시계 방향) 및 정해진 절삭 이송속도로 내려 가다가 최종 절삭 깊이에서 역회전(반시계 방향)하면서 R점까지 정해진 절삭 이송속도로 올라간다.

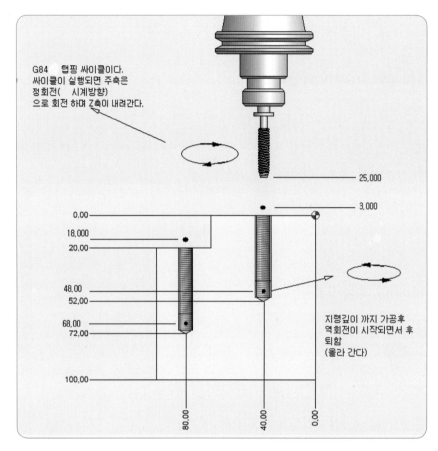

(단, 위 탭 규격은 M8×1.25이며 주축 회전수는 S=300으로 정한다.)

```
O0001;
G00G17G49G80;
G90G54X0Y0   (단순 이동한 것임 신경 쓸 필요 없음, 위치도 상관없음)
G43H01Z25S300M03;  (주축 회전수 300 RPM, 초기점 이동, 길이 보정한다.)
G99 G84 X40 Y0 Z- 48 R3 F375; (아래 보충 설명, "A")
G98 X80Z- 68 R- 18 ;  (아래 보충 설명, "B")
G80;
```

> **"A" 보충 설명**
>
> Z25 초기점 및 홀 위치 X40Y0으로 급속 이동한 다음, Z3점까지 급속 이동 후 아래와 같은 순서로 작업을 한다.
>
> ㄱ : 스핀들 정회전(시계 방향)하면서 절삭이송 속도 375로 가공 깊이(Z- 48)까지 내려간다.
>
> ㄴ : Z- 48까지 내려왔으면 곧바로 역회전하면서 R점(Z3)까지 절삭이송 속도 375로 올라간다.
>
> ㄷ : R점까지 올라왔으면 스핀들 정회전한다.

> **"B" 보충 설명**
>
> X80으로 X축 급속 이동 후 Z축이 Z- 18까지 급속 이동한다. 그리고 - "A" 보충 설명과 같이 ㄱ~ㄷ을 실행하는 데 가공 깊이(Z- 68)와 R점(Z- 18)만 다르다.
>
> ㄹ : 탭가공을 완료하면 G98 초기점인 Z25까지 급속 이동한다.

③ 왼나사 가공 G74

G74	역 Tapping 고정 cycle

G74은 탭공구가 왼나사로 된 것을 사용하여 왼나사를 가공할 때 사용하는 사이클로서 G84와 주축 회전 방향만 다르다. 주의할 것은 처음 주축 회전을 시킬 때 M04, 즉 역회전을 사용한 다음 G74를 실행해야 한다.

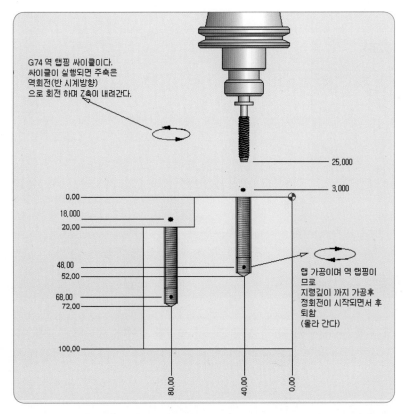

(단 위 탭 규격은 왼나사 M8×1.25이며 주축 회전수는 S=300으로 정한다.)

```
O0001;
G00G17G49G80;
G90G54X0Y0   (단순 이동한 것임, 위치도 상관없음)
G43H01Z25S300M04;   (주축 역회전수 300 RPM, 초기점 이동, 길이 보정한다.)
G99 G74 X40 Y0 Z- 48 R3 F375; (아래 보충 설명, "A")
G98 X80Z- 68 R- 18 ;   (아래 보충 설명, "B")
G80;
```

"A" 보충 설명

Z25 초기점 및 홀 위치 X40Y0으로 급속 이동한 다음, Z3점까지 급속 이동 후 아래와 같은 순서로 작업을 한다.
ㄱ : 스핀들 역회전(반시계 방향)하면서 절삭이송 속도 375로 가공 깊이(Z- 48)까지 내려간다.
ㄴ : Z-48까지 내려왔으면 곧바로 정회전하면서 R점(Z3)까지 절삭이송 속도 375로 올라간다.
ㄷ : R점까지 올라왔으면 스핀들 역회전한다.

"B" 보충 설명

X80으로 X축 급속 이동 후 Z축이 Z- 18까지 급속 이동한다. 그리고 - "A" 보충 설명과 같이 ㄱ~ㄷ을 실행하는 데 가공 깊이(Z-68)와 R점(Z-18)만 다르다.
ㄹ : 탭가공을 완료하면 G98 초기점인 Z25까지 급속 이동한다.

④ M29 사용 예(63쪽 참조)

M29	Rigid mode 코드(탭 작업 전 사용)

예
```
M29 S300; (탭 사이클이 지령되기 전에 기입한다.)
G99 G84 X40 Y0 Z- 48 R2 F375;
G98 X80Z- 68 R- 18 ;
G80
```

6 여러 가지 기능

여기서는 앞에서 설명된 코드 외에 알아두어야 할 기능 및 코드를 설명할 것이다. 아래 코드들은 이제까지 언급하지 않은 G코드이며, 보조 기능은 주로 M코드로 지령된다. G코드와 함께 사용하지만 한 블록에 1개의 M코드를 지령할 수 있다.

그 밖에 M코드로 지령하지 않지만 보조 기능에 해당되는 것도 알아보자.

보조 기능은 각 메이커의 컨트롤러에 따라 차이가 있으므로 메이커에서 제공하는 취급설명서를 참조하여 사용하면 된다. (아래 표에 나와 있는 M코드는 대부분 공통으로 사용한다.)

– G코드 일람표(단, 주로 많이 사용하는 코드만 기록함)

CODE	그룹	의 미
G50		scaling(확대, 축소가공 해제)
G51		scaling(확대, 축소가공), MIRROR 기능
G60		한 방향 위치 결정(backlash 보정)
G66		macro 호출
G67		macro 해제
G68		좌표회전(ROTATION)
G69		좌표회전 기능 해제

– M코드 및 기타 코드

코드	같이 사용하는 코드	기능
M00	없음	주축 및 축 이동이 멈춘다.
M01	없음	M01 스위치가 별도로 있어 스위치 ON 시 축 이동이 멈춘다.
M08		절삭유 ON 명령어이다.
M09		절삭유 OFF 명령어이다.
M98	P, L, K	• 보조(SUB) 프로그램 호출 시 사용한다. 예 M98 P3333; 프로그램 O3333번 호출로 메인 프로그램 가공 중에 실행되면 O3333번으로 이동해서 실행된다. • 보조(SUB) 프로그램 반복 시 사용한다. 예 M98 P3333 L7 ; L은 보조 프로그램 반복 명령어로 위의 O3333번을 7번 반복하게 된다. 컨트롤러에 따라 위 반복지령 L이 K로 될 수 있다.
M99		보조(SUB) 프로그램 종료이며 메인 프로그램으로 이동시키는 명령어이다. 항상 보조 프로그램의 끝에 있어야 되는 명령어이다.
A		4축 로터리 인덱스 테이블 가공 시 각도회전 명령어 예 G01 A30 F500; 위의 명령이면 로터리 인덱스가 F500으로 각도 30도 위치로 이동한다.
K		Z축 증분지령 및 고정 사이클 반복 지령
L		고정 사이클 반복 지령 G91X–10 L5(증분X–10씩 5Q번 이동)
/		옵셔널 블록 SKIP(조작판에 SKIP 스위치 ON 시 사용 가능)

1 보조 기능 M코드 및 기타 기능 코드

보통 ISO 코드에서 M코드는 보조 기능 코드라고 부른다. 보조로 사용한다고 해서 붙여진 이름으로 단순히 생각하면 된다.

① 절삭유 ON- OFF 코드 M08, M09

절삭유를 뿌릴 때 자동으로 ON- OFF 해주는 기능이다. M08(ON)을 실행하면 주축 스핀들 부근 절삭유 분사호스에서 절삭유가 분사된다. 반대로 M09를 실행하면 절삭유 분사가 되지 않는다.

㉠ 절삭유 ON- OFF 코드 M08, M09 사용 예

```
O0001
T01 M06
S2000 M03
G90 G54 G00 X45 Y50
G43 Z2 H01 M08  (절삭 가공 전에 절삭유 ON을 넣어 준다.)
G01 Z- 2
M09   (절삭가공이 완료되면 절삭유 OFF 를 넣어 준다.)
G91 G28 Z0
M30;
```

참고로 M06을 만나면 M09가 자동으로 실행되는 컨트롤러가 있거나 파라미터 설정 항목이 있다. (파라미터 설정 참고)

② M00 기능

이 기능이 실행되면 프로그램 자동실행이 멈추게 된다. AUTO MODE에서 프로그램을 자동으로 실행하는 중에 이 코드를 만나면 이 코드 다음 블록부터는 실행되지 않는다. 또한 주축 정지 및 각 축의 이동이 멈추게 된다.

무조건 자동실행을 정지 시킬 때 주로 사용하며, 보통은 탭 가공 전에는 구멍에 이물질을 사람이 수동으로 에어를 사용해 제거한다. 이러한 작업은 무조건 해야 하는데, 사람이 직접 자동운전을 멈추고 확인해야 되는 작업이 있으면 그때 이 코드를 실행한다.

```
O0001
T01 M06
M00   (절삭 가공 전에 자동운전을 멈출 때 사용했다.)
S2000 M03
G90 G54 G00 X45 Y50
G43 Z2 H01 M08
```

```
G01 Z- 2
M09
M00     (절삭 가공 후에 자동운전을 멈출 때 사용했다.)
G91 G28 Z0
M30;
```

③ M01 기능(OPTIONAL STOP)

선택정지 기능으로 이 기능이 실행되면 프로그램 자동실행이 멈추게 된다.

M00과 똑같은 기능을 한다. 하지만 이 기능을 실행할지 말지의 여부는 조작판 스위치의 ON- OFF 에 따라 달라진다. 즉 M01을 프로그램에서 사용할 위치에 넣고 선택스위치를 ON에 놓아야 이 기능이 실행되고 OFF에 놓으면 실행되지 않고 다음 블록으로 넘어가게 된다.

보통 처음 프로그램을 작성하고 공작물 가공에 들어갈 때 공구 교환 후 사용한다. 그래서 공구 번호나 옵션 번호 및 작업자가 확인할 때 사용하고, test 가공이 끝나고 공구와 프로그램 확인 작업이 마무리 되면 위 스위치만 내려 놓으면 멈추지 않으므로 확인 작업의 선택 여부를 결정할 때 많이 사용한다. 저자는 대부분 공구 교환 후에 넣어서 사용했다.

```
O0001
T01 M06
M01     (절삭 가공 전에 자동운전을 멈출 때 사용했다.)
S2000 M03
G90 G54 G00 X45 Y50
G43 Z2 H01 M08
G01 Z- 2
M09
G91 G28 Z0
M30;
```

④ 블록 스킵 기능(OPTIONAL BLOCK SKIP)

위 M01과 같이 선택하는 기능으로 M01은 정지하지만 /를 프로그램 블록 맨 앞에 사용하고 스위치를 ON 시키면 해당 블록만 건너 뛴다.

```
O0001
T01 M06
S2000 M03
G90 G54 G00 X45 Y50
G43 Z2 H01 M08
G98 G81 Z- 1 R0.5 F500
X34
/Y57    (보충 설명, "A")
M09
G91 G28 Z0
M30;
```

"A" 보충 설명

이 블록 맨 앞에 /를 넣고 위의 OPTIONAL BLOCK SKIP 수동스위치를 ON하면 이 블록은 건너 뛰고 다음 블록인 M09 블록 실행을 한다. 즉 Y57을 읽지 못하기 때문에 드릴 사이클이 실행되지 않는다.

⑤ 고정 사이클에서의 K와 L코드

고정 사이클에서 사용하는 K와 L 코드는 반복 개수 기능을 갖는다. 컨트롤러 사양에 따라 K나 L 둘 중에 하나를 사용하므로 확인이 필요한 사항이다.

아래와 같이 일정한 간격으로 홀이 여러 개 있다고 하자.

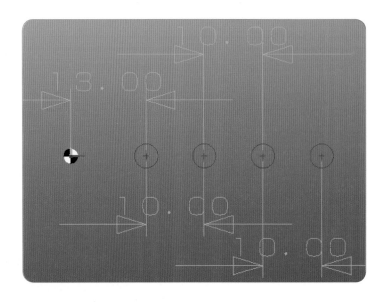

위 프로그램을 작성하는 데 센터 드릴만 작성한다면 아래와 같은데, 왼쪽은 반복 기능을 사용하지 않았고 오른쪽은 사용하였다. 프로그램을 비교해 보자.

<table>
<tr>
<td>
O0001　　(반복 기능 없음)
T01 M06 (센터 드릴)
S2000 M03
G90 G54 G00 X0 Y0　　(단순 위치 이동함)
G43 Z2 H01 M08
G99 G81Z-1 R2 F500 K0 (보충 설명, "A")
X23
X33
X43
X53
G80M09
G00G49Z300;
G91 G28 Z0
M30
</td>
<td>
O0001　　(반복 기능 사용)
T01 M06 (센터 드릴)
S2000 M03
G90 G54 G00 X0 Y0 (단순 위치 이동함)
G43 Z2 H01 M08
G99 G81Z-1 R2 F500 K0 (보충 설명, "A")
G91X10K4　　(보충 설명, "B")
G80M09
G00G49Z300;
G91 G28 Z0
M30
</td>
</tr>
</table>

"A" 보충 설명

이 블록끝 쪽에 K0이 있다. 이것은 드릴 사이클을 실행하는 데 있어 현 위치에서는 실행하지 않는다는 뜻이다. 위 그림을 보면 X0Y0 위치에는 구멍이 없으므로 구멍가공을 하지 않아야 하기 때문에 X0Y0은 공구가 공작물 쪽으로 단순히 이동만 하게 하고 드릴가공을 건너 뛰게 할 때 사용한다.

"B" 보충 설명

위 구멍과 같이 일정한 간격으로 돼있는 홀을 가공할 때 증분 좌표와 함께 K나 L을 써주고 반복횟수를 지령하면 X10씩 증분 이동하면서 4곳의 구멍을 드릴가공한다.
위와 같이 하면 홀의 위치를 굳이 계속 사용하지 않아도 된다. 위에서는 구멍 수가 4개 밖에 되지 않지만 제품에 따라서 일정한 간격의 구멍이 많이 있을 수 있기 때문에 이런 기능 사용이 필요하다.

⑥ 서브(SUB) 프로그램 호출 및 복귀 M98, M99

반복적으로 사용하는 위치 좌표나 형상 프로그램을 서브프로그램으로 분리해서 작성하여 프로그램 작성시간 단축과 프로그램 용량을 줄일 수 있는 기능이다.

M98: 서브프로그램 호출, M99: 메인 프로그램으로 복귀

㉠ 사용 이유 및 방법

1개의 프로그램으로 모든 가공을 하면 좋겠지만 이렇게 하면 불편한 점이 많다. 예를 들어 아래 프로그램같이 탭을 내기 위해서는 똑같은 구멍 위치 좌표 프로그램을 센터 드릴, 드릴, 탭에 이르기까지 3번 반복적으로 작성하여 사용해야 한다.

– 사용 전 프로그램

O0001 T01 M06 (센터 드릴) S2000 M03 G90 G54 G00 X0 Y0 G43 Z2 H01 M08 G99 G81Z-1 R2 F500 K0 X95 Y50; X145 Y20; X45 Y100; G80M09 G49Z300; G91 G28 Z0	T02 M06 (드릴) S3000 M03 G90 G54 G00 X0 Y0 G43 Z2 H02 M08 G99 G81Z-10 R2 F200 K0 X95 Y50; X145 Y20; X45 Y100; G80M09 G49Z300; G91 G28 Z0	T03 M06 (탭) S200 M03 G90 G54 G00 X0 Y0 G43 Z2 H03 M08 G99 G84Z-7 R2 F200 K0 X95 Y50; X145 Y20; X45 Y100; G80M09 G49Z300; G91 G28 Z0 M30

위와 같이 빨간색 똑같은 홀 위치를 3번 반복해서 작성해 주어야 하는 불편함이 있다.

하지만 아래와 같이 구멍 위치 좌표만 서브프로그램으로 만들어 놓는다면 프로그램 번호는 2개가 되지만 프로그램 작성시간이나 길이는 줄어든다.

– 사용 후 프로그램

O0001 (보충 설명, "A") T01 M06 (센터 드릴) S2000 M03 G90 G54 G00 X0 Y0 G43 Z2 H01 M08 G99 G81Z-1 R2 F500 K0 M98P0002 (보충 설명, "B") G80M09 G49Z300; G91 G28 Z0	T02 M06 (드릴) S3000 M03 G90 G54 G00 X0 Y0 G43 Z2 H02 M08 G99 G81Z-10 R2 F200 K0 M98P0002 G80M09 G49Z300; G91 G28 Z0	T03 M06 (탭) S200 M03 G90 G54 G00 X0 Y0 G43 Z2 H03 M08 G99 G84Z-7 R2 F200 K0 M98P0002 G80M09 G49Z300; G91 G28 Z0 M30 (보충 설명, "C")

(참고: 위 3개의 칸은 실제 구분할 필요가 없는데 프로그램 길이상 해놓은 것이므로 헷갈리지 않기를 바라며 전체가 1개의 메인 프로그램이라고 생각하기 바란다.)

이제 또 하나의 프로그램을 만드는 데 구멍 위치만 넣은 프로그램을 만든다.

```
O0002 (보충 설명, "D")
X95 Y50;
X145 Y20;
X45 Y100;
M99 (보충 설명, "E")
```

위와 같이 메인 프로그램 내에서 서브프로그램 호출인 M98과 프로그램 번호인 P0002를 사용하고 별도의 프로그램인 서브프로그램 O0002번을 만들어 넣는다. 이렇게 함으로써 프로그램 길이나 용량을 줄이는 효과를 가져온다.

> **"A" 보충 설명**
>
> 메인 프로그램 번호이다.

> **"B" 보충 설명**
>
> 메인 프로그램(0001)에서 서브프로그램(0002)을 호출하는 명령이다. 호출되는 서브프로그램은 P번호로 구분된다.

> **"C" 보충 설명**
>
> 메인 프로그램(0001)의 마지막 종료 명령이다. 이로써 메인 프로그램 길이는 O0001 아래부터 시작하여 M30까지의 길이다.

> **"D" 보충 설명**
>
> 서브프로그램으로 불리는 프로그램명(프로그램 번호)이다. 실제 자동운전을 하기 전에 메인과 함께 프로그램 목록에 들어가 있어야 한다.

> **"E" 보충 설명**
>
> M99는 서브프로그램 끝에 반드시 붙여 사용해야 한다.

그래야 호출했던 메인 프로그램의 M98 위치의 다음 블록부터 커서가 이동하여 계속 프로그램이 실행된다.

위와 같이 해서 서브프로그램 호출 기능을 실행할 수 있다. 메인 프로그램과 서브프로그램의 구분하는 방법은 메인은 보통 프로그램 끝에 M30을 넣고 서브프로그램은 M99를 넣기 때문에 이것으로 구별하면 된다. 그러나 메인은 연속 생산과 같이 특별히 M30으로 끝나지 않는 경우도 있으므로 참고하기 바란다.

⑦ 제4축 코드 A

A	4축 로터리 인덱스 테이블 가공 시 각도 회전 명령어

X, Y, Z, W의 영문자를 주로 사용한다. 보통 옵션축으로 로터리 인덱스인 회전축을 사용할 때 회전축을 A라는 영문자로 사용하는 경우가 많다.

회전축일 경우 사용 명령어는 아래와 같다.

```
예  G01 A30 F500;
```

위의 명령이면 로터리 인덱스가 F500으로 각도 30도 위치로 이동한다. 또한 기계 원점을 잡으면 A0 위치로 이동한다.

⑧ 기타 M코드 관련

위에서 언급한 보조 기능 코드는 거의 ISO 대부분의 컨트롤러에서 공통으로 사용하며 작업 특성상 필요에 따라 이 보조 기능은 옵션 기능으로 추가되어 만들어 질 수 있으므로 코드번호가 같다고 해서 똑같은 기능을 실행한다는 보장이 없으므로 기능에 대해 작업 전 숙지하고 임해야 한다.

② 매크로 호출 기능 G66

G66	macro 호출
G67	macro 해제

G66 기능은 사용자가 고정 사이클과 같은 기능을 만들어 사용한다고 생각하면 된다. 보통 수동으로 작성하든지 CAM을 이용하든지 G66은 프로그램 작성시간과 프로그램 용량을 줄일 수 있는 가장 좋은 방법이다. 현장에서 고정 사이클 다음으로 가장 많이 사용하는 기능이다.

① G66의 의미

G66과 고정 사이클을 비교한다면 고정 사이클은 컨트롤러 회사에서 반복동작의 기능을 코드화했지만 G66은 사용자(작업자)가 별도의 프로그램을 하나의 코드로 묶어서 사용하는 기능이다. 대부분 똑같은 형상이 각각의 위치마다 반복적으로 나올 때 사용한다. 즉 반복동작의 형상(똑같은 형상)을 서브프로그램으로 만들어 놓고 이 서브프로그램을 각각의 위치마다 적용시키는 기능으로 이해하면 된다. 아래와 같은 작업은 G66을 사용하기에 적당하다. (동일한 형상을 여러 위치에 가공함) 물론 아래 예제 그림에서는 기능 이해도를 높이기 위해 수량을 적게 하였다.

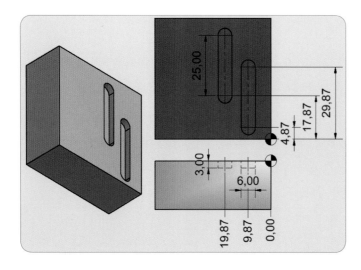

② G66 적용 시 필수사항

㉠ 반복형상 프로그램은 G90과 G91을 병행해 사용한다.

형상 프로그램에서 XY축은 보통 G91을 사용하되 프로그램 시작, 끝부분, 또한 Z축을 제외하고 G91을 사용한다. 이유는 G91을 사용하지 않으면 1개의 형상 프로그램으로 위치가 다른 똑같은 형상을 가공하기 어렵기 때문이다.

㉡ 가공 형상 방향과 가공 방향이 동일해야 한다.

가공 형상 방향과 가공 방향이 다르면 동일한 프로그램으로 작업할 수 없기 때문이다.

③ G66의 프로그램 예

위의 SLOT 가공 도면을 보고 아래 프로그램을 작성하였다. G66을 사용하기 위해서는 먼저 3개의 프로그램을 작성해야 한다. 아래와 같이 첫 번째는 메인 프로그램, 두 번째는 슬롯가공 형상 프로그램, 세 번째는 슬롯형상이 위치한 위치 포인트를 작성한다.

O0001 (보충 설명, "A") T01 M06 (Ø6Endmill) S2000 M03 G90 G54 G00 X0 Y0 (보충 "B") G43 Z2 H01 M08 G66 P0002 (보충 설명, "C") M98 P0003 (보충 설명, "D") G67 (보충 설명, "N") G49Z300M05 (보충 설명, "O") G91 G28 Z0 M30	O0002 (보충 설명, "G") G90G01Z-3F100;(보충 설명"H") G91Y25F250 (보충 설명"I") G90G00Z2; (보충 설명, "J") M99 (보충 설명, "K")	O0003 (보충 설명, "E") X-9.87 Y4.87 (보충 설명 F) X-19.87 Y17.87 (보충 설명 L) M99 (보충 설명 M)

위 2개의 슬롯형상을 모두 가공하는 데 가공 순서는 아래와 같다.

A~C▶D▶E▶F▶O0002 프로그램으로 커서 이동 후 가공(G에서 K까지)

▶E▶L▶O0002 프로그램으로 커서 이동 후 가공(G에서 K까지)▶M(O0003 프로그램 종료)

▶N(G66 기능 해제)▶O부터 M30까지 후 모든 프로그램 종료

> **"A" 보충 설명**
> 메인 프로그램 번호이다.

> **"B" 보충 설명**
> 단순히 공작물 근처로 이동하기 위한 위치 이동임, 작업자 맘대로 정하는 것임. G66과 상관없음.

"C" 보충 설명

G66을 실행함과 동시에 실행할 반복형상 프로그램 번호만 읽는다. 여기까지는 반복형상 프로그램에서 프로그램 (O0002) 번호만(프로그램명) 읽고 기억한다. 다시 말하면 이 "C" 블록에서는 O0002 프로그램 번호만 인식하고 그 안의 "H"~"K"는 실행하지 않는다.

"D"▶"E" 보충 설명

형상 위치만 해놓은 프로그램 O0003번을 호출함과 동시에 커서가 O0003 프로그램으로 이동한다.

"F"▶"G" 보충 설명

형상 위치만 해놓은 프로그램 O0003번을 호출함과 동시에 커서가 O0003 프로그램으로 이동한다.

"H"▶"I"▶"J"▶ 보충 설명

위 순서대로 실행 및 형상을 가공한다. H부터 K까지 첫 번째 슬롯 위치 X- 9.87 Y4.87에서 O0002 형상 프로그램을 순서대로 실행한다.
프로그램 중간에 G91을 사용하였기 때문에 다른 위치로 이동하기 전에 다시 원상태의 G90을 반드시 만들어 주어야 한다.

"K" 보충 설명

O0002 프로그램의 마지막 블록 M99, 즉 "K"를 읽으면 호출한 프로그램으로 복귀를 하는데, 메인 프로그램(O0001)으로 돌아가는 것이 아니고 O0003의 F 다음 블록인 L블록으로 복귀한다.

"L" 보충 설명

L블록에서는 XY축이 두 번째 슬롯 위치인 X- 19.87 Y17.87로 이동한다.
이동 후에는 G66 프로그램 기능실행 중이므로 다시 O0002번 프로그램을 모두 실행한다.

"M" 보충 설명

O0002를 모두 실행한 후 호출한 프로그램으로 복귀를 하는데 O0003의 L 다음 블록인 M블록으로 복귀한다.
M블록에서는 M99를 읽기 때문에 O0003을 호출했던 프로그램으로 복귀한다. 즉 O0001의 D 다음 블록인 N블록으로 복귀한다.

"N" 보충 설명

이제 G67을 실행하면 G66을 해제하게 된다. 실행 후 다음 블록 O로 넘어간다.
이렇게 해서 2개의 슬롯형상을 모두 가공하였다.

㉠ 포인트 좌표를 서브프로그램으로 만든다.

위 순서에서 알 수 있듯이 위치 프로그램인 O0003번 각각의 포인트(XY위치 값)마다 반복 프로그램인 O0002가 실행된다는 것을 알 수 있을 것이다.

그렇다면 다음과 같이 O0003번의 포인트 좌표를 따로 서브프로그램으로 만들지 않고 메인 프로그램에 흡수해서 작성해도 똑같은 작업을 한다는 것을 알 수 있을 것이다.

O0001 (보충 설명, "A")	
T01 M06 (Ø6Endmill)	
S2000 M03	
G90 G54 G00 X0 Y0 (보충 "B")	O0002 (보충 설명, "G")
G43 Z2 H01 M08 (보충 설명, "C")	G90G01Z-3F100;(보충 설명, "H")
G66 P0002 (보충 설명, "D")	G91Y25F250 (보충 설명, "I")
X-9.87 Y4.87 (보충 설명 E)	G90G00Z2; (보충 설명, "J")
X-19.87 Y17.87 (보충 설명 F)	M99 (보충 설명, "K")
G67 (보충 설명, "L")	
G49Z300M05 (보충 설명, "M")	
G91 G28 Z0	
M30	

A~C▶D▶E▶O0002 프로그램으로 커서 이동 후 가공(G에서 K까지)

▶F▶O0002 프로그램으로 커서 이동 후 가공(G에서 K까지)

▶L(G66 기능 해제)▶O부터 M30까지 후 모든 프로그램 종료

앞에서 나온 것처럼 여기서도 "D" 블록에서는 프로그램명만 읽고 곧바로 "E" 블록으로 간다. 즉 O0002 프로그램 번호만 인식하고 그 안의 "H"~"K"는 실행하지 않는다.

ISO에서는 프로그램명보다는 프로그램 번호로만 알고 사용하는데 G66과 똑같은 기능을 지멘스와 하이덴하인은 프로그램 호출 기능이라 한다. (제7장 참조)

즉 프로그램 이름을 호출한다라고 인식하면 좀 더 다른 컨트롤러를 이해하기 쉬울 것이다.

ⓒ G66 기능을 사용하지 않았을 때의 프로그램

만약 00001 프로그램에서 G66을 사용하지 않고 프로그램을 작성했다면 아래와 같다.

O0001 (보충 설명, "A")	
T01 M06 (Ø6Endmill)	
S2000 M03	
G90 G54 G00 X-9.87 Y4.87	O0002 (보충 설명, "G")
G43 Z2 H01 M08	G90G01Z-3F100;(보충 설명, "H")
M98 P0002	G91Y25F250 (보충 설명, "I")
X-19.87 Y17.87	G90G00Z2; (보충 설명, "J")
M98 P0002	M99 (보충 설명, "K")
G49Z300M05	
G91 G28 Z0	
M30	

G66을 사용하지 않으면 이 프로그램에서는 오히려 간단하게 보이나 형상 개수가 많을 때, 즉 포인트 좌표가 많다면 O0001 메인 프로그램이 상당히 길어지게 되는 불편함이 있다.

❸ 넘기기(MIRROR, 미러), 확대, 축소(SCALING 스케일)

회전(ROTATION, 로테이션) 기능 G코드

이런 기능은 많이 사용하지 않지만 필요에 따라 적절히 사용하면 프로그램 작성이 빠르고 쉬울 것이다. 그러나 저자는 특별히 기능 사용을 추천하지 않는다. 왜냐하면 잘못됐을 때는 쉽게 수정 부위를 찾기가 힘들고 컨트롤러 사양에 따라 파라미터를 설정해야 되는 부분도 있기 때문이다. 물론 CAD, CAM을 사용하면 필요없는 기능이기도 하다.

요즘은 위 기능들을 쉽게 사용할 수 있는 높은 버전의 컨트롤러들이 많아서 코드, 기능 실행 기준 좌표, 실행 값만 넣으면 된다. 이 중에서 스케일 기능과 회전 기능은 컨트롤러 종류, 설비 년수, 가공환경에 따라 수동적인 방법으로 사용하기도 한다.

① 넘기기(MIRROR(미러) 기능)

미러 기능에 대해서 알아보고 어떻게 실행해야 되는지와 실행 후 결과를 알아보고 프로그램을 이해하자. 이것은 CAD, CAM 작업 시에도 정말 중요하다.

㉠ 넘기기 MIRROR(미러) 기능 이해

이 기능이 실행되면 지령한 프로그램의 각 축 부호가 반대로 실행된다. 즉 X-10 프로그램을 읽으면 X10으로 인식하고 이동한다. 다음과 같은 기준이 되는 가공 형상과 WORK 좌표 G54X0Y0의 수직선 축이 있다고 하자.

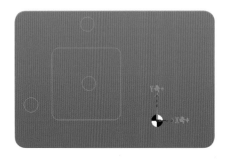

위 축을 기준으로 각 축에 미러 기능을 실행해 가공을 완료했다면 아래와 같다.

– X축만 미러 실행

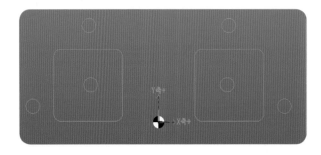

– Y축만 미러 실행   – XY축 모두 미러 실행

 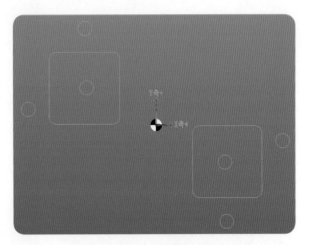

위와 같이 수직선 축을 기준으로 미러 기능을 실행한 가공 결과의 그림을 보았다. 이로서 미러 기능을 실행하면 어떤 결과가 되는지를 알았을 것이다. 이제부터는 좀 더 자세히 미러 기능 실행 시 지령해 주는 WORK 좌표 수직선 축의 위치를 G54X0Y0에서 G54X10Y80으로 변경하고 다음 그림과 같이 Y축만 미러를 실행한 결과를 보자.

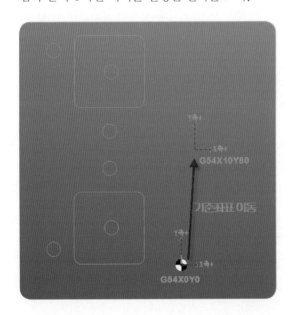

다음과 같이 Y축만 미러했을 때 좌표 이동 전과 후의 그림을 비교해 보자.

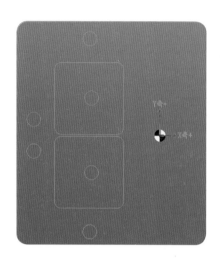
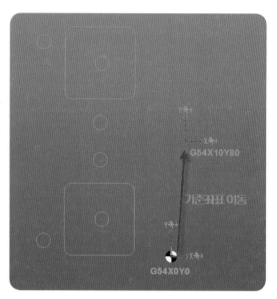

위와 같이 미러 기능을 실행할 기준 좌표 위치에 따라 미러형상이 바뀐다는 것을 알 수 있을 것이다. 즉 기준형상이 Y80을 경계로 위로 넘어간다. 이 기준 좌표 위치 설정 값은 미러뿐만이 아니고 스케일, 로테이션 모두 마찬가지이다.

이제 우리가 알 수 있는 것은 이런 미러나 스케일, 회전 기능을 사용할 때는 기준 좌표점을 사용해야 된다는 것을 알았고, 이 좌표의 위치가 중요하다는 것을 알았다.

ⓛ 넘기기 MIRROR(미러) 기능 프로그램 예(화낙0- M의 경우)

아래는 XY축 모두 미러를 걸 경우이다.

```
G51X0Y0I- 100000J- 100000 (아래 보충 설명, "A")

M98P2 ;     (아래 보충 설명, "B")

G50     (아래 보충 설명, "C")
```

["A" 보충 설명]

G51은 미러 기능과 스케일 기능실행 공통코드이다. X0Y0은 미러 실행의 기준 WORK 좌표(임의 값, 도면형상에 따라 작업자 설정 위치 변경 값)이다.
IJ의 부호를 보면 - 부호가 있는데, 이 - 부호는 미러 기능을 실행하는 축에 붙인다. 실행하지 않는 축은 붙이지 않는다. 여기서는 X, Y축 모두 실행하므로 두 축 모두 붙였다. 이제 I, J 뒤의 숫자 값인데 이 값은 스케일 비율설정 값을 말하며, 여기서는 1:1 값이다. (제9장 파라미터에서 설정 참조) (이 값을 설정하는 것이 0- M 사양이라 까다롭다. 상위 버전의 컨트롤러는 쉬움)

["B" 보충 설명]

미러 기능은 보통 기준이 되는 가공 형상을 미러 시켜서 가공하므로 기준형상 프로그램을 서브 프로그램으로 만들어 놓고 호출만 하는 식으로 프로그램을 간략하게 작성하면 좋다. 이렇게 똑같은 형상의 프로그램을 별도로 작성하지 않으려고 미러 기능과 서브 프로그램 호출 기능을 사용하는 것이다.

미러&스케일 기능 취소이다.

위와 같은 방법으로 프로그램 한다. 이제는 간단하게 각 축의 미러 실행프로그램을 보자.

여기서는 I, J, 즉 미러 실행 축의 부호 - 만 있고, 없고이다.

G51X23.5Y42.7I- 100000J100000 (X축만 미러)

G51X23.5Y42.7I100000J- 100000 (Y축만 미러)

(위의 X23.5Y42.71은 미러 기준 좌표이다.)

② 확대, 축소(SCALING, 스케일)

이 기능은 소재를 가공한 후 열처리 공정이 있고, 이 열처리 공정 후 열 변형으로 인해 홀 위치나 형상 위치가 일정한 비율로 변형이 오는 소재가 있는데, 이 문제를 해결하기 위해 열처리 전 머시닝 센터가 공에서 미리 열 변형을 감안한 가공을 할 때 사용한다. 그리고 기본적으로 같은 형상의 확대 축소를 할 때 사용한다.

㉠ 확대, 축소(SCALING, 스케일) 기능 이해

다음 그림과 같이 기준 좌표를 기준점으로 해서 형상(좌표)을 확대하거나 축소할 경우 사용한다. 이 확대 축소도 각각 하는 방법이 다르다. 즉 한 축만 할 것인지 아니면 몇 축을 동시에 할 것인지 가 다르다. 그러나 보통 XY 축을 동시에 실행한다.

아래는 X0Y0점을 기준으로 XY축 모두를 확대했는데 녹색은 기존 형상이고 빨간색은 2배 확대한 형상이다.

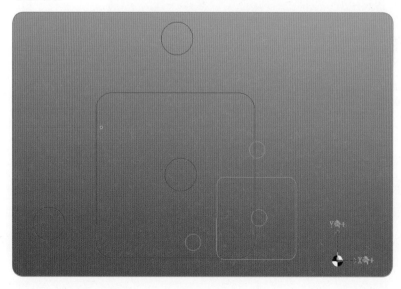

그런데 이 스케일 기능도 기준 위치에 따라 형상좌표의 차이가 많이 난다. 아래는 기준 형상의 사 각형 안의 원을 중심으로 XY 동시 스케일을 하겠다. 다음 그림과 같다.

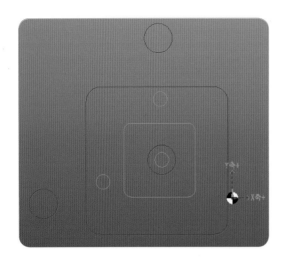

다음은 X0Y0을 기준으로 X축만 4배 확대(노란색), Y축만 4배 확대(회색)해 보겠다.

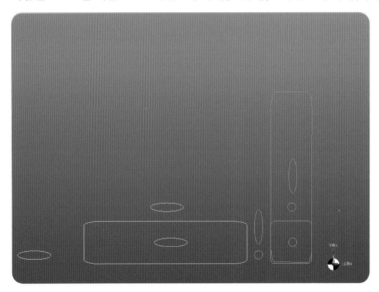

위와 같이 다양하게 확대, 축소된다. 위 그림들은 확대만 한 것이다.

ⓛ 확대, 축소(SCALING, 스케일) 기능 프로그램 예(화낙0- M의 경우)

아래는 XY축을 2배 확대한 경우이다.

```
G51X0Y0I200000J200000 (보충 설명, "A")
 M98P2;   (보충 설명, "B")
 G50   (보충 설명, "C")
```

"A" 보충 설명

G51은 미러 기능과 스케일 기능실행 공통코드이다. X0Y0은 스케일 실행의 기준 WORK 좌표(임의 값, 도면형상에 따라 작업자 설정 위치 변경 값)이다.

IJ의 부호를 보면 - 부호가 있는데, 이 - 부호는 미러 기능을 실행하는 축에 붙인다. 여기서는 실행하지 않았으므로 붙이지 않았다.

이제 I, J 뒤의 숫자 값인데, 이 값은 스케일 비율설정 값을 말하며 여기서는 2:1 값이다. (제9장 파라미터에서 설정 참조) 즉 2배 확대를 하였다. (이 값을 설정하는 것이 0- M 사양이라 까다롭다. 상위 버전의 컨트롤러는 쉬움)

"B" 보충 설명

스케일 기능은 보통 기준이 되는 가공 형상만 서브프로그램화 해서 기능 실행 후 호출하여 사용하면 편리하다.

"C" 보충 설명

스케일, 미러를 해제한다.

---

③ 회전(ROTATION, 로테이션) 기능

기본 형상이 되는 형상을 회전 각도만큼 기본 형상과 똑같은 형상을 가공할 때 사용한다. 회전이 되는 기준축은 Z축이다.

㉠ 회전(ROTATION, 로테이션) 기능 이해

다음 그림과 같이 기준 좌표를 기준점으로 해서 형상(좌표)을 회전각만큼 회전시킨다.

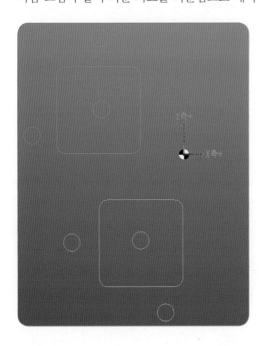

위 그림에서 기준 형상(녹색 형상)을 Z축을 기준으로 +90도 회전(노란색 형상) 시킨 것이다. 이 회전 기능도 기준점이 어디냐에 따라 형상 위치 값이 다르므로 기준점 설정 시 주의해야 한다. 즉 아래와 같이 X30Y0을 기준점으로 잡고 90도 회전한 경우를 보면

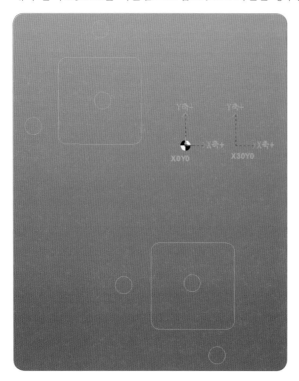

각도의 기준점은 항상 학교에서 배운 1~4분면이고 반시계로 +각도이다.

ⓒ 회전(ROTATION, 로테이션) 기능 프로그램 예

아래는 -90도로 회전한 경우이다.

G68 X0 Y0 R-900000 ;

여기서도 마찬가지로 파라미터 값 설정에 따라 R-900000이라고 표기한 부분이 다를 수 있다.

※이런 스케일, 회전, 미러 기능들은 CAM 가공을 이용한다면 CAM 자체에서 디자인 작업 시 이런 기능을 사용하여 미리 형상을 디자인하면 굳이 기계의 이런 기능을 사용할 필요가 없다. 단 CAM을 이용하되 프로그램 길이를 최소화하고 가공부품의 패턴이 일정하면서 기계에서 약간씩 수정이 필요하다면 상당히 편리한 기능이다. 무엇보다 CAM과 기계의 이런 기능을 적절히 배합하여 사용한다면 수동 프로그램에서는 최적의 프로그램이 될 것이다.

4 한 방향 위치제어 G60

G60	한 방향 위치 결정(backlash 보정)

볼 스쿠류를 사용하는 제어 방식에서 리니어 스케일을 달지 않고 정밀 위치제어를 위해 백래시 보정을 하고자 할 때 사용된다. 그러나 이 방법은 리니어 스케일을 장착한 머시닝 센터보다는 정밀하지 않다는 것을 염두에 두기 바란다.

① 한 방향 위치제어 G60의 기능 동작 설명

정밀 위치제어 가공을 위해서는 볼 스쿠류의 미세한 백래시 값을 무시할 수 없다. 보통 백래시량은 0.01 이하 값이지만 볼 스쿠류 사용시간에 따라 이 값이 더 커진다. 그래서 이 백래시가 가공에 영향을 받지 않도록 지령한 위치 값보다 shift 방향으로 shift 양만큼 더 이동하여 백래시를 없앤 다음 원래 지령한 위치로 돌아온다.

(제8장 한 방향 가공법 참조)

② 한 방향 위치제어 G60의 프로그램 예

정밀 이동을 하고자 하는 포지션 축 맨 앞에 사용한다. G00, G01 모두 적용 가능하다. 블록 앞에 G60을 사용하지 않으면 한 방향 기능이 적용되지 않는다.

```
예  G60 G01 X340Y14;
    G60 A30
```

7 변수 및 연산, 제어문(Macro 변수)

자주 가공하는 일정한 형상과 반복적인 작업의 프로그램은 변수 값만 바꾸거나 변수 연산 기능만 사용하면 본래의 형상 프로그램을 변경하지 않고도 다양한 크기의 일정한 형상 가공에 사용할 수 있다. 이것은 CAM 을 이용하지 않고 수동으로 프로그램하는 작업자에게는 편리하다. 하지만 임가공 업체에서는 대부분 CAM 을 이용하기 때문에 거의 사용하지 않는다.

1 #변수의 의미

변수 기능은 # 기호를 사용하여 숫자를 정의할 수 있다. 이렇게 함으로써 일정한 틀을 가지고 반복적으로 사용하는 프로그램이라면 변수 값만 바꿔서 프로그램 작성시간을 줄일 수 있다.

① #변수 사용 방법

아래와 같이 각 코드 기능을 변수 값으로 대체할 수 있다.

```
#100=5    (보충 설명, "A")
T#100 M06    (보충 설명, "B")
```

「"A" 보충 설명」

#100 값을 5라는 값으로 정의하였다. 다른 값을 적용하기 전에는 #100은 계속 5의 값을 가진다.

「"B" 보충 설명」

공구 교환을 하기 위해 공구 번호 대신 #100을 사용하여 공구를 교환하는 프로그램을 작성하였다. 즉 #100 값이 5이므로 T#100은 T5와 같다. 그래서 결국 프로그램은 T5M06과 같은 것이 된다.

② 여러 가지 기능 코드에 # 변수 사용하기

위에서는 T코드, 즉 공구 번호에만 적용하였지만 아래와 같이 여러 가지 기능 코드에도 제약 없이 사용할 수 있다.

```
#101=30    (#101은 30 값이 됨)
#102=5000    (#102은 5000 값이 됨)
#103=- 25    (#103은 - 25 값이 됨)
#104=10    (#104은 10 값이 됨)
#105=1000    (#105은 1000 값이 됨)
#108=65    (#108은 65 값이 됨)
#106=#108    (#106은 65 값이 됨)
#107=1    (#107은 1 값이 됨
G43H02Z30S#102    ("A")
G01Z#103    ("B")
G01 G41 D#101 F#105    ("C")
G01X#103R#104    ("D")
G40
G#107Z#101 F2000    ("E")
G99G81Z- #104R2F100    ("F")
X#106    ("G")
```

위와 같이 변수 값 정의 및 프로그램을 작성하였다면 아래는 위 프로그램을 CNC 컨트롤러가 어떻게 작성한 것으로 인식하는지 변수 값을 적용한 프로그램으로 변경해 보았다.
(변수 정의한 프로그램은 생략함)

```
G43H02Z30S5000   ("A")

G01Z- 25   ("B")

G01 G41 D30 F1000   ("C")

G01X- 25R10   ("D")

G40

G1Z30 F2000   ("E")

G99G81Z- 10R2F100   ("F")

X65   ("G")
```

이렇게 해서 모든 숫자나 코드에 변수를 입력해서 상황에 따라 적절히 바꿔가며 작업할 수 있다.

③ # 변수 사용 번호 범위

㉠ Local 변수

기계 메이커에서 장비 관련 변수로 사용하는 변수이다. 따라서 오퍼레이터, 즉 가공 프로그램 작업자는 사용하지 않는 것이 좋다. 보통 알파벳을 Local 변수로 사용하였다. 알파벳에 대한 매크로 변수 #1(A)~#33(Z)까지가 Local 변수이다.

㉡ Common 변수

#100~#149와 #500~#531 번호대이다.

Local 변수와 달리 사용자가 자유로이 사용할 수 있다.

이 common 변수 중 특히 #100~#149는 저자가 메인 프로그램에서 정의하고 고치면서 많이 사용했었다. 이렇게 자주 사용하는 변수는 마음대로 사용할 수 있지만, 용도에 따라 정해 놓고 사용하면 좀 더 프로그램 작성과 파악하기에 편리하다. 예를 들어 #102는 최종 깊이, #105는 1회 Z축 절입량 등 각각의 변수를 용도에 따라 정해 놓고 표를 본다면 헷갈리지 않고 편리하게 잘 활용할 수 있다.

이 변수 값들을 확인하려면 MDI 모드에서 MACRO 변수 값 보기 키를 누르면 현재 어떤 변수에 어떤 값이 들어있는지 확인된다. (제5장 참조)

㉢ System 변수

NC 시스템으로 용도가 고정되어 있는 변수이다. 이 변수는 용도와 정의가 고정돼 있어 작업자가 임의로 변경할 수 없고 기계 메이커에서 정한다. 예로 #5041~#5044는 WORK 좌표의 용도로 사용하며, 공구보정으로는 #2000(공구offset번호1)~#2200(공구offset번호200)으로 돼 있다.

② 연산 기능(Macro 변수)

매크로 변수나 숫자 연산을 할 수 있다. 아래와 같이 사칙연산과 삼각함수 및 기타 연산을 하는 기능
이다.

사칙연산 및 비교연산		함수	
연산식	뜻	연산식	뜻
#i=[#j+#k]	더하기	#i=SIN[#j]	정현(사인 값)
#i=[#j-#k]	빼기	#i=ASIN[#j]	역정현(역사인 값)
#i=[#j*#k]	곱하기	#i=COS[#j]	여현(코사인 값)
#i=[#j/#k]	나누기	#i=ACOS[#j]	역여현(역코사인 값)
#i=[#J EQ #K]	=	#i=TAN[#j]	정접(탄젠트 값)
#i=[#J NE #K]	≠	#i=ATAN[#j]	역정접(역탄젠트 값)
#i=[#J GT #K]	>	#i=ABS[#j]	절대 값
#i=[#J LT #K]	<	#i=ROUND[#j]	사사오입에 의한 정수화
#i=[#J GE #K]	≧	#i=FIX[#j]	소수점 이하는 버림
#i=[#J LE #K]	≦	#i=FUP[#j]	소수점 이하는 반올림

① 사칙연산과 연산 순서

연산식의 계산 순서는 함수 → 곱하기 및 나누기 → 더하기, 빼기 순으로 계산된다. 변수문에 여러 종
류의 계산을 할 수 있다. 계산 지령은 함수 지령과 일반적인 계산식과 같이 프로그램한다.

예
```
#100=5;
#101=6;
#102=[#100+#101]
```

이렇게 한다면 #102의 값은 11로 기계는 인식한다.

함수예
```
#100=30
#101=SIN[#100]
```

이렇다면 #101의 값은 0.5가 된다.

계산 순서도 수학의 계산 순서와 같다고 보면 된다.

#i=#j+#k*SIN[#e]

예
```
#100=2
#101=3
```

#102=30일 때 위의 식은 #103=#100+#101∗SIN[#102]이면 변수 #103의 값은 3.5이다.

또 [ ]의 순서도 마찬가지다. 맨 안쪽부터 계산한다.

#i=COS[[[#e+#j]∗#j]+#k∗]

② 비교 조건식

[#J EQ #K] =

위의 조건식은 변수 J와 K가 같으면 성립한다.

[#J NE #K] ≠

위의 조건식은 변수 J와 K가 다르면 성립한다.

[#J GT #K] >

위의 조건식은 변수 J가 K보다 크면 성립한다.

[#J LT #K] <

위의 조건식은 변수 J가 K보다 작으면 성립한다.

[#J GE #K] ≧

위의 조건식은 변수 J가 K보다 크거나 같으면 성립한다.

[#J LE #K] ≦

위의 조건식은 변수 J가 K보다 작거나 같으면 성립한다.

위 조건식 모두에서 주의할 것은 컨트롤러 메이커에서 만들 때 연산을 잘못 적용한 것인지 모르겠지만 # 변수의 부호는 적용이 안된다는 것이다. 저자도 이것 때문에 많이 헷갈렸었다.

[#J GE #K] ≧를 예로 들면

#J=#106=−1이고, #K=#102=−2라고 할 때

조건식 [#106GE#102]를 보면 [− 1≧− 2]인데 수학적으로 보면 − 1이 − 2보다 크기 때문에 조건식이 성립해야 한다. 하지만 컨트롤러는 위의 − 부호를 인식하지 않고 연산 적용한다. 그래서 [1≧2]로 보기 때문에 조건이 성립하지 않는 것으로 이해했었다.

③ 함수 및 기타 변수

– 사인 값을 구하여 변수에 적용시킨다.

#i=SIN[#j]

만약 #i=SIN[45]이면 #i=0.7071이다.

– 아크 사인 값을 구하여 변수에 적용시킨다.

즉 위의 SIN45 값이 0.7071이면 아크는 역의 값을 구해주므로, 즉 45도를 구한다.

#i=ASIN[#j]

만약 #i=ASIN[0.7071]이면 #i=45이다.

이런 식으로 COS과 ACOS, TAN와 ATAN를 구하게 된다.

- 변수 값을 무조건 절대 값, 즉 + 값으로 읽게 한다.

  #i=ABS[#j]

  만약 #i=ABS[− 1]이면 #i=1이다.

- 사사오입(반올림)에 의한 정수화

  #i=ROUND[#j]

  이 기능은 크게 결과 값 적용이 변수일 때와 어드레스 (X, Y, Z)일 때가 다르다.

  변수로 결과 값을 받는다면 소수점 바로 뒤의 수가 0~4 중에 한 숫자이면 소수점 이하 숫자는 버린다. 즉 다음과 같다. #i=ROUND[1.3256]이면 #i=1이 된다. 그리고 #i=ROUND[1.587]이면 #i=2가 된다.

  하지만 어드레스 연산일 경우는 다른 값이 나온다. 즉 X의 설정 단위가 0.001일 경우 G01×[ROUND[1.3256]]이면 #i=1.326이 된다.

- 소수점 이하 버림 기능

  #i=FIX[#j]

  만약 #i=FIX[2.112]이면 #i=2이다.

- 소수점 이하 반올림 기능

  #i=FUP[#j]

  만약 #i=FUP[2.45]이면 #i=2.5이다.

❸ 제어문

변수의 연산과 제어문으로 프로그램 분기, 반복, 비교 기능을 할 수 있다.

수동 프로그램을 작성하다 보면 프로그램 작성을 간단히 하거나 편리하게 하기 위해 위와 같은 기능이 필요해진다.

① 분기 지령

프로그램 중간에 특정 부분의 프로그램을 실행하지 않고 건너 뛸 때 사용한다.

㉠ IF [조건식] GOTO n

조건식이 성립하면(만족하면 Or 연산식이 맞으면) 동일 프로그램 내의 N번호 (Sequence)가 붙은 Block으로 프로그램 실행 커서가 점프한다. (이동한다.)

그래서 그 N번호부터 프로그램이 실행된다. 조건이 성립하지 않을 경우는 IF [조건식] GOTO n 제어 지령의 다음 블록으로 그냥 넘어간다. 이 조건도 현장에서 많이 적용한다. 보통 전에 실행했던 프로그램 블록으로 되돌아 가거나 앞쪽으로 건너 뛸 때 사용한다. 왜 이런 방법을 사용하냐면 일반 프로그램으로는 프로그램을 한 번 실행하면 실행한 블록이나 실행되지 않은 블록으로 점프할 방법이 없기 때문이다.

– IF [조건식] GOTO n 사용 예

```
#105=1
N100 G01 Z-#105 F600 (보충 설명, "A")
IF[#105EQ2]GOTO200 (보충 설명, "B")
#105=1+#105   (보충 설명, "C")
IF[#105EQ2]GOTO100 (보충 설명, "D")
M00   (보충 설명, "E")
N200   (보충 설명, "F")
G00Z50   (보충 설명, "G")
M30
```

순서는 아래와 같이 진행한다.

~A▶B▶C▶D▶A▶B▶F▶G▶M30

위 순서를 세부적으로 알아보면

"A" 보충 설명

N100 블록으로 지정하였다.

"B" 보충 설명

#105 변수 값이 2와 같으면 N200번 블록으로 이동하라는 조건식이다. 하지만 #105변수 값은 1이기 때문에 조건 성립이 되지 않아 그 다음 블록인 "C"로 넘어간다.

"C" 보충 설명

#105 변수 값에 1을 더해서 #105 변수 값이 2 값이 되게 하였다. 그 다음 블록인 "D"로 넘어간다.

"D" 보충 설명

#105 변수 값이 2와 같으면 N100번 블록으로 이동하라는 조건식이다. "C" 블록의 덧셈연산에 의해서 이제는 조건 성립이 되므로 N100번 블록인 "A"로 점프한다.

"A" 보충 설명

"D" 블록의 IF 조건문에 의해 실행 커서가 "A" 블록으로 왔기 때문에 다시 실행한다. 실행 후 다음 블록인 "B"로 넘어간다.

"B" 보충 설명

#105 변수 값이 2와 같기 때문에 조건식이 성립하므로 N200번 블록인 "F"으로 이동하게 된다.

"F" 보충 설명

블록 실행 후 다음 블록인 "G" 블록으로 넘어간다.

"G" 보충 설명

블록 실행 후 다음 블록인 M30 블록 실행 후 프로그램 종료한다.

ⓛ IF [조건식] macro 문

조건식이 성립할 경우에 macro 문이 실행된다.

매크로 문은 1개만 실행될 수 있다. 저자는 거의 사용하지 않았다.

② 반복 제어문

조건식이 성립하면 WHILE 조건문 블록에서 바로 ENDm 블록의 다음 블록으로 점프하는데 조건식이 성립하지 않으면 성립할 때까지 WHILE 조건문을 포함한 ENDm 블록 전 사이의 프로그램을 계속 반복한다.

㉠ 반복 제어문 명령 형식

```
WHILE [조건식] DOm (보충 설명, "A")
(프로그램)   (보충 설명, "B")
ENDm    (보충 설명, "C")
```

"A" 보충 설명

WHILE [조건식] DOm

위의 제어문에서 [ ] 안의 조건식이 성립하면 바로 보충 설명 "C" 블록 다음 블록으로 가지만 성립하지 않을 경우 보충 설명, "B" 블록, 즉 다음 블록으로 넘어간다.

DOm에서 m은 자연수=1.2.3.4..를 사용한다. 위의 DOm에서 DO의 O는 숫자가 아닌 알파벳 O이다. [조건식]으로는 아래와 같이 6가지 것들을 선택하여 사용할 수 있다. EQ, NE, GT, LT, GE, LE이다.

"B" 보충 설명

반복적으로 사용할 프로그램을 넣는다. 또한 이 프로그램 맨 끝, 즉 ENDm 블록 바로 전에는 간단한 변수의 연산식을 넣어 반복하는 과정에서 [조건식]이 성립하게끔 프로그램을 작성한다.

보충 설명 A에서의 DOm 번호와 같은 m 번호를 사용한다.
[ ] 안의 조건식이 성립할 때까지 보충 설명 "A" 블록부터 재실행하도록 프로그램 실행 커서를 넘긴다.

ⓛ 반복 제어문 사용 예

이제 간단한 반복가공 제어문 프로그램을 작성하겠다. G66 기능 설명에서 나온 프로그램 예제를
가지고 설명하겠다.

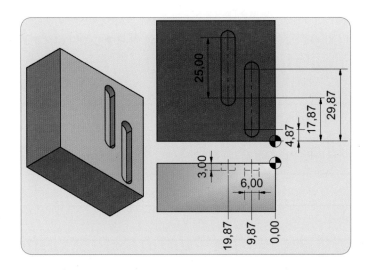

위 가공에서 G66 기능을 설명할 때는 Z깊이 가공을 한 번에 마무리하는 프로그램을 작성했는데,
여기서는 총 3mm에서 1.5mm씩 2번을 나누어 가공하는 것으로 WHILE문을 작성해보았다. 실제
로 현장 가공에서는 이렇게 Z 값을 여러 번 나누어 작업한다.
슬롯 형상이 위치한 위치 포인트를 작성한다.

O0001 (보충 설명, "A") T01 M06 (Ø6Endmill) S2000 M03 #102=-3 (보충 설명, "P") #105=-1.5 (보충 설명, "Q") G90 G54 G00 X0 Y0 (보충 "B") G43 Z2 H01 M08 G66 P0002 (보충 설명, "C") M98 P0003 (보충 설명, "D") G67 (보충 설명, "N") G49Z300M05 (보충 설명, "O") G91 G28 Z0 M30	O0002 (보충 설명, "G") #106=#105 (보충 설명, "H") G90G00Z1 (보충 설명, "I") WHILE[#106GE#102]DO1 ("R") G90G01Z#106F90 ("S") G91Y25F250 ("T") G90G00Z1 #106=[#106+#105] ("U") G91Y-25 ("V") END1 ("W") G00G90Z50 ("J") M99 (보 충 설명, "K")	O0003 (보충 설명, "E") X-9.87 Y4.87 (보충 설명 F) X-19.87 Y17.87 (보충 설명 L) M99 (보충 설명 M)

위 2개의 슬롯 형상을 모두 가공하는 데 가공 순서는 아래와 같다.

A~C▶D▶E▶F▶O0002 프로그램으로 커서 이동 후 가공(G에서 K까지)

▶E▶L▶O0002 프로그램으로 커서 이동 후 가공(G에서 K까지)▶M(O0003 프로그램 종료)

▶N(G66 기능 해제)▶O부터 M30까지 후 모든 프로그램 종료

전체적인 가공 순서는 G66 기능 설명과 동일하다. 하지만 O0002만 보면 프로그램 내에서는 조건식 때문에 세부적인 순서는 다르다. 그래서 전체적으로 다시 보면 아래와 같다.

A~C▶D▶E▶F▶O0002 실행(G▶H▶I▶R▶S(Z- 1.5)▶T▶U▶V▶W▶R▶S(Z- 3)▶T▶U▶V▶W▶J▶K) ▶E▶L▶O0002 실행(G▶H▶I▶R▶S(Z- 1.5)▶T▶U▶V▶W▶R▶S(Z- 3)▶T▶U▶V▶W▶J▶K)▶M(O0003 프로그램 종료) ▶N(G66 기능 해제)▶O부터 M30까지 후 모든 프로그램 종료

보충 설명, "A~C"

"P"블록은 최종 깊이 값을 변수로 지정하였다.
"Q"블록은 총 2회 중 1회 절입량을 변수로 지정하였다.
#105의 설정 값은 #102와 나누어 꼭 자연수가 나오는 값으로 해야 한다.

보충 설명, "D▶E▶F▶G"

G66 기능 설명한 순서와 동일하다.

보충 설명, "H"

절입량과 최종 깊이를 편리하게 연산할 수 있도록 별도의 #변수 #106을 사용하였다. 이 블록을 읽으면 #106 값은 #105와 같은 - 1.5가 된다.

"R"

[#J GE #K] ≥ 조건식을 사용하였다.
즉 J로 대치되는 #106 값이 #K로 대치되는 값 #102보다 크거나 같은 값을 가질 때까지 반복하도록 조건식을 사용하였다. 처음 1회에서는 #106=-1.5이고 Z#102=-3이므로 조건식이 성립하지 않아서(- 부호 적용 않됨) 다음 블록인 ("S")블록으로 넘어간다.

"S" 블록 설명

#106을 별도로 서브프로그램에서 사용하게 된 이유는 Z깊이 값은 1회 절입량인 동시에 최종 깊이 값으로 인식해야 하며, - 3mm가 될 때까지 계속 연산하며 변하므로 메인에서 지정한 변수 외에 또 다른 변수가 필요하여 별도로 서브에서 설정하여 사용하였다. 여기서 주의할 것은 깊이 값은 반드시 절대지령 G90을 사용해야 한다.

"T~U" 블록 설명

Z-1.5 깊이만큼 Y 방향으로 가공을 완료하고 다음 Z- 가공 전 원래 가공 시작 위치로 가기 위해 Z1만큼 이동했다.
-1.5 값으로 돼있는 #106 값을 - 3으로 만들기 위해 1회 절입량인 #105를 더했다. (354쪽 "B" 보충 설명에서 1회 절입량 계산 참고)

"V" 블록 설명

작성한 이유는 반복가공을 위해서는 G91로 이동하기 전 원래의 앤드밀 가공 시작 위치로 되돌려 놓아야 하기 때문에 반대 값인 G91Y- 25로 작성하였다. 즉 이전 블록("T")에서 G91을 사용하여 Y25로 움직였으므로 반대로 G91Y- 25를 사용하여 가공 시작위치로 돌려놓아야 반복 깊이 가공을 할 수 있다.

"W"

이 END1을 실행하면 조건이 성립하지 않기 때문에 WHILE 문이 있는 "R"블록으로 프로그램 실행 커서를 되돌린다. 즉 반복 가공할 수 있게 만든다. 여기서부터 2회 가공으로 넘어간다.
이제는 #106=[#106+#105]의 연산에 의해서 #106이 - 3 값이 되었으므로 조건이 성립되었다. 조건이 성립되고 나서도 WHILE 문은 무조건 END1까지 한 번 더 실행하게 된다. 즉 R에서 W까지 실행하여 Z- 3 가공을 완료하게 되는 것이다. END1까지 실행하고 나서 이제는 조건이 성립되므로 바로 END1 다음 블록인 J블록으로 넘어간다.

이렇게 해서 여기까지 X- 9.87 Y4.87 위치의 슬롯을 절삭 깊이 2회로 나누어 가공 완료하였다.
이제 나머지 슬롯 가공 시작 위치인 X- 19.87 Y17.87로 이동하여 위와 같이 O0002를 실행한다.
만약 반복 기능인 WHILE을 사용하지 않고 깊이를 2회 가공한다면 프로그램은 아래와 같다.

```
O0001
T01 M06 (Ø6Endmill)
S2000 M03
#102=-1.5
G90 G54 G00 X0 Y0
G43 Z2 H01 M08
G66 P0002
M98 P0003
#102=-3
M98 P0003
G67
G49Z300M05
G91 G28 Z0
M30
```

```
O0002
G90G00Z1
G01Z#102F90
G91Y25F250
G00G90Z50     M99
```

```
O0003
X-9.87 Y4.87
X-19.87 Y17.87
M99
```

위와 같이 반복조건문을 사용했을 때보다 간단하게 보일지 모르지만 가공절삭 깊이가 깊을수록, 절입량을 나누는 횟수가 많을수록 메인 프로그램 O0001이 길어진다.
저자가 만든 아래 프로그램을 자세히 보면 어떤 형상이든지 적용하는 데 변하지 않는 form이 있다. 아래 파란 색깔로 표시된 부분이다.

```
O0002 (보충 설명, "G")
#106=#105 (보충 설명, "H")
G90G00Z1 (보충 설명, "I")
WHILE[#106GE#102]DO1 ("R")
G90G01Z#106F90 ("S")
G91Y25F250  ("T")
G90G00Z1
#106=[#106+#105] ("U")
G91Y- 25  ("V")
END1  ("W")
G00G90Z50  ("J")
M99 (보충 설명, "K")
```

위 프로그램에서 파란색 부분은 깊이 방향의 절삭 깊이까지 몇 회씩 나눠 절삭가공에서 사용할 때 거의 변하지 않는 형식이다. 가공 형상에 따라 변하는 구간은 T 구간이다. 이 T 구간은 S와 U 사이를 벗어나지 않고 변한다.

마지막으로 형상에 따라 변하는 부분이 V 구간인데, V 구간은 Z 방향 진입점으로 다시 이동하기 위한 좌표를 넣어 주면 되고 진입점 이동이 필요 없다면 삭제되는 부분이다. 보통 절대 좌표로 반복작업할 경우는 G와 H 사이에 진입점으로 이동하는 X, Y좌표를 넣어주게 되는데, 이 V좌표와 같은 좌표를 사용하면 된다.

ⓒ 반복 제어문 사용 예1

주로 동일한 형상의 포켓가공과 프로파일 가공에 활용하는데 수량이 많을 때 주로 사용한다. 참고로 아래는 형상이 똑같은 포켓이나 기타 형상에서 깊이를 여러 번 반복하여 가공할 때 1회 절입량과 최종 깊이를 정해주고 최종 깊이가 될 때까지 계속 반복하도록 작성한 프로그램 예이다.

매인 프로그램에 들어가는 변수는 아래와 같이 작성한다.

```
#102=-24.5 (총 Z축 가공 깊이)
#105=-2.45 (Z축 1회 절입량)  ※#105의 값은 #102와 나누어 꼭 자연수가 나오게 해야 한다.
M98P0002  (조건문이 있는 서브 프로그램으로 이동)
G91G28Z0
M30
```

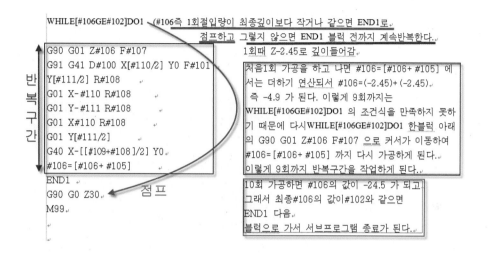

아래는 서브프로그램이다.

O0002 ((SUB) 프로그램)

#106=#105 (Z축 1회 절입량의 변수가 #105였는데, 같은 값을 가지는 #106을 하나 더 만들었다.

G90 Z2

WHILE[#106GE#102]DO1 (#106즉 1회절입량이 최종깊이보다 작거나 같으면 END1로
점프하고 그렇지 않으면 END1 블럭 전까지 계속반복한다.
1회때 Z-2.45로 깊이들어감.

반복구간

G90 G01 Z#106 F#107
G91 G41 D#100 X[#110/2] Y0 F#101
Y[#111/2] R#108
G01 X-#110 R#108
G01 Y-#111 R#108
G01 X#110 R#108
G01 Y[#111/2]
G40 X-[[#109+#108]/2] Y0
#106=[#106+ #105]

처음1회 가공을 하고 나면 #106=[#106+ #105] 에
서는 더하기 연산되서 #106=(-2.45)+(-2.45)
즉 -4.9 가 된다. 이렇게 9회까지는
WHILE[#106GE#102]DO1 의 조건식을 만족하지 못하
기 때문에 다시WHILE[#106GE#102]DO1 한블럭 아래
의 G90 G01 Z#106 F#107 으로 커서가 이동하여
#106=[#106+ #105] 까지 다시 가공하게 된다.
이렇게 9회까지 반복구간을 작업하게 된다.

END1
G90 G0 Z30   점프
M99

10회 가공하면 #106의 값이 -24.5 가 되고.
그래서 최종#106의 값이#102와 같으면
END1 다음.
블럭으로 가서 서브프로그램 종료가 된다.

위와 같이 Z축(깊이가공)으로 반복 가공하는 작업이 많은데 이런 경우에 위와 같이 프로그램하여
사용한다. 그래서 위 전체 프로그램 양식을 TEXT 파일로 가지고 있다가 반복 구간만 바꿔 주면 프
로그램 작성이 좀 더 빨라진다. 보통 위 반복 구간은 CAM을 이용하여 작성하고 Z 값이나 F 값을
변수로 수정하여 가공을 많이 했었다. 그러면 프로그램 길이가 길지 않아 기계에 프로그램을 넣어
놓고 작업하므로 깊이공차나 폭 공차를 맞출 때 (반복하기에) 편리하다.

CHAPTER

3

머시닝 센터의
작업 순서

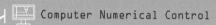 Computer Numerical Control

1. 도면 이해

2. 공작물 고정(clamp)과 좌표 세팅

3. 절삭공구 준비와 작업 순서 결정

4. 프로그램 준비와 모의 가공

머시닝 센터의 작업 순서

⚒ 도면부터 작업 공정과 가공 완료된 제품이 나오기까지의 MCT 가공에 대한 전반적인 사항에 대해 알아보자.

1 도면 이해

도면을 보고 작업자가 가공을 어떻게 할 것인지 파악되지 않으면 가공할 수 없다. 머시닝 센터로 가공하려면 먼저 충분히 도면에 대해 이해를 해야 가공 공정도 계획할 수 있다. 도면의 기호나 치수 규격, 표시 기호들을 모르고서 가공할 수 없기 때문에 도면을 보는 방법에 대해 기본적인 것부터 알아보자.

1 도면 규격

① 국제 규격

우리나라의 도면 규격은 KS(Korean Industrial Standards)에 따라야 하지만 외국과 기술 제휴를 한 회사들의 도면은 기술 제휴한 나라들의 도면을 그대로 사용하는 경우가 있다. 다른 나라들의 도면도 대체로 비슷하므로 어느 정도 형상과 치수만 볼 수 있으면 이해가 갈 것이다. 아래는 우리가 자주 접하는 나라들의 산업규격이다.

국가의 규격	규격 호칭
국제 표준화 기구	ISO(International Organization for Standardization)
영국 표준	BS(British Standards)
독일 산업 표준	DIN(Deutsche Industrie Normen)
미국 표준 규격	ANSI(American National Standards Institutes)
일본 공업 규격	JIS(Japanese Industrial Standards)

② 도면 크기

도면의 크기는 일반적으로 A0~A4까지로 구분한다. 그림을 보면 A1은 A0를 2등분 한 크기이다. 또한 A2는 A1을 2등분한 크기이다. 이와 같이 A3, A4도 각각 앞 크기를 2등분한 것으로 이해하면 된다.

규격	가로X세로 사이즈 (mm)
A0	841 * 1189
A1	594 * 841
A2	420 * 594
A3	297 * 420
A4	210 * 297
A5	148 * 210
A6	105 * 148
A7	74 * 105
A8	52 * 74
A9	37 * 52
A10	26 * 37

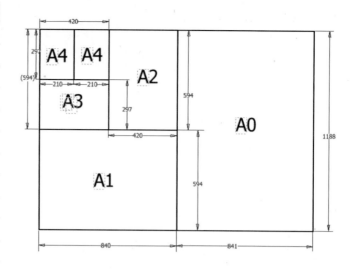

③ 도면 치수 단위

도면에서는 몇 가지 치수 단위가 있다.

㉠ 주로 밀리미터(mm)를 사용한다.

기계가공은 특별한 경우가 아니면 보통 mm 단위 사용이 기본이다. 그러나 미국 관련 회사의 장비 부품이나 설계도면은 인치로 돼있는 경우가 있다. 아래 도면과 같이 특별하게 치수의 단위를 사용하지 않았다면 mm로 보면 된다.

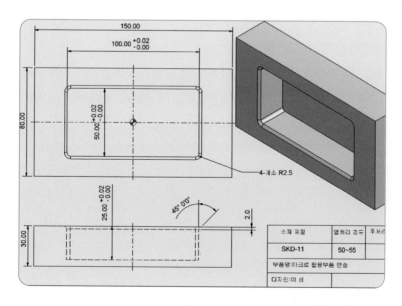

정밀한 공차 단위의 경우 μm(마이크로미터)를 추가하여 사용한다. 즉 0.01mm의 경우 10μm로 표기하기도 한다.

ⓛ 각도의 표기

각도는 °(도) ′(분) ″(초)로 표기하거나 십진법을 사용하여 표기한다. 예를 들어 도면에 30.5°(삼십점오도)로 표시하면 각도를 십진법으로 표시한 것이다. 그리고 도분초(60진법)로 표기하면 30° 30′00″(삼십도, 삼십분, 영영초)로 표기한다.

ⓒ 척도(비율)

실물의 크기가 도면 크기보다 작고 모든 뷰포인트를 넣을 수 있으면 실물 크기나 도면 안의 형상 크기를 1:1로 할 수 있지만 이렇지 못한 경우가 허다하다. 그래서 실물과 도면 형상의 크기 비율을 표기하는데 이것이 바로 척도 표기이다.

실물과 도면 표기가 적당하지 못할 때 확대하거나 축소할 수 있다. 보통 설계도면은 대부분 실물 치수로 기입하고 도면 크기에 맞게 형상만 확대 축소하는 경우가 많다. 그래서 이 부분을 주의해야 한다. CAM 가공을 하기 위해서 도면 파일을 CAM 프로그램으로 불러오는 경우가 많은데, 이럴 때 주의해야 한다.

② 도면의 투상법

어떤 제품을 디자인하여 도면을 작성함에 있어 눈으로 제품을 보는 방향을 정하고 기준으로 삼는 방향이 있는데, 이것을 투상법이라 한다.

① 정투상법

직교하는 투상면의 공간, 즉 4등분 된 것으로 4각으로 나눈 부분에서 제1각(제1투시법), 제2각, 제3각(제3투시법), 제4각이라 한다.

제1각은 유럽 대부분에서 사용하지만 우리나라 및 미국 등 다른 여러 나라는 제3각법을 사용한다. 디자인하는 사람은 CAD상에서 원하는 대로 1각법, 3각법을 변경 적용할 수 있다.

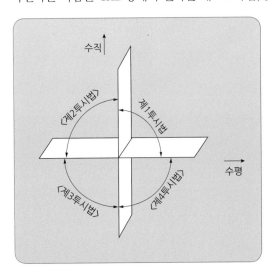

ⓒ 제1투상법

아래 그림과 같이 제1각 내 투상면의 앞쪽에 물체를 놓고 보는데, 보는 방법은 눈 → 물체 → 화면 투영 순서로 보는 것이 제1투상법(제1각법)이다. 이 투상법은 우리나라에서는 거의 사용하지 않으니 참고만 하기 바란다.

그림의 화살표는 보는 방향을 나타냈다. 물체의 윗부분(노란색) 면이 바닥에 투영되고 우측 부분(빨간색) 면이 좌측에 투영된다.

위 투영된 물체의 실제 도면에 나타난 그림은 다음 그림과 같다.

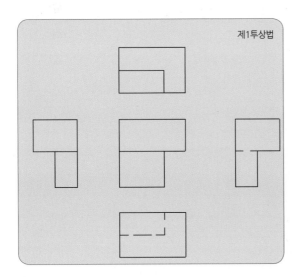

ⓛ 제3투상법

우리나라에서 대부분 사용하는 방법으로 도면을 그리거나 볼 때 모두 제3각법으로 한다. 아래 그림과 같이 제3각 내 투상면의 뒤쪽에 물체를 놓고 보는데, 보는 방법은 눈 → 화면 투영 → 물체 순서로 보는 것이 제3투상법(제3각법)이다. 물체의 윗부분(노란색) 면이 위쪽에 투영되고 우측 부분(빨간색) 면이 우측에 투영된다. 대부분의 설계자들이 이 제3투상법을 사용하여 도면을 만든다.

위 투영된 물체의 실제 도면에 나타난 그림은 아래 그림과 같다.

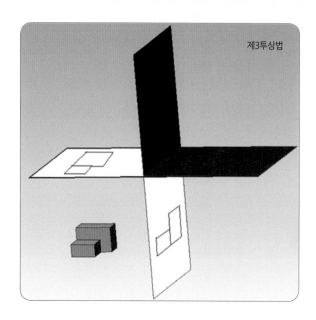

위 투영된 물체의 실제 도면에 나타난 그림은 다음 그림과 같다.

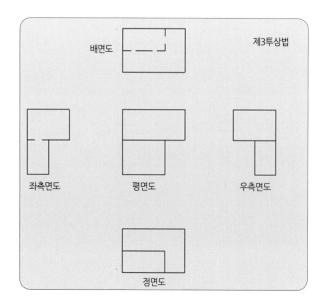

배면도는 정면도의 뒤쪽에서 본 모습을 배면도라 한다.

저면도는 평면도의 반대쪽(뒤쪽)에서 본 모습인데 위 뷰포인트에서는 나타내지 않았다.

❸ 도면의 선(line)

도면의 선의 종류를 잘 파악해야 도면을 숙지하는 데 어려움이 없다.

① 선의 종류와 용도

아래와 같이 다양한 선을 도면에 표기한다.

명칭	명칭에 대한 선의 종류	선의 표시 방법	용도
외형선	굵은 실선	——	물체의 외곽 형상을 나타내는 선
은선	중간 굵기의 파선	- - - - -	물체의 보이지 않는 형상을 나타내는 선
중심선	가는 일점쇄선 가는 실선	—·—·—·— ——	도형의 중심선이나 대칭선을 표기함
치수선 치수보조선	가는 실선	——	치수를 기입하기 위해 사용함
지시선	가는 실선	——	지시를 하기 위해 필요한 선
파단선	불규칙한 가는 실선	∿∿∿	물체의 어떤 부위를 파단 시킨 것에 사용
절단선	가는 일점쇄선과 양끝 방향 부위는 화살표와 굵은 선으로 표시	⌐·—·⌐	물체의 단면(절단면)과 단면 방향을 나타냄
가상선	가는 이점쇄선	—··—··—··—	– 이동한 부분과 위치를 나타냄 – 인접 부분 참고선 – 반복하는 것을 표현함 – 가공 전 또는 가공 후의 형상
피치선	가는 일점쇄선	—·—·—·	기어나 피치원 및 피치선을 나타낼 때 사용
해칭	가는 실선	/////	절단면 전체를 나타낼 때 사용

ⓐ 외형선(굵은 실선)

| 외형선 | 굵은 실선 | —————— | 물체의 외곽 형상을 나타내는 선 |

아래 그림과 같이 물체의 보이는 외곽선이 외형선이며, 굵은 실선으로 표기된다.

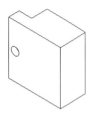

ⓑ 은선(중간 굵기의 파선)

| 은선 | 중간 굵기의 파선 | – – – – – – – | 물체의 보이지 않는 형상을 나타내는 선 |

형상은 있으나 외형면에 가려져 보이지 않는 형상을 선으로 나타낼 때 사용한다.

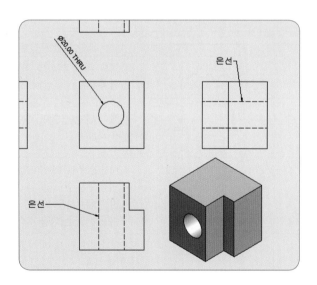

위 형상의 정면도나 우측면도에서 은선으로 처리한 부분은 Ø20 관통된 hole이다. 좀 더 자세한 설명은 CAD/CAM 제6장의 2번 CAD데이터 입출력과 활용을 참조하기 바란다. 특히 2D 도면을 불러와서 작업할 경우 보통 은선은 반대면의 형상을 나타낼 때 사용된다.

ⓒ 중심선(가는 일점쇄선)

| 중심선 | 가는 일점쇄선 | —・—・—・— | 도형의 중심선이나 대칭선을 표기함 |

중심선은 물체의 중심을 나타낼 때 사용한다. 즉 아래 그림과 같이 hole의 중심을 표기하거나 물체의 중심선을 표기할 때 사용한다.

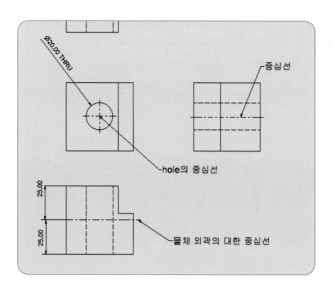

② 가는 실선

치수선 치수보조선	가는 실선	———————	치수를 기입하기 위해 사용함
지시선	가는 실선	———————	지시를 하기 위해 필요한 선

치수를 나타내는 선이나 지시선은 가는 실선으로 처리한다.

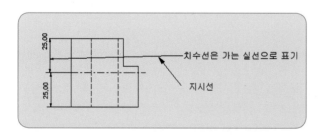

⑩ 파단선

파단선	불규칙한 가는 실선	∿∿∿	물체의 어떤 부위를 파단시킨 것에 사용

특정 부위를 상세히 크게 보고자 할 때 파단(절단)하는 경우라 하겠다.

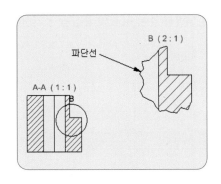 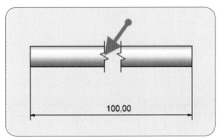

ⓗ 절단선

절단선	가는 일점쇄선과 양끝 방향 부위는 화살표와 굵은선으로 표시	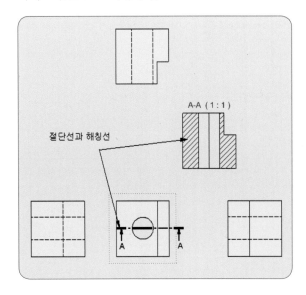	물체의 단면(절단면)과 단면 방향을 나타 냄

형상을 절단하여 단면을 볼 때 단면과 단면 방향을 나타낸다.

ⓢ 해칭선

해칭	가는 실선	/////	절단면 전체를 나타낼 때 사용

절단된 전체의 면과 특정 면을 나타낼 때 해칭선을 사용한다.

ⓞ 절단면과 해칭선의 표시 방법

물체를 절단하면 ⊥·—·⊥ 로 표시하며, 그 절단면을 ///// 해칭으로 표시한다. 아래 그림을 보고 이해하자.

위 절단선의 화살표 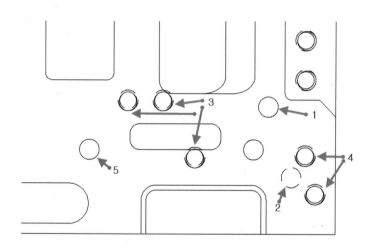 는 보는 방향을 가리킨다. 즉 화살표 방향 쪽으로 본다는 것이다.

㉧ 가는 이점쇄선

가상선	가는 이점쇄선	— ·· — ·· — ·· —	• 이동한 부분과 위치를 나타냄 • 인접 부분 참고선 • 반복하는 것을 표현함 • 가공 전 또는 가공 후의 형상

중심선과 비슷하게 생겼지만 위 표와 같은 부분에 사용한다.

② 도면과 2D CAD 파일 확인 시 주의 사항

도면이나 2D CAD 파일을 볼 때, 특히 HOLE(구멍) 표시에서 관통이나 비관통의 상면이나 아랫면 위치에 따라서 은선(점선)과 실선의 구분을 잘 이해해야 한다.

아래 그림을 보고 이해해 보자.

㉠ 실선과 은선(점선)의 차이

보통 불러온 2D CAD 데이터는 3D 모델링 파일에 비해 보기가 헷갈린다. 특히 은선과 실선의 차이를 명확하게 보지 못할 경우 불량이 발생될 확률이 높다.

은선은 겉으로는 눈으로 보이지 않는데 안쪽이나 보이는 면이 아닌 아랫면에 형상이 있다는 것을 투영해서 보여주는 것이다. 실선은 보이는 그대로 보여지는 선이다.

㉡ 탭(TAP) 표기 선의 구분

평면상의 TAP 표기 선을 보면 뒷면의 탭 구멍을 투영하여 앞면에서 볼 수 있도록 2D 도면 작성을 할 경우가 있다. 이럴 때는 가공 작업자는 많이 헷갈리는데, 이때는 선의 어느 부분이 절단된 상태이므로 헷갈리지 않아야 한다. 위 그림의 경우 3번과 4번이 탭 구멍을 나타낸 것인데 보통 탭구멍의 2D 표현은 2개의 선, 즉 외측지름선(탭 외경선)과 내측지름선(탭골지름, 기초 드릴경, 내경선)으로 표현한다. 여기서 주의할 것은 3번의 경우 외경선과 내경선 모두 점선으로 돼있다. 즉 선이 중간중간 절단된 상태인데 이 표현은 평면도, 즉 위에서 보이는 면이 아닌 밑면(bottom)에 탭이 비관통으로 작업해야 한다는 것을 나타낸다. 즉 뒤집어서 작업해야 한다. 그러나 4번의 탭 외경선은 중간중간 절단됐지만 내경선, 즉 기초 드릴선은 실선으로 돼있다. 이 탭은 2가지 경우로 봐야하는데 관통탭이거나 윗면에서 깊이가 있는 비관통탭을 나타내므로 도면에 반드시 식별 문자로 표시돼야 한다. 즉 도면에 관통(THROU, THRU)이라고 탭 지름 뒤에 표기되든지 비관통일 경우 깊이(DP)를 표기하게 돼있다. 불명확할 경우 반드시 도면 작성자에게 문의해야 한다.

④ 문자 표시와 도시법

① 문자

도면의 문자는 대체적으로 부연 설명을 하는데 쓰이지만 문자가공(제8장 참조)으로 직접 가공에 도면대로 사용해야 되는 것이 있다. 즉 머시닝 센터에서 도면대로 문자 가공을 해야 하는 상황이면 문자의 크기 및 문자체 대로 CAM에서 프로그램하여 가공해야 한다. 문자의 크기는 가로 및 세로의 크기를 나타내나 보통 정사각형의 크기이다.

㉠ 문자체 및 문자의 가로와 세로의 크기

원하는 문자체를 넣어야 한다. 즉 도면에서 참고나 설명용으로 하는 것은 설계자 마음대로 해야 하지만 제품에 문자 마킹을 하는 것이라면 정해진 규격과 사용자가 요구하는 문자체를 넣어야 한다. 문자의 크기는 대부분 2.5, 3.2, 4, 5, 6.3, 8, 10mm까지 7종을 사용하지만 요즘은 CAD, CAM 상에서는 원하는 크기를 자유롭게 그리고 가공(글자 조각) 할 수 있게 되었다.

② 도시법

㉠ 단면도

물체의 내부 형상을 명확히 표시하려면 부분을 절단 및 파단해서 보면 자세히 볼 수 있다. 이렇게 절단한 면을 보는 것을 단면도라 한다. (위 절단면 참고)

㉡ 해칭도

단면, 즉 절단면을 알아보기 어렵다고 판단될 경우에는 절단면을 해칭으로 표기한다. 해칭의 표기는 또 여러 가지 용도로 사용되기도 한다.

ⓒ 생략 도시법

모양이 일정하고 길이가 길고 길이만 알면 이해가 되는 경우 생략 도시법을 사용한다. 아래와 같이 파단선을 사용하여 생략 도시한다.

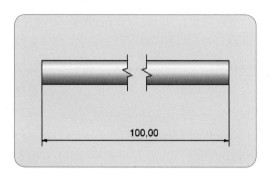
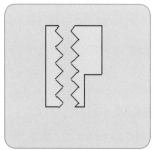

ⓔ 관용 도시법

관용은 일반적인 파이프(원통)나 원형축을 가리킨다. 이러한 관용 도시법은 다음과 같이 사용한다.

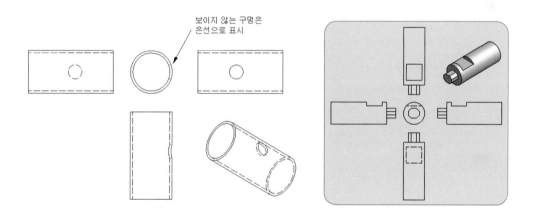

5 기호(Symbol)

도면에 사용하는 기호도 규격이 있는데 잘 알아두어야 한다.

① 치수에 사용하는 기호

치수와 함께 주로 사용하는 기호는 아래와 같다.

구분	기호
지름	Ø
정사각형	□
반지름	R
45° 모따기	C
각도	°(도) ′(분) ″(초)

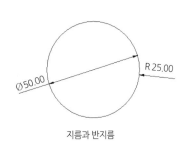

지름과 반지름

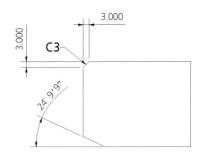

② 재질(소재 종류)에 사용하는 기호

재질에 따른 기호를 알아보자. 재질 기호를 알아야 소재를 제대로 주문할 수 있다. 도면에 표기되는 가공 소재의 재질 기호를 큰 분류로 살펴보면 아래와 같다.

(아래 설명한 표나 내용에 규격 변경되거나 폐지, 기타 저자 경험과 참고의 오류가 있을 수 있다. 정확한 규격이나 상세 표기 및 내용은 KS규격을 확인하기 바란다.)

기호(참고 기호)	재질(참고 자료)	기호(참고 기호)	재질(참고 자료)
AL	알루미늄	F	철
B(BC)	청동(청동주물, KSD6010)	STB	베어링 강재
Bs	황동	PB	인청동(KSD6010)
C	초경합금	Pb	납
CU	구리	S	강
STS(SUS)	스테인리스(써스)(KSD3706)	SKH	고속도강(KSD3522)
SCM	크롬 몰리브덴 강(KSD3711)	GC(FC)	회주철(KSD4301 폐지)

㉠ 강 재료(강 소재) 기호의 상세

위에서 강 소재의 대표 기호는 S이며, 이후에 나오는 것은 강 소재의 세부 소재들이다.

기호	첫째	둘째	셋째
SS 55 (일반구조용 압연강재 4종)	S (강)	S (일반구조용 압연강재)	55 (최저 인장강도)
S 10C (기계구조용 탄소강재 1종)	S (강)	10 (탄소 함유량 0.1%)	C (화학 성분의 탄소 성분 표시)
GC 100(GCD) (회주철(구상흑연주철))	G (주철)	C (주조품)	100 (인장강도)

산업현장에서는 주로 S45C를 많이 사용한다. 이유는 값이 저렴하면서 고주파나 기타 Q, T(담금질&뜨임 열처리)를 할 수 있어 범용으로 사용한다. S45C는 범용 소재이다 보니 연마봉(열처리 유, 무 선택 가능) 등의 규격품으로 다양하게 나온다.

③ 재질에 따른 적용 부품

주로 가공에 사용하는 강 소재와 세부 용도를 아래와 같이 나타내었다.

KS(한국산업표준), JIS(일본산업표준), AISI(미국철강협회규격), DIN(독일연방표준), SIS(스웨덴 규격)

KS 번호	규격명	구분		KS 기호	용도	JIS, AISI, DIN 기타 기호
KSD3512	냉간압연 강판 및 강재		일반용	SPCC	기계 및 장비 외장 COVER류	
KSD3752	기계구조 용강	탄소강	일반용	SM45C (SM10C~ SM58C)	기계부속품류, 샤프트, 기어체인, 볼트봉재, 스프링, 봉재, 레버롤러 등	S45C/1045/C45
KSD3503	일반 구조용 압연강재	압연강		SS275 (기존 SS400)	기계부품 가공 및 용접가공 (열처리 하지 않음)	SS41
KSD3711	구조용 합금강	합금강	크롬몰리 브덴강	SCM430	공구류, 렌치류 재료	SCM430
KSD3753	공구강, 특수 공구강	합금 공구강		STS, STF STD, STD11	절삭공구, 내충격용 공구, 냉간(열간) 금형용 재료, 반도체 금형	SKD11
KSD3705, KSD3706	열간 압연 스테인리스 강			STS 201~STS 631	기계부속류, 스프링, 너트, 소프트산업 설비류, 녹이 슬지 않아야 하는 부품 및 자성이 없어야 하는 부품, 전기, 전자 부품	SUS 201~SUS 631
KSD3522	고속도 공구강			SKH51(범위:2~59)	반도체 금형부품, 열 변형이 적어야 하는 부품, 열간단조 금형의 마모를 개선하기 위한 부품	SKH51, M2
	분말야금 고속도 공구강				반도체 CAVITY 금형 파트 (HRC65~70)	ASP23 (SIS)
	스테인리스 금형강재				사출금형 CAVITY 파트	STAVAX, SUS420 계열
					사출금형 코어 파트	NAK80
	니켈& 철합금				열팽창계수가 극히 낮은 통신기기, 반도체 장비부품, 계측기	INVAR
기타	구리, 텅스텐 합금 (동텅스텐 합금)			CU(30)+ W(70)	방전 전극재료	

기타	플라스틱, 수지 소재			MC나일론, 아크릴, 아세탈, 우레탄, 베크라이트, 피크, 테프론	차륜, 기어, 롤러, 부싱, 라이너, 슬라이드, 가이드, 장비부품, 절연부품, 충격 방지 부품, 찍힘 방지 부품 등	
기타	그래파이트 (흑연)					
기타	동합금			청동, 황동, 알루미늄, 청동	BUSH, 선박, 산업용, 방전 전극재료	
KSD4301 (폐지)	회주철		주철 합금	GC100 ~350	공작기계 및 산업기계 부품 및 기본체	FC100~350
KSD4302 (폐지)	구상흑연 주철			GCD400 ~600	공작기계 및 산업기계 부품 및 기본체	FCD40~60
KSD6763 KSD0004	알루미늄 합금			AL5052, AL6061	반도체, 산업기계 장비부품	

- 위에서 알루미늄에 대해 알아보면 일반 가공알루미늄은 부식에 매우 취약하다. 특히 물에 장시간 놓아두면 부식이 일어난다. 물론 표면처리에 따라서 달라지기도 한다. 하지만 알루미늄 합금은 가볍고 강도가 있어 반도체 장비 부품으로 많이 사용한다.

  AL5052 판재에서 일본산 고베 판재가 반도체 장비 부품 판재(평면도 우수)로 많이 사용되고 AL6061 각재나 판재 역시 반도체 장비 부품 판재로 많이 사용되는데, 주의할 것은 AL6061이라도 뒤에 붙는 영문자나 숫자에 따라 후처리 결과의 문제가 있다. 또한 가공상에 판재나 각재에 따라서 밴딩 공차가 달라져서 도면에는 AL6061이라도 AL5052 판재로 작업해야 하는 경우도 발생된다.

- 다음 표에서 참고할 만한 것은 SUS(써스)라고 하는 것인데 우리나라에서는 스테인리스강이다. 스테인리스강은 녹이 잘 나지 않아서 물탱크나 기름탱크 및 각종 장비의 카바나 부품에 사용하면 좋다. 하지만 특정 반도체 세정장비에서 화학 액체물질에 따라 부식되는 성질이 있어 화학 액체 성분에 따라 플라스틱이나 세라믹 재질로 대체 사용하는 것도 있다.

- SKT4: 열간단조금형에서 CUT OFF INSERT용으로 사용되며 소재 자체가 열처리된 것으로 가공 후 별도로 열처리할 필요가 없는 재질이다. (STF4M과 같음)

- 플라스틱 수지재료: 수지재료 가공 시에는 절입량을 최소화한다. 플라스틱 소재라서 가공이 잘 되지만 가공 변형이 많이 가는 재료들이기 때문에 최대한 회전수와 FEED는 알루미늄 가공급으로 하되 절입량은 스틸급으로 하는 것이 좋다.

- 위에서 ASP23은 반도체 금형 부품으로 많이 사용한다. 열처리 후 경도가 높아서 열처리 후에는 앤드밀로 가공하기 어려운 소재 중에 하나이다.

NAK-80(나크80)은 사출금형에서 가공성이 좋아서 광택면 코어용 부품으로 많이 사용한다.

SS41은 스프링강으로 열처리하지 않고 조임쇠 기능이 필요한 부품에 사용한다.

S45C보다 저렴하며 열처리하지 않고 구조물 용접에 필요한 부품의 경우에 이 재질을 많이 사용한다. 특히 S45C의 경우 용접 후 용접부에 탄소 성분으로 크랙이 가는데, 이 재질은 경도나 탄소 성분이 45C보다 적어 용접 크랙이 45C보다는 덜 일어난다고 한다.

STD61=SKD61과 같은 소재로 STD=SKD는 같다고 보면 된다.

‒ 소재 신청 시 참고 사항

소재를 신청할 때 각재의 경우 본으로 구매하여 절단해 달라고 하면 소재비를 절감할 수 있다. 물론 자투리 소재가 발생되기도 한다. 또한 봉재의 경우도 길이가 정해져 있는 경우도 있다. 판재의 경우도 마찬가지이므로 규격품과 본재의 사이즈를 알아서 구매하는 것이 소재비를 절감할 수 있다.

6 표면 기호(Symbol)

도면에 표기하는 표면 거칠기 기호, 표면 기호 및 처리 방법에 대해 알아보자.

① 표면에 대한 기호

다듬질 기호나 표면 기호를 해 놓지 않으면 작업자에 따라 공차는 맞출지 모르겠지만 면조도는 다양하게 만들 수 있다. 따라서 이런 다듬질 기호나 표면 기호를 표시함으로써 제품에 일정한 면조도를 낼 수 있게 한다. 특히 금형 부품에서의 방전가공 면조도가 대표적이다.

㉠ 다듬질 기호(KSB0161 폐지된 인증)

다듬질 기호	표면 상태	적용 부품
─	가공 흔적이 없는 자연면	주조품 외관
∿	자연면이 있으면서 아주 거친 곳만 조금 가공	핸들, 스패너 자루부
▽	가공 흔적이 남을 정도의 막다듬질	축의 끝단면, 기밀이 없는 커버 고정부
▽▽	가공 흔적이 거의 없는 중다듬질	기어의 측면부, 일반 부품의 외관
▽▽▽	가공 흔적이 전혀 없는 상다듬질	공작기계의 습동면, 게이지 측정면
▽▽▽▽	가공은 했으나 흔적이 거의 없는 정밀다듬질	유리면, 폴리싱면 래핑면

※ 현업 도면에서 주의할 것은 아래와 같이 했을 때이다.

위와 같이 했다면 머시닝 센터에서 면을 가공하고 그 가공면을 연삭으로 마무리하라는 것이다.
(참조: 제8장 9. 후공정이 있을 때의 가공 방법)

ⓛ 다듬질 기호의 정밀도 표시(KSB0161 폐지된 인증)

표면의 정도	0.1-S~0.8-S	1.5-S~6.0-S	12.0-S~25-S	35-S~560-S
범위(단위 u=1/1000MM)	0.1 이하~0.8 이하	1.5 이하~6.0 이하	12 이하~25 이하	35 이하~560 이하
삼각 기호	▽▽▽▽	▽▽▽	▽▽	▽
기준면의 넓이(㎟)	0.3	1	3	5~10

위에서 자연면 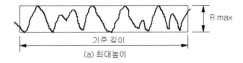 의 정밀도를 표시하지 않았지만 보통 주철(주물품) 가공에서 이런 기호가 많이 사용되는데, 이 기호가 표시되는 면은 가공을 하지 않아도 된다.

– 적용 예

다듬질 기호 3개에서 3– S라고 한다면 3/1000=0.003이다.

이것을 머시닝 센터에서 적용한다면 날당이송을 계산하여 커터 1날이 0.003mm씩 절삭하며 이동하게끔 절삭속도를 맞춰야 한다.

② 표면 높이, 낮음에 대한 기호(폐지된 인증)

물체의 표면(surface)에서 임의로 채취한 각 부분에서 Rmax(최대높이), Rz(10점 평균 거칠기), Ra(중심선 평균 거칠기) 각각의 산술 평균치로 나타낸다. 주로 Rz나 Ra는 금형 방전가공에서 많이 표현된다.

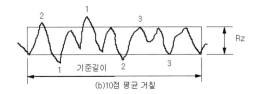

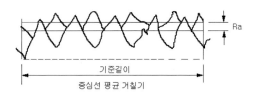

③ VDI 표면 거칠기

VDI는 Verein Deutscher Ingenieur으로 독일기술자 협회의 약칭이라고 한다. 산업 전반의 생산공업 등의 규격을 간행하며 공업 분야의 광범위한 공정, 설비, 기술규격이 있고 VDI/DQC, VDI/VDE 등도 포함된다고 한다.

ㄱ VDI, Ra, Rz 비교표

아래 표로 나타낸 이유는 반도체 금형 방전가공 및 전극을 만들 때 외국 도면이나 기타 설계자의
조도 표현이 다르기 때문에 표로 해 놓으면 유용하다. 유럽 국가의 방전가공기의 조도 설정은 대부
분 VDI 3400의 번호로 설정한다.

예 샤멜방전기: CH10=Ra0.32=Rz12.65

VDI 3400	Ra(um)	Rz(u inch)		VDI 3400	Ra(um)	Rz(u inch)
0	0.10	4.00		21	1.12	44.88
1	0.11	4.49		22	1.26	50.36
2	0.13	5.04		23	1.41	56.50
3	0.14	5.65		24	1.58	63.40
4	0.16	6.34		25	1.78	71.13
5	0.18	7.11		26	2.00	79.81
6	0.20	7.98		27	2.24	89.55
7	0.22	8.95		28	2.51	100.48
8	0.25	10.05		29	2.82	112.74
9	0.28	11.27		30	3.16	126.49
10	0.32	12.65		31	3.55	141.93
11	0.35	14.19		32	3.98	159.24
12	0.40	15.92		33	4.47	178.67
13	0.45	17.87		34	5.01	200.47
14	0.50	20.05		35	5.62	224.94
15	0.56	22.49		36	6.31	252.38
16	0.63	25.24		37	7.08	283.18
17	0.71	28.32		38	7.94	317.73
18	0.79	31.77		39	8.91	356.50
19	0.89	35.65		40	10.00	400.00
20	1.00	40.00		41	11.22	448.81

ㄴ VDI 산출식

위 표의 결과 값이 어떻게 나왔는지 알아보면, 먼저 VDI를 알았을 때 Ra를 구하는 식

Ra=10(VDI번호- 20)/20

또는 Ra를 알았을 때 VDI 구하는 공식

VDI=20*log(10*Ra)

위 표에서 Ra 값을 소수 5자리까지 넣지 않았기 때문에 VDI 번호 값이 정확하게 나오지 않고 근사
치로 나오므로 가까운 번호를 선택하면 된다.

위의 사진은 방전기 작업 시 참조하는 VDI 3400 면조도를 보여주는 게이지이며 눈으로 비교하는
게이지이다.

위 조도게이지로 방전가공 후 대략적인 조도를 확인할 수 있지만 자세히는 조도게이지를 이용하여 측정해야 된다. VDI 15번 아래로 내려갈수록 광택면에 가깝게 된다. 방전기를 구입할 때 얼마까지 조도를 낼 수 있는지 알아보고 구입해야 한다.

현업에서는 이 조도 문제가 이슈가 된다. 광택에 가까운 조도는 고속가공기로 광택면을 내는 것이 과제였고, 이 문제를 해결하려고 할 때 중요한 것은 절삭공구의 성능이 관건이다.

7 표면처리 및 열처리

표면처리와 열처리는 가공 공정에 있어 상당히 중요하다. 이 공정에 따라서 머시닝 센터의 가공 방법도 변화가 있기 마련이다. 도면 해독에 있어 이 표면처리 및 열처리 기호와 종류를 알아보자.

① 표면처리와 열처리 종류

금속은 녹이 슬거나 알루미늄의 경우는 부식이 있다. 그래서 열처리는 금속의 경도나 조직에 변화를 주어 사용에 맞게 경도나 인성에 변화를 준다. 표면처리도 사용 용도에 따라 금속의 표면에 변화를 준다. 그래서 본래의 금속 재질의 특성에 비해 효과를 볼 수 있다.

㉠ 침탄열처리(열처리)

강의 표면에 탄소를 침투시켜 금속의 표면을 내마모에 잘 견디고 금속 내부층은 충격에 잘 견딜 수 있도록 하기 위한 목적으로 열처리하는 방법이다. 대표적으로 선반척의 하드조나 기어류 부품의 열처리 방법으로 많이 사용된다. 재료는 SCM415로 많이 사용되며, 경도는 HRC 57까지 올라간다. 선반척의 소프트 조(바이트로 가공하여 사용할 조)의 열처리는 이 침탄열처리로 하지 않고 일반 열처리로, 보통 소재 SCM440으로 HRC 40~45로 하여 깎으면서 사용할 때 사용한다. 하드 조는 깎지 않고 사용하는 조로 SCM415이며, HRC 55~58 정도의 경도를 가지고 있다.

㉡ 질화열처리

표면 깊이 0.1 정도만 내마모성이나 경도를 높여 주게 하고, 0.1 이상의 내부는 금속의 고유 물성을 유지하고자 할 때 사용한다. 열처리 변형이 적고 열처리 제품의 살이 얇아 깨질 우려가 있을 때도 사용한다. 저자는 S45C 재질의 MCT 지그에 사용하였다. S45C의 경우 HRC55 정도의 경도가 나온다. 열간단조 금형 수명의 향상을 위한 경우는 이온질화를 주로 하여 표면층 두께 0.3mm 정도 질화층이 돼서 내마모성을 좋게 한다. 가스질화의 경우는 0.07mm 정도의 두께층이 생긴다.

㉢ 담금질 & 뜨임 열처리

금속을 고온의 열로 가열한 후 기름이나 물로 급격히 냉각시켜서 강하고 단단하게 만들기 위한 방법이다. 담금질은 퀸칭Q, 뜨임은 템퍼링 T라고 하여 이들은 담금질 후 항상 뜨임을 하기 때문에 Q, T(큐티)라고 붙여서 부른다. 보통 S45C나 SUJ, SCM, SUS 재질들이 이 열처리를 한다.

담금질만 행한 강은 내부응력이 크고 대단히 경하여 취약하게 되므로 강도와 인성을 주기 위한 방법이다. 특히 합금강제인 SKD 종류들은 상기 열처리 방법을 진공으로 한다. 열간단조 금형제품에서 SKD61종의 템퍼링은 보통 2회 이상이어야 한다. 조질열처리라고도 부른다.

ⓔ **산화피막(Anodizing)**

금속의 산화 및 부식 방지와 표면 경도를 높이기 위해 한다. 경질피막. 하드 아노다이징(Hard-Anodising)은 주로 알루미늄 표면에 많이 한다. 알로딘(Alo-dine), 크로-마이트(Cro-mite), 이니-다이트(Ini-dite) 등이 있다.

여기서 중요한 것은 아노다이징할 때 보통 리머 홀이나 정밀 홀의 경우 공차 변형이 일어날 수 있는 것을 감안하여 작업하는 것이 좋다. 알루미늄의 경우 백색, 흑색 아노다이징을 하고 반광 아노다이징을 하는 경우가 있다. 백색 아노다이징의 경우는 사포질을 할 수 있지만 백색 아노다이징이면서 반광이면 될 수 있으면 사포나 광을 내는 작업을 하지 않는다.

ⓜ **착색**

금속 표면에 색을 입히는 공정이다. 보통 검은색, 은색, 구리색 등으로 하는 경우가 많다.

ⓗ **도금 및 코팅**

금속의 산화 및 부식 방지 및 표면 경도를 높이기 위해 한다. Cd도금, Zn도금, Ni도금, 무전해 Ni도금, Cu도금, Ag도금, Au도금 TD코팅, Cr도금 등이다.

무전해 NI도금의 경우 알루미늄은 사포로 문지르지 않고 될 수 있으면 절삭 가공면 그대로 놓아야 도금 후 표면이 보기가 좋다. 알루미늄 판재의 경우 가공 부위가 아니면 소재면 그대로 유지해야 한다. 그렇지 않으면 스크래치나 기타 흠집이 그대로 보인다.

ⓢ **sub zero 처리**

심냉처리라고 한다. 이 처리는 질소가스나 기타 영하 온도에 가공품을 담가 놓는 작업이다. 이 처리를 하면 자연균열을 방지할 수 있으며 경도와 인성에 효과적이라 한다. 보통 머시닝 센터 가공 후 열처리를 진행하여 바로 이 작업을 하는 것이 있는데, 소재의 크랙을 방지하는 효과가 있다. 보통 SKD11 소재 부품에 적용했었다.

ⓞ **풀림(소둔 열처리: Annealing)**

냉간가공이나 담금질에 의한 영향을 완전히 제거하기 위하여 오스테나이트화 온도로 가열하고 노냉처리한다. 또한 가공 중에 변형이 많이 발생하는 소재를 가공하기 전에 이 작업을 먼저 하는 경우가 있다.

ㅈ 기타 표면처리

- polishing: 금형부품이나 기타 금속가공 면에 광택을 내기 위해서 처리한다. 주로 연삭기나 폴리싱 전문 기계 또는 사람이 손으로 초음파 폴리싱 장비와 관련 기기나 약품을 이용하기도 한다. 특히 사람이 하는 것은 부분 폴리싱이다. 즉 기계가 자동으로 할 수 없는 부분을 한다.

- 샌딩(sanding, 빠우): 이것은 sand, 즉 모래 알갱이를 광택 부분에 분사하는 방식으로 가공품의 광택을 내기 위한 목적에서부터 가공 표면의 일반 황삭가공 면에도 적용하여 매끄럽게 해주는 데 주로 사용된다.

- 전해연마: 가공품의 전 부분을 매끄럽게 하는 것으로 전해액에 가공품을 넣어서 가공된 부분이나 기타 부분의 표면을 매끄럽게 한다. 주로 대형 부품에서 안쪽의 사람이나 공구가 들어가지 못하는 부분을 매끄럽게 할 때 사용된다고 한다.

② 경도 표시

다이아몬드 또는 강구(ball)를 사용하여 일정한 하중으로 재료의 표면을 눌러서 압력을 체크하는 형태로 경도를 측정한다. 경도 기호 뒤에 나오는 숫자는 하중이며, 단위는 Kg이다.

도면의 이런 경도 표시와 뜻을 이해해야 하는 이유는 경도에 따라서 적당한 공구를 선택해야 하기 때문이다. 단순하게 생각하면 알루미늄 가공 전용 공구로 서스나 스틸가공을 할 순 없고 열처리 경도 HRC 60 이상되는 것을 HSS 재질 공구로 가공할 순 없는 것이다.

예를 들어 단순하게 생각하면 이런 것이다. 가공제품 단가는 10만 원 하는데 15만 원짜리 공구를 구매하여 가공하다가 공구가 파손되어 버리면 여러 가지로 손해이다. 즉 임률, 기회비용, 소재비, 당연한 공구 구매비 등. 즉 재질과 경도에 따라서 가공 공구의 재질과 코팅 형태가 달라지는 것이다. 가장 빠른 방법은 공구메이커에서 추천받는 것이 현명한 방법이다. 그러나 추천받는 것도 가끔은 맞지 않을 때가 있다는 것도 참조하기 바란다. 이런 것은 가공 경험의 노하우에 들어간다.

㉠ 로크웰 경도

대개 가공 도면 금속의 표면 경도는 HRC(로크웰 C스케일)로 나타내며, 보통 현장의 열처리품의 경우 열처리 후 경도를 HRC로 도면에 표시하게 되는데, 대부분 이 로크웰 경도로 표시한다. 다음은 로크웰 경도 측정의 호칭 관련 표이다. A~K, 15N~45N, 15T~45T로 구분하는데, 이것은 누르는 모서리 부분에 붙이는 재질과 하중에 따라 달라진다. HRC는 다이아몬드로 누르는 경도 측정 방법이다.

(KSD0275, KSB0806 참조)

호칭	A스케일	B스케일	C스케일	D스케일
기호	HRA	HRB	HRC	HRD
범위	HRA 20~88	HRB 20~100	HRC 20~70	HRD 40~77

도면에 표시된 예: HRC 42~45 (일반적인 기계가공 도면에 표시된 예를 들은 것이다)

    42 HR30N~ 45 HR30N

    42 HR30T~ 45 HR30T

ⓛ 비커스 경도(Vickers hardness)

비커스 경도 도면의 표시 예는 일반하중 HV 40~45(범위 5~100)로 표시되고, 저하중은 HV 1~1.5(범위 0.2~3)로, 마이크로 하중 HV 0.02(범위: 0.01~0.1)로 표시한다. (KSD0275, KSB0811 참조)

ⓒ 브리넬 경도(Brnell Hardness)

누르는 구는 초경합금을 사용한다. 도면의 표시 예는 HBW 10/500로 표시한다. (KSB0805 참조)

ⓔ 쇼어 경도

쇼어 경도의 범위와 표시는 5~105 HS이다. (KSB 0807 참조)

8 공차

공차란 최대허용치수에서 최소허용치수 차이 값의 절대치이다. 아래 그림의 공차는 0.07이다.

– 최대허용치수: 최대 치수라고 한다. 아래 그림에서 Ø 11.500의 +0.05가 최대 허용치수이다. 즉 Ø11.55까지 허용된다는 뜻이다.

– 최소허용치수: 최소 치수라고 한다. 아래 그림에서 Ø 11.500의 – 0.02가 최소 허용치수이다. 즉 Ø11.48까지 허용된다는 뜻이다.

$\varnothing 11.500^{+0.050}_{-0.020}$

① 형상공차 표시

제품의 치수 공차만으로는 여러 형태의 제품에 대한 공차를 모두 표현할 수 없다. 따라서 기하학적 형상 공차 및 여러 가지 형태의 형상공차 표기 방법이 사용된다.

- 형상공차의 기호

형태	명칭	ISO 표시	명칭	ISO 표시
형상	진직도	−	평면도	▱
	정사각형	□	진원도	○
	원통도	/〇/	선의 윤곽도	⌒
	표면의 윤곽도	⌓		
방향	평행도	//	직각도	⊥
	경사도	∠		
위치	위치도	⊕	동심도(동축도)	◎
	대칭도	═		
기타	지름	∅	원주의 흔들림	↗
	참고치수	23.5		

㉠ **진직도 (Straightness)** −

물체의 직선 부분이 이상직선으로부터의 어긋남의 크기를 말한다. (이상직선이란 직선 부분 위의 두 점을 지나는 기하학적인 직선을 말한다).

㉡ **평면도 (Flatness)** ▱

평탄도라고 하며 물체의 평면 부분이 이상평면에 대하여 어긋남의 크기를 말한다(이상평면이란 평면 부분 중 세 점을 포함하는 기하학적 평면을 말한다). 즉 면에 굴곡이 없고 평평한 것을 말하는데 측정 방법은 측정물의 밑쪽을 높이가 똑같게 3점 지지한 다음 측정기나 인디게이터를 측정하고자 하는 평면에 대고 측정 구간을 움직여 본다.

㉢ **정사각형** □

아래와 같이 형상의 가로, 세로 길이가 같을 때 표시한다.

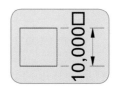

㉣ **진원도 (Roundness)** ○

물체의 원형 부분(원의 평면 도형과 물체의 단면이 모두 기능상 진원이 되도록 지정된 물체의 윤곽)이 진원에 대하여 어긋남의 크기를 말한다. 특히 정밀 홀가공 표시공차로 많이 사용한다. 일반적으로 직경법이 있는데 실린더 게이지나 마이크로미터를 이용하여 최대, 최소치의 차이를 구한다. 진원도 측정기를 이용하는 것이 가장 정확하다.

ⓜ **원통도(Cylindricity)** /◯/

물체의 원통 부분(단면의 지름이 기능상 원통이라고 볼 수 있는 부분의 윤곽)의 두 곳 이상 지름의 불균일의 크기를 말한다.

ⓗ **선의 윤곽도(Line profile)** ⌒

정확한 치수에 의해서 정해진 기하학적 윤곽으로부터 선 윤곽의 어긋남의 크기를 말한다.

ⓢ **면의 윤곽도(Surface profile)** ◠

정확한 치수에 의해서 정해진 기하학적 윤곽으로부터 면 윤곽의 어긋남의 크기를 말한다.

② **방향공차 표시**

㉠ **평행도(Parallelism)** //

직선 부분과 직선 부분, 직선 부분과 평면 부분, 평면 부분과 평면 부분의 조합에 있어서 그 가운데 하나를 기준 직선 또는 기준 평면으로 생각하고 이것에 대하여 다른 직선 부분 또는 평면 부분이 평행(나란)인지 아닌지를 나타내는 것을 평행도라 한다.

㉡ **직각도(Squareness)** ⊥

90도의 각도 조건이 되는 공차를 표기한다. 직선 부분과 직선 부분, 직선 부분과 평면 부분, 평면 부분과 평면 부분의 조합에 있어서 그 가운데 하나를 이상직선 또는 이상평면으로 생각하고 이 이상직선 또는 평면에 대해 다른 쪽의 직선 부분 또는 평면 부분이 직각, 즉 90도인가를 나타내는 것을 직각도라 한다.

㉢ **경사도(Angularity)** ∠

직각을 제외한 정확한 각도를 이루고 있어야 할 직선 부분과 직선 부분, 직선 부분과 평면 부분, 평면 부분과 평면 부분의 조합 시 어느 한쪽을 기준으로 하여, 이 기준 직선 또는 기준 평면에 대한 각도의 정밀도를 표기한다.

③ **위치공차 표시**

㉠ **위치도(Position)** ⌖

점, 선, 직선 또는 평면 부분 중 기준이 되는 부분 또는 다른 부분과 관련되어 정해진 정확한 치수 위치로부터 어긋남의 크기를 말한다.

© 동심도 ◎

기준축(이상축)에 대하여 측정하고자 하는 축(봉, 구멍, 측정물 중심축)이 기준축 선상에서 벗어난 정도를 말한다.

© 대칭도(Symmetry) ═

기준 직선 또는 기준 중심 평면에 대하여 서로 대칭이어야 할 부분이 대칭 위치로부터 어긋남의 크기를 말한다.

④ 기타 표시

㉠ 지름 ∅

원형물의 크기를 나타낼 때 사용하는 기호이다. 즉 중심을 지나는 직선으로 그 원둘레 위의 두 점을 잇는 선분이다.

© 원주의 흔들림 ↗

축 직선을 기준으로 원을 1회전 시켰을 때 축 직선에 수직한 임의의 평면 위에서 축반지름 방향으로의 어긋난 값이다.

© 참고 치수(23.5)

치수를 볼 때 이해를 돕기 위해 표기하는 치수이다.

⑤ 끼워 맞춤 공차(KSB0401)

축(shaft)을 구멍(hole)에 넣는 경우 2개의 부품이 끼워 맞추어 지는 것을 끼워 맞춤이라 한다.

명칭	구멍 지름	축 지름
표기	∅ 20 H 7	∅ 20 h 7
설명	∅ : 지름을 나타내는 기호	
	20 : 기준치수	
	H : 구멍 기준식	h : 축 기준식
	7 : 공차 등급	

국가기술표준원의 국가표준에서 연계된 WEB SITE에서 국가표준 → 표준번호 검색 → KSB0401를 검색하여 '표 B.3 – 상용하는 끼워 맞춤에서 사용하는 구멍의 치수 허용차'에서 구멍의 공차역 클래스의 해당 치수에 대한 공차를 참조한다. 또는 KS규격집 책을 참조한다.

예를 들어 위 ∅20의 기준 치수의 구분(mm)은 18 초과~24 이하, 24 초과~30 이하 기준 치수 범위이다. 결국 18 초과 30 이하인데 ∅18mm~∅30mm 범위에 해당되며, 이 범위 구멍의 공차역 클래스의 H7을 보면 공차 범위는 0~+21이다. 공차의 단위가 μm, 즉 마이크로미터이므로 mm로 환산하면

0~0.021(mm)이다. 결국 도면의 20 H7이면 Ø20.00~20.021 안으로 가공을 해서 공차를 맞춰야 합격이라는 것이다. 다른 치수 범위에서 3~6mm를 보면 3파이 초과의 H7 공차는 0~+12로 나와 있다. 그래서 실제 가공에서는 Ø3 H7 공차로 가공해야 하면 Ø3 (0~+0.012)로 가공한다. 구멍의 치수 범위에 따른 공차 기호 및 공차 범위는 다음 표를 참조 바란다.

기준치수의 구분 (단위:mm)		구멍 구분 기호에 따른 공차 범위(단위 um(0.001mm))																													
초과	이하	B10	C9	C10	D8	D9	D10	E7	E8	E9	F6	F7	F8	G6	G7	H6	H7	H8	H9	H10	JS6	JS7	K6	K7	M6	M7	N6	N7	P6	P7	R7
–	3	+180	+85	+100	+34	+45	+60	+24	+28	+39	+12	+16	+20	+8	+12	+6	+10	+14	+25	+40	±3	±5	0	0	-2	-2	-4	-4	-6	-6	-10
		+140	+60	+60	+20	+20	+20	+14	+14	+14	+6	+6	+6	+2	+2	0	0	0	0	0			-6	-10	-8	-12	-10	-14	-12	-16	-20
3	6	+188	+100	+118	+48	+60	+78	+32	+38	+50	+18	+22	+28	+12	+16	+8	+12	+18	+30	+48	±4	±6	+2	+3	-1	0	-5	-4	-9	-8	-11
		+140	+70	+70	+30	+30	+30	+20	+20	+20	+10	+10	+10	+4	+4	0	0	0	0	0			-6	-9	-9	-12	-13	-16	-17	-20	-23
6	10	+208	+116	+138	+62	+76	+98	+40	+47	+61	+22	+28	+35	+14	+20	+9	+15	+22	+36	+58	±4.5	±7	+2	+5	-3	0	-7	-4	-12	-9	-13
		+150	+80	+80	+40	+40	+40	+25	+25	+25	+13	+13	+13	+5	+5	0	0	0	0	0			-7	-10	-12	-15	-16	-19	-21	-24	-28
10	14	+220	+138	+165	+77	+93	+120	+50	+59	+75	+27	+34	+43	+17	+24	+11	+18	+27	+43	+70	±5.5	±9	+2	+6	-4	0	-9	-5	-15	-11	-16
14	18	+150	+95	+95	+50	+50	+50	+32	+32	+32	+16	+16	+16	+6	+6	0	0	0	0	0			-9	-12	-15	-18	-20	-23	-26	-29	-34
18	24	+244	+162	+194	+98	+117	+149	+61	+73	+92	+33	+41	+53	+20	+28	+13	+21	+33	+52	+84	±6.5	±10	+2	+6	-4	0	-11	-7	-18	-14	-20
24	30	+160	+110	+110	+65	+65	+65	+40	+40	+40	+20	+20	+20	+7	+7	0	0	0	0	0			-11	-15	-17	-21	-24	-28	-31	-35	-41
30	40	+270	+182	+220	+119	+142	+180	+75	+89	+112	+41	+50	+64	+25	+34	+16	+25	+39	+62	+100	±8	±12	+3	+7	-4	0	-12	-8	-21	-17	-25
		+170	+120	+120	+80	+80	+80	+50	+50	+50	+25	+25	+25	+9	+9	0	0	0	0	0			-13	-18	-20	-25	-28	-33	-37	-42	-50
40	50	+280	+192	+230																											
		+180	+130	+130																											
50	65	+310	+214	+260	+146	+174	+220	+90	+106	+134	+49	+60	+76	+29	+40	+19	+30	+46	+74	+120	±9.5	±15	+4	+9	-5	0	-14	-9	-26	-21	-30
		+190	+140	+140	+100	+100	+100	+60	+60	+60	+30	+30	+30	+10	+10	0	0	0	0	0			-15	-21	-24	-30	-33	-39	-45	-51	-60
65	80	+320	+224	+270																											-32
		+200	+150	+150																											-62
80	100	+360	+257	+310	+174	+207	+260	+107	+126	+159	+58	+71	+90	+34	+47	+22	+35	+54	+87	+140	±11	±17	+4	+10	-6	0	-16	-10	-30	-24	-38
		+220	+170	+170	+120	+120	+120	+72	+72	+72	+36	+36	+36	+12	+12	0	0	0	0	0			-18	-25	-28	-35	-38	-45	-52	-59	-73
100	120	+380	+267	+320																											-41
		+240	+180	+180																											-76
120	140	+420	+300	+360	+208	+245	+305	+125	+148	+185	+68	+83	+106	+39	+54	+25	+40	+63	+100	+160	±12.5	±20	+4	+12	-8	0	-20	-12	-36	-28	-48
		+260	+200	+200	+145	+145	+145	+85	+85	+85	+43	+43	+43	+14	+14	0	0	0	0	0			-21	-28	-33	-40	-45	-52	-61	-68	-88
140	160	+440	+310	+370																											-50
		+280	+210	+210																											-90
160	180	+470	+330	+390																											-53
		+310	+230	+230																											-93
180	200	+525	+355	+425	+242	+285	+355	+146	+172	+215	+79	+96	+122	+44	+61	+29	+46	+72	+115	+185	±14.5	±23	+5	+13	-8	0	-22	-14	-41	-33	-60
		+340	+240	+240	+170	+170	+170	+100	+100	+100	+50	+50	+50	+15	+15	0	0	0	0	0			-24	-33	-37	-46	-51	-60	-70	-79	-106
200	225	+565	+375	+445																											-63
		+380	+260	+260																											-109
225	250	+605	+395	+465																											-67
		+420	+280	+280																											-113
250	280	+690	+430	+510	+271	+320	+400	+162	+191	+240	+88	+108	+137	+49	+69	+32	+52	+81	+130	+210	±16	±26	+5	+16	-9	0	-25	-14	-47	-36	-74
		+480	+300	+300	+190	+190	+190	+110	+110	+110	+56	+56	+56	+17	+17	0	0	0	0	0			-27	-36	-41	-52	-57	-66	-79	-88	-126
280	315	+750	+460	+540																											-78
		+540	+330	+330																											-130
315	355	+830	+500	+590	+299	+350	+440	+182	+214	+265	+98	+119	+151	+54	+75	+36	+57	+89	+140	+230	±18	±28	+7	+17	-10	0	-26	-16	-51	-41	-87
		+600	+360	+360	+210	+210	+210	+125	+125	+125	+62	+62	+62	+18	+18	0	0	0	0	0			-29	-40	-46	-57	-62	-73	-87	-98	-144
355	400	+910	+540	+630																											-93
		+680	+400	+400																											-150
400	450	+1010	+595	+690	+327	+385	+480	+198	+232	+290	+108	+131	+165	+60	+83	+40	+63	+97	+155	+250	±20	±31	+8	+18	-10	0	-27	-17	-55	-45	-103
		+760	+440	+440	+230	+230	+230	+135	+135	+135	+68	+68	+68	+20	+20	0	0	0	0	0			-32	-45	-50	-63	-67	-80	-95	-108	-166
450	500	+1090	+635	+730																											-109
		+840	+480	+480																											-172

⑥ 끼워 맞춤의 종류

이러한 끼워 맞춤은 다음 3가지로 나뉜다.

㉠ 헐거운 끼워 맞춤

구멍의 최소 치수보다 축의 최대 치수가 적은 경우에 틈새가 존재함을 말한다.

㉡ 중간 끼워 맞춤

헐거운 끼워 맞춤과 억지 끼워 맞춤의 중간 형태로 보통 구멍에 축을 밀어넣어 움직일 수 있게 할 때 사용하는 끼워 맞춤이다.

㉢ 억지 끼워 맞춤

구멍의 최대 치수보다 축의 치수가 큰 경우이다.

9 나사(Screw)

구조물의 조립이나 고정은 대부분 나사에 의해서 이루어진다고 해도 과언이 아니다.

① 나사의 명칭

아래 그림은 미터 나사인데 나사의 세부 명칭을 알아보자. (왼쪽: 너트, 암나사/ 오른쪽: 볼트, 수나사)

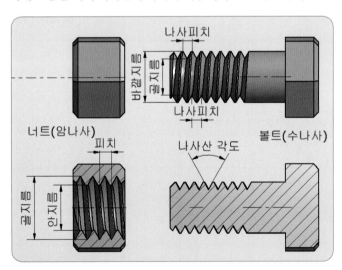

피치(Pitch)	인접한 나사산과 나사산의 거리를 피치라고 하며 나사를 1회전 시켰을 때 축이 이동하는 거리(리드)와 같다. 이 피치를 알아야 머시닝 센터에서는 이송속도를 구할 수 있다. F(이송속도)=피치*RPM(회전수)
바깥지름(볼트나사부)	미터나사에서는 예로 20MM 볼트라고 하면 이 바깥지름이 20mm이다. 이 바깥지름은 너트의 골지름보다 약간 작아야 암나사에 끼웠을 때 잘 들어간다. 즉 20mm 볼트라면 Ø19.9 정도로 가공돼야 한다. (공차는 끼워 맞춤 참조)

골지름(볼트나사부)	미터나사에서는 (골지름=바깥지름−피치)이다.
나사산 각도	보통 미터나사는 60도이다. 하지만 사다리꼴 나사나 기타 다른 나사는 각도가 다르다.
골지름 (암나사부, Tap가공)	예로 미터나사에서는 20MM 너트(Tap)라고 하면 골지름이 20mm이다. 이 골지름은 볼트의 골지름보다 약간 커야 수나사에 끼웠을 때 잘 들어간다. 머시닝 센터에서는 이 골지름을 크게 신경쓰지 않는다. 왜냐하면 Tap을 이용하여 가공하기 때문에 Tap의 크기대로 나오기 때문이다. 물론 헬리컬 나사가공은 예외이다.
안지름(암나사부, Tap)	안지름은 기초 드릴 가공을 하는데 필수로 알아야 한다. 예로 M6×1.0 TAP 가공을 한다면 이 기초 드릴의 지름은 (안지름=6mm−1mm) 5mm이다. 하지만 Ø5mm하면 TAP이 파손되므로(억지끼움식 가공) 5mm드릴로 하지 않고 좀 더 키워서 5.1이나 5.2로 해야 한다.

② 나사의 표시

나사의 종류, 치수, 등급 등을 표시할 경우에는 다음과 같이 수나사의 산봉우리, 암나사의 골 밑에서 지시선을 긋고, 그 끝에 보기와 같이 차례대로 기호를 적는다. 감긴 방향은 왼나사의 경우에만 표시하고 오른나사의 경우에는 표시하지 않는다. 줄 수도 1줄은 표시하지 않고 2줄 이상만 표시한다.

㉠ 피치를 mm로 표시하는 나사의 경우(미터나사류)

피치를 mm로 표시하는 나사의 경우는 '나사 지름×피치'로 나타낸다. 그러나 미터 보통 나사인 경우에는 나사의 호칭 치수가 정해지면 피치는 호칭 치수에 포함되는 부분으로 생략해도 된다. 보통 미터 일반(보통) 나사의 경우 M8 TAP DP10 이렇게만 표시한다. 미터 일반 나사의 경우는 감긴 방향, 피치, 등급을 생략한다.

다음은 미터 가는 나사와 미터 보통 나사의 표시법을 나타낸다.

M8×1.0 (미터가는나사 지름이 8mm이고 피치가 1인 나사를 말한다)

참고로 M8의 미터 일반 나사는 피치가 1.25이다.

만약 등급을 요하는 것 중에 보통급은 표현을 하지 않지만 정밀급과 거친급은 표현을 해주어야 한다. 예를 들어 M8−5H라고 표현되면 나사 등급이 정밀급이다. (참고: 제3장 (본장) 나사의 등급 참조)

㉡ 피치를 산의 수로 표시하는 경우

피치를 산의 수로 표시하는 경우는 『나사의 종류를 표시하는 기호, 수나사의 지름을 나타내는 숫자, 산, 산수』로 나타낸다. 아래는 29도 사다리꼴 나사에 대한 표기이다.

도면표시: TW 24

(사다리꼴 나사의 외경지름이 24MM이고 25.4mm에 대해 산이 5산이라는 것)

(KSB0226 참조)

© 유니파이 나사

유니파이 가는 나사 표기는 다음과 같다.

유니파이 보통 나사는 위에서 나사산수가 13으로 바
뀌고 나사의 종류는 UNC로 바뀐 것이 된다.

③ 관용나사

보통 파이프의 결합이나 기밀(물, 공기, 기름의 유출을 방지) 유지에 사용하는 나사이다. 관용나사는
크게 PT와 NPT로 구분한다.

㉠ PT 탭(관용 테이퍼 나사)

PT라는 표현도 하지만 R(관용 테이퍼 수나사), Rc(관용-테이퍼 암나사), Rp(관용-테이퍼 수나사에
체결하는 관용 평행 나사)로 구분해서도 표기한다.

나사의 처음 부분과 끝부분이 1/16로 경사짐, 즉 한쪽 경사각이 1도47분23초, 양쪽은 3도34분34
초로 나사 길이 16mm에 지름이 1mm씩 끝부분부터 작아진다. 처음에는 헐겁게 채워지나 나사 외
경과 내경이 경사져 있기 때문에 어느 정도부터는 강제적으로 체결되므로 기밀 또는 수밀을 요하
는 곳의 정밀 체결에 사용한다.

㉡ PT 탭(R탭) 가공 참조표

기초 드릴 지름 및 깊이, 탭 깊이에 대해서는 다음 표를 참조하여 가공하면 된다. 즉 탭 깊이는 L1
이며 드릴 깊이는 L1+(불완전 드릴경부 길이+0.5~1)로 하면 된다. 나사산의 각도는 55도이며, 주
의할 것은 NPT탭(나사산 각도=60도)과 구별해서 사용해야 한다. 또한 1인치당 나사산의 수도 3/8
까지는 다르다.

호칭	나사산수	피치	기준길이	기준경	나사부 길이	외경치수	탭가공 기초드릴경	
							주철,알미늄	강(STEEL)
R , PT	N	P	L1	D1	L2	D2	±0.1	±0.1
1/16	28	0.907	13	7.142	19	7.72	6.4	6.5~6.6
1/8	28	0.907	13	9.147	19	9.73	8.5	8.6~8.7
1/4	19	1.337	21	12.301	28	13.15	11.2	11.3~11.5
3/8	19	1.337	21	15.806	28	16.66	14.5	14.5~15
1/2	14	1.814	25	19.793	35	20.95	18.5	18.5~19
3/4	14	1.814	25	25.279	35	26.44	24	24~24.5
1	11	2.309	32	31.77	45	33.25	30	30~30.5
1 1/4	11	2.309	32	40.43	45	41.9	38.5	38.5~39
1 1/2	11	2.309	32	46.324	45	47.8	44.5	44.5~45

PT탭(R탭) 가공정보

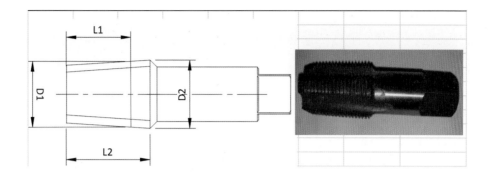

위 작성표는 KSB0222(호칭, N, 피치, D1)와 공구회사 카탈로그(L1, L2, D2)를 참조하여 작성한 것이다. 그리고 위 기초 드릴경은 저자의 경험에 의해서 작성한 것이므로 실제 상세한 재질과 절삭 조건에 따라 조금 달라질 수 있다.

상기 외경치수는 KSB0222의 골지름에 해당한다. 기준경(D1)은 유효지름에 해당한다. 제품 두께 및 깊이 문제로 표준탭의 길이 끝부분을 임의로 절단해서(갈아서) 사용하는 경우는 위 탭 가공 깊이에 맞지 않으므로 반드시 탭 외경치수부(L2)에서 탭 절단면까지 길이-(L2-L1)로 해야 한다. 탭 홀의 모따기 크기는 모따기 최외경의 치수가 위 탭 외경치수 크기로 하면 된다.

ⓒ PS, PF 탭(관용평행나사)

PS탭이나 PF탭은 별도로 구분되고, PS탭 기초 드릴 지름은 앞서 나온 PT탭 기초 드릴경에서 강(STEEL)의 기초 드릴경을 사용하면 된다. PF탭은 PS탭보다 기초 드릴경을 +0.2 정도 더 크게 한다.

나사의 처음 부분과 끝부분이 직선이며 일반적인 배관 체결 및 기계결합용으로 사용된다. 나사의 호칭과 피치는 PT탭과 같지만 기초 드릴 가공지름이 약간 더 크고 TAP이 테이퍼가 없고 평행하다 는 것이 다르다.

ⓓ NPT 탭(미식관용테이퍼 나사) 가공 참조표

기초 드릴 지름 및 깊이, 탭 깊이에 대해서는 다음표를 참조하여 가공하면 된다. 즉 탭 깊이는 L1이 며 드릴 깊이는 L1+(불완전 드릴경부 길이+0.5~1)로 하면 된다. 나사산의 각도는 60도이며, 주의 할 것은 PT탭(나사산 각도=55도)과 구별해서 사용해야 한다. 또한 1인치당 나사산의 수도 3/8까 지는 다르다.

NPT탭 가공정보								
호칭	나사산수	피치	기준길이	기준경	나사부 길이	외경치수	탭가공 기초드릴경	
							주철.알미늄	강(STEEL)
R , PT	N	P	L1	D1	L2	D2	±0.1	±0.1
1/16	27	0.941	12	7.142	17	7.72	6.4	6.5~6.6
1/8	27	0.941	12.05	9.147	19	9.73	8.5	8.6~8.7
1/4	18	1.411	17.45	12.301	28	13.15	11.2	11.3~11.5
3/8	18	1.411	17.65	15.806	28	16.66	14.5	14.5~15
1/2	14	1.814	22.85	19.793	35	20.95	18.5	18.5~19
3/4	14	1.814	22.95	25.279	35	26.44	24	24~24.5
1	11	2.309	27.4	31.77	45	33.25	30	30~30.5
1 1/4	11	2.309	27.4	40.43	45	41.9	38.5	38.5~39
1 1/2	11	2.309	27.4	46.324	45	47.8	44.5	44.5~45

④ 나사의 기호 및 호칭법

아래는 나사의 기호 및 호칭법의 표이다.

구분		나사의 종류		기호	호칭	KS 규격
일반용	ISO 규격	미터 보통나사		M	M6	KSB0201
		미터 가는나사			M6X0.75	KSB0204
		미니어쳐 나사		폐지됨		KSB0228
		유니파이 보통나사		TNC U	1/2-13 UNC	KSB0203
		유니파이 가는나사		UNF	1/2-20 UNF	KSB0206
		미터 사다리꼴 나사		Tr	Tr 20x4	KSB0229
		관용나사	테이퍼 수나사	R	R 1/8	KSB0222 본문참조
			테이퍼 암나사	Rc	Rc 1/8	
			평행 암나사	Rp	Rp 1/8	
		관용평행나사		G	G 1/4	KSB0221
	ISO 비규격	30도 사다리꼴 나사		폐지됨		KSB0227
		29도 사다리꼴 나사		TW	TW 12	KSB0226
		관용나사	테이퍼 나사	PT	PT 1/2	KSB0222 부속서A
			평행 암나사	PS	PS 1/2	
			평행 나사	PF	PF 1/2	KSB0221
특수용		후광 전선관 나사		폐지됨		KSB0223
		박강 전선관 나사				
		자전거 나사	일반용	폐지됨		KSB0224
			스포크용			
		미싱나사		폐지됨		KSB0225
		전구나사		E	E12	KSC7702
		자동차용 타이어 밸브나사			5V1	KSR4006
		자전거용 타이어 밸브나사			CTV 5 산 36	KSR8044

상기표는 KSB0200을 기준으로 작성했다.

※ 위 표에서 머시닝 센터 가공에서 주로 사용하는 것은 미터나사(보통나사 M4, 가는나사 M8×1 등)와 관용 테이퍼나사(PT, Rc), 관용 평행나사(PS, PF, Rp)이므로 다른 규격은 참고하면 된다.

⑤ 나사의 등급

나사를 가공하고 볼트나 너트를 체결했을 때 흔들림이나 지름 크기에 대한 인장력 등 나사의 기능을 요구하는 수준이 있다. 이 수준들을 만족하는 정도를 나사의 등급으로 본다.

여기서는 미터 보통나사만 간단하게 표현해 보면 아래 표와 같다.

나사의 등급			
나사종류	미터일반(보통)나사		
끼워맞춤 구분 (KSB0211)	정밀급	보통급	거친급
암나사 등급(도면표현) (KSB0211,KSB0235)	4H(M1.4 이하)	5H(M1.4 이하)	7H
	5H(M1.6 이상)	6H(M1.6 이상)	
수나사 등급(도면표현) (KSB0211,KSB0235)	4h	6h(M1.4 이하)	8g
		6g(M1.6 이상)	
사용용도	흔들림이(헐렁거림) 적은 정밀나사	기계,기구,구조체에 사용 가장 일반적인 용도,범용	건설공사,설치등 다소 열악한 환경에 적용, 가공상 곤란한 나사
참고등급 (정식규격아님)	1급	2급	3급
	1	2	3
위 KSB규격에서 0211번은 구분과 등급의 일반적표현임. 위 KSB규격에서 0235번은 등급에 대한 끼워맞춤 상세 공차 참조바람.			

드릴 직경이 M6의 경우만 보더라도 정밀급 나사기준 기초 드릴의 경우 Ø4.92이다. 이 4.92 드릴경은 없고 공구 회사에서 Ø5.08과 같이 드릴 직경을 만드는 것은 거의 없다. 따라서 보통 드릴경 Ø13 이하는 Ø0.1 단위로 나오므로 Ø5.2를 사용하면 되겠다.

KSB0201 규격에서 M6 미터나사의 정밀급 나사의 예를 들면 기초 드릴경 계산식은 아래와 같다.

6-((0.541266*피치)*2)=4.917, 약 4.92가 된다. 따라서 드릴경 4.917이나 4.92, 즉 0.01 단위는 없기 때문에 0.1 단위로 드릴경이 나오므로 4.9나 5.0으로 가공해야 한다.

위와 같이 계산식의 (0.541266*피치)*2) 값을 100%로 놨을 때 정밀급 나사 수준이나 이 기초 드릴경으로 가공하면 대부분의 탭가공에서는 탭이 부러지기 쉽다. 오히려 탭이 부러지면 불량 문제가 발생하기 때문에 특별히 정밀급과 거친급의 등급 표시가 없으면 대부분의 기계가공 도면은 보통급으로 가공한다.

주로 현장에서는 다음 표처럼 65~85%에 가까운 드릴 직경을 사용하는 것이 일반적이다. 기계가공 현장에서 알루미늄과 스틸, 서스 가공에 주로 사용하는 드릴경(드릴지름)을 표로 만들어 봤다.

미터 일반나사 TAP(탭) 가공 참조표									
미터 나사 규격		기초 드릴 지름 및 기초홀 경							
호칭	피치	100%	90%	80%	75%	65%	60%	알루미늄 주철	스틸 서스
M 1.0	0.25	0.73	0.76	0.78	0.8	0.8	0.8	0.8	0.8
M 1.1	0.25	0.83	0.86	0.88	0.9	0.9	0.9	0.9	0.9
M 1.2	0.25	0.93	0.96	0.98	1.0	1.0	1.0	1.0	1.1
M 1.4	0.30	1.08	1.11	1.14	1.2	1.2	1.2	1.2	1.2
M 1.6	0.35	1.22	1.26	1.30	1.3	1.4	1.4	1.3	1.4
M 1.8	0.35	1.42	1.46	1.50	1.5	1.6	1.6	1.5	1.6
M 2.0	0.40	1.57	1.61	1.65	1.7	1.7	1.7	1.7	1.8
M 2.2	0.45	1.71	1.76	1.81	1.8	1.9	1.9	1.8	1.9
M 2.5	0.45	2.01	2.06	2.11	2.1	2.2	2.2	2.1	2.2
M 3.0	0.50	2.46	2.51	2.57	2.6	2.6	2.7	2.6	2.6
M 3.5	0.60	2.85	2.92	2.98	3.0	3.1	3.1	3.0	3.0~3.1
M 4.0	0.70	3.24	3.32	3.39	3.4	3.5	3.5	3.4	3.4~3.5
M 4.5	0.80	3.63	3.72	3.81	3.9	3.9	4.0	3.8	3.9~4.0
M 5.0	0.80	4.13	4.22	4.31	4.4	4.4	4.5	4.3	4.3~4.4
M 6.0	1.00	4.92	5.03	5.13	5.2	5.3	5.4	5.2	5.3~5.4
M 7.0	1.00	5.92	6.03	6.13	6.2	6.3	6.4	6.4	6.2~6.3
M 8.0	1.25	6.65	6.78	6.92	7.0	7.1	7.2	7.0	7.0~7.2
M 9.0	1.25	7.65	7.78	7.92	8.0	8.1	8.2	8.2	8.2~8.3
M 10.0	1.50	8.38	8.54	8.70	8.8	8.9	9.0	8.8	8.8~9
M 11.0	1.50	9.38	9.54	9.70	9.8	9.9	10.0	9.7~9.8	9.8~9.9
M 12.0	1.75	10.11	10.30	10.48	10.6	10.8	10.9	10.5	10.6~10.7
M 14.0	2.00	11.83	12.05	12.27	12.4	12.6	12.7	12.3~12.4	12.5~12.6
M 16.0	2.00	13.83	14.05	14.27	14.4	14.6	14.7	14~14.5	14~14.5
M 18.0	2.50	15.29	15.56	15.83	16.0	16.2	16.4	16.0	16~16.5
M 20.0	2.50	17.29	17.56	17.83	18.0	18.2	18.4	18.0	18~18.5
M 22.0	2.50	19.29	19.56	19.83	20.0	20.2	20.4	20.0	20.0
M 24.0	3.00	20.75	21.08	21.40	21.6	21.9	22.1	21.5	21.5
M 27.0	3.00	23.75	24.08	24.40	24.6	24.9	25.1	24.5	24.5
M 30.0	3.50	26.21	26.59	26.97	27.2	27.5	27.7	27.0	27~27.5
M 33.0	3.50	29.21	29.59	29.97	30.2	30.5	30.7	30.0	30.0
M 36.0	4.00	31.67	32.10	32.54	32.8	33.2	33.4	32.5	32.5~33
M 39.0	4.00	34.67	35.10	35.54	35.8	36.2	36.4	36.0	36.0
M 42.0	4.50	37.13	37.62	38.10	38.3	38.8	39.1	38.5	38.5
M 45.0	4.50	40.13	40.62	41.10	41.3	41.8	42.1	41.5	41.5
M 48.0	5.00	42.59	43.13	43.67	43.9	44.5	44.8	44.0	44~44.5
M 52.0	5.00	46.59	47.13	47.67	47.9	48.5	48.8	48.0	48~48.5
M 56.0	5.50	50.05	50.64	51.24	51.5	52.1	52.4	51.5	51.5~52
M 60.0	5.50	54.05	54.64	55.24	55.5	56.1	56.4	55.5	55.5~56
M 64.0	6.00	57.50	58.15	58.80	59.1	59.8	60.1	59.5	59.5
M 68.0	6.00	61.50	62.15	62.80	63.1	63.8	64.1	63.0	63~63.5

보통 미터나사 모따기 크기는 호칭지름 + 0.3~0.5 정도로 한다. 자세한 규격은 도면을 참조하기 바란다. 기초 드릴경이라도 꼭 드릴공구로 가공하지 않아도 된다. MCT 설비 규격과 스핀들 테이퍼 크기에 따라서 드릴이나 앤드밀 등 적절한 공구로 기초 홀을 가공해도 된다. BT50은 50파이 이하는 드릴가공으로, BT40은 25파이 이하의 홀을 드릴가공으로, BT30번은 20파이 이하의 홀가공을 드릴가공으로 해야 할 것이다. 물론 재질에 따라서, 가공 방법에 따라서도 드릴을 선택할지, 작은 드릴경으로 가공해서 앤드밀 가공으로 끝낼지는 상황에 따라서 달라진다.

(단, 위 기초 드릴경은 일반탭 기준으로 작성된 것이다. 미터가는나사와 전조탭의 경우 기초 드릴경이 피치와 호칭치수별로 0.05~0.6mm 커져야 한다. 자세한 사항은 공구제작사 기술 자료 참조 바람)

미터나사나 유니파이 나사의 정확한 규격은 KS B 0201(미터 보통나사) KS B 0203(유니파이 보통나사)를 참고 바란다.

⑥ 렌치볼트 6각 구멍붙이 볼트 머리 규격

렌치볼트 규격을 별도로 아래표에 작성한 이유는 MCT 가공은 크게는 금형 형상부품과 조립부품으로 나눈다. 조립부품은 대부분이 렌치볼트로 고정하는 경우가 많아서 아래 렌치볼트의 규격을 참고할 필요성이 많다. 대체적으로 볼트 자리는 카운터 보어나 앤드밀로 가공한다.

따라서 카운터 보어의 지름 치수는 아래 A치수보다 0.5~2mm 정도 큰 파이의 공구를 사용하면 된다. 카운터 보어 깊이는 B치수보다 0.5~2mm 정도 더 깊어야 한다. C치수는 조립할 때 사용하는 공구인 L렌치 규격을 참고하면 된다. 보통 가공 도면의 카운터 보어 홀의 지름과 깊이는 도면에 표기된다.

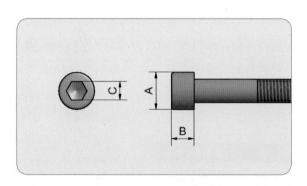

나사 호칭(미터보통나사)	A	B	C(L렌치 규격)
M2×0.4	4	2	1.56(1.5)
M2.5×0.45	4.7	2.5	2.06(2)
M3×0.5	5.7	3	2.58(2.5)
M4×0.7	7.3	4	3.08(3)
M5×0.8	8.7	5	4.09(4)
M6×1	10.3	6	5.14(5)
M8×1.25	13.3	8	6.14(6)

M10×1.5	16.3	10	8.17(8)
M12×1.75	18.3	12	10.17(10)
M14×2	21.3	14	12.2(12)
M16×2	24.3	16	14.2(14)
M20×2.5	30.3	20	17.2(17)
M24×3	36.4	24	19.2(19)
M30×3.5	45.4	30	22.3(22)
M36×4	54.5	36	27.3(27)
M42×4.5	63.5	42	32.3(32)
M48×5	72.5	48	36.3(36)

⑦ 여러 나사의 종류 및 가공

㉠ 전조 나사(轉造; form rolling screw (thread))

소재나 공구(roll) 또는 양자를 회전시켜 소재에 공구의 표면 형상을 각인(刻印)하는 일종의 특수압연이라 볼 수 있는 가공을 전조 또는 전조가공이라 한다. 이와 같이 가공한 나사를 전조나사라고 한다.

㉡ 헬리코일(리코일) 나사 가공

경도가 약한 소재를 사용하는 부품(나무, 플라스틱, 알루미늄, 황동, 청동, 아연주조 등)에서 강한 나사 체결력을 얻기 위해 탭 가공 후 탭 구멍에 코일을 삽입해서 코일이 나사산의 역할을 하는 것이 헬리코일 나사이다. 코일은 1급 나사의 공차로 가공되며, MCT는 헬리코일 탭으로 탭 가공을 한다. 물론 미터나사 탭 가공 방식과 같지만 기초 드릴 가공과 탭의 지름이 미터나사보다 크므로 주의하여 가공해야 한다.

– 헬리코일 나사가공 참조표

호칭 치수	기초 드릴 가공 지름	탭 외경
M3×0.5	3.1~3.2	3.65
M4×0.7	4.3~4.4	4.9
M5×0.8	5.3~5.4	6.04
M6×1.0	6.3~6.4	7.3
M8×1.25	8.5~8.7	9.6
M10×1.25	10.5~10.7	11.62
M10×1.5	10.6~10.8	11.95

위 표는 미터나사의 코일 나사용만 표기했다. 유니파이 코일나사도 있다는 것을 알아두기 바란다.

탭을 생산하는 공구 메이커 카탈로그를 참고하면 상세 규격이 나와 있다.

참고로 헬리코일 삽입 및 제거 관련 공구들이다. 헬리코일은 반도체 장비 부품가공에서 알루미늄 재질의 부품에 주로 삽입하는데 부품 분해, 조립을 하는데 재질이 약할 때 설계상 일반 TAP 구멍이 아닌 헬리코일 TAP 구멍으로 설계하고 있다. 보통 알루미늄, MC나일론, 플라스틱 부품의 고정용으로 많이 사용된다.

위 사진 왼쪽부터 헬리코일, 헬리코일 빼는 공구, 헬리코일 삽입 공구이다.

⑧ MCT 가공에 알아야 할 볼트 종류

MCT에서 볼트홀 관련 가공을 할 때 알아야 할 볼트의 종류를 알아보자. 물론 여러 가지 종류의 볼트가 있지만 여기서는 가공상에 자주 나오는 볼트와 체결을 위한 구멍에 대한 기본적인 가공 방법을 간단하게 소개해 보면 아래와 같다. (KSB0101 나사 종류 참조)

㉠ 6각 구멍붙이 볼트(렌치볼트)

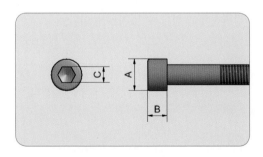

앞서 언급한 렌치볼트 사진 참조 및 규격표를 참조하여 카운터 보어 가공을 한다. 물론 카운터 보어나 볼트홀 가공은 도면에 표시되는 것이 원칙이다.

보통 드릴로 볼트홀을 가공한 다음 그 위 머리부는 카운터 보어나 앤드밀 황, 정삭 가공으로 마무리 한다. 알루미늄 재질의 카운터 보어홀은 앤드밀 황, 정삭가공으로 마무리하고 최종 볼트홀 입구부 모따기 및 카운터 보어홀 입구부 모따기를 실시한다.

설계상 B길이보다 더 깊이 들어가게 깊이를 가공하는 것이 원칙이며 도면에 그렇게 치수가 표시된
다. (KSB1003, KSBISO273 참조)

ⓛ 6각머리 볼트(육각볼트)

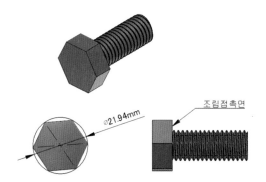

보통 볼트홀만 가공하는데 가공제품 중에 주물품이나 볼트 조립 접촉면의 표면의 상태가 고르지
못할 경우 볼트 규격 치수를 참조하여 머리부 지름(참고치수 21.94)의 크기보다 1파이 정도로 면
이 고르게 나오는 깊이만큼 가공(스폿페이싱)한다. 대개 깊이는 0.5~2mm 이하이다.

ⓒ 접시머리 볼트

접시머리도 렌치볼트와 마찬가지로 머리부가 평면상 위로 돌출되지 않게 설계될 것이다. 따라서
카운터 싱크가공인 접시머리부 최대경 25파이 이상(24+(0.5*2))이나 깊이 (6.5*2) 치수로 표현
될 것이다. 물론 참고로 아래는 M12 접시머리 렌치볼트를 예를 들어 설명한 것이다. 즉 도면은 구
멍 지름이 12.5나 13파이로 될 것이고, 카운터 싱크 지름은 25.5나 26이 될 것이다. 따라서 가공
후에 항상 실제 볼트를 넣어서 머리부가 돌출되지 않도록 깊이 치수를 넣어야 한다. 왜냐하면 가공
후에 기계 안에서는 머리부 지름이나 깊이를 정밀하게 측정할 수 없기 때문이다.

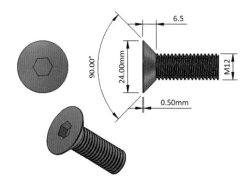

위 그림에서 L렌치로 체결한다고 해서 접시머리 렌치볼트인데, 십자 드라이버로 체결하게 돼있으
면 접시머리 십자볼트로 불린다. (KSB1017 참조)

ⓓ 무두렌치볼트(Set Screws, 세트 스쿠류)

이 볼트는 크게 2가지로 명칭되는데 머리부가 없다고 해서 무
두볼트로 불리며, 영어 명칭으로는 세트 스쿠류라고 불린다.
물론 체결 공구가 L렌치로 체결한다고 해서 무두렌치볼트로 불
린다. 영어로는 체결 공구와 상관없이 세트 스쿠류라고 불린
다. 참고로 일자드라이버로 체결시키는 무두볼트도 있다.

보통 무두볼트 구멍가공은 탭만 내거나 렌지나 일자 드라이버
가 들어갈 수 있도록 공간을 확보하기 위해서 탭 구멍 입구에
정해진 깊이만큼 카운터 드릴 가공을 하는 경우가 많다.

이때의 가공 순서는 센터 → 탭 기초 드릴가공 → 카운터 드릴가공 → 탭 가공 순으로 작업한다. 즉
탭을 맨 마지막에 작업해야 한다. 이유는 카운터 드릴을 맨 마지막에 하면 카운터 드릴 작업 시에
탭 불안전 나사부에 burr를 발생시켜 나사 체결이 안되기 때문이다.

2 공작물 고정(Clamp)과 좌표 세팅

프로그램을 작성하는 것과 공작물을 고정시키는 것은 순서가 뒤바뀌어도 상관없다. 때로는 공작물을 어떻
게 고정시키느냐에 따라 프로그램 작성 시 참고해야 되는 경우도 있다. 공작물의 소재, 모양, 경도, 작업 방
법에 따라서 클램프 하는 방법은 다르고, 또한 작업자에 따라서 다양하다. 꼭 어떻게 해야 한다고 정해진 것
은 없다. 그러나 아래의 기준에 적합하도록 하는 것이 생산에 있어 적합할 것이다.

1 공작물 고정(Clamp) 기준

공작물을 어떻게 고정하느냐에 따라 제품가공이 원활할 수 있는가 하면 그렇지 못한 경우가 있다. 그래
서 머시닝 센터에서뿐만 아니라 모든 가공에서 공작물 클램프는 상당히 중요하다. 다음에 나오는 사항들
은 클램프하는 데 알아두어야 할 사항이다.

① 공작물이 가공할 때 움직이지 않게 해야 한다.

가공할 때 공작물이 움직인다면 곧바로 불량으로 이어진다. 그리고 공구 파손의 원인이 된다. 움직이
지 않게 하면서 황삭가공과 정삭가공의 차이를 두어 클램프를 할 필요가 있다.

⊙ 황삭가공할 때 클램프 방법

황삭가공에서는 절삭 저항이 많이 발생하고 절입량이 많으므로 공작물이 움직이지 않게 최대한 힘을 주고 밀리지 않도록 공작물을 고정할 필요가 있다. 그러나 너무 힘을 주어 클램프를 하면 공작물의 변형이나 파손이 올 수 있으므로 주의해야 한다.

주물품의 경우 고정 지지대에 닿는 면은 울퉁불퉁한 면이 닿지 않도록 해야 한다. 만약 어쩔 수 없이 울퉁불퉁한 면이 닿는다고 한다면 그라인더나 대략 기초가공을 해서라도 지지 면적이나 닿는 면적이 최대한 많게 해야 한다.

⊙ 정삭가공할 때 클램프 방법

황삭가공을 완료하고 이제 전체적으로 정삭가공에 들어간다면 황삭에서 힘주어 클램프했던 것을 움직이지 않을 정도로 다시 풀어 주어야 한다. 물론 황삭의 클램프가 공작물의 변형에 영향이 없다면 하지 않아도 된다.

② **정밀가공을 할 수 있게 해야 한다.**

공작물 고정에서 황삭과 정삭을 나누어 조이는 힘을 변경하였다. 이유는 공작물을 너무 세게 조이면 공작물에 변형이 일어나서 가공이 끝난 다음에 클램프한 것을 풀면 원상태로 공작물이 돌아가면서 원하는 치수로 가공되지 않는 경우가 많다. 산업현장에서는 이러한 현상을 밴딩(bending)이라 한다. 이 밴딩현상은 공작물의 두께가 얇을수록 또한 소재가 연성일수록 많이 일어난다. 특히 알루미늄, 인바 등 연성이 많은 소재는 주의해야 한다. 중요한 것은 이렇게 힘, 자력, 흡입력을 조절해도 변형이 안 가는 것은 할 필요가 없다는 것이다.

⊙ 힘을 조절해야 하는 클램프

바이스 고정, 볼트조임 클램프 등을 황삭할 때는 힘을 주어 조이고, 정삭에 들어가기 전에 움직이지 않을 정도로 풀었다가 가볍게 다시 돌려준다. 가볍게 조여주는 정도는 조여줄 때 힘이 약간 걸리면 멈춘다.

⊙ 자력에 의한 클램프

자력으로 클램프하는 것은 보통 마그네트판(전자석)이나 영구자석이 있다. 전자석의 경우 자력의 세기를 조절할 수 있어서 황삭가공에서는 자력을 세게 하고 정삭에서는 움직이지 않을 정도만 조정한다. 영구자석의 경우도 레버로 돌리는 부분이어서 황삭에서는 끝까지 돌리지만 정삭에서는 중간쯤이나 이하로 놓으면 된다.

⊙ 흡입력에 의한 클램프

보통 자석에 붙지 않고 바이스나 볼트로 고정할 수 없는 비철금속을 클램프할 때 많이 사용한다.

에어를 이용하여 공작물의 평면을 흡입력에 의해 고정하는 경우인데, 이때는 공작물의 평면이 연삭면이거나 면이 고르게 돼있어 공기가 새지 않게 해야 한다. 이러한 흡입력도 조절이 가능하다.

③ 클램프 하는 데 시간이 적게 걸리고 간편해야 한다.

클램프 하는 데 시간이 많이 소요되게 해서는 안 된다. 어떤 것은 가공하는 시간보다 클램프하는 시간이 더 걸리는 가공물이 있다. 그래서 클램프 기준 원칙에 적합하면서도 간편하고 간단하게 클램프 하는 것이 중요하다. 특히 대량 생산품이라면 더더욱 영향이 크다.

④ 가공할 때 클램프와 공구의 간섭이 없게 해야 한다.

공작물을 고정해 놓고 보면 공구의 경로에 클램프가 간섭되게 해 놓는 경우가 있다. 절삭 부위는 당연히 클램프를 해서는 안 되지만 공구의 이동 경로상에 클램프가 돼있으면 공구와 클램프의 충돌로 이어지게 돼서 문제가 발생되는 경우가 있다. 특히 오면가공기 경우가 많다.

2 공작물 고정(clamp) 방법

공작물을 고정시키는 방법은 기술의 발달과 함께 발전해 왔다. 그러나 예전부터 해왔던 방법들이 계속 사용되어져 오는 경우가 많다. 범용으로 사용하는 방법과 최신 방법들을 살펴보면 아래와 같다.

① 바이스(VISE)로 고정시키는 방법

밀링에서 가장 많이 사용하는 클램프 도구로 범용화되었다. 밀링 가공이란 자체가 각형 공작물을 가공하는 형태이기 때문에 가장 많이 사용하게 되었을 지도 모른다.

바이스는 대표적인 고정 방법이긴 하나 바이스의 크기에 따라 클램프 영역이 제한적이다. 보통 소형 공작물에 한해 고정할 수 있고 공작물에 휨을 발생시킬 수 있어 두께가 얇은 소재의 정밀 가공에 적합하지 않다.

㉠ 범용 바이스

주로 범용밀링에서 많이 사용한다. 특히 손의 감각으로만 사용하기에 좋다.

ⓒ 유압 파워 바이스

유압이면서 강력한 힘으로 물릴 수 있고 기계식보다는 많이 벌릴 수 있어 최근 범용밀링이나 머시닝 센터에서 많이 이용한다.

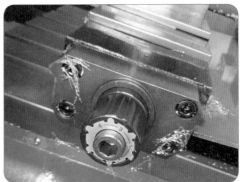

ⓒ 유압 바이스

범용밀링뿐 아니라 머시닝 센터에서도 많이 이용한다. 벌려짐을 3단으로 조정해서 일반 기계식 바이스보다 많이 벌릴 수 있다.

ⓔ 유니버설 바이스

주로 각이 있는 단품 가공에 사용한다. 1단각~3단각까지 가공한다. MCT나 범용밀링에서 5축가공기가 없는 업체에서 일반적인 각도 가공을 할 때 사용된다.

ⓜ 공압 바이스

유압이나 기계식과 거의 비슷하지만 공압을 이용한다.

 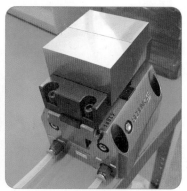

ⓗ 사이드 바이스

제품의 윗면 전면을 절삭하거나 마땅히 눌러서 클램프 하는 곳이 없고 또 구멍이 없어 볼트로 고정하기 힘들고 바이스에도 물리지 못할 정도로 큰 공작물에 적합하다. 공작물의 옆면(측면)에 대고 바이스의 볼트를 조이면 밀면서 바닥 쪽으로 누르게 되어 공작물을 클램프 하게 된다.

ⓢ 센터링 바이스

항상 원점을 고정으로 사용하고 1차 작업 위주로 하거나 4축, 5축 MCT에서 효율적이다.

◎ 소형 바이스 및 연마 바이스

보통 소형 공작물의 클램프나 연마기에서 사용하는 바이스들이다.

바이스의 용도에 따라서 달라지지만 원형 공작물의 클램프 시에 아래와 같은 V홈을 이용하는 경우도 있고 V블록을 대고 이용하거나 기타 제품의 외곽 형상에 따라 클램프를 이용하여 물리는 경우가 있다.

② STEP 클램프로 고정시키는 방법

높이에 맞게 조절 가능한 클램프이다.

㉠ Z클램프&U클램프

Z클램프는 공구의 이동 경로에 볼트의 머리나 너트의 머리가 장애가 되지 않게 할 때 사용한다. 그리고 일반 클램프에 비해 조이면서 밀리지 않도록 하는 데 적당하다. 누르기만 하는 클램프이다. U클램프는 테이블의 키홈자리와 공작물이 떨어져 있을 때 클램프 길이를 조정하거나 탈부착을 쉽게 할 때 많이 사용한다.

ⓛ PIN 클램프

주로 구멍에 넣어 공작물을 고정할 때 사용한다. 누르는 부위가 원형일 때 효과가 있다.

ⓒ 기타 프레스 클램프 및 높이 조절용 클램프 세트

기타 제품 형태에 따라서 누르는 클램프들이다. 보통 클램프는 상황에 따라 기술자들이 자체적으로 만들어 사용할 경우도 있다.

③ 척에 의한 고정 방법

주로 원통 제품이나 원형 부분을 고정할 때 사용한다. 선반가공에서 주로 사용하는 클램프 방법이다. 요즘은 척의 소재가 스틸이 아닌 플라스틱으로 돼 있는 것도 있어 물릴 때의 자국이 발생하지 않고 흠이 발생하지 않게 된 플라스틱 척도 있다.

㉠ 연동척(Scroll Chuck)

3개의 조가 동시에 움직이므로 단동척보다는 클램프 하기가 쉽고 간편하다. 단점은 단동척보다는 강력한 물림을 할 수 없으며 편심작업을 하지 못한다. 그러나 대량생산에 적합하다. 아래는 수동으로 조립분해가 가능하며 수동으로 조이는 수동 연동척이다.

참고로 연동척조를 조립하는 방법은 척조를 돌리면서 1번~3번까지 조를 순서대로 안쪽 원형사각 나사 시작부(아래 그림의 화살표 표시부)에 1번부터 끼운다. 물론 끼우는 번호는 조나 몸체에 각인 돼 있다. 맞춰서 체결해야 된다.

아래는 선반기계의 연동척 사진이다.

위 우측 그림은 CNC 선반에 주로 사용하는 유압 연동척이다.

ⓛ 단동척(Independent Chuck)

수동연동척과 비슷하나 4개 이상의 조(Jaw)를 개별적으로 움직일 수 있어서 선반에서 편심 작업을 하거나 모양이 원형물이 아닌 사각품이나 기타 모양이 불규칙한 제품을 선반가공할 때 사용한다.

단점은 클램프 하는 데 많은 시간이 소요된다. 그래서 정밀한 클램프가 아니면 이웃한 2개나 4개의 조는 고정해 놓고 반대쪽 2개만 조임과 풀림을 하면 대량 생산일 경우 사용하는 데 조금 편리하다. 그래서 특수한 제품의 모양이 아니면 보통 산업현장에서는 단동척보다는 연동척을 많이 사용하고 있다.

④ 자력에 의한 고정 방법

자석에 붙는 소재는 모두 다 적용 가능하다. 보통 자력이 닿는 부위는 공작물의 밑면인데, 밑면의 면이 균일해야 한다. 주로 연삭가공에서 사용하지만 연삭에만 국한되지 않고 널리 이용된다. 마그네트에는 크게 2가지가 있다. 영구자석 마그네트와 전자석 마그네트이다. 공작물의 크기나 용도에 따라 다양한 규격의 마그네트를 제작할 수 있다.

㉠ 영구자석 마그네트

레버만 돌리면 자력이 생겨 공작물을 고정할 수 있다. 전기를 사용하지 않기 때문에 이동이 자유롭지만 전자석과 비교할 때 자력이 약하다.

공작물을 고정하는 데 특별히 필요한 것은 없다. 한 번 구입하면 유지비가 많이 들지 않고 자유로이 원하는 위치에 이동할 수 있는 장점이 있다. L렌치나 레버로 클램프 ON- OFF 한다.

연마기에서는 한쪽이 기준축으로 해서 각도물을 가공할 수 있도록 되어있는 것도 있다.

㉡ 전기자석 마그네트

전기를 이용해 자력이 생긴다. 영구자석에 비해 강력한 자력으로 밀링에서 널리 사용된다. 회전이나 팔렛트를 교환하는 곳에서는 특별히 전원장치를 해준다. 공작물을 뗄 때 영구자석과는 달리 탈자 기능이 있어 공작물이 마그네트 면에서 잘 떨어진다.

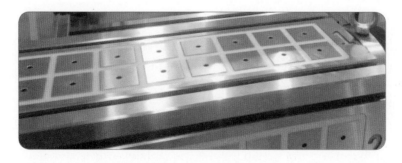

다양한 제품 형태에 맞게 제작 주문해서 사용한다.

⑤ 기타 클램프 장치

위에서 알아본 클램프 장치 이외에 알게 모르게 전문으로 사용하는 클램프 장치들이 많이 있다. 또한 책에서 언급하지 않은 공압이나 유압을 이용한 다양한 클램프 장치들이 있다는 것을 참고하기 바란다.

㉠ 에로와(erowa)

주로 전극 가공하거나 일반 가공품의 대량생산 시 로봇을 이용하여 할 수 있고 수동으로도 할 수 있는 간편한 제품 클램프 장치다. 장점은 세팅하는 데 걸리는 시간이 거의 없다는 것이다. 하지만 이것도 공작물을 고정할 때 어느 정도는 중심이나 기준면에 들어와야 한다. 한 번 고정되면 여러 공정의 가공이 끝날 때까지 세팅포인트는 동일하기 때문에 대량생산이나 제품 세팅 시간을 상당히 단축한다. 보통 스위스 샤멜 방전기에 장착돼 있으며, 이와 관련하여 전극가공 MCT에 많이 사용된다.

척 지지면보다 공작물이 크면 떨림이나 진동이 발생할 수 있다. 그래서 척보다 2배 이상 면적의 공작물이면 고정하는 척의 치구제작을 잘 해야 효과가 있다. 저자가 반도체 금형제작 업체에 있을 때 이 에로와척 고정치구 제작도 상당히 중요한 부분의 하나였다.

㉡ 진공 클램프

두께가 얇고 자석에 붙지 않거나 기타 다른 방법으로 클램프 하지 못하는 경우의 제품가공에 많이 사용한다. 고무나 유리 가공에도 많이 사용한다.

❸ 공작물 좌표 세팅

공작물 고정(클램프)을 완료하고 이제 공작물 좌표의 원점, 즉 NC프로그램 좌표의 원점을 잡아야 한다. 보통 WORK 좌표 G54의 XYZ의 원점을 잡는 데 필요한 경우 G55 이상의 다중 좌표를 잡는 경우도 있다.

① 공작물 좌표 0점 설정 방법

G54X0Y0Z0을 잡는 방법, 즉 공작물 원점은 작업자나 프로그램 작성자 맘에 따라 다르게 설정할 수 있다. 하지만 대부분 프로그램을 파악하기 쉽고 작성하기 편리하게 원점을 잡아야 한다. 다음 사항에 기준하여 공작물 원점을 잡는다면 무난할 것이다. (단, G17평면 기준)

㉠ 도면의 0점을 기준으로 잡는다.

도면 치수가 보통 절대 좌표나 절대 값으로 0점을 기준하여 치수를 나타내는 경우가 많으므로 도면에 0점을 XY좌표로 잡으면 프로그램 작성이나 파악하기가 편리하다. 이렇게 하지 않을 경우 도면 치수에다 가감산을 해서 프로그램을 작성해야 하므로 상당히 불편하다. 도면의 0점은 수직선 좌표를 보는 것과 같다. 수직선의 (0.0) 점이 ◕ 표시와 같다.

– 도면의 0점에 잡는 예: 아래와 같이 도면의 0점에 WORK 좌표를 잡아야 한다. ◕ (옆 기호는 0점 기호임)

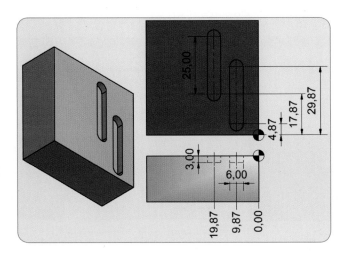

위 공작물에서 Y치수는 모두 + 값이다. X 값은 모두 – 값이다. 즉 X– 9.87 Y4.87 Z– 3 식으로 표기한다.

– 치수 값 센터점(중앙)에 잡는 도면 예

도면의 0점이 아래와 같이 특별히 표기되지 않았을 때는 치수 센터점을 XY축의 원점, 즉 G54X0Y0 값으로 잡는다.

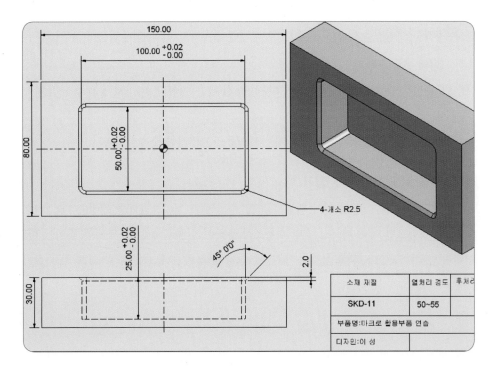

ⓛ Z좌표 원점은 공작물의 맨 윗면에 주로 잡는다.

Z좌표는 공작물의 맨 윗면을 Z0점으로 잡아야 한다. 그래서 Z0에서 가공 깊이가 – 값이 나오게 하는 것이 좋다. 하지만 도면에 Z 방향을 볼 수 있는 측면도나 정면도에서 0점이 별도로 표기가 돼있고 모든 치수가 0점을 기준으로 나와 있다면 이 점을 0점으로 하는 것도 좋은 방법이다. 수작업으로 프로그램을 작성한다면 도면 치수를 보기 편한 대로 Z축 원점을 잡고, 만약 CAM을 이용하고 정석대로 한다면 공작물의 맨 윗면으로 Z0점을 잡는 것이 좋다.

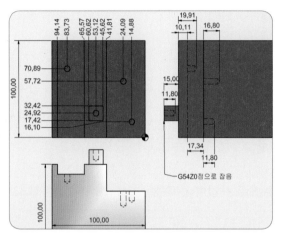 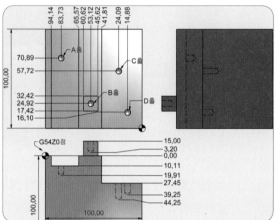

설계자의 치수 표기에 따라 G54Z0점을 다르게 잡은 예이다.

– 위 그림의 좌측 도면의 경우

우측면도에 Z축의 깊이 참조 치수들을 뽑아 놓았는데 이런 경우 특별한 경우가 아니면 맨 윗면으로 Z축 공작물에 원점을 잡는다. CAM으로 작업할 경우라도 이와 같이 잡는다.

– 위 그림의 우측 도면의 경우

정면도 0점 기준 치수대로 설계자가 치수들을 잘 뽑은 예이다. 따라서 공작물 원점은 도면의 0점 치수선에 잡으면 된다.

※위 두 가지 경우의 프로그램 작성 예는 제8장 HOLE 가공에서 참조하기 바란다.

② **기계 조작으로 공작물 좌표 잡기**

도면을 보고 가공을 어떻게 해야 할지, 공작물을 클램프 했고, 공작물 원점(G54X0Y0Z0)을 어디에 설정할지 정했으면 이제 머시닝 센터 수동조작을 하여 실제로 WORK 좌표를 잡아야 한다. 수동조작을 하여 공작물 WORK 좌표를 잡는 것은 제5장을 참조 바란다. (제5장 WORK 좌표 잡기 참조)

3 절삭공구 준비와 작업 순서 결정

절삭공구를 잘 준비하는 것은 작업의 50% 이상을 한 것이나 마찬가지일 정도로 중요하다. 머시닝 센터에서는 공구메거진 수량에 따라 그리고 작업 순서에 따라 사용하는 공구가 대부분 정해져 있다. 주로 어떤 공구를 사용하고 있고 공구에 따른 작업 순서는 어떻게 되는지 알아보자.

1 공구의 종류와 용도

절삭공구는 가공 방법에 따라 다양하다. 그리고 특수하고 복잡한 형상이 아니면 제작 가능하다. 이제 공구의 종류와 용도를 알아보자.

① FACE CUTTER

밀링이나 머시닝 센터에서는 가장 기본이 되는 작업 공구이다. 면을 고르게 작업하는 것을 면취 작업 (Face Cutter 작업)이라고도 하는데, 이 작업에 사용한다.

㉠ FACE CUTTER를 사용하는 이유

밀링이나 머시닝 센터 가공 이전에 가장 먼저 하는 작업은 공작물 준비, 즉 가공 소재 준비이다. 도면의 소재 종류와 제품 크기에 맞는 공작물이 준비되어야 하는데, 보통 소재 준비는 주물품이나 다이캐스팅한 부품을 도면형상과 비슷하게 주문 제작하거나 그렇지 않은 경우 톱기계나 기타 소재 절단 장비로 소재를 도면의 외곽 사이즈에 근접하게(밀링이나 머시닝 센터 가공 여유량이 있어야 함) 절단한다.

위와 같이 공작물 소재가 절단되거나 주물(주철)의 경우 자연면 상태는 면이 고르지 않고 울퉁불퉁하기 때문에 곧바로 앤드밀 작업이나 홀 작업을 할 수 없다. 따라서 먼저 Face Cutter로 평면의 울퉁불퉁한 면을 고르게, 평평하게 절삭해야 된다.

만약 울퉁불퉁한 면 그대로 작업을 한다고 하자. 가장 먼저 진입하는 면이 고르지 않아 센터 드릴의 경우 R점의 면이 일정하지 않으므로 공구 파손이 있을 것이고, 센터 드릴 작업을 정확히 했다 해도 센터 드릴보다 큰 지름의 드릴은 진입 면이 고르지 않기 때문에 삐뚤어져 들어갈 확률이 높다. 이렇게 가공되면 나중에 TAP 작업도 다 틀어지기 때문에 불량이 발생된다.

㉡ FACE CUTTER의 종류와 특징

이 공구는 보통 15mm 이상 면적의 평면절삭에 사용한다. 왜냐하면 15mm 이하는 대부분 앤드밀로 작업할 수 있기 때문이다. 그래서 이 공구는 평면 절삭을 하게 끔 최적화되어 있다. 주로 평면절삭만을 할 수 있게 절삭날(절삭팁)의 높이는 15mm 이하다.

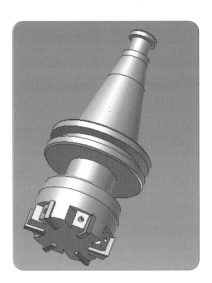
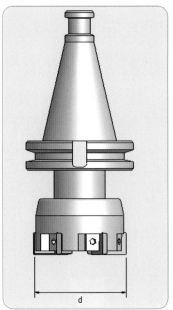

위 Face Cutter의 그림에서 d는 Ø10~Ø500까지 다양하게 있다. 따라서 가공하기에 알맞은 지름의 공구를 선정해 가공하면 된다. 면 황삭뿐만 아니라 면의 최종 정삭 때도 사용한다. 또한 앤드밀과 달리 날 수가 여러 개이고 팁(그림의 노란색)의 종류가 여러 가지이며 팁을 고정하는 홀더도 팁의 종류에 따라 다르다. 여기서는 많은 종류를 열거할 수 없으므로 공구메이커의 카탈로그를 참조하면 된다.

이 Face Cutter는 칩 배출이 용이하게 돼있다. 주로 인서트 팁을 사용하는 공구가 대부분이고 또한 평면절삭에는 인서트 팁을 끼워 사용하는 공구가 가공하기에 무난하다. 절삭팁(인서트팁)은 소재 재질에 따라 다양하며 절삭팁만 교체하는 것으로 재사용할 수 있으므로 원가절감에 유리하다.

– 단점

절삭팁 높이 70% 이상의 측벽(측면) 가공은 하지 않아야 한다. 공구 아버의 파손이 발생할 수 있다. 왜냐하면 측벽가공 용도로는 힘을 받지 못하는 구조이기 때문이다. 또한 깊이 방향으로 가공하면 장비 충돌로 이어져 위험하다.

– 평면 정삭용으로 사용

평면 정삭용으로 사용하고자 정했다면 정삭용으로만 사용하고 인디게이터로 팁의 높이도 똑같이 맞추어야 한다. 그래야 평면조도가 잘 나온다.

② 앤드밀(Endmill)

앤드밀은 주로 홈 가공이나 측벽 부위와 평면 부위가 동시에 절삭이 돼야 하는 곳에 사용한다. 그러나 넓은 면의 절삭에는 적합하지 않으므로 이런 경우는 Face Cutter와 적절한 조합으로 가공을 하면 된다.

앤드밀의 재질은 주로 초경이나 HSS(고속도강)이다. 요즘에 와서는 주로 초경이 많이 사용되고 있고 열처리된 강을 절삭하는데 특수 재질이나 코팅이 된 앤드밀도 널리 사용되고 있고 종류도 다양하다.

– 단점: 앤드밀은 측면절삭과 홈절삭이 주목적으로 제작하기 때문에 주로 평면절삭이나 깊이가공에 사용하면 절삭날의 마모나 파손이 빨리 올 수 있다. 또한 2날 이상의 날일 경우는 밑날 부위 센터 부근에 날이 없거나 있다고 해도 절삭칩의 배출이 잘되지 않기 때문에 깊이 방향 가공을 될 수 있으면 하지 않아야 하고, 중심부에 밑날이 없다면 깊이 방향가공은 하지 않아야 한다.

㉠ 황삭 앤드밀(라핑 앤드밀, rough 앤드밀)

스쿠류 형태의 날 부위를 가지고 있어 일반 평앤드밀보다 칩 배출이 잘되어 가공성이 뛰어나다.

– 단점: 황삭 전용 공구이므로 측벽의 면조도는 좋지 않다. 그리고 스쿠류로 돼있어 공구 클램프를 단단히 해야 한다. 그렇지 않으면 가공 도중 깊이 방향으로 빠져서 위험하고 깊이 방향으로 카운터 가공이나 드릴가공 하듯이 가공하면 나사가공의 효과가 있어 공작물의 클램프가 약하면 딸려 올라와서 위험하다.

㉡ 평앤드밀

주로 황삭 앤드밀 가공을 끝내고 최종적으로 작업하는 앤드밀로 주로 제품의 공차 부위를 맞추기 위한 목적으로 사용한다. 물론 이 공구로도 황삭 가공용으로 사용할 수도 있다. 앤드밀의 외경공차를 작업 하기 전에 미리 알아두어서 툴 옵셋량에 정확히 입력하면 공차를 맞추는 데 용이하다. 정삭용으로 사용하고자 하는 앤드밀의 툴 아버는 콜릿척을 사용해야 스핀들 회전축과 동심과 직각이 잘 나오기 때문에 좀 더 정밀한 작업을 할 수 있다. 종류도 다양하고 날수는 2날이나 3~6날까지 있다.

다음 그림에서 맨 좌측은 2날 앤드밀이고 맨 우측은 6날 앤드밀이며 모두 다 콜릿척에 클램프했다.

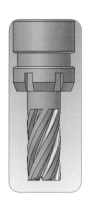

ⓒ 각도 앤드밀

각도 가공을 하기 위해 사용하는 앤드밀로 한쪽 각 0~90도까지 다양하게 사용한다.

각도 앤드밀은 일반적으로 모따기 하는데 45도를 많이 사용하지만 그 외에 반도체 금형부품의 형상에는 다양한 각도의 제품형상이 많이 있기 때문에 작업자가 사용 목적에 맞게 특수공구 제작 업체에 주문 제작하여 사용하는 경우가 많다.

반도체 금형의 cavity block의 각도 앤드밀 제작에 있어서 각도의 정확도가 보통 0도 15분 이하이어야 한다. 또한 전극가공에 있어서 측면 부위 면조도가 중요하기 때문에 보통 날 부위는 랩핑면 정도의 연삭을 해야 한다. 테이퍼 가공에 있어 공구 반경 값 계산 방법은 제9장을 참조 바란다.

ⓓ 볼(ball) 앤드밀

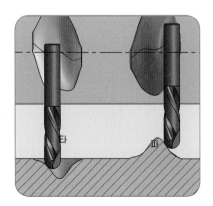

주로 3차원 형상 작업에 사용하거나 코너R 작업 시 사용한다. 볼 앤드밀에서 중요한 것은 볼 반경의 정밀도와 R 부위의 조도가 잘 나와야 한다. 볼앤드밀의 반경 및 반경 R의 조도 부위의 정확도에 따라 가공제품의 형상치수에 그대로 반영되기 때문이다.

위 그림과 같이 인서트로 된 앤드밀 및 볼 앤드밀도 있다.

각종 인서트 팁 장착 공구의 단점은 일체형으로 제작된 공구에 비해 정밀도가 떨어지거나 미세한 떨림으로 인해 Face Cutter를 제외한 모든 인서트 팁을 사용하는 공구는 공차 0.05 이상의 일반 가공이나 황삭가공에만 사용하는 것이 좋다.

ⓓ RIB 가공용 앤드밀

깊은 홈 가공을 위한 앤드밀로 예를 들어 홈 깊이가 50이고 폭이 3mm라고 한다면 일반 평앤드밀로는 가공하기가 어렵다. 이런 경우 리브 가공용 앤드밀을 선택하여 사용한다.

ØD=3mm, d1=2.8mm가 되므로 깊은 홈 가공 시에 받는 부하가 적어 공구 파손의 위험이 적다. 또 L2의 길이 부위는 L1을 제외하고서는 날 부위가 아니고 그냥 봉으로 돼 있어 쉽게 부러지지 않아서 이상적이다. 리브 볼앤드밀, 리브 앤드밀 등이 있다.

– 단점

리브 가공용 앤드밀은 날장 부위가 홈가공 깊이에 비해 상대적으로 작다. 그래서 측벽 부위에 단차가 발생되기 쉽다. (제8장 참조)

ⓗ 오목R 앤드밀(각도 R 앤드밀)

오목R 앤드밀 모서리 부분에 R 작업을 하는 경우에 주로 사용되며 반도체 금형 부품에서 사용된다. 그림과 같이 각도에 R이 들어간 경우와 그렇지 않은 일반적인 직각의 오목R이 있다. 각도에 R이 들어가면 대부분 제작해서 사용해야 한다.

아래의 R 가공에 있어 공구 반경 값 계산 방법은 제9장을 참조 바란다.

ⓢ 모따기 앤드밀

도면에 C라고 지정 표기된 부분과 지시 없는 모서리 C 몇이라고 표기된 부분은 아래와 같이 90도 모따기 앤드밀을 사용한다. 보통 센터 드릴은 Ø6.0mm 이하의 홀을 센터가공하면서 자동으로 모따기를 하면 되고, 그 이상은 가공 후 별도로 모따기를 해준다. (모따기 가공 계산식은 제9장 참조)

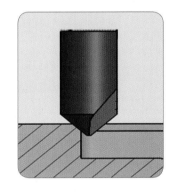

③ T커터

T커터도 표준품은 다양하지만 각도 앤드밀처럼 제작하여 사용하는 경우가 많다. 보통 공작기계 테이블의 볼트 클램프를 위한 T홈이 대부분이고 위 그림처럼 유공압 제품의 기밀유지 목적의 홈 가공, 스냅링 체결부가 대부분이다. 공구메이커에서 양산품으로 나오는 경우가 있는가 하면 작업자가 적절하게 특수공구 제작 업체에 의뢰하여 만들어야 생산성 향상에 도움을 주는 경우도 있다.

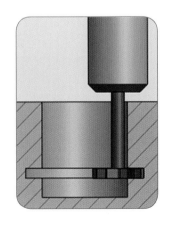

④ 특수 제작 앤드밀

특수 제작 앤드밀이라고 나와 있는 앤드밀은 없지만 표준품으로 나오지 않거나 사용자가 주문하여 제작하는 공구라고 보면 된다. 제작 앤드밀은 작업자가 가공 제품의 특성 및 모양에 따라 설계하여 제작 업체에 도면을 주면 제작업체는 작업자가 원하는 대로 만들어 준다. 물론 제작 업체의 노하우와 작업자의 노하우가 합쳐져서 만들어지고 이렇게 제작됐을 때 효과가 있다. 주로 각도 앤드밀, 각도R 앤드밀, 오목R 앤드밀, 특수 공차의 리머, 여러 단차가 있는 앤드밀, 드릴, 리머 등 대표 공구 메이커에서 양산 제작하지 않는 공구를 제작해서 사용한다. 이렇게 제작하는 목적 중에 다른 하나는 생산성과 정밀도에 차이가 발생하기 때문이다. 예를 들어 아래의 경우처럼 정삭 작업을 하는 데 있어도 두 번에 하는 것보다 한 번에 끝내는 것이 생산성 향상이나 품질에 있어 더 좋을 때가 있다.

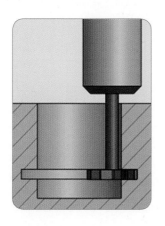
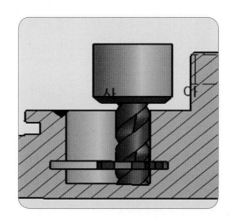

⑤ 센터 앤드밀(센터 드릴)

드릴가공을 하기 전에 반드시 해야 되는 기본 작업이다. 센터 포인트 찍는 작업이라고도 하는 이 작업에 쓰이는 공구이다.

㉠ 센터 앤드밀을 사용하는 이유

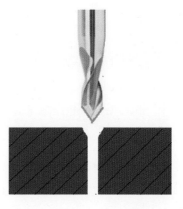

위 좌측 그림과 같이 주로 드릴 가공을 위한 위치 결정 역할과 가공 포인트의 안내 역할을 한다. 그래서 드릴 작업을 하기 전에 반드시 해야 하는 기본 작업이다. 만약 구멍가공을 곧바로 드릴로만 가공하면 드릴의 날끝 부위는 센터 앤드밀같이 정확하게 만들어지지 않기 때문에 처음 진입 점이 틀어져서 정확한 홀 위치로 가공되지 못하고 깊이 방향으로 가공하면 할수록 휘어져 들어가기 때문이다. 또 드릴은 잘 휘어지기 때문에 진입 시 조금 포인트가 틀어지면 계속 틀어져서 들어간다.

ⓒ 센터 앤드밀의 용도와 특징

드릴 작업 전에 반드시 해야 하는 작업이기도 하지만 위 우측 그림과 같이 구멍지름보다 큰 센터 앤드밀을 사용할 경우 센터 찍는 작업과 동시에 구멍에 모따기가 될 정도로 깊이가공을 하면 포인트를 찍는 작업과 동시에 구멍의 모따기도 되게 된다. 센터 드릴(센터 앤드밀)은 보통 90°나 120°로 한다. 왜냐하면 센터 작업과 동시에 모따기 작업을 할 수도 있기 때문이다.

⑥ **드릴과 탭**

조립제품 가공에서 빼놓을 수 없는 공구가 드릴과 탭이다. 가공에 대한 자세한 사항은 제8장 HOLE 가공을 참조 바란다.

㉠ 드릴(Drill)

홀 가공에서 제일 많이 사용하는 작업 공구가 드릴이다. 이 공구는 주로 범용으로 고속도강 재질의 코발트 코팅 드릴을 많이 사용하지만 최근에 난삭재 및 경도가 높은 제품의 가공에는 초경드릴이나 인서트형 드릴도 많이 사용한다.

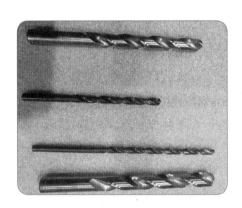  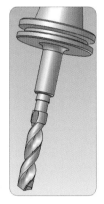

보통 HSS 드릴, 코발트 드릴, 인서트형 드릴, TIN코팅 드릴이 있으며, 인서트형의 경우 Ø14mm 이상의 홀가공에 사용된다. 보통 표준품으로 나오는 드릴공구에서 Ø14 이하는 보통 0.1mm 단위로 나오며 그 이상은 0.5단위로 나온다.

ⓒ 탭(tap, 암나사 공구)

구멍에 암나사를 내는 공구이다. 탭의 종류도 상당히 다양하므로 공구 카탈로그를 참조 바란다. 탭 가공을 하기 위한 기초 드릴 지름과 기본 탭 규격은 본 장의 1. 도면 이해를 참조 바란다.

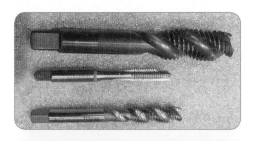

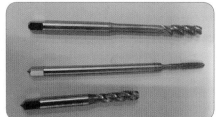

탭의 종류에는 스파이럴 탭(비관통), 포인트 탭(관통탭), 롱탭, PT탭, PF(PS)탭, TAP(탭)은 구멍에 암나사를 내는 공구로 조립 부품의 경우 대부분 이 탭 작업이 들어간다. 아래와 같이 탭 전용 장착 아버에 고정하여 작업하면 파손이나 교체 시 편리하다.

⑦ 보링바

구멍을 가공하는 데 있어서 앤드밀로 원호보간을 이용해서 가공할 수 있지만 앤드밀로 절삭할 경우에 정밀한 진원이 나오지 않는다. 또한 깊은 구멍을 가공하는 데 있어 앤드밀의 날장에 한계가 있고 앤드밀의 날장이 길면 길수록 원호보간 시에 떨림이 발생하므로 가공 시간이 길어지고 구멍의 정밀도도 떨어진다. 그래서 정밀한 구멍가공은 보링바를 이용하여 마무리한다.

HOLE공차가 정밀하다면 리머나 정밀 보링 작업을 해야 하는데, 보링 작업은 리머 작업에 비해 정확한 위치 결정을 요구할 때 작업한다. 드릴이나 앤드밀로 기초 홀 가공을 한 후에 보링 황삭 작업을 한다. 보통 보링 황삭 작업은 정삭을 하기 위해 가공 여유를 0.3mm HOLE공차를 남겨 놓는다.

㉠ 황삭 보링바

드릴가공한 구멍을 정삭보링하기 전에 사용하는 공구이다. 45도 방향으로 바이트를 넣거나 빼서 지름을 조정하여 사용한다. 이런 조정은 때론 불편하고 정밀하게 맞출 수 없기 때문에 황삭 전용으로 사용하는 것이 좋다. 보통 정삭 여유를 남기기 위해 황삭보링바의 지름은 제품 지름에서 0.3mm 정도 작게 맞춘다. 맞출 때는 툴 프리셋터 측정장치를 이용하여 원하는 지름을 맞추는 것이 효과적이다. (제4장 공구측정 참조)

보통 0.1mm 이상 조정할 수 밖에 없고 강력절삭을 할 수 있는 보링바를 황삭 보링바라고 생각하면 된다.

ⓒ 정밀 조정이 가능한 보링바

아래 보링바들은 0.01mm 단위로 지름부의 조정이 가능한 보링바로서 주로 정삭용으로 사용하는 것들이다.

위 보링바들은 원하는 보링치수를 맞추기 위해 0.005mm씩 눈금이 새겨져 있고 전용 스패너로 조정할 수 있는 나사부가 보링팁 부에 있어서 미세 조정을 자유롭게 할 수 있다. 이러한 미세조정을 할 수 있는 보링바를 정삭보링바라고 한다. 이러한 미세 조정을 할 수 있는 장점이 있지만 단점으로는 미세 조정할 수 있는 기구적 구조 때문에 한쪽으로 0.5mm 이상 절삭하지 않는 것이 좋다.

유격은 보링바의 규격에 따라 차이가 있지만 보통 유격은, 즉 조정 가능한 지름은 Ø10~20mm 정도된다. 좌측 정삭보링바 type은 작은 지름(4~20mm) 정도 되는 홀 가공을 할 수 있다. k 부위를 지름에 따라서 교체하여 사용한다. j 부위는 지름을 0.005단위로 조정하는 눈금으로 된 렌치 볼트부이다.

아래는 Ø80mm 이상의 구멍가공에 사용하는데, 이 보링바는 구조적으로 강력절삭을 할 수 있는 동시에 0.01mm 단위로 미세 조정이 가능해서 황, 중, 정삭을 모두 할 수 있게 돼있다.

큰 외경은 보통 Ø80~Ø1000mm 정도의 황, 정삭 보링을 할 때 사용한다.

이런 공구의 경우는 머시닝 센터의 공구 메거진 사양(공구의 최대 길이와 지름)을 파악하여 자동 공구 교환이 가능한 것인지, 아니면 수동 교환을 해야 하는 것인지, 아니면 아버만 자동공구 교환하여 바이트 부위를 별도로 사람이 끼워 클램프 해서 작업해야 하는지를 적절하게 생각하여 사용해야 한다.

⑧ 리머(Reamer)

리머가공 공구는 보통 구멍의 지름과 위치 공차가 0.01~0.02mm일 때 사용한다. 드릴가공으로 먼저 리머 지름의 0.1% 정도만 남기고 난 다음에 리머가공을 한다.

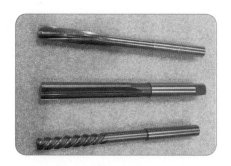

보링바에 비해 정밀지름에 맞춰져 공구가 나오므로 가공하고자 하는 공구를 구입하거나 제작 업체에 의뢰해서 제작하여 사용하기도 한다.

⑧ 여러 가지 공구들

㉠ 나사 공구

머시닝 가공에서 많이 가공되지는 않지만 특별한 경우에 작업할 경우가 있다. 특히 탭으로 가공할 수 없는 수나사와 지름이 Ø50mm 이상의 암나사 가공에 사용한다.

(제8장 나사가공 참조)

ⓛ 카운터 보어

볼트 머리가 제품 면으로부터 들어가는 렌치볼트의 체결을 위해 가공한다. 카운터 보어 공구는 특수한 경우를 제외하고 보통 하이스 재질로 되어 있다. 또한 앤드밀과는 달리 처음 진입 시에 끝 쪽이 기존에 뚫려있는 구멍을 작업하기 때문에 끝 부위는 볼트 구멍의 지름보다 0.5~1mm 정도 작은 지름으로 돼 있다. 앤드밀로 비슷한 작업을 할 수 있지만 카운터 보어 공구를 사용하는 이유는 범용으로도 작업이 가능하고 아래 그림에서 원 체크 부위가 앤드밀로 작업할 때에 생기는 BURR가 거의 없다.

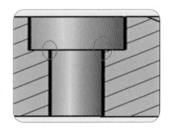

카운터 보어의 날수는 보통 3~4날이므로 같은 지름대의 앤드밀의 회전수보다는 적게 회전수를 주어야 한다는 것을 기억하자. (9장에서 날당이송 계산 참고) 또한 길이 측정과 프로그램 작성 시에도 카운터 날 시작 부위 길이를 참고하여 길이 세팅이나 프로그램 깊이 값을 입력하는 것도 염두에 두자. 보통 반도체 장비 부품가공에서 MCT의 카운터 보어 가공은 대체로 카운터 보어를 사용하지 않고 일반 황, 정삭 앤드밀과 챔퍼 앤드밀로 가공한다. 왜냐하면 카운터 보어 홀 직경과 깊이공차가 일반적인 공차 ±0.1에 요구되는 것이 있기 때문이다.

❷ 공구의 CLAMP

공구의 클램프 방식은 몇 가지가 있다. 공구의 종류에 따라서 분류가 되겠지만 머시닝 센터의 스핀들 방식에 따라서도 분류가 된다.

① 콜렛척에 고정

주로 앤드밀 고정에 많이 사용하는 방법이다. 빨간색 표시 안쪽이 콜렛척이다.

아래 그림은 위 콜렛척을 전용 스패너로 조일 때 콜렛척 아버를 고정시키는 공구이다.

위 그림은 BT40용 공구홀더 클램프이다. 대부분의 공구를 공구아버에 클램프하기 위해 이런 부품을 사용한다. 물론 위 클램프 부품은 공구아버의 테이퍼 규격에 따라 다양하다. 또한 열박음 공구아버들은 위 부품에 해당되지 않고 열박음 장치에서 한다. 아무튼 위 부품을 사용하건 열박음 장치를 사용하건 간에 중요한 것은 머시닝 센터 주축 스핀들에서는 될 수 있으면 공구 클램프 해서는 안 된다. 왜냐하면 주축 정밀도에 영향이 있기 때문이다.

요즘은 콜렛척에 끼우는 콜렛(다음 그림)이 다양하게 나와서 드릴이나 카운터 보어 고정은 물론이고 TAP용도 있다. TAP용은 콜렛 안쪽에 사각 홈이 있어 TAP공구의 사각형과 끼워져 절삭 시 탭이 헛돌지 않게 돼있다. 그러나 TAP 장착은 TAP 전용 아버에 장착하는 것이 가장 좋다.

위 콜렛(collet) 그림은 공구섕크 지름별로 다양하게 나와 있다. 보통 Ø1mm 이하부터 0.5mm 단위로 다양하게 나와 있다. 아래의 종류는 주로 밀링이나 머시닝 센터의 BT40 이상 아버에서 중절삭용에 많이 사용된다.

다음 사진은 밀링척 아버와 공구 지름별로 끼워서 사용하는 콜렛(우측)이다.

② 볼트 조임에 의한 고정(사이드 락 홀더)

아래 그림과 같이 콜렛을 사용하지 않고 직접 장착할 수도 있다. 이런 경우는 볼트의 밀어주는 힘으로 고정시키는데, 보통 BT50 정도의 중대형 머시닝 센터에서 강력 절삭할 때 주로 많이 사용하는 앤드밀척 아버이다.

척에 끼운 다음 조임 볼트를 빼고 볼트가 닿는 면을 매직으로 표시한 다음 다시 앤드밀을 빼서 볼트가 닿는 면만 조임볼트 끝이 약간 앤드밀 섕크로 무칠 정도만 숫돌로 섕크를 갈아 내야 한다. 이렇게 하지 않으면 앤드밀이 절삭 중에 빠질 위험이 있다.

위 홀더는 앤드밀용과 드릴용이 있는데 앤드밀용은 조여주는 무드볼트가 2개이고, 드릴용은 1개이며 회전방지 홈이 나 있다.

사이드 락에 꽂아 사용하는 드릴소켓도 있으며, 드릴 테이퍼 규격에 맞게 나와 있다.

③ 고속 가공기용 척킹

보통 20000rpm 이상의 스핀들에 장착하여 사용하는 공구들은 원심력에 의한 정밀도 저하에 신경을
써야 한다. 그래서 고속 가공 전용으로 척킹할 수 있는 공구들이 나와 있다.

㉠ 열박음 척

열박음 척킹 도구를 이용해 하는 것으로 앤드밀 삽입 입구를
열로 가열해 구멍공차를 키운 다음 앤드밀을 삽입하고 다시
가열한 부분을 식혀서 줄어들면 앤드밀이 고정되는 원리이다.

위 열박음 척을 구입할 때 중요한 것은 척의 소재가 어떤 것인
지 확인해야 한다. 보통 크게 2가지로 구분하는데 하나는 일
반 스틸이고 하나는 SUS, 즉 스테인리스이다. 이 선택에 따라
열박음 장치도 맞추어 구매해야 한다.

㉡ 열박음 척킹 장치

열박음 척을 사용하기 위해서는 아래와 같이 척킹 장치가 있어야 한다. 이 척킹 장치의 중요한 것
은 고주파 가열 부분인데, 일반 스틸용과 스테인리스용이 있으므로 구별하여 구매해야 한다. 가열
한 것을 식히는 부분에서 공냉식과 수냉식 및 겸용이 있는데 냉각하는 부분은 크게 문제가 없다.

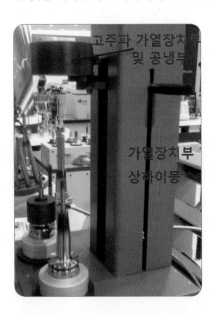

ⓒ 유압 척킹

유압으로 척킹한다. 앤드밀은 물론 Face Cutter까지 간단하게 척킹할 수 있다.

ⓔ 고속 가공기 기타 척킹

고속 가공기용 테이퍼로 돼있으면서 콜렛용이나 볼트조임고정용 홀더들도 있다. 보통 20000rpm 이하에서 사용하는 공구들의 척킹용으로 나와 있다. 또한 shrink 척킹장치라고 있는데, 이 척킹은 강한 힘으로 홀더부가 오그라 들고 펴져서 척킹하는 장치이다.

④ **드릴공구의 고정**

드릴공구는 크게 드릴생크의 모양에 따라 달라지겠지만 위에서 언급한 것 같이 Ø14mm 이하는 앤드 밀과 같이 콜렛을 사용하여 고정하고, Ø14부터는 모오스 테이퍼로 돼있기 때문에 드릴 소켓을 사용 하거나 전용고정아버를 사용한다.

◀ ER 콜렛척에 사용

위는 콜렛으로 드릴을 고정한 것이고 아래는 연동척과 같은 원리로 고정한 것인데, 5000rpm 이상이 거나 드릴의 정밀가공에서는 콜렛 타입을 사용하는 것을 추천한다.

위 드릴척 타입은 Ø14mm 이상의 드릴 자루 부가 테이퍼로 곧바로 나오는 드릴을 고정할 때 사용한
다. 위 사진을 보면 드릴을 빼낼 때 빼낼 수 있는 장홀의 구멍이 있다. 이 구멍에 아래와 같은 도구를
만들어 구멍에 넣어 망치로 때려 빼내야 한다. 드릴 소켓을 끼우고 홀더에 고정할 때도 마찬가지로 아
래 도구로 빼야 한다.

아래는 밀링척에 고정할 때 사용하는 공구이다.

⑤ 탭의 고정

탭공구는 콜렛으로 고정할 수 있지만 아래와 같이 전용척을 사용하는 것이 좋다. 물론 고속 가공기에
서는 콜렛타입도 괜찮다.

⑥ 기타 척킹 공구

위에서 주로 언급한 것 외에 여러 가지 척킹 공구들과 척 도구들이 있다.

위 좌측은 쉘 앤드밀을 고정할 수 있는 척아버이고, 우측은 사이드 커터를 척킹한 사진이다.

❸ 작업 순서 결정

가공 방법은 작업자마다 다양하지만 기본적인 절삭 작업 순서와 방법은 비슷하다. 어떤 방법을 사용했을 때가 고객이 요구하는 제품을 적은 비용으로 양질의 제품을 빠른 시간 안에 생산했느냐가 중요하다. 제품 도면을 보고 어떻게 가공해야 적절한 지는 모든 작업자가 처음으로 생각할 것이다.

작업 순서를 잘못 세움으로 가공 시간이 길어지거나 불량이 발생할 수 있기 때문이다. 현장에 따라서 조금씩 차이는 나지만 기본적인 머시닝 센터의 작업 순서를 알아보자.

① 일반적인 절삭 작업 순서

(단, 해당 작업이 필요하지 않으면 순서에서 빠질 수 있다.)

㉠ 소재 절단과 면취(면삭) 작업 → ㉡ 포켓 및 형상을 앤드밀이나 커터로 황삭 작업한다. → ㉢ 센터 작업 및 드릴작업 → ㉣ 보링 황삭 작업 → ㉤ 탭 작업 → ㉥ 보링 정삭 작업 → ㉦ 앤드밀 정삭 작업을 수행한다. → ㉧ 문자 조각(CAM 가공)

② 일반적인 절삭 작업 순서 상세 설명

㉠ 소재 절단과 면취(면삭) 작업

도면을 파악했으면 소재의 재질을 확인한다. 먼저 도면이 요구하는 제품의 크기보다 1~5mm 크게 절단한다. 주물품의 경우 도면 형상과 거의 비슷하게 형상을 만들기 때문에 바로 가공 부위만 면취하면 되겠다. 여기서 중요한 것은 머시닝 센터에서 모든 절삭 가공이 완료된다면 면취 작업 시에 도면에서 요구하는 제품 크기대로 면삭하면 되겠지만, 머시닝 센터에서 작업 이후에 특히 열처리나 연삭 작업이 있다고 한다면 연삭여유(보통 0.1~0.3mm)를 남겨놓고 면삭을 해야 한다는 것이다. 보통 머시닝 센터에서 완료하여 작업할 수 있는 공차의 최소는 ±0.01이라는 것을 기억하기 바란다.

㉡ 포켓 및 형상을 앤드밀이나 커터로 황삭 작업한다.

면취를 했으면 제품의 형상을 만들기 위해서 포켓이나 기타 아일랜드, 프로파일, 단차와 같은 도면 형상을 대부분 완성하는데 도면 공차에 따라 ±0.05 이하의 형상 치수이면 나중에 정삭 여유를 남겨놓고 황삭을 한다. (단, 대체적으로 주물품의 경우는 먼저 앤드밀 작업을 하고 홀(hole) 작업을 하지만 앤드밀의 진입을 하기 위한 위치에 먼저 기초 홀(hole) 작업을 하는 경우와 앤드밀 작업을 먼저 해 버리면 홀 작업을 하는 데 어려움이 있는 형상의 제품은 홀 작업과 앤드밀이나 커터로 작업의 순서를 바꿀 수 있다.)

㉢ 센터 작업 및 드릴 작업

드릴 가공을 하기 위해 먼저 센터 앤드밀이나 센터 드릴 가공을 하고 드릴을 가공한다.

㉣ 보링 황삭 작업

보링 황삭 작업을 한다. 지름의 경우 정삭 여유 0.3~0.5 정도 남겨 놓지만 깊이 단차의 경우는 0.1mm 이하로 남겨 놓아야 정삭 보링 작업 시 무리가 없다. (단, 홀 가공에서 공차(거리공차 포함)가 ± 0.1 이하일 때만 보링 작업을 하고 그 이외에는 드릴이나 앤드밀로 마무리한다.

㉤ 탭 작업

수직 머시닝 센터의 경우 앤드밀이나 드릴, 보링 작업에서 배출된 칩이 탭 가공을 할 홀(Hole)을 메우게 되거나 탭 작업을 하는데 방해 해서 탭 가공을 하는데 방해가 되기 때문에 프로그램 상에 M00나 M01을 넣어서 절삭 칩을 제거해 주고 탭핑유를 주입한 다음 가공하는 것이 바람직하다.

㉥ 보링 정삭 작업

정삭 보링바로 보링 정삭 작업을 수행한다.

㉦ 앤드밀 정삭 작업을 수행한다.

제품 형상이나 단차 부위의 공차를 도면의 요구 공차에 맞춘다. (단, 단차 부위가 추후에 연삭 작업으로 마무리 한다면 하지 않는다.)

㉧ 문자 조각

문자 가공 앤드밀로 문자를 조각한다. (단, 레이저나 문자 조각기로 한다면 하지 않는다.)

③ 공작물 형상에 따른 공구 선정 및 가공 순서

공구를 선정하는 기준은 공작물의 형상에 따라 달라진다. 대량생산이든지 다품종 소량생산이든지 대부분의 산업현장에서는 공구메거진 포트 수량에 따라 주로 가공하는 공작물 형상에 따라 공구를 고정적으로 장착해 놓고 사용하는 경우가 많다. 물론 형상에 따라 꼭 정해진 공구나 가공 순서가 있다는 것은 아니라는 것을 이해하기 바란다.

④ 구멍가공이 전혀 없는 공작물

다음 그림과 같은 구멍이 없고 형상만 있는 공작물의 가공 순서를 알아보자. 아래 좌측과 우측 모두 맨처음 황삭 Face Cutter로 맨 윗면 평면을 가공한다. 측면 외곽황삭까지 가능하면 효율적이다. 좌측은 정삭 Face Cutter 작업이 필요하고 우측은 할 필요가 없다.

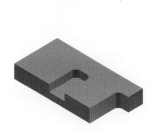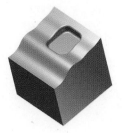

좌측의 경우 2차원 형상 작업 공작물이어서 기본적으로 XY 축과 Z축이 별도로 움직여 가공할 수 있는 공작물이지만 우측의 경우는 3차원 형상의 공작물로 동시에 3축, 즉 XYZ 축이 움직이든지 Z축을 포함하여 동시에 2축이 움직여야만 가공할 수 있는 공작물이다. 이 경우는 사람이 수동으로 프로그램할 수 없고 CAM 프로그램을 이용하여 프로그램해야 한다.

금형의 코아, 방전 전극가공 등의 공작물에서는 구멍가공이 없는 기하학적 형상 위주의 가공이 많다. 이런 경우의 공구 선정과 작업 순서를 보면 다음과 같다.

ㄱ. 황삭면취 작업(Face Cutter 작업, 6각 면취 작업을 미리 했으면 생략) → ㄴ. 황삭 앤드밀(Rough Endmill)&커터(황삭 앤드밀 대체 가공) 작업 → ㄷ. 잔삭 황삭 앤드밀(커터로 대체 가능) 작업 → ㄹ. 정삭 앤드밀(Fine Endmill) or 앤드밀 커터 작업 → ㅁ. 잔삭 정삭 앤드밀(Fine Endmill) or 앤드밀 커터 작업 → ㅂ. 정삭 Face Cutter 면취 작업(3차원 형상의 경우 생략, 기타 정삭면취 불필요시 생략) → ㅅ. 모따기 앤드밀 작업 및 마무리 가공 형상에 따라서는 모따기를 정삭 face 커터 작업 전에 할 수 있다. 특히 모따기 작업으로 인한 2차 미세 burr가 발생한다면 모따기를 먼저하고 정삭 면취 작업을 하는 것이 좋다.

위 순서에서 정삭 앤드밀 가공 전까지는 정삭가공하기 위한 절삭여유를 남겨 놓아야 한다. 보통 한쪽으로 0.1~0.3mm 이하의 양을 남겨 놓는다. 윗면은 보통 0.15 이하를 남겨 놓는다.

㉠ 면취 작업(Face Cutter 작업)

주로 Face Cutter 공구를 사용하여 평면 절삭 작업을 한다. 보통 밀링이나 머시닝 센터에서 평면의 면을 절삭하거나 직각 면을 맞추는 작업과 두께를 맞추거나 각진 부위의 많은 양을 가공할 때 많이 사용한다. 보통 가장 먼저 하는 작업이 가공 맨 윗면의 황삭 Face Cutting 작업이다. 알루미늄, 스틸 등 제품 가공의 맨 윗면이 고르지 않을 때는 무조건 Face Cut 작업을 해야 다음 순서들이 무난하게 이루어지기 때문이다. 알루미늄은 50파이 황삭용 커터로, 스틸은 33파이 황삭용 커터로 맨 윗면을 첫 번째로 가공하고 시작한다.

가공물이 대량일 경우는 이 작업만 모두 끝내 놓고 시작하면 오히려 생산성이나 작업의 효율이 높아질 수 있다. 6각 면취 작업은 제8장에 잘 나와 있으므로 참조 바란다.

밀링이나 머시닝 센터, 기타 가공 작업에서 가장 기본이 되며 알아야 할 사항이 바로 면취 작업 방법이다.

Face Cutter 작업은 또 공구 지름에 따라서 달라지겠지만 보통 깊은 가공 형상이 있다면 외곽도 Face Cutter로 황삭가공을 했다. 즉 위 커터들로 최대한 가공할 수 있는 2차원 형상이라면 가공하는 것이 가공 시간을 단축시키는 방법이기도 하다.

저자는 알루미늄 가공 시에 보통 50파이 커터로 맨 윗면 황삭 Face 작업을 했고 외곽도 7mm씩의 깊이로 대부분의 외곽과 평면 황삭 작업을 마무리 했다. 스틸의 경우 마찬가지로 33파이로 작업을 했다.

ⓒ 황삭 앤드밀(Rough Endmill) 작업

Face Cutter 다음 순서로 전체적으로 대략적인 형상 작업을 하기 위해 라핑 앤드밀 작업을 한다. 이 공구는 Face Cutter로 처리하지 못하는 홈 작업이나 형상 작업의 황삭 작업에 주로 사용한다. 이 공구는 Face Cutter로 맨 처음 작업하지 못할 때는 절삭 작업에 있어 가장 처음 순서로 사용될 수도 있다. 보통 평면과 측면을 동시에 황삭가공할 때 사용된다. 라핑 앤드밀을 사용하지 않을 때는 평 앤드밀로 황삭 작업하는 경우도 있다. 3차원 형상 작업일 경우는 볼 앤드밀을 사용하고 일반적인 2차원 작업인 경우는 일반 평 앤드밀의 라핑 앤드밀을 사용하면 된다.

지름의 크기를 정할 때는 전체적인 형상을 대략적으로 가공하기에 적당한 지름을 선택하는 것이 좋다. 너무 작으면 가공 시간이 많이 소요되고, 너무 크면 잔삭 황삭 앤드밀 가공 시간이 많고 부하가 많이 걸릴 수도 있기 때문에 적절한 지름의 라핑 앤드밀을 사용하는 것이 좋다. 요즘은 라핑 앤드밀보다 커터로 대체해서 사용할 수 있으면 하는 것이 생산성이나 원가절감에 좋다.

ⓒ 잔삭 황삭 앤드밀 작업

커터나 라핑 앤드밀로 어느 정도 전체적인 형상 작업을 완료하였으면 다음 순서로는 라핑 앤드밀로 가공하지 못한 부위 형상만 가공할 수 있도록 라핑 앤드밀 지름보다 작은 라핑 앤드밀이나 평 앤드밀, 그리고 볼앤드밀로 황삭 잔삭가공을 한다. 잔삭이라는 뜻은 절삭가공 했는데 앤드밀 지름이 커서 들어가지 못하는 좁은 공간이나 절삭되지 못하고 남은 부위 형상만 찾아서 가공한다는 의미이다. 아래는 잔삭가공해야 할 부위들이다.

잔삭가공이 필요한 코너 부위

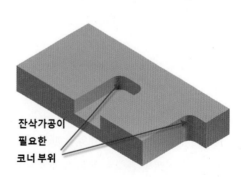

잔삭가공이 필요한 코너 부위

ⓓ 정삭 앤드밀(Fine Endmill) 작업

이제 황삭공구를 사용하여 가공을 마무리 했으면 도면의 공차와 원하는 가공조도를 맞추기 위해 정삭 앤드밀로 가공을 한다.

보통 정삭 앤드밀이라고 말하는 공구는 평 앤드밀, 볼 앤드밀 기타 앤드밀 중에서 면조도가 잘 나오고 도면의 공차를 맞출 수 있는 앤드밀이면 정삭 앤드밀이라고 하고, 이런 앤드밀 중에서 날 마모가 돼있지 않고 절삭공구를 구입했을 때와 비슷한 성능을 발휘할 수 있는 앤드밀을 정삭 앤드밀이라고 부른다. 정삭 앤드밀 가공에서는 0.3mm 이상 절삭량이 발생되지 않도록 미리 황삭 앤드밀 가공에서 마무리를 하는 것이 좋다. 또한 모따기가 있다면 모따기 앤드밀을 정삭 앤드밀 가공하기 전에 사용하여 모따기 작업을 마무리 해야 한다.

ⓜ **잔삭 정삭 앤드밀(Fine Endmill) 작업**

정삭 앤드밀로 어느 정도 전체적인 형상 작업을 완료하였으면 다음 순서로는 정삭 앤드밀로 가공하지 못한 부위 형상만 정삭가공할 수 있도록 정삭 앤드밀 지름보다 작은 정삭 앤드밀로 잔삭 정삭가공하여 제품 형상가공을 마무리 한다.

⑤ **구멍에 공차가 있는 2차원 형상 공작물**

보통 2차원 형상에 구멍이 있는 공작물을 가공할 때는 아래와 같은 순서로 작업한다. 물론 3차원 형상가공에서도 구멍가공이 존재할 수는 있지만 금형을 제외하고는 그렇게 많지 않다. 순서는 아래와 같다.

ㄱ. 황삭면취 작업(Face Cutter 작업) → ㄴ. 황삭 앤드밀(Rough Endmill) 작업 → ㄷ. 센터 포인트 찍는 작업 → ㄹ. 드릴 작업(탭기초 드릴) → ㅁ. 보링황삭 작업 → ㅂ. 모따기 작업 → ㅅ. TAP 작업 → ㅇ. 앤드밀 정삭 작업 → ㅈ. 보링정삭 작업(리머 작업) → ㅊ. 정삭 Face Cutter 작업(맨 윗면 정삭 면취)

㉠ **ㄱ. 면취작업~ㄴ. 황삭 앤드밀**

위에서 설명한 대로 가공한다.

㉡ **센터 포인트 찍는 작업**

면취와 황삭 앤드밀 작업을 가공하였으면 이제 구멍을 가공하기 전에 센터 포인트 찍는 작업을 한다. 그래서 센터 드릴(센터앤드밀)로 가공을 한다. 여기서 한 가지 중요한 사항은 센터 드릴로 포인트를 찍는 동시에 드릴이나 탭 구멍의 모따기까지 한다면 원하는 깊이로 가공하는데 면취나 기타 형상의 황삭 작업까지만 돼있기 때문에 모따기 지름의 크기가 황삭여유의 2배 정도 +돼서 보인다. 이것은 정삭하면 본래의 계산 지름이 나타난다.

㉢ **드릴 작업(탭기초 드릴)**

센터 드릴로 가공을 완료한 후에 구멍의 지름에 맞게 드릴가공을 한다. 구멍의 공차가 0.06~0.1mm라면 드릴가공만으로도 완료하면 된다. 그러나 ±0.05mm 이하라고 한다면 리머나 보링바로 정삭까지 가공해야 한다. 드릴 가공은 또한 리머와 보링구멍의 황삭 작업이 된다.

ㄹ 보링황삭 작업

이제 드릴로 어느 정도 황삭 작업을 했놓았으면 보링 황삭 작업을 한다. 보통 지름의 Ø0.6mm 이하의 가공 여유를 남기고 황삭 작업한다.

ㅁ 모따기 작업

모든 형상과 구멍의 황삭 작업이 끝나면 이제 모든 형상과 구멍의 모따기 앤드밀을 이용하여 모따기 작업을 모두 완료한다. 모따기를 정삭 작업이나 탭 작업 전에 하는 이유는 정삭가공 후 작업하면 모따기 작업 시 burr가 발생되어 조립이나 미관에 문제가 생긴다.

ㅂ TAP 작업

탭 작업을 하기 전에 M00 코드를 사용하여 가공을 중지하고 탭구멍의 칩을 제거해 주고 탭가공을 해야 한다. 그렇지 않으면 탭의 파손이나 마모가 쉽게 온다.

ㅅ 앤드밀 정삭 작업

이제 모든 황삭을 마무리했으면 정삭 앤드밀로 형상 정삭을 한다.

ㅇ 보링정삭 작업(리머 작업)

마지막으로 보링이나 리머 작업을 완료한다. 물론 위에서 앤드밀 정삭 작업과 보링정삭 작업의 순서가 바뀌어도 상관없다.

ㅈ 정삭 Face 작업

마지막으로 맨 윗면을 깨끗하게 정삭 Face Cutter로 면 정삭을 한다.

⑥ 기타 공구의 작업 순서

보통 다음 작업은 정삭 전에 가공한다. 카운터 보어, 스폿페이싱, 카운터 싱킹 등이다.

위와 같이 기타 공구들의 순서를 결정하는 중요한 요인 중에 하나는 가공량이 많으냐 적으냐에 따라 순서를 정한다. 보통 가공량이 0.3mm 이상이면 황삭가공으로 분류하고 이하이면 정삭가공에서 하면 된다.

위에서 모든 절삭가공 공구 준비 및 세팅이 끝나고 공작물의 클램프와 도면 해독도 끝났다면 이제 프로그램 작성을 하고 실제 가공에 들어간다.

1 프로그램 작성

수동 프로그램 작성에 대해서 자세한 사항은 제6장을 참조 바란다.

위 182쪽 작업 순서 결정에서 알아본 것처럼 프로그램 작성의 큰 틀은 그 가공공구 순서로 프로그램 작성을 한다. 물론 회사마다, 작업자마다 공구 메거진 번호에 따라 고정적으로 준비된 공구들이 있다. 공구 메거진에 항상 준비되어 있는 공구들은 리스트를 만들고 여기에 회전수나 feed, 그리고 1회 절입량이나 돌출 길이(가공최대 깊이) 정보들을 작성해 놓으면 프로그램할 때 편리하다.

요즘은 대부분 CAM 프로그램을 작성하는데 공구 리스트 부분을 별도로 설정해 두는 기능이 있어 공구의 형상과 돌출 길이, 회전수와 피드, 스텝오버량, 1회 절입량 등 여러 가지 조건들을 미리 저장해 놓고 공구와 형상라인이나 형상면을 선택하기만 하면 프로그램이 자동으로 작성되어 편리하다.

2 프로그램 편집 및 입출력

가공 프로그램(NC DATA)을 잘 준비하는 것도 작업의 50% 이상을 한 것이나 마찬가지이다. 어떠한 방법들이 쓰이는지 알아보자. 제8장 NC 데이터 입출력의 내용을 참조 바란다.

① 기계 조작판에서의 편집

가공한 프로그램을 입출력할 때는 EDIT 모드에서 다음과 같은 키를 이용하여 편집한다. 컴퓨터 응용 밀링 자격증 실기에서는 수검자들에게 공작물의 치수 및 프로그램을 작성할 수 있는 용지를 나누어 주고 작성한 것을 조작판을 이용해 머시닝 센터에 저장해 가공한다. 기계 조작판에 대한 자세한 설명은 제5장을 참조 바란다.

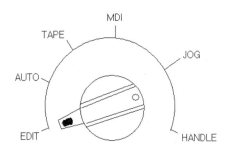

위 그림에서 EDIT 모드는 AUTO 모드, 즉 자동으로 프로그램을 진행시키는 데 필요한 프로그램들을 편집한다.

㉠ 조작판의 키보드를 이용한 프로그램 편집

컴퓨터로 프로그램을 작성했어도 가공 TEST하면서 확인하면 잘못된 프로그램이나 추가해야 할 부분이 생긴다. 이런 경우에 기계 조작판에서 간단한 프로그램 편집을 수행한다.

ㄱ. 영문자와 숫자 키보드를 이용해 프로그램 작성 → ㄴ. 작성 도중 잘못 입력했거나 틀렸을 경우 조작판 버튼을 이용해 수정한다.

㉡ 키의 기능

- ALTER(수정): 예를 들어 G00 G40; 이렇게 프로그램 했는데, G40이 아니고 G90일 경우 커서 (CURSOR: 위치 표시 기구로써 _ 모양으로 깜박깜박 거림)를 G40에 가져다 놓고 G90을 쓴 다음 ALTER를 누르면 G40이 G90으로 수정된다.
- INSERT(삽입): 예를 들어 G00 G40; 이렇게 프로그램 했는데 G00 G49 G40;와 같이 G00 과 G40 사이에 G49를 삽입하려 할 경우에 밑에 G49를 쓴 다음 INSERT를 누르면 G00 G49 G40;과 같이 G49가 삽입된다.
- DELETE(삭제): 예를 들어 G00 G49 G80 G40; 이렇게 프로그램 했는데 G40을 없애려 할 경우에 지우고자 하는 G40에 커서를 가져다 놓은 후 DELETE를 누르면 없어진다.

※ INSERT와 INPUT의 구분이 헷갈릴 것이다.
  • INSERT: 프로그램 수정 시(EDIT 모드에서만) 삽입할 때만 사용
  • INPUT: OFFSET(공구 길이나 경보정 시 사용). WORK 좌표 G54~G59의 입력 시 사용, 프로그램 번호 등록 시 사용, RS-232를 이용 프로그램 입력 시 사용, MDI에서 단발성으로 프로그램 입력 시 사용한다.

㉢ MDI 모드

Manual(수동) Data(수치) Input(입력)의 첫 글자만 따서 이름한 것으로 MDI 모드 편집 화면에 간단한 프로그램을 입력하여 동작을 실행하는 것을 말한다.

이 모드는 장비 사양에 따라 다르지만 메모리에 저장되지 않기 때문에 한 번 실행하면 프로그램이 없어진다. 단순히 M 기능 지령 및 S 기능 지령, T 기능 지령을 하며 G90과 G91의 좌표 치수를 간단히 입력해서 이동할 때 사용한다. 키보드는 EDIT 모드와 동일하다.

② 컴퓨터를 이용한 입출력

㉠ 프로그램 입력

– 프로그램 입력 방법

ㄱ. 조작판 MODE에서 레버를 EDIT로 돌린다. → ㄴ. 영문자 O와 만들고자 하는 4자리의 프로그램 번호를 누르고 INPUT(입력) 버튼을 누른다

※ 프로그램 첫머리에 O1000; 과 같이 영문자 O와 숫자 0(ZERO)을 잘 구별해야 하겠다.

과거에는 종이 TAPE(천공 테이프)를 이용 DATE 송수신을 했으나 불편함이 많았다. 왜냐하면 데이터의 관리가 잘되지 않았다. 종이테이프이므로 찢어지거나 이물질이 묻기 때문이다. 지금은 컴퓨터를 이용해서 보내는 경우가 많으며 현장에 컴퓨터가 없으면 RS-232 전용기기를 사용하는 경우도 있다.

FANUC 0M에서의 편집 기능, 즉 ALTER, INSERT, DELETE, INPUT 등 이러한 기능만 가지고서 프로그램을 작성한다면 능률이 없다. 많은 양의 편집은 PC(컴퓨터)에서 한다. 컴퓨터 메모장에는 일반적인 편집 기능들이 있으므로 이것들을 이용하여 편집하고 보내면 된다.

㉡ DNC(Direct Numerical Control)

직접 수치 제어라고 하는 DNC는 컴퓨터 한 대로 여러 대의 CNC공작기계에 NC데이터(가공 프로그램, 파라미터)를 전송한다. RS-232는 여기에 포함된 것이나 다름 없다. 대량생산 체제에서는 DNC 시스템이 적합하지만 여러 대가 똑같이 다품종 소량생산 체제라면 각 기계마다 PC를 두어 DNC를 사용하는 것이 편리할 것이다.

기계를 구입하면 각 메이커에서 추천하는 DNC 프로그램을 사용하면 된다. 따로 다른 프로그램을 사용해도 무방하다. 프로그램 중에 심코 EDIT라는 프로그램은 NC데이터만 있으면 시뮬레이션을 해볼 수 있다. 전에는 주로 외산 프로그램들을 사용했으나 요즘은 국산 DNC 프로그램도 좋다.

CAM 프로그램 중에는 DNC 프로그램이 기본으로 포함된 경우가 있다. 컴퓨터와 기계의 DATA 송수신 역할을 하는 RS-232를 이용해 컴퓨터에 작성된 프로그램을 기계로 전송하고 또 기계에 저장돼 있는 프로그램을 컴퓨터나 전용 RS-232장치로 보내는 역할을 한다. 요즘은 PC와 CAM 프로그램의 발달로 대부분의 현장에서 활용하지 않거나 CAM 프로그램으로 흡수돼 있다.

㉢ RS-232C 통신 설정

프로그램 입출력을 위해서는 다음과 같이 통신 설정돼 있어야 한다.

	컴퓨터/DATA 송수신 전용장치	기계(머시닝 센터)
통신포트	COM 1, COM2 중 기계와 같은 것으로 설정	COM 1, COM2 중 컴퓨터와 같은 것으로 설정
전송속도 (비트/초)	4800~128000 중 기계와 같은 것으로 설정	4800~128000 중 컴퓨터와 같은 것으로 설정

데이터 비트	7이나 8 중에 기계와 같은 것으로 설정	7이나 8중에 컴퓨터와 같은 것으로 설정
정지비트	1	1
흐름제어	하드웨어	없음
제어 하는 곳	컴퓨터 장치 관리자의 포트 설정하는 곳	파라미터에서 설정

작업 순서는 먼저 컴퓨터에서 해당 프로그램을 송신한 다음 기계에서 Input을 누르면 기계로 전송하려 한 프로그램이 입력된다.

ㄹ 기타 전송 방법

요즘은 CNC의 사양이 높아서 윈도 운영체제를 기반으로 해서 랜이나, USB, 메모리 카드로도 프로그램 입출력 가공과 금형가공같이 NC 데이터가 많은 것은 컴퓨터에서 직접 보내면서 가공이 되는 시대가 되었다. 그 중에 하나가 데이터 서버이며 CF카드나 데이터 서버에 저장된 프로그램을 M198 PXXXX로 불러와 사용하는 경우가 많다. 이 경우 프로그램이 긴 것은 CNC 메모리에 저장되지 않기 때문이다. 단점은 CNC 메모리에 저장되지 않고 다이렉트로 불러들여 가공하기 때문에 건너뛰거나 찾기 해서 가공할 수 없다는 것이다.

③ 모의 가공

공작물 클램프와 WORK 좌표 세팅 및 가공하고자 하는 프로그램의 입력이 끝나면 가공을 한다. 실제 가공에 앞서 컨트롤러 사양에 따라 다르겠지만 입력한 프로그램으로 모의 가공을 실행하여 불량을 줄이는 데 활용한다.

① 모의 가공(simulation)

모의 가공의 목적은 가공 시 발생할 수 있는 기계의 충돌이나 공구의 돌출 길이에 따른 과절삭이나 홀더 충돌이나 형상 불량을 미리 찾고자 사용한다. 하지만 검증된 프로그램의 경우는 생략해도 되고, 꼭 해야 되는 작업은 아니다.

실제 가공을 하지 않고 미리 입력한 프로그램과 시뮬레이션 기능에서 설정하는 소재 크기와 공구의 반경이나 길이 값을 넣어 주면 화면으로 가공 상황을 보여 준다. 하지만 이렇게 한다고 해서 불량이 생기지 않는다고 볼 수는 없지만 이 작업은 대략 70% 이상의 실제 가공 상황을 예측할 수 있다고 보면 된다.

신규로 작성한 프로그램을 사용하려 할 때 기존에 작업한 프로그램이라면 굳이 할 필요는 없다고 생각되나 특히 공구의 세팅으로 인한 변수가 생기므로 확인 후 작업하는 것이 불량을 줄이는 방법이다. 보통 CAM 프로그램이 없으면 기계 시뮬레이션을 활용하거나 DNC 프로그램을 이용한다.

② 모의 가공(simulation)의 방법들

㉠ CAM에서의 모의 가공

실제 가공과 거의 비슷한 정도로 보여 준다. 형상에서는 최고의 모의 가공이지만 공구 세팅에 의한 오차가 있으므로 정확도는 달라진다. 하지만 공구만 제대로 세팅 준비된다면 90% 이상의 정확도를 가진다고 본다. 요즘 CAM에서는 공구의 돌출과 형상을 실제 공구와 똑같은 조건으로 입력하기 때문에 공구의 충돌이나 과부하 등을 미리 확인할 수 있어서 이제 모의 가공 확인은 필수 조건이 되었다. 피쳐캠에서는 모의 가공을 하지 않으면 NC 프로그램이 출력되지 않도록 돼있어 필수 조건이다.

모의 가공에서는 정상적인 모습으로 가공된 것처럼 보였지만 실제 가공했을 때 가공 범위를 벗어나 파먹은 경우가 있었다. 이 상황은 정삭 앤드밀로 재가공 설정이 돼있고 공구경 보정을 사용한 가공이었는데, 실제로 공구경 보정에서 진입과 진퇴가 모의 가공에 비해 잘못된 모습으로 나올 확률이 없지는 않다. 그래서 이 가공에서는 공구경 보정을 사용하지 않고 가공했을 때 정상적인 가공이 됐었다.

㉡ DNC 프로그램에서의 모의 가공

앞에서 언급했듯이 CAM에서는 프로그램(NC 데이터)이 전송할 수 있는 파일로 출력되면 시뮬레이션할 수 없다. DNC 프로그램에서는 기존에 작업한 프로그램들을 다시 사용할 때 확인하는 데 좋다. 물론 DNC 프로그램이 시뮬레이션 기능을 지원하는 프로그램일 때 가능하겠다.

```
N233 G01 Y-10.404
N234 G02 X-22.932 Y-11.464 I-1.5 J0
N235 G01 X-26.054 Y-14.586
N236 G02 X-27.114 Y-15.025 I-1.061 J1.061
N237 G01 X-47.922
N238 X-48.922
N239 G03 X-51.922 Y-18.025 I0 J-3.
N240 G40 G01 Y-19.025
N241 G00 22.
N242 X-6.404
N243 Z.3
N244 G01 Z-1.005 F400.
N245 G41 D51 X-6.404 Y-18.025 F390.
N246 G03 X-9.404 Y-15.025 I-3. J0
N247 G01 X-10.404
N248 G02 X-11.464 Y-14.586 I0 J1.5
N249 G01 X-14.586 Y-11.464
N250 G02 X-15.025 Y-10.404 I1.061 J1.061
N251 G01 Y10.404
N252 G02 X-14.586 Y11.464 I1.5 J0
N253 G01 X-11.464 Y14.586
N254 G02 X-10.404 Y15.025 I1.061 J-1.061
N255 G01 X10.404
N256 G02 X11.464 Y14.586 I0 J-1.5
N257 G01 X14.586 Y11.464
N258 G02 X15.025 Y10.404 I-1.061 J-1.061
N259 G01 Y-10.404
N260 G02 X14.586 Y-11.464 I-1.5 J0
N261 G01 X11.464 Y-14.586
N262 G02 X10.404 Y-15.025 I-1.061 J1.061
N263 G01 X-10.404
```

ⓒ 머시닝 센터에서의 모의 가공

아래는 하이덴하인의 모의 가공 그림이다.

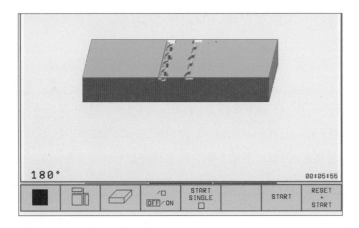

모의 가공에서 가장 이상적인 방법이다.

왜냐하면 공구 DATA 값이 그대로 프로그램에 적용되기 때문이다. 요즘의 머시닝 센터는 기계 내에 저장된 프로그램을 가지고 시뮬레이션 기능을 지원하는 것이 많이 있다. 이것도 기계 메이커에 따라 옵션 사항일 수 있고 아니면 기본 사양일 수도 있다.

4 공작물 가공

① 가공 전 확인 사항

가공 전에 반드시 확인해야 될 사항들을 알아보자. 가공 전에 확인해서 불량과 손실을 최대한 줄일 수 있는 작업들이기 때문이다.

ⓐ 소재 크기

반드시 소재, 즉 공작물의 크기를 확인해서 WORK 좌표를 잡는데 참고하고 반영해야 한다. 물론 각 축 좌표를 잡을 때 이미 소재 크기를 측정해 보고 반영을 했겠지만 한 번 더 확인한다.

ⓑ 공구의 상태 및 세팅 상태

공구의 돌출 길이, 공구홀더와 공작물의 간섭 여부, 회전 시의 편심 상태, 센터공구 각도, 황삭, 정삭, 공구의 마모 상태 및 길이 세팅 상태 등을 확인한다. 실제로 가공에 들어가면 보통 초기점으로 길이 보정 값이 적용되면서 급속 이동하는데 싱글 블록으로 눈짐작으로 대략 Z 절대 값 치수만큼 Z 축 0점에서 떠있는지 확인할 필요가 있다. 초품은 세팅한 공구의 경우 초기점 위치로 이동할 때 반드시 확인한다.

ⓒ 좌표 세팅 상태

프로그램 센터 찍는 작업 전 위치를 대략 확인한다. 프로그램으로 실제 이동한 지점을 확인한다. 또한 좌표계가 맞는지 반드시 확인한다. 공통좌표 입력 값을 확인할 때 특히 Z 값 보정량이 제대로 들어갔는지를 확인한다.

② 절삭가공 시작하기

모의 가공과 공구 확인이 다 되면 조작판의 MODE를 EDIT 모드로 놓는다. EDIT 모드에서 가공하고자 하는 프로그램 번호를 선택한 다음 AUTO MODE로 놓은 다음 프로그램대로 가공을 시작한다. 필요하다면 SINGLE BLOCK 스위치를 ON해서 프로그램을 한 블록씩 확인하며 작업한다. 또한 금형가공과 같이 프로그램이 많으면 TAPE 모드나 REMOTE 모드로 전환하고 컴퓨터에서 직접 NC DATA를 보내면서 가공한다.

CHAPTER

4

측정

Computer Numerical Control

1. 측정기의 종류

2. 제품(공작물) 측정 방법

3. 절삭공구 측정과 관리

측정

 모든 절삭가공에서 측정 작업은 빼놓을 수 없는 중요한 작업이다. 측정 작업을 하기 위해서는 기본적인 도면 해독뿐만 아니라 측정기의 사용법과 가공의 기본적인 지식이 있으면 좋다.
이번 장에서는 머시닝 센터 작업에 필요한 측정과 측정기에 대해서 알아보자.

1 측정기의 종류

공작물의 측정과 절삭공구의 측정을 위해 필요한 측정 도구들을 살펴보면 아래와 같다.

1 버니어 캘리퍼스(Vernier Caliper)

일반적인 측정에 가장 많이 사용하는 측정기이다. 현장에서 오랜 시간을 보낸 분들이라면 "노기스"라고 불리지만 대부분 "버니어"라고 부른다.

① 일반 버니어 캘리퍼스(눈금형)

측정 단위는 기본적으로 0.05mm이다. 측정 정밀 단위가 0.02mm인 것도 있다. 마이크로미터보다 정밀한 치수를 읽는 단위는 떨어진다. 그래서 버니어 캘리퍼스는 일반적인 치수를 측정하는 데 사용된다. 보통 측정 단위 0.05mm 이상의 측정 작업에 사용하며 제품이나 공작물의 외곽 및 외경, 내경, 두께, 길이, 높이 등 다양한 측정을 할 수 있다.

측정 범위는 0~2000mm까지 나와 있지만 주로 작업 시 많이 측정하는 제품의 범위를 파악해 알맞게 구입해야 한다. 보통은 0~200mm를 사용한다.

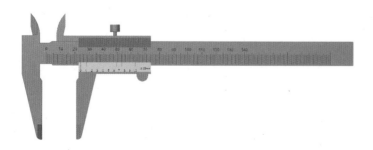

② 디지털 버니어 캘리퍼스

일반 버니어와 용도는 같지만 좀 더 사용하기 쉽게 치수를 자동으로 표시해 주어 측정 치수를 바로 볼 수 있다. 일반 버니어 치수를 읽는 방법을 몰라도 사용할 수 있어서 좋다.

③ 깊이 관련 측정기

주로 깊이(depth)를 측정한다. 디지털 깊이 버니어 및 마이크로도 있다.

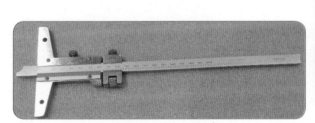

위 깊이 버니어의 디지털 숫자는 0.01mm 단위로 나오는데 작업자의 측정오차가 많이 있으므로 될 수 있으면 깊이 마이크로미터나 깊이 측정기로 측정하는 것이 좋다. 가장 좋은 깊이 측정 방법은 깊이 측정기이다.

④ 홀간거리 측정 버니어 캘리퍼스

볼토홀이나 일반홀의 홀 간 거리를 측정할 때 사용된다.

☑ 마이크로미터(Micrometers)

측정 단위는 0.01mm로 버니어 캘리퍼스보다 정밀한 측정 단위로 측정할 수 있다. 일반적인 치수는 버니어 캘리퍼스로 측정하고 대부분 외경이나 외곽 정밀치수는 마이크로미터로 측정한다.

① 외경 마이크로미터(Outside Micrometers)

주로 외곽 치수(두께, 길이)나 외경(지름)을 측정할 때 사용한다.

② 내경 마이크로미터(Inside Micrometers)

주로 내경 지름을 측정하거나 홈의 폭을 측정할 때 사용한다. 그러나 이상적인 내경 측정 방법은 실린더 게이지를 이용하는 것이 더 좋다. 내경 마이크로미터 영점 세팅은 외경 마이크로미터로 하면 된다. 3라인 접촉식 내경 마이크로미터(사진 참조) 영점 세팅은 좌측 링에 넣고 세팅한다.

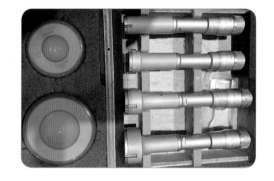

③ 깊이 마이크로미터

깊이(depth)를 측정하는데 깊이 버니어 캘리퍼스보다 정밀해서 Pocket 부분이나 Hole 부분의 정밀 깊이공차를 측정한다. 측정할 때 측정기가 닿는 기준면은 최대한 밀착해야 한다.

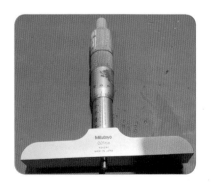

❸ 높이 측정기, 단차 측정 (Height Gage, Depth Gage)

공작물이나 제품의 높이 측정 도구로 하이트 게이지나 깊이 측정기를 사용한다.

① 일반 높이 측정기(Height Gage)

제품의 높이를 측정할 때 정반에 측정물과 하이트 게이지를 놓고 측정한다. 측정부를 인디게이터로
교체하여 사용하기도 한다. 보통 인디게이터를 끼워서 사용할 때는 제품의 높이 측정은 물론 밴딩 측
정, 평행 측정 등 다양한 용도로 사용한다.

② 단차(깊이) 측정기(Depth Gage)

딥스 게이지로 작은 부품의 높이나 단차 및 깊이를 측정하는 데 사용된다. 깊이 마이크로보다 더 정밀
히 깊이 및 단차를 측정할 수 있는 가장 좋은 방법이다.

이것은 이동하거나 들고 다니기 편한 것으로 하면 좋을 것이다. 위 측정기는 반도체 장비 정밀 가공에
서 부품 깊이 측정에 많이 사용한다.

4 실린더 게이지와 다이얼 게이지

① 실린더 게이지(Bore Gage)

정밀 구멍 치수를 측정하기 위해 근소치로 핀을 선정하여 조립한 다음 외경 마이크로미터로 측정하고자 하는 치수를 영점 세팅해서 실린더 게이지의 0점을 맞춘 다음 정밀 구멍을 측정한다. 이 측정기 만큼 구멍의 지름을 정확하게 측정하는 측정기는 드물다.

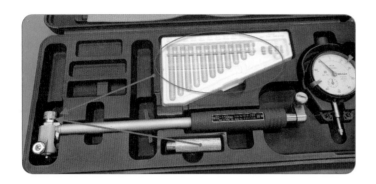

화살표는 핀이며 교체가 가능하여 조립했을 때 측정하고자 하는 지름보다 0.5mm 이상 크게 해야 하며, 반대편 유동 핀이 움직일 수 있는 정도의 핀을 내경에 따라 선택하여 끼워 넣는다. 보통 측정 단위는 0.002~0.05 정도로 폭넓은 구멍 정밀치수 측정에 많이 사용한다. 구멍에 끼워 넣을 때는 먼저 유동 핀쪽을(화살표 반대편) 비스듬히 들어가게 하고 나중에 화살표 핀과 구멍의 직각이 되게 움직여 보면서 측정한다.

② 다이얼 게이지

실린더 게이지의 윗부분에 별도로 장착하거나 마그네틱 스탠드에 장착하여 사용하기도 하지만 수동 밀링기에서 제품의 높이 부분의 단차를 가공하거나 높낮이를 측정할 때 고정하여 사용한다. 또한 선반가공에서 가공물이 축의 센터에 맞는지의 여부와 단동척의 편심 작업을 할 때 사용한다.

⑤ 인디게이터(INDICATOR)

인디게이터는 여러 가지 용도로 사용한다. 하이트 게이지에 붙여서 사용하기도 하고, 마그네틱 스탠드에 다이얼 게이지같이 부착해서 사용하기도 한다.

아래의 그림은 원하는 방향으로 위치를 잡기 위해 자유롭게 조정 가능한 마그네트 스탠드이다. 이 스탠드에 끼워서 공작물의 평행과 평면도를 측정할 수도 있다.

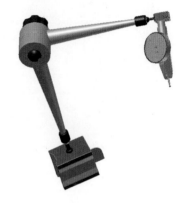

인디게이터를 구입할 때 주의할 것은 되도록이면 인디게이터 측정핀의 제품 접촉 부위가 루비볼(ball)이나 자성을 띠지 않는 바늘이 좋다. 왜냐하면 스틸 바늘인 경우 제품 면에 대고 왔다 갔다 하면 마찰에 의해 자력이 생기거나 제품 자체에 자력이 있는 경우 정밀한 측정이 되지 않기 때문이다.

측정 핀

측정 핀의 루비볼의 크기도 용도에 맞게 교체할 수 있는 측정 핀으로 돼 있는 인디게이터를 구매하는 것이 여러 가지 상황의 작업을 수행하는 데 도움이 된다. 저자는 이 ball의 크기가 Ø0.3mm 이하를 사용하기도 했다.

⑥ 광학 측정기

빛을 이용한 측정기들이 있다. 접촉식에 비해 상당히 정밀하게 측정된다.

① 투영기

투영기는 말그대로 빛을 투과 시켜 제품의 형상을 측정하는 측정기이다. 주로 제품의 외형이나, 피치, 간격을 측정한다. 반도체 전극가공에서 이 측정기는 필수로 있어야 한다. 그래서 전극의 방전 GAP을 측정하며 PKG(패캐지)의 피치를 측정했다. 막힌 부분, 즉 빛이 투과되지 않는 부위를 측정하기에는 적합하지 않다.

 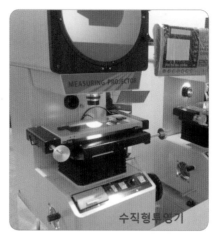

제품의 정면도(수평형)와 평면도(수직형) 형상을 측정할 수 있다. 광학 측정기는 기존에 외국산을 많이 사용했으나 이제는 국산도 좋다.

② 현미경

현미경은 투영기와는 달리 막힌 부분의 형상을 측정하거나 면조도를 확인할 때 적합하다. 물론 투영되는 부분도 있으므로 외형을 측정할 수도 있다. 이것도 반도체 금형가공에서는 없어서는 안된다. 보통 제품 평면의 형상을 측정하는 데 사용된다.

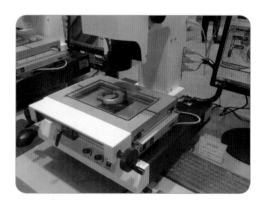

⑦ 측정기의 종류

측정기는 상당히 다양하다. 여기에서는 머시닝 센터와 관련된 측정기만 살펴 보기로 하자.

① 조도 측정기(표면 거칠기 측정기)

앤드밀이나 기타 조도 공차를 요하는 절삭 면의 조도를 측정한다. 이 조도 측정은 주로 방전가공면 측정에 많이 사용된다. 휴대하기 편리하게 만들어져 있다.

② 경도 측정기

공작물이나 금속가공물의 경도를 측정할 때 사용된다. 제품의 원하는 경도가 나오는지, 소재의 경도가 맞는지, 열처리 했을 때 원하는 경도가 나오는 지를 알아볼 수 있다.

③ 3차원 측정기

큰 공작물 측정이나 여러 가지 제품의 형상 측정 및 형상을 3차원 형상으로 묘사해 준다. 보통 측정 작업자의 계산에 의존한 기존 측정 방법보다 컴퓨터의 자동 측정 및 계산 값이 출력되므로 측정 작업이 상당히 편하고 정밀하게 측정된다. 3차원 측정기에서도 몸체 부분이 돌로 돼 있는 측정기가 더 좋다. 왜냐하면 금속보다는 변형이 적고 자성을 띠지 않으며 진동흡수가 좋다. 그래서 돌이 측정 정반 이외에 검사장비, 공작기계 구조물에 많이 사용된다. 협력업체 등록 기준이나 SQ인증에 3차원 측정기를 보유하느냐에 따라서 평가가 달라지기도 한다.

위 사진은 접촉식 3차원 측정기이다. 비접촉식 3차원 측정기도 있다.

④ 다용도 높이 측정기

가공품의 길이나 두께, 높이, 단차, 내경, 거리공차 등 광범위하게 범용으로 측정하는 장치이다. 대부분의 측정에 사용된다.

⑤ 형상 측정기

머시닝 센터 제품에서는 많이 사용하지 않지만 보통 원형물(선반 부품, 베어링 부품)의 외측, 내측 형상측정을 정밀하게 한다. CNC 선반의 경우 공구 홀더의 장착 각도에 따라서 정밀 형상이나 각도가 달라지기도 하기 때문이다.

⑥ 머시닝 센터 정밀도 측정 장비

머시닝 센터의 위치 결정 정밀도와 직각도, 주축진원도, 평행도 등 머시닝 센터 자체의 정밀도를 측정하는 측정기를 알아보자.

㉠ 피치마스터(체크마스터, 접촉식)

머시닝 센터나 수치제어 밀링에서 서보 모터의 피치 오차 보정이나 볼 스크류의 마모로 인한 피치 오차 보정을 잡기 위해 사용한다. 이 측정기는 접촉식으로 인디게이터와 함께 사용된다. 보통 이 작업은 공작기계 메이커의 CS 인원이 한다.

머시닝 센터 작업자는 정밀 홀 가공을 하고 홀 간 공차나 거리 간 공차가 벗어나면 기계 메이커에 CS 요청을 해야 한다. 보통 머시닝 센터에서 300mm에 대해 ±0.006 이상 벗어 나면 (장비 사양에 따라 다름) 의뢰한다.

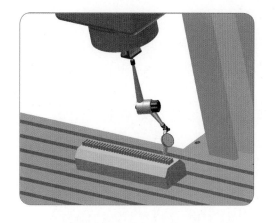

위 그림에서 회색 직사각형이 피치 10mm 떨어져 있는 블록 게이지이다. 머시닝 센터에서 피치 10mm씩 인디게이터 바늘을 대고 이동하면서 체크하면 피치 정밀도가 제대로 나오는지 확인할 수 있다.

ⓒ 레이저 피치 오차 측정

요즘은 접촉식 피치마스터보다 널리 사용된다. 접촉식보다는 좀 더 정밀하게 측정하는 측정기이다. 공작기계 무상 A/S 기간에는 언제든 요청할 수 있는 정밀도 체크 방법이다.

⑦ 기타 측정기 및 측정 도구

㉠ 블록 게이지

높이나 단차, 홈의 폭 공차, 외경 마이크로의 오차 확인 등 다용도로 사용하는 측정기이다.

㉡ 핀(PIN) 게이지

리머홀 및 정밀구멍, 특히 Ø30 이하 구멍의 정밀 공차를 측정할 때 사용한다. 실린더 게이지로 측정할 수 없는 작은 홀이나 단차가 작은 홀의 경우에 사용한다.
보통 핀1개로 측정하는데, 2개를 접촉하여 측정할 경우도 있다.

ⓒ PT나사 깊이 게이지 & R게이지 & 수나사 피치 게이지

PT탭의 경우 탭 깊이를 잘 맞춰야 하는데, 이때 사용하는 측정기가 PT탭 플러그 측정기이다. 나사를 낸 다음 돌려보고 높이를 확인한다.(아래 사진 맨 좌측)

좌측에서 2번째 오목R 게이지, 3번째는 볼록R 측정, 4번째는 나사 피치 게이지이다.

ⓓ 절삭유 농도 측정기

절삭유의 농도는 가공 조건에 미치는 영향이 많다. 절삭이송이나 공구의 수명에 이상이 없으나 기존과 다르게 제품 표면에 문제가 발생할 경우 확인해볼 필요가 있다. 휴대가 간편하고 절삭유를 살짝 묻혀서 측정하며, 절삭유 제공 업체에 의뢰하면 쉽게 구할 수 있다.

2 제품(공작물) 측정 방법

정밀한 가공을 하기 전이나, 하고 나서 가장 먼저 하는 작업이 육안검사이고 그 다음이 측정 작업이다. 그만큼 가공 작업에서 빼놓을 수 없고 중요한 작업이 측정 작업이다.

1 버니어 캘리퍼스 측정기 읽는 방법

측정기들 중에서 측정기 읽는 방법으로 본다면 가장 기본이 되는 것은 버니어 캘리퍼스와 마이크로 읽는 법이다. 이제부터 버니어 캘리퍼스와 마이크로미터의 치수 읽는 방법을 알아보자. 물론 디지털 타입을 사용한다면 표시된 숫자를 보니까 편리하지만 아날로그 방식도 알고 있어야 한다.

① 버니어 캘리퍼스 구조 및 세부 명칭

세부 명칭에 대해서는 대략적으로 참고만 하고 눈금 읽는 방법만 잘 읽히면 된다.

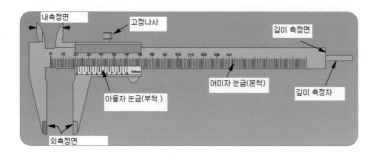

㉠ 외측정면

주로 측정물의 외곽 치수를 측정하는 부위이다. 아들자를 움직여서 제품의 외곽에 외측 정면을 밀착시켜 측정한다. 참고로 단면과 볼트홀 내측의 거리를 측정할 때 외측 정면의 평면 넓이에 따라서, 홀의 지름에 따라서 측정 오차가 발행된다.

㉡ 내측정면

측정물 중 구멍이나 안쪽의 치수를 측정하기 위해 사용하는 측정 부위이다. 주의할 점은 구멍을 측정할 때 내측정면의 측정면에 약간의 평면 부위가 있어 구조상 측정오차가 있으므로 주의한다. 이 측정부는 대략적인 구멍의 치수나 홈의 폭을 측정할 때 사용한다.

㉢ 어미자

어미자는 버니어 캘리퍼스 구조상 60%를 차지하고 있으며 실제로 버니어 캘리퍼스의 뼈대라고 보면 된다. 이 어미자에 눈금이 새겨 있다. 어미자 1눈금의 단위는 1mm이다.

㉣ 아들자

아들자 눈금이라고 새겨 있는 부분이며 어미자를 슬라이드 면으로 삼고 이 아들자를 움직이면서 측정한다. 아들자 1눈금의 단위는 0.05mm이다.

㉤ 깊이 측정자

아들자에 붙어 있으므로 아들자를 움직이면서 깊이를 측정할 때 사용된다.

㉥ 깊이 측정면

깊이 측정의 기준이 되는 면으로 이 면을 0mm로 하여 깊이 측정자가 얼마나 빠져 나오냐에 따라 측정치를 읽게 된다. 정확히 하기 위해서 깊이 측정면과 측정물을 평행하게 대고 측정한다.

㉦ 고정나사

아들자가 움직이지 않도록 고정한다.

② 버니어 캘리퍼스 측정 치수 읽기

㉠ 측정 순서

버니어 캘리퍼스의 치수 측정 순서는 아래와 같다.

ㄱ. 측정하고자 하는 곳에 외측정면이나 내측정면, 또는 깊이 측정면을 댄다.

ㄴ. 아들자를 적당한 힘으로 벌리거나 조인다.

ㄷ. 어미자의 눈금을 보고 정수 자리를 읽는다.(눈금 1칸 단위=1mm)

ㄹ. 아들자의 눈금을 보고 소수 자리를 읽는다.(눈금 1칸 단위=0.05mm)

어미자와 눈금이 동일한 부분의 치수를 읽는다. 아들자의 눈금에서 0과 10이 어미자의 눈금과 일치하면 측정 치수는 정수가 되고 소수부는 없다.

㉡ 측정 치수 읽기

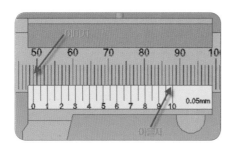

어미자의 눈금=49.
아들자의 눈금=0.00
(그림으로 보기에는 0.05mm도 어미자의 눈금과 일치하나 정확하게 일치하는 부분을 읽어야 한다. 이제 49+0.00=49.00
측정한 치수 읽기=49.00 mm
(사십구점영영밀리미터)

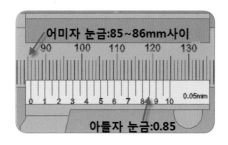

어미자의 눈금=85.
아들자의 눈금=0.85
(그림으로 보기에는 0.80mm도 어미자의 눈금과 일치하나 정확하게 일치하는 부분을 읽어야 한다.이제 85+0.85=85.85
측정한 치수 읽기=85.85 mm
(팔십오점팔오밀리미터)

위 측정 치수 읽는 법을 자세히 보면 어미자의 눈금의 단위가 1mm이다. 따라서 어미자만 보면 눈금이 85mm 이상 86mm 이하이므로 일단 85mm는 넘었으므로 어미자 눈금만 먼저 읽으면 85mm, 즉 팔십오점이라고 읽은 다음 아들자의 눈금 0.85mm를 읽는데 어미자와 아들자의 눈금을 합쳐서 85.85mm라고 읽는다.

어미자의 눈금=23.
아들자의 눈금=0.40
(그림으로 보기에는 0.45mm도 어미자의 눈금과 일
치하나 정확하게 일치하는 부분을 읽어야 한다.
그림이 다소 미약하니 참고하기 바란다.)
측정한 치수 읽기=23.40 mm

어미자의 눈금=35.
아들자의 눈금=0.55
(그림으로 보기에는 0.50mm도 어미자의 눈금과
일치하나 정확하게 일치하는 부분을 읽어야 한다.
그림이 다소 미약하니 참고하기 바란다.)
측정한 치수 읽기=35.55 mm

위 그림에서 아들자의 눈금이 아래와 같이 일치하는 부분이 0.50에 가깝게 일치하면

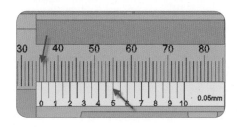

위 치수는 35.5mm로 읽어야 한다.

② 마이크로미터 측정기 읽는 방법

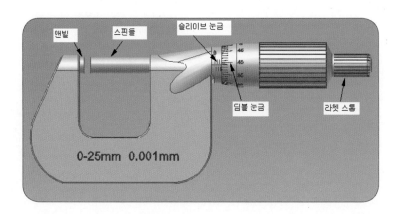

① 마이크로미터 구조 및 세부 명칭

마이크로미터도 마찬가지로 명칭은 중요하지 않으므로 참고만 한다.

㉠ 앤빌(측정 기준면)

측정의 기준면으로 사용되며 움직이지 않는다.

㉡ 스핀들

딤블과 일체형으로 딤블을 돌리면 들어가거나 튀어나와 측정물에 직접 닿는다. 앤빌과 함께 측정물을 조여 주게 되는 기능을 하여 측정이 잘 되도록 고정시켜주는 역할을 한다(버니어 캘리퍼스의 아들자와 역할이 비슷하다).

㉢ 슬리브

고정되어 있고 치수가 새겨져 있다(버니어 캘리퍼스의 어미자와 역할이 비슷하다).

㉣ 딤블

회전을 시키면 스핀들과 함께 결합돼 있어 들어가거나 나오게 되어 측정물의 크기에 맞게 회전 조절한다(버니어 캘리퍼스의 아들자와 역할이 비슷하다).

㉤ 라쳇스톱

딤블을 어느 정도 회전시키면 측정자의 힘에 따라 측정오차가 발생한다. 이러한 문제를 없애기 위해 딤블을 움직여서 측정물에 앤빌과 슬리브가 닿으면 딤블의 회전을 멈추고 라쳇스톱을 3~5회 돌려주면 적당한 힘으로 측정할 수 있다. 토크렌치의 토크 기능과 비슷하다고 보면 된다. 이 라쳇스톱이 있기 때문에 측정자마다 다른 힘으로 돌리더라도 치수오차가 발생되지 않는다.

② 마이크로미터 측정 치수 읽기

㉠ 측정 순서

ㄱ. 측정하고자 하는 곳에 앤빌과 슬리브가 닿게 딤블을 돌린다.

ㄴ. 딤블을 회전 시켜 앤빌과 슬리브 측정면이 측정물에 닿는 순간 더 돌리지 말고 손을 떼고 라쳇스톱을 엄지와 검지로 잡고 3~5회만 돌린다.

ㄷ. 슬리브의 눈금을 확인한다.(윗눈금 1칸 단위 =1.0mm, 아래 눈금=0.5mm)

ㄹ. 딤블의 눈금을 보고 소수 자리를 읽는다.(눈금 1칸 단위 =0.01mm)

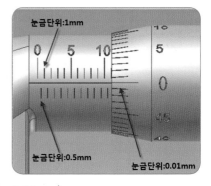

위와 같이 한 눈금의 단위가 명칭마다 각각 다르다.

ⓒ 측정 치수 읽기

다음 그림들은 마이크로미터로 측정 완료했을 때의 눈금이다. 측정한 치수를 읽어보자.

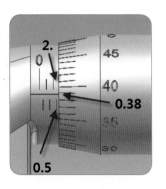

슬리브의 눈금=2.5
딤블의 눈금=0.39
(딤블 눈금의 단위 0.01을 대충 10등분 해서 본다면
0.388 정도로 볼 수 있으나 소수부 3자리부는 반올
림 해서 보기로 하자)
측정한 치수 읽기=2.89mm

즉 3개의 눈금을 모두 합하면 2.+0.5+0.39=2.89(이점팔구밀리미터)이다.

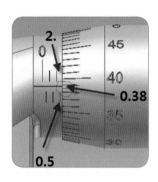

위 그림에서 딤블의 눈금을 다시 0.05mm로 나눈다고 가정하면 0.38~0.39mm 사이에서도
0.385~0.39 사이에 눈금이 있다. 다시 정확하게 보면 거의 0.39쪽에 가깝게 되어 있으므로 좀 더
정확하게 위 측정 눈금을 읽어보면 2.888mm로 읽는 것이 가장 잘 읽었다고 볼 수 있을 것이다.

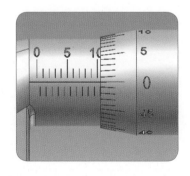

슬리브의 눈금=10.5
딤블의 눈금=0.00

측정한 치수 읽기=10.50mm

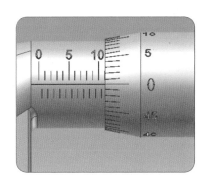

슬리브의 눈금=11.0
딤블의 눈금=0.00

측정한 치수 읽기=11.00mm

슬리브의 눈금=17.0
딤블의 눈금=0.05

측정한 치수 읽기=17.05mm

슬리브의 눈금=16.0
딤블의 눈금=0.48

측정한 치수 읽기=16.48mm

슬리브의 눈금=16.5
딤블의 눈금=0.45

측정한 치수 읽기=16.95mm

3 절삭공구 측정과 관리

절삭공구 측정이라고 얘기하면 보통 절삭공구의 길이 측정과 지름 측정, 그리고 각도 측정을 말한다. 이러한 측정이 잘돼야 원하는 도면공차를 맞출 수 있고 가공 정밀도를 낼 수 있다.

머시닝 센터의 축과 테이블의 정밀도가 가장 큰 정밀도의 주된 요인이라고 본다면 그 다음은 공구의 정밀도라고 해도 과언이 아닐 정도로 절삭공구의 측정은 모든 절삭가공에서 상당히 중요하다.

1 절삭공구 측정

머시닝 센터 절삭공구를 측정하는 방법을 크게 나누면 2가지이다. 한 가지는 머시닝 센터 자체에서 측정하는 방법과 머시닝 센터와는 별개로 외부에서 전용 공구 측정기를 사용하여 측정하는 방법이 있다.

① 머시닝 센터 자체에서 측정하는 방법

머시닝 센터 내부, 다시 말하면 축 테이블이나 내부 cover를 이용한 절삭공구 측정은 외부에서 측정한 것보다 정밀하게 측정할 수 있다. 왜냐하면 스핀들에 공구홀더(아버)가 끼워져 있는 상태에서 측정하다보니 공구홀더를 물고 있는 상태와 그렇지 않은 상태의 길이 방향이나 지름 방향의 정밀도가 다르기 때문이다. 또한 장비 내부 온도가 공구 홀더나 스핀들에 전달되어 있는 상태로 측정되기 때문에 열 전달에 의한 정밀도 변화가 장비 자체 가공환경에 어느 정도 적용되기 때문이다. 고속 가공기에서는 열변위 보정 기능이 적용된 상태에서 할 수 있어서 자체에서 측정하는 방법이 가장 정밀하게 측정할 수 있는 조건이 된다. 자체 측정하는 방법은 아래와 같이 크게 2가지가 있다.

㉠ 자동길이 측정장치를 이용하는 방법1

레이저(빛)를 이용한 공구 길이 측정장치는 가장 이상적이며 정밀한 공구 세팅 방법이다.

측정하고자 하는 공구를 사용하고자 하는 rpm으로 회전시켜 공구 길이 측정프로그램에 의해서 길이와 지름을 측정한다. 여기서 가장 중요한 것은 주축을 회전시키기 때문에 주축의 열 변형이나 떨림으로 인한 길이와 지름의 오차까지도 감안한 가장 이상적인 측정 방법이라 하겠다. 또한 측정시간 단축 및 자동으로 길이나 경측정 치수가 공구 offset 번호에 들어가므로 편리하다. 이 장치는 대부분 옵션 장치이다.

다음 그림에서 B 장치가 레이저 비접촉식 공구 길이 및 지름을 측정하는 장치이다. 측정하는 방법과 프로그램은 측정장치 업체에서 제공해 준다.

아래는 5축 가공기에 장착하여 공작물 좌표 세팅을 정밀하게 잡는 그림이다.

위 그림에서 좌측은 실제 터치 프로브로 공작물이나 지그를 터치한다. 우측은 좌측의 터치 프로브가 터치할 때 신호를 송신하면 이 송신된 신호를 수신하는 장치로 사용되는 수신장치이며 응답장치이다. 역으로 서로 송수신 역할을 병행하면서 하게 된다.

Ⓛ 자동길이 측정장치를 이용하는 방법2

자동으로 길이나 경을 측정하는 두 번째 방법은 터치 센서(TLM)를 이용하는 방법으로 위 그림의 C 화살표 표시장치이다. 테이블에 TLM을 고정시켜 놓고 그 위치에 공구를 터치하는 방법이다.

터치가 되면 그 위치의 좌표를 계산해 자동으로 길이와 경을 측정하는 방법인데, 레이저 측정장치에 비하면 정밀도가 떨어지는 방법이므로 참고하기 바란다.

물론 공구를 회전시키면 안 된다. 이렇게 공구와 공구측정장치의 접촉으로 측정하는 것은 측정오차가 비접촉 방식에 비해 많으므로 될 수 있으면 사용하지 않는 것이 좋다.

Ⓒ Zerosetter를 이용하는 측정 방법

Height Presetter라고도 하는 아래 측정 도구를 이용하여 측정하는 방법으로 수동 측정 방법이지만 공구 길이를 측정할 때 많이 사용하는 측정 도구이며 방법이다. 이 측정은 대부분 길이 측정이다(제2장 길이 보정의 의미와 제5장 Z축 원점잡기 조작을 참조하면서 보면 좋다). 이렇게 측정하는 것이 레이저 측정기로 측정하는 방법 다음으로 정밀하다고 볼 수 있다.

ㄱ: 기준 공구를 주축에 장착한다.

ㄴ: 아래의 Zerosetters를 공작물의 WORK 좌표 Z축 0점으로 잡을 면 위에 올려놓는다. 이 Zerosetters의 높이는 보통 50mm, 100mm로 제작되어 판매되는 것을 사용한다. 여기서는 100mm 짜리를 사용한다고 하자.

ㄷ: 주축에 장착된 기준 공구의 맨 아래 끝이 Zerosetters의 접촉면에 닿게 한 다음 조그핸들로 바늘이 0을 가리키도록 조금씩 주축을 움직여 내린다.

ㄹ: 0까지 내렸으면(대부분 바늘이 한 바퀴는 돌아가야 함) 그 위치 Z축 기계 좌표에 Zerosetters의 높이 치수, 즉 100mm(단 100mm 높이를 사용할 경우)를 더하면 WORK 좌표 Z축이 잡아진다.

ㅁ 기계 좌표가 Z-350MM라고 한다면 G54 WORK 좌표 Z축 OFFSET 란에 -450MM를 입력한다.

ㅁ: 또한 그 Z축 지점에서 상대좌표를 0으로 한다.

ㅂ: 길이 측정할 메거진에 꽂아 놓은 공구를 호출한다.

ㅅ: 위 방법의 ㄷ과 같이 길이 측정할 공구를 이동한다.

ㅇ: Zerosetter 바늘이 0을 가리키는 위치의 Z축 상대좌표 값을 보면 그 값이 공구의 길이 값이 되는데, 이 치수를 그대로 공구 OFFSET 번호 길이 입력란에 입력한다. 물론 입력 OFFSET 번호는 현재 주축에 장착된 번호와 똑같은 OFFSET 번호에 입력하는 것을 잊지 말기 바란다.

ㅈ: 계속해서 다른 측정할 공구도 ㅂ~ㅇ까지를 반복하면서 모두 측정한다.

위 세팅은 제품 윗면에 대고 공구 길이를 측정하는 방법이지만 일반적인 방법은 아래와 같이 z축 기계 좌표를 이용해서 Z축 WORK 0점을 잡을 때는 아래와 같이 측정한다.

탭 길이 측정 시에 문제가 될 수 있는 부분은 탭 척의 텐션으로 측정프리세터의 텐션에 비해 약할 때 Z축을 내리면 탭 텐션부가 들어가서 정확한 길이 측정이 안될 수 있는데, 이때는 프리세터 윗면을 0점까지 누르고 있는 상태에서 Z축을 내리는 방법으로 하면 될 것이다. 물론 기계 Z0점과 상대좌표 Z0점이 동일한 상태에서 상대좌표 Z값을 공구 길이 값으로 옵셋화면에 입력한다. 저자는 Z0점을 잡을 때 바이스의 경우 테이블에서 '바이스 높이+평행 블록높이+제품 두께'로 해서 작업했다. 바이스 높이는 아래와 같다(아래 그림의 노란색 화살표).

위와 같이 수동으로 측정하는 방법이지만 아직도 현장에서는 많은 작업자들이 이런 방법을 사용하고 있다. 이런 부분은 투자가 이루어져야 가공원가 절감에 도움이 될 것이다.

② 외부에서 측정기를 이용하는 방법

머시닝 센터 내부에서 하지 않는 방법으로 장비 가동 중에도 측정할 수 있어 장비의 비가동 시간이 발생하지 않아서 좋다. 측정오차만 발생하지 않는다면 가장 이상적인 측정 방법이 될 수 있다. 왜냐하면 측정하는 시간만큼은 비가동 시간이 되기 때문이다.

㉠ 툴 프리세터(Tool Presetter)

머시닝 센터 절삭공구의 길이나 지름을 측정할 때 사용된다.

위 그림의 측정기는 접촉식이지만 비접촉식 측정기를 사용하는 것이 더 유리할 것이다.

프리셋터 세팅과 동시에 기계로 공구 측정값이 자동으로 입력되는 측정장치도 있다.

황삭보링바 측정 시에는 먼저 프리셋터를 원하는 반경치수에 세팅해 놓고 보링바의 바이트 날끝 부위를 프리세터의 반지름 측정대 끝에 닿게 밀어서 보링바 고정 렌치 볼트를 조이면 된다. 즉 지름부(반지름)를 먼저 맞춘 다음 길이를 측정해야 한다.

앞에서 알아본 내부에서 레이저 측정장치와 외부에서 측정기를 이용한 측정장치가 모두 갖추어져 있다면 가장 이상적인 공구 측정이 될 것이다.

② 절삭공구 수명관리

가공 중에 공구 파손으로 인해 제품 불량이나 공구 교체로 인한 loss가 발생된다.

이 공구 파손 원인 중의 하나는 공구의 수명(tool life)을 확인하지 않고 가공하기 때문이다. 즉 어떤 공구든지 피삭재에 따른 공구 마모가 생기고 이 마모가 심해졌을 때 공구가 파손되는데, 이러한 공구의 수명을 관리하면 파손되기 전 미리 교체하여 loss 시간을 없애는 데 그 의미가 크다.

① 공구의 수명을 알아내는 방법

㉠ 가공 경험을 바탕으로 알아낸다.

보통 경력자들은 어떤 소재, 어떤 가공 조건일 때 어떤 공구가 어느 정도 시간이 되면 교체해야 되는지 알고 있다. 왜냐하면 반복적인 학습으로 터득했기 때문이다. 예로 전극가공의 경우 Ø4EM(4날) 다이아몬드 코팅, 가공 깊이: 1.5mm, 절삭속도: 1800mm, rpm: 12000일 때 공구수명은 10시간 정도다.

위와 같은 예는 공구 카탈로그에 나와 있지 않지만 나름대로 정확하다. 이것은 공구 메이커에서 알려 주지도 않고 알 수도 없고 오직 현장 경험자만 알고 있다. 이런 절삭 경험을 수치화 하고 적용시키는 방법이 제일 좋다.

㉡ 공구 카탈로그를 참고하는 방법

요즘 공구 메이커에서 피삭재에 따른 가공 조건을 제시하는 경우가 많아졌고 그 정확도가 높아져 가고 있다. 과거와 다르게 공구 제조회사에서 자체 가공 test나 기술 개발 및 현장가공 경험자들의 소견을 토대로 공구 카탈로그를 만들기 때문에 어느 정도 신뢰해도 된다.

② 공구 수명관리 방법

㉠ 공구가 가공한 시간으로 관리

머시닝 센터의 공구 offset 화면에 공구의 가공시간을 표시하고 있다(기종 참고). 그래서 요즘 컨트롤러 사양이 좋은 머시닝 센터에서는 최대 가공시간을 세팅해 놓고 이 세팅시간이 되면 더 이상 가공을 하지 않고 알람을 띄우게 된다. 이러한 가공시간으로 관리하는 것이 가장 이상적이다.

ⓛ 제품 카운터(제품 수량)로 관리하는 방법

공구의 가공시간이 표시되지 않는 컨트롤러라면 제품 수량으로 일정 주기마다 교체하는 것이 바람직하다.

ⓒ 가공 시 발생하는 소리로 관리

현장의 오랜 경험자들은 공구가 가공할 때 나는 소리를 통해 교체 여부를 안다. 이런 소리는 앤드밀을 새것으로 교체하고 가공 조건(가공 깊이, rpm, 가공속도)을 알고 있다가 가공시간이 흘러갈수록 가공 시 발생하는 소리가 어떻게 변하는지 파악해 놓아야 한다.

* 떠는 소리: 보통 공구의 부분 파손이 있을 때 나는 소리이다.

* 울리는 소리: 공구의 마모가 심할 때 나는 소리이다.

ⓔ 눈으로 보는 관리

새 공구를 구입하고 사용하지 않은 공구와 오래 사용한 공구를 비교하여 마모를 파악하고 관리하는 방법이다. 보통 절삭공구는 절삭여유각을 주게 된다. 이 여유각이 없어지고 가공각도와 똑같이 되고 그 넓이가 커진다면 마모가 심한 것으로 판단하여 공구를 리그라인딩 하거나 새것으로 교체해야 한다.

③ 공구를 오래 사용하는 방법

같은 공구, 소재, 장비, NC 프로그램을 가지고도 가공환경에 따라 공구의 마모가 다르다. 그 원인과 대책을 알아보자.

ⓐ 절삭유 및 오일 미스트를 사용해야 한다.

피삭재에 따라 적절한 가공의 절삭유가 종류별로 나와 있다. 수용성 절삭유, 비수용성 절삭유, 스틸가공용 절삭유, 비철금속 가공용 절삭유, 알루미늄, 동가공용 전용 절삭유, 전극가공 절삭유 등 다양한 절삭유와 오일미스트를 사용하면 절삭공구의 수명을 연장시킨다.

절삭유의 3대 작용으로 냉각작용, 윤활작용, 세척작용을 한다. 또한 고경도의 금속가공을 할 때에는 절삭유보다는 오일 미스트를 사용하여 작업하는 것이 공구의 마모와 절삭효과를 높일 수 있다.

ⓑ 황삭용, 정삭용을 구분하여 사용한다.

황삭용과 정삭용으로 앤드밀을 구분하여 사용하고 만약 정삭용 앤드밀이 마모되면 황삭용으로 사용한다. 정삭용 앤드밀의 교체 시기는 공구의 지름을 측정해 보는 방법이 있다. 많이 사용하는 깊이부만큼의 앤드밀 지름이 이 공구의 지름보다 0.02mm 이상 차이가 있다면 마모로 인해 사용되는 지름부와 사용하지 않는 지름부 간에 단차가 발생된 것이므로 교체하거나 황삭용으로 사용하면 되겠다. 또한 아래 그림의 바닥날(파란색 부위)의 마모도를 육안으로 확인하여 절삭여유각이 없어지고 마모된 평면의 폭이 0.1mm(파란색 부위에서도 마모된 면의 폭) 이상이면 교체해 주어야 한다.

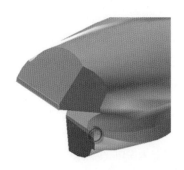

ⓒ 공구에 따른 형상 채택 및 연삭

앤드밀 날끝의 형상을 R로 만들어진 것을 사용하거나 채택한다(위 그림 빨간색 원 표시). 제품 홈 작업이나 단차 부위 또는 구석 부분이 직각이며 R이 지면 안되는 곳을 제외하고 가능한 앤드밀 같은 경우에는 플렛R 앤드밀이 R이 없는 앤드밀보다 마모나 깨짐 부분에서 더 내구성이 있다. 그러나 꼭 설계자의 의도나 구석의 R의 가능 여부를 확인하고 작업해야 한다. 보통은 R0.1 정도는 무난할 것이다.

드릴같은 경우 새 드릴은 규정 테이퍼 각도가 118도로 돼있을 것이다. 그러나 작업자가 재연삭하여 사용할 때 모두 다 일정하지 않다. 118도보다 작으면 작을수록 드릴의 마모가 더 빨라진다.

ⓓ 리그라인딩 하여 다시 사용한다.

앤드밀을 사용하다보면 보통 사용하는 부위만 사용한다. 즉 바닥날 위로 몇 mm를 사용하는데, 사용되지 않는 날 부위가 남아 있다면 사용된 부위만 절단하고 다시 형상을 만든 다음 코팅까지 하면 새 앤드밀로 교체하는 비용을 줄일 수 있다.

이것은 리그라인딩 전문 공구집에서 하면 된다. 이런 업체는 리그라인딩 하고 코팅까지 해서 가져다 준다. 리그라인딩을 맡길 때 날 부위를 절단할 것인지 아니면 마모된 지름 부위만 리그라인딩할 것인지 선택하면 된다. 또한 예를 들어 앤드밀을 마모된 부위에 따라 전혀 다른 센터 앤드밀로 만들어도 좋다. 센터 앤드밀로 재생하여 사용할 경우는 앤드밀 날장을 거의 다 사용했을 때 만들면 더 좋겠다.

③ 절삭공구 구매

절삭공구는 표준품으로 만들어져 있는 것을 구매하는 것과 제품가공에 맞게 주문제작 구매를 하는 경우로 크게 2가지로 분류할 수 있다.

① 표준품 공구 구매

각 공구 메이커에서 표준으로 내놓는 공구로서 카탈로그를 참조하면 된다. 보통 여러 공구 제작회사의 것이 많이 있는데 앤드밀과 드릴, 탭을 전문적으로 만드는 업체와 인서트 팁과 툴링시스템을 만드는 회사로도 분류되므로 참고하기 바란다.

가장 좋은 업체는 해당 공구에 대한 기술 자료, 즉 가공 조건을 제시해 주는 업체가 가장 좋다고 할 수 있겠다.

② 주문제작 공구 구매

보통 일반가공에서는 주문제작을 의뢰하지 않지만 전극가공이나 기타 자동차 부품, 특수한 경우의 가공에 따라 주문제작할 경우가 많이 발생될 것이다. 따라서 주문제작의 경우 공구 사용자가 도면을 주문 제작업체에 주면서 대략적인 형상과 치수를 알려 주어야 가능하다. 또한 이러한 주문제작만을 전문적으로 하는 업체에 의뢰해야 빠를 것이다.

CHAPTER

5

기계 조작판

 Computer Numerical Control

1. FANUC CNC CONTROLLER

2. HEIDENHAIN CNC CONTROLLER

CHAPTER 5

기계 조작판

CNC CONTROLLER는 각 회사마다 다르지만 대부분의 조작들이 비슷하거나 같다. 그러므로 CONTROLLER가 다르다고 해서 어려워 할 것은 없다. 왜냐하면 머시닝 센터 작업 목적과 방법 및 특성은 모든 머시닝 센터가 같기 때문이다. CONTROLLER마다 기능키, 조작 key 및 버튼의 표기와 위치가 조금 다를 뿐이다. 책에서는 저자가 주로 사용했던 FANUC CONTROLLER (0i-Mb,OM)와 하이덴하인(TNC426)을 다룰 것이다. 단 주의할 것은 장비마다 장비 메이커마다 또는 컨트롤러 버전마다 조작 버튼과 기능의 차이가 있으니 CNC 머시닝 센터에서 꼭 필요한 기본적인 기능이나 사항에 대해서만 책을 통하여 학습하고 그 외는 공작기계 메이커에서 제공하는 매뉴얼을 보면 된다.

1 FANUC CNC CONTROLLER

화낙 컨트롤러는 여러 가지 가공장비의 컨트롤러에 사용되지만 머시닝 센터에서 사용하는 컨트롤러는 M이라는 영문자가 들어간다. 그리고 사양에 따라 0M부터 31iMB까지 숫자가 높을수록 좋아진다.

▨ FANUC CNC CONTROLLER의 모습

아래 그림은 FANUC CONTROLLER 0i-Mb(좌측), OM(우측)의 모습이다.

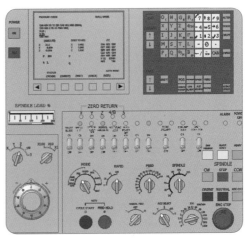

대부분의 컨트롤러는 위와 같이 생겼다.

❷ FANUC(화낙) CNC CONTROLLER 조작하기

FANUC CONTROLLER도 버전 및 사양에 따라 기능이 다르므로 구입 시에 가장 적합한 것을 구입해야 한다. 사용 언어는 파라미터에서 한국어, 일본어, 영어 등으로 변환할 수 있게 돼 있다.

① 파워 ON(장비 전원 켜기)

일반적으로 장비의 뒤쪽에 전장 박스가 있다. 아래와 같이 레버를 우측으로 돌리면 머시닝 센터의 전원이 ON 된다.

그 다음 CNC CONTROLLER로 가서 아래 그림의 번호 순서대로 기계 OFF 시에 누른 EMG STOP 버튼을 해제(우측으로 돌리면 올라옴, 돌리지 않고 빼는 타입도 있음)한 다음 READY(유압장치 작동) 버튼을 누르면 된다. 위 순서에서 1번까지는 거의 같으나 그 다음부터 다르므로 메이커 매뉴얼을 참조 바란다.

② 원점 복귀

머시닝 센터 전원을 켰으면 대부분의 CNC 장비들처럼 원점 복귀를 해주어야 한다. 원점 복귀를 하는 이유는 장비마다 차이가 있겠지만 전원을 OFF 하면 기계 고유의 원점 X0Y0Z0 기타 축 좌표(기계 좌표)를 NC에서 기억하지 못한다. 물론 원점을 잡지 않아도 되는 것도 있다. 이런 것은 리니어 스케일을 옵션으로 장착한 머시닝 센터에서 가능하다. 원점 복귀는 각 축의 원점 부분에 원점센서가 있어서 원점 복귀 버튼을 누르면 각 축은 원점으로 이동하여 원점을 인식하는 센서를 건드려서 신호를 주고 이로서 기계원점을 인식하게 돼 있다.

머시닝 센터 대부분의 조작판에 다음과 같이 원점 복귀할 수 있는 별도의 조작 버튼과 축이 원점에 있다고 알리는 표시 램프가 있다.

이제 원점을 잡으려면 아래 모드(mode) 버튼을 원점 모드(zero rtn)에 돌리고 원점에 복귀할 축을 선택(axis select)한 다음 축 이동레버(+방향 또는 −방향)를 돌리거나(manual feed 레버) 누르고(사양에 따라 다름) 있으면 된다.

 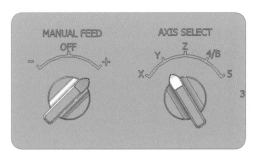

그러면 기계 원점에 축이 다 이동되면 원점 표시 램프에 불이 들어온다. 보통은 Z축을 가장 먼저 잡는다. 왜냐하면 Z축을 먼저 잡지 않으면 X나 Y축을 잡을 수 없게 안전장치를 해놓는 경우가 많다.

참고로 기계 OFF 시에 원점 위치나 근처 위치에 놓고 다시 ON한 경우는 해당 축을 핸들이나 JOG 모드에서 원점 위치와 100mm 이상 벗어나게 하고 원점을 잡을 필요가 있다.

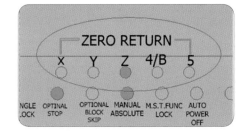

위와 같이 Z축을 원점 복귀 완료했다면 원점에 이동 완료된 상태를 Z축 램프에 불이 들어오게 표시해 준다. 참고로 공구 길이 세팅 시 상대좌표로 하는 경우는 Z원점을 잡은 후 상대좌표를 0으로 세팅해 주기도 한다.

각 축의 원점 복귀(zero return)를 모두 마치면 위 화면 기계 좌표 X,Y,Z 축의 좌표는 모두 X0.000,Y0.000 Z0.000으로 될 것이다. 물론 부가축(A, W)이 있는 경우도 마찬가지이다.

특히 아래와 같이 로터리 인덱스, 즉 A축을 달았어도 반드시 원점을 잡아야 한다. 위 그림에서 부가축을 연결할 경우 Z축 좌표 아래 A축의 좌표가 하나 더 나타날 것이다.

참고로 각 축의 위치(position)를 모니터 상으로 보려면 아래 키들을 조작하면 된다.

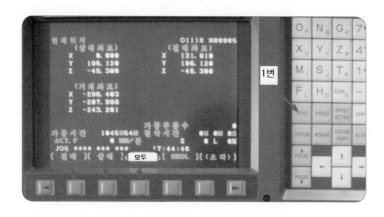

위 그림에서 먼저 키보드의 POS(Position, 포지션, 위치) 버튼을 누르면 화면 좌측과 같이 절대 좌표(absolute), 상대 좌표(relative), 기계 좌표(machine), 모든 좌표(all)가 보이게 된다. 절대 좌표는 현재 기계가 기억하고 있는 WORK 좌표(G54, G55 등)이고, 상대 좌표는 공구세팅이나 WORK 좌표를 잡을 때 작업자가 세팅하기 쉽게 임으로 0점으로 만들 수 있는 좌표이며, 기계 좌표는 기계원점에서부터 각 축의 현재 위치를 나타낸다. 모든 좌표(all)는 위 절대, 상대, 기계 좌표를 모두 보여 주는 것이다.

③ 수동 조작하기

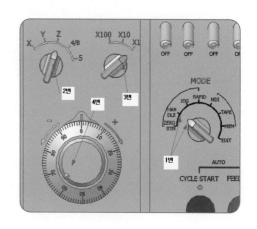

㉠ HANDLE로 축(X, Y, Z, W, 부가축) 움직이기

먼저 모드(mode)를 HENDLE에 놓고 이동하고자
하는 축을 선택 후 MPG(수동펄스 발생기)를 돌리
면 된다.

앞의 그림에서 HANDLE 모드로 놓고(1번) 움직이고자 하는 축을 선택하고(2번) 한 눈금(0.1단위, 0.01단위, 0.001단위로 움직임 선택)의 움직임 양을 조정(3번)한 다음 핸들을 돌린다.(4번)

ⓛ JOG로 축(X, Y, Z, W, 4축) 움직이기

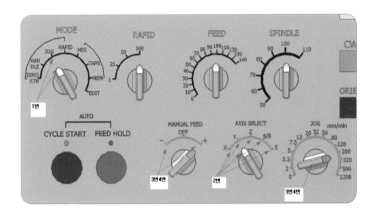

그림대로 모드를 JOG 모드로 놓고 2번과 같이 이동하고자 하는 축을 정한 다음 3번과 4번 같이 이동 방향이나 이송속도를 결정하면 움직인다. 주로 제품을 수동으로 절삭할 때나 제품 클램프 시 직각이나 수직 수평 등을 체크할 때 사용한다. MPG처럼 돌려야 하는 불편함이 없고 이송속도를 조절할 수 있으므로 수동 모드에서 절삭할 필요가 있거나 인디게이터로 평면레벨을 이동시키며 측정할 때에 주로 사용한다.

ⓒ RAPID(급속이송)로 축(X, Y, Z, W, 4축) 움직이기

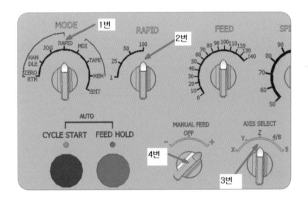

JOG 모드와 거의 비슷하지만 이송속도는 RAPID의 %로 이동된다. 이송속도가 파라미터에 설정된 이송속도로 움직인다. 보통 이 모드는 축을 빨리 이동시키기 위해 사용한다. 또한 이송속도의 퍼센트별로는 실제 자동 모드 가공의 G00 속도의 백분율의 움직임이 적용된다. 그림의 번호 순서대로 우선 MODE를 RAPID(빠른 움직임)로 놓고 RAPID 이송속도의 %를 정한 다음 3번과 같이 움직

이고자 하는 축을 선택하고 4번과 같이 움직이고자 하는 방향으로 레버를 돌리면 움직인다. 움직임을 멈추고자 할 때는 4번에서 OFF 자리로 레버를 놓으면 된다. 버튼식은 누를 때만 움직인다.

0i-Mb에서는 JOG 모드와 RAPID 모드가 버튼 하나 차이로 아래와 같다.

먼저 모드를 JOG 모드로 놓고 급속이송 RAPID OVERRIDE, 축 선택(axis select), FEEDRATE OVERRIDE를 선택한 다음 절삭이송으로 가려면 그림에서 적색의 박스 테두리 안의 +나 −, 즉 이동방향 버튼 한 가지만 누르나, 급속이송의 경우는 +나 − 중에 하나와(이동방향 선택) 중간의 RAPID 버튼을 동시에 누르면 된다.

여기서 주의할 것은 컨트롤러가 위와 같은 조작 버튼으로 돼 있으면 절삭이송으로 하려고 할 때에 실수로 중간의 RAPID 버튼을 건드리게 되는 경우가 있으므로 주의해야 한다.

④ MDI 모드(수동 데이터 입력 모드)

㉠ MDI 모드 사용 방법

MDI(Manual Data Input 수동 데이터 입력) 모드는 보통 간단한 프로그램을 작성하여 실행시키는 기능이다.

먼저 MDI 모드로 레버를 놓는다.

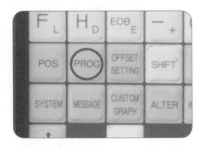

다음 키보드의 PROG 버튼을 누르고 모니터를 보면 아래와 같이 뜬다. 참고로 위 PROG 버튼은 모든 모드에서도 똑같이 프로그램 화면을 보여 준다.

위 그림에서 키보드로 원하는 명령어를 누르면 1번과 같이 MDI 하단부에 키보드로 입력한 명령어가 나타난다. 명령어를 입력하고 블록의 맨 끝은 ;(이오비)를 친 다음 아래 그림 3번처럼 키보드의 INPUT키를 누르면 2번의 화면 상단에 하단부에서 친 명령어가 올라온다.

최종으로 명령 실행 버튼인 OUTPUT START를 누르면(4번) 입력된 명령어대로 실행된다.

또한 CYCLE START 버튼을 눌러도 된다. MDI 모드에서 명령어를 모니터에 입력하고 실행할 수 있도록 모니터 맨 위쪽에 입력시키는 것은 INPUT키이다. EDIT 모드에서는 INSERT키이다.

MDI 모드는 수동 모드에서 간단한 작업을 할 때 회전수를 지정하거나 증분치로 움직이거나 할 때, 자동 모드가 아닌 간단한 프로그램을 입력하여 실행하는 모드이다. 화낙 컨트롤러의 버전이 낮으면 MDI 모드의 프로그램 작성된 DATA는 실행 후 곧바로 삭제되는 불편함이 있다. 기종에 따라서는 한 번 실행하면 프로그램이 곧바로 삭제되는 것이 있는가 하면 여러 번 실행할 수 있게 남아 있는 기종도 있다. 작업자 입장에서는 후자가 좋을 것 같으나 이럴 경우는 꼭 실행 프로그램을 확인 해야 한다. 그래서 비슷한 작업을 몇 차례 계속하게 될 경우는 차라리 프로그램을 만들어 자동 모 드에서 하는 것이 편리할 것이다.

Ⓛ 파라미터나 미러축 설정 방법

MDI 모드에서 할 수 있는 또 다른 것은 축 미러 기능이나 파라미터 편집이다.

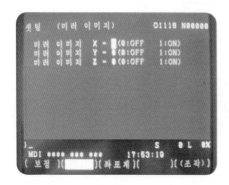 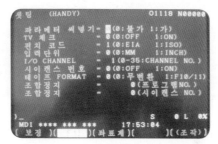

좌측 그림은 미러 기능을 설정하는 화면으로 제품의 홀 가공에서 앞뒤 면의 위치가 같을 때나 형상 관통이 된 것을 뒤집어서 다른 작업을 할 때 WORK 좌표는 수정하지 않고 미러 기능을 사용하면 앞면에서 가공한 프로그램으로 뒷면을 가공할 수 있다. 화낙 컨트롤러의 버전에 따라 어떤 경우에 는 WORK 좌표의 미러를 사용하는 축의 부호를 모두 반대로 변경하고 원점을 다시 잡아 줄 필요 가 있다.

우측 그림은 여러 가지 잠금(열쇠) 설정이다. 위 값을 0으로 하는 설정 값들을 변경할 수 없지만 1 로 바꾸면 위 사항들을 설정할 수 있게 잠금이 해제된다.

⑤ TAPE 모드

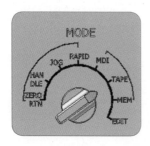

과거에 천공종이 테이프를 사용해서 읽고 쓰거나 프로그램을 실행하는 모드였으나 지금은 RS232-C 를 이용하여 컴퓨터에서 작성된 NC 프로그램을 기계로 보내면서 곧바로 프로그램대로 자동 가공 작업 할 때 사용된다. 금형 부품과 같이 NC 데이터의 크기가 큰 경우 이 방법을 주로 사용한다. 이 방법의 순서는 레버를 TAPE MODE에 놓고 컴퓨터 DNC 프로그램에서 전송할 프로그램을 전송시킨다(전송

조건 설정은 5장 참조). 그런 다음 다시 기계로 와서 CYCLE START 버튼을 누르면 컴퓨터에서 프로그램을 전송하면서 가공된다.

프로그램 실행 중에 가공 프로그램에 확인이 필요한 경우 한 블록씩(EOB) 실행시키고 싶다면 아래의 SINGLE BLOCK 버튼을 ON(레버를 위로 올림) 시킨다.

 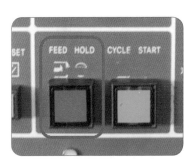

또한 잠시 이송을 멈추고 싶다면 FEED HOLD 버튼을 누른다. FEED HOLD를 해제해서 이송을 재개하고자 한다면 CYCLE START 버튼을 누르면 된다. 이런 기능은 AUTO MODE에서도 동일하다.

⑥ MEM 모드, AUTO MODE

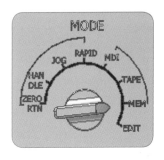

EDIT 모드를 통해 편집된 프로그램이나 PC에서 불러들인 프로그램을 꺼내서 자동으로 실행되게 하는 모드이며, 기종에 따라서는 AUTO MODE이다.

보통 이 모드로 제품가공을 한다. 요즘 CNC 컨트롤러의 저장 용량이 256MB 이상인 것이 많아서 웬만한 대용량 프로그램이더라도 TAPE 모드로 하지 않고 이 모드로 작업하는 경우가 많다. 왜냐하면 TAPE 모드의 경우 기종에 따라서는 서브프로그램을 읽을 수 없는 불편함이 있다. 그러나 CAM을 이용하여 서브프로그램을 넣지 않고 프로그램했다고 하면 상관없다.

MEM 모드 중에 프로그램 확인을 위해서 SINGLE BLOCK 레버나 FEED HOLD 버튼은 TAPE 모드에서 설명한 내용과 동일하게 적용된다.

⑦ EDIT 모드(프로그램 편집 모드)

EDIT, 즉 편집 모드에서는 다음과 같은 기능을 한다.

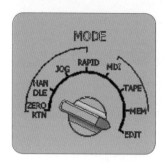

㉠ 프로그램 입출력 기능

MEMORY 모드에서 실행될 모든 프로그램의 편집을 하는 모드이다. 새로운 프로그램 번호나 그 내용을 작성하거나 삭제 및 RS-232C DATA 전송 케이블을 이용한 컴퓨터와 CNC 기계 간의 입출력을 할 수 있는 모드이다.

모니터 하단부의 LIB(DIR) 버튼을 누르면 프로그램 목록을 보여 주며, 그 오른쪽 옆의 I/O(입력(READ)/출력(PUNCH))는 컴퓨터의 프로그램을 기계로 입력하거나, 기계의 프로그램을 컴퓨터로 출력할 때 사용한다.

주의할 것은 기계 파라미터에서 입출력 전송속도를 먼저 설정해 주어야 한다. 컴퓨터의 COM 포트 전송 관련 설정, 즉 입출력 프로그램의 전송 조건(DNC 설정 관련), 그리고 기계 파라미터에 설정된 입출력 전송속도 등 위 3가지의 전송속도를 일치시켜 주어야 프로그램 입출력 시에 에러가 뜨지 않는다. 또한 TAPE 모드같이 컴퓨터에서 기계로 프로그램을 전송하면서 제품가공을 할 경우도 반드시 전송속도가 같아야 원활한 전송으로 인한 제품가공이 이루어지는 것이다. 아래 3가지 경우를 그림으로 보면 다음과 같다.

다음 그림은 컴퓨터 COM 포트 설정화면이다.

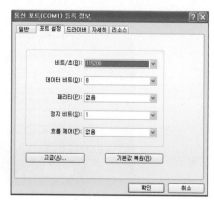

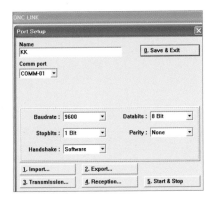 

위 그림에서 좌측은 DNC 프로그램 설정 화면이고 우측은 파라미터 화면이다.

통신포트가 COM1인지 COM2인지 지정하고 비트/초의 컴퓨터, 데이터 입출력 프로그램, CNC 파라미터가 모두 똑같이 설정돼 있어야 한다. CNC 장비의 전송속도를 설정하는 파라미터 화면은 기계의 버전마다 다르니 해당 매뉴얼을 참고 바란다. 위와 같이 3가지 모두 동일한 환경을 만들어 주어야 비로소 프로그램 입출력에 알람이 발생하지 않는다.

예를 들어 프로그램 번호를 만들거나 프로그램 입출력을 할 때 아래와 같이

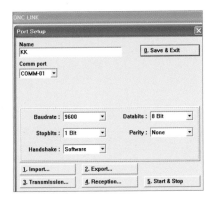

O0008번을 새로 만들거나 컴퓨터에 있는 것을 넣고 싶다면 위 그림과 같이 EDIT 모드에서 DIR(LIB) 버튼을 누르고 모니터 화면 하단에 키보드로 O0008이라고 쓴 후 키보드의 INPUT키를 누르면 아래 그림처럼 만들어지거나 입력 전송된다. 만약 위와 같이 화면에서 해당 프로그램 번호를 지우려면 INPUT키 대신에 DELETE키를 누르면 된다.

기계에서 컴퓨터로의 출력은 입력과 똑같이 출력하고자 하는 프로그램명을 하단에 쓰고 키보드의
OUTPUT키를 누르거나 출력 버튼을 누른다.

ⓒ 프로그램 편집 기능

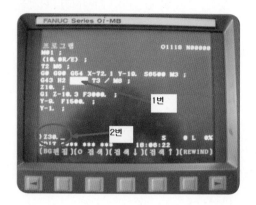

위 그림과 같이 프로그램에 명령어를 추가하거나, 삭제, 수정할 수 있다. 그림 번호 순서대로 먼저
커서(cursor)를 편집하고자 하는 위치로 이동시킨다.

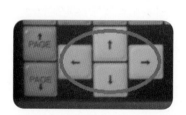

키보드 상에 커서의 이동 방향 쪽으로 한 번씩 누르면 모니터 상에 커서가 이동된다. 모니터 프로
그램 화면의 PAGE 이동은 위 그림에서 PAGE 버튼(우측 그림)을 누르면 된다.

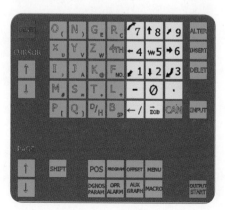

모니터 하단부에 명령어를 입력하고 프로그램을 저장시키려면 MDI와는 달리 여기서는 INSERT(삽입) 버튼을 누른다. ALTER와 DELET는 아래 그림과 같이 저장된 프로그램을 커서를 이용하여 수정할 때 사용되는데 ALTER는 단어의 의미 그대로 수정이란 뜻이다.

예를 들어 아래 그림과 같이 1번 커서 위치에 기존에 Z50.이 있었다고 가정하자. 이것을 Z30.으로 변경하려 한다면 커서를 Z50.에 이동시켜서 모니터 하단부와 같이 Z30.이라고 키보드로 입력한 다음 ALTER키를 누르면 Z50.이 Z30.으로 변경(수정)된다.

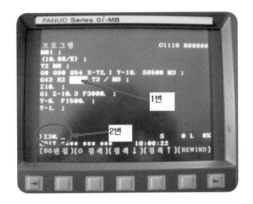

또한 키보드 상의 DELET는 입력된 프로그램의 단어와 블록, 프로그램 번호를 삭제한다.

지우고자 하는 단어에 커서를 위치하고 DELET키를 누르면 삭제된다.

위 그림의 좌측은 삭제 전이고 우측은 삭제 후이다.

또한 한 블록을 지울 때는 위 그림과 같이 그 블록의 처음, 즉 맨 좌측에 커서(그림에서 G1)를 위치시키고 키보드로 ;를 모니터 화면 하단에 친 다음 키보드의 DEL키를 누르면 아래와 같이 G1

Z-10.3 F3000.;의 한 블록이 삭제된다. 또한 위 화면에서 화면 맨 위 M01부터 F3000.까지 모두 지우려 한다면 커서를 M01 자리에 놓고 키보드로 F3000.을 입력한 다음 DEL 키를 누르면 M01부터 F3000.의 사이에 있는 프로그램들은 모두 지워진다. 위 그림에서 삭제 후 모습에서 삭제 전의 모습으로 다시 만들고 싶다면 커서를 Z10. ;의 ;에 위치시키고 화면 하단에 키보드로 G1 Z-10.3 F3000.;로 입력한 다음 INSERT 버튼을 누르면 입력된다.

ⓒ 프로그램 찾기 기능

다음은 단어를 빨리 찾는 방법에 대해 알아보자.

입력된 프로그램에서 해당 단어가 위치하고 있는 블록으로 커서를 빠르게 이동시키거나 빨리 찾고자 할 때는 찾고자 하는 단어를 모니터 화면에 입력한 다음 찾고자 하는 방향키를 누르면 찾고자 하는 단어가 위치하고 있는 맨 가까운 단어로 이동된다.

EDIT 모드에서 컴퓨터와 기계 간에 프로그램 입출력을 할 수 있다. 컴퓨터에서 작성된 프로그램을 기계로 보내거나 반대로 기계에서 작성된 프로그램을 컴퓨터로 보내는 작업을 EDIT 모드에서 한다.

❸ WORK 좌표 잡기(공작물 좌표 또는 프로그램 원점좌표)

① WORK 좌표 잡는 TOOL의 종류

CNC 머시닝 센터뿐만 아니라 모든 NC 공작기계에 있어서 꼭 해야 될 작업이다. 다시 말하면 프로그램한 각 축 좌표 원점의 위치를 머시닝 센터가 알 수 있도록 G54, G55 등 WORK 좌표에 프로그램 원점 위치의 기계 좌표 값을 입력해 주는 일이다.

먼저 스핀들에 공작물과 접촉하여 센터를 잡을 수 있는 공구를 끼운다.

좌측부터 인디게이터로 잡는 방법, 터치 프로브로 잡는 방법, 포인트 마스터로 잡는 방법, 아큐센터로 잡는 방법, 포인트 마스터와 같은 정밀 접촉 인디게이터로 잡는 방법들이 있다.

위와 같이 여러 가지 공구와 세팅하는 방법이 있겠지만 Z축을 제외하고 정밀한 위치를 잡고자 한다면 인디게이터로 하는 것이 가장 정밀할 것이다. 인디게이터로 할 때는 스핀들을 손으로 돌려야 하기 때문에 1000rpm 이상으로 회전수를 변경하면 기어가 바뀌어 스핀들을 손으로 돌리기 쉬울 것이다. 터치 프로브가 설치돼 있으면 자동으로 원점을 잡는 방법을 이용한다.

3번째는 터치하게 되면 램프가 켜지면서 정밀센터를 잡는 기기이다. 아큐 센터(Accurate Center, 정확한 중심, 위 그림 좌측에서 4번째)를 이용해 XY세팅을 하기도 한다. 주로 수동밀링이나 MCT를 구분하지 않고 범용으로 사용하며 터치봉의 지름은 Ø4, Ø6, Ø10이 있다. 터치부가 세라믹으로 돼있는 것은 회전 시 자력이 발생하지 않아서 좀 더 정확한 세팅을 할 수 있다. 단 세팅 시 회전속도는 600~800 rpm 정도가 적절하다. 이 이상이 되면 원심력에 의해 용수철이 터치봉을 잡아 주지 못하고 파손된다.

 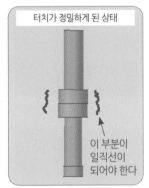

터치전 상태

터치가 정밀하게 된 상태

이 부분이 일직선이 되어야 한다

② WORK 좌표 잡는 방법과 순서

위와 같이 스핀들에 접촉하여 세팅할 공구를 끼웠으면 조작판의 MODE를 아래와 같이 필요에 따라 적절하게 선택한다.

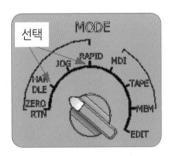

위 그림에서 처음 공작물까지의 접근은 주로 RAPID MODE(급속이송)로 하고 근처까지 왔으면 HANDLE MODE를 선택하여 축을 공작물에 가깝게 위치 시킨다.

다음 도면 예제를 통해 알아보자.

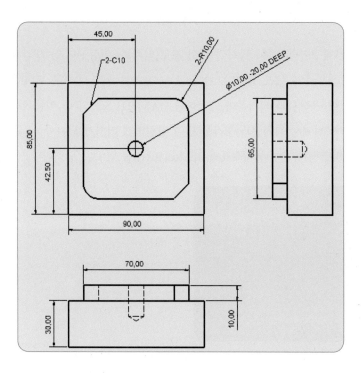

그림에서 Ø10.00 구멍이 G54 WORK 좌표 X0Y0 제로점으로 보고 Z축 제로점은 맨 윗면으로 정한다. 처음 가공에는 도면과 같이 단차 부위 가공이 되지 않았으므로 공작물의 최 외각에 축을 이동시켜 잡자.

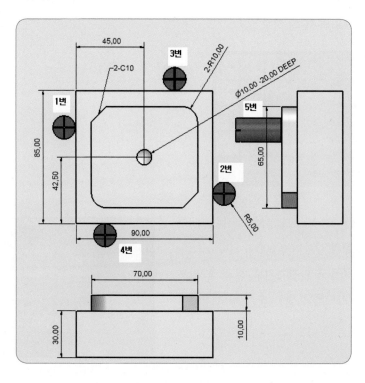

㉠ WORK 좌표 X0과 Y0 잡기

그림에서 빨간색 십자모양이 기계 스핀들 축에 장착된 세팅 도구(터치봉, 아큐센터)라 생각하자.
지름이 10mm인 봉이 장착된 경우라고 보면, 먼저 HANDLE MODE로 놓고 손으로 MPEG(소
동필스 발생기) 핸들을 돌려 가며 공작물과 터치봉이 근접하면 HANDLE 모드의 축 이동 설정을
0.001로 미세하게 놓고 천천히 움직여서 터치봉과 공작물 면이 정밀하게 터치가 되기까지 움직인
다. 정밀하게 터치가 됐으면 1번 그림과 같이 상대좌표인 REL(relative)를 X0으로 입력한다.

참고로 RELATIVE 좌표(상대좌표)는 이와 같이 수동 모드에서 작업자가 원하는 대로 이동한 지점
을 0으로 만들 수 있다.

X0으로 만드는 방법은 먼저 키보드의 위치를 나타내 주는 POS(위치) 버튼을 누르고 모니터에서
상대좌표(REL)를 선택(다음 그림의 좌측) 하고

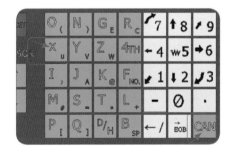

X축을 0(zero)으로 하고자 한다면 키보드의 X키를 누르고 다
음 CAN키를 누르면 다음 그림과 같이 X 0.000이 된다.
RELATIVE 좌표에서 다른 축들도 마찬가지로 해당 축 키보
드를 선택한 다음 그림과 같이 0으로 만들 수 있다(컨트롤러
O-M의 경우).

키보드에서 X를 누르고 위 그림에서 ORIGIN을 누르면 X축 좌표가 0으로 변경된다.

1번 작업을 하고 축을 2번으로 옮긴다. 터치봉이 정확히 2번 지점에 있고 공작물의 크기가 도면과 정확하다면 그 지점의 RELATIVE X 좌표는 X100.000일 것이다. X축 공작물의 크기가 90mm이고 터치봉의 지름이 10mm이기 때문이다.

그러면 이제 Z축을 올려서 X50.000 지점으로 이동한다.

여기서 알아야 할 것은 이렇게 함으로써 한쪽 면만 닿게 해서 원하는 위치로 이동하는 것(1번만 작업하고 중심으로 이동)보다 양쪽을 터치하고 이동하는 방법(그림 1번과 2번 작업)이 센터 잡는데 더 정확하다. 이렇게 하면 공작물의 크기도 알 수 있어서 공작물 크기 불량도 체크할 수 있다. 연마 공정이 있다고 하면 연마 여유가 얼마 남았는지도 알 수 있다. 또한 센터가 한쪽으로 몰리는 것도 방지할 수 있어서 정밀한 제품가공이라면 이렇게 양쪽을 찍고 센터를 잡는 방법이 좋다. 위와 같은 방법으로 Y축도 위 그림의 3번과 같이 작업을 하고 Y축 상대좌표를 Y0.000으로 만든다.

다음으로 그림의 4번과 같이 작업을 하면 Y축 상대좌표는 Y-95.000이 될 것이다. 이 값의 절반 값인 Y-47.5에 놓는다. 그러면 스핀들 축(X축, Y축)은 정확히 홀 센터에 와 있을 것이다.

이제 이 지점의 전체 POS 좌표를 봐야 한다.

위 그림의 예제에서는 기계 좌표(MACHINE) X-296.403 Y-207.999라고 나와 있는데, 이 기계 좌표의 X,Y 값을 그대로 G54 WORK 좌표 X축과 Y축에 입력하면 WORK 좌표 원점인 G54 X0Y0점이 잡아지는 것이다.

WORK 좌표 입력 방법은 워크좌표 화면에서 키보드로 X0을 치고 '측정' Key를 누르든지 포지션 값을 직접 입력하여 INPUT키를 누르면 변경된다. 이렇게 해서 WORK 좌표 G54 X0,Y0을 잡는다.

③ WORK 좌표 Z0 잡는 방법과 공구 길이 측정

공작물의 WORK 좌표 Z0 점과 공구 길이 측정에 관련된 사항을 알아보자.

㉠ 기준 공구를 사용하여 WORK 좌표 Z0 잡기

이제 Z축 원점을 잡아 보자(제2장 G43의 의미 참조, 제4장 공구 길이 측정 참조).

다음 그림에서 5번과 같이 기준 공구를 공작물 맨 윗면에 닿게 한다.

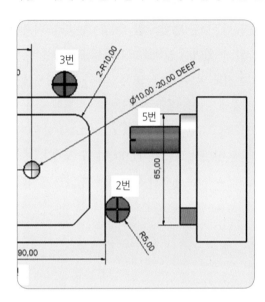

아래는 공작물 맨 윗면에 직접 닿게 할 수 없으면 아래 그림과 같이 프리세터(세팅 블록)를 올려 놓는다.

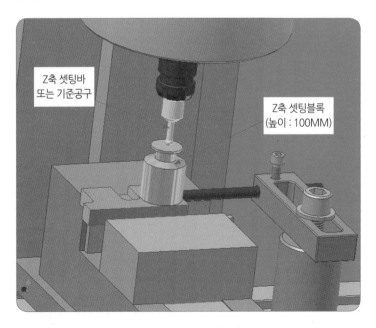

터치 프로브 같은 경우에는 앞 그림과 같이 세팅 블록이나 프리세터를 대지 않아도 되지만 기준 공구나 기타 세팅바의 경우 공작물에 곧바로 대면 끝부분의 파손이나 눌림으로 정밀한 Z축 세팅을 할 수 없기 때문에 앞 그림과 같이 세팅 블록이나 프리세터(메이커에서 보통 50mm(이동눈금 0.01),100mm 짜리 생산)를 놓고 터치시킨다. 그림에서는 높이 100mm 블록을 사용했지만 꼭 100mm를 사용하지 않아도 된다.

단순히 계산하기 쉽게 하기 위함이니 용도에 맞는 것을 선택하여 사용하면 된다. 여기서도 마찬가지로 컨트롤러 모드를 HANDLE 모드로 놓고 서서히 Z축을 내려 정확히 세팅 블록 바늘이 0점에 가게 Z축을 움직인 다음 그 자리를 상대좌표 Z0으로 만든다.

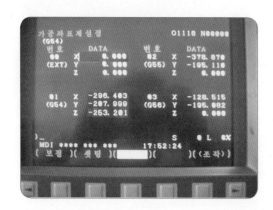

상대좌표 Z축을 0으로 만들었으면 이 지점의 Z축 기계 좌표에서 세팅 블록 값 100mm 만큼 더 내려와야 기준 공구 끝이 제품에 닿는거나 마찬가지이므로 위 Z축 기계 좌표 Z-153.201에서 100mm를 더한 Z-253.201을 WORK 좌표 G54 Z축에 입력하면 된다.

이렇게 해서 WORK 좌표 G54 Z0이 잡아졌다. 여기서 주의할 것은 이 Z축 세팅한 세팅바나 기준 공구가 공구 길이의 표준길이가 된다는 것을 명심하자. 즉 기준 공구의 길이 값은 0을 입력한다. 그래서 툴 프리셋터에 세팅한 기준 공구나 세팅바를 길이 0점 세팅해 놓고 실제 절삭에 사용할 여러 공구의 공구 길이를 측정해서 차이 값만 해당 공구의 OFFSET 길이 값에 넣어 주는 것이 바로 공구 길이 측정을 하는 한 가지 방법이 된다.

조작판 키보드에서 OFFSET 버튼을 누르면 어떤 모드에서든 아래와 같이 볼 수 있다.

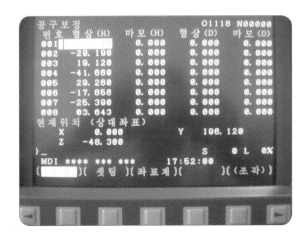

위 그림에서 형상(H)는 공구의 길이 값을 넣고 형상(D)는 공구의 중복 보정 값이나 반지름을 입력한다. 레이저 공구 길이 옵션장치를 달았다면 자동으로 위 공구 보정 화면에 입력되겠지만 없다면 아래 툴 프리셋터를 이용하는 방법도 좋다.

위 측정기도 기준 공구로 WORK 좌표 G54 Z0을 잡았다면 먼저 기준 공구를 올려 놓고 길이 값을 0으로 세팅한 후 나머지 측정하고자 하는 공구를 올려서 측정하면 된다.

ⓒ 스핀들 면을 사용하여 WORK 좌표 Z0 잡기

또 다른 공구 길이 측정 방법에서 WORK 좌표 G54Z0을 기준 공구로 잡지 않고 스핀들 면에 아래 그림과 같이 잡았다면 세팅 지점의 기계 좌표에서 현재의 세팅바 길이나 기준 공구의 길이 값을 더한 기계 좌표를 넣어 주는 방법이 있다. 즉 아래 스핀들 면을 툴 프리세터에 대고 기준면으로 잡는 방법인데 권장하지는 않지만 알아둘 필요가 있다.

위와 같은 방법으로 WORK Z0을 잡았다면 공구 측정장치로 길이를 측정할 때 아래 그림의 화살표 지시 부분이 공구 측정의 0점이 된다. 즉 공구아버를 놓기 전 측정기 테이퍼부 맨 윗면에 측정기 길이 값을 0으로 세팅하고 측정할 공구를 끼워서 측정한 후 이 측정한 값을 OFFSET 화면의 길이 값에 입력해야 한다.

ⓒ 기계 테이블 윗면을 이용한 WORK 좌표 Z0 잡기

이 방법은 임가공 업체에서 가장 많이 사용한다.
즉 공구 길이 측정은 다음 그림과 같이 프리세터 0에 바늘이 가게 하고, 이 지점의 Z축 기계 좌표를 공구 길이로 그대로 넣는 방법이다. 그리고 이 테이블 윗면에서부터 바이스나 베이스 제품 윗면까지의 높이를 Z축 옵셋좌표의 공통좌표(00번호 (EXT))에 넣어 주는 방법이다. 그리고 각 WORK 좌표의 Z축은 −100(공구 길이 측정 프리세트 높이 값)을 입력해주는 방법이다.
(제4장 절삭공구 측정과 관리 설명 참조)

ㄹ WORK 좌표 SHIFT 시키기

WORK 좌표를 모두 잡았는데 공작물이 전체적으로 몇 mm 쏠려서 클램프 되거나 두께가 달라져 가공에 문제가 발생될 때는 WORK 좌표를 다시 잡지 않고 잡아져 있는 WORK 좌표를 전체적으로 입력한 수치만큼 자리를 옮기는 기능이 있다.

아래 그림에서 표시부의 00(EXT)의 공통좌표에 쏠린 값을 입력해 주면 된다. 만약 공작물의 두께가 2mm 정도 기준 공작물보다 작아진 공작물을 가공한다고 하자. 두께가 달라졌다고 WORK 좌표 Z0점을 다시 잡는 것은 상당한 손실이기 때문이다.

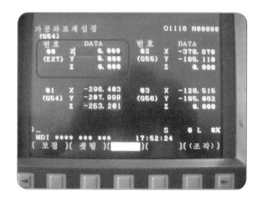

위 그림에서 사각 테두리 안의 입력란이 바로 전체 WORK 좌표를 이동시킬 수 있는 기능의 공통좌표이다. 물론 각 WORK 좌표, 즉 G54~G59 또는 G54.1~G59.1 등 각 WORK 좌표의 입력치수를 개별적으로 수정하면 되겠지만 아래 그림에서 각 수량에 따른 WORK 좌표를 잡은 경우라면 WORK 좌표 값을 일일이 모두 수정하기가 까다로울 것이다.

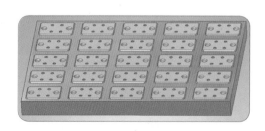

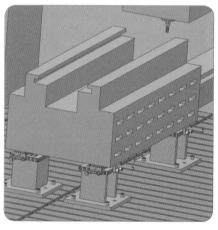

즉 여러 개의 공작물 WORK 좌표나 위 그림의 오면가공기에서 대량생산에 들어갈 때 각 축의 WORK 좌표를 잡고 가공 완료한 공작물을 동일한 방법으로 클램프하면 정확히 첫 번째 공작물과 똑같은 위치에 클램프할 수 있으면 좋지만 그렇게 하지 못하기 때문이다.

만약 클램프를 완료해서 보니 첫 번째 작업한 공작물과 달리 X축이 −2mm 몰렸다고 가정 한다면 각 WORK 좌표를 모두 X축만 −2mm를 몰린 방향으로 수정하면 상당히 불편하고 잘못 입력하여 불량 발생의 원인이 된다.

이런 경우에 각 WORK 좌표를 똑같이 동시에 보정해 주는 좌표가 바로 사각 테두리 안의 공통좌표이다. 이 좌표의 +, − 부호는 프로그램 작성 시 부호의 방향과 똑같다.

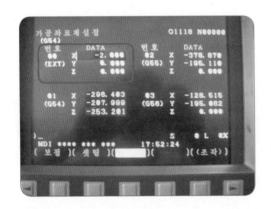

위 그림과 같이 EXT 좌표(common 좌표)의 X 값에 −2를 입력하면 실제로 WORK 좌표의 모든 좌표의 X축이 모두 −방향으로 2mm씩 몰려서 가공된다.

즉 위 그림에서 G54 X−296.403, G55X−378.87, G56X−128.515이나 실제로는 G54 X−298.403, G55X−380.87, G56X−130.515가 X축 WORK 좌표 ZERO점이 되는 셈이다.

4 여러 가지 기능의 스위치(버튼) 조작

절삭 가공을 하는데 필요한 여러 가지 장치나 보조 장치들의 스위치(버튼)에 대해 알아보자.

위 그림에 있는 스위치들은 절삭가공에 필요한 보조 스위치들이다. 이 스위치들에 대해서 자세히 알아보자.

① SINGLE BLOCK(싱글 블록) 스위치

아래 그림의 화살표 지시 모드, 즉 MEM.(저장 프로그램 실행 모드)이나 TAPE 모드, 또는 MDI 모드에서 프로그램을 실행할 때 한 블록씩(1개 블록) 실행하는 기능의 스위치이다.

즉 아래와 같은 프로그램이 있다면

```
G01Z-0.5;   (1개 블록)
X23.5;      (1개 블록)
```

위 프로그램을 싱글 블록 스위치를 ON 시키고 실행한다면 CYCLE START 버튼을 한 번 누르면 G01Z-0.5;까지만 실행되고 다음 블록인 X23.5;로 넘어가지 않는다. X23.5; 블록으로 넘어가기 위해서는 다시 한번 CYCLE START 버튼을 눌러야 한다.

이 기능의 스위치는 검증되지 않은 프로그램이나 신규로 작성한 프로그램을 넣고 가공할 때 작업자가 프로그램을 확인하면서 작업할 때 많이 사용하는 기능의 스위치이다.

② OPTIONAL STOP

프로그램에서 M01;을 넣고 이 스위치를 ON 시키면 M01 명령어를 실행하는 블록에서 멈춘다. 다음 블록으로 넘어가려면 CYCLE START 버튼을 눌러야 한다. 이 기능의 스위치도 마찬가지로 프로그램 확인을 하거나 공작물의 절삭 상황을 체크하기 위한 방법으로 사용한다.

보통은 M06 전, 후에 넣어서 사용하면 좋다. 이 선택적 정지 기능은 프로그램 검증이 끝날 때 스위치를 OFF 시키기만 하면 정지하지 않기 때문에 프로그램 작성 시에 기본적으로 항상 들어가게 하는 기능 코드이다.

다음과 같이 프로그램 중간에 넣어서 사용한다.

```
G49 G80 Z400. M09;
T01;
M06;
M01;
G90G54G00X0Y0M03S5000;
```

> **설명**
>
> 위 프로그램에서 M06 뒤에 M01을 넣은 이유는 공구 길이나 반지름, 또는 공구의 형상이 가공하고자 하는 프로그램 대로 세팅돼 있는지, 공구 번호와 공구 보정 번호는 일치하는지 확인하고 프로그램도 확인하기 위해서 사용된다.

③ OPTIONAL BLOCK SKIP

이 기능의 스위치는 OPTIONAL STOP과 반대의 기능으로 보면 된다. /(슬래시)를 프로그램 블록의 맨 앞에 넣으면 그 블록은 실행하지 않고 건너뛰는 기능이다.

다음과 같이 프로그램을 작성해서 사용한다.

```
N0010 G49 G80 Z400. M09;
N0020 G91G28Z0;
/N0030 T01;
/N0040 M06;
/N0050 G90G54G00X0Y0M03S5000;
/N0060 G43Z50H01;
/N0070 Z2.M08;
/N0080 G01Z-1.;
/N0090 G00G49Z400.M09;
/N0100 G91G28Z0;
N0110 T02;
N0120 M06;
N0130 G90G54G00X0Y0M03S5000;
N0140 G43Z50H02;
N0150 Z2.M08;
N0160 G01Z-15.;
N0170 G00G49Z400.M09;
N0180 G91G28Z0;
```

위 프로그램에서 N0030번부터 N0100은 모두 앞에 /를 넣었는데, 이 경우에 OPTIONAL BLOCK SKIP 스위치를 ON 시키면 / 붙은 모든 블록은 실행하지 않고 /가 없는 블록으로 곧바로 건너뛴다. 참고로 위 프로그램처럼 N번호를 넣지 않은 블록 앞에 넣어도 실행된다.

/M00; 앞에 넣어서 사용하는 경우도 있다. 프로그램에서 M00을 실행하면 무조건 프로그램이 실행되지 않고 멈추는데, 이와 같이 M00 앞에 넣어서 멈추지 않게 사용되기도 한다.

④ DRY RUN

프로그램 중에 절삭이송(G01)에 상관없이 빠른 이송속도로 움직이고자 할 때 사용된다. 이송속도를 조절하는 조절레버가 별도로 부착된 것이 있지만 없는 컨트롤러는 급속이송으로 움직인다. 보통 이 스위치도 프로그램 체크 시 사용하는데, 절삭한 면을 어쩔 수 없이 다시 프로그램 대로 경로를 실행해야만 할 때 확인된 경로이므로 빠르게 지나가기 위해서 많이 사용된다. 주의할 것은 프로그램에 의해 절삭가공이 이미 이루어진 가공면을 지나갈 때만 사용하는 것이므로 체크가 되지 않은 프로그램 실행에는 기계의 충돌이나 공구의 파손이 있을 수 있으므로 신중하게 사용해야 한다.

⑤ PROGRAM RESTART

프로그램 끝부분의 M30코드를 만나면 멈추지 않고 자동으로 그 프로그램의 처음부터 다시 자동으로 실행하는 기능의 스위치이다. 보통 워밍업 프로그램이나 자동생산라인에서 사용된다.

⑥ FLOOD COOLANT, BASE COOLANT

절삭유 분사나 미스트 오일 분사 등의 스위치이다. 프로그램을 자동으로 실행하는, 즉 MEM 모드에서는 AUTO(자동) 위치에 놓아야 한다. 프로그램 실행이 아닌 수동 조작일 경우는 MAN으로(수동) 놓으면 된다.

⑦ AUTO POWER OFF

옵션 기능의 스위치로 프로그램 실행 중에 M30 코드를 읽으면 자동으로 기계의 전원이 OFF 된다. 장시간의 무인가동에 있어 자동으로 전원을 끄고 싶을 때 사용한다.

⑧ MACHINE LOCK

프로그램을 실행해도 해당 축을 움직이지 않게 할 수 있는 잠금장치이다. 위 그림에서 Z | 쪽은 Z축만 움직이지 않게 하고 ALL은 모든 축이 움직이지 않게 한다.

⑨ 기타 스위치 및 장치

㉠ PROGRAM PROTECT

열쇠를 왼쪽으로 돌리면 EDIT 모드에서 프로그램 편집을 할 수 없게 하는 잠금장치이다. 오른쪽으로 키를 돌리면 편집을 가능하게 한다.

㉡ DOOR OPEN REQUEST

장비 메이커에 따라 다르지만 보통 자동문이 달린 MCT에서 문을 열고 닫는 조건의 버튼이다.

㉢ RS-232C

가공프로그램 입출력, 기계 파라미터 및 OFFSET 값 등의 데이터를 컴퓨터와 CNC 컨트롤러 간의 전송 역할을 하는 입출력 장치이다. 보통 2005년 이전 장비들의 데이터 전송 방식은 이 방식을 많이 사용했는데 이후로는 SD카드, USB나 LAN 등을 통해 더 빠르고 간편하게 DATA(프로그램이나 파라미터 값, 피치 오차 보정 값 등)를 입출력 할 수 있다.

컨트롤러 사양에 따라 SD 메모리 카드를 통해 데이터를 입출력할 수 있고 위와 같이 RS-232C를 통한 방법도 있지만 만약 회사의 보안규정상 이동식 저장장치(SD카드 및 기타)를 사용하지 못하는 곳도 있으므로 머시닝 센터 구입 시 참고한다.

㉣ SPINDLE OVERRIDE 및 조작

프로그램에서 지령한 스핀들 회전수에 대한 비율을 지정해 준다. 이 레버는 자동프로그램 실행 모드이든지 수동 모드이든지 상관없이 적용된다. 수동 모드에서 스핀들 회전을 멈추고(STOP), 회전(START)시킬 수 있다.

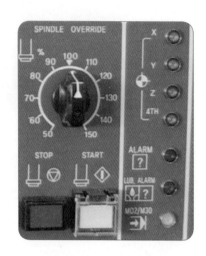

㉤ ALARM 램프

프로그램 실행 모드나 수동 모드에 상관없이 기계에 알람이 발생되면 표시해 주는 램프이다.

㉥ LUB ALARM

대부분의 공작기계에 LUB 단어가 들어간 알람이 뜬다면 습동면유를 보충하라는 메시지다. 기계는 각 축의 슬라이딩면, 즉 습동면이나 볼 스쿠류 및 각종 베어링에 습동면유를 자동으로 일정 시간 공급시켜주는데, 이 습동면유가 부족할 때 발생하는 알람을 알려 주는 램프이다. 이 알람의 해제는 장비에 따라서 다르겠지만 보통은 습동면유를 보충해 주기만 하면 해제된다.

컨트롤러에 따라서는 MACHINE ARARM RESET 버튼이 별도로 있어서 자동운전 중이라도 이 알람을 해제 시킬 수 있다.

---

2 HEIDENHAIN CNC CONTROLLER(TNC-426)

하이덴하인 컨트롤러의 조작에 대해서 알아보자. 저자가 책에 이 컨트롤러의 조작을 설명한 이유는 유럽 스타일의 대표적 컨트롤러이기 때문이고 화낙 컨트롤러와 조작하는 스타일이 많이 다르기 때문이다. 그러나 머시닝 센터도 그 가공 특성이나 방법이 컨트롤러가 다르다고 해서 차이 나는 것이 아니기 때문에 어떤 컨트롤러 한 가지만 잘 알고 있으면 다른 유형의 컨트롤러도 적응하기에 무난하다. 2000년 후반에는 이 회사의 공작기계 매뉴얼도 다양하게 번역되어 어려움 없이 사용하게끔 되었다.

▌ HEIDENHAIN CONTROLLER(기종: TNC-426) 소개

독일의 하이덴하인의 이름을 가진 창업자가 설립한 회사로 CNC 컨트롤러뿐만 아니라 각종 공작기계의 리니어 스케일이나 측정에 관한 장비 및 센서를 전문적으로 만드는 회사이다.

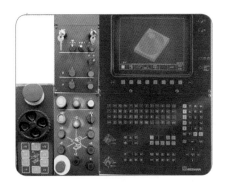 

하이덴하인 컨트롤러도 버전 및 사양에 따라 다르므로 구입 시에 가장 적합한 것을 구입해야 한다.

▌ HEIDENHAIN CONTROLLER 조작

① 전원 켜기

보통 유럽 장비는 전원을 400V로 입력해야 될 경우가 많다. 그래서 우리나라에서 사용할 경우에 자동 전압조정장치(AVR)를 사용한다.

전원 스위치는 장비의 뒤쪽이나 옆쪽에 가면 전장 박스가 있다. 스위치를 보면 아래와 같이 2개의 레버를 우측으로(숫자 1로 나오게) 돌리면 된다.

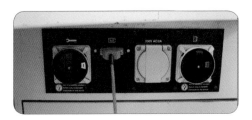

그리고 CNC CONTROLLER 조작판의 모니터 화면을 보면

위와 같이 뜨는데 아래 그림의 CE 버튼을 누르면 POWER INTERRUPTED란 메시지는 사라진다.

그리고 PLC 프로그램 이동 메시지가 생기면 자동으로 사라질 때까지 기다린다.

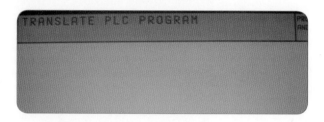

그러면 다음과 같이 화면이 나온다.

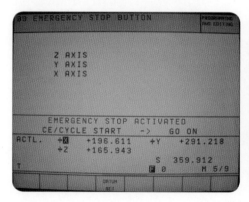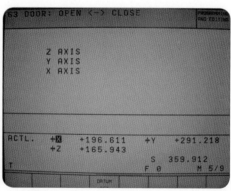

좌측 메시지가 뜨면 EMERGENCY 버튼이 눌러진 상태이므로 EMERGENCY 버튼을 돌려서(돌려서 해제하는 타입의 경우) 해제한다.

다음 63 DOOR 알람을 해제하기 위해 작업 DOOR를 열고 닫으면 해제된다(업체에 따라 다름). 작업 DOOR 우측 아래쪽에 안전 장치 스위치가 있어 자동 운전 중에 문을 열면 가동을 멈추는 기능 이다. 이 안전장치는 비상정지나 기타 기계적인 여러 가지 문제의 알람 발생 시에 꼭 해줘야 하는 것 인데, 좀 불편하긴 하지만 요즘은 DOOR 안전장치가 대부분 기본적으로 부착돼 있다.

② 원점 복귀

앞에서 DOOR 알람을 해제하면 스핀들 오리엔테이 션을 하고 나서 메거진도 회전하면서 오리엔테이션 을 한다. 그 다음 대부분의 CNC 장비들처럼 원점 복 귀를 해 주어야 하는데, 아래와 같이 원점 복귀를 실 행하라는 메시지가 뜬다.

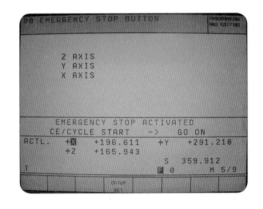

위와 같이 화면이 뜨면 다음 그림의 표시 부분 사이클 START 버튼을 한 번씩 누르면 되는데

위 화면의 순서대로 처음 Z축이 움직이며 원점을 잡는다. 또 사이클 START 버튼을 누르면 Y축, 그리 고 다음으로 X축의 원점 복귀가 완료된다.

사이클 버튼을 누르지 않고 위 그림의 수동 축 이송 버튼을 누르면 원점 복귀가 되기도 한다. 참고로 이 TNC 426 원점 복귀 시 축 이동은 기계원점까지 가지 않고 원점 복귀할 축을 +, − 상관없이 보통 50mm 이상만 움직여 주면 원점 복귀가 된다. 이 기종의 버전은 원점 복귀를 실행하지 않으면 수동 모드에서 축이 이동되지 않는 특징이 있다. 원점 복귀까지 완료하면 이로써 기계 가동에 필요한 준비 는 모두 완료되었다.

③ 공작물 좌표 잡기

하이덴하인에서의 WORK 좌표는 DATUM 좌표라고 말한다. 화낙 컨트롤러는 공작물 좌표계에 기계 좌표 값을 입력하면 공작물 WORK 좌표가 잡히지만 하이덴하인은 화낙의 G92 기능과 같이 원하는 공작물의 원점 위치로 이동하여 그 자리에서 DATUM 버튼과 해당 축을 누르고 0을 입력하면 곧바로 그 위치가 WORK 0점으로 잡힌다. 물론 G92처럼 전원을 끄면 기억되지 않는 좌표가 아니라 전원을 끄고 다시 켜도 기억된다. 방법은 다음과 같다.

㉠ DATUM 좌표 잡기(WORK 좌표)

ㄱ. 먼저 원하는 공작물 원점 위치로 이동하기 위해 아래와 같이 수동 모드나 핸들 모드 중 아무거나 선택하고 활용하여 축을 이동시킨다.

대략 이동한 다음 화낙 컨트롤러에서 WORK 좌표 잡듯이 정밀하게 WORK 0점이 될 위치로 핸들 버튼을 누르고 정확한 위치로 이동한다.

ㄴ. 공작물 기준점을 잡을 위치에서 아래 그림과 같이 DATUM SET을 누른다.

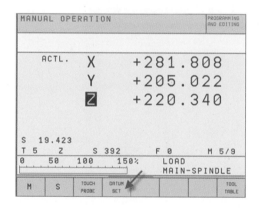

누르면 아래와 같이 뜬다.

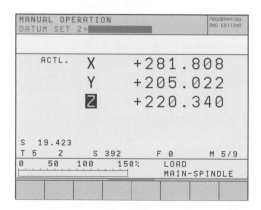

ㄷ. 모니터 상단에 DATUM SET Z=이라고 나오면 그 위치에 0을 입력하고 ENT를 누른다. 또는 그 위치에서 만약 Z−10 지점이 Z0이라면 −10을 입력한다. X, Y, Z 축 선택은 아래 축 선택키를 누르면 바뀐다. 이렇게 해서 각 축의 WORK 좌표, 즉 DATUM 1번 좌표를 모두 잡는다.

ⓛ DATUM 좌표 TABLE

화낙에서는 피치가 일정한 WORK 좌표를 G54~G59 혹은 G54.1~ 여러 가지 좌표를 사용하거나 G52X_Y_Z_를 사용하여 작업한다.

하이덴하인은 이렇게 기준 WORK 좌표인 DATUM 1번 좌표 기준으로 피치가 일정한 간격의 공작물이 여러 개가 있다면 아래와 같이 DATUM 좌표 TABLE을 이용하여 작업한다.

PROGRAM RUN FULL SEQUENCE	DATUM TABLE EDITING DATUM SHIFT ?			
FILE: SSS		MM		
D	X	Y	Z	C	A
0	+0	+0	-50	+0	+0
1	+0	+0	+0	+0	+0
2	-104.926	+0	+0	+0	+0
3	-209.943	+0	+0	+0	+0
4	-359.982	+0	+0	+0	+0
5	-284.973	+0	+0	+0	+0
6	+0	+0	+0	+0	+0
7	+0	+0	+0	+0	+0
8	+0	+0	+0	+0	+0
9	+0	+0	+0	+0	+0
10	+0	+0	+0	+0	+0
11	+0	+0	+0	+0	+0
12	+0	+0	+0	+0	+0

| BEGIN TABLE | END TABLE | PAGE ⇩ | PAGE ⇧ | INSERT LINE | DELETE LINE | NEXT LINE | |

위 DATUM 번호 순서대로 프로그램에서 활용한다면 맨 위 0번은 아래 프로그램과 같다. 0번 DATUM은 모든 좌표의 해제 기능을 갖는다.

```
1  CYCL DEF 7.0 DATUM SHIFT
2  CYCL DEF 7.1 X+0
3  CYCL DEF 7.0 DATUM SHIFT
4  CYCL DEF 7.1 Y+0
5  CYCL DEF 7.0 DATUM SHIFT
6  CYCL DEF 7.1 Z+0
```

1번 DATUM 좌표가 기준 WORK 좌표가 되며, 이 좌표를 기준으로 일정한 간격이나 거리에 있는 공작물 WORK 좌표를 설정하려면 원하는 개수(99개)대로 1번 공작물과 떨어진 간격이나 거리 값만 위 DATUM TABLE의 2번부터 넣어 주면 된다.

ⓒ DATUM 좌표와 기계 좌표의 관계

하이덴하인에서 기계 좌표를 보려면 아래 그림의 MDI 모드에서 1번 키(STATUS POS)를 누르면 2번 표시가 나오는데

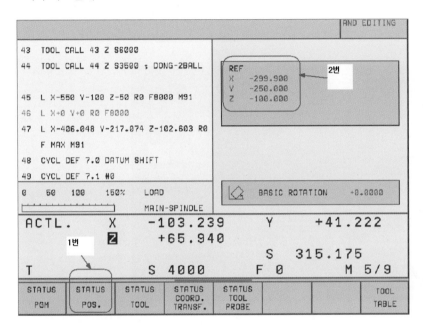

REF 좌표가 기계 좌표이다. 이 기계 좌표가 화낙에서 WORK 좌표를 잡는데 중요하게 사용된다면 하이덴하인에서도 마찬가지 용도로 사용되지만 약간 성격이 다르다.

하이덴하인은 DATUM 좌표 잡는 방법을 보면 알 수 있듯이 기계 좌표를 WORK 좌표에 직접 넣는 것이 아니기 때문이다. 기계 좌표는 나중에 똑같은 위치에 WORK 좌표를 잡기 위한 참고용으로 사용될 뿐이다. 기계 좌표를 참고용으로 사용하려면 아래 설명과 같이 하면 된다.

DATUM 좌표를 원하는 위치에 잡았다면 위 MDI 화면에서 46 L X+0 Y+0 R+ F8000 블록처럼 작성하여서 공작물 원점으로 이동해 본다. 화낙으로 본다면 G01G54X0Y0F8000;으로 지령한 것과 같다. 이렇게 이동한 다음 그 위치의 REF, 즉 기계 좌표를 보고 이 좌표 값을 별도로 작업자가 적어 놓던지 아니면 위 MDI에 47번 같이 저장해 놓으면 같은 위치의 DATUM 좌표를 자주 사용할 때 곧바로 이 위치의 기계 좌표로 이동하여 DATUM 좌표를 잡을 때 활용하면 편리하다.

하이덴하인 MDI는 하나의 프로그램으로 돼있어 실행 후 삭제되지 않고 계속 저장되어 있기 때문에 여기에 기본적인 조작 프로그램을 MDI 화면에 작성하여 저장해 두면 편리하다. 기계 좌표로 이

동하라는 명령어는 위 그림 화면 47에서 나와 있듯이 L X-406.048 Y-217.074 Z-102.603 R0 F MAX M91과 같이 하면 된다.

화낙으로 본다면 G00G90G53X-406.048 Y-217.074 Z-102.603 실행과 같다. 즉 M91 명령어가 기계 좌표로 이동하라는 명령어이다.

④ 화면 전환 관련 기능

㉠ 모니터 기능화면 전환 키

각 모드의 전체적인 화면 전환은 아래 그림의 1번 키(상, 하)를 누른다.

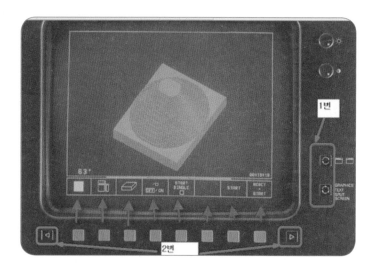

그리고 부수적인 세부 기능 전환 화면키는 2번(좌, 우측)이다. 또한 좌우측의 세부 Key를 눌렀을 때 나타나는 기능키들은 빨간색 화살표 버튼들이다.

⑤ MODE 선택

㉠ HANDLE로 축(X, Y, Z, W, 부가 축) 움직이기

먼저 모드를 HENDLE에 놓고 이동하고자 하는 축을 선택 후 MPG(수동펄스 발생기)를 돌리면 된다. 아래 그림 순서처럼 한다.

ㄱ. 먼저 아래 키보드에서 핸들 모드를 선택한 다음

위 핸들 모드 버튼을 누르면 모니터 메시지에는 다음과 같이 ELECTRONIC HANDWHEE이라고 뜬다.

```
ELECTRONIC HANDWHEEL                    PROGRAMMING
                                        AND EDITING
JOG INCREMENT: 4
INTERPOLATION FACTOR:    X=3

      ACTL.   ⊕X    +281.808
              Y     +205.022
              Z     +220.340


S   19.423
T 5    Z      S 392      F 0       M 5/9

         INCREMENTAL FEED : OFF

```

여기서 축 이동펄스 값, 즉 MPG를 돌릴 때 한 바퀴의 움직임(interpolation factor) 값을 원하는 양에 설정해 준다. 위 설정 값은 X=3(X는 X축이 아님), 즉 Z축이 움직이며 단위는 1회전에 2.5mm 움직인다.

Interpolation factor	Traverse in mm per revolution
0	20.000
1	10.000
2	5.000
3	2.500
4	1.250
5	0.625
6	0.312
7	0.156
8	0.078
9	0.039
10	0.019

ㄴ. 1번 표시의 원하는 축의 방향을 선택하여 눌러 주고 2번의 핸들을 돌리면 축이 움직인다. 모니터 화면상에는 Z축이 선택됐다. Z축을 누르면 다음과 같이 Z 문자에 정사각형의 검은색 바탕을 이루게 되는데, 활성화 되는 것이다.

```
ELECTRONIC HANDWHEEL                    PROGRAMMING
                                        AND EDITING
JOG INCREMENT: 4
INTERPOLATION FACTOR:    X=3

      ACTL.   ⊕X    +281.808
              Y     +205.022
          →   Z     +220.340


S   19.423
T 5    Z      S 392      F 0       M 5/9

         INCREMENTAL FEED : OFF

```

ⓒ JOG로 축(X, Y, Z, W, 4축) 움직이기

ㄱ. 위와 같이 MODE를 JOG 모드로 선택하기 위해서 빨간색 원으로 표시한 버튼을 누른다.

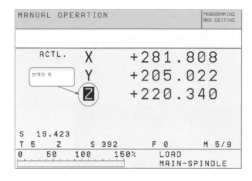

위 JOG 버튼을 누르면 모니터 상단에는 MANUAL OPERATION이라는 메시지가 뜬다.

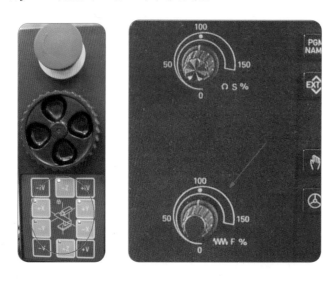

ㄴ. 핸드휠 아래쪽에 있는 움직이고자 하는 축을 선택하여 버튼을 누르고 있는 동안만 축이 움직인다. 위 오른쪽 그림은 이송속도를 조절하는 레버이다.

ⓒ MDI 모드(수동 데이터 입력 모드)

ㄱ. 위와 같이 MDI 버튼을 누른다. 그러면 다음 그림과 같이 화면이 전환된다.

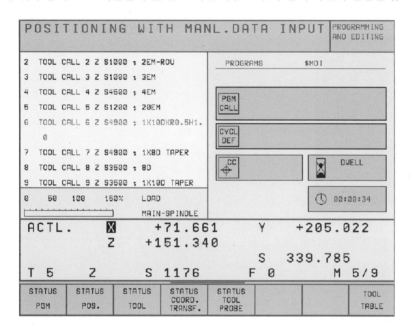

모니터 상단에 POSITIONING WITH MANL. DATA INPUT이라고 나온다. 화낙 컨트롤러와 달리 MDI 모드에서 프로그램 작성한 것도 기본적으로 저장된다. 그래서 기본적인 공구 교환 프로그램이나 WORK 좌표 잡는데 필요한 명령이나 좌표들을 저장시켜 놓으면 좋다. 그림에서 시퀀스 번호 6번에 TOOL CALL 6 Z S4900이라고 나와 있는 곳이 커서가 선택된 부분이라 다른 명령어들보다 좀 더 밝은 색을 띤다. 즉 커서의 위치는 활성화된다.

ㄴ. 위와 같이 커서가 이동된 지점, 즉 활성화 된 블록에서 CYCLE START 버튼을 누르면 활성화된 블록만 실행된다. 단 자동 모드처럼 연속적이지는 않고 CYCLE START 버튼을 누를 때마다 커서가 위치한 블록만 실행한다. 모니터에서 ;는 화낙처럼 블록을 단위 짓는 명령어가 아니다. 없어도 상관없는데, 단 해당 프로그램 블록 뒤에 주석(COMMENT)을 달려면 넣어야 한다.

그러면 다음과 같이 MDI 화면에 아래 프로그램을 입력해 보자.

```
TOOL CALL 6 Z S4900;1X10DXR0.5H1.0
```

ㄱ. 먼저 아래 TOOL CALL 버튼을 누른다.

ㄴ. 위 버튼을 누름과 동시에 모니터 화면은 TOOL CALL _이라고 명령어와 공구 번호를 넣으라는
   대화형 프로그램이 작성된다. 아래 그림의 번호 순서대로 6과 Z 버튼을 누른다.

하이덴하인 컨트롤러는 대화형 프로그램으로서 자동으로 해당 자리에 어떤 것을 입력해야 되는지
메시지가 모니터 상단에 뜨므로 그대로 따라서 넣어 주기만 하면 된다. 위에서 S 영문자는 자동으
로 컨트롤러에서 물어 보면서 넣어지므로 별도로 넣을 필요는 없다.

Z를 입력하고 ENT(ENTER)키를 누르면 자동으로 S를 물어 보게 되는데, 이때 4900만 입력하면
된다. 위와 같이 자동으로 물어 보면서 나타나는 명령어들이 있기 때문에 대화형 프로그램 컨트롤
러의 경우 수동으로 프로그램을 입력하는 시간을 줄일 수 있다. 4900까지 넣었으면 이제 한 블록
을 모두 작성했으므로 ENT키 옆의 END키를 누르면 한 블록의 프로그램 입력이 완료된다. 커서가
위치한 블록의 프로그램을 지울 때는 ENT키 바로 위의 DEL키를 누르면 된다.

또한 명령어가 잘못 들어갔을 경우 명령어 자체를 지우려면 해당 명령어에 커서를 위치시키고 ENT키 바로 좌측의 NO ENT키를 누르면 된다. CE는 알람 발생 시에 해제 키로의 역할도 하지만 프로그램 편집에서는 해당 값을 0으로 수정할 때도 사용된다. 다음으로 커서의 역할에서는

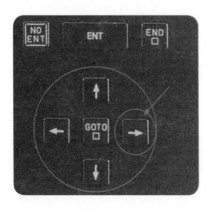

오른쪽 방향의 화살표는 대화형 명령어를 모니터 상에서 입력하라고 물어볼 때 작업자가 넣고자 하는 명령어를 물어보는 것이 아니라면 건너뛰게 할 때 위 오른쪽 커서를 누르면 된다. 누르면 다른 명령어들이 보이며 다음으로 진행된다. 계속 누르면 프로그램 한 블록의 끝에 있게 된다.

또한 위 그림에서 GOTO 버튼을 누르면 모니터 상에 시퀀스 번호를 넣으라고 메시지가 뜨는데, 찾고자 하는 시퀀스 번호를 넣고 ENT키를 누르면 해당 시퀀스 번호로 커서가 이동된다. 참고로 하이덴하인 컨트롤러는 자동으로 시퀀스 번호가 부여된다.

프로그램 편집 모드에서도 프로그램 입출력 시에 시퀀스 번호가 프로그램상에 빠져있어도 자동으로 맞추어져 생성되어 입출력된다.

위와 같이 커서나(오른쪽, 왼쪽 방향키) ENT키, END키, NO ENT키, CE키를 적절히 활용하면 프로그램한 블록을 완성하게 될 것이다. 처음에는 불편할지 모르지만 익숙해지면 대화형 프로그램이므로 상당히 편하게 프로그램을 수동 작성할 수 있다. 단지 위 키들은 프로그램 한 블록을 작성하는 데 필요한 것들이어서 전체 프로그램을 변경하는 데는 상관이 없으므로 안심하고 작성해도 된다.

③ HEIDENHAIN CONTROLLER 프로그램 관련 조작

MDI 모드에서 프로그램 편집 방법을 약간 접해봤지만 좀 더 자세히 프로그램 관련 조작들과 편집 방법에 대해 알아보자.

① EDIT 모드

아래 그림의 EDIT 모드에서는 프로그램 입출력과 프로그램 편집, 그리고 간단한 2차원 형상의 모의 가공 경로를 볼 수 있다.

ㄱ 작성된 프로그램 보기

아래는 미리 작성되어 저장돼있는 프로그램을 꺼내서 편집하는 방법이다.

ㄱ. 먼저 위와 같이 EDIT 모드 버튼을 누르고

ㄴ. 아래와 같이 프로그램 목록을 보여 주는 버튼을 누르면

아래와 같이 프로그램 목록이 보인다.

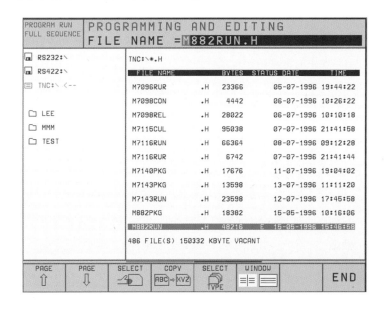

ㄷ. 위 그림과 같이 뜨면 편집할 프로그램을 커서로 가리켜 ENT 버튼을 누르거나 직접 FILE
NAME(화낙의 프로그램 번호와 같다. 8자리까지 가능)에 써서 ENT 버튼을 누른다.

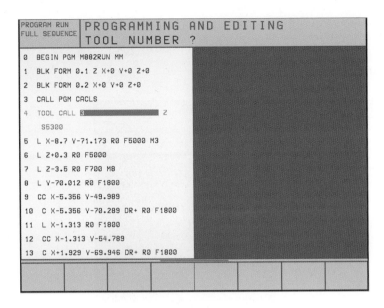

```
PROGRAM RUN    PROGRAMMING AND EDITING
FULL SEQUENCE   TOOL NUMBER  ?

0   BEGIN PGM M882RUN MM
1   BLK FORM 0.1 Z X+0 Y+0 Z+0
2   BLK FORM 0.2 X+0 Y+0 Z+0
3   CALL PGM CACLS
4   TOOL CALL 3              Z
    S5300
5   L X-8.7 Y-71.173 R0 F5000 M3
6   L Z+0.3 R0 F5000
7   L Z-3.5 R0 F700 M8
8   L Y-70.012 R0 F1800
9   CC X-5.356 Y-49.989
10  C X-5.356 Y-70.289 DR+ R0 F1800
11  L X-1.313 R0 F1800
12  CC X-1.313 Y-54.789
13  C X+1.929 Y-69.946 DR+ R0 F1800
```

ㄹ. 위와 같이 M882RUN.H 프로그램 안으로 들어가서 프로그램을 편집한다.

프로그램 편집 작업은 MDI 모드에서 간단히 설명한 것 같이 하면 된다. 위 그림에서 커서를 좌, 우측으로 이동하면 대화형 프로그램이므로 TOOL NUMBER?와 같이 해당 명령어를 지나거나 누르면 메시지가 뜬다.

ⓒ 새로 프로그램 만들기

컨트롤러가 저장돼있지 않고 없는 프로그램을 새로 생성하여 만드는 방법을 알아보자. 프로그램 이름은 영문자나 숫자의 단독 표기나 조합으로 8자리 이내로 만들 수 있다.

ㄱ. 만들고자 하는 프로그램 이름(영문, 숫자가 포함된 8자리)을 적는다. (.H 생략)

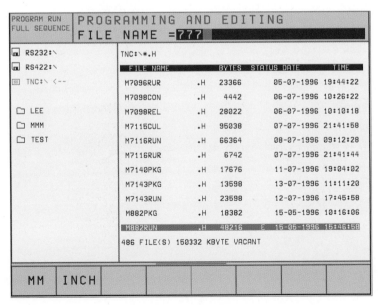

```
PROGRAM RUN    PROGRAMMING AND EDITING
FULL SEQUENCE   FILE NAME =777

RS232:\          TNC:\*.H
RS422:\          FILE NAME      BYTES STATUS DATE       TIME
TNC:\ <--        M7096RUR    .H  23366       05-07-1996 19:44:22
                 M7098CON    .H   4442       06-07-1996 10:26:22
LEE              M7098REL    .H  28022       06-07-1996 10:10:18
MMM              M7115CUL    .H  95038       07-07-1996 21:41:58
TEST             M7116RUN    .H  66364       08-07-1996 09:12:28
                 M7116RUR    .H   6742       07-07-1996 21:41:44
                 M7140PKG    .H  17676       11-07-1996 19:04:02
                 M7143PKG    .H  13598       13-07-1996 11:11:20
                 M7143RUN    .H  23598       12-07-1996 17:45:58
                 M882PKG     .H  18382       15-05-1996 10:16:06
                 M882RUN     .H  48216     E 15-05-1996 16:46:58
                 486 FILE(S) 150332 KBYTE VACANT

   MM    INCH
```

ㄴ. 화면 맨 아래 좌측에 MM(밀리미터 선택)와 INCH(인치 선택)를 선택하는 버튼에서 MM를 선택하면 아래와 같이 새로운 가공 프로그램이 만들어지고 이 안에 가공할 프로그램을 작성 편집하여 넣어 주면 된다.

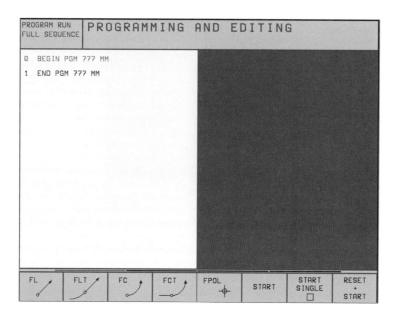

ⓒ 예제를 통한 프로그램 상세 편집

아래 예제 프로그램은 키보드 조작에 대해 학습할 목적으로 작성되었으므로 프로그램 순서도 맞지 않고 이 예제로 가공할 수도 없으니 조작하는 방법만 읽는데 참조하기 바란다.

예제
(참고로 맨 좌측 시퀀스 번호는 프로그램과 전혀 상관 없고 편집 중 변동되는 번호임)

```
1 BLK FORM 0.1 Z X+0 Y+0 Z+0
2 BLK FORM 0.2 X+0 Y+0 Z+0
3 L Z+5 R0 F12000 M9
4 CALL PGM RT1234
5 ; DP2.8=0.505
6 TOOL CALL 16 Z S4000 DR-Q3 ; 3END MILL
7 LBL 1
8 CALL LBL 1 REP 2/2
9 CYCL DEF 7.0 DATUM SHIFT
10 CYCL DEF 7.1 IX+Q11
11 FN 0: Q1 = +1
12 FN 1: Q1 = +1 + +2
```

```
13 FN 2: Q1 = +1 - +2
14 FN 3: Q1 = +1 * +2
15 FN 4: Q1 = +1 DIV +2
16 FN 5: Q1 = SQRT 1
17 FN 9: IF +Q11 EQU +1 GOTO LBL 1
18 FN 10: IF +Q11 NE +1 GOTO LBL 1
19 FN 11: IF +Q11 GT +1 GOTO LBL 1
20 FN 12: IF +Q11 LT +1 GOTO LBL 1
```

이제부터 위 예제의 프로그램을 작성하기 위한 키 조작에 대해서 알아보자.

```
1 BLK FORM 0.1 Z X+0 Y+0 Z+0
```

BLK FORM을 작성하는 이유는 콘트롤에서 모의 가공 시뮬레이션을 하기 위해 프로그램 맨 앞에 작성하는 것으로, 가공할 소재의 가로 세로 높이의 크기를 알려 주기 위해 작성하는 것이다. 보통 TEST RUN 모드나 EDIT 모드에서 할 수 있는 모의 가공인데 만약 모의 가공이 필요 없다면 작성하지 않고 생략해도 AUTO 모드에서 프로그램 가공에는 전혀 문제가 되지 않는다. 그러나 모의 가공 기능 모드나 이 기능을 사용하기 위해서는 반드시 작성해야 한다. 그렇지 않을 경우 알람이 발생한다.

작성 방법: 아래 화면의 맨 아래 좌측의 BLK FORM키를 눌러 위 프로그램의 BLK FORM을 작성한다.

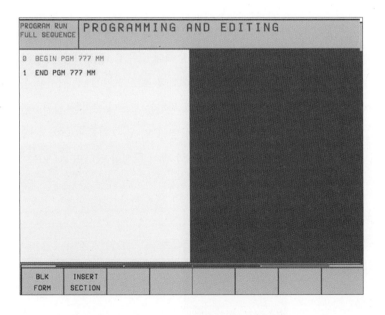

이 BLK FORM키는 기능 세부 전환키(좌, 우)를 누르다 보면 나온다. 이것을 누르고 편집하면 된다. 처음 한 줄의 0.1 Z에서 Z를 넣어주는 이유는 XY 평면(G17)인 것을 정의해 주기 위함이다.

```
3 L Z+5 R0 F12000 M9
```

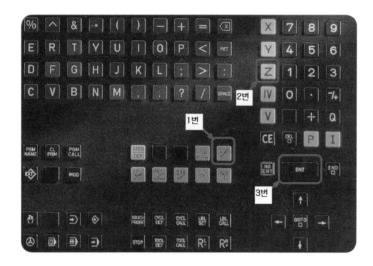

위 그림에서 번호 순서대로 누르는데 프로그램에서 L을 넣으려면 아래 버튼을 누른다.

화낙에서는 G01,G00으로 절삭이송과 급속이송을 선택하지만 하이덴하인은 L로 절삭이송과 급속이송 구분없이 모두 지령되는데, L 다음에 나오는 F 값으로 절삭이송이나 급속이송을 구분한다고 보면 된다. 이송속도는 F 0~F MAX까지 입력 가능한데 F 최대 값은 F MAX이다.

다음 Z를 넣기 위해 Z키를 누른다. 항상 하이덴하인은 대화형 프로그램이므로 커서를 움직이거나 ENT키를 누르면 모니터 화면 상단의 안내 메시지에 따라 원하는 코드나 숫자를 입력하면 된다. 또한 각 축, 즉 X, Y, Z축은 키보드에서 숫자 입력 보드쪽 옆의 X, Y, Z키를 눌러야 한다. 예를 들어 아래 그림과 같이 편집할 때 우측 방향키를 눌러 아래와 같이 활성화 됐다면 Z+50을 삭제할 때 DEL키가 아니라 NO ENT 버튼을 눌러야 한다.

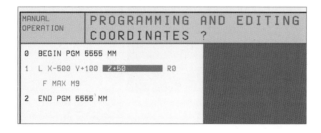

Z키와 숫자 50을 누르고 ENT키를 누르면 R에 대한 값을 넣으라고 나온다.

RR(우측 경보정 ISO 코드의 G42), RL(좌측 경보정 ISO 코드의 G41), R0은 경보정 해제이다. R0
을 작성하기 위해서는 RR이나 RL을 지정하지 않고 그냥 ENT를 누르면 된다.

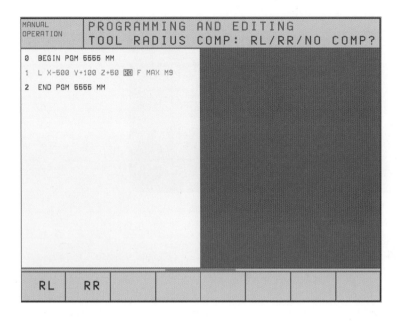

기타 코드(F,M)가 자동으로 뜨는데

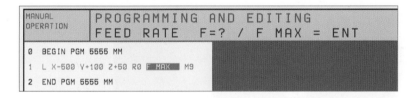

원하는 코드가 나올 때까지 ENT키와 커서 좌, 우키를 눌러 가면서 찾으면 된다. 항상 한 블록이 완
성되면 END키를 누르면 된다.

위 편집 그림에서 FEED RATE를 물을 때 두 가지를 선택하라고 나온다. F=?는 이송속도 값을 입
력하면 되고, F MAX는 이송속도 값 중에 머시닝 센터가 낼 수 있는 가장 빠른 이송속도를 정해줄
때 선택하는데 ENT키를 누르면 작성된다.

```
4  CALL PGM RT1234
```

위 시퀀스 4번 블록 프로그램은 다음 그림의 번호 순서대로 키를 누른다.

```
5 ; DP2.8=0.505
```

;뒤에 코멘트를 작성할 수 있다.

위와 같이 ; 뒤에는 작업자가 프로그램에 대해 이해할 수 있도록 코멘트를 작성할 수 있게 한다.

주석 표기는 항상 ; 다음에 표기할 수 있다.

프로그램 한 블록 모두 주석을 표기하고자 한다면 표기하고자 하는 바로 위 프로그램 블록에 커서를 위치시키고 위와 같이 ;를 누르면 뒤에 자유로이 영문과 숫자를 표기할 수 있다. 시퀀스 번호 6번에서 DR-Q3 ; 3END MILL과 같이 한 블록 맨 뒤쪽에 표기하고자 할 경우에는 표기하고자 할 블록에 커서를 위치시키고

위 그림의 키를 누르면 자동으로 ;이 생성되는데 곧바로 영숫자 문자를 표기하면 된다.

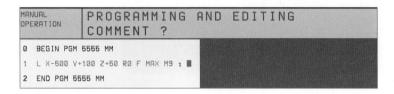

또한 위 키보드의 키로 /, 즉 OPTIONAL BLOCK SKIP을 지울 때 사용된다.

예로 /4 CALL PGM RT1234와 같이 프로그램 블록 맨 앞쪽에 /를 지우고자 할 때 커서를 그 블록에 위치시키고 위 키보드의 키를 누르면 삭제된다.

참고로 OPTIONAL BLOCK SKIP 기능의 사용 여부는 FULL SEQUENCE 모드나 싱글 블록 모드에서 아래 그림과 같이 ON-OFF 할 수 있다.

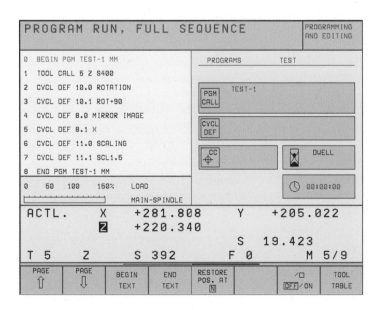

```
6 TOOL CALL 16 Z S4000 DR-Q3 ; 3END MILL
```

TOOL CALL 버튼을 누르고 Z를 누르면 된다. Z는 G17 평면, 즉 XY 평면을 지정해 주는 것이다.

```
7 LBL 1
```

위 버튼을 누르고 숫자 1을 넣는다.

```
8 CALL LBL 1 REP 2/2
```

위 버튼과 숫자 1 버튼을 누르고 ENT 버튼을 누르면 LBL 1번의 반복 횟수를 물어 보는데, 이때 숫자 2를 누르면 된다.

```
9 CYCL DEF 7.0 DATUM SHIFT
10 CYCL DEF 7.1 IX+Q11
```

시퀀스 9번과 10번은 한 가지 사이클 명령어로 데이텀 좌표인데

위 키와 GOTO 버튼을 누르고 7번을 누르면 나온다.

참고로 CYCL DEF 버튼을 누르면 여러 가지 사이클이 디스플레이 되는데, 이 버튼을 누른 후에 위 GOTO 주위의 좌, 우 방향키를 누르면 번호에 맞는 여러 가지 사이클을 계속해서 볼 수 있고, 필요한 사이클을 찾아 사용하면 된다. 그리고 10번에서 IX라고 표기하였는데, 하이덴하인은 특별히 증분 좌표 코드가 없고 축에 I를 붙이면 증분 좌표로 이동된다.

아래 키보드를 참조 바란다.

시퀀스 번호 11번부터 16번을 알아보자.

```
11 FN 0: Q1 = +1
12 FN 1: Q1 = +1 + +2
13 FN 2: Q1 = +1 - +2
14 FN 3: Q1 = +1 * +2
15 FN 4: Q1 = +1 DIV +2
16 FN 5: Q1 = SQRT 1
```

FN 0~FN 5까지는 변수 값을 지정해 주는 것으로 아래와 같이 조작한다.

→ Q버튼을 누르면 아래 그림 하단부의

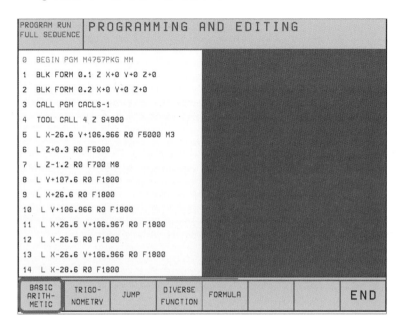

BASIC ARITH−METIC을 누르면 아래와 같이 화면이 바뀌는데

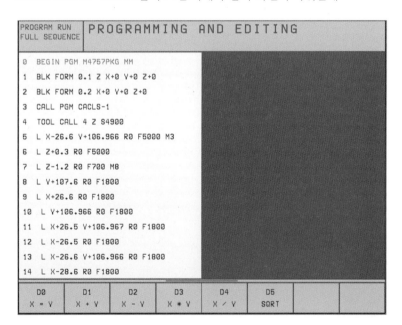

D0=은 변수 값 지정

D1= 변수들의 덧셈, D2= 변수들의 뺄셈, D3= 변수들의 곱셈, D4= 변수들의 나눗셈, 또한 변수의 SIN, COS 함수 계산을 부여할 수 있다.

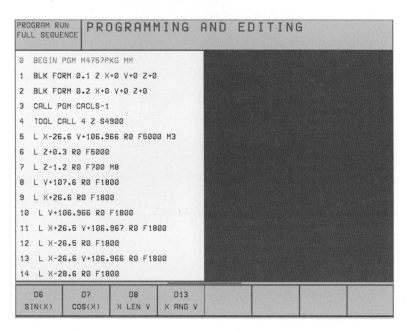

다음은 17번부터 20번까지를 알아보자.

조건식을 이용해 프로그램을 반복하거나 JUMP(건너뛰기)를 할 수 있다.

```
17  FN 9:  IF +Q11 EQU +1 GOTO LBL 1
18  FN 10: IF +Q11 NE +1 GOTO LBL 1
19  FN 11: IF +Q11 GT +1 GOTO LBL 1
20  FN 12: IF +Q11 LT +1 GOTO LBL 1
```

위 버튼을 누르고 JUMP 버튼을 누르면 다음과 같이 뜬다.

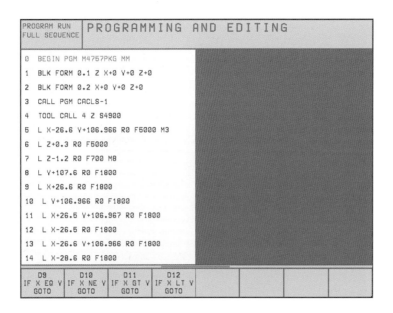

```
PROGRAM RUN        PROGRAMMING  AND  EDITING
FULL SEQUENCE

0   BEGIN PGM M4767PKG MM
1   BLK FORM 0.1 Z X+0 V+0 Z+0
2   BLK FORM 0.2 X+0 V+0 Z+0
3   CALL PGM CACLS-1
4   TOOL CALL 4 Z S4900
5   L X-26.6 V+106.966 R0 F5000 M3
6   L Z+0.3 R0 F5000
7   L Z-1.2 R0 F700 M8
8   L V+107.6 R0 F1800
9   L X+26.6 R0 F1800
10  L V+106.966 R0 F1800
11  L X+26.5 V+106.967 R0 F1800
12  L X-26.5 R0 F1800
13  L X-26.6 V+106.966 R0 F1800
14  L X-28.6 R0 F1800

   D9         D10        D11        D12
IF X EQ V  IF X NE V  IF X GT V  IF X LT V
  GOTO       GOTO       GOTO       GOTO
```

① 자동운전 모드(Full Sequence 모드)

화낙의 프로그램 자동운전 모드(MEM 또는 AUTO)와 같이 기계에 저장된 프로그램을 꺼내서 프로그램을 자동으로 실행하는 모드이다.

ㄱ. FULL SEQUENCE 모드 버튼을 누른다.

ㄴ. 다음 PGMMGT

즉 프로그램 목록을 보여 주는 버튼을 누른다.

ㄷ. 가공하고자 하는 프로그램을 커서로 선택한 다음 ENT 버튼을 누르면

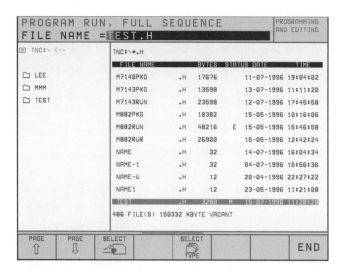

ㄹ. 아래와 같이 가공하고자 하는 프로그램이 나타나고 자동운전 모드 화면이 나타난다.

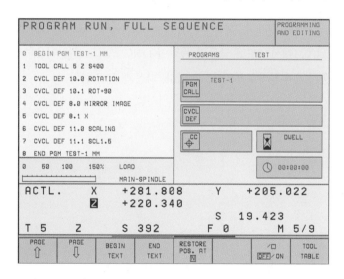

ㅁ. CYCLE START 버튼을 누르면 가공할 수 있게 된다.

하이덴하인은 가공하고자 하는 블록에 커서를 위치시킨다고 그 블록부터 가공되는 것이 아니고 반드시 GOTO 버튼을 눌러 해당 시퀀스 번호를 지정한 다음 CYCLE START 버튼을 눌러야 지정한 블록부터 가공된다. 그래서 하이덴하인 프로그램을 컨트롤러로 PC에서 넣으면 PC에서 편집할 때 시퀀스 번호가 맞지 않거나 생략되더라도 컨트롤러로 받아질 때 자동으로 시퀀스 번호가 순서대로 정렬된 프로그램이 들어가게 된다.

② 싱글 블록 모드(Single Block Mode)

화낙의 싱글 블록 스위치를 ON하는 것처럼 프로그램에서 한 블록씩 CYCLE START 버튼을 눌러야 실행되는 모드이다.

③ RS-232 통신을 이용한 가공 모드

또한 컴퓨터에서 작성된 NC 프로그램을 기계로 보내거나 DNC 프로그램을 이용한 원격 프로그램 실행(REMOTE)을 할 수 있다. 화낙 0M에서 TAPE 모드와 똑같이 DNC 프로그램을 이용하여 PC에서 대용량 NC 데이터를 기계로 전송하면서 곧바로 작업할 수 있다. 다음과 같이 한다.

ㄱ. EDIT 모드 버튼을 누르고 MOD 버튼을 누른다.

먼저 아래와 같이 머시닝 센터의 RS-232 설정돼있는지 확인한다.

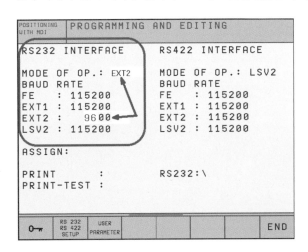

설정 값 변경은 커서를 해당 위치에 놓고 ENT 버튼을 한 번씩 누르면 값이 바뀐다.

ㄴ. 아래와 같이 편집 모드 버튼을 누른다.

ㄷ. 프로그램 목록 버튼을 아래와 같이 누른다.

아래와 같이 프로그램 목록을 볼 수 있는 화면이 나온다.

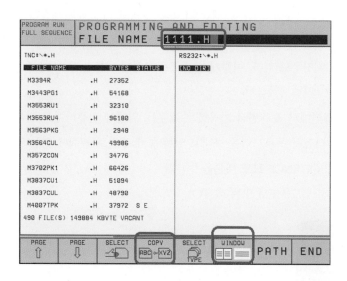

WINDOW 버튼을 누르면 위와 같이 기계 쪽 프로그램 경로(TNC:*.H) RS232:*.H)를 볼 수 있다.

ㄹ. 커서를 RS232 쪽으로 옮기면 COPY 방향이 RS232에서 TNC 쪽으로 되는데, 먼저 PC의 DNC 프로그램으로 가서 보내고자 하는 프로그램(예로 1111.H)을 열고 SEND(보내다) 키를 누른 다음, 기계로 와서 FILE NAME에 1111.H를 누르고 COPY 버튼을 누르면 컴퓨터의 1111.H 프로그램이 기계로 들어간다.

이렇게 컴퓨터의 프로그램을 기계로 보내게 된다. 반대로 기계에서 컴퓨터로 보낼 때는 커서를 TNC 목록 쪽으로 이동하면 위의 COPY 버튼의 화살표 방향이 TNC에서 RS232로 바뀌는데

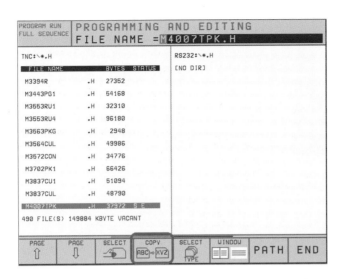

이때 보내고자 하는 프로그램으로 커서를 이동하면 자동으로 FILE NAME에 프로그램 이름이 표시되는데, 그냥 COPY 버튼을 누르면 된다.

COPY 버튼을 누르고 DNC 프로그램에서 NEW(새로운) 버튼을 눌러 새로운 프로그램을 받게 하고 RECEIVE 버튼을 누르면 된다. DNC 프로그램에 따라서는 기계에서만 보내면 자동으로 NEW 프로그램 생성과 함께 받아지는 경우도 있다. 이렇게 받은 프로그램에 이름만 부여 해 주고 컴퓨터에 저장하면 된다.

ㅁ. 대용량의 프로그램을 컴퓨터에서 보내면서 가공하는 경우는 위에서 컴퓨터에서 기계로 보낼 때의 과정과 같은데, 컴퓨터에서 프로그램을 보내고 있는 중에 추가로 해줘야 하는 것은 자동 운전할 때와 같이 FULL SEQUENCE 모드 버튼을 누른다.

(화낙의 자동 프로그램 운전 모드(MEM 또는 AUTO))

ㅂ. 다음 PGMMGT, 즉 프로그램 목록을 보여 주는 버튼을 누른다.

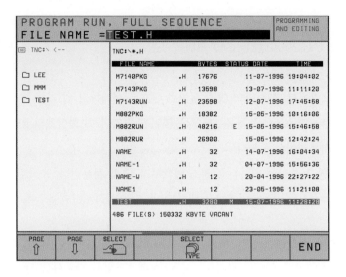

ㅅ. 위와 같이 뜨면 현재 컴퓨터에서 기계로 보내고 있는 프로그램 이름을 그대로 FILE NAME에 적고, ENT 버튼을 누르고 CYCLE START 버튼을 누르면 대용량의 프로그램을 받으면서 곧바로 가공할 수 있게 된다.

4 모의 가공

하이덴하인에서 모의 가공은 크게 2가지 방법이 있다. 하나는 EDIT 모드에서 하는 모의 가공과 다른 하나는 TEST RUN 모드에서 하는 모의 가공이 있다.

① EDIT 모드에서의 모의 가공

EDIT 모드에서는 2차원 모의 가공만 볼 수 있다.

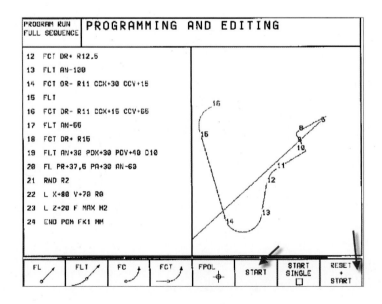

시뮬레이션을 보려면 프로그램 맨 선두에 아래와 같이 반드시 소재 크기를 작성해 놓아야 한다.

1 BLK FORM 0.1 Z X+35 Y+120 Z0 (Z는 G17 평면을 뜻함)

2 BLK FORM 0.2 X-35 Y-120 Z-15

위와 같이 작성한 다음 위 그림에서 맨 하단의 아래 시퀀스 번호를 선택하고 위 기능 세부키의 화살표 지시 START 버튼을 누르거나 프로그램을 처음부터 시뮬레이션 하려면 위 화살표의 RESET+START 키를 눌러 EDIT 모드에서 시뮬레이션을 본다.

START키는 처음부터 하지 않고 중간에 원하는 시퀀스 번호부터 할 때 사용한다. 조작판의 GOTO(커서 방향키 중앙 위치) 키를 누른 후 시퀀스 번호를 선택하고 위 그림의 START키를 누른다.

② TEST RUN 모드에서의 모의 가공

가공 프로그램에 대한 검증작업으로 대략의 가공되는 모습을 볼 수 있고 가공시간, 공구알람이나 프로그램 알람에 대한 발생 여부를 실제 가공하지 않고도 확인할 수 있는 기능 모드이다.

ㄱ. 위와 같이 TEST MODE 버튼을 누른다.

ㄴ. 위 그림과 같이 저장되어 있는 프로그램 목록을 보기 위해 위 PGM MGT 버튼을 누른다.

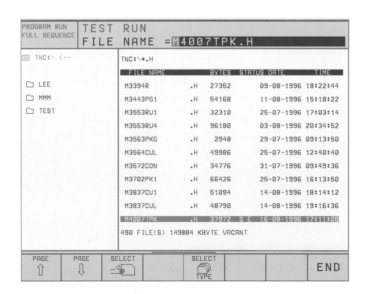

위와 같이 저장된 프로그램 목록이 보이는데 TEST RUN 실행하고자 하는 프로그램을 상하 커서를 움직여 멈추면 위 그림과 같이 파란색으로 활성화 된다. 그러면 자동으로 화면 맨 위쪽 FILE NAME=M4007TPK.H라고 써진다.

ㄷ. 프로그램을 선택했으면 아래와 같이 ENT키를 누른다.

ENT 버튼을 누르면 다음 그림과 같이 해당 프로그램이 보인다.

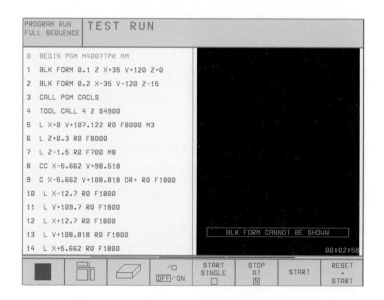

위에서 보면 프로그램 N번호에서 1번과 2번 X, Y, Z 값들은 공작물의 크기를 설정해 주는 것인데

1 BLK FORM 0.1 Z X+35 Y+120 Z0 (Z는 G17 평면을 뜻함)
2 BLK FORM 0.2 X-35 Y-120 Z-15

위와 같이 공작물의 크기를 지정해 주어야 원하는 형상의 가공 시뮬레이션을 제대로 볼 수 있다. 만약 BLK FORM을 정의하지 않으면 위 그림과 같이 BLK FORM CANNOT BE SHOWN 메시지가 뜬다.

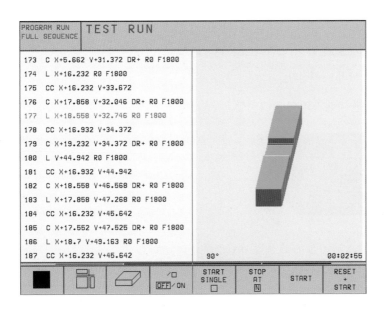

EDIT 모드와 동일하게 시퀀스 번호를 선택하거나 처음부터 시뮬레이션을 시작한다.

⑤ TOOL TABLE(공구 OFFSET 화면)

하이덴하인에서 공구의 길이나 경 값을 입력하는 화면으로 화낙의 OFFSET 화면과 같다.

① TOOL TABLE 보는 방법

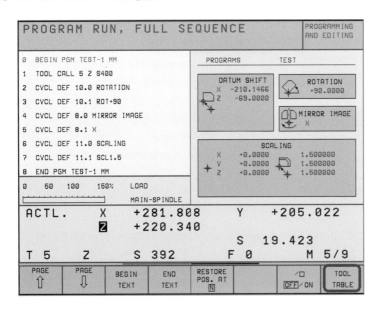

위 모니터 화면과 같이 TOOL TABLE이라고 뜨면 누른다. 그러면 아래와 같이 공구 옵셋 값에 대한 화면으로 전환한다.

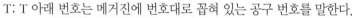

위 TOOL TABLE 화면에서 맨 위 T부터 NAME 순으로 나와 있는 것을 설명하겠다.

T: T 아래 번호는 메거진에 번호대로 꼽혀 있는 공구 번호를 말한다.

NAME: 작업자가 메거진에 어떤 공구를 장착해 놓았는지 알아볼 수 있도록 임의로 공구 이름을 넣을 수 있다.

L: 공구 길이 값을 입력한다. (참고로 위 길이 값이 모두 − 값이 나온 것은 기준 공구의 길이가 가장 길기 때문이다.)

R: 공구 반지름 값을 입력한다.

R2: 공구 반지름의 값을 입력하는데 거의 사용하지 않는다.

DL: L의 공구의 길이 값이 기준이 돼서 이 L 값에서 원하는 값만큼 더하거나 뺄 수 있어 공구의 길이를 조정할 수 있다.

　　예 위 TOOL TABLE에서 3번 공구 3EM의 길이 값을 −34.20으로 조정한다면 아래와 같이 DL 값에 +0.09를 넣어 준다.

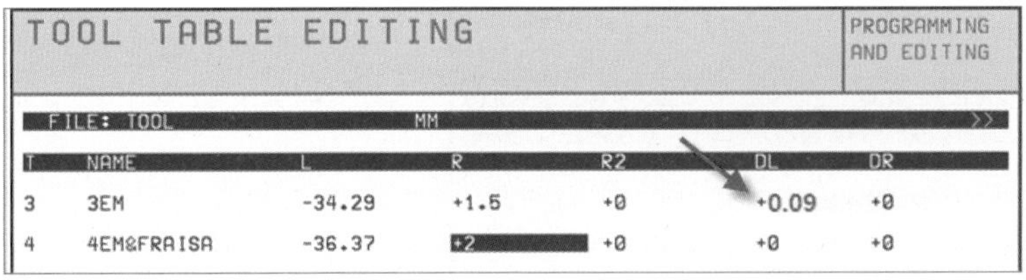

```
TOOL  TABLE  EDITING                              PROGRAMMING
                                                  AND EDITING

  FILE: TOOL                 MM                                    >>
T   NAME              L          R        R2         DL       DR
3   3EM            -34.29     +1.5      +0         +0.09    +0
4   4EM&FRAISA     -36.37     +2        +0         +0       +0
```

DR: DL과 비슷한 기능으로 위 그림의 R, 즉 공구반경 값을 조정할 때 사용한다. 입력한 값만큼 R 값
에서 더하거나 뺀다.

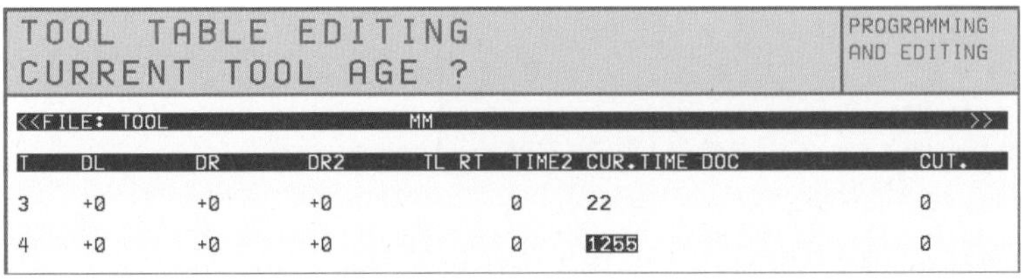

```
TOOL  TABLE  EDITING                              PROGRAMMING
CURRENT  TOOL  AGE  ?                             AND EDITING

<<FILE: TOOL                 MM                                    >>
T   DL      DR      DR2      TL RT  TIME2 CUR.TIME DOC          CUT.
3   +0      +0      +0            0     22                      0
4   +0      +0      +0            0     1255                    0
```

커서를 오른쪽으로 계속 누르면 위와 같이 나오는데 DR2, TL, RT, TIME2:는 거의 사용하지 않는다.
CUR.TIME:은 순수하게 가공된 시간이 분으로 기록된다. 저자도 이 시간을 보고 공구교체 주기를 파
악했었다.

② TOOL TABLE 편집 방법

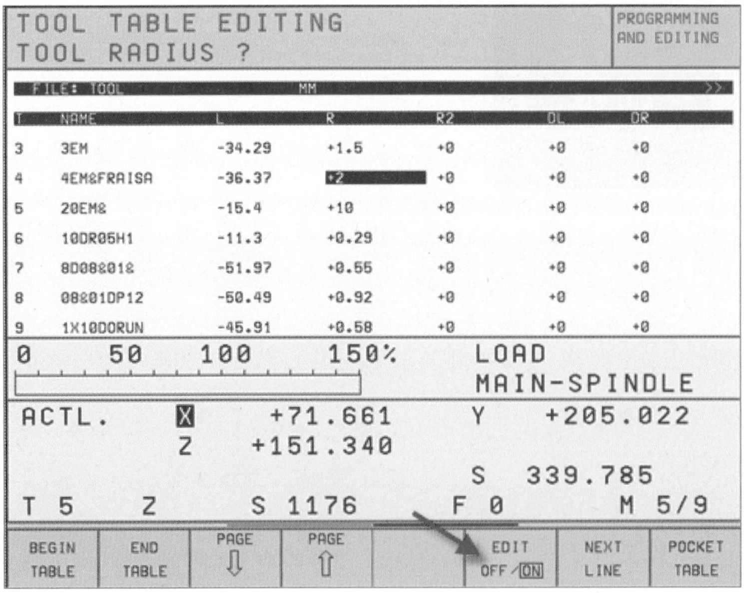

```
TOOL  TABLE  EDITING                              PROGRAMMING
TOOL  RADIUS  ?                                   AND EDITING

  FILE: TOOL                 MM                                    >>
T   NAME              L          R        R2         DL       DR
3   3EM            -34.29     +1.5      +0         +0       +0
4   4EM&FRAISA     -36.37     +2        +0         +0       +0
5   20EM&          -15.4      +10       +0         +0       +0
6   10DR05H1       -11.3      +0.29     +0         +0       +0
7   8D08&01&       -51.97     +0.55     +0         +0       +0
8   08&01DP12      -50.49     +0.92     +0         +0       +0
9   1X10DORUN      -45.91     +0.58     +0         +0       +0

0      50     100      150%       LOAD
                                  MAIN-SPINDLE

ACTL.       X      +71.661        Y      +205.022
            Z     +151.340
                                  S     339.785
T 5     Z       S 1176      F 0              M 5/9

BEGIN    END    PAGE   PAGE          EDIT     NEXT     POCKET
TABLE   TABLE    ⇩      ⇧         OFF/ON    LINE     TABLE
```

편집하려면 위 모니터 하단 쪽에 화살표로 지시한 EDIT OFF/ON이 있는데, 버튼을 한 번씩 누를 때
마다 OFF나 ON으로 바뀌는데 ON으로 놓으면 공구에 대한 옵셋 값을 입력할 수 있다.

③ POCKET TABLE

아래 화면에서 POCKET TABLE은 스핀들에 꽂아 있는 공구 번호를 알 수 있게 해준다. 이것 역시 기계가 공구 번호를 인식하지 못할 때 번호를 편집할 수 있게 돼 있다.

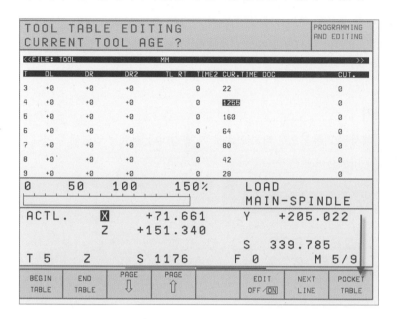

위 그림과 같이 POCKET TABLE 버튼을 누르면 아래와 같이 뜨는데

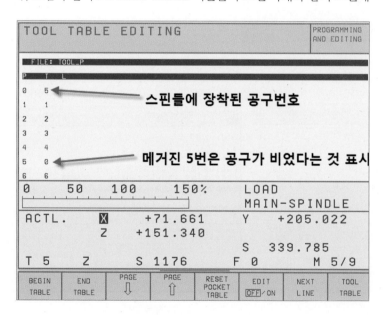

위 5번 공구가 스핀들에 장착되면 메거진 5번의 값은 0이 되어야 하는데, 기계알람(이상)으로 P번호 0번에는 0이, 5번에는 5가 보인다면 잘못된 것이므로 편집해서 장비에게 인식시켜 주어야 한다.

⑥ 터치 프로브 모드

터치 프로브 옵션은 보통 공작물 WORK 좌표를 편리하게 잡기 위해 사용하는 옵션 기능이다. 이것으로 WORK 좌표를 잡는다면 터치 프로브가 기준 공구로 사용되기도 한다.

터치 프로브는 말 그대로 터치 측정볼 부가 터치될 때까지 지령한 축 방향으로 계속 이동한다. 터치 프로브 옵션이 장착된 머시닝 센터라면 아래와 같이 화면에 터치 프로브 조작을 할 수 있는 기능 버튼이 제공된다.

① 터치 프로브 자체 설정하기

터치 프로브를 사용하기 위해서는 기본적으로 터치 프로브 자체 길이나 지름을 입력해 주어야 한다.

ㄱ. 아래와 같이 터치 프로브 버튼을 누른다.

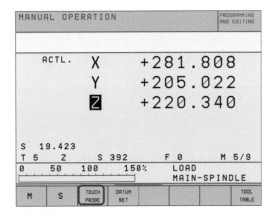

ㄴ. 아래 버튼을 누른다.

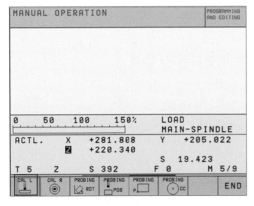 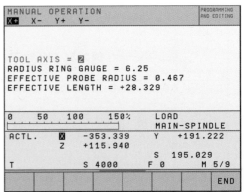

저자는 터치 프로브를 기준 공구로 사용하지 않았고 터치 프로브보다 길이가 28.329mm 작은 공구를 사용했기 때문에 터치 프로브 길이 값을 위와 같이 28.329mm라고 넣었다.

EFFECTIVE LENGTH는 터치 프로브와 기준 공구의 차이 값을 넣어 주면 되고, PROBE RADIUS 는 터치 프로브 세팅 포인터의 반지름 값을 입력해 주면 된다.

ㄷ. CAL R: 터치 프로브의 반경 값을 넣어 준다.

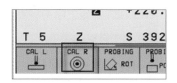

CAL L에서 입력한 PROBE RADIUS 값의 반지름과 동일한 값을 입력한다.

위와 같이 해서 터치 프로브에 대한 기본 길이나 반지름 값을 입력해 주어서 공작물의 WORK 좌표를 잡는데, 이 값들이 적용되어서 자동으로 계산된 값이 WORK 좌표로 된다.

② WORK 좌표 잡는 방법

아래와 같이 PROBING POS 기능으로 X, Y, Z WORK 좌표를 잡아 보자.

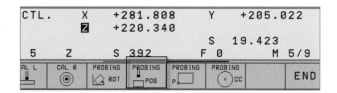

㉠ Z축 WORK 좌표 잡는 방법

위 그림과 같이 PROBING POS 버튼을 누르면 다음 그림과 같이 나오는데

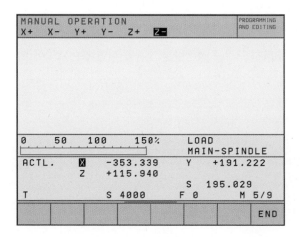

ㄱ. 터치 프로브를 스핀들에 장착한 채로 수동 조작을 하여 터치 프로브 측정볼을 Z축 WORK 좌표로 잡을 공작물 윗면 근처로 Z축을 이동시키는데, 보통 윗면에서 5~25mm 정도 위까 지 접근시킨다.

ㄴ. 모니터 상단에 커서를 움직여서 Z- 축에 커서를 위치시키고 CYCLE START 버튼을 누르면 커서가 가리키는 축 방향으로 터치 프로브가 공작물에 터치될 때까지 자동으로 움직인다. 여기서는 Z- 방향을 선택했으므로 공작물 윗면에 터치될 때까지 계속 내려갈 것이다.

※ 참고로 터치 프로브 위치를 잘못 지정하여 충돌할 경우까지 계속 축이 이동한다면 터치볼을 손으로 건드리거나 비상 버튼을 누르면 되는데 대부분 손으로 터치하면 멈춘다.

ㄷ. 공작물 윗면, 즉 Z축 WORK 좌표를 잡을 윗면을 터치하고 이동하기 전 위치로 Z축이 복귀하였다면 아래와 같이 Z축을 DATUM SET 시키는데 0 값을 입력한다. (참고로 터치된 면이 Z축 WORK 좌표 0점이 아니고 +50mm 점이라면 Z=+50을 입력한다.)

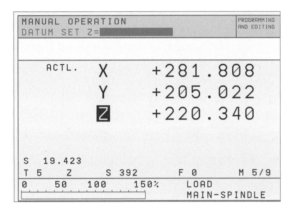

ⓛ XY축 WORK 좌표 잡는 방법

Z축 WORK 좌표 잡는 방법과 동일하게 XY축도 잡으면 된다. 참고로 X축만 잡는 방법을 살펴보자. 만약 공작물의 센터를 X축 WORK 좌표 0점으로 잡는다면

ㄱ. 처음 터치한 면을 X=0으로 DATUM SET 시킨다.

ㄴ. 2번째 면을 터치하면 공작물 폭에 터치 프로브 측정바늘 지름을 더한 값이 X축에 아래와 같이 나타나게 될 것이다.

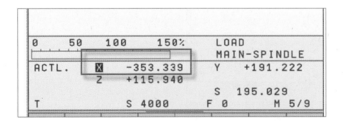

ㄷ. 이제 터치 프로브가 센터로 이동할 수 있게 Z축을 안전한 위치로 도피 시킨 다음 −353.339의 절반 값인 −176.669로 X축을 이동시킨다.

ㄹ. −176.669로 X축을 이동했으면 이 위치에서 X축을 DATUM SET 시키는데 X=0으로 SET 시

킨다. 참고로 수동으로 계산하여 이동하면 되지만 번거롭기 때문에 아래와 같이 MDI 화면에 반 값으로 이동하는 프로그램을 작성하여 사용하면 편리하다.

58 FN 4: Q4 = 353.339 DIV +2 (DIV 기능은 353.339를 2로 나눈다. 결과 값은 Q4가 됨)
59 L IX+Q4 R0 F8000

만약 위와 같이 공작물의 센터점이 아닌 한쪽만 터치하여 잡는다면 위 순서에서 ㄱ만 하면 된다.

③ 원의 내경에서의 WORK 좌표 잡는 방법

터치 프로브에서 구멍의 중심점, 즉 XY WORK 좌표를 잡는 방법에서 가장 좋은 방법은 아래와 같이 PROBING CC가 있는데, 내경 공작물의 센터점을 잡는 데 유용하다.

ㄱ. 구멍의 센터점을 잡기 위해 먼저 XY축을 구멍 안으로 수동 위치 이동시킨다. 또한 터치 프로브가 구멍 내벽을 터치할 수 있도록 Z축을 구멍 안으로 위치시킨다. 구멍 안쪽으로 XYZ 축을 이동시키는데 대충 중심으로 이동시키면 좋다.

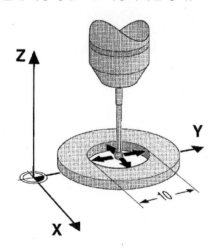

ㄴ. 위와 같이 터치볼이 구멍 안으로 들어왔으면 이제 CYCLE START 버튼을 누르면 터치 프로브가 자동으로 X+, X−, Y+, Y− 방향으로 터치하여 구멍의 XY 센터점을 잡는다.

④ 계산 기능

계산기 화면을 사용할 수 있고 또한 해당 데이텀의 좌표치나 계산기 내의 표시 숫자를 프로그램 편집이나 좌표 입력에 바로 사용할 수 있는 키가 있다.

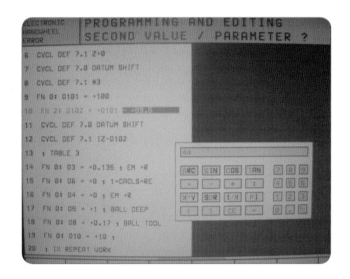

계산기 실행키는 아래와 같이 CALC키이다. 관련 사칙연산 키는 우측 그림과 같다.

또한 계산기 화면의 숫자나 기타 현재 축 표시 좌표 값을 그대로 편집 화면에 넣거나 공구 자동길이
측정에서 자동으로 공구 길이를 옵셋 값에 입력할 때 다음 그림의 조작키를 사용한다.

CHAPTER 6

가공 프로그램 작성

Computer Numerical Control

1. 윗면 황삭가공(Face Cut)
2. 구멍 가공(센터, Drill, Tap, Boring)
3. 원호(Circular, Arc)작업의 가공
4. 사각(Rectangular, Pocket) 작업의 가공
5. MACRO 기능을 이용한 가공
6. CAM 프로그램과 수동 프로그램의 조합
7. 기능 코드의 프로그램 상세 예

가공 프로그램 작성

이전 장에서는 언급한 코드들 중에 주로 사용하는 코드가 현장에서 어떻게 프로그램하여 사용되는지 수동 프로그램 작성 위주로 했고 매크로 부분도 알아보자. 물론 요즘 임가공 업체나 다품종 가공 제품을 제작하는 업체들의 대세는 CAM 프로그램으로 NC 프로그램을 작성하는 것이다. 그래서 CAD, CAM을 잘 활용하는 능력도 요구되고 있다.

이 장에서는 저자가 과거의 방식으로 작성했던 부분들이 많은데 요즘은 CAM 프로그램이 잘 나와 있기 때문에 이 장에서 나열한 방법이 불필요할 수도 있기 때문에 필요한 부분만 알아볼 필요가 있다. 단, 수동 프로그램이든지 CAM 프로그램이든지 어떤 프로그램이 가장 잘 작성되었는가 생각해 본다면 아래 요건을 만족하는 프로그램이라 하겠다.

– 가장 빠른 시간에 가공 완료할 수 있는 프로그램

– 도면의 스펙대로 가공되는 프로그램

– 가공 원가가 적게 들어가는 프로그램(세팅시간, 절삭에 필요한 절삭공구, 클램프 장치, 가공소재비가 가장 적게 들어가는 프로그램)

– 머시닝 센터에 절삭 부하를 최소한으로 주는 프로그램

– 작업자가 편리하게 작업할 수 있는 프로그램

위 5가지를 모두 충족시킨다면 가장 이상적인 가공 프로그램 작성이라 하겠다. 특히 앤드밀 가공의 경우 공구 선정이나 프로그램 작성은 작업자마다 다르다. 따라서 저자의 프로그램 방식이 꼭 가장 좋은 방법이라고 말하진 못한다. 많은 프로그램 작성과 다양한 제품의 가공 경험이 있을 때 위 5가지를 모두 충족하는 프로그램이 작성되어질 거라 생각한다.

1 윗면 면가공(Face Cut)

대부분 절삭가공의 첫 번째 작업은 Face Cutting 작업이다. 맨 윗면이 고른 상태에서 센터나 기타 구멍 가공, 형상가공을 할 수 있기 때문이다. 6각 면취 작업을 미리 했다면 생략할 수 있다.

아래는 150×100의 가로 세로 크기의 사각 소재의 면취 작업이다. 50파이 황삭용 Face Cutter이며 양 방향 가공으로 프로그램 작성한 것이다. 총 가공량이 3mm이며, 깊이는 1mm씩 가공했다. 황삭 Face Cutter이므로 정삭 여유 0.15를 남겨놨다.

정삭 프로그램은 Z 값만 0으로 하고 정삭 커터로 작업하면 된다. 여기서 중요한 팁 하나는 Z축 근처나 기계 위쪽에 메거진이 있는 MCT의 경우 윗면 정삭가공과 동시에 공구 대기를 하면 메거진 포트가 움직이면서 진동이 발생되는데, 이 진동이 정삭면에 전달되면서 미세 스크래치가 발생될 수 있다. 따라서 정삭 Face Cutting 시에는 공구 대기를 삭제하거나 커팅이 끝난 다음에 공구 대기를 하는 것이 좋다.

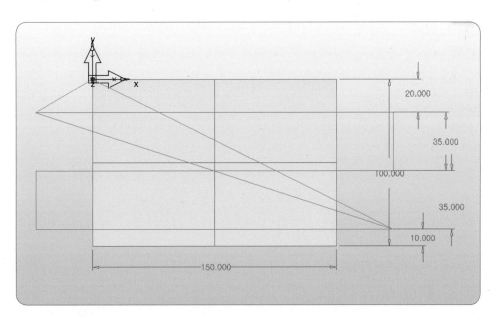

```
N8 (T20 DIA.=50.0 NAME=50FAC)
(ROUGH FACE FACE1)
N10 M06T20
N11 G0 G17 G54 G90 X185.0 Y-90.0 S4500 M3
N12 M8
N13 G43 Z25.0 H20 T20
N14 Z6.0
N15 G1 Z2.05 F2000.
```

```
N16 X-35.0
N17 Y-55.0
N18 X185.0
N19 Y-20.0
N20 X-35.0
N21 G0 Z25.0
N22 X185.0 Y-90.0
N23 Z5.05
N24 G1 Z1.1
N25 X-35.0
N26 Y-55.0
N27 X185.0
N28 Y-20.0
N29 X-35.0
N30 G0 Z25.0
N31 X185.0 Y-90.0
N32 Z4.1
N33 G1 Z0.15
N34 X-35.0
N35 Y-55.0
N36 X185.0
N37 Y-20.0
N38 X-35.0
N39 G0 Z25.0
(PROGRAM END)
N40 M9
N41 M5
N42 G0 G28 G91 Z0
M30
```

■1 맨 윗면 프로그램 설명

① Z축 안전거리의 X 값 여유량(레터럴 오버컷 양)

위 프로그램에서 Z 방향으로 이동 시에는 X 값이 양쪽 10mm씩 제품 크기에서 벗어나서 진입했다. 즉 50파이이므로 절반 값 25mm에 10mm를 더하면 X축으로 35mm씩 제품에 닿지 않게 진입하고 진퇴했다. 즉 소재 크기보다는 최소 5mm 이상 여유를 두고 진입, 진퇴해야만 공구와 공작물의 Z축 이동 시 충돌을 피할 수 있다.

② 스텝오버량

겹치는 양을 말하는데 위 가공에서는 15mm 겹치게 가공했다. 이 양은 공구 코너R 값을 고려해서 살이 남지만 않으면 되는데, 보통 절삭 부하를 감안하여 겹치는 양을 정하면 된다.

③ 마지막 툴패스 OVER CUT

Y방향의 맨 마지막 절삭가공 시 여유 있게 가공하는 양인데 위 가공에서는 5mm 더 벗어나서 가공했다. 이 양도 공구 코너R 값을 고려해서 살이 남지만 않으면 되는데, 다른 물체나 클램프에 충돌하지 않게끔 여유량을 정하면 된다.

2 구멍 가공(센터, Drill, Tap, Boring)

머시닝 센터에서 가장 많은 작업 중에 하나가 바로 hole 작업이다. 단순히 구멍을 가공하는 것을 시작으로 보링, 드릴 작업, 탭 작업, 오일홈, 카운터 보어 등 다양한 구멍 작업을 하는데, 현장에서는 어떤 식으로 수동 프로그램을 작성하는지 알아보자.

1 Tap(탭) 작업

구멍에 암나사를 내기 위해 사용하는 공구를 탭 공구라 하는데 이런 작업을 탭 작업이라고 한다. 이 탭 작업을 하기 위해서는 반드시 센터 드릴과 드릴가공을 먼저 한 다음 탭 작업을 해야 하기 때문에 탭 작업 프로그램을 통해서 센터 드릴과 드릴가공까지 전체적인 프로그램을 가공 순서대로 알아 보자.

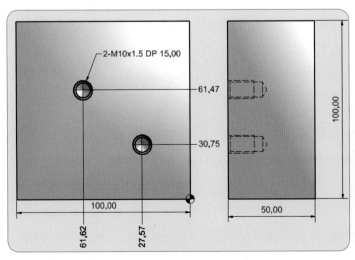

① 예제 설명 및 가공 순서

위 예제를 보면 지름이 10mm인 미터나사이며, 나사피치가 1.5mm이고 나사 깊이가 15mm인 탭을 2개 가공해야 한다. 나사 규격이나 나사 규격에 따른 기초 홀의 지름에 대해서는 제3장 도면 보는 법을 참조하기 바란다.

탭을 가공하기 위해서 아래와 같은 순서대로 가공해야 한다.

    센터 드릴 → 드릴 → 탭(TAP)

㉠ 센터 드릴

센터 드릴은 앞장에서 설명한 것과 같이 드릴이 똑바로 들어가도록 진입점을 살짝 가공해주는 공구이다. 또한 지름이 큰 센터 드릴의 경우 탭의 모따기까지 동시에 작업할 수 있다. 이 센터 드릴은 센터 드릴 고유의 작업인 진입점 가공 작업뿐만 아니라 Ø10의 탭가공이므로 한쪽에 C0.5, 즉 Ø11 이상의 모따기 작업까지 할 수 있도록 센터 드릴 규격을 Ø12×90도로 선정하고 작업을 할 것이다. 그래서 센터 드릴 깊이는 5.5mm 들어가야 한다.

탭을 가공하기 전에 탭구멍 모따기가 중요한데 탭이 똑바로 들어가도록 안내 역할을 해주는 것이 바로 구멍의 모따기 작업이다. 이 탭구멍의 모따기 작업은 탭 가공 전에 해주어야 한다. (제8장 나사가공 참조)

㉡ 드릴(Drill) 가공

센터 드릴을 가공했다면 이제 드릴가공을 해야 한다. 탭 규격이 M10×1.5이기 때문에 미터나사의 경우 10−1.5=8.5, 즉 Ø8.5mm 드릴로 기초 드릴 가공을 해야 한다. 하지만 이럴 경우에 탭이 부러질 위험이 있으므로 Ø8.6으로 작업해야 한다. 탭 규격에 따른 기초 드릴 지름을 선정하는 것은 탭의 품질을 고려한 선택을 해야 한다. 참고로 1급 나사 탭을 가공할 것인지 아니면 하위 급의 나사품질의 탭을 가공할 것인지 알아 봐야 하는데, 특별한 경우가 아니면 보통 산업현장에서는 3급 나사로 드릴 지름을 선택한다. 드릴의 가공 깊이는 드릴의 날각과 칩 배출을 고려하여 특별한 경우가 아니라면 드릴 반지름만큼 더 들어가야 하므로 대략 4.5mm 정도 더 들어간 깊이인 19.5mm이다. (제3장 나사 규격 참조)

㉢ 탭(tap) 가공

마지막으로 탭공구를 이용하여 작업을 한다. 탭공구의 깊이를 결정할 때 탭공구의 나사부가 시작되는 부위는 불완전 나사부가 존재하기 때문에 그 길이를 감안하여 도면에 탭 깊이가 특별한 깊이 표시가 아닌 경우 도면의 깊이보다는 더 들어가야 한다. (제8장 탭 깊이 참조) 보통은 스파이어럴 탭의 경우 탭 지름의 0.2% 정도 더 들어간다. 그러므로 여기에서는 17mm로 가공할 것이다.

② Tap 가공 프로그램 예

앞 페이지 순서에 나와 있는 대로 예제 도면에 대한 '센터 드릴 → 드릴 → 탭 가공' 순서대로의 프로그램을 작성하였다. (모든 코드의 상세 설명은 제2장 참조)

– 프로그램 :

```
O00001;(TAP Process)
G17 G49 G80;
T01 M06; (Ø12X90D CENTER DRILL)
M01;
G90 G54 X0 Y0;
G43 H01 Z50 S3000 M03;
G99 G81 X-27.57 Y30.75 Z-5.5 R1 F200;
X61.62 Y61.47;
G80 M09;
G49 Z300;
G91 G28 G0 Z0;
T02 M06; (Ø8.6 DRILL)
M01;
G90 G54 X0 Y0;
G43 H02 Z50 S4000 M03;
G99 G83 X-27.57 Y30.75 Z-19.5 Q1 R1 F800;
X61.62 Y61.47;
G80 M09;
G49 Z300;
G91 G28 G0 Z0;
T03 M06; (M10X1.5 TAP)
M01;
G90 G54 X0 Y0;
G43 H03 Z50 S300 M03;
G99 G84 X-27.57 Y30.75 Z-17 R1 F450;
X61.62 Y61.47;
G80 M09;
G49 Z300;
G91 G28 G0 Z0;
M30;
```

③ TAP Process 프로그램 전체 설명

㉠ 각 공구에 따른 프로그램 설명

센터 드릴은 빨간색, 드릴은 파란색, Tap은 검은색으로 작성하였다.

ⓛ 각 공구에 따른 프로그램 차이

위 프로그램을 전체적으로 자세히 보면 공구에 따라서 다음과 같은 사항들이 각각 다른 점을 확인할 수 있다.

– 스핀들 회전수와 가공FEED가 다르게 작성되었다.

공구 및 차이점	센터 드릴	드릴	Tap
S : 회전수	S3000	S4000	S300
F : 가공속도(FEED)	F200	F800	F450

– 고정 사이클 사용은 모두 동일하나 기능과 가공 깊이가 다르다.

차이점	센터 드릴	드릴	Tap
고정 사이클 기능	G81	G83	G84
가공 깊이	Z-5.5	Z-19.5	Z-17

– 공구 번호가 다르기 때문에 공구 길이 보정 번호가 다르다.

차이점	센터 드릴	드릴	Tap
공구번호	T01	T02	T03
공구 길이 보정 번호	H01	H02	H03

ⓒ 각 공구에 따른 프로그램 공통점

위에서 설명한 차이점을 빼고는 모두 아래와 같은 프로그램 틀은 같다.
– 공구 교환 후 공구에 관한 사항들을 점검하기 위해 M01을 사용한 것이 같다.
– 공구 교환 M06과 공구 길이 보정 G43을 사용한 것이 같다.
– 가공 근처까지 빠르게 위치이동 시키고자 하는 것이 같다.

같은 점	센터 드릴	드릴	Tap
가공 근처까지의 이동	G90 G54 X0 Y0	G90 G54 X0 Y0	G90 G54 X0 Y0

– 드릴사이클에서 가공 위치로 이동하는 위치 좌표와 복귀점이 같다. (밑줄 친 위치 좌표)

```
G99 G84 X-27.57 Y30.75 Z-17 R1 F450;
X61.62 Y61.47;
```

위와 같이 공작물에 단차가 없으므로 R점 복귀인 G99를 사용하였다. 또한 가공 포인트의 위치가 같기 때문에 프로그램도 똑같다. 가공할 포인트 수량이 적을 경우는 위와 같이 메인 프로그램에서 작성해도 되지만 포인트 수가 다수일 경우에는 포인트 좌표만 별도로 서브프로그램으로 분리하고 호출하여 사용하면 편리하다.

– 고정 사이클 해제, 공구 길이 보정 해제, 다음 공구 교환을 위해 Z축 원점 복귀가 아래와 같이 모두 같다.

```
G80 M09;
G49 Z300;
G91 G28 G0 Z0;
```

 3 원호(Circular, Arc) 작업의 가공

모든 가공 공작기계에서 가장 많은 작업을 하는 것이 바로 원호 가공이다. 머시닝 센터에서도 앤드밀 가공에서 원호 작업이 차지하는 비중이 크다. 제2장(2.1 참조)에서 알아본 G02, G03 코드를 이용하여 원과 호의 가공을 어떻게 작업하는지 알아보자.

1 원호가공 기본 프로그램 작성 예

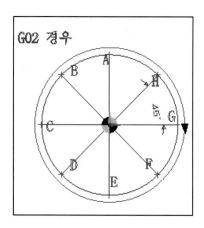

① 원호가공의 경보정을 사용한 프로그램의 Island 예

앞에서 나온 그림에서 G~G 이동부를 경보정을 사용하여 원호의 외곽, 즉 Island(아일랜드) 가공을 하는데 빨간색 부분만 G02로 가공하게 되는 프로그램을 작성한 예이다.

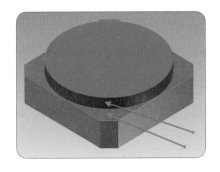 

조건 : Ø20 ENDMILL 사용, 절삭 깊이 : 2mm, 파란색 원기둥의 원의 지름 : Ø200mm, 사각 소재
크기 : 205×205×15T 모따기 C20-4곳(가공 완료돼 있음), WORK 좌표 X,Y의 원점은 원의 중심,
　　Z는 파란색 면

㉠ Island(원기둥)를 절대 좌표(G90)로 작성할 경우

```
G00 G90G54 G43 X0 Y0 Z50 H01 S1000;
X120 Y0                    (아래 보충 설명, "A")
G00Z2;
G01 Z-2 F1000;                (아래 보충 설명, "B")
G01G41D32 X100 Y0 F200;          (아래 보충 설명, "C")
G02 I-100 J0;                (아래 보충 설명, "D")
G40X+120;                 (아래 보충 설명, "E")
G49Z400;                  (아래 보충 설명, "F")
M05;
M30;
```

"A" 보충 설명

원기둥의 지름이 200mm이므로 센터에서 G부위 시작점까지는 X100mm이다. 따라서 앤드밀의 반경이 10mm이며 측면 미절삭 부위 2.5mm(외곽에서 원을 뺀 것의 절반)가 남아 있기 때문에 안전하게 X120으로 진입점으로 급속 이동 하였다.

"B" 보충 설명

가공 깊이로 이동하였다.

"C" 보충 설명

원 가공의 시작점인 G 부위로 경보정 실행되면서 절삭이동 진입한다. 물론 공구 옵셋 값에는 이미 10mm가 들어가 있어야 한다.

"D" 보충 설명

원 가공의 시작점인 G 부위가 시작점이자 끝점이기 때문에 끝점좌표는 표기하지 않았고, 원 가공의 시작점을 기준으로 원호의 중심이 X-100 방향에 있기 때문에 I-100을 사용하였고, Y는 원호의 센터점이기 때문에 J0로 프로그램하였다. 하향절삭이므로 시계 방향인 G02를 사용하여 원을 한 바퀴 돈다.

"E" 보충 설명

원기둥 가공을 마치고 이제 원래 초기 진입점으로 다시 복귀하면서 공구 경보정을 해제한다. 경보정 해제 시에는 원호의 반경 값에다 앤드밀 반경 값 이상을 더해주고 여기에 도피량을 더해준다. 그래야 경보정 해제 시 공구와 공작물의 충돌이나 불량 발생이 없다. 이 프로그램에서는 도피량을 10mm 정도 주었다.

"B" 보충 설명

공구 길이 보정을 해제하면서 Z축도 공작물에서 멀어지게 도피한다.

ⓛ Island(원기둥)를 증분 좌표(G91)와 혼합하여 작성할 경우

증분 좌표를 혼합하여 프로그램 작성 방법을 익히는 이유가 있다. G91을 사용하지 않고 모든 프로그램을 완벽하게 작성할 수 있다. 하지만 CAM 프로그램과 수동 프로그램을 적절히 혼합하여 사용할 경우나 머시닝 센터 컨트롤러 사양이나 작업의 편리성 때문에 G91로 프로그램 하는 방법도 익혀 놓아야 한다. 다음의 경우에 필요하다.

- 동일한 형상이 많은 프로그램의 경우

비슷한 형상이 한 제품에 여러 개로 배열돼 있을 경우에 절대 좌표로 프로그램할 경우 프로그램이 상당히 길어진다.

제6장 355쪽 참조(단, 컨트롤러 사양이 좋으면 G91를 사용하지 않고 절대 좌표로 모두 프로그램 해도 된다.)

- 비슷한 형상이 많은 프로그램의 경우

원가공과 사각가공, 슬롯가공처럼 비슷한 형상이 크기와 깊이만 다르게 여러 제품에서 반복적으로 가공하는 경우가 많은데, G91과 형상 크기 부분을 변수로 사용하여 비슷한 형상의 제품 가공 시 수동 프로그램 작성시간을 단축시키는 효과가 있다.

제6장 358쪽 참조(단, 이 부분은 CAM 프로그램으로 작성하면 G91로 하지 않아도 된다.)

- 프로그램을 공유하기 쉽다.

형상은 동일하나 형상 중심의 위치가 다를 때 형상 부분만 증분 좌표로 짜놓고 중심 위치만 절대 좌표로 바꿔 준다면 형상 중심 위치나 WORK 좌표가 변경된다 하더라도 증분 좌표로 짜놓은 형상 프로그램은 그대로 활용할 수 있다.

이제 아래와 같이 G90과 G91을 혼합하여 위의 예제 프로그램을 작성한 것이다.

```
G00 G90G54 G43 X0 Y0 Z50 H01 S1000;
G91X120                      (아래 보충 설명, "A")
G90G00Z2;                    절대 좌표로 변경
G90 G01 Z-2 F100;            (아래 보충 설명, "B")
G91G01G41D32 X-20 Y0 F200;       (아래 보충 설명, "C")
G02 I-100 J0;                 (아래 보충 설명, "D")
G91G40X20;                    (아래 보충 설명, "E")
G90G00Z10;                    (아래 보충 설명, "F")
G49Z400;                      (아래 보충 설명, "G")
M05;
M30;
```

"A" 보충 설명

원기둥의 지름이 200mm이므로 센터에서 G부위 시작점까지는 X100mm이다. 따라서 앤드밀의 반경이 10mm이며, 측면 미절삭 부위 2.5mm(외곽에서 원을 뺀 것의 절반)가 남아 있기 때문에 안전하게 증분 좌표로 하여 X120으로 진입점으로 급속 이동하였다.

"B" 보충 설명

G91을 사용하더라도 수동 프로그램에서의 가공 깊이 이동은 항상 G90 절대 좌표로 이동하는 습관을 들이며 꼭 확인해야 한다. 왜냐하면 수동 프로그램에서의 Z 값까지 G91을 사용하면 프로그램이 복잡해지고 불량이 발생할 여지가 다분하기 때문이다. (CAM 프로그램에서는 신경 쓰지 않고 X, Y, Z 모두 G91로 뺄 수 있다.)

"C" 보충 설명

원 가공의 시작점인 G 부위로 경보정 실행되면서 절삭이동 진입한다. 절대 좌표로 계산해 본다면 현재 위치가 X120이고 이동하는 위치는 X100이다. 따라서 G91로 작성한다면 현재 위치에서 이동할 위치까지는 X- 방향 쪽으로 20mm이다. 따라서 G91 X-20으로 프로그램 해야 한다.

"D" 보충 설명

원호가공의 I, J, K는 증분 좌표 성격이므로 절대 좌표에서 프로그램한 것과 동일하게 작성하면 된다.

"E" 보충 설명

"C" 보충 설명에서 이동하였듯이 증분 좌표 그대로 역방향으로 이동하여 빠져 나온다.

"F" 보충 설명

다시 절대 좌표 코드 G90을 사용해 주고 공구 길이 보정을 해제하면서 Z축도 공작물에서 멀어지게 도피한다.

② 원호가공의 경보정을 사용한 프로그램의 포켓 예

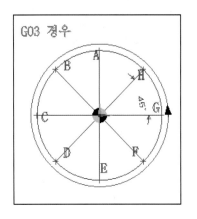

앞에서 나온 그림에서 G~G 이동부를 경보정을 사용하여 원호의 내부, 즉 pocket(포켓) 가공을 하는데 빨간색 부분만 G03으로 가공하게 되는 프로그램을 작성한 예이다.

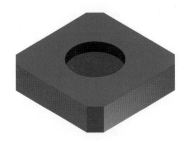

조건 : 2날 Ø30 ENDMILL 사용, 절삭 깊이 : 2mm, 빨간색 원의 지름 : Ø100mm, 사각 소재

크기 : 205×205×15T 모따기 C20-4곳(가공 완료돼 있음), WORK 좌표 X, Y의 원점은 원의 중심,
　　　　Z는 파란색 면

㉠ 원 포켓가공을 절대 좌표(G90)로 작성할 경우

```
T01 M06;(2날 Ø30 ENDMILL)
G00 G90G54 G43 X0 Y0 Z50 H01 S1000;          (아래 보충 설명, "A")
G00Z2;
G01 Z-2 F50;                        (아래 보충 설명, "B")
G01G41D32 X35 Y0 F200;                   (아래 보충 설명, "C")
G03 I-35 J0;                    (아래 보충 설명, "D")
G40X+25;                      (아래 보충 설명, "E")
G01G41D32 X50 Y0 F200;                   (아래 보충 설명, "F")
G03 I-50 J0;                    (아래 보충 설명, "G")
G40X+0;                    (아래 보충 설명, "H")
G49Z400;                      (아래 보충 설명, "I")
M05;
M30;
```

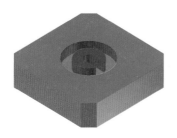

따라서 "C"~"E" 구간은 위 그림의 잔재 처리 가공 프로그램이다. 설명하자면 센터점에서 Ø30앤드밀이 깊이 방향으로 진입하므로 진입하면서부터 Ø30은 가공이 완료된다. 그러므로 Ø60부터 Ø100G 부위를 제외한 Ø30부터 Ø60까지의 잔재처리를 할 수 있는 Ø는 Ø70 가공이다. 따라서 Ø70원가공 시작점 X35로 이동한다.

공구 길이 보정을 해제하면서 Z축도 공작물에서 멀어지게 도피한다.

ⓒ 원 포켓가공을 증분 좌표(G91)와 혼합하여 작성할 경우

절대 좌표 G90과 증분 좌표 G91을 혼합할 때는 다음과 같은 기준이 적용된다.

– 항상 형상의 중심으로 이동하는 것과 깊이 좌표는 G90으로 이동한다.

– G91의 좌표가 이해되지 않을 때와 계산이 헷갈릴 때는 절대 좌표를 참조하라.

증분 좌표로 이동하면 이동한 위치의 절대 좌표 값을 변경할 때 얼마인지 알고 있으면 헷갈리지 않는다. 역으로 증분 좌표를 계산할 때 절대 좌표를 참조하면서 프로그램을 변경할 때 쉽게 증분 좌표로 프로그램을 할 것이다. 다음 프로그램을 보고 익혀 보자.

```
T01 M06;(2날 Ø30 ENDMILL)
G00 G90G54 G43 X0 Y0 Z50 H01 S1000;          (아래 보충 설명, "A")
G00Z2;
G01 Z-2 F50;                       (아래 보충 설명, "B")
G01G91G41D32 X35 Y0 F200;               (아래 보충 설명, "C")
G03 I-35 J0;                    (아래 보충 설명, "D")
G40X-10;                      (아래 보충 설명, "E")
G01G41D32 X25 Y0 F200;               (아래 보충 설명, "F")
G03 I-50 J0;                    (아래 보충 설명, "G")
G40X-50 F1000;                   (아래 보충 설명, "H")
G90G49Z400;                    (아래 보충 설명, "I")
M05;
M30;
```

"A"~"B" 보충 설명

G90 절대 좌표로 했을 때와 동일하다.

"C" 보충 설명

"A"~"B"진입 포인트와 깊이만 절대치로 하고 위와 같이 G91로 잔재처리나 경보정 진입은 모두 증분 좌표로 해야, 여러 개의 원가공을 할 때 하나의 서브프로그램으로 원가공을 할 수 있게 된다.

"D" 보충 설명

이 부분은 절대 좌표나 증분 좌표, 또한 work 좌표를 변경해도 변하지 않는 부분이다.

"E" 보충 설명

절대 좌표로 한 것과 동일하다. 참고할 것은 공구 반경만큼만 경보정을 해제하면서 도피했다. 그러나 실제 경보정이 공구반경 값만큼 먹고 있었기 때문에 실제 도피하는 값은 없다. 그래서 현재 절대치로 본다면 X25mm에 있다.

"F" 보충 설명

"E"의 절대치 위치가 X25mm이기 때문에 이제 증분치로 25mm만 더 가면 원의 센터에서는 X50mm이며, 절대치로도 X50mm 좌표로 이동하는 것과 같게 된다.

"G" 보충 설명

절대 좌표 프로그램과 동일하다.

"H" 보충 설명

이제 원의 센터로 경보정을 해제하면서 도피하는데 G91 좌표가 계속 먹고 있기 때문에 X-50mm로 이동한다. 물론 WORK 좌표가 원의 센터이다 보니 절대 좌표 프로그램과 동일하지만 WORK 좌표가 원의 센터가 아니면 위 프로그램은 절대 좌표와 다를 것이다.

"I" 보충 설명

공구 길이 보정을 해제하면서 Z축도 공작물에서 멀어지게 도피한다. 주의할 것은 항상 절대 좌표로 G49 기능을 사용하는 것을 잊지 말자. 앞 블록에서 G91이 계속 먹고 있었기 때문에 별도로 G90을 사용하였다.

③ 원호 포켓가공의 WORK 좌표에 따른 프로그램 예

앞의 예제로 이제 WORK 좌표 XY의 0점이 원의 센터가 아닌 다른 지점으로 했을 때의 G90과 G91 각각의 프로그램을 다시 작성하는 방법을 익혀 보자. 물론 공구나 절삭 조건은 동일하다고 본다.

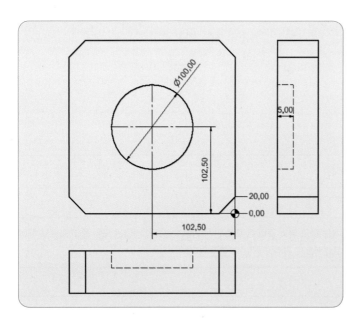

㉠ 원 포켓가공을 절대 좌표(G90)로 작성할 경우

```
T01 M06;(2날 Ø30 ENDMILL)
G00 G90G54 G43 X0 Y0 Z50 H01 S1000;
X-102.5 Y102.5                    (아래 보충 설명, "A")
G00Z2;
G01 Z-2 F50;                     (아래 보충 설명, "B")
G01G41D32 X-67.5 Y102.5 F200;         (아래 보충 설명, "C")
G03 I-35 J0;                     (아래 보충 설명, "D")
G40X-77.5;                    (아래 보충 설명, "E")
G01G41D32 X-52.5 Y102.5 F200;          (아래 보충 설명, "F")
G03 I-50 J0;                    (아래 보충 설명, "G")
G40X-102.5 F1000 ;                (아래 보충 설명, "H")
G90G49Z400;                    (아래 보충 설명, "I")
M05;
M30;
```

"A"~"B" 보충 설명

원의 센터점으로 이동하고 진입하였다.

"C" 보충 설명

기존 프로그램들과 마찬가지로 잔재처리하기 위해 원의 센터점에서 35mm X축 이동하였다.

"D" 보충 설명

원의 센터점이 현 위치 X-67.5에서 -방향으로 35mm 방향에 있기 때문에 I-35로 했고, Y축은 0이므로 J0으로 했다. 이 부분은 절대 좌표, 증분 좌표, WORK 좌표와 상관없이 모두 동일하다.

"E" 보충 설명

공구 경보정을 해제하면서 도피하는데 실제 10mm(77.5-67.5) 이동하는 것인데, 공구경이 10mm이기 때문에 이동량은 없다.

"F" 보충 설명

지름이 100mm이므로 센터에서 G부위 시작점까지는 X50mm(102.5-52.5)이다. 따라서 원 가공의 시작점으로 다시 경보정이 실행되면서 절삭이동 진입한다.

"G" 보충 설명

원 가공 시작점에서 기준하여 원의 센터점이 X-50 방향 쪽에 있으므로 I-50 J0으로 프로그램하여 원 가공을 마친다.

"H" 보충 설명

공구 경보정을 해제하면서 원호의 센터점인 X-102.5로 이동한다.

공구 길이 보정을 해제하면서 Z축도 공작물에서 멀어지게 도피한다.

ⓒ 원 포켓가공을 증분 좌표(G91)와 혼합하여 작성할 경우

```
T01 M06;(2날 Ø30 ENDMILL)
G00 G90G54 G43 X0 Y0 Z50 H01 S1000;
G91X-102.5 Y102.5                    (아래 보충 설명, "A")
G90G00Z2;                         Z 값은 절대 좌표로 한다.
G01 Z-2 F50;                       (아래 보충 설명, "B")
G01G91G41D32 X35 Y0 F200;            (아래 보충 설명, "C")
G03 I-35 J0;                       (아래 보충 설명, "D")
G40X-10;                          (아래 보충 설명, "E")
G01G41D32 X25 Y0 F200;              (아래 보충 설명, "F")
G03 I-50 J0;                       (아래 보충 설명, "G")
G40X-50 F1000;                     (아래 보충 설명, "H")
G90G49Z400;                       (아래 보충 설명, "I")
M05;
M30;
```

"A" 보충 설명

증분 좌표로 원호의 센터점까지 이동한다.

"C"~"H" 보충 설명

앞에서 알아본 증분 좌표와 혼합했을 때와 프로그램이 동일하다. 여기서 알 수 있듯이 원 가공 부분만 증분 좌표로 작성하면 똑같은 원의 형상이 여러 군데 있어도 프로그램이 길어지지 않고 간단하게 프로그램할 수 있다는 것을 알 수 있을 것이다. 즉 증분 좌표로 형상가공되는 부분을 서브프로그램으로 작성하고 형상 중심위치 좌표만 별도로 절대 좌표로 서브프로그램 작성해놓고 G66 기능을 사용하면 WORK 좌표가 바뀌든지 원 위치 좌표가 바뀌든지 상관없이 어떤 원의 크기의 형상이든지 프로그램을 적용할 수 있게 된다. 이렇게 증분 좌표의 프로그램 작성이 매우 유용하게 사용된다. 실제로 증분 좌표의 프로그램은 프로그램 길이나 크기만 다른 동일한 형상을 가공할 때, 크기 부분만 변수를 적용하여 많이 사용한다.

"I" 보충 설명

기존 프로그램과 동일하다.

2 원호 가공 예제

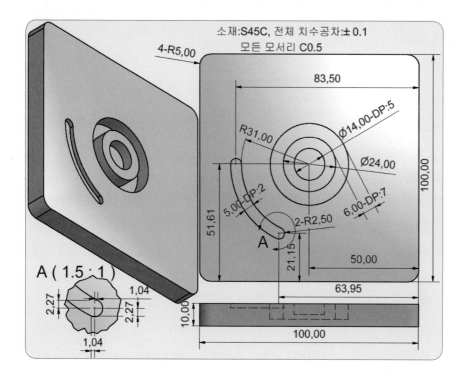

위 예제를 보면 앤드밀 진입점을 드릴가공 해주어도 되지만 앤드밀 가공만으로 전체 가공을 완료할 수
있다. 크게 4가지 가공으로 나눌 수 있다.

- Ø14 깊이 5mm
- Ø24 홈 폭 6mm(Ø36)의 깊이 7mm
- R31 폭 5mm(R36)의 깊이 2mm 호 가공
- 공작물 외곽 사이즈 100×100, 코너R 5mm(바이스 작업할 것이고 바이스 윗면에서 6mm 돌출),
  앞면, 뒷면 나누어 가공함.

위 4가지의 가공 순서는 작업자가 편리한 대로 정하면 된다. 특별히 가공 순서를 정해서 할 필요는 없다.

① 공구 선택

위 원호의 형상가공 프로그램을 작성하기 위해 첫째로 신경을 쓰는 부분이 바로 어떤 공구를 사용하
며 공구의 지름은 몇 Ø로 할 것인지와 황삭, 정삭을 나눌 것인지를 선택해야 한다. 위 예제에서는 다
음과 같이 3개의 공구로 모든 가공을 마무리하겠다.

- Ø4×2날 평앤드밀(형상 황삭용)
- Ø4×2날 평앤드밀(형상 정삭용)
- Ø12×90도 CHAMFER/EM(형상 모따기 앤드밀)

위 형상에서 여러 가지 앤드밀로 작업할 수도 있다. 그렇게 되면 공구 수가 많아지게 되고 공구를 준비하는 시간이 더 걸린다.

㉠ Ø4X2날 평앤드밀(형상 황삭용)
- 지름 선택은 왜 Ø4 endmill로 택했나?

그리고 Ø4앤드밀의 날장이 8mm 정도되므로 공작물 맨 윗면에서 바이스 윗면까지 6mm, 즉 바이스 면에서 6mm 돌출됐으므로 외곽 100×100, 외곽과 R5 4곳은 2번 나누어서 작업하면 된다. Ø4 앤드밀을 사용하게 된 가장 큰 이유는 Ø14 원이나 홈 6mm, 5mm는 모두 Ø4로 가공할 수 있기 때문이다. 만약 Ø6mm 앤드밀로 가공할 경우에는 위 5mm 홈을 가공하지 못하고 3mm 앤드밀로 가공할 경우 가공 시간이 더 걸릴 것이기 때문이다.

공구 제작사에서 앤드밀은 보통 Ø4mm 이상부터는 짝수 단위로 생산을 많이 하기 때문이다. 그래서 Ø5mm가 재고가 많으면 사용해도 되지만 그렇지 않기 때문에 Ø4 앤드밀로 사용하였다.

- Ø4 앤드밀 중에 2날짜리로 택했나?

2날을 선택한 이유는 깊이 방향으로 앤드밀의 진입점을 절삭하면서 형상가공을 해야 하기 때문이다. 보통 4날로도 가공할 수는 있으나 4날의 깊이가공은 칩의 배출이 잘되지 않고 절삭 부하가 크고 앤드밀 파손이 있을 수 있기 때문이다. 만약 4날 앤드밀로 가공할 경우에는 드릴로 먼저 앤드밀의 진입점을 뚫어 준 다음 하면 가장 이상적인 가공이 되지만 여기서는 지름이 4mm 짜리 앤드밀을 사용하기 때문에 번거롭게 센터 드릴과 드릴가공은 하지 않았다. 보통은 앤드밀 지름이 Ø6mm 이하인 경우는 드릴가공을 별도로 추가하여 가공하지 않아도 무난하다.

- Ø1×90도×Ø12 CHAMFER/EM(형상 모따기 앤드밀)을 택했나?

이 모따기는 수동으로 사람이 할 수도 있다. 하지만 기계에서 하는 것이 깔끔하다. 모따기 앤드밀의 끝 지름을 Ø1mm 짜리로 정한 이유는 끝을 Ø0.5 이하로 할 경우 가공절삭 시 부하를 받게 되므로 공구 날 끝의 파손이 쉽게 오며 가공회전수 또한 빨라야 한다. 그러나 이 공구 끝의 지름이 크면 클수록 공구 끝 파손은 적지만 또한 문제가 되는 것이 바로 가공 형상의 코너R보다 공구 반지름이 작으면 공구 경보정 알람이 발생되기 때문에 적절한 가공 깊이와 공구 끝 지름을 선택해야 한다. 이러한 선택은 각도 앤드밀도 마찬가지이다.

② 앞면 가공 방법

㉠ 공작물 클램프

바이스에 공작물을 물려서 가공하는 방법으로 할 것이다. 바이스 맨 윗면에서 공작물 윗면까지 6mm 정도 돌출되게 평행 블록을 사용하여 공작물의 밑쪽을 받치고 물린다. 6mm의 높이로 돌출

되게 물린 이유는 100×100mm의 외곽과 외곽 코너R 5mm를 가공해야 하기 때문이다. 앞면(원호 형상 부위 및 원호포켓 가공부)에서 5.5mm 깊이로 가공하고 뒤집어서 5.5mm 깊이로 가공하면 두께 10mm의 외곽 형상가공은 마무리되기 때문이다.

ⓛ 절삭 방향

3가지 공구들은 모두 G41, 즉 하향 절삭을 할 것이다. (절삭 방향의 자세한 사항은 제8장 앤드밀 작업 참조)

ⓒ 공작물 WORK 좌표 잡기

위와 같이 화살표 위치에 공작물의 XYZ의 WORK 좌표를 잡는데 G54 WORK 좌표에 넣는다. (WORK 좌표 잡는 방법은 제2장, 제3장, 제5장 참조)

ⓔ Ø4X2날 평앤드밀(형상 황삭용)의 가공 방법

이 공구의 반경 옵셋 값은 1.999mm로 미리 입력해 놓는다. 처음 Ø14 깊이 5mm 원가공을 할 것이다. 깊이는 0.5mm씩 10번 나누어 가공할 것이다. Z절입량을 0.5mm로 한 이유는 제9장 날당 이송 계산식을 참조 바란다.

ㄱ. 처음 X-50Y51.61로 앤드밀을 이동시켜 Z-0.5mm 가공한다. 그리고 X-45Y51.61까지 이동하여 G03 기능으로 Ø10 원가공을 한다. 왜냐하면 Ø4 앤드밀로는 지름이 작아서 Ø14의 원의 포켓가공을 한 번에 가공 완료하지 못하기 때문이다.

ㄴ. X-43Y51.61로 이동한 다음 G03 기능으로 Ø14 원가공 한다. ㄱ, ㄴ을 깊이 Z-4.9mm가 될 때까지 반복 작업한다. 여기까지 Ø14 깊이 5mm 원의 황삭가공을 마무리 했다.

ㄷ. Z축이 Z2.으로 이동한 다음 X-34.0 Y51.609 이동 Ø24 홈 폭 6mm(Ø36)의 깊이 7mm의 Ø36 원을 가공하기 위해 Z-0.5로 이동한 다음 X-32.0으로 이동하여 G03 원호 가공한다.

ㄹ. Ø36 원을 가공한 다음 Z축을 이동하지 않고 Ø24 홈 폭 6mm(Ø36)의 깊이 7mm의 Ø24 원을 가공하기 위해 X-38.0 Y51.609로 이동한 다음 G02로 가공한다. ㄷ, ㄹ을 깊이 Z-6.9mm가 될 때까지 반복 작업한다. 여기까지 Ø24 홈 폭 6mm(Ø36)의 깊이 7mm의 원 포켓을 황삭가

공 완료하였다.

ㅁ. Z축이 Z2.으로 이동한 다음 R31 폭 5mm(R36)의 깊이 2mm 호를 가공하기 위해 X-83.2 Y51로 이동한 다음 Z-0.5mm 내린 다음 경보정 사용하여 X-81.0 Y51.609로 접근하여 아래와 같이 순서대로 작업한다. 호 가공 시작 위치는 아래 그림과 같다.

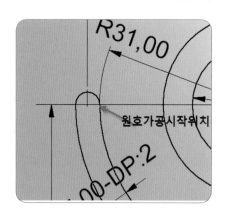

→ G03 X-86.0으로 R2.5 작업 → G03으로 X-64.989 Y18.878 R36 가공함 → X-62.907 Y23.424 이동하여 R2.5 작업함 → G2 X-81.0 Y51.609 R31 가공함 X-83.2 Y51로 경보정 해제하면서 도피함 → Z2.

위와 같이 ㅁ만 Z-1.9mm가 될 때까지 반복 작업한다. 여기까지 R31 폭 5mm(R36)의 깊이 2mm 황삭 작업을 완료하였다.

ㅂ. Z축이 Z2.으로 이동한 다음 외곽 100×100 외곽 및 R5 4곳을 가공하기 위해 X-104Y-4로 이동하고 Z-0.5mm 내린 다음 경보정 사용하여 X-100으로 접근 후 아래와 같이 순서대로 작업한다.

→ X-100Y100 이동 R5 가공 → X0Y100 이동하여 R5 가공 → X0Y0 이동하여 R5 가공 → X-100Y0 이동하여 R5 가공 → X-100Y7 이동(가공 끝점) → X-104Y8 이동(공작물 도피점) → Z2.

위와 같이 ㅂ만 Z-5.5mm가 될 때까지 반복 작업한다.

ⓓ Ø4X2날 평앤드밀(형상 정삭용)의 가공 방법

이 공구의 반경 옵셋 값은 황삭 앤드밀보다 약 0.03mm 측벽이 절삭되도록 1.97mm로 미리 입력해 놓는다. 처음 Ø14 깊이 5mm 원가공을 할 것이다. 깊이는 이제 정삭이므로 한 번에 도면의 깊이를 맞춘다.

ㄱ. 처음 X-50Y51.61로 앤드밀을 이동시켜 Z-5mm 가공한다. 그리고 X-45Y51.61까지 이동하여 G03 기능으로 Ø10 원가공을 한다. 왜냐하면 Ø4 앤드밀로는 지름이 작아서 Ø14의 원의 포켓가공을 한 번에 가공 완료하지 못하기 때문이다.

ㄴ. X-43Y51.61로 이동한 다음 G03 기능으로 Ø14 원가공 정삭 완료한다.

ㄷ. Z축이 Z2.으로 이동한 다음 X-34.0 Y51.609 이동 Ø24 홈 폭 6mm(Ø36)의 깊이 7mm의 Ø36원을 가공하기 위해 Z-0.5로 이동한 다음 X-32.0으로 이동하여 G03 원호 가공한다.

ㄹ. Ø36원을 가공한 다음 Z축을 이동하지 않고 Ø24 홈 폭 6mm(Ø36)의 깊이 7mm의 Ø24원을 가공하기 위해 X-38.0 Y51.609로 이동한 다음 G02로 가공한다. 여기까지 Ø24 홈 폭 6mm(Ø36)의 깊이 7mm의 원 포켓을 정삭가공 완료하였다.

ㅁ. Z축이 Z2.으로 이동한 다음 R31 폭 5mm(R36)의 깊이 2mm 호를 가공하기 위해 X-83.2 Y51로 이동하고 Z-2mm 내린 다음 경보정 사용하여 X-81.0 Y51.609로 접근 후 아래와 같이 순서대로 작업한다.

→ G03 X-86.0 으로 R2.5 작업 → G03으로 X-64.989 Y18.878 R36 가공함 → X-62.907 Y23.424로 이동하여 R2.5 작업함 → G2 X-81.0 Y51.609 R31 가공함. X-83.2 Y51로 경보정 해제하면서 도피함 → Z2.

위와 같이 R31 폭 5mm(R36)의 깊이 2mm 정삭 작업을 완료하였다.

ㅂ. Z축이 Z2.으로 이동한 다음 외곽 100×100 외곽 및 R5 4곳을 가공하기 위해 X-104Y-4로 이동하고 Z-5.5mm 내린 다음 경보정 사용하여 X-100으로 접근 후 아래와 같이 순서대로 작업한다.

→ X-100Y100 이동 R5 가공 → X0Y100 이동하여 R5 가공 → X0Y0 이동하여 R5 가공 → X-100Y0 이동하여 R5 가공 → X-100Y7 이동(가공 끝점) → X-104Y8 이동(공작물 도피점) → Z2.

위와 같이 외곽 100×100 외곽 및 R5 4곳을 정삭 완료한다.

ⓑ Ø1X90도XØ12 CHAMFER/EM(형상 모따기 앤드밀) 가공 방법

모따기가 0.5mm로 정해졌으므로 이제 C0.5가 되도록 깊이를 계산해야 한다. 공구반경 및 가공 깊이 설정은 제9장 모따기 가공계산식을 참조 바란다. 위 예제에서 최소 반경R 값은 2.5이기 때문에 모따기 앤드밀의 반경 값을 2.4로 정하면 가공 깊이는 2.4이다. 위 Ø4×2날 평앤드밀(형상 정삭용)이 작업한 프로그램에서 깊이 값만 수정하여 모따기 작업을 완료한다.

❸ 앞면 예제 프로그램 작성

① Main 프로그램

앞면 가공을 하기 위해 메인 프로그램을 디스플레이 시켜 자동 모드에서 가공하기 위해 아래와 같이 작성해야 한다.

위의 예제를 아래 공구를 사용하는 전체 프로그램을 작성해보자.

- Ø4×2날 평앤드밀(형상 황삭용)

– Ø4×2날 평앤드밀(형상 정삭용)

– Ø12×90도 CHAMFER/EM(형상 모따기 앤드밀)

```
O0001 (FRONT CUTTING)
T01 M06 (Ø4X2F FLAT ROUGH EM)
S6000 M03
G90 G54 G00 X0 Y0
G43 Z2 H01 M08
#100=50   (경보정 번호 지정)
#101=400   (절삭속도 변수 지정)
#102=-0.5 (가공 깊이 변수 지정)
M98 P0002 (Ø14 DP 5mm 원호가공 프로그램)
#102=-1 (가공 깊이 변수 지정)
M98 P0002 (Ø14 DP 5mm 원호가공 프로그램)
#102=-1.5 (가공 깊이 변수 지정)
M98 P0002 (Ø14 DP 5mm 원호가공 프로그램)
#102=-2 (가공 깊이 변수 지정)
M98 P0002 (Ø14 DP 5mm 원호가공 프로그램)
#102=-2.5 (가공 깊이 변수 지정)
M98 P0002 (Ø14 DP 5mm 원호가공 프로그램)
#102=-3 (가공 깊이 변수 지정)
M98 P0002 (Ø14 DP 5mm 원호가공 프로그램)
#102=-3.5 (가공 깊이 변수 지정)
M98 P0002 (Ø14 DP 5mm 원호가공 프로그램)
#102=-4 (가공 깊이 변수 지정)
M98 P0002 (Ø14 DP 5mm 원호가공 프로그램)
#102=-4.5 (가공 깊이 변수 지정)
M98 P0002 (Ø14 DP 5mm 원호가공 프로그램)
#102=-4.9 (가공 깊이 변수 지정)
M98 P0002 (Ø14 DP 5mm 원호가공 프로그램)
#102=-0.5 (가공 깊이 변수 지정)
M98 P0003 (Ø24 홈 폭 6mm(Ø36)의 깊이 7mm 프로그램)
#102=-1 (가공 깊이 변수 지정)
M98 P0003 (Ø24 홈 폭 6mm(Ø36)의 깊이 7mm 프로그램)
#102=-1.5 (가공 깊이 변수 지정)
M98 P0003 (Ø24 홈 폭 6mm(Ø36)의 깊이 7mm 프로그램)
#102=-2 (가공 깊이 변수 지정)
M98 P0003 (Ø24 홈 폭 6mm(Ø36)의 깊이 7mm 프로그램)
#102=-2.5 (가공 깊이 변수 지정)
M98 P0003 (Ø24 홈 폭 6mm(Ø36)의 깊이 7mm 프로그램)
#102=-3 (가공 깊이 변수 지정)
M98 P0003 (Ø24 홈 폭 6mm(Ø36)의 깊이 7mm 프로그램)
#102=-3.5 (가공 깊이 변수 지정)
```

M98 P0003 (Ø24 홈 폭 6mm(Ø36)의 깊이 7mm 프로그램)

#102=-4 (가공 깊이 변수 지정)

M98 P0003 (Ø24 홈 폭 6mm(Ø36)의 깊이 7mm 프로그램)

#102=-4.5 (가공 깊이 변수 지정)

M98 P0003 (Ø24 홈 폭 6mm(Ø36)의 깊이 7mm 프로그램)

#102=-5 (가공 깊이 변수 지정)

M98 P0003 (Ø24 홈 폭 6mm(Ø36)의 깊이 7mm 프로그램)

#102=-5.5 (가공 깊이 변수 지정)

M98 P0003 (Ø24 홈 폭 6mm(Ø36)의 깊이 7mm 프로그램)

#102=-6 (가공 깊이 변수 지정)

M98 P0003 (Ø24 홈 폭 6mm(Ø36)의 깊이 7mm 프로그램)

#102=-6.5 (가공 깊이 변수 지정)

M98 P0003 (Ø24 홈 폭 6mm(Ø36)의 깊이 7mm 프로그램)

#102=-6.9 (가공 깊이 변수 지정)

M98 P0003 (Ø24 홈 폭 6mm(Ø36)의 깊이 7mm 프로그램)

#102=-0.5 (가공 깊이 변수 지정)

M98 P0004 (R31 폭5mm(R36)의 깊이 2mm 호 가공 프로그램)

#102=-1 (가공 깊이 변수 지정)

M98 P0004 (R31 폭5mm(R36)의 깊이 2mm 호 가공 프로그램)

#102=-1.5 (가공 깊이 변수 지정)

M98 P0004 (R31 폭5mm(R36)의 깊이 2mm 호 가공 프로그램)

#102=-1.9 (가공 깊이 변수 지정)

M98 P0004 (R31 폭5mm(R36)의 깊이 2mm 호 가공 프로그램)

#102=-0.5 (가공 깊이 변수 지정)

M98 P0005 (공작물 외곽 사이즈 100X100 코너R5mm 프로그램)

#102=-1 (가공 깊이 변수 지정)

M98 P0005 (공작물 외곽 사이즈 100X100 코너R5mm 프로그램)

#102=-1.5 (가공 깊이 변수 지정)

M98 P0005 (공작물 외곽 사이즈 100X100 코너R5mm 프로그램)

#102=-2 (가공 깊이 변수 지정)

M98 P0005 (공작물 외곽 사이즈 100X100 코너R5mm 프로그램)

#102=-2.5 (가공 깊이 변수 지정)

M98 P0005 (공작물 외곽 사이즈 100X100 코너R5mm 프로그램)

#102=-3 (가공 깊이 변수 지정)

M98 P0005 (공작물 외곽 사이즈 100X100 코너R5mm 프로그램)

#102=-3.5 (가공 깊이 변수 지정)

M98 P0005 (공작물 외곽 사이즈 100X100 코너R5mm 프로그램)

#102=-4 (가공 깊이 변수 지정)

M98 P0005 (공작물 외곽 사이즈 100X100 코너R5mm 프로그램)

#102=-4.5 (가공 깊이 변수 지정)

M98 P0005 (공작물 외곽 사이즈 100X100 코너R5mm 프로그램)

#102=-5 (가공 깊이 변수 지정)

M98 P0005 (공작물 외곽 사이즈 100X100 코너R5mm 프로그램)

```
#102 =-5.5 (가공 깊이 변수 지정)
M98 P0005 (공작물 외곽 사이즈 100X100 코너R5mm 프로그램)
G49G80Z300M09
G91 G28 Z0
T02 M06 (Ø4X2F FLAT FINE EM)
S6000 M03
G90 G54 G00 X0 Y0
G43 Z2 H02 M08
#100 =51   (경보정 번호 지정)
#101 =500    (절삭속도 변수 지정)
#102 =-5 (가공 깊이 변수 지정)
M98 P0002 (Ø14 DP 5mm 원호가공 프로그램)
#102 =-7 (가공 깊이 변수 지정)
M98 P0003 (Ø24 홈 폭 6mm(Ø36)의 깊이 7mm 프로그램)
#102 =-2 (가공 깊이 변수 지정)
M98 P0004 (R31 폭 5mm(R36)의 깊이 2mm 호 가공 프로그램)
#102 =-5.5 (가공 깊이 변수 지정)
M98 P0005 (공작물 외곽 사이즈 100X100 코너R5mm 프로그램)
G49G80Z300M09
G91 G28 Z0
T03 M06 (Ø12X90도 CHAMFER/EM)
S6000 M03
G90 G54 G00 X0 Y0
G43 Z2 H03 M08
#100 =52   (경보정 번호 지정)
#101 =500    (절삭속도 변수 지정)
#102 =-2.4 (가공 깊이 변수 지정)
M98 P0002 (Ø14 DP 5mm 원호가공 프로그램)
M98 P0003 (Ø24 홈 폭 6mm(Ø36)의 깊이 7mm 프로그램)
M98 P0004 (R31 폭 5mm(R36)의 깊이 2mm 호 가공 프로그램)
M98 P0005 (공작물 외곽 사이즈 100X100 코너R5mm 프로그램)
G49G80Z300M09
G91 G28 Z0
M30;
```

위와 같이 메인 프로그램인 O0001 프로그램을 작성한다. 위 프로그램에서 아래의 황삭 공구 프로그램이 가장 길다.

```
T01 M06   (Ø4×2F FLAT ROUGH EM)
```

왜냐하면 최종 깊이까지 1회 절입량은 0.5mm씩 반복해서 가공했기 때문이다. 이렇게 하면 프로그램이 길어지게 된다. 그러나 이 6장의 MACRO 기능을 이용한 가공에서는 조건식을 사용하여 프로그램 하는 것을 알아볼 것인데, 실제 현장에서는 조건식으로 하므로 여기서는 일일이 깊이 값을 변경해 가면서 하는 것이 불편하다는 정도만 느끼면 성공한 것이다.

그래서 변수와 조건식, 매크로 기능을 사용하지 않으면 수동 및 CAM을 이용한 가공 프로그램이 얼마나 길어지고 번거로운 작업인지 알게 될 것이다.

② sub 프로그램

메인 프로그램을 작성하고 나면 이제 아래의 4개 서브 프로그램을 작성한다.

```
O0002 (Ø14 DP 5mm 원호가공 서브프로그램)
 G90 G0 X-50Y51.61          (Ø14 가공하기 위해 원호의 중심점으로 이동함)
 Z1
 Z0.3
 G1 Z#102 F50               (여기까지 기본적으로 공구지름인 Ø4 가공 완료)
 G41 D#100 X-45 F#101       (Ø10 가공하기 위해 원호 시작점으로 이동)
 G17 G3 X-45Y51.61 I-5.0 J0.0     (원호보간으로 Ø10 가공)
 G1 X-43                    (Ø14 가공하기 위해 원호 시작점으로 이동)
 G17 G3 X-43.0 Y51.609 I-7.0 J0.0   (원호보간으로 Ø14 가공)
 G40 G1 X-50 F1000          (Ø14 가공 완료 및 처음 진입점으로 이동 도피)
 G0Z100                     (Z축 도피로 Ø14 원에서 공구 완전 도피)
 M99                        (메인 프로그램 복귀)


O0003 (Ø24 홈 폭 6mm(Ø36)의 깊이 7mm 원호가공 서브프로그램)
 G90 G0 X-34.0 Y51.609      (Ø24 홈 폭 6mm(Ø36)의 깊이 7mm 진입점 이동)
 Z1
 Z0.3
 G1 Z#102 F130             (깊이 방향의 절삭이송은 측면이송의 1/3 값을 해준다.)
 G41 D#100 X-32 F#101      (Ø36 원호 가공하기 위해 원호 시작점으로 이동)
 G3 X-32.0 Y51.609 I-18.0 J0.0   (Ø36 원호 가공)
 G1 X-38                   (Ø24 원호 가공하기 위해 원호 시작점으로 이동)
 G2 X-38.0 Y51.609 I-12.0 J0.0   (Ø24 원호 가공)
 G40 G1 X-34 F1000         (Ø24 원호 가공 완료 후 공구 도피)
 G0 Z100                   (z축 도피로 Ø24 원에서 공구 완전 도피)
 M99                       (메인 프로그램 복귀)


O0004 (R31 폭 5mm(R36)의 깊이 2mm 호 가공 서브프로그램)
 G90 G0 X-83.2 Y51   (R31 폭 5mm(R36)의 깊이 2mm 호 가공 진입점 이동
 Z1
 Z0.3
 G1 Z#102 F130
```

```
G41 D#100 X-81.0 Y51.609 F#101     (R2.5호 가공 시작점으로 이동)
X-86.0 I-2.5 J0.0        (R2.5 가공)
X-64.989 Y18.878 I36.0 J0.0      (R36 가공)
X-62.907 Y23.424 I1.041 J2.273     (R2.5 가공)
G2 X-81.0 Y51.609 I12.907 J28.185     (R31 가공)
G40 G1 X-83.2 Y51 F1000      (호가공 도피)
G0 Z100        (Z축 도피로 공구 완전 도피)
M99        (메인 프로그램 복귀)


00005 (공작물 외곽 사이즈 100X100 코너R5mm-4곳 가공 서브프로그램)
 G90 G0 X-104Y-4       (가공 진입점 근처로 이동)
 Z1
 Z0.3
 G1 Z#102 F1000
 G41 D#100 X-100 F#101        (가공 시작점으로 이동)
 G1 Y95.0        (R5 가공 시작점으로 이동)
 G2 X-95.0 Y100.0 I5.0 J0.0     (R5가공)
 G1 X-5.0       (R5 가공 시작점으로 이동)
 G2 X0.0 Y95.0 I0.0 J-5.0      (R5가공)
 G1 Y5.0       (R5 가공 시작점으로 이동)
 G2 X-5.0 Y0.0 I-5.0 J0.0       (R5가공)
 G1 X-95.0        (R5 가공 시작점으로 이동)
 G2 X-100.0 Y5.0 I0.0 J5.0      (R5가공)
 G1Y7.0        (가공 끝점)
 G40 G1 X-104Y8 F1000       (공작물 도피점)
 G0 Z100
 M99
```

위와 같이 서브프로그램 안에 가공 깊이 변수와 공구경보정 번호 변수, 가공 속도 변수를 두어 공구가 바뀌더라도 형상에 따른 서브프로그램은 한 가지씩만 있으면 되기 때문에 변수와 서브프로그램을 적절히 활용한다면 프로그램이 길어지지 않을 것이다. 여기까지 앞면 가공을 완료하였다.

④ 뒷면 가공

① 뒷면 가공 방법

이제까지는 앞면의 원호와 외곽 가공을 하였다. 이제 남은 것은 뒷면 가공인데 도면의 가공을 볼 때 공작물 외곽 사이즈 100×100 코너R 5mm−4곳 가공 서브프로그램만 한 번 더 작업하면 된다. 단, X축으로 파라미터 상에서 미러를 걸었다고 가정한다.

⑦ 뒷면 공작물 클램프와 WORK 좌표

앞면과 같은 방법으로 바이스에 물리며 WORK 좌표도 똑같은 위치에 잡는다. 그리고 중요한 것 하나는 미러 기능을 어떻게 사용 하느냐이다. 화낙 0M에서는 파라미터에서 X축이나 Y축 어느 한 곳에 미러 기능을 사용한다면 해당 미러축의 WORK 좌표축 부호를 반대로 바꾸어 주어야 한다. 여기서는 X축을 걸기로 했으므로 X축 WORK 좌표의 부호를 바꾸어 주어야 한다. (제5장 MID 모드 참조) 이렇게 파라미터 상에서 변경하지 않고 미러 기능 코드, 즉 프로그램으로 미러 기능을 사용한다면 WORK 좌표 부호는 바꾸어 주지 않아도 된다. (제2장 미러(MIRROR) 기능 참조)

ⓒ 미러 기능을 사용하여 작업할 때의 앤드밀 가공 방향

앞면에서 사용한 외곽가공 서브프로그램 O0005를 그대로 활용하는 것이 좋다. 그러나 여기서 X축에 미러 기능을 사용하기로 했지만 X축이든 Y축이든 뒷면에서는 가공 방향이 정 반대로 바뀌게 된다. 앞면에서 G41 좌측보정, 즉 하향절삭으로 작업한 프로그램들의 가공 방향이 상향절삭으로 바뀌게 된다. 왜냐하면 축의 부호가 바뀌기 때문이다.

만약 위와 같이 뒷면에서도 앞면과 같이 하향절삭을 원할 경우 O0005번의 프로그램을 O0006으로 카피하여 다음과 같이 변경해 주어야 한다.

– G41을 G42로 변경해 주어야 한다.

– X축의 부호를 모두 변경해 주어야 한다.

위와 같이 앞면에서 사용한 프로그램을 사용하려 하기 때문에 미러 기능을 이용하여 작업을 하는데, 만약 앞면 프로그램을 무시하고 별도의 프로그램으로 작업한다면 미러를 걸 필요도 없고 가공 방향도 바뀌지 않는다. 그러나 미러를 걸어서 작업하는 이유는 다음과 같다.

– 앞면의 프로그램을 최대한 다시 활용하기 위해서이다. 이렇게 하면 프로그램 작성시간이 단축되며 똑같은 형상의 모따기나 뒷면 가공일 경우 프로그램을 새로 작성하지 않아도 된다. (단 뒷면 가공 형상 중에 앞면에서 가공한 형상이 아닌 경우는 새로 작성해야 한다.)

– 도면의 치수들이 앞면 위주로 치수 작업이 되어 있어 뒷면의 경우 수동으로 프로그램할 때 헷갈려 불량의 원인이 되기 때문이다.

위와 같이 2가지 이유에서 미러 기능을 사용하게 된다.

그러나 CAM을 이용한 프로그램 작업 시에는 위와 같이 미러 기능을 사용할 필요 없이 CAM에서 미러 기능을 사용하여 프로그램을 출력하기 때문에 수동 프로그램과 같이 번거롭지 않은 장점이 있다.

5 뒷면 전체 프로그램

위의 예제로 아래 공구를 사용하는 전체 프로그램을 작성해보자.

– Ø4×2날 평앤드밀(형상 황삭용)

- Ø4×2날 평앤드밀(형상 정삭용)
- Ø12×90도 CHAMFER/EM(형상 모따기 앤드밀)

```
O0006 (FAR SIDE CUTTING)
T01 M06 (Ø4X2F FLAT ROUGH EM)
S6000 M03
G90 G54 G00 X0 Y0
G43 Z2 H01 M08
#100=50 (경보정 번호 지정)
#101=400 (절삭속도 변수 지정)
#102=-0.5 (가공 깊이 변수 지정)
M98 P0005 (공작물 외곽 사이즈 100X100 코너R5mm 프로그램)
#102=-1 (가공 깊이 변수 지정)
M98 P0005 (공작물 외곽 사이즈 100X100 코너R5mm 프로그램)
#102=-1.5 (가공 깊이 변수 지정)
M98 P0005 (공작물 외곽 사이즈 100X100 코너R5mm 프로그램)
#102=-2 (가공 깊이 변수 지정)
M98 P0005 (공작물 외곽 사이즈 100X100 코너R5mm 프로그램)
#102=-2.5 (가공 깊이 변수 지정)
M98 P0005 (공작물 외곽 사이즈 100X100 코너R5mm 프로그램)
#102=-3 (가공 깊이 변수 지정)
M98 P0005 (공작물 외곽 사이즈 100X100 코너R5mm 프로그램)
#102=-3.5 (가공 깊이 변수 지정)
M98 P0005 (공작물 외곽 사이즈 100X100 코너R5mm 프로그램)
#102=-4 (가공 깊이 변수 지정)
M98 P0005 (공작물 외곽 사이즈 100X100 코너R5mm 프로그램)
#102=-4.5 (가공 깊이 변수 지정)
M98 P0005 (공작물 외곽 사이즈 100X100 코너R5mm 프로그램)
#102=-5 (가공 깊이 변수 지정)
M98 P0005 (공작물 외곽 사이즈 100X100 코너R5mm 프로그램)
#102=-5.5 (가공 깊이 변수 지정)
M98 P0005 (공작물 외곽 사이즈 100X100 코너R5mm 프로그램)
G49G80Z300M09
G91 G28 Z0
T02 M06 (Ø4X2F FLAT FINE EM)
S6000 M03
G90 G54 G00 X0 Y0
G43 Z2 H02 M08
#100=51 (경보정 번호 지정)
#101=500 (절삭속도 변수 지정)
```

```
#102=-5.5 (가공 깊이 변수 지정)
M98 P0005 (공작물 외곽 사이즈 100X100 코너R5mm 프로그램)
G49G80Z300M09
G91 G28 Z0
T03 M06 (Ø12X90도 CHAMFER/EM)
S6000 M03
G90 G54 G00 X0 Y0
G43 Z2 H03 M08
#100=52   (경보정 번호 지정)
#101=500  (절삭속도 변수 지정)
#102=-2.4 (가공 깊이 변수 지정)
M98 P0005 (공작물 외곽 사이즈 100X100 코너R5mm 프로그램)
G49G80Z300M09
G91 G28 Z0
M30;
```

 4 사각(Rectangular, Pocket) 작업의 가공

머시닝 센터 작업 중에서 가장 보편적인 가공 형상이 4각 가공이다. 위 원호 작업 중에 외곽 100×100에 나오는 외곽도 사각 작업 중에 하나이다. 여기서는 사각 작업의 포켓가공과 잔재처리를 어떻게 하는지 예제 도면과 프로그램을 통해 알아보자.

■ 사각가공 기본 프로그램 작성 예

① 사각가공의 경보정을 사용한 프로그램의 Island 예

경보정을 사용하여 사각의 외곽, 즉 Island(아일랜드) 가공을 하는데 빨간색 부분만 가공하게 되는 프로그램을 작성한 예이다.

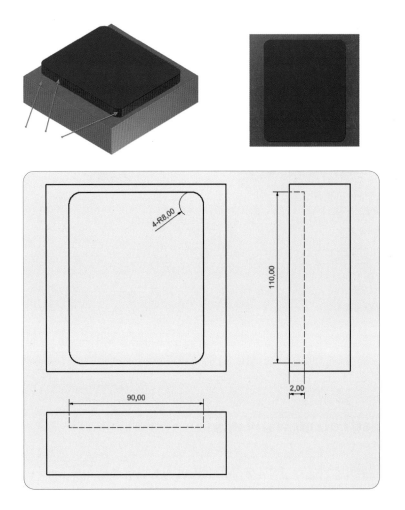

조건 : Ø20 ENDMILL 사용, 절삭 깊이 : 2mm, WORK 좌표 X,Y의 원점은 사각의 중심, Z는 파란색 면

㉠ Island(사각기둥)를 절대 좌표(G90)로 작성할 경우

```
G00 G90G54 G43 X0 Y0 Z50 H01 S1000;    (사각기둥 센터점으로 이동)
X75 Y0           (아래 보충 설명, "A")
G00Z2;
G01 Z-2 F1000;         (아래 보충 설명, "B")
G01G41D32 X45 Y0 F200;        (아래 보충 설명, "C")
Y-55 R8;          (아래 보충 설명, "D")
X-45 R8;          (아래 보충 설명, "E")
Y+55 R8;           (아래 보충 설명, "F")
X45 R8;          (아래 보충 설명, "G")
Y-1;          (아래 보충 설명, "H")
```

```
G40X+75;          (아래 보충 설명, "I")
G49Z400;          (아래 보충 설명, "J")
M05;
M30;
```

"A" 보충 설명

사각기둥 센터에서 가공 시작점(경보정 시작)까지 이동했다. 앤드밀의 반경이 10mm이며 소재의 X방향 크기가 60mm 이므로 안전하게 5mm 여유를 주어서 X75로 이동하였다.

"B" 보충 설명

가공 깊이로 이동하였다.

"C" 보충 설명

사각가공의 시작점으로 경보정을 먹이면서 진행하였다. WORK 좌표가 사각의 중심이고 X방향 크기가 90mm이므로 X45로 진입하였다. 물론 공구 옵셋 번호 값에는 이미 10mm가 들어가 있어야 한다.

"D" 보충 설명

Y방향 코너 치수가 110mm의 절반 값인 -55mm이고 이 코너에 R이 8mm이므로 위와 같이 프로그램했다. 코너R가공을 할 때 코너 치수와 R 값을 넣어 주어야 한다. R의 각도가 180도가 넘어가면 R 값은 -부호를 붙여야 한다.

"E"~"G" 보충 설명

사각의 센터점에서의 절반 값의 코너 값과 R 값을 주고 사각 형상을 만들어 나갔다.

"H" 보충 설명

원래 사각 시작점이 Y0이였으므로 Y0을 사용하는 것이 맞는데 Y0까지 이동하는 것으로 하면 앤드밀의 진입점과 시작점이 같기 때문에 이점의 측면에 가는 줄이 가서 면조도가 불량해지는 것을 방지하기 위해서 1mm 정도 절삭면이 겹치게 이동하였다. 가장 좋은 방법은 제8장 앤드밀 가공법(앤드밀 진입점과 진출점)에 나오겠지만 R로 진입하여 R로 빠지는 것이 가장 좋다.

"I" 보충 설명

맨 처음 시작점으로 다시 이동하였다.

ⓛ Island(사각기둥)를 증분 좌표(G91)와 혼합하여 작성할 경우

사각 형상도 원호가공과 마찬가지로 똑같은 형상이 여러 개로 나올 때 하나의 서브프로그램의 사각 형상 프로그램을 가공하기 위해서는 아래와 같이 프로그램 해야 한다. 물론 수동 프로그램에서는 가장 최선의 방법이지만 CAM을 이용한다면 상황이 달라진다.

아래와 같이 G90과 G91을 혼합하여 위의 예제 프로그램을 작성한 것이다.

```
G00 G90G54 G43 X0 Y0 Z50 H01 S1000;
G91 X75 Y0          (아래 보충 설명, "A")
G90G00Z2;           절대 좌표로 다시 변경
G01 Z-2 F1000;          (아래 보충 설명, "B")
G91G41D32 X-30 Y0 F200;       (아래 보충 설명, "C")
Y-55 R8;          (아래 보충 설명, "D")
X-90 R8;          (아래 보충 설명, "E")
Y110 R8;          (아래 보충 설명, "F")
X90 R8;          (아래 보충 설명, "G")
Y-56;          (아래 보충 설명, "H")
G40X+30;          (아래 보충 설명, "I")
Y+1;          (아래 보충 설명, "J")
G90G49Z400;          절대 좌표를 다시 사용한다.
M05;
M30;
```

"A" 보충 설명

사각의 센터점에서 급속 이동하는데 사각 외곽까지 증분 좌표로 이동한다.

"B" 보충 설명

가공 깊이로 이동하였다.

"C" 보충 설명

사각가공의 시작점으로 경보정을 먹이면서 진행하였다. "A"부의 시작점에서 사각 가공의 시작점까지의 증분 좌표 거리는 30mm(X75-X45)이고 사각 형상이 -방향에 있으므로 X-30으로 했다.

"D" 보충 설명

Y방향 코너 치수가 110mm의 절반 값인 55mm이고, 이 코너에 R이 8mm이므로 위와 같이 프로그램했다. Y0점이 출발점이므로 G90좌표나 G91좌표의 좌표 값은 같게 된다.

"E"~"G" 보충 설명

증분 값이므로 현 위치에서 X-방향이든지 Y방향이든지 사각의 값을 그대로 적용한다.

"H" 보충 설명

1mm 정도 절삭면이 겹치게 이동하므로 절반 값 Y55에 1mm 더한 값 Y56으로 했다.

"I" 보충 설명

맨 처음 시작점으로 이동하기 위해 현 위치에서는 X30이다. 자세히 보면 "C"의 X 값에 부호만 반대이다. 이처럼 증분 좌표는 좌표를 이동하고, 되돌릴 때는 거의 부호만 반대가 되는 경향이 많다.

"H" 부위 Y56, 즉 1mm를 더 이동했으므로 원상복귀 해주는 것인데, 위 형상만 가공하고 말 경우는 이 부분을 삭제해도 상관없지만 동일한 형상을 여러 군데 가공할 때는 반드시 해주는 것이 좋다.

② 사각가공의 경보정을 사용한 프로그램의 포켓 예

아일랜드 작업 시와 포켓가공 시의 가장 큰 차이는 코너R의 크기이다. 아일랜드의 코너R은 앤드밀 반경과 특별한 경우가 아니면 상관 없지만 포켓가공은 코너R이 앤드밀 반경보다 작을 때는 코너R 알람이 발생하게 된다. 따라서 코너R을 맞추기 위해서는 앤드밀 크기를 선택할 때 코너R과 같거나 작은 크기의 반지름의 앤드밀을 선택해야 한다. 여기서는 먼저 황삭을 Ø20 앤드밀로 하고 정삭은 제품 코너R8을 맞추기 위해 Ø16으로 하여 2개의 앤드밀 공구를 사용해야 한다. Ø16 앤드밀 이하는 모두 가능하나 앤드밀 지름이 작아질 경우 가공 시간이 오래 걸리는 단점이 있기 때문에 Ø16을 선택했다. 프로그램은 공구의 반지름 차이가 크게 나지 않기 때문에 R을 제외한 형상가공과 잔재처리 가공프로그램은 Ø20 앤드밀이나 Ø16 앤드밀이나 차이가 없다.

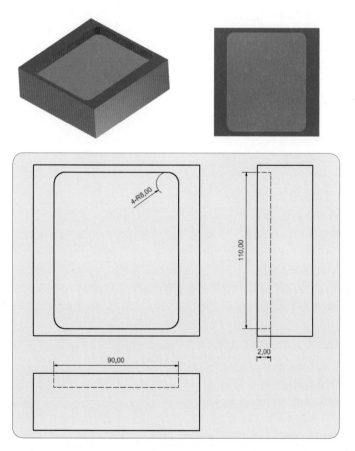

조건 : 2날 황삭용 Ø20 ENDMILL 사용, 절삭 깊이 : 2mm, 코너R 정삭Ø16 ENDMILL 사용, 절삭 깊이 : 1.98mm, WORK 좌표 X,Y의 원점은 사각의 중심, Z는 파란색 면

⊙ 사각 포켓가공을 절대 좌표(G90)로 작성할 경우

```
T01 M06 ;(T01 2날Ø20 ENDMILL 황삭용)
G00 G90 G54 G43 X0 Y0 Z50 H01 S1000 ;    (아래 보충 설명, "A")
G00 X30 Y0Z1 ;        (아래 보충 설명, "B")
G01 Z-2 F50 ;
G01 G41 D32 X45 Y0 F200 ;        (아래 보충 설명, "C")
Y55 R10 ;          (아래 보충 설명, "D")
X-45 R10 ;          (아래 보충 설명, "E")
Y-55 R10 ;          (아래 보충 설명, "F")
X45 R10 ;          (아래 보충 설명, "G")
Y1 ;          (아래 보충 설명, "H")
G40X30 ;          (아래 보충 설명, "I")
X25 Y35 ;          (아래 보충 설명, "J")
Y-35 ;          (아래 보충 설명, "K")
Y35 F1000 ;          (아래 보충 설명, "L")
X15 F200 ;          (아래 보충 설명, "M")
Y-35 ;          (아래 보충 설명, "N")
Y35 F1000 ;          (아래 보충 설명, "O")
X5 F200 ;          (아래 보충 설명, "P")
Y-35 ;          (아래 보충 설명, "Q")
Y35 F1000 ;          (아래 보충 설명, "R")
X-5 F200 ;          (아래 보충 설명, "S")
Y-35 ;          (아래 보충 설명, "T")
Y35 F1000 ;          (아래 보충 설명, "U")
X-15 F200 ;          (아래 보충 설명, "V")
Y-35 ;          (아래 보충 설명, "W")
Y35 F1000 ;          (아래 보충 설명, "X")
X-25 F200 ;          (아래 보충 설명, "Y")
Y-35 ;          (아래 보충 설명, "Z")
G49 Z400 ;
T02 M06 ;(T02 2날Ø16 ENDMILL 정삭용)
G00 G90 G54 G43 X0 Y0 Z50 H02 S1300 ;    (아래 보충 설명, "ㄱ")
G00 X30 Y0 Z1 ;        (아래 보충 설명, "ㄴ")
G01 Z-2 F60 ;
G01 G41 D33 X45 Y0 F250 ;        (아래 보충 설명, "ㄷ")
Y55 R8 ;          (아래 보충 설명, "ㄹ")
X-45 R8 ;          (아래 보충 설명, "ㅁ")
Y-55 R8 ;          (아래 보충 설명, "ㅂ")
X45 R8 ;          (아래 보충 설명, "ㅅ")
Y1 ;          (아래 보충 설명, "ㅇ")
G40X30 ;          (아래 보충 설명, "ㅈ")
X25 Y35 ;          (아래 보충 설명, "ㅊ")
```

```
Y-35;              (아래 보충 설명, "ㅋ")
Y35 F1000;          (아래 보충 설명, "ㅌ")
X15 F250;          (아래 보충 설명, "ㅍ")
Y-35;              (아래 보충 설명, "ㅎ")
Y35 F1000;          (아래 보충 설명, "아")
X5 F250;            (아래 보충 설명, "야")
Y-35;              (아래 보충 설명, "어")
Y35 F1000;          (아래 보충 설명, "여")
X-5 F250;          (아래 보충 설명, "오")
Y-35;              (아래 보충 설명, "요")
Y35 F1000;          (아래 보충 설명, "우")
X-15 F250;          (아래 보충 설명, "유")
Y-35;              (아래 보충 설명, "으")
Y35 F1000;          (아래 보충 설명, "이")
X-25 F250;          (아래 보충 설명, "가")
Y-35;          (아래 보충 설명, "갸")
G49Z400;
M05;
M30;
```

"A" 보충 설명

사각 포켓가공을 하므로 처음 이동점은 대부분 사각의 센터점으로 한다.

"B" 보충 설명

센터에서 가공을 하면 가공 시간이 좀 늘어나므로 형상 시작점에서 5mm 여유점으로 급속 이동하였다.

"B" 보충 설명

사각의 절반 값인 X45로 이동하면서 경보정 실행하며 진입한다. 아래는 "B" 이후 Z축 진입한 것과 ~"C"로 절삭 이동한 그림이다.

 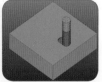

제품의 코너R 크기는 8mm이나 여기서는 황삭가공을 할 것이므로 R을 10mm로 프로그램했다. 이것은 가공자 임의로 정하는 것이다. 왜냐하면 T02에서 도면을 R8mm로 맞추기 때문에 여기서는 황삭용 가공을 위해 R10으로 프로그램 했다. 황삭공구의 반지름이 10mm이기 때문에 이렇게 프로그램 한 것이다.

순서대로 "D"▶"E"▶"F"▶"G"▶"H" 그림이다.

"I" 보충 설명

일단 공구 경보정을 해제하면서 도피한다.

"J" 보충 설명

포켓 잔재처리를 위해 잔재처리의 시작점으로 아래와 같이 이동했다. 잔재처리 시작점은 공구 반경 값만큼 하향절삭하며 이동하기 편리한 곳을 시작점으로 잡는다.

"K" 보충 설명

시작점에서 아래로 잔재처리 하면서 이동한다.

"L" 보충 설명

하향절삭을 하기 위해 다시 Y시작점으로 빠르게 복귀한다. 여기서는 가공이 끝난 경로를 지나가므로 될 수 있으면 빠르게 지나간다.

"M" 보충 설명

공구 반지름 값만 절삭양으로 걸리게끔 X축으로 이동한다.

"N"~"P" 보충 설명

"K"~"M"과 같은 동작을 반복하되 X축으로 10mm(공구반경 값만 절삭 넓이로 했음) 이동했다.

"Q"~"S" 보충 설명

"K"~"M"과 같은 동작을 반복하되 X축으로 10mm(공구반경 값만 절삭 넓이로 했음) 이동했다.

"T"~"V" 보충 설명

"K"~"M"과 같은 동작을 반복하되 X축으로 10mm(공구반경 값만 절삭 넓이로 했음) 이동했다.

"W"~"Y" 보충 설명

"K"~"M"과 같은 동작을 반복하되 X축으로 10mm(공구반경 값만 절삭 넓이로 했음) 이동했다.

"Z" 보충 설명

아래와 같이 마지막 잔재를 제거하였다.

"ㄱ"~"갸" 보충 설명

"ㄱ"~"갸"는 T02번 Ø16 앤드밀 가공 프로그램으로 T01번의 프로그램과 공구 회전수, 절삭속도 및 길이 보정과 경보정 번호와 코너R 값만 다르고("ㄹ"~"ㅅ") 프로그램이 동일하다.

프로그램이 다른 부분은 변수로 처리하거나 메인으로 놓고 동일한 부분을 나중에 서브프로그램으로 하는 것이 편리하다. 여기서는 자세히 알기 위해 모두 메인 프로그램 안으로 작성하였다. 따라서 나중에 매크로 변수와 프로그램 활용에서 배울 것인데 다른 부분만 변수로 사용하고 T01에서 "B"~"Z"까지를 하나의 형상서브프로그램으로 만든다면 프로그램 길이를 상당히 줄일 수 있게 된다.

ⓛ 사각 포켓가공을 증분 좌표(G91)와 혼합하여 작성할 경우

사각도 마찬가지로 증분 좌표가 헷갈릴 때는 절대 좌표를 기준으로 작성하면 쉽게 작성할 수 있다.

```
T01 M06;(T01 2날Ø20 ENDMILL 황삭용)
G00 G90 G54 G43 X0 Y0 Z50 H01 S1000;    (아래 보충 설명, "A")
G91 G00 X30;          (아래 보충 설명, "B")
G90 Z1;
G01 Z-2 F50;
G91 G01 G41 D32 X15 Y0 F200;      (아래 보충 설명, "C")
Y55 R10;          (아래 보충 설명, "D")
X-90 R10;          (아래 보충 설명, "E")
Y-110 R10;          (아래 보충 설명, "F")
X90 R10;          (아래 보충 설명, "G")
Y56;          (아래 보충 설명, "H")
G40 X-15;          (아래 보충 설명, "I")
X-5 Y34;          (아래 보충 설명, "J")
Y-70;          (아래 보충 설명, "K")
Y70 F1000;          (아래 보충 설명, "L")
X-10 F200;          (아래 보충 설명, "M")
Y-70;          (아래 보충 설명, "N")
Y70 F1000;          (아래 보충 설명, "O")
X-10 F200;          (아래 보충 설명, "P")
Y-70;          (아래 보충 설명, "Q")
Y70 F1000;          (아래 보충 설명, "R")
```

```
X-10 F200;           (아래 보충 설명, "S")
Y-70;           (아래 보충 설명, "T")
Y70 F1000;           (아래 보충 설명, "U")
X-10 F200;           (아래 보충 설명, "V")
Y-70;           (아래 보충 설명, "W")
Y70 F1000;           (아래 보충 설명, "X")
X-10 F200;           (아래 보충 설명, "Y")
Y-70;           (아래 보충 설명, "Z")
G90 G49 Z400;
T02 M06;(T02 2날Ø16 ENDMILL 정삭용)
G00 G90G54 G43 X0 Y0 Z50 H02 S1300;     (아래 보충 설명, "ㄱ")
G91 G00 X30;           (아래 보충 설명, "ㄴ")
G90 Z1;
G01 Z-2 F60;
G91 G01 G41 D33 X15 Y0 F250;        (아래 보충 설명, "ㄷ")
Y55 R8;           (아래 보충 설명, "ㄹ")
X-90 R8;           (아래 보충 설명, "ㅁ")
Y-110 R8;           (아래 보충 설명, "ㅂ")
X90 R8;           (아래 보충 설명, "ㅅ")
Y56 ;           (아래 보충 설명, "ㅇ")
G40 X-15;           (아래 보충 설명, "ㅈ")
X-5 Y34;           (아래 보충 설명, "ㅊ")
Y-70;           (아래 보충 설명, "ㅋ")
Y70 F1000;           (아래 보충 설명, "ㅌ")
X-10 F250;           (아래 보충 설명, "ㅍ")
Y-70;           (아래 보충 설명, "ㅎ")
Y70 F1000;           (아래 보충 설명, "아")
X-10 F200;           (아래 보충 설명, "야")
Y-70;           (아래 보충 설명, "어")
Y70 F1000;           (아래 보충 설명, "여")
X-10 F250;           (아래 보충 설명, "오")
Y-70;           (아래 보충 설명, "요")
Y70 F1000;           (아래 보충 설명, "우")
X-10 F250;           (아래 보충 설명, "유")
Y-70;           (아래 보충 설명, "으")
Y70 F1000;           (아래 보충 설명, "이")
X-10 F250;           (아래 보충 설명, "가")
Y-70;           (아래 보충 설명, "갸")
G90 G49 Z400;
M05;
M30;
```

"A" 보충 설명

사각 포켓가공을 하므로 처음 이동점은 대부분 사각의 센터점으로 한다.

"B" 보충 설명

센터에서 가공을 하면 가공 시간이 좀 늘어나므로 형상 시작점에서 5mm 여유점으로 급속 이동하였다. 단 증분 좌표로 이동한다.

"C" 보충 설명

사각의 절반 값인 X45로 이동해야 하는데 증분 좌표이므로 "B"점에서 X30 이동 완료하였으므로 여기서는 X15만 이동 하면 된다. 하면서 경보정을 실행하며 진입한다. 아래는 "B" 이후 Z축 진입한 것과 ~"C"로 절삭 이동한 그림이다.

"D" 보충 설명

절대 좌표와 동일하다.

"E"~"G" 보충 설명

증분 좌표로 이동하고 사각 형상의 치수 끝과 끝을 오가는 것이므로 사각 형상 치수를 그대로 써주고 이동방향 +-만 변 경해 준다.

"H" 보충 설명

110의 절반 값이므로 증분 좌표로는 Y55 이나 +1mm의 여유를 주어 Y56으로 해 줬다.
순서대로 "D"▶"E"▶"F"▶"G"▶"H" 그림이다.

"C" 보충 설명

사각의 절반 값인 X45로 이동해야 하는데 증분 좌표이므로 "B"점에서 X30 이동 완료하였으므로 여기서는 X15만 이동하면 된다. 하면서 경보정을 실행하며 진입한다. 아래는 "B" 이후 Z축 진입한 것과 ~"C"로 절삭 이동한 그림이다.

"I" 보충 설명

일단 공구 경보정을 해제하면서 도피한다. 도피량도 증분치이므로 "C"에서 X15로 이동하였으므로 여기서는 원복해 주어야 하므로 X-15mm이다.

"J" 보충 설명

포켓 잔재처리를 위해 잔재처리의 시작점으로 아래와 같이 이동했다. 잔재처리 시작점은 공구 반경 값만큼 하향절삭하며 이동하기 편리한 곳을 시작점으로 잡는다. 여기서는 증분 값을 적용해야 한다. 절대 좌표가 X25 Y35;(보충 설명, "J")로 이동하였으므로 현재 위치 점에서는 X-5 Y34이다. Y는 "H"에서 1mm 더 이동하였기 때문에 Y34이다.

"K" 보충 설명

시작점에서 아래로 잔재처리 하면서 이동한다. 증분 좌표이므로 Y-70 이동하였다.

"L" 보충 설명

하향절삭을 하기 위해 다시 Y시작점으로 빠르게 복귀한다. "K"에서 Y-70 이동하였기 때문에 원복 해주어야 하므로 Y70으로 해주었다.

"M" 보충 설명

공구 반지름 값만 절삭양으로 걸리게 끔 증분 좌표로 X축 이동한다.

"N"~"P" 보충 설명

"K"~"M"과 같은 동작을 반복하되 X축으로 10mm(공구반경 값만 절삭 넓이로 했음) 이동했다.

 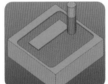 

"Q"~"S" 보충 설명

"K"~"M"과 같은 동작을 반복하되 X축으로 10mm(공구반경 값만 절삭 넓이로 했음) 이동했다.

 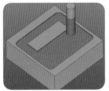 

"T"~"V" 보충 설명

"K"~"M"과 같은 동작을 반복하되 X축으로 10mm(공구반경 값만 절삭 넓이로 했음) 이동했다.

 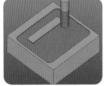 

"W"~"Y" 보충 설명

"K"~"M"과 같은 동작을 반복하되 X축으로 10mm(공구반경 값만 절삭 넓이로 했음) 이동했다.

"Z" 보충 설명

아래와 같이 마지막 잔재를 제거하였다.

"ㄱ"~"갸" 보충 설명

"ㄱ"~"갸"는T02번 Ø16 앤드밀 가공 프로그램으로 T01번의 프로그램과 공구 회전수, 절삭속도 및 길이 보정과 경보정 번호와 코너R 값만 다르고("ㄹ"~"ㅅ") 프로그램이 동일하다. 프로그램이 다른 부분은 변수로 처리하거나 메인으로 놓고 동일한 부분을 나중에 서브프로그램으로 하는 것이 편리하다. 여기서는 자세히 알기 위해 모두 메인 프로그램만 작성하였다. 따라서 나중에 매크로 변수와 프로그램 활용에서 배울 것인데, 다른 부분만 변수로 사용하고 T01에서 "B"~"Z"까지를 하나의 형상서브프로그램으로 만든다면 프로그램 길이를 상당히 줄일 수 있게 된다.

③ 사각 포켓가공의 WORK 좌표에 따른 프로그램 예

위의 예제로 이제 WORK 좌표 XY의 0점이 사각의 센터가 아닌 화살표 지점으로 했을 때의 G90과 G91 각각의 프로그램을 다시 작성하는 방법을 익혀 보자. 물론 공구나 절삭 조건은 동일하다.

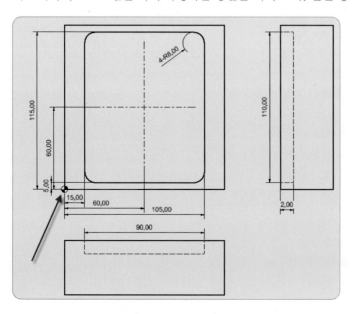

⊙ 사각 포켓가공을 절대 좌표(G90)로 작성할 경우

이제 326쪽에서의 절대 좌표 프로그램과 비교해 본다면 사각의 센터점이 X0Y0에서 X60Y60으로 바뀌었다. 따라서 326쪽 절대 좌표 프로그램의 모든 XY좌표에서 XY 모두 60을 더해주면 된다. 이것을 참고하여 프로그램을 이해하면 좋다.

```
T01 M06;(T01 2날Ø20 ENDMILL 황삭용)
G00 G90 G54 G43 X60 Y60 Z50 H01 S1000;    (아래 보충 설명, "A")
G00 X90 Y60Z1;             (아래 보충 설명, "B")
G01 Z-2 F50 ;
G01 G41 D32 X105 Y0 F200;        (아래 보충 설명, "C")
Y115 R10;            (아래 보충 설명, "D")
X15 R10;            (아래 보충 설명, "E")
Y5 R10;           (아래 보충 설명, "F")
X105 R10;            (아래 보충 설명, "G")
Y61 ;          (아래 보충 설명, "H")
G40X90;           (아래 보충 설명, "I")
X85 Y95;           (아래 보충 설명, "J")
Y25;           (아래 보충 설명, "K")
Y95 F1000;            (아래 보충 설명, "L")
X75 F200;            (아래 보충 설명, "M")
Y25;           (아래 보충 설명, "N")
Y95 F1000;            (아래 보충 설명, "O")
X65 F200;            (아래 보충 설명, "P")
Y25;           (아래 보충 설명, "Q")
Y95 F1000;            (아래 보충 설명, "R")
X55 F200;            (아래 보충 설명, "S")
Y25;           (아래 보충 설명, "T")
Y95 F1000;            (아래 보충 설명, "U")
X45 F200;            (아래 보충 설명, "V")
Y25;           (아래 보충 설명, "W")
Y95 F1000;            (아래 보충 설명, "X")
X35 F200;            (아래 보충 설명, "Y")
Y25;           (아래 보충 설명, "Z")
G90G49 Z400;
T02 M06;(T02 2날Ø16 ENDMILL 정삭용)
G00 G90 G54 G43 X60 Y60 Z50 H02 S1300;    (아래 보충 설명, "ㄱ")
G00 X90 Y60Z1;            (아래 보충 설명, "ㄴ")
G01 Z-2 F60 ;
G01 G41 D33 X105 Y0 F250;         (아래 보충 설명, "ㄷ")
Y115 R8;            (아래 보충 설명, "ㄹ")
X15 R8;            (아래 보충 설명, "ㅁ")
Y5 R8;           (아래 보충 설명, "ㅂ")
```

```
X105 R8;              (아래 보충 설명, "ㅅ")
Y61;               (아래 보충 설명, "ㅇ")
G40X90;              (아래 보충 설명, "ㅈ")
X85 Y95;             (아래 보충 설명, "ㅊ")
Y25;               (아래 보충 설명, "ㅋ")
Y95 F1000;              (아래 보충 설명, "ㅌ")
X75 F250;              (아래 보충 설명, "ㅍ")
Y25;               (아래 보충 설명, "ㅎ")
Y95 F1000;              (아래 보충 설명, "아")
X65 F250;              (아래 보충 설명, "야")
Y25;               (아래 보충 설명, "어")
Y95 F1000;              (아래 보충 설명, "여")
X55 F250;              (아래 보충 설명, "오")
Y25;               (아래 보충 설명, "요")
Y95 F1000;              (아래 보충 설명, "우")
X45 F250;              (아래 보충 설명, "유")
Y25;               (아래 보충 설명, "으")
Y95 F1000;              (아래 보충 설명, "이")
X35 F250;              (아래 보충 설명, "가")
Y25;               (아래 보충 설명, "갸")
G90G49 Z400;
M05;
M30;
```

"A" 보충 설명

사각 포켓가공을 하므로 처음 이동점은 대부분 사각의 센터점으로 한다.

"B" 보충 설명

센터에서 가공을 하면 가공 시간이 좀 늘어나므로 형상 시작점에서 5mm 여유점으로 급속 이동하였다.

"C" 보충 설명

사각 센터좌표 X60에 절반 값인 45를 더하면 X105이다. 이동하면서 경보정을 실행하며 진입한다. 아래는 "B" 이후 Z축 진입한 것과 ~"C"로 절삭 이동한 그림이다.

제품의 코너R의 크기는 8mm이나 여기서는 황삭가공을 할 것이므로 R을 10mm로 프로그램했다. 이것은 가공자 임의로 정하는 것이다. 왜냐하면 T02에서 도면의 R8mm로 맞추기 때문에 여기서는 황삭용 가공을 위해 R10으로 프로그램했다. 황삭공구의 반지름이 10mm이기 때문에 이렇게 프로그램한 것이다.

순서대로 "D"▶"E"▶"F"▶"G"▶"H" 그림이다.

일단 공구 경보정을 해제하면서 도피한다. 도피량은 15mm이다. 따라서 X90(105-15)이다.

포켓 잔재처리를 위해 잔재처리의 시작점으로 아래와 같이 이동했다. 잔재처리 시작점은 공구 반경 값만큼 하향절삭하며 이동하기 편리한 곳을 시작점으로 잡는다.

시작점에서 아래로 잔재처리 하면서 이동한다.

"L" 보충 설명

하향절삭을 하기 위해 다시 Y시작점으로 빠르게 복귀한다. 여기서는 가공이 끝난 경로를 지나가므로 될 수 있으면 빠르게 지나간다.

"M" 보충 설명

공구 반지름 값만 절삭양으로 걸리게 끔 X축으로 이동한다.

"N"~"P" 보충 설명

"K"~"M"과 같은 동작을 반복하되 X축으로 10mm(공구반경 값만 절삭 넓이로 했음) 이동했다.

 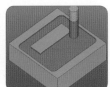 

"Q"~"S" 보충 설명

"K"~"M"과 같은 동작을 반복하되 X축으로 10mm(공구반경 값만 절삭 넓이로 했음) 이동했다.

 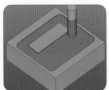 

"T"~"V" 보충 설명

"K"~"M"과 같은 동작을 반복하되 X축으로 10mm(공구반경 값만 절삭 넓이로 했음) 이동했다.

 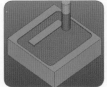 

"W"~"Y" 보충 설명

"K"~"M"과 같은 동작을 반복하되 X축으로 10mm(공구반경 값만 절삭 넓이로 했음) 이동했다.

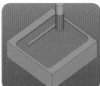

"Z" 보충 설명

아래와 같이 마지막 잔재를 제거하였다.

"ㄱ"~"갸" 보충 설명

"ㄱ"~"갸"는 T02번 Ø16 앤드밀 가공 프로그램으로 T01번의 프로그램과 공구 회전수, 절삭속도 및 길이 보정과 경보정 번호와 코너R 값만 다르고("ㄹ"~"ㅅ") 프로그램이 동일하다.

프로그램이 다른 부분은 변수로 처리하거나 메인으로 놓고 동일한 부분을 나중에 서브프로그램으로 하는 것이 편리하다. 여기서는 자세히 알기 위해 모두 메인 프로그램으로 작성하였다.

따라서 나중에 매크로 변수와 프로그램 활용에서 배울 것인데, 다른 부분만 변수로 사용하고 T01에서 "B"~"Z"까지를 하나의 형상서브프로그램으로 만든다면 프로그램 길이를 상당히 줄일 수 있게 된다.

ⓛ 사각 포켓가공을 증분 좌표(G91)와 혼합하여 작성할 경우

이 프로그램은 330쪽의 증분 좌표 프로그램과 처음 사각의 형상센터로 진입하는 위치 값만 다르고 모두 동일하다. 이렇듯 증분 좌표는 동일한 형상이 여러 군데 있을 때 증분 좌표로 작성해 놓으면 처음 진입점만 바꿔 주면 나머지 형상 프로그램은 동일하게 되어 프로그램 작성이 간단해진다. 아래 부분만 다르므로 참고하기 바란다.

```
T01 M06;(T01 2날Ø20 ENDMILL 황삭용)
G00 G90 G54 G43 X60 Y60 Z50 H01 S1000;   (아래 보충 설명, "A")
↓
T02 M06;(T02 2날Ø16 ENDMILL 정삭용)
G00 G90 G54 G43 X60 Y60 Z50 H02 S1300;   (아래 보충 설명, "ㄱ")
↓
```

위 "A"와 " ㄱ"의 진입 위치만 다르고 305쪽의 증분 좌표 프로그램과 모두 동일하다.

중요한 것은 증분 좌표 프로그램은 이 진입 위치가 잘못되면 전체적으로 형상이 쏠려서 작업되므로 주의해야 한다. 그래서 항상 진입 기준 위치는 절대 좌표로 사용하는 것이 좋다.

② 사각 가공 예제 및 가공 방법

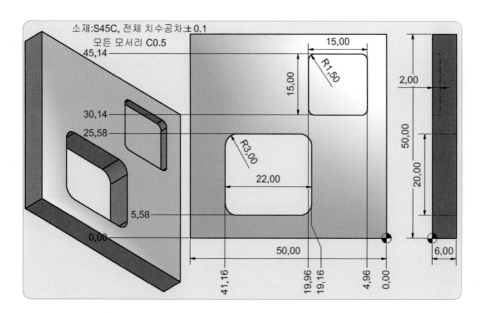

위 예제를 보면 크게 2가지 가공으로 나눌 수 있다.

- −20×22 R3 관통 사각

- −15×15 R1.5 깊이 2mm 사각 포켓

위 2가지의 가공 순서는 작업자가 편리한 대로 정하면 된다.

① 공구 선택

위 원호의 형상가공 프로그램 작성을 위해 첫째로 신경을 쓰는 부분이 바로 어떤 공구를 사용하며 공구의 지름은 몇 Ø로 할 것인지와 황삭, 정삭을 나눌 것인지를 선택해야 한다. 위 예제에서는 다음과 같이 5개의 공구로 모든 가공을 마무리한다.

- Ø3×2날 평앤드밀(형상 황삭용)

- Ø3×2날 평앤드밀(형상 정삭용)

- Ø6×2날 평앤드밀(형상 황삭용)

- Ø6×2날 평앤드밀(형상 정삭용)

- Ø0.5×Ø12×90도 CHAMFER/EM(형상 모따기 앤드밀)

⊙ Ø3,Ø6X2날 평앤드밀(형상 황삭용, 정삭용)

– 지름 선택은 왜 Ø3, Ø6 endmill로 택했나?

15×15 R1.5 깊이 2mm 사각 포켓을 작업하기 위해서다. 이 사각의 코너가 1.5이기 때문에 Ø4로 할 수 없다. 또한 Ø3 이하로 할 수 있지만 가공 시간이 Ø3보다 많이 소요되고, 파손되기 쉽기 때문이다. Ø6도 20×22 R3 관통 사각 코너가 R3이기 때문에 선택했다. 물론 Ø4 앤드밀로 가공해도 상관없지만 공구의 절삭강도를 보면 Ø4보다는 Ø6이 훨씬 낫다.

– Ø3, Ø6 endmill 중에 2날 짜리로 택했나?

2날을 선택한 이유는 깊이 방향으로 앤드밀의 진입점을 절삭하면서 형상가공을 하려고 선택했다. 보통은 앤드밀 지름이 Ø6mm 이하인 경우는 드릴가공을 별도로 추가하여 가공하지 않아도 무난하다.

② 앞면 가공 방법

⊙ 공작물 클램프

바이스에 공작물을 물려서 가공하는 방법으로 할 것이다. 제품의 외곽을 가공하는 것이 없기 때문에 바이스에 두께 부분이 모두 물려도 된다. 즉 바이스 맨 윗면과 공작물 윗면의 차이가 없게 해도 된다는 것이다. 이렇게 되면 두께 6mm 모두 바이스 조임면에 닿게 하면 된다.

ⓛ 절삭 방향

3가지 공구들은 모두 G41, 즉 하향절삭을 할 것이다. (절삭 방향의 자세한 사항은 제8장 앤드밀 작업 참조)

ⓒ 공작물 WORK 좌표 잡기

아래와 같이 모든 치수의 기준이 되는 치수를 파악한 다음 잡는다.

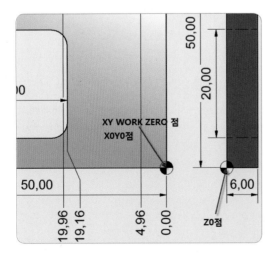

위와 같이 화살표의 위치에 공작물의 XYZ의 WORK 좌표를 잡는데 G54 WORK 좌표에 넣는다. (WORK 좌표 잡는 방법은 제2장, 제3장, 제5장 참조)

ⓔ Ø3X2날 평앤드밀(형상 황삭용)의 가공 방법

이 황삭 공구의 반경 옵셋 값은 1.499mm로 미리 입력해 놓는다. 이 황삭공구로 15×15 R1.5 깊이 2mm 사각 포켓가공을 할 것이다. 깊이는 0.35mm씩 약 6번 나누어 가공한다. Z절입량을 0.35mm로 한 이유는 제9장 날당이송과 1회 가공 깊이 계산식을 참조 바란다. 가공 시작점, 가공 방향, 가공 방법은 작업자에 따라 자기가 편리한 대로 가공하면 된다.

중요한 것은 저자가 앞에서 얘기한 가장 이상적인 가공 방법에 들어가기만 하면 된다. 이 Ø3앤드밀의 사각 외곽 가공 경로를 살펴보면 아래와 같다.

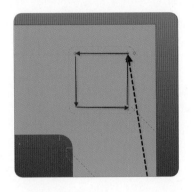
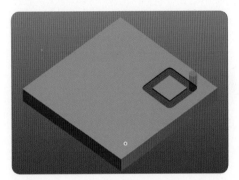

파란색 점선 화살표는 처음 가공 진입점으로 급속 이동을 나타내었고, 빨간색 화살표는 가공 진행 방향을 나타내었다. 위 진행에 대한 프로그램 설명은 아래와 같다.

ㄱ. 처음 X-6.8Y43로 앤드밀을 이동시켜 Z-0.35mm 가공한다. 그리고 다음과 같이 사각의 외형을 가공한다. 위 그림에서 우측 공구의 위치는 사각 외형 가공의 시작점 및 진입과 진퇴 및 가공 방향이다.

ㄴ. X-6.46Y45.14로 이동한다

ㄷ. X-19.96 이동하여 R1.5 가공한다.

ㄹ. Y30.14 이동하여 R1.5 가공한다.

ㅁ. X-4.96 이동하여 R1.5 가공한다.

ㅂ. Y45.14 이동하여 R1.5 가공한다.

ㅅ. 경보정을 해제하며 처음 Z방향 진입했던 X-6.8Y43로 이동한다.

여기까지 아래 그림과 같다.

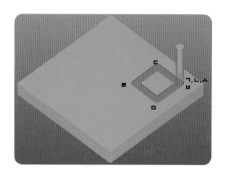

ㅇ. 사각 외곽에서 가공된 영역인 3mm 안쪽으로 이동하여 안에 남은 포켓 잔삭을 가공하기 위해 경보정이 끝난 곳에서 가까운 X-7.960 Y42.141로 이동한다.

ㅈ. 잔삭 반복가공을 위해 별도의 서브프로그램을 아래와 같이 만든 다음 7번 반복 가공한다. 즉 M98 P0003 L7을 작성하여 아래 프로그램을 7번 반복하게 된다.

```
00003
G01 G91 Y-9 F#101
G90 G00 Z1
G91 Y9
G90 G01 Z#102 F1000
G91 X-1.5 F#101
M99
```

위 서브프로그램의 가공된 그림을 보면 아래와 같이 잔삭을 G91 X-1.5씩 순서대로 가공한다.

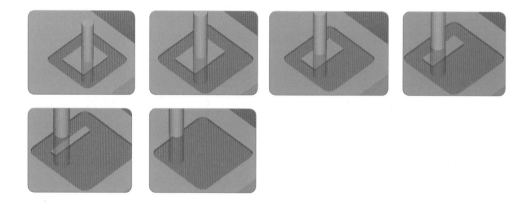

이런 식으로 황삭 가공을 하는데 깊이가 1.8mm가 될 때까지 다시 ㄱ~ㅈ을 반복 가공한다.
다음은 15×15 R1.5 깊이 2mm 사각 포켓가공 황삭을 모두 완료한 그림이다.

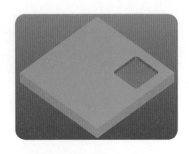

◉ Ø6X2날 평앤드밀(형상 황삭용) 가공

20×22 R3 관통 사각 가공을 위해 이 공구를 사용한다. 공구 반경 값은 미리 2.99mm 입력해 놓는다. 뒷면 모따기 작업을 머시닝 센터에서 할 것이므로 이 20×22 R3 관통 사각 가공의 앞면 작업 깊이를 소재의 두께까지 가공하지 않고, 즉 앞쪽에서 모두 가공하지 않고 뒤쪽 가공을 할 때 모따기 가공하면 형상 조각(scrap)이 떨어지게 된다. 여기서는 소재 두께가 6mm이므로 깊이가공을 5.6mm까지만 가공할 것이다. (제8장 앤드밀 가공 깊이 결정 참조)

가공 순서는 아래와 같다.

ㄱ. 아래와 같이 진입점 X−23 Y21으로 이동하고 Z이동하여 1회 가공 깊이 Z−0.75mm로 절삭 이동한다.

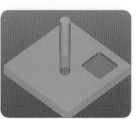

ㄴ. X−19.157 Y25.579로 경보정을 실행하여 진행한다.

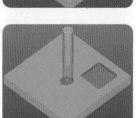

ㄷ. X−41.157 Y25.579로 이동 R3 가공

ㄹ. X−41.157 Y5.579로 이동하여 R3 가공

ㅁ. X-19.157 Y5.579로 이동하여 R3 가공

ㅂ. X-19.157 Y25.579 이동하여 R3 가공

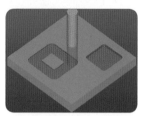

ㅅ. X-23 Y21로 이동하여 원래 진입점으로 복귀

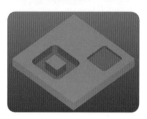

그래서 ㄱ~ㅅ까지 가공 깊이 0.75씩 Z이동하여 깊이 Z-5.6이 될 때까지 반복 가공하면 아래와
같이 가공된다. 관통할 형상이므로 깊이 정삭 여유는 남기지 않아도 된다.

ㅂ Ø3X2날 평앤드밀(형상 정삭용)의 가공 방법

이 정삭 공구의 반경 옵셋 값은 1.49mm로 미리 입력해 놓는다. 이 정삭공구로 15×15 R1.5 깊이
2mm 사각 포켓가공을 완료한다. 깊이는 이제 총 깊이인 2mm를 넣는다. 이 정삭Ø3앤드밀은 황
삭Ø3앤드밀 가공 프로그램을 그대로 활용하고 깊이만 2mm를 넣으면 된다. 물론 황삭과 같은 프
로그램이므로 가공 경로는 동일하다.

ㅅ Ø6X2날 평앤드밀(형상 정삭용) 가공

20×22 R3 관통 사각 가공을 위해 이 공구를 사용한다. 공구 반경 값은 미리 2.97mm를 입력해
놓는다. 가공프로그램은 황삭가공을 그대로 활용하고 깊이만 곧바로 5.6mm로 가공하여 마무리
한다.

ㅇ Ø0.5XØ12X90도 CHAMFER/EM(형상 모따기 앤드밀)

공구끝 지름이 Ø0.5mm이고 공구 최대 지름이 Ø12, 그리고 한쪽 각도가 45도인 모따기 앤드밀
을 활용하여 Ø3앤드밀과 Ø6앤드밀들이 가공한 형상의 모따기를 작업한다. 제9장의 모따기 작업
계산을 참조한다.

	15X15 R1.5 깊이 2mm 사각 형상	20X22 R3 관통 사각 형상
모따기 앤드밀 반경 값	1.4mm	2.9mm
가공 깊이 값	1.4mm	2.9mm

제9장 $((A-B)+(C/\tan \varnothing))/\tan \varnothing =$ 계산식 참조

모따기 작업 가공 순서를 그림으로 나타내었다.

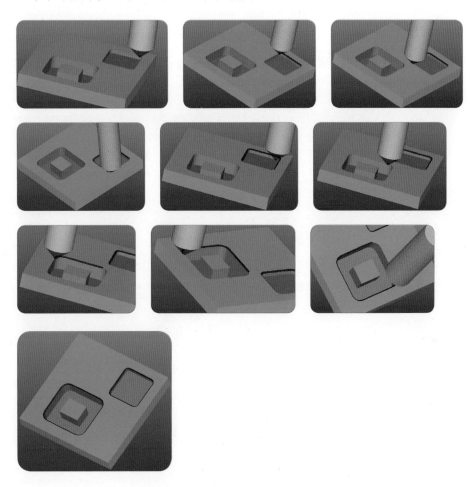

위와 같이 모두 모따기 작업을 완료하면 앞면 가공이 완료되었다.

❸ 앞면 예제 가공 프로그램 작성

① Main 프로그램

위의 예제를 아래 공구를 사용하는 앞면의 메인 프로그램을 작성해보자.

- Ø3×2날 평앤드밀(형상 황삭용)
- Ø3×2날 평앤드밀(형상 정삭용)

- Ø6×2날 평앤드밀(형상 황삭용)

- Ø6×2날 평앤드밀(형상 정삭용)

- Ø0.5×Ø12×90도 CHAMFER/EM(형상 모따기 앤드밀)

```
O0001 (FRONT CUTTING)
T01 M06 (ø3X2날 평앤드밀(형상 황삭용))
S7000 M03
G90 G54 G00 X0 Y0
G43 Z2 H01 M08
#100=51 (경보정 번호 51,공구의 반경 옵셋 값은 1.499mm를 OFFSET번호 51에 미리 입력함)
#101=420 (절삭속도 변수 지정)
#102=-0.35 (가공 깊이 변수 지정)
M98 P0002 (15×15 R1.5 깊이2mm 사각 포켓가공 프로그램, O0003 서브 포함됨)
#102=-0.7 (기존 가공 깊이에 -0.35씩 더해 주면서 가공)
M98 P0002
#102=-1.05
M98 P0002
#102=-1.4
M98 P0002
#102=-1.75
M98 P0002
#102=-1.9 (15×15 R1.5 깊이 2mm 사각 포켓가공 깊이 정삭 여유 0.1mm 남기고 황삭 완료)
M98 P0002
G49G80Z300M09
G91 G28 Z0
T02 M06 (ø6X2날 평앤드밀(형상 황삭용))
S5000 M03
G90 G54 G00 X0 Y0
G43 Z2 H02 M08
#100=52 (경보정 번호 지정,공구 반경 값은 미리 OFFSET번호 52번에 2.99mm를 입력해 놓음)
#101=300 (절삭속도 변수 지정)
#102=-0.75 (가공 깊이 변수 지정)
M98 P0004 (20X22 R3 관통 사각 가공 서브프로그램)
#102=-1.5 (기존 가공 깊이에 -0.75씩 더해 주면서 가공)
M98 P0004
#102=-2.25
M98 P0004
#102=-3
M98 P0004
#102=-3.75
M98 P0004
#102=-4.5
```

```
M98 P0004
#102 = -5.25
M98 P0004
#102 = -5.6
M98 P0004
G49G80Z300M09
G91 G28 Z0
T03 M06 (Ø3X2날 평앤드밀(형상 정삭용))
S7000 M03
G90 G54 G00 X0 Y0
G43 Z2 H03 M08
#100 = 53  (경보정 번호 53, 공구의 반경 옵셋·값은 1.49mm를 OFFSET번호 53에 미리 입력함)
#101 = 420  (절삭속도 변수 지정)
#102 = -2 (가공 깊이 변수 지정)
M98 P0002 (15×15 R1.5 깊이 2mm 사각 포켓가공 프로그램, O0003 서브 포함됨)
G49G80Z300M09
G91 G28 Z0
T04 M06 (Ø6X2날 평앤드밀(형상 정삭용))
S5000 M03
G90 G54 G00 X0 Y0
G43 Z2 H04 M08
#100 = 54  (경보정 번호 지정, 공구 반경 값은 미리 OFFSET번호 54번에 2.99mm를 입력해 놓음)
#101 = 300  (절삭속도 변수 지정)
#102 = -5.6 (가공 깊이 변수 지정)
M98 P0004 (20×22 R3 관통 사각 가공 서브프로그램)
G49G80Z300M09
G91 G28 Z0
T05 M06 (Ø0.5XØ12X90도 CHAMFER/EM(형상 모따기 앤드밀))
S7000 M03  (처음 15×15 R1.5 깊이 2mm 사각 포켓가공용 회전수 지정 Ø2.8 기준)
G90 G54 G00 X0 Y0
G43 Z2 H05 M08
#100 = 55  (경보정 번호 지정, 공구 반경 값은 미리 OFFSET번호 55번에 1.4mm를 입력해 놓음)
#101 = 420  (절삭속도 변수 지정)
#102 = -1.4 (가공 깊이 변수 지정, 15×15 R1.5 깊이 2mm 사각 포켓가공)
M98 P0002 (15×15 R1.5 깊이 2mm 사각 포켓가공 모따기)
S5000 M03  (20×22 R3 관통 사각 가공 서브프로그램용 회전수 지정 Ø5.8 기준)
#100 = 56  (경보정 번호 지정,공구 반경 값은 미리 OFFSET번호 56번에 2.9mm를 입력해 놓음)
#101 = 300  (절삭속도 변수 지정)
#102 = -2.9 (가공 깊이 변수 지정,20×22 R3 관통 사각 가공)
M98 P0004 (20×22 R3 관통 사각 가공 서브프로그램)
G49G80Z300M09
G91 G28 Z0
M30;
```

이렇게 해서 앞면 가공 황삭과 정삭, 모따기의 메인 프로그램을 모두 마무리했다.

② sub 프로그램

위 메인 프로그램에 나오는 서브프로그램을 아래와 같이 작성한다.

```
00002 (15×15 R1.5 깊이 2mm 사각 포켓가공)
G90 G0 X-6.8Y43       (15×15 R1.5 깊이 2mm 사각 포켓가공 앤드밀 진입점 이동)
Z1
Z0.3
G1 Z#102 F140     (측면절삭이송 420에 대한 약 1/3 정도인 140을 깊이 절삭속도 값)
G41 D#100 X-6.46Y45.14 F#101
X-19.96 R1.5       (첫 번째 코너R1.5 가공)
Y30.14 R1.5        (두 번째 코너R1.5 가공)
X-4.96 R1.5        (세 번째 코너R1.5 가공)
Y45.14 R1.5        (네 번째 코너R1.5 가공)
G40 X-6.8Y43 F1000      (경보정을 해제하면서 처음 진입점으로 이동 도피)
X-7.960 Y42.141 F#101       (포켓잔재 처리를 위해 시작점으로 절삭이동)
M98 P0003 L7      (포켓 잔재처리 프로그램 호출 및 7번 반복가공)
G90 Z10;
M99        (메인 프로그램 O0001로 복귀)


00003      (15×15 R1.5 깊이 2mm 사각 포켓가공의 잔재 처리 서브프로그램)
G01 G91 Y-9 F#101
G90 G00 Z1
G91 Y9
G90 G01 Z#102 F1000
G91 X-1.5 F#101
G90
M99         (서브프로그램 O0002번 프로그램으로 복귀)


00004 (20X22 R3 관통 사각 가공)
G90 G0 X-23 Y21     (20×22 R3 관통 사각 가공 앤드밀 진입점 이동)
Z1
Z0.3
G1 Z#102 F100     (측면절삭이송 300에 대한 약 1/3 정도인 100을 깊이 절삭속도 값)
G41 D#100 X-19.157 Y25.579 F#101    (ㄱ : 경보정을 실행하면서 사각가공 진입)
X-41.157 Y25.579 R3      (ㄴ : 첫 번째 코너R3가공)
X-41.157 Y5.579 R3       (ㄷ : 두 번째 코너R3 가공)
X-19.157 Y5.579 R3       (ㄹ : 세 번째 코너R3 가공)
X-19.157 Y25.579 R3       (ㅁ : 네 번째 코너R3 가공)
G40 X-23 Y21 F1000      (경보정 해제하면서 처음 진입점으로 이동 도피)
G90 Z10;
M99        (메인 프로그램 O0001로 복귀)
```

4 뒷면 가공

① 뒷면 가공 방법

뒷면 가공은 20×22 R3 관통 사각 가공 모따기만 작업하면 된다. 앞면 가공에서 관통 작업을 마무리하지 않았기 때문에 모따기 작업 중에 붙어있는 조각(Scrap)은 모따기 작업이 거의 완료되는 시점에 떨어져 나갈 것이다.

㉠ 공작물 클램프

바이스에 공작물을 물려서 가공하는 방법으로 할 것이다. X축 미러 이미지를 걸어서 하면 제품은 Y축을 기준으로 뒤집어서 바이스에 물린다.

㉡ WORK 좌표 잡기

X축 미러 이미지를 걸어서 하면 제품은 Y축을 기준으로 뒤집어서 바이스에 물린다. 따라서 공작물 WORK 좌표의 X축 방향도 바뀌어야 한다. 아래와 같다.

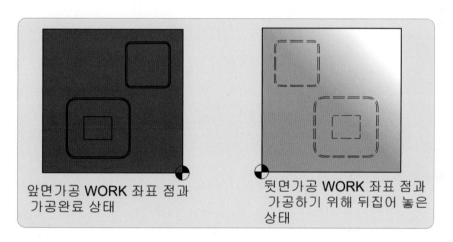

앞면가공 **WORK** 좌표 점과
가공완료 상태

뒷면가공 **WORK** 좌표 점과
가공하기 위해 뒤집어 놓은
상태

위 그림을 보면 똑같은 클램프 위치라면 Z축과 Y축은 앞면 가공이나 뒷면 가공의 WORK 좌표는 같으나 X축 미러 이미지 기능을 사용하여 위와 같이 뒤집어 놓으면 X축은 위 그림의 오른쪽과 같은 점에 다시 잡아야 한다. 그리고 프로그램 기능의 미러 이미지 사용이 아닌 파라미터 세팅의 미러 이미지 기능을 사용할 것이므로 X축의 WORK 좌표 부호를 반대로 해줘야 한다.

㉢ Ø0.5XØ12X90도 CHAMFER/EM(형상 모따기 앤드밀)

20×22 R3 관통 사각 가공 모따기 가공인데 이 프로그램은 앞면에서 작업한 것을 그대로 사용하면 된다. X축 미러를 사용하고 앞면 가공 프로그램을 그대로 활용하였으므로 프로그램은 실제 G41로 가공하지만 뒷면에서의 가공 방향은 G42로 가공하는 것과 같이 된다.

다음은 가공 순서를 그림으로 표현하였다.

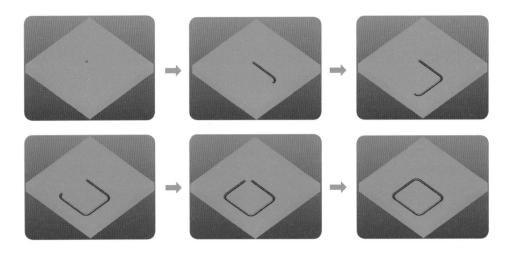

위와 같이 가공된다. 가공 도중에 위 마지막에서 2~3번째부터는 관통형상 잔재가 떨어지려고 할 것이고, 마지막 모따기 가공이 완료되는 시점에서는 잔재가 떨어져 나가 아래와 같이 최종 형상이 나올 것이다.

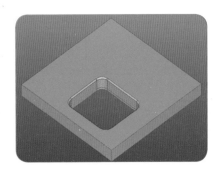

이와 같은 순서로 앞뒷면 가공이 모두 완료되었다. 외곽 모서리 모따기는 수동으로 완료하면 된다.

② 뒷면 가공 MAIN 프로그램 작성

뒷면 가공은 20×22 R3 관통 사각 가공의 모따기 작업만 하면 되고 메인 프로그램도 앞면 메인 프로그램의 모따기 부분에서 관통사각 부분만 COPY해서 작성하면 된다.

메인 프로그램은 아래와 같다.

```
O0100 (20×22 R3 관통 사각 가공 뒷면 메인 프로그램)
T05 M06 (Ø0.5XØ12X90도 CHAMFER/EM(형상 모따기 앤드밀))
S5000 M03 (20×22 R3 관통 사각 가공 서브프로그램용 회전수 지정Ø5.8 기준)
G90 G54 G00 X0 Y0
G43 Z2 H05 M08
#100=56 (경보정 번호 지정, 공구 반경 값은 미리 OFFSET 번호 56번에 2.9mm를 입력해 놓음)
#101=300 (절삭속도 변수 지정)
```

```
#102 = -2.9 (가공 깊이 변수 지정, 20×22 R3 관통 사각 가공)
M98 P0004 (20×22 R3 관통 사각 가공 서브프로그램)
G49G80Z300M09
G91 G28 Z0
M30;
```

5 MACRO 기능을 이용한 가공

앞서 나온 원호가공과 사각가공의 프로그램 예를 살펴보면 번거로운 점이 있다. 다름 아닌 형상의 깊이가 깊을수록 메인 프로그램이 길어지고 일일이 가공 깊이대로 형상가공의 서브프로그램을 호출해야 하는 일이다. 또한 공구의 규격과 형상에 따라 형상이 똑같은 프로그램을 반복적으로 사용해야 하는 일이다. 이제 이 번거로움을 해결할 기능과 프로그램 작성에 대해 알아보는데 앞서 예제로 들었던 프로그램을 변경하면서 알아보자.

1 MACRO 기능 코드와 관련 명령어 사용 프로그램

제2장 6.2에서 배운 G66코드와 7.변수 및 연산 제어문을 사용하여 깊이가 깊거나 반복적인 형상가공을 하는데 있어 프로그램을 간단하게 작성할 수 있도록 알아보자.

① 변수 및 연산 제어문 활용 예

앞서 나온 사각가공의 예(341쪽)를 연산제어문을 활용하여 아래와 같이 프로그램을 작성한다. 이 프로그램을 보면 황삭 깊이 반복가공에서만 프로그램이 길어지므로 이 부분을 중점으로 하되 변경되는 부분을 위주로 설명할 것이다.

㉠ 메인 프로그램 작성 예

```
O0001 (FRONT CUTTING)
  T02 M06 (Ø6X2날 평앤드밀(형상 황삭용))
S5000 M03
G90 G54 G00 X0 Y0
G43 Z2 H02 M08
#100 = 52  (경보정 번호 지정, 공구 반경 값은 미리 OFFSET번호 52번에 2.99mm를 입력해 놓음)
#101 = 300  (절삭속도 변수 지정)
#102 = -5.6 (총가공 깊이 변수 지정)  (보충 설명, "A")
#105 = -0.7 (1회 가공 깊이 변수 지정)  (보충 설명, "B")
```

```
#108=3  (R 변수 지정)    (보충 설명, "C")
M98 P0004 (20×22 R3 관통 사각 가공 서브프로그램)
G49G80Z300M09
G91 G28 Z0
```

위와 같이 메인 프로그램을 작성한다. 연산제어문을 사용하지 않았을 때보다는 훨씬 간단하게 작성된다.

"A" 보충 설명

#102는 가공할 총 깊이 값을 넣어 준다.

"B" 보충 설명

#105는 1회 가공 깊이를 넣어 준다. 단, 주의할 것은 #102 값을 #105 값으로 나눈 몫(반복 횟수)은 정수가 나오도록 #105 값을 정한다. 위 #105 값이 0.7인데 될 수 있으면 앤드밀 1회 가공 깊이 계산식에 나온 값과 비슷하게 맞추면서 가공 횟수를 정수로 맞추는 값으로 결정한다.
위 프로그램 예에서 나온 1회 값은 0.75였는데 5.6/0.75=7.46666이 나와 연산이 불안정하므로 0.75 값에 근처 값이면서도 몫이 정수로 나오는 0.7로 결정하였다. 물론 제어문이 들어간 서브프로그램에서 조건식을 달리 사용하거나 소수점 이하 버림 기능을 사용하면 되는데, 저자가 만든 서브프로그램은 그렇게 작성하지 않았으므로 1회 절입량을 위와 같이 맞추어 계산하면 된다.

"C" 보충 설명

#108은 R 값을 변수로 사용하였다. 앞서 알아본 321쪽에서 황삭공구는 도면 R8보다 더 크게 R10으로 주었다. 따라서 이렇게 바뀌는 부분도 변수 처리하면 편리할 때가 있다.
이 프로그램의 R 값은 3으로 R#108=R3 과 같다.

ⓒ 서브프로그램 작성 예

메인 프로그램 00001을 위와 같이 #102와 #105 값을 정해 주었으면 아래와 같이 서브프로그램을 작성한다. 이것은 제2장 108쪽에서 설명한 프로그램을 참고하여 보기 바란다.

```
00004 (20×22 R3 관통 사각 가공)
 G90 G0 X-23 Y21     (20×22 R3 관통 사각 가공 앤드밀 진입점 이동)
#106=#105 (보충 설명, "H")
G90G00Z1 (보충 설명, "I")
 Z1
 Z0.3
WHILE[#106GE#102]DO1 ("R")
G90G01Z#106F100   ("S")
 G41 D#100 X-19.157 Y25.579 F#101   (ㄱ : 경보정을 실행하면서 사각가공 진입)
 X-41.157 Y25.579 R#108     (ㄴ : 첫 번째 코너R3가공)
 X-41.157 Y5.579 R#108      (ㄷ : 두 번째 코너R3 가공)
```

```
    X-19.157 Y5.579 R#108        (ㄹ : 세 번째 코너R3 가공)
    X-19.157 Y25.579 R#108       (ㅁ : 네 번째 코너R3 가공)
   G40 X-23 Y21 F1000      (ㅂ : 경보정을 해제하면서 처음 진입점으로 이동 도피)
   #106＝[#106＋#105]   ("U")
   X-23 Y21     ("V")
   END1     ("W")
   G00G90Z50     ("J")
   M99   (보충 설명, "K")
```

위와 같이 기존 서브프로그램에 파란색 형식의 반복가공 조건식을 추가하면 된다. (2장 108쪽 참조)

위 빨간색 진입점 좌표는 서브프로그램을 처음 실행하는 시작 부분과 V 부분을 맞추어 준다.

ㄱ~ㅂ 부분과 빨간색 이동좌표는 형상에 따라 변경되는 부분이다.

② 동일 형상이 여러 개인 경우의 MACRO 및 변수 적용 방법

① 동일한 형상이 많을 때는 G66을 활용한다.

G66 코드는 112쪽에서 나온 깊이 반복 가공하는 방법과 동일하나 각각의 형상 진입 위치포인트 좌표로 이동하면서 동일한 형상을 가공하므로 동일한 형상이 각각의 위치에 여러 개인 경우에 많이 사용한다. (제2장 108쪽 참고)

※G66을 사용할 때 형상 진입 위치 서브프로그램의 좌표는 항상 G90 좌표로 사용한다.

② 동일한 형상이 많을 때는 G91좌표 기능을 활용한다.

동일 형상이 많을 때는 동일한 형상의 한 형상을 G91로 모두 형상가공 서브프로그램을 작성하고, G66 기능을 사용하여 각각 위치가 다른 동일한 형상의 여러 개수에 적용하여 가공한다. (G91을 사용해야 되는 이유는 제6장 340쪽 참조)

※ G91을 이용하여 형상가공할 때 깊이 방향은 항상 절대 좌표로 지령한다. (제2장 108쪽의 서브프로그램 O0002 참조)

③ 동일한 형상이 많을 때의 프로그램 예

아래는 동일한 원가공이 많은 개수의 프로그램 예이다. 6장 303쪽의 원가공 예제의 동일한 크기의 형상이 여러 개인 경우의 프로그램에 대해 알아보자.

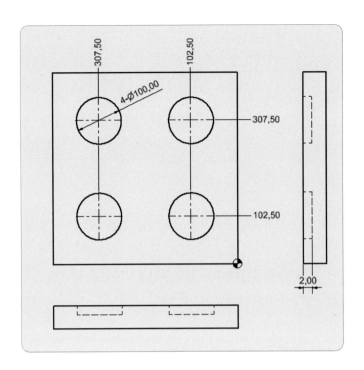

308쪽에서 작성한 원 포켓가공을 증분 좌표(G91)와 혼합하여 작성할 경우의 프로그램을 이용하여 동
일한 형상이 여러 개일 때의 프로그램 방법을 익히자. 위 도면가공을 모두 마치려면 아래 3개의 프로
그램이 모두 있어야 한다. (포인트 좌표를 메인으로 흡수한다면 2개만 필요, 제2장 111쪽 참고)

하나는 메인 프로그램이며 나머지 두 개는 서브프로그램으로 구성돼 있고 서브(SUB) 프로그램 중에
하나는 형상가공용이고 하나는 원의 위치만 알려 주는 프로그램이다.

– MAIN 프로그램 작성

```
00001;(동일한 원의 형상이 많을 때의 메인 프로그램)
T01 M06;(2날 Ø30 ENDMILL)
G00 G90G54 G43 X0 Y0 Z50 H01 S1000;      (다음 보충 설명, "A")
G00Z2;
G66 P0002            (다음 보충 설명, "B")
M98 P0003            (다음 보충 설명, "C")
G67            (다음 보충 설명, "D")
G90G49Z400;
M05;
M30;
```

－ 형상가공 서브프로그램

> O0002; (동일한 원의 형상이 많을 때의 서브 형상 프로그램)
> G90;   (다음 보충 설명, "E")
> G01 Z-2 F50;
> G01G91G41D32 X35 Y0 F200;
> G03 I-35 J0;
> G40X-10;
> G01G41D32 X25 Y0 F200;
> G03 I-50 J0;
> G40X-50 F1000;
> G90;   (다음 보충 설명, "F")
> M99;

－ 원의 중심 위치 서브프로그램

> O0003;(동일한 원의 형상이 많을 때의 서브 위치프로그램)
> X-102.5 Y102.5;   (다음 보충 설명, "G")
> X-102.5 Y307.5;
> X-307.5 Y307.5;
> X-102.5 Y102.5;
> M99;   (다음 보충 설명, "H")

위와 같이 3개의 프로그램으로 위 도면의 가공을 모두 완료한다.

"A" 보충 설명

가공할 위치로 가깝게 가기 위한 위치 이동일 뿐 다른 뜻은 없다.

"B" 보충 설명

매크로 호출 기능, 프로그램 호출 기능으로 G66 뒤에는 원가공의 형상가공프로그램을 써줘야 한다. 즉 이 형상가공을 다음 블록인 "C" 블록의 각각의 위치포인트 대로 계속 반복 가공한다는 명령이다. (제2장 109쪽 참조)
진입은 모두 증분 좌표로 해야 여러 개의 원가공을 할 때 하나의 서브프로그램으로 원가공을 할 수 있게 된다.

"C" 보충 설명

O0002의 형상가공 프로그램의 포인트 좌표만 넣어 놓고 이 프로그램 내부 좌표를 각 블록씩 이동하면서 O0002프로그램을 반복한다. (제2장 109쪽), 즉 원의 형상 위치 좌표만 프로그램한다.
O0002 프로그램의 시작점을 원의 중심으로 했기 때문에 원의 중심위치를 넣은 것이지, 만약에 원의 중심이 아닌 다른 위치에서 O0002 프로그램을 작성했다면 그 위치를 O0003에 넣어야 한다.

G66을 해제(취소)한다.

증분 좌표로 작성하는 프로그램의 시작과 끝은 절대 좌표 기능 G90을 사용하여 안전하게 절대 좌표로 다음 이동구간을 갈 수 있도록 하는 것이 불량 발생을 줄일 수 있다. "E"~"F"는 원의 형상가공프로그램을 실행한다.

원의 위치 좌표를 서브프로그램하였다.

③ 비슷한 형상의 변수 적용 방법

가공을 하다보면 대부분 비슷한 형상을 가공하는 경험을 많이 한다. 즉 대부분이 원가공, 사각가공(코너에 R이 있는 것), 슬롯가공, 나비홈 가공(블록 끼워 맞춤용)이 대표적인 예이다. 이때는 비슷한 형상의 크기 부분을 변수로 사용하면 편리하다.

① 원의 크기를 변수 처리하는 방법

기본적인 원 가공을 변수 처리하는 방법은 아래와 같이 사용한다. 즉 다음 도면과 같이 원의 크기도 변수 처리하는 것이다.

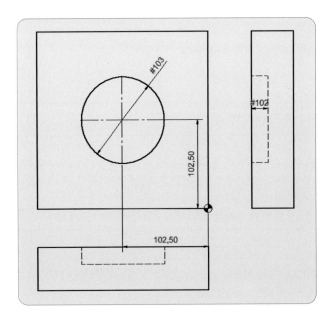

위와 같이 도면의 원 지름을 #103으로 변수 처리하고 원의 깊이를 #102로 변수 처리하여 프로그램을 작성하면 크기와 깊이가 다른 모든 원을 공구에 맞춰서 반복해서 프로그램한다면 이 프로그램으로 모

두 가공할 수 있게 된다.

356쪽에서 나온 예제를 통해 어떻게 변수 처리했는지 알아 보자.

```
O0001;(동일한 원의 형상이 많을 때의 메인 프로그램)
T01 M06;(2날 Ø30 ENDMILL)
G00 G90G54 G43 X0 Y0 Z50 H01 S1000;      (다음 보충 설명, "A")
G00Z2;
#100=32              (다음 보충 설명, "B")
#101=200               (다음 보충 설명, "C")
#102=-2            (다음 보충 설명, "D")
#105=-1             (다음 보충 설명, "E")
#103=100               (다음 보충 설명, "F")
G66P2
M98P3
G67
G90G49Z400;
M05;
M30;
```

– 형상가공 서브프로그램

```
O0002; (동일한 원의 형상이 많을 때의 서브 형상 프로그램)
#106=#105            (다음 보충 설명, "G")
G90G00Z1            (다음 보충 설명, "H")
WHILE[#106GE#102]DO1        (다음 보충 설명, "I")
G90
G01Z#106F200            (다음 보충 설명, "J")
G91G01G41D#100X[#103/2]Y0F#101    (다음 보충 설명, "K")
G91G03I-[#103/2]J0        (다음 보충 설명, "L")
G91G01G40X-[#103/2]F1000       (다음 보충 설명, "M")
#106=[#106+#105]         (다음 보충 설명, "N")
G90            (다음 보충 설명, "O")
END1         (다음 보충 설명, "P")
G00G90Z50
M99
```

– 원의 중심 위치 서브프로그램

```
O0003;(동일한 원의 형상이 많을 때의 서브 위치프로그램)
X-102.5 Y102.5;
X-102.5 Y307.5;
```

```
X-307.5 Y307.5;
X-102.5 Y102.5;
M99;
```

"A" 보충 설명

가공할 위치로 가깝게 가기 위한 위치 이동일 뿐 다른 뜻은 없다.

"D" 보충 설명

O0002 프로그램의 경보정 OFFSET 번호를 변수 처리하였다.

"C" 보충 설명

O0002 프로그램의 형상가공의 절삭속도를 변수 처리하였다.

"D" 보충 설명

O0002 프로그램의 최종 절삭 깊이를 변수 처리하였다.

"E" 보충 설명

O0002 프로그램의 1회 절삭 깊이를 변수 처리하였다.

"F" 보충 설명

O0002 프로그램의 원의 크기(지름)를 변수 처리하였다.

"G"~"J" 보충 설명

제6장에서 설명한 내용과 거의 같다. 단 이 서브프로그램에서 고정 위치 좌표를 넣지 않아야 모든 제품의 어떤 위치 좌표, 어떤 원의 크기든 이 O0002의 프로그램으로 가공할 수 있다.

"K" 보충 설명

G91G01G41D#100X[#103/2]Y0F#101　　(다음 보충 설명, "K")
설명 : D#100 : 공구 경보정 옵셋번호를 변수 처리하였다.
　　　　X[#103/2] : 원가공을 하기 위해 처음 진입점의 센터에서 원의 반지름까지 이동하는 것을 변수 처리하여 원의 어떤 크기라도 대응할 수 있게 만들었다. 반지름만 이동해야 하므로 #103을 2로 나누었다. 결국 "K" 블록을 다음과 같이 풀이할 수 있다.
　　　　G91G01G41D32X50Y0F200과 같다.

"L" 보충 설명

G91G03I-[#103/2]J0　　　　(다음 보충 설명, "L")
위의 "K"에서 증분 좌표 X[#103/2]로 경보정 이동하였기 때문에 여기서는 I-[#103/2]이다.
I- 는 원가공 시작점에서 원의 센터점이 -방향에 있기 때문이다. (제6장 299쪽 참조)

G91G01G40X-[#103/2]F1000　　　(다음 보충 설명, "M")
"K"에서 증분 좌표 X[#103/2]로 경보정 이동하였기 때문에 여기서는 반대로 X-방향으로 이동하면서 원의 센터로 다시
복귀하였다.

제6장 324쪽에서 설명한 내용과 같이 깊이 반복가공하기 위해 -1 값에 -1 값을 더해 주었다. 그래서 최종 깊이 -2로 되
어 다시 한번 "I"~"P"를 가공하게 된다.

반복 가공하고 최종 깊이 조건이 성립 되었으므로 이제 "P" 다음 블록으로 이동한 후 M99 블록으로 이동하여 O0002
서브프로그램을 종료한다. 제6장 324쪽을 참조 바란다.

이런 식으로 메인 프로그램의 변수 값과 포인트 좌표프로그램인 O0003번만 바꿔 주면 어떤 크기의
원이든 원의 형상가공 프로그램을 변수로 작성한 O0002 프로그램으로 모두 가공할 수 있게 된다.

② 원의 크기를 변수 처리한 예제

356쪽에서 나온 예제에서 아래와 같이 원의 크기가 모두 약간씩 다르다고 한다면 하나의 원가공 형상
프로그램으로 가공하지 못한다. 따라서 제6장 355쪽 프로그램에서 메인 프로그램과 포인트 좌표를 수
정 한다면 원의 크기와 위치가 다르더라도 하나의 형상 프로그램으로 가공할 수 있게 된다. 즉 아래와
같이 원의 크기가 모두 다르다면 O0003번의 위치 좌표 프로그램을 하나의 서브프로그램으로 묶으면
안 된다. 따라서 O0003을 별도로 사용하지 않고 메인으로 흡수해서 작성하면 된다.

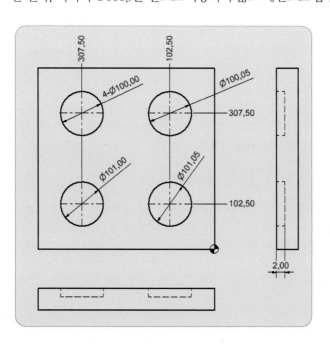

– MAIN 프로그램 작성

```
00001;
T01 M06;(2날 Ø30 ENDMILL)
G00 G90G54 X0 Y0 Z50 H01 S1000;
G00Z2;
#100=32
#101=200
#102=-2
#105=-1
#103=70              (다음 보충 설명, "A")
G66P2                (다음 보충 설명, "B")
X-102.5 Y102.5;          (다음 보충 설명, "C")
X-102.5 Y307.5;
X-307.5 Y307.5;
X-102.5 Y102.5;          (다음 보충 설명, "D")
#103=101.05          (다음 보충 설명, "E")
X-102.5 Y102.5;          (다음 보충 설명, "F")
#103=100.05          (다음 보충 설명, "G")
X-102.5 Y307.5;          (다음 보충 설명, "H")
#103=100             (다음 보충 설명, "I")
X-307.5 Y307.5;          (다음 보충 설명, "J")
#103=101             (다음 보충 설명, "K")
X-102.5 Y102.5;          (다음 보충 설명, "L")
G67
G90G49Z400;
M05;
M30;
```

– 형상가공 서브프로그램

```
O0002; (동일한 원의 형상이 많을 때의 서브 형상 프로그램)
#106=#105
G90G00Z1
WHILE[#106GE#102]DO1
G90
G01Z#106F200
G91G01G41D#100X[#103/2]Y0F#101
G91G03I-[#103/2]J0
G91G01G40X-[#103/2]F1000
#106=[#106+#105]
G90
END1
G00G90Z50
M99
```

"A" 보충 설명

원의 잔재처리, 즉 Ø70의 원가공을 하면 Ø70- Ø90(공구지름X3)이므로 원의 포켓 잔재가 남지 않고 모두 제거되므로 #103을 Ø70의 원의 지름 값을 썼다.

"D" 보충 설명

O0002 프로그램, 즉 원의 형상가공프로그램을 매크로 호출하였다.

"C"~"D" 보충 설명

원의 잔재처리, 즉 Ø70의 원가공은 4개의 원가공 모두 공통적으로 가공할 수 있으므로 "C"~"D"를 모두 가공하였다.

"E" 보충 설명

X-102.5 Y102.5;의 원의 크기가 Ø101.05이므로 지름을 재설정 해주었다.

"F" 보충 설명

X-102.5 Y102.5;로 이동하여 원의 크기 Ø101.05를 작업한다.

"G" 보충 설명

X-102.5 Y307.5;의 원의 크기가 Ø100.05이므로 지름을 재설정 해주었다.

"H" 보충 설명

X-102.5 Y307.5;로 이동하여 원의 크기 Ø100.05를 작업한다.

"I" 보충 설명

X-307.5 Y307.5;의 원의 크기가 Ø100이므로 지름을 재설정 해주었다.

"J" 보충 설명

X-307.5 Y307.5;로 이동하여 원의 크기 Ø100을 작업한다.

"K" 보충 설명

X-102.5 Y102.5;의 원의 크기가 Ø101이므로 지름을 재설정 해주었다.

"L" 보충 설명

X-102.5 Y102.5;로 이동하여 원의 크기 Ø101을 작업한다.

③ 사각의 크기와 코너R을 변수 처리하는 방법

㉠ 사각 크기와 코너R을 변수 처리한다.

여기에서는 CNC 컨트롤러에 상관없이 대부분 컨트롤러에서 사각가공 프로그램으로 사용할 수 있는 기본적인 사각 프로그램 가공 방법을 익히도록 하자. 주의할 것은 G66 기능과 서브프로그램 호출 기능만 컨트롤러별로 다르므로 이 부분만 맞추면 어떤 컨트롤러에도 적용할 수 있게 프로그램 돼있다.

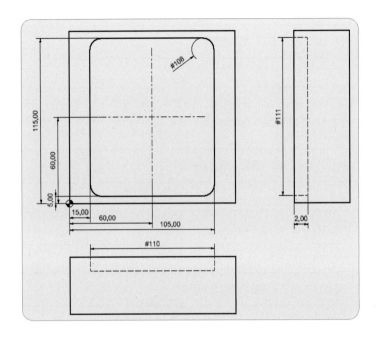

위와 같이 사각의 X방향 크기를 #110으로, Y방향 크기를 #111로, 코너R의 크기를 #108로 변수처리하면 어떤 크기의 사각이더라도 하나의 형상 프로그램으로 가공할 수 있게 된다. 단 주의할 것은 형상과 반복 프로그램은 사각 형상의 중간점을 기준으로 작성하였으므로 진입 포인트 좌표는 사각의 중심좌표로 해야 한다.

이제 325쪽의 프로그램을 크기 변수를 적용하여 가공하는 프로그램을 작성해보자.

– 메인 프로그램

```
T01 M06;(T01 2날Ø20 ENDMILL 황삭용)
G00 G90 G54 G43 X0 Y0 Z50 H01 S1000;
#100=31
#101=200
#102=-2
#105=-1
#108=10              (다음 보충 설명, "A")
#109=20              (다음 보충 설명, "B")
#110=90              (다음 보충 설명, "C")
#111=110             (다음 보충 설명, "D")
G66P2              (다음 보충 설명, "E")
M98P4              (다음 보충 설명, "F")
```

```
G67                    (다음 보충 설명, "G")
G90G49Z400;
M05;
M30;
```

– 사각 형상가공 프로그램

```
O0002   (프로파일 서브(SUB) 프로그램)
#106=#105
G90 Z2
WHILE[#106GE#102]DO1
G90 G01 Z#106 F#101
G91 G41 D#100 X[#110/2] Y0 F#101        (다음 보충 설명, "H")
Y[#111/2] R#108            (다음 보충 설명, "I")
G01 X-#110 R#108
G01 Y-#111 R#108
G01 X#110 R#108
G01 Y[#111/2]            (다음 보충 설명, "J")
G01 Y1;                  (다음 보충 설명, "K")
G40 X-[#109/2]           (다음 보충 설명, "L")
G01 Y-1            (다음 보충 설명, "M")
#117=[#110-[#109*2]]          (다음 보충 설명, "N")
#117=[#117/[#109/2]]           (다음 보충 설명, "O")
#117=FIX[#117]           (다음 보충 설명, "P")
#117=[#117+1]            (다음 보충 설명, "Q")
M98 P0003 L#117          (다음 보충 설명, "R")
G91X[#117*[#109/2]] F[#101*5]                (다음 보충 설명, "S")
G91X-[[#110/2]-[#109/2]]                     (다음 보충 설명, "T")
#106=[#106+#105]           (다음 보충 설명, "U")
G90
END1                       (다음 보충 설명, "V")
G00G90Z50
M99
O0003(포켓바닥면 X방향이동 서브(SUB) 프로그램)
#114=[#111-[#109*2]]               (다음 보충 설명, "W")
#115=[#114/2]               (다음 보충 설명, "ㄱ")
G91 Y#115 F[#101*5]            (다음 보충 설명, "ㄴ")
G01 X-[#109/2] F#101           (다음 보충 설명, "ㄷ")
G91Y-#114             (다음 보충 설명, "ㄹ")
G91Y#115 F[#101*5]               (다음 보충 설명, "ㅁ")
M99                       (다음 보충 설명, "ㅂ")
```

O0004 (사각포켓 가공 중심좌표(포인트 좌표)   (다음 보충 설명, "ㅅ")

X60 Y60   (다음 보충 설명, "ㅇ")

M99   (다음 보충 설명, "ㅈ")

"A" 보충 설명

#108＝10은 사각 코너R 크기 값을 #108에 저장하였다.

"B" 보충 설명

#109＝20은 공구지름 크기 값을 #109에 저장하였다.

"C" 보충 설명

#110＝90은 X방향 사각크기 값을 #110에 저장하였다.

"D" 보충 설명

#111＝110은 Y방향 사각크기 값을 #111에 저장하였다.

"E" 보충 설명

G66P2는 매크로 호출로 사각 형상 프로그램인 O0002 프로그램을 호출하는데 사각 형상 중심 포인트 좌표만 있는 "F" 프로그램의 각 좌표에 대응하여 호출한다.

"F" 보충 설명

M98P4는 O0002 프로그램 호출에 앞서 O0004 프로그램을 읽기 실행하는데, 이 프로그램의 첫 번째 블록만 읽기 실행 후 O0002 프로그램을 실행한다.

"G" 보충 설명

G67은 O0004 프로그램과 O0002 프로그램을 모두 실행한 후에 G66 기능을 해제하는 코드이다.

"H" 보충 설명

"H"블록에서 X[#110/2]는 X축 방향으로 사각 형상 가공을 시작하기 위해 진입하는 것으로 사각 형상의 중심에서부터 시작하므로 X방향 사각 크기의 절반 값을 주기 위해 90을 2로 나누었다. 즉 이것은 X45로 지령한 것과 같으며 절대 좌표로 환산하면 X105로 지령한 것과 같다.

"I" 보충 설명

"I"블록에서 Y[#111/2]는 Y축 방향 사각 형상의 절반 값으로 이동 가공을 하기 위해 명령한 것이다. 이것은 Y55로 지령한 것과 같으며 절대 좌표로는 환산하면 Y115로 지령한 것과 같다. R#108은 코너R을 가공하기 위해 지령한 것으로 #108 값이 10이므로 R10으로 지령한 것과 같다.

"K" 보충 설명

Y 방향의 사각중심에서 빠져나오면 자국이 생기므로 1mm 정도 겹치게 하기 위해 1mm 더 이동한다. 이 지점을 절대 좌표로 환산하면 Y61이다.

경보정을 해제하기 위해 공구 반지름 값만큼만 해제하면서 빠져 나온다. 실제 이동량은 없다. 왜냐하면 공구의 반지름 만큼 이미 경보정을 실행하면서 형상치수에서 빠져 있기 때문이다. 절대 값으로 본다면 이 지점의 절대 좌표는 경보정이 해제됐으므로 X95이다.

"M" 보충 설명

"K"에서 1mm 더 이동하였으므로 원복 시킨 것임. 이렇듯 증분 좌표는 이동한 값만큼 항상 원상복귀 시켜야 Z방향이나 같은 프로그램을 반복 가공할 수 있게 된다. 그렇지 않으면 불량 발생으로 바로 이어진다. 이 지점의 절대 좌표는 Y60이다.

"N" 보충 설명

#117=[#110-[#109*2]]에서 #109*2를 한 이유는 X방향 사각 크기가 공구지름으로 양쪽 모두 이미 형상가공을 하였 기 때문에 2를 곱한 것이다. 이 식을 값을 적용하면 #117=[90-[20*2]]로서 #117의 값은 50이 된다.
이 값을 구하는 이유는 X방향으로 공구의 반지름만큼 증분이동하며 잔재처리를 해야 되는데, 남아있는 X방향 잔재폭을 구하기 위해서이다. 따라서 50은 절삭되지 아니한 X방향 잔재폭이 된다.

"O" 보충 설명

#117=[#117/[#109/2]]에서 #109/2를 한 이유는 "N"에서 잔재폭을 공구 반지름만큼씩 X방향 이동하는데 몇 회를 이동(반복가공 횟수)해야 되는지 구하기 위해서이다. 즉 위 식에 값을 대입하면 #117=[50/[20/2]], 따라서 이 블록을 실 행하면 #117 값은 5로 다시 바뀌게 된다. 즉 반복가공 횟수는 5회가 된다. 즉 10mm씩 5번 이동하면 50mm가 되기 때 문에 잔재처리를 모두 할 수 있게 된다.

"P" 보충 설명

#117=FIX[#117]을 한 이유는 "O"에서 구한#117 값을 정수화 하기 위해서이다. 이 값은 앞에서 말한 것처럼 가공 횟수인데, 이 값이 소수점 이하 값이 있으면 안되기 때문에 소수점 이하 값을 제거하는 변수 정의를 하였다. 예를 들어 #110 값이 90.4라고 한다면 #117 값이 5.04로 소수점 이하 자리수가 생기게 되므로 5.04에서 .04를 없애고 5 값만 취 하기 위해서 FIX 기능을 사용하였다. FIX는 제2장을 참조 바란다.

"Q" 보충 설명

#117의 값이 5인데 잔재 50mm 폭이 딱 떨어지게 가공되기 때문에 공구 코너R에 의해 약간의 잔재가 남아있는 경우를 없 애기 위해 여유 있게 1회 더 가공해 주기 위해서 실행하였다. 그래서 #117은 6이 되고 총 6회를 반복 가공하게 된다.

"R" 보충 설명

M98 P0003 L#117은 포켓 잔재처리 프로그램 O0003을 호출하는데 6번 반복 가공하라는 뜻이다. 즉 위에서 #117 값 이 6이므로 O0003 프로그램을 6번 반복 실행하게 된다. 위에서 잔재처리를 6번 X방향으로 공구반지름만큼 이동하면 모두 제거되기 때문에 6회 반복하는 것이다. 결국 #117 값을 구한 이유는 이 서브프로그램인 O0003의 반복 횟수 값을 구하기 위해서이다.

"S" 보충 설명

G91X[#117*[#109/2]] F[#101*5]를 한 이유는 O0003을 6회 실행 완료하게 되면 X축은 "L" 부위의 좌표(절대치 X95)에서 -60 이동한 점(X35)에 위치하게 되므로 X축을 "L"로 원상복귀 시키기 위해서 실행하였다. F[#101*5]는 절 삭이송속도의 5배 빠른 속도로 가공한 자리를 빠르게 이동하기 위해서이다. 실행 후 X축 절대 좌표는 X95이다.

G91X-[[#110/2]-[#109/2]]는 "L"부위 지점과 같은 위치로 "S"에서 이동하였는데 X축을 처음 사각의 가공 시작점인 사각 센터로 보내기 위해 실행하였다. 실행 후 X축 절대 좌표는 X60이다.

"ㅊ"~"ㅋ" 보충 설명

이제 1회 깊이가공을 마치고 2회 가공하기 위해 1회 가공 깊이에 1회 가공 깊이 값을 더한 후 다시 사각포켓을 반복하게 만든 것이다. (제6장 324쪽 참조)

"ㅌ" 보충 설명

#114=[#111-[#109*2]]는 Y 방향이 공구지름의 2배만큼 공구 경보정을 사용하여 이미 사각 형상가공됐으므로 사각 Y방향 크기에서 공구 지름의 2배를 뺐다. 즉 #114는 Y방향의 잔재폭을 구하기 위한 것이다. #114=[110-[20*2]], 즉 #114 변수 값 : 70이다.

"ㅍ" 보충 설명

#115=[#114/2]는 위에서 Y 방향 잔재폭 70의 절반 값 35를 구하여 Y축 이동 시 사용하려고 실행하였다.

"ㅎ" 보충 설명

G91 Y#115 F[#101*5]에서 현재 Y는 사각의 센터에 있기 때문에 Y95로 이동하기 위해서 실행하였다. 즉 잔재 가공을 위한 시작위치로 이동한 것이다.

"ㄷ" 보충 설명

G01 X-[#109/2] F#101은 이제 공구 반지름만큼 절삭 이동하면서 잔재를 제거하기 위해 X방향 이동한다. 이 지점의 절대 좌표는 "L" 부위에서 -10 이동한 X85이다.

"ㄷ" 보충 설명

Y-#114는 이재 Y 방향 잔재 폭만큼 절삭하면서 증분 이동하는 것이다.
Y축 절대 좌표는 Y25이다.

"ㅁ" 보충 설명

G91Y#115 F[#101*5]는 Y축 절대 좌표 Y60, 즉 사각 센터로 이동하였다.

"ㅂ" 보충 설명

이렇게 해서 O0003 프로그램을 1회 실행 완료하였다. 1회 실행 후 절대 좌표로 X85 Y0에 위치한다. 이 블록 실행 후 다시 O0003 프로그램을 5회 반복한다. 이런 식으로 O0003 프로그램을 총 6회 반복하게 되면 XY 절대 좌표는 X35 Y0에 위치하며 모든 잔재를 처리하게 된다.

"ㅅ" 보충 설명

O0004는 사각포켓 가공 중심좌표(포인트 좌표)만 모아놓은 서브프로그램으로 예제에서는 1곳만 있기 때문에 굳이 사용하지 않고 메인 프로그램 G66 블록 다음 블록에 포인트 좌표를 사용해도 되지만 여기에서는 사용 방법을 익히기 위해 별도로 서브프로그램 처리하였다. 비슷한 사각 형상이 여러 군데 위치해 있다면 이렇게 서브프로그램 처리하는 것이 편리하다.

> **"ㅇ" 보충 설명**
>
> X60 Y60은 사각 형상의 중심 포인트 좌표를 써주었다. 이 값은 항상 절대 좌표로 실행되어야 한다. 혹시라도 O0002 서브프로그램이 G91 증분 좌표를 실행하고 끝나지 않도록 주의해야 한다. 그렇게 된다면 이 블록 맨 앞에 G90을 사용해야 된다. 여기까지 기본적인 변수 기능과 G66 기능, 서브프로그램 반복 기능을 이용하여 사각 형상을 가공하는 방법을 익혔다. 이 방법으로 크기가 다르고 공구 지름이 다른 대부분의 사각 형상을 가공할 수 있게 된다.

ⓛ 포켓가공 변수를 포함한 사각가공 프로그램의 다른 예

아래는 시스템 변수를 사용하여 화낙컨트롤러에서 가공할 수 있는 사각 형상 가공 프로그램을 작성하는 방법이다. 아래 프로그램은 G65 기능의 CUSTOM MACRO B 문을 이용하여 프로그램했다. G65 기능의 CUSTOM MACRO B 문은 해당 인수에 대응하는 변수가 정해져 있다.

인수지정 어드레스	변수	인수지정 어드레스	변수
A	#1	M	#13
B	#2	Q	#17
C	#3	R	#18
D	#7	S	#19
E	#8	T	#20
F	#9	U	#21
H	#11	V	#22
I	#4	W	#23
J	#5	X	#24
K	#6	Y	#25
		Z	#26

앞에서 알아본 예제를 통해서 사각 포켓 가공을 어떻게 간단히 가공할 수 있는지 알아보자.

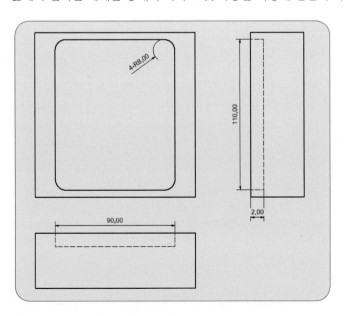

– 메인 프로그램

```
TO1M06
M01(20E/M 황삭)
G90G54G0X0Y0Z10G43H01S1000M3
M08
#100＝32              (공구 경보정 번호)
#101＝200              (절삭이송속도)
G65 P0088 Q-1.98 Z-1.98 R10 I90 J110    (다음 보충 설명, "A")
G67;
M09
G00G49G80X0Y0Z100
M30;
```

"A" 보충 설명

사각포켓 황삭 프로그램 O0088번을 호출하며 Q＝1회 절입량 변수, Z＝총 가공 깊이 변수, R은 사각코너R 변수,
I50＝X축 포켓크기 변수, J25＝Y축 포켓크기 변수이다.

이제 이전에 나온 인수에 대응하는 변수를 잘 보고 아래 프로그램을 이해해 보자.

```
 : 0088 (경보정 없는 황삭용 사각 포켓가공 개발 프로그램)
#106＝#17
#109＝#[2000+#100]        (다음 보충 설명, "B")
#132＝ABS[#4-#5]          (다음 보충 설명, "C")
#114＝[#132/2]
#130＝[#4/2]
#131＝[#5/2]
G90G0Z1

G90G1Z#106F#101
N600IF[#4GT#5]GOTO100
IF[#4LT#5]GOTO101
IF[#4EQ#5]GOTO102
N100
#117＝FIX[#131/#109]
#116＝[#131-[#117*#109]](Y)
#115＝#114+#116(X)
#120＝#116
#121＝#115
#122＝#131
#126＝#131
```

```
#125=#130
#123=#116
#141=#121
#140=#120
#124=[#109+0.01]
#145=#124
GOTO200
N101
#117=FIX[#130/#109]
#116=[#130-[#117*#109]]
#115=#114+#116
#120=#115(Y)
#121=#116(X)
#122=#130
#123=#116
#125=#130
#126=#131
#141=#121
#140=#120
#124=[#109+0.01]
#145=#124
GOTO200
N102
#117=FIX[#130/#109]
#116=[#130-[#117*#109]]
#120=#116
#121=#116
#122=#131
#123=#116
#122=#131
#125=#130
#141=#121
#140=#120
#124=[#109+0.01]
#145=#124
GOTO200
N200
WHILE[#123LT#122]DO2
G91G01Y-#120F#101
G1X#121
G1Y[#140*2]
G1X-[#141*2]
G1Y-[#140*2]
```

```
G1X#121
IF[#4GT#5]GOTO401
IF[#4LT#5]GOTO402
IF[#4EQ#5]GOTO403
N401#140=#140+#109
#141=#141+#109
#120=#[2000+#100]
#121=#121+#109
#123=#123+#109
GOTO450
N402#140=#140+#109
#141=#141+#109
#120=#[2000+#100]
#121=#121+#109
#123=#123+#109
GOTO450
N403#140=#140+#109
#141=#141+#109
#120=#120+#109
#121=#[2000+#100]
#123=#123+#109
N450
END2
G0G90Z50
M99
```

"B" 보충 설명

공구 반경 값의 정보를 얻기 위해 시스템 변수, 즉 공구 옵셋 값에 대한 변수로 사용하는 2000번에 공구 옵셋번호를 더해 줌으로써 2032, 즉 옵셋 32번의 반경 값을 읽어서 연산에 사용할 수 있게 된다.

"C" 보충 설명

사각의 가로와 세로의 길이가 다르므로 처음 포켓의 중심에서부터 출발하여 가공할 때는 길이가 긴 쪽과 짧은 쪽이 동일하게 가공 여유가 남게 하기 위해 이 연산 값을 적용하였다. 나머지는 모두 사칙연산과 이전에 나온 명령이므로 참고하기 바란다.

사각포켓정삭 때는 아래 프로그램으로 바꾼다. 이 프로그램은 위 황삭에 단지 경보정만 추가한 것이다.

O8888(경보정 사용 정삭용 사각포켓)

아래 정삭용 사각프로램은 위 황삭프로그램 END2까지는 동일하며 END2부터 다른 부분만 프로그램 작성하였다.

```
END2
G91G01G41D#100Y-#145F#101        (다음 보충 설명, "D")
G1X[#125+0.01]R#18
G1Y[[#126*2]+0.02]R#18
G1X-[[#125*2]+0.02]R#18
G1Y-[[#126*2]+0.02]R#18
G1X[#125+0.01]
G40Y[#126+0.01]
#106=[#17+#106]        (다음 보충 설명, "E")
END1
G0G90Z50
M99
```

"D"~"E" 보충 설명

"D"~"E" 프로그램 부분만 이용하여 포켓이 없는 단순한 안쪽 사각 가공에 사각 크기를 변수로 사용하여 가공하는데 많이 사용한다. 0.01을 더해준 이유는 공구반경 값보다 0.01 정도 작게 하여 공구 경보정 알람 및 혹시라도 모를 사각 형상 치수보다 더 가공되는 것을 방지하기 위해 하였으나 크게 상관없는 값이다.

☑ 형상가공에서 G66과 G91을 사용하는 이유

여러 개의 동일한 원 가공 예의 프로그램을 통하여 G90, G91, G66을 사용하는 이유에 대해 좀 더 자세히 알아보자.

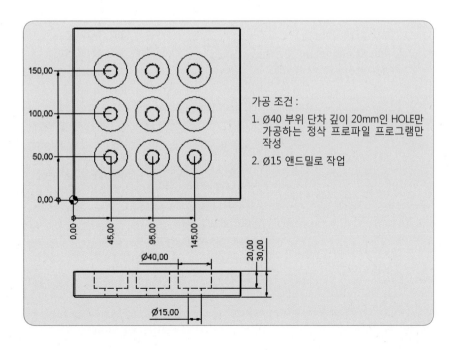

가공 조건 :

1. Ø40 부위 단차 깊이 20mm인 HOLE만 가공하는 정삭 프로파일 프로그램만 작성
2. Ø15 앤드밀로 작업

위의 도면을 보면 치수가 똑같은 HOLE이 9개가 있다. 위 예제에서 Ø40 원만 가공하는 프로그램으로 알아보자.

① G66과 G91을 사용했을 때의 프로그램

메인 프로그램(O0001)	프로파일 프로그램(O0002)	포인트 프로그램(O0003)
O0001 T01 M06 S2000 M03 G90 G54 G00 X45 Y50 G43 Z2 H01 M08 G66 P0002 M98 P0003 G67 G49G80Z400M09 G91 G28 Z0 M30;	O0002 G90G01 Z-20 F500; G91G01G41D32 X20 Y0 F200; G02 I-20 J0; G91G40X-20; G90 G00Z2; M99	O0003 X95 Y50; X145 Y50; X45 Y100; X95 Y100; X145 Y100; X45 Y150; X95 Y150; X145 Y150; M99

위와 같이 G66과 G91을 사용하면 프로그램이 간단하다.

② G66과 G91을 사용하지 않고 절대치로만 작성할 때의 프로그램

O0001 T01 M06 S2000 M03 G90 G54 G00 X45 Y50 G43 Z2 H01 M08 M98 P0002 M98 P0003	O0002 X45 Y50 G90G01 Z-20 F500; G01G41D32 X65 F200; G02 I-20 J0; G40 X45 Y50; G90 G00Z2; M99	O0003 X95 Y50 G90G01 Z-20 F500; G01G41D32 X115 F200; G02 I-20 J0; G40 X95 Y50; G90 G00Z2; M99	O0004 X145 Y50 G90G01 Z-20 F500; G01G41D32 X165 F200; G02 I-20 J0; G40 X145 Y50; G90 G00Z2; M99
M98 P0004 M98 P0005 M98 P0006 M98 P0007 M98 P0008 M98 P0009 M98 P0010 G49G80Z400M09 G91 G28 Z0 M30;	O0005 X45 Y100 G90G01 Z-20 F500; G01G41D32 X65 F200; G02 I-20 J0; G40 X45 Y100; G90 G00Z2; M99	O0006 X95 Y100 G90G01 Z-20 F500; G01G41D32 X115 F200; G02 I-20 J0; G40 X95 Y100; G90 G00Z2; M99	O0007 X145 Y100 G90G01 Z-20 F500; G01G41D32 X165 F200; G02 I-20 J0; G40 X145 Y100; G90 G00Z2; M99

	O0008 X45 Y150 G90G01 Z-20 F500; G01G41D32 X65 F200; G02 I-20 J0; G40 X45 Y150; G90 G00Z2; M99	O0009 X95 Y150 G90G01 Z-20 F500; G01G41D32 X115 F200; G02 I-20 J0; G40 X95 Y150; G90 G00Z2; M99	O000010 X145 Y150 G90G01 Z-20 F500; G01G41D32 X165 F200; G02 I-20 J0; G40 X145 Y150; G90 G00Z2; M99

위와 같이 작성해야 된다. G91과 비교해 보면 작성량이 길고 좀 복잡한 것을 알 수 있을 것이다. 위와 같이 각 원호의 중심점에 대한 위치 값이 다르기 때문에 원호의 개수대로 프로그램을 별도로 작성해야 하는 불편함이 있으며 프로그램이 길어진다. 그러므로 수동 프로그램은 G90 절대치와 G91 증분치의 좌표를 적절히 활용하면 프로그램이 짧아지고 관리하기 훨씬 편리해지는 이유를 알아 보았다.

6 CAM 프로그램과 수동 프로그램의 조합

수동 프로그램을 하다보면 복잡한 형상만 부분적으로 CAM 프로그램을 이용하여 작성해야 될 경우가 있다. 또한 이 부분적으로 복잡한 형상이 일정 간격이나 어떤 위치에 동일하게 분포될 경우 한 부분만 작성하여 매크로 호출로 처리하면 CAM 프로그램에서 모두 프로그램을 뺄 때보다는 프로그램 길이가 짧아진다.

1 프로그램 작성 예

보통 메인 프로그램은 수동 프로그램으로 작성하고 복잡한 부분의 형상 프로그램만 서브(SUB) 프로그램으로 빼면 된다.

① 메인 프로그램

㉠ 변수를 사용하지 않을 경우 예

변수를 사용하지 않을 경우는 아래와 같은 형식으로 하면 된다.

```
O0100
T05 M06
S5000 M03
G90 G54 G00 X0 Y0
```

```
G43 Z2 H05 M08
M98 P0004 (복잡한 형상을 서브프로그램 처리)
G49G80Z300M09
G91 G28 Z0
M30;
```

    ⓛ 변수를 사용할 경우 예

    변수를 사용할 경우 메인 프로그램은 353쪽 매크로 프로그램 참고

② 서브프로그램

    ㉠ 변수를 사용하지 않을 경우 예

    변수를 사용하지 않을 경우는 아래와 같은 형식으로 하면 된다.

O0004(cam에서 작성한 서브프로그램)	X3.952 Y66.282 Z-5.847
(동시 3축 제어 프로그램 예)	X3.321 Y66.317 Z-5.981
G0 X13.098 Y59.72	(생략)
Z9.0	X-4.984 Y66.213 Z-5.575
G1 Z0.2 F3300.0	X-5.446 Y66.174 Z-5.412
G3 X12.3 Y62.433 R2.0 F2400.0	X-12.3 Y62.433 Z0.2
G1 X5.442 Y66.176 Z-5.418 F3200.0	G3 X-13.098 Y59.72 R2.0 F2400.0
X5.333 Y66.185 Z-5.465	G0 Z65.0
X4.623 Y66.239 Z-5.676	M99

    ⓛ 변수를 사용할 경우 예

    변수를 사용할 경우는 354쪽 서브프로그램 작성 예를 참고하기 바란다.

---

7 기능 코드의 프로그램 상세 예

■ G10 코드 현장 사용 예

대부분 프로파일(2차원 평면상 곡선) 작업을 끝내고 곡선 테두리(모서리)를 모따기할 때 프로파일 작업했던 프로그램을 그대로 활용하는데 이럴 때 사용한다. 특히 경보정 값을 일일이 기계 공구 옵셋 값에 미리 넣지 않고 쉽게 작업할 수 있는 장점이 있다. 이 기능은 화낙 컨트롤러 버전에 따라 길이, 경, 마모량을 한 번에 지령할 수 있게 되어 있다. (하이덴하인은 제7장 참조) 사용은 아래와 같다.

다음 그림과 같이 외각 사이즈가 같으나 공차는 오른쪽 그림의 사각 치수가 +0.02 크다. 한 개의 Endmill로 G10 기능을 이용해 보정 값을 다르게 해 공차를 맞추는 프로그램을 작성해보자.

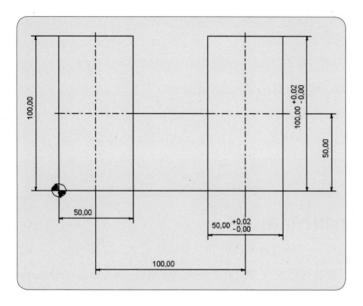

– 사용공구 : Ø10 ENDMILL 2날
– 사용공구번호 : 1번(길이 보정 값 입력됨 H01)
– 경보정 사용번호 : 25번 OFFSET (경보정 값은 프로그램 실행 시 자동 입력)

```
O0001;
T01 M06;
T02;
G00G17G40G49G80;
G90G54X0Y0;
G43H01Z50S5000M03;
G90 G10 P25 R5;
M98 P0020;    (서브프로그램 O0020번으로 이동함. 서브프로그램 호출)
G90 G10 P25 R4.98; (제품 치수가 +0.02이므로 경보정 값은 -0.02 해줌)
G53 X100Y0Z0;   (서브프로그램을 그대로 사용하기 위해 로컬좌표 사용)
M98 P0020;
G49Z400;    (공구 길이 보정 참조)
G80M09
G91G28G0Z0M06
M30;

서브프로그램   (보조 기능에서 설명)
O0020
G00 X-10Y-10;
Z2;
```

```
G01Z-5F500;
G41D25X0F400;  (공구 기능 D코드 참조)
Y100;
X50;
Y0;
X-5;
G40X-10;
G00Z50;
M99
```

2 G52 코드 사용 예

① G52 설정 방법(G54를 사용할 때의 G52 예)

수동으로 G54좌표계를 먼저 잡는다 → 공작물을 일정한 PITCH대로 클램프(고정) 한다. → NC프로그램에서 공작물 PITCH(간격)에 맞춰 G52 X_Y_Z_;라고 프로그램 한다. → 다음 공작물로 이동 시 프로그램은 항상 G52 X0.Y0.Z0.;라고 G52 좌표를 해제해 준다.

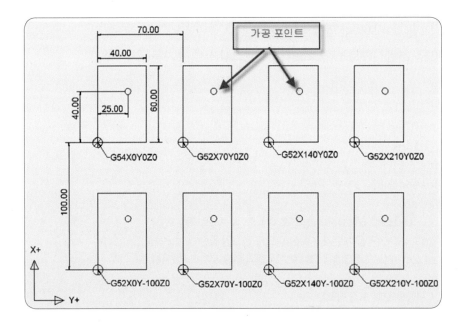

② G52사용 현장 사용예(G54 기본 좌표계 사용 시)

위 그림을 참고하여 G52를 현장에서 어떻게 사용하는지 알아보자.

－ 가공 조건 : 공작물 크기 : 가로 40mm×세로 : 60mm×두께 : 50mm

　　가공할 부분 : 기초 센터 POINT 가공

가공할 공구 : 90도 센터 앤드밀(T1번)

공작물 개수 : 8개(단, 클램프는 돼있다고 가정한다.)

공작물 재질 : S45C

– 작업 순서

공작물을 그림과 같이 X피치＝70, Y피치＝100으로 배치하여 클램프한다. → 앞 그림에서 G54 원점에 기계를 움직여 WORK ZERO점을 세팅(제3장 공작물 SETTING 참조)하고 G54좌표계에 입력한다. (WORK 좌표계 입력 방법 참조)

–프로그램 :

```
O0001;
G00G17G49G80;
G90G54X0Y0
G43H01Z50S5000M03;     (4.공구 기능 참조(G43, H, S, M03 등))
G99G81X25Y40Z-3.5 R2 F120;
G52X70Y0Z0;
G99G81X25Y40Z-3.5 R2 F120;
G52X140Y0Z0;
G99G81X25Y40Z-3.5 R2 F120;
G52X210Y0Z0;
G99G81X25Y40Z-3.5 R2 F120;
G52X0Y-100Z0;
G99G81X25Y40Z-3.5 R2 F120;
G52X70Y-100Z0;
G99G81X25Y40Z-3.5 R2 F120;
G52X140Y-100Z0;
G99G81X25Y40Z-3.5 R2 F120;
G52X210Y-100Z0;
G99G81X25Y40Z-3.5 R2 F120;
G52X0Y0Z0;     (G52해제)
G49Z400;     (공구 기능 참조)
G80M09
G91G28G0Z0M06
M30;
```

❸ 공구 길이 보정 사용 프로그램 예

이제 현장에서 공구 길이 보정을 어떻게 사용하는지 프로그램을 통해 알아 보겠다. 작업에 앞서 공구 OFFSET번호 1번에 공구 길이가 미리 입력돼 있어야 한다.

① G43, H, G49의 사용 예

```
O0001;
T01 M06;
G00G17G40G49G80;  (G17평면이므로 Z축으로 길이 보정을 한다.)
G90G54X0Y0;
G43H01Z50S5000M03;  (아래 보충 설명, "A")
Z2;
G01Z-10F100;
G00Z50;       (공작물 위면에서 안전 도피)
G49 Z400;       (아래 보충 설명, "B")
G91G28Z0;       (아래 보충 설명, "C")
T02 M06;       (T2번으로 공구 교체
M30;       (프로그램 종료 후 자동운전 맨 처음 프로그램으로 되돌린다.)
```

G17평면은 Z축으로 공구 길이 보정을 해야 하므로 공구 교환 후 처음 Z 값을 지령하는 블록에 G43을 써주고 G43 다음에는 반드시 공구 OFFSET 번호 H를 써준다. 공구 길이 보정이 일단 실행되면 그 다음 블록부터는 써주지 않아도 된다.

"A" 보충 설명

G43H01Z50S5000M03;에서 위 프로그램과 같이 G43과 G44를 지령하면 반드시 뒤에 와야 하는 것이 H코드이다. H는 Height, 즉 높이 단어의 앞자를 썼다고 이해하면 된다. 높이, 즉 길이 보정을 할 때 몇 번의 공구 길이 보정을 할 것인가를 기계가 알도록 해준다. 위 프로그램에서는 TOOL 길이 값을 넣어준 OFFSET화면에서 1번 길이 값을 보정하도록 프로그램했다. 만약 스핀들에 끼워진 공구가 3번인데 G43H05Z50M03;로 했으면 5번 공구의 길이 값만큼 길이 보정을 하게 되므로 공작물과 충돌 혹은 지령한 깊이만큼 내려가지 않는다.

※ 처음 공구 길이 측정을 해서 장착한 공구라면 H번호의 길이 값이 제대로 입력 됐는지 항상 공구 OFFSET 화면을 확인해야 한다.

"B" 보충 설명

G49 Z400;
공구 길이 보정 취소가 G49이다. 따라서 G43을 사용하고 나서 다른 공구로 교체하기 바로 전에 G49를 써준다. Z400.은 공구 길이 보정 값보다 큰 값만 써주면 된다. 하지만 G17평면이면서 다음 블록에 G91G28Z0이 들어가기 때문에 이 블록은 생략 가능하다.

G91G28Z0;

위 G28은 기계원점 복귀인데 반드시 G91과 함께 사용한다. 이 기능은 공구 길이 보정 취소 후에 Z축을 현 위치에서 안전하게 기계원점으로 보내서 공구 교체 시 설비 충돌이 없게 하기 위해서인데, 요즘 MCT 설비들은 공구 교환 프로그램에 이것이 기본으로 들어있어 굳이 써 주지 않아도 되는 경우가 있다.

4 공구 경보정 프로그램 사용 예(D, G41, G40, G42)

공구 경보정과 관련한 프로그램인데 여기에 앞서 배운 코드 중에 G90, G91 코드와의 관계 및 경보정에서 중요한 진입(lead in), 진퇴(lead out)점을 어떻게 잡았는지 프로그램을 통하여 알아보자.

① 공구 경보정 사용 예(D, G41, G40)

다음 그림은 공구 경보정 G41, 경보정 취소 G40을 사용하여 작성한 프로그램이다. 또한 경보정에서 중요한 공구의 Lead in(진입), Lead out(진퇴) 등을 학습하자. 외곽(100×100)을 하향절삭하며 가공하는데 절대 좌표 G90을 사용한 프로그램과 G90과 증분 좌표G91을 적절하게 혼합하여 사용한 예로 작성하였다.

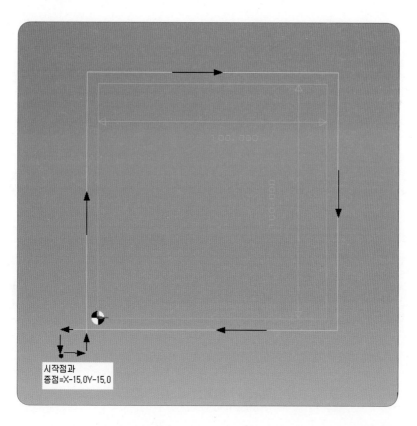

시작점과
종점=X-15.0Y-15.0

ㄱ 절대 좌표(G90)를 사용한 공구 경보정 G41, G40 사용 예

```
O1111
G17 G40 G49 G80 ;     (아래 보충 설명, "A")
T05 M06 ;       (공구 대기와 동시에 공구 교환을 실행함)
S2000 M3;       (스핀들(주축) 회전 값과 회전명령으로 주축회전함)
G0 G54 X-15.0 Y-15.0;    (아래 보충 설명, "B")
G43 Z2.0 H05M8;      (아래 보충 설명, "C")
Z0.3 F400.0;       (Z축 급속이송으로 공작물 맨 윗면 0.3mm까지 급속이송)
G1 Z-10.0;       (Z축이 -10mm까지 절삭속도 400mm로 절삭이송함)
G41 X0.0 D37 F500     (아래 보충 설명, "D")
G1 Y100.0 F400.0;
X100.0;
Y0.0;
X-15.0;       (아래 보충 설명, "E")
G40 G1 Y-15.0 F400.0;   (아래 보충 설명, "F")
G0 Z2.0;
M09;
M05;
G00 G91 G28 Z+0.0;
G91 G28 Y+0.0;
M30;
```

> **"A" 보충 설명**
>
> G17 G40 G49 G80 ; 에서
> G17은 XY평면을 인식시키는 코드이고 G40(공구 경보정 해제), G49(공구 길이 보정 해제), G80(고정 사이클 해제)이다. 이것을 프로그램 첫 블록에 작성한 이유는 혹시라도 위 코드들이 해제가 안 되어 알람이 발생되거나 기계의 충돌, 문제 발생이 될까 안전상 실행되도록 작성한 것이다. 굳이 사용하지 않아도 프로그램 중간중간에 위 코드들이 있다면 생략해도 되는 것이다.

> **"B" 보충 설명**
>
> G0 G54 X-15.0 Y-15.0;
> 초기 가공 위치 X-15.0 Y-15.0으로 급속 이동한다. 이 지점은 공구와 공작물이 충돌하지 않도록 간섭이 없는 시작점 좌표를 사용하였다. 단 절삭 시간을 최소화 하기 위해 최대한 공구와 가깝게 할 수 있는 좌표로 해야 한다. 반드시 공구의 반지름 이상 벗어난 지점을 시작 진입점으로 해야 한다.

> **"C" 보충 설명**
>
> G43 Z2.0 H05M8;   (공구 번호 5번에 입력된 OFFSET 값만큼 길이 보정과 절삭유 분사)

"D" 보충 설명

G41 X0.0 D37 F500; (공구번호 37번 OFFSET 값(D)만큼 좌측으로 보정하면서 X0 이동함)

"E" 보충 설명

X-15.0; (공구반경 값보다 큰 값을 주어서 제품과 공구의 접촉 없이 안전하게 도피되는 지점의 좌표를 프로그램한 것이다.)

"F" 보충 설명

X-15.0; (공구반경 값보다 큰 값을 주어서 제품과 공구의 접촉 없이 안전하게 도피되는 지점의 좌표를 프로그램한 것이다.)
(증분치 G91과 절대치를 병행한 프로그램)

```
O1111
 G17 G40 G49 G80 ;
 T05 ;
 M06;
 S2000 M3;
 G0 G54 X-15.0 Y-15.0;
 G43 Z2.0 H05S5000M8;
 Z0.3 F400.0;
 G1 Z-10.0;
 G91 G41 X15 D37 F500;
 G1 Y100.0 F400.0;
 X100.0;
 Y-100.0;
 X-115;
 G40 G1 Y-15.0 F400.0; (경보정 취소)
 G90 G0 Z2.0;
 M09;
 M05;
 G00 G91 G28 Z+0.0;
 G91 G28 Y+0.0;
 M30;
```

※ 참고로 증분치(G91)를 이용하려면 절대치와 병행하여 이용하는 것이 좋다. 만약 증분치만을 가지고 이용한다면 프로그램이 복잡해지고 나중에 다시 사용하는데 문제가 발생된다. 왜냐하면 각 축의 처음 시작 위치를 알아 둘 필요가 있기 때문이다.

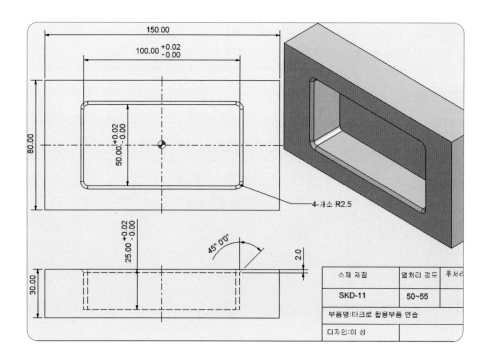

소재 재질	열처리 경도	후처리
SKD-11	50~55	
부품명:마크로 활용부품 연습		
디자인:이 성		

위 도면을 보면 크게 두 가지의 작업이 있다.

하나는 포켓 바닥면 가공과(깊이 −25(+0.02)) 또 하나는 프로파일, 즉 포켓 사이즈 X100(+0.02)
Y50(+0.02)이다. 45도 모따기는 프로파일 프로그램을 사용하면 된다.

프로그램

```
O0001        (MAIN(메인) 프로그램)
T01 M06      (센터 앤드밀 가공)
S1000 M03
G90 G54 G00 X0 Y0
G43 Z2 H01 M08
G99 G81 R2 Z-1 F150
G49 G80 Z400 M09
G91 G28 Z0
T02 M06      (Ø16 드릴)
S300 M03
G90 G54 G00 X0 Y0
G43 Z2 H02 M08
G99 G83 R2 Q1 Z-24.5 F150
G49G80 Z400 M09
G91 G28 Z0
T03 M06         (DIAMETTER 15 황삭(ROUGH) ENDMILL)
S1500 M03
G90 G54 G00 X0 Y0
```

```
G90 G43 Z3 H03 M08
#100=20      (경보정 TOOL 번호)
#101=400      (XY 이송속도)
#102=-24.5     (총 Z축 가공 깊이)
#105=-2.45    (Z축 1회 절입량) ※#105의 값은 #102와 나누어 꼭 자연수가 나오게 해야 한다.
#107=100     (Z축 이송속도)
#108=8      (코너R
#109=15     (endmill diametter)
#110=100      (pocket x 치수)
#111=50     (pocket y 치수)
#112=0      (pocket 중심 절대X좌표)
#113=0      (pocket 중심 절대Y좌표)
#117=2      (1이면 프로그램O0002만 실행하고 1이외의 자연수이면 O0003실행한다.)
M98P0002
G49G80Z400M09
G91G28Z0M06
T04 M06      (DIAMETTER 5 정삭 ENDMILL)
S5000 M03
G90 G54 G00 X0 Y0
G90 G43 Z3 H04 M08
#100=21      (경보정 TOOL 번호)
#101=1000     (XY 이송속도)
#102=-25     (총 Z축 가공 깊이)
#105=-25     (Z축 1회 절입량) ※#105의 값은 #102와 나누어 꼭 자연수가 나오게 해야 한다.
#107=500     (Z축 이송속도)
#108=2.5     (코너R
#109=5      (endmill diametter)
#110=100       (pocket x 치수)
#111=50      (pocket y 치수)
#112=0      (pocket 중심 절대X좌표)
#113=0      (pocket 중심 절대Y좌표)
#117=2      (1이면 프로그램 O0002만 실행하고 1이외의 자연수이면 O0003 실행한다.)
M98P0002
G49G80Z400M09
G91G28Z0M06

T05 M06      (밑쪽 ∅1×테이퍼 각도 90도×높이10 모따기 ENDMILL)
S5000 M03
G90 G54 G00 X0 Y0
G90 G43 Z3 H05 M08
#100=22     (경보정 TOOL 번호 R 값 입력=1.5)
#101=1000      (XY 이송속도)
#102=-3     (총 Z축 가공 깊이)
```

#105=-3　　(Z축 1회 절입량) ※#105의 값은 #102와 나누어 꼭 자연수가 나오게 해야 한다.

#107=500　　　(Z축 이송속도)

#108=2.5　　(코너R

#109=5　　　(endmill diametter)

#110=100　　(pocket x 치수)

#111=50　　(pocket y 치수)

#112=0　　(pocket 중심 절대X좌표)

#113=0　　(pocket 중심 절대Y좌표)

#117=1　　　(1이면 프로그램 O0002만 실행하고 1이외의 자연수이면 O0003 실행한다.)

M98P0002

G49G80Z400M09

G91G28Z0M06

M30

O0002　　(프로파일 서브(SUB) 프로그램)

#106=#105

G90 Z2

WHILE[#106GE#102]DO1

G90 G01 Z#106 F#107　　(1번 경로)

G91 G41 D#100 X[#110/2] Y0 F#101 (2번 경로)

Y[#111/2] R#108　　(3번 경로)

G01 X-#110 R#108　　(4번 경로)

G01 Y-#111 R#108　　(5번 경로)

G01 X#110 R#108　　(6번 경로)

G01 Y[#111/2]　　(7번 경로)

G40 X-[[#109+#108]/2] Y0

IF [#117 EQ 1] GOTO 100 (#117변수 값이 1과 같으면 시컨스 N100 자리로 점프, 안 되면 아래 블록

M98P0003　　　　　　　　　　　으로 내려감)

N100

G90 G00 Z2. M09

X#112 Y#113

#106=[#106+#105]

END1

G90 G0 Z30

M99

O0003(포켓바닥면 X방향 이동 서브(SUB) 프로그램)

#114=[#109/2]

#116=#114

#115=[#111-[#109*2]]

G91Y-[[#111/2]-[#114+0.5]]

WHILE[#116LE#115]DO2

G91 G01 Y#116 F#101　　(8번 경로)

G01 X-[[#110-#109]-#108]　　(9번 경로)

```
G90 G00 Z2
G91 X+[[#110-#109]-#108]
G90 G01 Z#106 F#107
#116=[#116+#114]
END2
G90 G00 Z2 M09
M99
```

프로그램 설명

㉮ T01번 공구 : 센터 작업을 했다.

앤드밀이 처음 Z축으로 진입하는 것보다 이 자리를 먼저 드릴가공하면 다음 작업의 앤드밀 가공에 Z축 가공 시 공구 파손이나 부하를 덜 주기 위해서다. 드릴가공을 하기 위해서는 센터앤드밀 가공을 당연히 먼저 해야 한다. 이유는 드릴가공 시 중심이 흔들려서 가공되면 구멍이 원하는 포인트에 가공되지 않을뿐더러 비뚤어진다.

㉯ T02번 공구 : 드릴(DRILL가공)

드릴가공을 함으로써 앤드밀의 Z방향 진입을 쉽게 하도록 도와주기 위함이다. 사실 앤드밀로 Z방향을 가공한다는 것은 기계에 큰 부하를 발생시키며 황삭 앤드밀은 가공이 불가능하다.

㉰ T03번 공구 : 황삭 앤드밀 가공

일반 앤드밀로 가공할 수도 있으나 대부분 황삭에는 황삭앤드밀을 사용한다. 황삭 앤드밀은 일반 앤드밀보다 면은 거칠지만 칩이 전단형으로 배출돼 부하가 적고 절삭이 우수하다. 공구 이동 경로는 아래의 그림과 같다.

O0002번의 진행 경로이다.

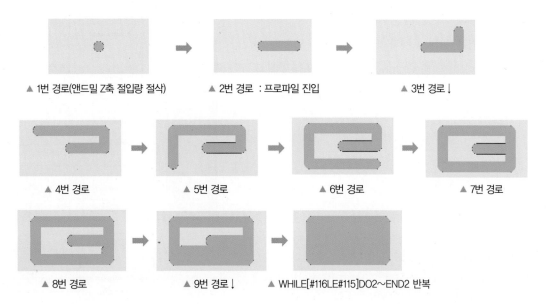

▲ 1번 경로(앤드밀 Z축 절입량 절삭) ▲ 2번 경로 : 프로파일 진입 ▲ 3번 경로↓

▲ 4번 경로 ▲ 5번 경로 ▲ 6번 경로 ▲ 7번 경로

▲ 8번 경로 ▲ 9번 경로↓ ▲ WHILE[#116LE#115]DO2~END2 반복

㉑ T05 M06(밑쪽 Ø 1×테이퍼 각도 90도×높이10 모따기 ENDMILL) 작업

가공 도면을 보면 프로파일에 C2가 표기돼 있다. 그러므로 포켓가공은 하지 않아도 되므로 프로그램은 00002번만 사용한다.

ⓛ 깊이 값이 프로그램상에 Z−3으로 한 이유에 대해

C2(모따기 2mm)이면 맨 윗면(Z축 WORK 0점)이 프로파일 형상보다 2mm씩 외곽으로 더 절삭된다. 저자는 Z−3(#102=−3)을 내려가므로 1mm 정도(그림에서 Amm)는 여유를 갖고 작업을 하기로 했다. Z 값 여유는 0.5mm~2mm까지 가능하나 여유가 0.5 이하일 경우에 앤드밀 마모나 BUR가 생긴다. 또한 Z 값이 4mm 이상(그림에서 Emm) 내려갈 경우 공구R(그림에서 Bmm)이 공작물 프로파일 코너R2.5보다 커지므로 공구 경보정 ALARM이 발생돼 작업이 불가능하게 된다.

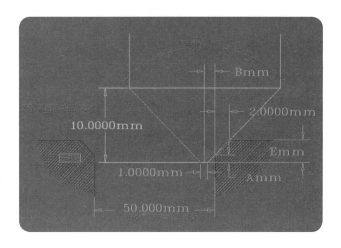

5 여러 개의 포켓 가공에 활용

아래 그림은 위의 포켓과 크기와 깊이가 같으나 여러 개 있다고 할 때에 G66을 사용하여 프로그램 해 보자.

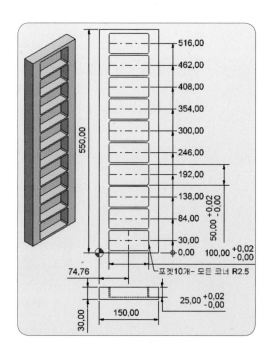

먼저 메인 프로그램은

```
O0001        (MAIN(메인) 프로그램)
T01 M06      (센터 앤드밀 가공)
S1000 M03
G90 G54 G00 X74.76 Y30    (처음 센터 가공 자리는 정해준다.)
G43 Z2 H01 M08
G99 G81 R2 Z-1 F150
M98 P0004
G49 G80 Z400 M09
G91 G28 Z0
T02 M06      (Ø16 드릴)
S300 M03
G90 G54 G00 X74.76 Y30    (처음 드릴 가공 자리는 정해준다.)
G43 Z2 H02 M08
G99 G83 R2 Q1 Z-24.5 F150
M98 P0004
G49G80 Z400 M09
G91 G28 Z0
T03 M06      (DIAMETTER 15 황삭(ROUGH) ENDMILL)
S1500 M03
G90 G54 G00 X74.76 Y30    (처음 포켓 센터 자리로 이동해준다.)
G90 G43 Z3 H03 M08
#100=20      (경보정 TOOL 번호)
#101=400     (XY 이송속도)
#102=-24.5   (총 Z축 가공 깊이)
#105=-2.45   (Z축 1회 절입량)※#105의 값은 #102와 나누어 꼭 자연수가 나오게 해야 한다.
#107=100     (Z축 이송속도)
#108=8       (코너R)
#109=15      (endmill diametter)
#110=100     (pocket x 치수)
#111=50      (pocket y 치수)
#112=0       (pocket 중심 절대x좌표)
#113=0       (pocket 중심 절대y좌표)
#117=2       (1이면 프로그램 O0002만 실행하고 1이외의 자연수이면 O0003 실행한다.)
G66 P0002      (G66 매크로 호출 기능을 이용해 프로그램 O0002번을 호출한다.)
M98 P0004      (O0004번의 각각의 좌표별로 O0002번을 실행한다.)
G67     (G66 매크로 호출 기능 해제)
```

G49G80Z400M09

G91G28Z0M06

T04 M06(DIAMETTER 5 정삭 ENDMILL)

S5000 M03

G90 G54 G00 X74.76 Y30   (처음 포켓 센터 자리로 이동해준다.)

G90 G43 Z3 H04 M08

#100=21   (경보정 TOOL 번호)

#101=1000   (XY 이송속도)

#102=-25   (총 Z축 가공 깊이)

#105=-25   (Z축 1회 절입량) ※#105의 값은 #102와 나누어 꼭 자연수가 나오게 해야 한다.

#107=500   (Z축 이송속도)

#108=2.5   (코너R)

#109=5   (endmill diametter)

#110=100   (pocket x 치수)

#111=50   (pocket y 치수)

#112=0   (pocket 중심 절대X좌표)

#113=0   (pocket 중심 절대Y좌표)

#117=2   (1이면 프로그램O0002만 실행하고 1이외의 자연수이면 O0003 실행한다.)

G66 P0002   (G66매크로 호출 기능을 이용해 프로그램 O0002번을 호출한다.

M98 P0004   (O0004번의 각각의 좌표별로 O0002번을 실행한다.)

G67   (G66매크로 호출 기능 해제)

G49G80Z400M09

G91G28Z0M06

T05 M06   (밑쪽 ø1×테이퍼 각도 90도×높이10 모따기 ENDMILL)

S5000 M03

G90 G54 G00 X74.76 Y30   (처음 포켓 센터 자리로 이동해준다.)

G90 G43 Z3 H05 M08

#100=22   (경보정 TOOL 번호 R 값 입력=1.5)

#101=1000   (XY 이송속도)

#102=-3   (총 Z축 가공 깊이)

#105=-3   (Z축 1회 절입량) ※#105의 값은 #102와 나누어 꼭 자연수가 나오게 해야 한다.

#107=500   (Z축 이송속도)

#108=2.5   (코너R)

#109=5   (endmill diametter)

#110=100   (pocket x 치수)

#111=50   (pocket y 치수)

#112=0   (pocket 중심 절대X좌표)

#113=0   (pocket 중심 절대Y좌표)

```
#117=1  (1이면 프로그램O0002만 실행하고 1이외의 자연수이면 O0003 실행한다.)
G66 P0002  (G66 매크로 호출 기능을 이용해 프로그램 O0002 번을 호출한다.)
M98 P0004  (O0004번의 각각의 좌표별로 O0002번을 실행한다.)
G67  (G66 매크로 호출 기능 해제)
G49G80Z400M09
G91G28Z0M06
```

앞에서 포켓 한 개일 때의 가공프로그램 O0002와 O0003은 같다. 같은 포켓이 여러 개이므로 각각의 포켓 센터 포인트를 작성한 SUB프로그램 하나가 추가된다. 이 프로그램은 포켓 센터 치수만 기입하면 되고, 다음과 같다.

```
O0004(포켓 센터 포인트)
X74.76Y84
X74.76Y138
X74.76Y192
X74.76Y246
X74.76Y300
X74.76Y354
X74.76Y408
X74.76Y462
X74.76Y516
M99
```

이와 같이 G66 매크로 호출 기능을 이용해 메인 프로그램을 SUB 프로그램의 포인트만 입력해주면 각각 실행하는 작업을 했다. 이 매크로 호출은 머시닝 센터 작업에서 가장 많이 사용된다. 실제로 CAM을 사용해서 프로그램하더라도 CAM 프로그램을 약간 이용하면서 이 기능을 사용한다면 같은 종류의 가공일 경우 훨씬 프로그램을 짧게 작성하면서 많은 가공을 할 수 있게 되고 프로그램 저장 메모리가 작은 기계라도 충분히 작업 가능하다.

⑥ TAPER 가공

아래 도면 그림에서 45도 부위 TAPER 부위만 가공하도록 하자. 참고로 테이퍼 부위를 제외한 나머지 부위는 모두 가공이 완료됐다고 가정하고 프로그램 작성한 예를 살펴보자.

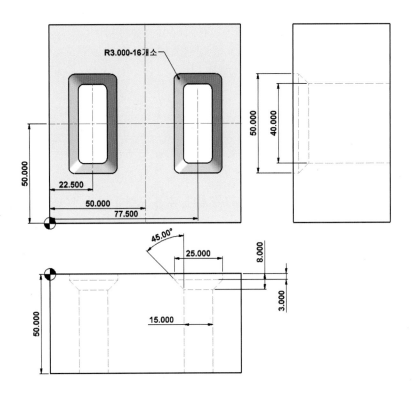

	O0002 (TAPER 가공 앤드밀 sub 프로그램)
	G90G0Z1
	#121=12.5
	#122=25
	#106=#107
	WHILE[#106GE#102]DO1
	G90G1Z#106F300
	G91G41D21X#121F#101
	Y#122,R3
	X-[#121*2],R3
O0001 (main 프로그램)	Y-[#122*2],R3
M1(Ø5 ENDMILL)	X[#121*2],R3
G90G54X0Y0	Y[#122+1]
G43Z30H01M8	G40X-#121
S2500M3	Y-1
#101=1200	#106=#106+#105
#102=-8.5	#121=#121-0.05
#105=-0.05	#122=#122-0.05
#107=-3	END1
G66P0002	G90G0Z30
M98P0003	M99
G67	
M9	O0003
M5	(TAPER 가공 앤드밀 최초 진입점 POINT sub 프로그램)
G91G28G0Z0	X22.5 Y50.
M30	X77.5 Y50.
	M99

```
#121 = #121 - 0.05
#122 = #122 - 0.05
```

위의 도면에서 각도가 45도가 아닌 30도라면 #121과 #122에 빼진 0.05 값은 깊이가 0.05일 때의 30도 이므로 0.05*tan 30도 = 0.0288이므로 −0.0288씩 줄어들어야 하겠다.

또 다른 방법은 #i = TAN[#j]와 같은 함수 이용 방법으로 머시닝 센터에서 계산할 수 있도록 해도 되겠다. 깊이는 군이 0.05씩 넣지 않아도 되므로 면 조도 및 공구 성능 및 가공 시간에 따라 다양하게 줄 수 있으나 최종 깊이와 나누어 떨어져야 한다.

7 자주 사용하는 원 가공 매크로 프로그램

원 가공 메인 프로그램	O0005 (원 가공 서브프로그램)
M01(10E/M)	(O0005 CIRCULAR POKET Q-)
G90G54G0X0Y0Z10G43H01S2500M3T2	#106 = #105
M08	G90G00Z1
#100 = 20 (공구 경보정 번호)	WHILE[#106GE#102]DO1
#101 = 500 (절삭이송속도)	G90
#102 = -1 (총 절삭 깊이)	G90
#105 = -0.05 (1회 절입량)	G01Z#106F200
#103 = 12 (가공 원의 지름 값)	G91G01G41D#100X[#103/2]Y0F#101
G66P0005 (원 가공 서브프로그램 매크로 호출)	G91G03I-[#103/2]J0
M98P1 (도면에서 원 가공 위치)	G91G01G40X-[#103/2]F500
G67 (매크로 호출 해제)	#106 = [#106+#105]
M09	G90
G00G49G80X0Y0Z100	END1
M30;	G00G90Z50
	M99

```
O0001  (가공 원의 위치)
X50 Y23.5 ;
X43 Y-50 ;
M99
```

위의 원 가공 서브프로그램을 하이덴하인으로 한다면 아래와 같다.

원 가공 메인 프로그램

```
M01
TOOL CALL 5 Z S2500 ;(10E/M)
27 L X+0 Y+0 Z+10 R0 F2000 M13
CALL LBL1
1 FN 0 : Q101 = 500
1 FN 0 : Q102 = -1
1 FN 0 : Q105 = -0.05
1 FN 0 : Q103 = +12
13 FN 9 : IF +Q105 EQU +Q106 GOTO LBL
5
L Z+100 R0 F MAX M9
STOP M5;
```

```
LBL5    (원 가공 서브프로그램)
(LBL5 CIRCULAR POKET Q-)
FN 4 : Q103 = Q103 DIV 2
1 FN 0 : +Q106 = +Q105
L Z1
L Z+Q106 F1000
3 L IX+Q103 RL FQ101
4 CC IX-Q103 IY+0
5 C IX+0 IY+0 DR+
6 L IX-Q103 R0 F500
2 FN 1 : +Q106 = +Q106 + +Q105
L Z50 R0
LBL0
```

```
LBL1   (가공 원의 위치)
L X50 Y23.5 M99
L X43 Y-50 M99
LBL0
```

CHAPTER

7

CNC 프로그램
종류

Computer Numerical Control

1. 명령어 코드

2. 주요 기능

3. MACRO 비교

4. ISO와 지멘스

5. ISO와 HEIDENHAIN

CHAPTER 7

CNC 프로그램 종류

 CNC CONTROLLER는 만든 회사에 따라서 명령어가 다르지만 대부분 기계의 용도가 같으면 어떤 회사의 CNC CONTROLLER이든지 상관없이 비슷하다. 단 얼마나 쉽게 기능을 익힐 수 있고 활용할 수 있는지의 차이가 있을 것이다. 여기에서는 저자가 사용했던 CNC CONTROLLER에 대해 주로 소개하기로 하자.

1 명령어 코드

저자가 사용했던 CNC CONTROLLER는 ISO 코드 계열을 사용하는 FANUC 사와, 야스낙, HEIDENHAIN, 지멘스840D(810D)의 4가지인데, 보통 ISO 계열의 프로그램을 사용하는 화낙 컨트롤러와 야스낙 컨트롤러는 같다고 보면 되고 지멘스는 고정 사이클만 다르고 나머지는 거의 비슷하다. 지멘스 또한 코드 기능 중에 ISO 프로그램을 바로 작업할 수 있는 기능이 있다. 여기서는 ISO 프로그램과 하이덴하인을 주로 비교할 것이다. 지멘스의 경우 840D 모델은 ISO 프로그램과 바로 호환 가능하다.

우선 프로그램 형식이 다른 HEIDENHAIN 컨트롤러에서는 4각 포켓, 원 포켓 가공에 있어 기본적으로 사이클화 돼있고 또 형상포켓에서 CAM을 이용하지 않더라도 웬만한 형상포켓을 할 수 있다는 것이 장점이다.

아래 맨 앞의 번호는 자동으로 생성되는 번호이기 때문에 무시해도 된다. 하이덴하인은 대화형 프로그램으로 사이클 번호만 ENTER 치면 자동으로 대화형으로 4.1~4.6까지 차례로 컨트롤러에서 나오는 대로 가공에 필요한 변수, 즉 절삭수치만 입력해 주면 된다.

예를 들어 4각 포켓사이클 4번의 경우

```
18 TOOL CALL 4 Z S5800
19 L X+0 Y+0 Z+50 R0 F MAX M3
20 CYCL DEF 4.0 POCKET MILLING (포켓 사이클)
21 CYCL DEF 4.1 PITCH -2    (초기점 지정)
22 CYCL DEF 4.2 DEPTH -1    (총깊이 지정)
23 CYCL DEF 4.3 PECKG +0 F1000  (1회 절입량 및 깊이가공 피드)
24 CYCL DEF 4.4 X+Q13     (x축 방향 포켓사이즈)
25 CYCL DEF 4.5 Y+Q14     (Y축 방향 포켓사이즈)
```

26 CYCL DEF 4.6 F3500 DR+ RADIUS 2 (XY 방향 절삭피드 및 (반시계방향) 으로 코너R2)

27 L X+0 Y+0 Z+2 R0 F2000 M3

28 CYCL CALL M8　　　(사이클 호출)

29 L Z+50 R0 F8000 M9

또한 원가공 포켓사이클 5번은 아래와 같다.

26 CYCL DEF 5.0 CIRCULAR POCKET (원 포켓가공 사이클)

27 CYCL DEF 5.1 PITCH -2　　(초기점 지정)

28 CYCL DEF 5.2 DEPTH -3　　(총깊이 지정)

29 CYCL DEF 5.3 PECKG -1 F100　(1회 절입량 및 깊이가공 피드)

30 CYCL DEF 5.4 RADIUS 3　　(가공원의 반지름)

31 CYCL DEF 5.5 F100 DR- (원방향 절삭피드 및 (시계방향) 으로 회전하면서 포켓)

위와 같이 ISO에서 매크로로 작성해야 되는 작업에서 자주 사용하는 기능은 고정 사이클로 컨트롤러에서 기본적으로 제공하고 있다.

※ 뒤에 수치는 변동되는 수치임

ISO 코드 및 사이클	HEIDENHAIN 코드 및 사이클	활용 방법(ISO)	활용 방법(HEIDENHAIN)
G00	L	GOO X100;로 표기하고 급속이송 속도는 파라미터에 설정돼 있음	L X100 F20000같이 급속이송과 절삭이송 구분이 없고 뒤에 이동축을 써 주고 F(이송속도)로 빠르기 조정 L X-100 F500같이 뒤에 이동축을 써 주고 F(이송속도)로 빠르기 조정
G01	L	GO1 X100 F500;	
G02	CC (원호 중심점의 위치) C (원호가공의 끝점 DR-(시계방향 회전)	G02 X0 Y-56.2 I0 J20. F100	CC X+20. Y-56.2 C X+0 Y-56.2 DR- F100
G03	CC (원호 중심점의 위치) C (원호가공의 끝점 DR+(반시계방향 회전))	G03 X77.15 Y-34.925 I20. J0 F100	CC X+77.15 Y-14.925 C X+77.15 Y-34.925 DR+ F100
G04	CYCL DEF 9.0 DWELL TIME CYCL DEF 9.1 DWELL 4	G04 X1;	CYCL DEF 9.0 DWELL TIME CYCL DEF 9.1 DWELL 1
G10	DR±(공구경)DL±(공구 길이)	G91 G10 P25 R5; (제2장의 4.공구 기능 참조)	TOOL CALL 25 Z S4000 DR-0.1(DL-0.1)
G17	Z	G17;	TOOL CALL Z S4000
G18	Y	G18;	TOOL CALL Y S4000
G19	X	G19;	TOOL CALL X S4000
G28	M91	G91 G28 X0Y0Z0;	L X0Y0Z0 M91

ISO 코드 및 사이클	HEIDENHAIN 코드 및 사이클	활용 방법(ISO)	활용 방법(HEIDENHAIN)
G30		제2,제3 원점 복귀	
G31		SKIP 기능	
G33		나사 절삭	
G40	R0	G40;	R0
G41	RL	G41 D05 X0;	L X0 RL
G42	RR	G42 D05 X0;	L X0 RR
G43	TOOL CALL	G43 H01 Z50;	TOOL CALL 25 Z S4000
G44	TOOL CALL	G43 H01 Z50;	TOOL CALL 25 Z S4000
G49	다음 공구 호출 시 자동 해제	G00 G49 Z400;	TOOL CALL 25 Z S4000 (25번 공구 호출로 전 공구 해제)
G50	CYCL DEF 11.0 SCALING CYCL DEF 11.1 SCL	G50 X0Y0Z0;	CYCL DEF 11.0 SCALING CYCL DEF 11.1 SCL0
G51	CYCL DEF 11.0 SCALING CYCL DEF 11.1 SCL	G51X0Y0I−2J−2	CYCL DEF 11.0 SCALING CYCL DEF 11.1 SCL 2
G51	38 CYCL DEF 8.0 MIRROR IMAGE 39 CYCL DEF 8.1	G51X0Y0I−100000J−100000 (XY미러 사용)	38 CYCL DEF 8.0 MIRROR IMAGE 39 CYCL DEF 8.1 X Y
G52	CYCL DEF 7.0 DATUM SHIFT CYCL DEF 7.1	G52X10Y0Z0	CYCL DEF 7.0 DATUM SHIFT CYCL DEF 7.1 IX+10
G53	M91	G53X0Y200Z0;	L X0Y200Z0 M91
G54	CYCL DEF 7.0 DATUM SHIFT CYCL DEF 7.1 #0~200	G54X0Y0Z0	CYCL DEF 7.0 DATUM SHIFT CYCL DEF 7.1 #0~200
G55		G55X0Y0Z0	
G56		G56X0Y0Z0	
G57		G57X0Y0Z0	
G58		G58X0Y0Z0	
G59		G59X0Y0Z0	
G60		한 방향 위치 결정	
G66	CYCL DEF 12.0 PGM CALL CYCL DEF 12.1 PGM	G66P2 M98P1	CYCL DEF 12.0 PGM CALL CYCL DEF 12.1 PGM 2 CALL LBL 1
G67		G67;	
G68	CYCL DEF 10.0 ROTATION CYCL DEF 10.1 ROT−90	G17 G00 G90 X0Y0; G68 X0 Y0 R−900000	TOOL CALL 33 Z S100 L X+0 Y+0 Z+100 R0 F MAX CYCL DEF 10.0 ROTATION CYCL DEF 10.1 ROT−90

ISO 코드 및 사이클	HEIDENHAIN 코드 및 사이클	활용 방법(ISO)	활용 방법(HEIDENHAIN)
G69	L X+0 Y+0 R0 F12000 CYCL DEF 10.0 ROTATION CYCL DEF 10.1 ROT+0	G17 G00 G90 X0Y0; G69	L X+0 Y+0 R0 F12000 CYCL DEF 10.0 ROTATION CYCL DEF 10.1 ROT+0
G73	CYCL DEF 75.0 DEEP-HOLE DRILLING CYCL DEF 75.1	G99 G73 X0 Y0 Z-10 Q2 R2 F400;	26 CYCL DEF 75.0 DEEPHOLE DRILLING 27 CYCL DEF 75.1
	Q1= Q2= Q3= CYCL DEF 75.2 Q4= Q5= Q6= 29 CYCL DEF 75.3 Q7= Q8= Q9=		Q1=+0 Q2=-10 Q3=-2 28 CYCL DEF 75.2 Q4=+0 Q5=+0.5 Q6=+0 29 CYCL DEF 75.3 Q7=+2 Q8=+50 Q9=+0 L X0Y0Z2R0 M3 CYCL CALL
G74	7 CYCL DEF 2.0 TAP-PING 8 CYCL DEF 2.1 PITCH 9 CYCL DEF 2.2 DEPTH 10 CYCL DEF 2.3 DWELL 11 CYCL DEF 2.4 F	G90G54X0Y0Z10S300M04; G99 G74 X0 Y0 Z-48 R2 F300;	TOOL CALL 25 Z S300 7 CYCL DEF 2.0 TAPPING 8 CYCL DEF 2.1 PITCH -0 9 CYCL DEF 2.2 DEPTH -48 10 CYCL DEF 2.3 DWELL 0 11 CYCL DEF 2.4 F300 L X0Y0Z2R0 M4 CYCL CALL
G76	79 CYCL DEF 68.0 BORING 80 CYCL DEF 68.1 Q1=+ Q2=+ Q3=+ 81 CYCL DEF 68.2 Q4=+ Q5=+ Q6=+ 82 CYCL DEF 68.3 Q7=+ Q8=+ Q9=+	G99 G76 X40 Y0 Z-50 Q0.5 P1000 R2 F120;	79 CYCL DEF 68.0 BORING 80 CYCL DEF 68.1 Q1=+0 Q2=-52 Q3=+2 81 CYCL DEF 68.2 Q4=+0 Q5=+120 Q6=+1 82 CYCL DEF 68.3 Q7=+0.5 Q8=+0.5 L X40Y0Z2R0 M3 CYCL CALL
G80	필요 없음		
G81	1 CYCL DEF 1.0 PECKING 2 CYCL DEF 1.1 PITCH - 3 CYCL DEF 1.2 DEPTH - 4 CYCL DEF 1.3 PECKG - 5 CYCL DEF 1.4	G99 G81 X40 Y0 Z-98 R2 F800;	1 CYCL DEF 1.0 PECKING 2 CYCL DEF 1.1 PITCH -2 3 CYCL DEF 1.2 DEPTH -98 4 CYCL DEF 1.3 PECKG -98 5 CYCL DEF 1.4 DWELL

ISO 코드 및 사이클	HEIDENHAIN 코드 및 사이클	활용 방법(ISO)	활용 방법(HEIDENHAIN)
	DWELL 0 6 CYCL DEF 1.5 F		0 6 CYCL DEF 1.5 F800 L X40Y0Z2RO M3 CYCL CALL
G82	1 CYCL DEF 1.0 PECKING 2 CYCL DEF 1.1 PITCH − 3 CYCL DEF 1.2 DEPTH − 4 CYCL DEF 1.3 PECKG − 5 CYCL DEF 1.4 DWELL 0 6 CYCL DEF 1.5 F	G99 G82 X40 Y0 Z−98 P2000 R2 F800;	1 CYCL DEF 1.0 PECKING 2 CYCL DEF 1.1 PITCH −2 3 CYCL DEF 1.2 DEPTH −98 4 CYCL DEF 1.3 PECKG −98 5 CYCL DEF 1.4 DWELL 2 6 CYCL DEF 1.5 F800 L X40Y0Z2RO M3 CYCL CALL
G83	1 CYCL DEF 1.0 PECKING 2 CYCL DEF 1.1 PITCH − 3 CYCL DEF 1.2 DEPTH − 4 CYCL DEF 1.3 PECKG − 5 CYCL DEF 1.4 DWELL 0 6 CYCL DEF 1.5 F	G99 G83 X40 Y0 Z−98 Q25 R2 F400;	1 CYCL DEF 1.0 PECKING 2 CYCL DEF 1.1 PITCH −2 3 CYCL DEF 1.2 DEPTH −98 4 CYCL DEF 1.3 PECKG −25 5 CYCL DEF 1.4 DWELL 0 6 CYCL DEF 1.5 F400 L X40Y0Z2RO M3 CYCL CALL
G84	7 CYCL DEF 2.0 TAPPING 8 CYCL DEF 2.1 PITCH 9 CYCL DEF 2.2 DEPTH 10 CYCL DEF 2.3 DWELL 11 CYCL DEF 2.4 F	G90G54X0Y0Z10 S375 M03; G99 G84 X0 Y0 Z−48 R2 F375;	TOOL CALL 25 Z S375 7 CYCL DEF 2.0 TAPPING 8 CYCL DEF 2.1 PITCH −2 9 CYCL DEF 2.2 DEPTH −48 10 CYCL DEF 2.3 DWELL 0 11 CYCL DEF 2.4 F375 L X0Y0Z2RO M3
			CYCL CALL
G85	67 CYCL DEF 74.0 REAMING 68 CYCL DEF 74.1 Q1=+0 Q2=− Q3=+0 69 CYCL DEF 74.2 Q4=+ Q5=+ Q6=+	G99 G85 X40 Y0 Z−98 R2 F800;	67 CYCL DEF 74.0 REAMING 68 CYCL DEF 74.1 Q1=−0 Q2=− 98 Q3=+0 69 CYCL DEF 74.2 Q4=+0 Q5=+800 Q6=+0 L X40Y0Z2RO M3 CYCL CALL

ISO 코드 및 사이클	HEIDENHAIN 코드 및 사이클	활용 방법(ISO)	활용 방법(HEIDENHAIN)
G86		G99 G86 X40 Y0 Z-50 R2 F120;	
G87		boring cycle	
G88			
G89			
G90	L X0Y0Z0	G90 X0Y0Z0;	L X0Y0Z0
G91	L IX0 IY0 IZ0	G91 X0Y0Z0;	L IX0 IY0 IZ0
G92		프로그램 좌표 설정	
G94			
G95			
G96			
G97			
G98	특별한 코드는 없고 Z 값으로 조정	G00 Z20; G98 G86 X40 Y0 Z-50 R2 F120;	L X40Y0Z2R0 M3 CYCL CALL L Z20
G99	특별한 코드는 없고 Z 값으로 조정	G00 Z20; G99 G86 X40 Y0 Z-50 R2 F120;	L X40Y0Z2R0 M3 CYCL CALL L Z2

1 G98, G99에 대한 HEIDENHAIN 코드 보충 설명

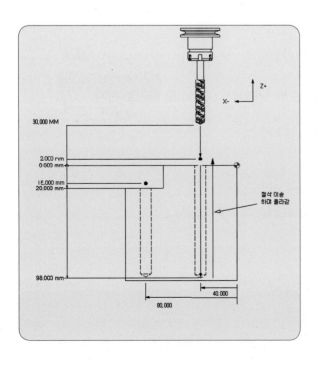

ISO 계열 시스템은 G98이나 G99를 사용하여 단차가 있는 공작물을 쉽게 가공할 수 있다. 하이덴하인은 다음과 같이 해준다. 먼저 위 그림의 공작물을 센터 드릴Ø6 → 드릴가공(6.8mm) → 탭(M8×P1.25 TAP) 순으로 가공하기로 하자.

① 먼저 센터 드릴 작업을 한다.

센터 드릴 깊이는 1mm로 하기로 하자.

```
TOOL CALL 1 Z S1000 ;(Ø6 center e/m DP=1mm)
1 CYCL DEF 1.0 PECKING
2 CYCL DEF 1.1 PITCH -2 (무조건 - 값으로 읽음, +2해도 -2 값으로 읽어서 가공 깊이에 영향을 줌)
3 CYCL DEF 1.2 DEPTH -1
4 CYCL DEF 1.3 PECKG +1 (+,- 부호 상관없이 1회 가공 절입량)
5 CYCL DEF 1.4 DWELL 0
6 CYCL DEF 1.5 F100
L X-40Y0Z+30 F MAX M3
L Z+2 M99 (M99는 고정 사이클을 실행하라는 M코드)
L Z+30 F MAX
L X-80Y0R0 F MAX
1 CYCL DEF 1.0 PECKING
2 CYCL DEF 1.1 PITCH -2 (무조건 - 값으로 읽음, +2해도 -2 값으로 읽어서 가공 깊이에 영향을 줌)
3 CYCL DEF 1.2 DEPTH -1
4 CYCL DEF 1.3 PECKG +1 (+,- 부호 상관없이 1회 가공 절입량)
5 CYCL DEF 1.4 DWELL 0
6 CYCL DEF 1.5 F100
L Z-18 F MAX M99
L Z+30 R0 F MAX
```

② 두 번째로 드릴 작업을 한다. 드릴 깊이는 맨 윗면에서 98mm로 하기로 하자.

```
TOOL CALL 2 Z S900 ;(6.8mm drill)
1 CYCL DEF 1.0 PECKING
2 CYCL DEF 1.1 PITCH -2 (무조건 - 값으로 읽음, +2해도 -2 값으로 읽어서 가공 깊이에 영향을 줌)
3 CYCL DEF 1.2 DEPTH -98
4 CYCL DEF 1.3 PECKG +20 (+,- 부호 상관없이 1회 가공 절입량)
5 CYCL DEF 1.4 DWELL 0
6 CYCL DEF 1.5 F100
L X-40Y0Z+30 F MAX M3
L Z+2 M99 (M99는 고정 사이클을 실행하라는 M코드)
L Z+30 F MAX
```

```
L X-80Y0R0 F MAX
1 CYCL DEF 1.0 PECKING
2 CYCL DEF 1.1 PITCH -18 (무조건 - 값으로 읽음, +2해도 -2 값으로 읽어서 가공 깊이에 영향을 줌)
3 CYCL DEF 1.2 DEPTH -62
4 CYCL DEF 1.3 PECKG +20 (+,- 부호 상관없이 1회 가공 절입량)
5 CYCL DEF 1.4 DWELL 0
6 CYCL DEF 1.5 F100
L Z-18 F MAX M99 (-18(PITCH)+-18(Z)+-62(DEPTH)=-98 그래서 총 드릴 깊이는 -98이다.)
L Z+30 R0 F MAX
```

③ 세번째로 탭(M8XP1.25 TAP) 작업을 한다. 탭 깊이는 맨 윗면에서 93mm로 하기로 하자.

```
TOOL CALL 3 Z S300 ;((M8XP1.25 TAP))
7 CYCL DEF 2.0 TAPPING
8 CYCL DEF 2.1 PITCH -2
9 CYCL DEF 2.2 DEPTH -93
10 CYCL DEF 2.3 DWELL 0
11 CYCL DEF 2.4 F375
L X-40Y0Z+30 F MAX M3
L Z+2 M99 (M99는 고정 사이클을 실행하라는 M코드)
L Z+30 F MAX
L X-80Y0R0 F MAX
7 CYCL DEF 2.0 TAPPING
8 CYCL DEF 2.1 PITCH -18
9 CYCL DEF 2.2 DEPTH -57
10 CYCL DEF 2.3 DWELL 0
11 CYCL DEF 2.4 F375
L Z-18 F MAX M99 (-18(PITCH)+-18(Z)+-57(DEPTH)=-93 그래서 총 탭 깊이는 -93이다.)
L Z+30 R0 F MAX
```

② HEIDENHAIN 75번 DEEPHOLE DRILLING 코드 보충 설명

다음은 하이덴하인의 75번 드릴 사이클로 위 그림을 작업하겠다. (이 사이클은 탭 작업은 못하므로 센터 작업과 드릴 작업까지만 하겠다.) 이 75번은 깊은 홀 가공 시 체감 하강을 할 수 있는 기능이 있으며, R점(절대 좌표)을 곧바로 사이클에 넣어 주어 단차가 있는 공작물일 경우 번거롭게 Z 값을 별도로 넣어 줄 필요가 없다.

① 먼저 센터 드릴 작업을 한다. 센터 드릴 깊이는 1mm로 하기로 하자.

```
TOOL CALL 1 Z S1000 ; (Ø6 center e/m DP = 1mm)
26 CYCL DEF 75.0 DEEPHOLE DRILLING
27 CYCL DEF 75.1 Q1 = +0 Q2 = -3 Q3 = -3
28 CYCL DEF 75.2 Q4 = +0 Q5 = +0 Q6 = +2
29 CYCL DEF 75.3 Q7 = +28 Q8 = +100 Q9 = +0
L X-40Y0Z+30 F MAX M3
L R0 F MAX M99 (굳이 Z 값을 넣어줄 필요가 없다.)
26 CYCL DEF 75.0 DEEPHOLE DRILLING
27 CYCL DEF 75.1 Q1 = +0 Q2 = -3 Q3 = -3
28 CYCL DEF 75.2 Q4 = +0 Q5 = +0 Q6 = -18
29 CYCL DEF 75.3 Q7 = +48 Q8 = +100 Q9 = +0
L X-80Y0R0 F MAX
L R0 F MAX M99
```

② 두 번째로 드릴 작업을 한다. 드릴 깊이는 맨 윗면에서 98mm로 정함

```
TOOL CALL 2 Z S900 ; (6.8mm drill)
26 CYCL DEF 75.0 DEEPHOLE DRILLING
27 CYCL DEF 75.1 Q1 = +0 Q2 = -100 Q3 = -20
28 CYCL DEF 75.2 Q4 = +0 Q5 = +0 Q6 = +2
29 CYCL DEF 75.3 Q7 = +28 Q8 = +100 Q9 = +0
L X-40Y0Z+30 F MAX M3
L R0 F MAX M99 (굳이 Z 값을 넣어줄 필요가 없다.)
26 CYCL DEF 75.0 DEEPHOLE DRILLING
27 CYCL DEF 75.1 Q1 = +0 Q2 = -80 Q3 = -3
28 CYCL DEF 75.2 Q4 = +0 Q5 = +0 Q6 = -18
29 CYCL DEF 75.3 Q7 = +48 Q8 = +100 Q9 = +0
L X-80Y0R0 F MAX
L R0 F MAX M99 (굳이 Z 값을 넣어줄 필요가 없다.)
```
그럼 이제부터는 75번에 대한 상세 설명을 하기로 한다.

```
26 CYCL DEF 75.0 DEEPHOLE DRILLING 설명
```

Q1 = +0 = SAFETY CLEARANCE (무조건 0)

Q2 = -15 = DRILLING DEPTH (최종 깊이 Q2 + Q6 = Z-18까지 내려감)

Q3 = -1 = FIRST DRILLING DEPTH

Q4 = +0 = DEGRESSION(무조건 0임)

Q5 = +0 = WITHDRAWL FOR CHIP REMOVAL

Q6 = -3 = REFERENCE PLANE (Z-3. 점까지 급속이송(무조건 work 절대 좌표)

Q7 = +50 = RETRACTION (사이클 가공 후 도피량Q6 + Q7 = Z + 47)

Q8 = +100 = FEED RATE (가공 절삭속도)

Q9 = +0.3 = DWELL TIME (휴지 시간)

2 주요 기능

1 절대 좌표와 증분 좌표의 비교

G90	L X0Y0Z0	G90 X0Y0Z0;
G91	L IX0 IY0 IZ0	G91 X0Y0Z0;

상기표와 같이 ISO에서는 절대 좌표코드가 G90, 증분 좌표코드는 G91이다. 코드 다음에 좌표를 써주는 방식이다. 즉 WORK 원점에서부터의 거리이다.

하이덴하인 코드는 절대 좌표 앞에는 아무것도 붙이지 않고, 다만 증분 좌표에만 알파벳 I를 붙인다. IX는 X축 증분 좌표, IY는 Y축, IZ는 Z축 증분 좌표로 인식한다.

2 WORK 좌표의 기본(BASIC) 좌표와 로컬(LOCAL) 좌표

G54	CYCL DEF 7.0 DATUM SHIFT CYCL DEF 7.1 #0~200	G54X0Y0Z0	CYCL DEF 7.0 DATUM SHIFT CYCL DEF 7.1 #0~200
G55		G55X0Y0Z0	
G56		G56X0Y0Z0	
G57		G57X0Y0Z0	
G58		G58X0Y0Z0	
G59		G59X0Y0Z0	
G52	CYCL DEF 7.0 DATUM SHIFT CYCL DEF 7.1	G52X10Y0Z0	CYCL DEF 7.0 DATUM SHIFT CYCL DEF 7.1 IX+10

ISO에서는 대표적으로 상기표와 같이 G54~G59가 기본적으로 돼있고 시스템 사양이 높으면 좌표 확장으로 G54.1P1~P100처럼 시스템 버전에 따라서 다르게 돼있다. 로컬 좌표로는 G52로 돼있다. 하이덴하인의 기본 좌표는 #0~200까지 넣어서 사용한다. 단 가장 기준이 되는 좌표는 #0이다. 좌표가 여러 개 있다면 될 수 있으면 G52 좌표와 IX, IY 좌표와 같은 로컬 좌표는 사용하지 않는 것이 좋다. 왜냐하면 로컬 좌표들은 가공 도중 리셋을 누르면 기본 좌표로 시스템이 인식하거나 거리좌표가 해제되어 다시 한 번 기본 좌표와 로컬 좌표를 실행해야 하는 번거로움이 있다.

3 원호보간 비교

G02	CC (원호 중심점의 위치) C (원호가공의 끝점 DR) – (시계방향 회전)	G02 X0 Y−56.2 I0 J20. F100	CC X+20. Y−56.2 C X+0 Y−56.2 DR−F100
G03	CC (원호 중심점의 위치) C (원호가공의 끝점 DR)+ (반시계방향 회전)	G03 X77.15 Y−34.925 I20. J0 F100	CC X+77.15 Y−14.925 C X+77.15 Y−34.925 DR+F100

ISO 코드를 사용하는 시스템은 모두 원호보간이 시계방향으로 돌면 G02이며, 반시계방향은 G03이다.
(교재 제2장 원호보간 기능)

하이덴하인은 DR−가 G02와 같고 DR+는 G03과 같다.

다음은 지름이 200mm인 원호의 외경을 하향절삭 하는 프로그램을 비교해보자.

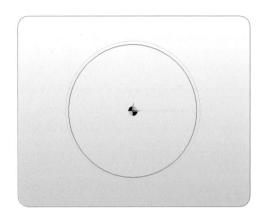

ISO 계열	하이덴하인
N1 G90 G40	
N2 G91 G28 Z0	
N3 G90	
N4 T10 (D10-4F-FLAT EM)	0 BEGIN PGM 0001 MM
N5 G54 M06	1 TOOL CALL 10 Z S1000; D10-4F-FLAT EM
N6 T10 M01	2 L X+107.47 Y+0.0 R0 F 12000 M03
N7 S1000 M3	3 L Z+100 R0 F 12000
N8 M8	4 L Z+20 R0 F 12000 M08
N9 G0 X0.0 Y0.0	5 L Z+1 R0 F 12000
N10 G43 Z20.0 H10 M8	6 L Z-3 F600
N11 X107.47 F600.0	7 L X+100 RL
N12 Z1.0	8 CC X+0.0 Y+0.0
N13 G1 Z-3.0	9 C X+100 Y+0.0 DR-
N14 G41 X100.0 D10	10 L X+107.47 R0
N15 G17 G2 I-100.0 J0.0 F629.9	11 L Z+20 R0 F 12000
N16 G40 G1 X107.47 F600.0	12 M09
N17 G0 Z20.0	13 M09
N18 G91 G28 Z0	14 END PGM 0001 MM
N19 M9	
N20 G90	
N21 G91 G28 Z0	
N22 M30	

상기표의 밑줄 부분이 같은 동작을 하는 것인데 ISO 코드는 N15번에서 센터점을 현재의 시작점에서 봤을 때 어느 방향에 있는지 프로그램을 작성했고, 종점은 시점과 같기 때문에 N16에서는 경보정을 취소하며 가공 면에서 벗어났다. 하이덴하인에서 CC로 시작된 의미는 원호의 센터점, 즉 절대 좌표이 므로 원호의 센터가 X0Y0이라는 것을 작성했다. 다음의 C는 시점의 좌표이다. 이것도 시점과 종점이 같다. DR-는 G02와 같은 기능으로 시계방향 회전이다.

④ 포켓가공 비교

ISO 계열과 하이덴하인 중에 가장 큰 차이는 ISO 계열 시스템은 포켓가공이나 아일랜드 가공의 고정 사 이클이 없거나 별도의 포켓 매크로를 사용해야 돼지만 하이덴하인은 기본적으로 아래와 같이 포켓 기능 사이클이 제공된다. 따라서 X, Y는 가로, 세로의 포켓 크기이며 DR + 반시계 방향으로 코너R로 가공하 게끔 필요한 치수만 넣어주면 된다.

```
18 TOOL CALL 4 Z S5800
19 L X + 0 Y + 0 Z + 50 R0 F MAX M3
20 CYCL DEF 4.0 POCKET MILLING
21 CYCL DEF 4.1 PITCH -2
22 CYCL DEF 4.2 DEPTH + 0
23 CYCL DEF 4.3 PECKG + 0 F1000
24 CYCL DEF 4.4 X + Q13
25 CYCL DEF 4.5 Y + Q14
26 CYCL DEF 4.6 F3500 DR + RADIUS 2
27 L X + 0 Y + 0 Z + 2 R0 F2000 M3
28 CYCL CALL M8
29 L Z + 50 R0 F8000 M9
```

3 MACRO 비교

① 일반 대체 변수(common 변수)

먼저 변수에 숫자 값을 입력한다. 예를 들어 #100 = 20이라고 프로그램을 작성하면 #100은 20 값이 적용된다. 예를 들어, #100 = 20이라고 하면 G01X#100은 G01X20이 된다. 이런 식으로 프로그램하 여 사용한다.

FANUC		HEIDENHAIN	
표기	#100＝#101 (#101은 아무 숫자나 사용 가능)	표기	FN 0 : Q100 ＝ Q101 (Q101은 아무 숫자나 사용 가능)
활용	G01X#100	활용	L X＋Q100

2 사칙연산

① 더하기(＋)

FANUC		HEIDENHAIN	
표기	#100＝[#101＋#102] (#101과#102는 아무 숫자나 사용 가능)	표기	FN 1 : Q100 ＝ Q101 ＋ Q102 (Q101과Q102는 아무 숫자나 사용 가능)
활용	G01X#100	활용	L X＋Q100

② 빼기(－)

FANUC		HEIDENHAIN	
표기	#100＝[#101－#102] (#101과#102는 아무 숫자나 사용 가능)	표기	FN 2 : Q100 ＝ Q101 － Q102 (Q101과Q102는 아무 숫자나 사용 가능)
활용	G01X#100	활용	L X＋Q100

③ 곱하기(＊)

FANUC		HEIDENHAIN	
표기	#100＝[#101＊#102] (#101과#102는 아무 숫자나 사용 가능)	표기	FN 3 : Q100 ＝ Q101 ＊ Q102 (Q101과Q102는 아무 숫자나 사용 가능)
활용	G01X#100	활용	L X＋Q100

④ 나누기(/)

FANUC		HEIDENHAIN	
표기	#100＝[#101/#102] (#101과#102는 아무 숫자나 사용 가능)	표기	FN 4 : Q100 ＝ Q101 DIV Q102 (Q101과Q102는 아무 숫자나 사용 가능)
활용	G01X#100	활용	L X＋Q100

❸ 함수

① SIN(사인)

	FANUC		HEIDENHAIN
표기	#100＝SIN[#101] (#101과는 아무 숫자나 사용 가능)	표기	FN 6 : Q100 ＝ SINQ101 (Q101는 아무 숫자나 사용 가능)
활용	G01X#100	활용	L X＋Q100

② COS(코사인)

	FANUC		HEIDENHAIN
표기	#100＝COS[#101] (#101과는 아무 숫자나 사용 가능)	표기	FN 6 : Q100 ＝ COS Q101 (Q101는 아무 수자 사용 가능)
활용	G01X#100	활용	L X＋Q100

③ 역 함수(a reversed function)

FANUC은 각각의 함수 ASIN, ACOS, ATAN이 있지만 HEIDENHAIN은 개별적으로 있지 않고 아래와 같이 사용한다.

FN 13 : Q1 ＝ ＋1.732 ANG＋1

Q1＝120이 된다 .

❹ 조건식(등호)

사용유형	등호
#101 EQ #102	＝
#101 NE #102	≠
#101 GT #102	＞
#101 LT #102	＜
#101 GE #102	≧
#101 LE #102	≦

ISO 계열은 #100EQ#101과 같이 등호로 단독 사용할 수 있고 아래와 같이

WHILE[#100GE#101]DO1

~

END

반복 명령과 같이 사용할 수 있다. 그러나 HEIDENHAIN은 등호와 함께 조건식이 같이 제공된다. 즉 Q 변수 사용 시 FN 9 : IF +Q100 EQU +Q100 GOTO LBL 1처럼 조건에 따른 LBL 번호의 프로그램을 실행할 수 있게 하나의 블록프로그램으로 제공된다. EQ 명령어는 수학의 기호 =와 같다. 즉 변수와 변수가 같다 라는 뜻이다.

아래는 #100변수 값은 #101변수 값과 같아진다는 것이다.

FANUC		HEIDENHAIN	
표기	WHILE[#100EQ#101]DO1 ~ END	표기	FN 9 : IF +Q100 EQU +Q100 GOTO LBL 1

FANUC		HEIDENHAIN	
표기	WHILE[#100NE#101]DO1 ~ END	표기	FN 10 : IF +Q100 NE +Q100 GOTO LBL 1

FANUC		HEIDENHAIN	
표기	WHILE[#100GT#101]DO1 ~ END	표기	FN 11 : IF +Q100 GT +Q100 GOTO LBL 1

FANUC		HEIDENHAIN	
표기	WHILE[#100LT#101]DO1 ~ END	표기	FN 12 : IF +Q100 LT +Q100 GOTO LBL 1

FANUC		HEIDENHAIN	
표기	WHILE[#100GE#101]DO1 ~ END	표기	FN 13 : IF +Q100 GE +Q100 GOTO LBL 1

4 ISO와 지멘스

보통 ISO 계열과 지멘스의 프로그램은 ISO 코드를 사용한다는 부분에서는 거의 같고 비슷한 부분이 많다. 여기서는 크게 다른 부분만 설명할 것이다. 두 컨트롤러 모두 한글 지원이 되기 때문에 큰 불편함은 없다. ISO 계열을 잘 사용하는 작업자라면 지멘스 컨트롤러를 접하고 잘 활용하는 데 걸리는 시간은 그리 길지 않을 것이다. 오히려 프로그램 관리 부분이나 공구관리 부분에서는 지멘스 컨트롤러의 강점이 있다.

지멘스 840D 이전에는 형상가공이나 고정 사이클 기능에서 ISO 계열과 많이 달랐으나 840D 이후로는 거의 ISO 계열 프로그램을 그대로 사용해도 문제가 없다.

1 프로그램 제목 형식이 다르다.

ISO 계열은 O1234와 같이 영문 O에 숫자 4자리가 프로그램 번호(제목)를 사용하는데 비해 지멘스는 1~8자리 숫자나 영문자 모두 가능하고 가공프로그램 형식이 MPF이다.

> 예 1234ABCD.MPF

아래 그림과 같이 폴더 형식으로 프로그램을 관리하게 된다.

MPF 이외에 몇 가지 프로그램 형식이 있지만 보통 장비 설치나 SET-UP에 필요한 프로그램 및 공구목록 관련 프로그램들은 다른 형식을 사용한다.

이것들은 크게 어려운 부분이 아니다.

– ISO 계열프로그램과 지멘스 프로그램의 NC 저장 리스트 화면

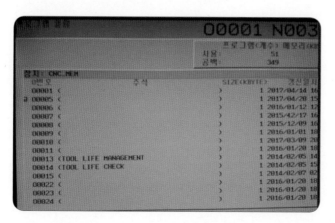

– 지멘스 컨트롤러(840D 이상) 프로그램 관리 화면

지멘스 컨트롤러는 폴더 형식으로 돼있어 컴퓨터처럼 이동, 복사, 붙이기 등 관리가 편하게 돼있다.

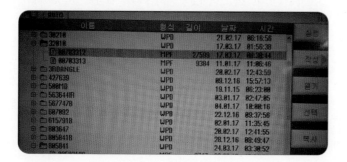

ISO 계열 컨트롤러 프로그램에서는 프로그램명만 보면 메인 프로그램과 서브프로그램 구별이 특별하지 않다. 그래서 목록에서는 특별히 구분이 가지 않는다. 하지만 지멘스 컨트롤러는 ISO 계열과 같이 사용하기도 하고, 프로그램명의 확장자로 메인 프로그램과 서브프로그램을 구분하기도 한다. 메인과 서브의 구분을 쉽게 알 수 있다.

☑ 고정 사이클이 다르다.

아래는 지멘스 840D 이전 버전의 고정 사이클 기능을 설명한 것인데 참조만 하기 바란다. ISO 계열의 80번대의 고정 사이클 기능과 같지만 형식이 다르다.

CYCLE81	센터 드릴가공
CYCLE82	드릴가공
CYCLE83	DEEP HOLE 드릴가공
CYCLE84	리지드 탭가공
CYCLE840	플로팅 탭가공
CYCLE85	보링 사이클1
CYCLE86	보링 사이클2
CYCLE87	보링 사이클3
CYCLE88	보링 사이클4
CYCLE89	보링 사이클5

아래는 드릴 작업 프로그램이다.

ISO 계열	지멘스
O1234 T1M6(DRILL) G54G40G90X0Y0Z10.G43H1M3S1200 G98G82Z-1R1F100M8 M98P15(드릴 포인트 좌표 서브프로그램 호출) G80 (고정 사이클 해제) G91G28Z0M9 M00	1234.MPF T1M6;DRILL(한글 가능) G54G40G90X0Y0Z10.D1M3S1200 F100M8 MCALL CYCLE82(10,0,1,-1,,) 15 (드릴 포인트 좌표 서브프로그램 호출) MCALL (고정 사이클 해제, 매크로 호출 해제) G75G0Z0M9 M00

위에서 조금 다른 부분은 G98G82Z-1R1F100M8과 MCALL CYCLE82(10,0,1,-1,,)인데, ISO 계열이 이 부분에서는 조금 알아보기 쉽다. 지멘스는 컨트롤러에서 프로그래밍을 한다면 아래와 같이 대화형으로 위 프로그램을 작성할 수 있어서 편리하다.

하지만 PC 내에서 작성한다면 별도의 그림을 연상하거나 코멘트를 달아서 알아보기 쉽게 하고 작성하면 된다.

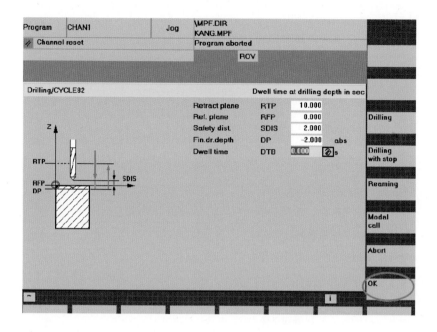

위와 같이 값을 입력하고 OK를 누르면 아래와 같이 편집창에 자동으로 프로그램이 작성된다.

위 언어는 영어를 선택했는데 한글로도 표기가 가능하다.

❸ 공구경 보정 및 길이 보정이 조금 다르다.

공구 길이 보정 및 경보정에서 ISO 계열은 G43과 H, 경보정에서는 D를 모두 써줘야 하고 번호가 동일 해야 한다. 하지만 지멘스에서는 D번호 1개만 써주면 길이 및 경보정 모두 인식한다. 840D 이상은 ISO 계열 컨트롤러처럼 프로그램 해도 프로그램 실행 및 가공에는 문제가 없다.

❹ 프로그램 호출 및 매크로 호출이 다르다.

ISO 계열의 서브프로그램 호출은 M98P(프로그램)인데 비해 지멘스는 그냥 프로그램명만 써주면 된다. ISO 계열은 G66 기능으로 매크로를 호출하고 지멘스는 MCALL 기능을 사용한다.

⑤ 변수 표기가 다르다.

ISO 계열 : #100 = 500,   지멘스 : R100 = 500

위와 같이 맨 앞 #과 R이 다르다.

⑥ 제공되는 고정 사이클 기능이 다르다.

ISO 계열은 HOLE 가공 관련한 고정 사이클만 지원을 하나 지멘스는 수동 프로그램 작성에 필요한 대부분을 간단하게 작성할 수 있는 사이클이 많다.

밀링 사이클

LONGHOLE	원호 상의 깊은 구멍의 밀링 패턴
SLOT1	원호 상에 배열된 그루빙 밀링 패턴
SLOT2	원주 상의 그루빙 밀링 패턴
POCKET1	사각 포켓 밀링(페이스 커터를 사용)
POCKET2	원형 포켓 밀링(페이스 커터를 사용)
CYCLE90	나사 밀링
POCKET3	사각 포켓 밀링(모든 밀링 공구를 사용)
POCKET4	원형 포켓 밀링(모든 밀링 공구를 사용)
CYCLE71	페이스 밀링
CYCLE72	윤곽 밀링
CYCLE73	섬을 가진 포켓 밀링
CYCLE74	포켓 모서리 윤곽을 전송
CYCLE75	분리된 윤곽을 전송

SW 5.3 이후의 신규 기능

CYCLE76	사각 스피곳의 밀링
CYCLE77	원형 스피곳의 밀링

⑦ 기타 다른 사항

	ISO 계열	지멘스
공작물 좌표 이동	G52 X10 Y15 Z0	TRANS X = 10 Y = 15 Z = 0
기계 좌표 이동	G53 X0Y0Z0	G75X0Y0Z0
공구 대기(추가 기능)	T21	T = "T21 1EM"
매크로 기능	GOTO800(N800이동)	GOTOF GG (앞쪽 GG로 이동)
서브P/G 끝부분	M99(Main 호출)	M17(Main 호출)

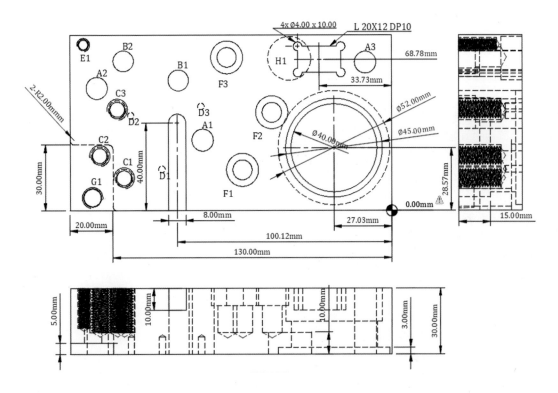
5 ISO와 HEIDENHAIN

아래의 예제를 가지고 ISO 프로그램과 하이덴하인 프로그램을 작성해보자. 여기서는 가공 방법과 기술 보다는 프로그램 차이에 중점을 두어 설명하기로 하겠다. (단 6각 및 FACE 작업은 생략함)

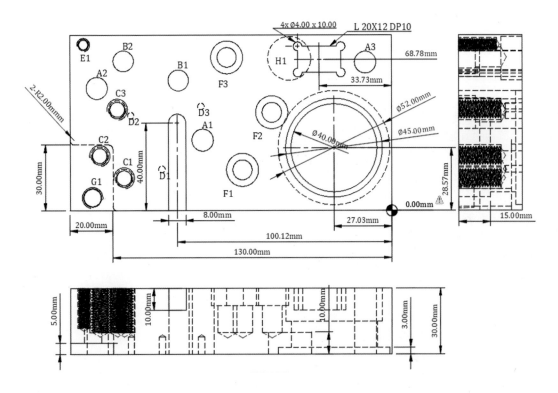

가공참조 기호 및 형상	가공사항	서브프로그램
Ø40, Ø45원	센터 위치	O0009
8mm 슬롯	깊이	O0010
F1~F3	Ø9.0 D/R- Ø14 C/BORE	O0011
A2	Ø10 D/R THRU	O0012
B1, B2	Ø9.5 D/R THRU	O0013
A1	Ø10 ±0.02 THRU	O0014
A3	Ø10 ±0.004 D/R THRU	O0015
C1~C3	Ø10 ±0.004 D/R THRU	O0016
G1	PT1/8	O0017
E1	M5HC(헬리코일탭)	O0018
L포켓	센터 위치	O0019
L포켓	4- Ø4홀센터	O0020

가공참조 기호 및 형상	가공사항	서브프로그램
L포켓	윤곽가공	O0021
뒷면 형상	센터 위치(외곽 2mm 포함)	O0022
뒷면 형상	윤곽가공	O0023
Ø20(뒷면)	센터 위치	O0024
Ø3(뒷면)	센터 위치	O0025

1 ISO 프로그램

```
O0001;(앞면 가공);
G00 G90 G54 G80 G40
G91G28Z0
T01;(90D CENTER D/R)      90도 센터 드릴 대기 (초경센터 드릴)
M06          센터 드릴로 공구 교환
G0 G90 G54 X-0 Y0 S4000 M3
G43 Z2.0 H01 M8
G99 G81 K0 Z-2.5 R2.0 F200.0
M98P0009      (Ø40, Ø45원 위치 sub 프로그램)
M98P0011      (Ø9.0 D/R- Ø14 C/BORE, 도면기호 F1~F3)
M98P0012      (Ø10 D/R THRU, 기호 A2)
M98P0013      (Ø9.5 D/R THRU, 기호B1,B2)
M98P0015      (Ø10 ±0.004 THRU, 기호 A3)
M98P0016      (M8X1.25 TAP)
M98P0017      (PT 1/8 TAP)
M98P0018      (M5X0.8 헬리코일 TAP)
M98P0019      (L포켓 부위 센터 작업)
M98P0020      (L포켓 부위 외곽 4곳 HOLE)
G80 M09
M05
G00 G91 G28 Z+0.0
M30
```

위 프로그램에서 센터 깊이를 −2로 가공했다. 즉 45도의 경우 센터 작업 후 지름이 4파이가 나온다는 것 인데 위 센터 깊이는 깊을수록 드릴이 잘 타고 들어갈 수 있고, 위치공차는 깊이가 적은 것에 비해 잘 나 와서 좋지만 보통 센터 드릴 지름에 비해 2배 이상 들어가면 부러지기 쉽다.

위 기초 홀은 어차피 황삭 앤드밀의 진입 구멍에 불과하기 때문에 위치공차(기준점 X,Y 평면 거리공차) 와 거의 무관하다. 또한 지름공차 및 위치공차가 없고 황삭 작업만 하는 것이기 때문에 저자는 −2 값을 주었지만 −0.5∼ −센터 드릴 지름까지 주어도 괜찮다.

```
T02;(Ø15 D/R)        지름 15mm 드릴 대기
M06           15mm 드릴로 공구 교환
G0 G90 G54X-0 Y0 S500 M3
G43 Z2.0 H02 M8
G99 G73 K0 Z-38 Q3 R2.0 F80    G73 기능은 2장 참조
M98P0009    (Ø40, Ø45원 위치 sub 프로그램)
M98P0019    (L포켓 부위 센터 작업)
G80 M09
M05
G00 G91 G28 Z+0.0
M30
```

위에서 드릴 깊이 값은 공작물 두께 30mm에 드릴각을 90도로 생각하고 드릴 반경 값에 0.5를 더한 값을 넣었고 포켓 부위는 깊이 10mm이므로 0.5 가공 여유를 준 것이다.

또한 Q 값은 1회 절입량인데, 보통 드릴 지름의 1/5 이하로 주면 좋다. (스틸 가공의 경우)

```
T03;(Ø4 D/R)        지름 4mm 드릴 대기
M06           지름 4mm 드릴로 공구 교환
G0 G90 G54X-0 Y0 S3500 M3
G43 Z2.0 H03 M8
G99 G83 Z-12 K0 Q0.8 R2.0 F150
M98P0020    (L포켓 부위 외곽 4곳 HOLE)
G80 M09
M05
G00 G91 G28 Z+0.0
M30
```

포켓부 코너 4파이 드릴가공은 대부분의 설계 용도가 위와 같은 포켓에 블록을 끼우기 위한 것이므로 코너는 단지 상대 부품인 블록이 잘 들어가도록 하기 위해서 제거하는 것이므로 코너 파이 공차는 거의 무시하는 것이 대부분이고 가공과 설계의 합의에 의해서 파이를 크게 혹은 작게 가공할 경우가 대부분이다. 보통은 가공원가를 줄이고 쉽게 하기 위해 파이를 키우는 경우가 많다. 설계자가 가공을 잘 파악하면 설계 당시에 아예 크게 하는 경우도 있지만 대부분의 설계자들이 가공을 고려한 설계를 하기에 부담을 가지기 때문에 발생되는 문제 중에 하나이기도 하다.

T04;(Ø16 ROUGH E/M)　　　지름 16mm 황삭 앤드밀(러프 앤드밀) 대기

M06　　　　　지름 16mm 황삭 앤드밀 공구 교환

G0 G90 G54 X-27.028 Y28.569 S800 M3

G43 Z2.0 H04 M8

#100=30　(Ø40 원 가공 시작 공구 경보정 번호)

#101=150　(절삭이송속도)

#102=-33　(총 절삭 깊이)

#105=-3　(1회 절입량)

#103=39.5　(Ø40 원 황삭 가공)

G66P0005　(원 가공 서브프로그램 매크로 호출 제6장 참조)

M98 P0009

#102=-14.5　(Ø45 가공 시작 변수로서 총 절삭 깊이)

#105=-4.5　(1회 절입량)

#103=44.5　(Ø45 원 황삭 가공)

M98 P0009

G67

M09

M05

G00 G91 G28 Z+0.0

M30

위에서 매크로 호출 기능 G66은 한 번만 불러주면 된다. 왜냐하면 원 가공 프로그램 O0005번으로 Ø40 과 Ø45를 동일하게 가공하기 때문이다. 그래서 깊이변수와 지름변수만 Ø45 가공 전에 지정해 준 것이다. 제 6장 O0005 프로그램은 서브프로그램으로 기 입력돼 있어야 한다. 이 장에서는 별도로 기록하지 않는다.

T05;(Ø4 ROUGH E/M)　　　지름 4mm 황삭 앤드밀(러프 앤드밀) 대기

M06　　　　　지름 4mm 황삭 앤드밀 공구 교환

G0 G90 G54 X-33.733 Y68.78 S5000 M3　　　L포켓 부위 센터 이동

G43 Z2.0 H05 M8

#100=31　(공구 경보정 번호)

#101=500　(절삭이송속도)

G65 P8888 Q-0.5 R2 Z-10 I19.9 J11.9

G67

#102=-10　(총 절삭 깊이) (8mm H7 슬롯 앤드밀 가공 변수 지정 시작)

#105=-0.5　(1회 절입량)

M98 P0010　(8mm H7 슬롯 앤드밀 가공 서브프로그램 호출)

M09

M05

```
G00 G91 G28 Z+0.0
(위에서 매크로 호출 기능 G65를 사용했으나 동일 포켓이 많이 존재하는 경우 G66을 사용해도 된다. 포켓 사이
즈 가로 20mm, 세로 12mm의 정삭 여유 0.1mm씩 남긴다.
제6장 O8888 프로그램은 서브프로그램으로 미리 입력돼 있어야 한다. 이 장에서는 별도로 기록하지 않음. 동일
앤드밀로 8mm H7 슬롯 부위까지 가공함)
T06;(Ø7 D/R);      지름 7mm 드릴 대기
M06
G0 G90 G54X-0 Y0 S1200 M3
G43 Z2.0 H06 M8
G99 G73 Z-18.5 Q1.4 K0 R2.0 F150
M98P0016    (M8X1.25 TAP 기초 홀)
G80 M09
M05
G00 G91 G28 Z+0.0
M30
```

위에서 기초 홀로 Ø7 드릴을 선택했다. 금속에서 강 종류는 보통 피치 값에다 0.15~0.3mm 지름을
더 빼준 크기로 탭 기초 홀을 가공해야 탭이 부러지지 않는다. 주철은 0~0.1 정도만 해야 된다. 그래서
M8×1.25 탭을 내는 데, 주철일 경우는 6.8 드릴로 해야 한다. 위 고정 사이클 값에서 K0(여기서 0은
숫자 영임)이 포함된 위치는 가공하지 않고 다음 블록으로 된다. 이것은 고정 사이클 값을 바꿀 때 주로
사용된다.

깊이는 TAP 깊이가 15이기 때문에 기초 홀의 반지름만큼 더 깊이 가공해야 한다.

```
T07;(Ø8.5 D/R PT 1/8 TAP 기초 드릴);
M06
G0 G90 G54 X0 Y0 S1000 M3
G43 Z2.0 H07 M8
G99 G83 Z-29.5 Q1.7 K0 R2.0 F130
M98P0017       (PT 1/8 TAP 기초 홀)
G80 M09
M05
G00 G91 G28 Z+0.0
(PT 1/8 TAP의 기초 지름은 제3장 참조)
T08;(Ø5.3 D/R M5X0.8 헬리코일 TAP 기초 드릴가공);
M06
G0 G90 G54X-0 Y0 S2000 M3
G43 Z2.0 H08 M8
G99 G83 Z-18 Q1 K0 R2.0 F200
```

```
M98P0018         (M5X0.8 헬리코일 TAP)
G80 M09
M05
G00 G91 G28 Z+0.0
(M5X0.8 헬리코일 TAP의 기초 지름은 제3장 참조)
T09;(Ø9.5 D/R);
M06
G0 G90 G54X-0 Y0 S1500 M3
G43 Z2.0 H09 M8
G99 G83 Z-36 Q1.5 K0 R2.0 F150
M98P0013         (Ø9.5 D/R THRU)
M98P0015         (Ø10 ±0.004 THRU)
G80 M09
M05
G00 G91 G28 Z+0.0
```

Ø10 ±0.004 THRU 작업의 기초 황삭 구멍으로 위치 정밀도 0.004 이하의 머시닝 센터에서는 작업이 가능하겠지만 대부분의 머시닝 센터에서는 작업하기 어려우므로 지그 그라인딩 머신 작업으로 넘겨야 한다. 그러기 위해서는 보통 0.3만 남기면 좋은데 위에서는 바이스 클램핑 작업에서 조임력 문제로 0.5의 비교적 많은 양의 황삭 지름으로 작업을 마무리하겠다. 경우에 따라서는 정삭 작업 시 0.2 이하로 남겨주면 지그 그라인딩 작업 시간을 단축할 수 있겠다.

```
T10;(Ø10 D/R);
M06
G0 G90 G54X-0 Y0 S1500 M3
G43 Z2.0 H10 M8
G99 G83 Z-36 Q1.5 K0 R2.0 F150
M98P0012     (Ø10 D/R THRU)
G80 M09
M05
G00 G91 G28 Z+0.0
T11;(Ø9.0 D/R- Ø14 C/BORE)
M06
G0 G90 G54X-0 Y0 S1500 M3
G43 Z2.0 H11 M8
G99 G83 Z-35 Q1.3 K0 R2.0 F170
M98P0011     (Ø9.0 D/R- Ø14 C/BORE)
G80 M09
```

```
M05
G00 G91 G28 Z+0.0
T05;(Ø4 ROUGH E/M); 지름 4mm 황삭 앤드밀(러프 앤드밀) 대기
M06
G0 G90 G54 X-0 Y0 S5000 M3
G43 Z2.0 H05 M8
#100=31    (공구 경보정 번호)
#101=150    (절삭이송속도)
#102=-10    (총 절삭 깊이)
#105=-0.5    (1회 절입량)
#103=14.5    (Ø14 C/BORE 원 가공)
G66P0005   (원 가공 서브프로그램 매크로 호출 제6장 참조)
M98P0011   (Ø9.0 D/R- Ø14 C/BORE)
G67
M09
M05
G00 G91 G28 Z+0.0
```

Ø14 C/BORE 원 가공으로 위와 같이 하지 않고 카운터 보어 공구로 작업할 수 있다. 작업자 임의로 할 수 있는 부분으로 저자는 카운터 공구로 하는 것보다 이 방법이 훨씬 낫다고 본다. 이유는 카운터 보어 공구를 사용하지 않는다는 점이 크겠다.

공구 준비 및 메거진 사용 숫자를 줄이는 것이 현명한 방법이라 하겠다. 위 작업은 보통 렌치볼트가 삽입되는 자리로 렌치볼트 규격을 보고 작업하면 된다. 보통 렌치볼트 지름보다 0.5 정도 크게 작업하고 깊이도 0.5~1mm 정도 더 가공하는 것이 대부분의 작업사항이지만 특별히 공차가 넣어져 있다면 그것에 맞게 가공해 줘야 할 것이다. 그러나 렌치볼트 자리는 거의 공차를 넣지 않고 볼트가 들어가서 체결만 잘 된다면 거의 문제가 없는 부분이다.

```
M00; (TAP 가공 전 모따기 작업으로 드릴 파손 확인차 멈춤)
T15; (Ø2x90도xØ16 chamfer e/m(모따기 앤드밀)
M06
G0 G90 G54 X-0 Y0 S1000 M3
G43 Z2.0 H15 M8
G99 G82 Z-7 K0 P2000 R2 F800;  (제2장 참조)
M98P0011    (Ø9.0 D/R- Ø14 C/BORE 모따기 C1 가공)
Z-4.5 K0
M98P0012    (Ø10 D/R THRU C0.5 가공)
M98P0015    (Ø10 ±0.004 THRU)
```

```
Z-4.25 K0
M98P0013    (Ø9.5 D/R THRU C0.5 가공)
M98P0017    (PT 1/8 TAP)
Z-3.5 K0
M98P0016    (M8X1.25 TAP  C0.5 가공)
Z-3 K0
M98P0018    (M5X0.8 헬리코일 TAP C0.5 가공)
G80 M09
M05
G00 G91 G28 Z+0.0
T12;  (M5X0.8 헬리코일 TAP)
M06
G0 G90 G54X-0 Y0 S300 M3
G43 Z2.0 H12 M8
G99 G84 Z-16 K0 R2.0 F240
M98P0018           (M5X0.8 헬리코일 TAP)
G80 M09
M05
G00 G91 G28 Z+0.0
```

위 TAP 가공에서 F240은 회전수 300×0.8(TAP 피치)=240이다. 또한 깊이는 기초 드릴보다 최소 지름의 1/3 정도는 덜 들어가야 탭의 파손을 막을 수 있고 도면 깊이보다는 탭 지름의 1/3 정도는 더 들어가야 탭의 불완전 나사부를 감안하는 것이다. 그러나 TAP 깊이가 더 들어갈 경우 관통되는 문제가 발생된다면 이것에 맞게 불완전 나사부가 적은 탭으로 탭 깊이를 준수하는 것이 좋다. (제8장 나사가공 참조)

```
T13;    (M8X1.25  TAP)
M06;
G0 G90 G54X-0 Y0 S260 M3
G43 Z2.0 H13 M8
G99 G84 Z-16.5 K0 R2.0 F325
M98P0016   (M8X1.25 TAP)
G80 M09
M05
G00 G91 G28 Z+0.0
T14;  (PT 1/8 TAP)
M06
G0 G90 G54X-0 Y0 S300 M3
```

```
G43 Z2.0 H14 M8
G99 G84 Z-13 K0 R2.0 F272.13
M98P0017     (PT 1/8 TAP)
G80 M09
M05
G00 G91 G28 Z+0.0
(PT 1/8 TAP의 피치와 가공 깊이는 제3장 관용나사 참조)
M00;(클램프 조임을 약하게 하기 위한 멈춤)
```

이제 아래부터는 가공품의 변형을 최소화 해서 원하는 공차를 얻기 위해 정삭 작업을 할 것이다. 위에 M00을 넣는 이유는 만약 이 공작물이 바이스에 클램프 됐다면 바이스의 조임력을 공작물이 정삭 작업을 하는데 움직임이 없게 끔만 조이고 최대한 약하게 조여야 하고, 제8장 바이스 작업에서 홀이 있는 가공에도 나와 있듯이 홀이 찌그러져 가공되기 때문에 클램프를 정비해야 한다.

```
T01;(90D CENTER D/R);
G0 G90 G54 X0 Y0 S4000 M3
G43 Z2.0 H01 M8
G99 G81 Z-2 K0 R2.0 F200.0
M98P0014    (Ø10 ±0.02 THRU)
G80 M09
M05
G00 G91 G28 Z+0.0
```

위 Ø10 ±0.02 THRU와 같이 기준면에서의 거리공차가 특별히 나와 있지 않는다면 군이 클램프 조임을 풀고 저자가 프로그램 한 것같이 작업할 이유는 없다. 여기서 저자는 정삭 작업에 이 홀가공을 포함시켜서 작업한다.

```
T09;(Ø9.5 D/R로 리머 작업을 위한 기초 홀 가공);
M06;
G0 G90 G54X-0 Y0 S1500 M3
G43 Z2.0 H09 M8
G99 G83 Z-36 Q1.5 K0 R2.0 F150
M98P0014      (Ø10 ±0.02 THRU)
G80 M09
M05
G00 G91 G28 Z+0.0
T15; (Ø2x90도xØ16 chamfer e/m(모따기 앤드밀))
```

```
M06
G0 G90 G54 X-0 Y0 S3000 M3
G43 Z2.0 H15 M8
#100=33      (공구 경보정 번호이며 공구번호 23번에 반경 값 1.99가 입력돼 있어야 함)
#101=500       (절삭이송속도)
#102=-1.5       (총 절삭 깊이)
#105=-1.5       (1회 절입량)
#103=46        (Ø45 원 C0.5가공)
#107=500       (Z축 이송속도)
G66P0005       (원 가공 서브프로그램 매크로 호출 제6장 참조)
M98P0001       (Ø45 원 C0.5가공)
G67
#108=2         (코너 R)
#110=20         (pocket x 치수)
#111=12         (pocket y 치수)
G66P0021        (L포켓 윤곽가공)
M98 P0019
G67
#100=34      (공구 경보정 번호이며 공구번호 24번에 반경 값 4.5가 입력돼 있어야 함)
#102=-3        (총 절삭 깊이)
#105=-3        (1회 절입량)
M98P0010 (8mm H7 슬롯 C0.5 가공)
G99 G82 Z-3.5 K0 P2000 R2 F800;   (제2장 참조)
M98P0014      (Ø10 ±0.02 THRU C0.5 가공)
G80 M09
M05
G00 G91 G28 Z+0.0
```
(모따기 가공에서 모따기가 바이스 정비 후에 배치가 되었는데 간혹 모따기가 C1 이상으로 주어질 경우에는 바이스 정비 전에 가공해야 모따기 과절삭으로 인한 공작물의 움직임을 방지할 수 있다. C1 이상이면 절삭 부하가 정삭가공에서는 문제가 될 수 있다.)
```
T16;(Ø10.00 ±0.01 리머);
M06
G0 G90 G54X-0 Y0 S500 M3
G43 Z2.0 H16 M8
G99 G85 Z-36 K0 R2.0 F400
M98P0014      (Ø10 ±0.02 THRU)
G80 M09
M05
G00 G91 G28 Z+0.0
```
(리머는 날수가 보통 4날 이상의 것을 사용하므로 스핀들과 이송속도가 드릴과 비교하여 스핀들은 드릴 회전수의 절반, 즉 1/2로 낮춰야 하며 이송속도는 드릴의 2.5배로 빨라야 한다. (절삭 조건은 제9장 참고 및 고정 사이클은 제2장 참조)

T17;(Ø6 FINE E/M);　　지름 6mm 정삭 앤드밀 대기

M06

G0 G90 G54 X-0 Y0 S5000 M3

G43 Z2.0 H17 M8

#100=35　(경보정 번호)

#101=500　(절삭이송속도)

#102=-31　(총 절삭 깊이)

#105=-31　(1회 절입량)

#103=39.8　(Ø40 원 보링 전 가공)

G66P0005　(원 가공 서브프로그램 매크로 호출 제6장 참조)

M98 P0009

#102=-15　(Ø45 가공 시작 변수로서 총 절삭 깊이)

#105=-15　(1회 절입량)

#103=45.05　(Ø45 원가공 완료)

M98 P0009

G67

#102=-10.03　(총 절삭 깊이) (8mm H7 슬롯 앤드밀 가공 변수 지정 시작)

#105=-10.03　(1회 절입량)

M98 P0010　(8mm H7 슬롯 앤드밀 가공 서브프로그램 호출)

M09

M05

G00 G91 G28 Z+0.0

M00

(위 6파이 정삭 앤드밀로 8mm H7 슬롯가공을 완료하는데 경보정 반경 값은 처음 3.02 정도 가공 여유를 놓고 가공해 보고 나서 블록 게이지나 링 게이지로 끼워맞춤을 보고 반경 값을 조정해서 완료하면 되겠다. 보통 앤드밀의 공차가 0~-0.01까지 돼 있으나 스핀들이나 공구아버 및 콜랫, 앤드밀의 상태 등에 따라 커질 수 있기 때문에 확인 후 한 번 가공하고 나서 다시 한번 가공하는 쪽으로 작업을 진행해야 한다. 작은 것은 문제가 안 되지만 커지면 불량이기 때문에 문제가 더 크므로 공구 반경 값을 크게 놓고 작업해야 한다. 그렇기 때문에 위에 M00을 넣었다.

T18;(Ø40 ±0.01 FINE BORING(정삭 보링바);

M06

G0 G90 G54X-0 Y0 S1200 M3

G43 Z2.0 H18 M8

G99 G76 Z-31 Q0.5 P1000 R2 F100;

M98 P0009　　(Ø40, Ø45 원 위치 sub 프로그램)

G80 M09

M05

G00 G91 G28 Z+0.0

(위 정삭 보링 작업의 고정 사이클은 제2장 참조와 공구 세팅 및 홀 공차 부분은 제8장 정밀 보링 작업 참조)

T19;(Ø4 FINE E/M);

```
M06
 G0 G90 G54 X-0 Y0 S5000 M3
 G43 Z2.0 H19 M8
 #100=36  (경보정 25번에 공구반경 1.995 값이 입력돼 있을 것)
 #101=500  (절삭이송속도)
 #102=-9.98  (총 절삭 깊이)
 #105=-9.98  (1회 절입량)
 #107=500  (z축 이송속도)
 #108=2  (코너R
 #110=20  (pocket x 치수)
 #111=12  (pocket y 치수)
 G66P0021  (L포켓 윤곽가공)
 M98 P0019
 G67
 G80 M09
 M05
 G00 G91 G28 Z+0.0
 M30;
```

여기까지 앞면 가공을 완료하였다. 이제부터 뒷면 가공 프로그램을 하겠다. 공작물을 X 방향으로 뒤집어 가공하는 것으로 프로그램하겠다. 여기서 WORK 좌표 세팅과 미러 기능이 필요한데 미러 기능은 제2장의 기타 기능을 참조 바란다. WORK 좌표의 원점은 앞면 작업의 원점과 동일 위치이나 주의할 것은 반드시 인디게이터로 앞면에서 완료한 작업 중 정밀한 면을 기준으로 잡아야 한다.

여기서는 O0009 (Ø40±0.01) 좌표에 먼저 이동하고 스핀들에 인디게이터를 손으로 돌려가며 잡은 다음 원점으로 이동하면 된다. 만약 CAM으로 프로그램 한다면 미러 기능을 사용하지 않고 그대로 뒤집어서 가공할 것이다. 하지만 수동 프로그램 작성이므로 뒷면 서브프로그램들도 앞면 평면상태에서 보이는 그대로 프로그램을 작성하면 된다. 단 경보정을 사용하여 형상가공하는 것은 경보정 방향을 반대로 작성하여 가공해야 원하는 방향으로 경보정하며 작업된다.

```
 O0002;(뒷면 가공);
 G00 G90 G54 G80 G40
 G91G28Z0
 T01;(90D CENTER D/R)    90도 센터 드릴 대기 (초경센터 드릴)
 M06    센터 드릴로 공구 교환
 G0 G90 G54 X-0 Y0 S4000 M3
 G43 Z2.0 H01 M8
 G99 G81 K0 Z-2.5 R2.0 F200.0
```

M98P0022   (뒷면 포켓 형상 센터 폭 32×22로 외곽 2mm 여유)

M98P0024   (뒷면 Ø20±0.02 깊이 10±0.02 홀센터)

G80 M09

M05

G00 G91 G28 Z+0.0

(위 포켓여유 2mm는 포켓 가공 매크로 프로그램의 한계로 지정한 절삭 영역만 가공하므로 터지는 부위 쪽, 즉 외곽에 살이 남는다. 따라서 센터의 위치와 포켓 영역을 크게 주어 미절삭돼지 않게 하기 위해서 한 값이다. 하지만 이런 문제는 CAM에서는 크게 문제 되지 않게 프로그램되기 때문에 고민할 필요가 없는 부분이기도 하다.)

T02;(Ø15 D/R)

M06

G0 G90 G54X-0 Y0 S500 M3

G43 Z2.0 H02 M8

G99 G73 K0 Z-9.7 Q3 R2.0 F80

M98P0024   (뒷면 Ø20±0.02 깊이 10±0.02 홀센터 황삭기초 홀 가공)

G80 M09

M05

G00 G91 G28 Z+0.0

T20;(Ø8 ROUGHF E/M);   지름 8mm 황삭 앤드밀 대기

M06

G0 G90 G54 X-0 Y0 S3000 M3

G43 Z2.0 H20 M8

#100=37 (경보정 번호 보정 값=4)

#101=500   (절삭이송속도)

#102=-9.5 (총 절삭 깊이)

#105=-0.95 (1회 절입량)

#103=19.5 (Ø20±0.02 깊이 10±0.02 홀센터)

#107=500   (Z축 이송속도)

G66P0005 (원 가공 서브프로그램 매크로 호출 제6장 참조)

M98P0024   (뒷면 Ø20±0.02 깊이 10±0.02 홀센터)

#102=-2.7 (Ø52 가공 시작 변수로서 총 절삭 깊이)

#105=-0.9 (1회 절입량)

#103=51.8 (Ø52 원가공 황삭)

M98 P0009

G67

M09

M05

G00 G91 G28 Z+0.0

T05;(Ø4 ROUGH E/M)   지름 4mm 황삭 앤드밀(러프 앤드밀) 대기

M06   지름 4mm 황삭 앤드밀 공구 교환

```
G0 G90 G54 X-0 Y0 S5000 M3

G43 Z2.0 H05 M8

M98P0022      (뒷면 포켓 형상 센터 폭 32×22로 외곽 2mm 여유)

#100=31   (공구 경보정 번호)

#101=500   (절삭이송속도)

G65 P8888 Q-0.58 R2 Z-2.9 I21.5 J31.5

G67

#102=-2.9   (총 절삭 깊이)

#105=-0.58   (1회 절입량)

M98 P0023  (뒷면 형상 가공)

 M09

 M05

 G00 G91 G28 Z+0.0

M00
```

여기까지 뒷면 황삭을 하고 이제 또 클램프를 약하게 조인다. 또한 황삭가공 시와 클램프 조임에 따라 WORK 좌표 원점도 다시 확인하기 위해 인디게이터로 처음 WORK 좌표 세팅한 것과 같이 앞면에서 작업한 정밀홀 센터에 다시 맞춘다. 분명히 바이스 클램프라고 한다면 클램프 세기에 따라 변해 있을 것이다. 뒷면 정삭에 들어간다.

```
T01;(90D CENTER D/R)      90도 센터 드릴 대기 (초경센터 드릴)

M06         센터 드릴로 공구 교환

 G0 G90 G54 X-0 Y0 S4000 M3

 G43 Z2.0 H01 M8

 G99 G82 K0 P2000 Z-2 R2.0 F150

 M98P0025      (뒷면 Ø3±0.01 깊이 8 D부위 리머가공 기초 홀)

G80 M09

 M05

 G00 G91 G28 Z+0.0
```

(리머 홀의 위치공차는 리머 가공 전에 0.1~0.2 정도 작은 앤드밀로 가공하지 않는 이상 센터 작업을 어떻게 했느냐에 따라 크게 좌우된다. 위에서는 G82로 사용함으로써 G81보다는 좀 더 위치를 잡기 위한 시간을 주는 것이 좋다.)

```
T21;(Ø2.9 D/R)

M06

 G0 G90 G54X-0 Y0 S4500 M3

 G43 Z2.0 H21 M8

 G99 G83 Z-9.5 K0 Q0.7 R2.0 F150

 M98P0025      (뒷면 Ø3±0.01 깊이 8 D부위 리머가공 기초 홀)

G80 M09

 M05

 G00 G91 G28 Z+0.0

 T22;(Ø3.00 -0.01 리머);
```

M06

 G0 G90 G54X-0 Y0 S900 M3

 G43 Z2.0 H22 M8

G99 G85 Z-8.5 K0 R2.0 F400

 M98P0025   (뒷면 ⌀3±0.01 깊이 8 D 부위 리머가공)

G80 M09

 M05

 G00 G91 G28 Z+0.0

(위 리머가공 전에 2.9 드릴로 기초 홀을 마무리하였는데 이것은 ⌀10mm 이하의 리머 작업을 미리 해본 경험을 토대로 작업해야 한다. 왜냐하면 위치 공차나 지름 공차가 위와 같은 공정 순으로 작업을 해도 나오지 않는 기계가 있기 때문이다. 제8장 HOLE 가공에서 리머가공 참조)

T23;(⌀8 FINE E/M);   지름 8mm 정삭 앤드밀 대기

 M06

 G0 G90 G54 X-0 Y0 S5000 M3

 G43 Z2.0 H23 M8

#100＝38 (경보정 번호 보정 값＝4)

#101＝500 (절삭이송속도)

#102＝-10.0 (총 절삭 깊이로 도면공차 맞춤)

#105＝-10.0 (1회 절입량)

#103＝19.9   (⌀20±0.02 깊이 10±0.02 홀센터)

#107＝500   (Z축 이송속도)

G66P0005 (원 가공 서브프로그램 매크로 호출 제6장 참조)

M98P0024   (뒷면 ⌀20±0.02 깊이 10±0.02 홀센터)

#102＝-3 (⌀52 가공 시작 변수로서 총 절삭 깊이 맞춤)

#105＝-3 (1회 절입량)

#103＝52.05   (⌀52 원가공 정삭으로 도면 홀 치수 맞춤가공)

M98 P0009

G67

M09

 M05

 G00 G91 G28 Z+0.0

M00

(위의 ⌀20±0.02 깊이 10±0.02 홀의 깊이공차를 위 앤드밀로 맞추어야 한다.

깊이공차 측정을 위해 M00을 넣었음)

T19;(⌀4 FINE E/M);

 M06

 G0 G90 G54 X-0 Y0 S5000 M3

 G43 Z2.0 H19 M8

M98P0022   (뒷면 포켓 형상 센터 폭 32×22로 외곽 2mm 여유)

#100＝36 (경보정 25번에 공구반경 1.995 값이 입력돼 있을 것)

#101＝500 (절삭이송속도)

G65 P8888 Q-3 R2 Z-3 I22 J32

G67

#102＝-3 (총 절삭 깊이)

#105＝-3 (1회 절입량)

M98 P0023 (뒷면 형상 가공)

 M09

 M05

 G00 G91 G28 Z＋0.0

T15; (Ø2×90도×Ø16 chamfer e/m(모따기 앤드밀))

M06

 G0 G90 G54 X-0 Y0 S3000 M3

 G43 Z2.0 H15 M8

#100＝33 (공구 경보정 번호이며 공구번호 23번에 반경 값 1.99가 입력돼 있어야 함)

#101＝500 (절삭이송속도)

#102＝-1.5 (총 절삭 깊이)

#105＝-1.5 (1회 절입량)

#103＝21 (뒷면 Ø20±0.02 10±0.02 홀센터 C0.5 가공)

#107＝500   (z축 이송속도)

G66P0005 (원 가공 서브프로그램 매크로 호출 제6장 참조)

M98P0024   (뒷면 Ø20±0.02 깊이 10±0.02 홀센터)

#103＝53 (Ø52 원가공 C0.5)

M98 P0009

G67

M98 P0023 (뒷면 형상 가공)

 G99 G82 Z-4 K0 P2000 R2 F800;

 M98P0011   (Ø9.0 D/R- Ø14 C/BORE 모따기 C0.5 가공)

Z-4.5 K0

 M98P0012   (Ø10 D/R THRU C0.5 가공)

 M98P0015   (Ø10 ±0.004 THRU)

Z-4.25 K0

 M98P0013   (Ø9.5 D/R THRU C0.5 가공)

 M98P0017   (PT 1/8 TAP)

G80 M09

 M05

 G00 G91 G28 Z＋0.0

T24;(Ø20±0.01 정삭 보링바)

M06

 G0 G90 G54X-0 Y0 S1500 M3

```
 G43 Z2.0 H24 M8
G99 G76 Z-9.9 Q0.5 P1000 R2 F100;
M98P0024      (뒷면 Ø20±0.02 깊이 10±0.02 홀가공)
G80 M09
 M05
 G00 G91 G28 Z+0.0
M30
```

아래는 사용된 서브프로그램이다.

```
O0009 (Ø40, Ø45원 센터위치 sub 프로그램)
X-27.028 Y28.569
M99


O0010 (8mm H7 슬롯 앤드밀 가공 프로그램)
G00 X-100.117 Y-4.0
#106=#105
G90 Z2
WHILE[#106GE#102]DO1
G90 G01 Z#106 F1000
G41 D#100 X-99.117
 G1 Y40.0 F#101
 G3 X-103.117 I-3.0 J0.0 F#101
 G1 Y-4.0 F400.0
 G40 X-100.117 F1000
 G90 G00 Z2. M09
#106=[#106+#105]
END1
G90 G0 Z30
M99
O0011  (Ø9.0 D/R- Ø14 C/BORE, F)
 X-76.85 Y69.75
 X-69.68 Y18.58
 X-55.92 Y44.75
M99
O0012  (Ø10 D/R THRU A2)
 X-137.45 Y55.74
M99
O0013  (Ø9.5 D/R THRU B1,B2)
```

```
 X-99.52 Y59.28
 X-125.03 Y68.07
M99
O0014  (Ø10 ±0.02 THRU A1)
 X-88.25 Y32.09
M99
O0015  (Ø10 ±0.004 THRU,A3)
X-12.458 Y67.515
M99
O0016  (M8X1.25 TAP C1,C2,C3)
X-127.91 Y46.09
 X-136.18 Y25
 X-124.81 Y14.88
M99
O0017  (PT 1/8 TAP G1)
X-139.59 Y5.92
M99
O0018  (M5X0.8 헬리코일 TAP,E1)
X-143.729 Y75.55
M99
O0019  (L포켓 부위 센터 작업)
X-33.733 Y68.78
M99
O0020  (L포켓 부위 외곽 4곳 HOLE)
X-43.733 Y62.78
 Y74.78
 X-23.733 Y62.78
 Y74.78
M99

O0021  (L포켓 윤곽가공)
#106=#105
G90 Z2
WHILE[#106GE#102]DO1
G90 G01 Z#106 F#107
G91 G41 D#100 X[#110/2] Y0 F#101
Y[#111/2] R#108
G01 X-#110 R#108
G01 Y-#111 R#108
G01 X#110 R#108
G01 Y[#111/2]
```

```
G40 X-[#110/2] Y0
#106=[#106+#105]
END1
G90 G0 Z30
M99


O0022  (뒷면 포켓 형상 센터 폭 32×22로 외곽 2mm 여유)
X-141.0 Y14.0
M99
O0023  (뒷면 형상 가공)
G0 X-155.95 Y34.025
#106=#105
G90 Z2
WHILE[#106GE#102]DO1
G90 G01 Z#106 F#107
G42 Y36.95 D#100 F#101
 X-154.95
 G17 G2 X-150.0 Y32.0 I0.0 J-4.95 F#101
 G3 X-148.0 Y30.0 I2.0 J0.0 F#101
 G1 X-132.0
 G2 X-130.0 Y28.0 I0.0 J-2.0
 G1 Y2.0
 G3 X-128.0 Y0.0 I2.0 J0.0
 G2 X-123.05 Y-4.95 I0.0 J-4.95
 G1 Y-5.95
 G40 X-125.975
 G0 Z2.0
G0 X-155.95 Y34.025
#106=[#106+#105]
END1
G90 G0 Z30
M99


O0024  (뒷면 Ø20±0.02 깊이 10±0.02 홀센터,H1)
X-47.693 Y69.285
M99


O0025  (뒷면 Ø3±0.01 깊이 8 D1,D2,D3)
X-107.295 Y18.871
 X-88.967 Y47.489
 X-121.604 Y43.309
M99
```

☑ HEIDENHAIN (하이덴하인) 프로그램

```
0 BEGIN PGM 00000001 MM

1 BLK FORM 0.1 Z X-150 Y80 Z-30

2 BLK FORM 0.2 X0 Y0 Z0

TOOL CALL 1 Z S4000 ;(90D CENTER D/R)    90도 센터 드릴 교체

1 CYCL DEF 1.0 PECKING

2 CYCL DEF 1.1 PITCH -2

3 CYCL DEF 1.2 DEPTH -2.5

4 CYCL DEF 1.3 PECKG -2.5

5 CYCL DEF 1.4 DWELL 0

6 CYCL DEF 1.5 F200

L X-0Y0Z+2 R0 F MAX M13

  CALL LBL9     (Ø40, Ø45원 위치 sub 프로그램)

  CALL LBL11    (Ø9.0 D/R- Ø14 C/BORE)

  CALL LBL12    (Ø10 D/R THRU)

  CALL LBL13    (Ø9.5 D/R THRU)

  CALL LBL15    (Ø10 ±0.004 THRU)

  CALL LBL16    (M8X1.25 TAP)

  CALL LBL17    (PT 1/8 TAP)

  CALL LBL18    (M5X0.8 헬리코일 TAP)

  CALL LBL19    (L포켓 부위 센터 작업)

  CALL LBL20    (L포켓 부위 외곽 4곳 HOLE)

L Z+100 R0 F MAX M9

(위에서 M13 기능은 스핀들 회전 M03과 절삭유 ON 명령인 M08을 동시에 수행하는 보조 명령어이다.)

TOOL CALL 2 Z S500 ;;(Ø15 D/R)

26 CYCL DEF 75.0 DEEPHOLE DRILLING

27 CYCL DEF 75.1 Q1=+0 Q2=-40 Q3=-3

28 CYCL DEF 75.2 Q4=+0 Q5=+0.3 Q6=+2

29 CYCL DEF 75.3 Q7=+2 Q8=+90 Q9=+0

L X-40Y0Z+2 F MAX M13

  CALL LBL9     (Ø40, Ø45원 위치 sub 프로그램)

  CALL LBL19    (L포켓 부위 센터 작업)

L Z+100 R0 F MAX M9

TOOL CALL 3 Z S3500 ;(Ø4 D/R)

1 CYCL DEF 1.0 PECKING

2 CYCL DEF 1.1 PITCH -2

3 CYCL DEF 1.2 DEPTH -12

4 CYCL DEF 1.3 PECKG -0.8

5 CYCL DEF 1.4 DWELL 0
```

6 CYCL DEF 1.5 F150

L X-0Y0Z+2 R0 F MAX M13

 CALL LBL20　　　(L포켓 부위 외곽 4곳 HOLE)

L Z+100 R0 F MAX M9

TOOL CALL 4 Z S800 ;(Ø16 ROUGH E/M)

CYCL DEF 5.0 CIRCULAR POCKET

CYCL DEF 5.1 PITCH -2

CYCL DEF 5.2 DEPTH -33

CYCL DEF 5.3 PECKG -3 F100

CYCL DEF 5.4 RADIUS 19.75

CYCL DEF 5.5 F150 DR+

27 L X+0 Y+0 Z+2 R0 F2000 M13

CALL LBL9

CYCL DEF 5.0 CIRCULAR POCKET

CYCL DEF 5.1 PITCH -2

CYCL DEF 5.2 DEPTH -14.5

CYCL DEF 5.3 PECKG -4.5 F100

CYCL DEF 5.4 RADIUS 22.25

CYCL DEF 5.5 F150 DR+

CALL LBL9

L Z+100 R0 F MAX M9

TOOL CALL 5 Z S5000 ;(Ø4 ROUGH E/M)

20 CYCL DEF 4.0 POCKET MILLING

21 CYCL DEF 4.1 PITCH -2

22 CYCL DEF 4.2 DEPTH -10

23 CYCL DEF 4.3 PECKG -0.5 F500

24 CYCL DEF 4.4 X+19.9

25 CYCL DEF 4.5 Y+11.9

26 CYCL DEF 4.6 F500 DR+ RADIUS 2

27 L X+0 Y+0 Z+2 R0 F2000 M3

CALL LBL19

1 FN 0 : Q101 = 500

1 FN 0 : Q102 = -10

1 FN 0 : Q105 = -0.5

13 FN 9 : IF +Q105 EQU +Q106 GOTO LBL 10

CALL LBL10

L Z+100 R0 F MAX M9

TOOL CALL 6 Z S1200 ;(Ø7 D/R)　　　지름 7mm 드릴 교체 및 가공

26 CYCL DEF 75.0 DEEPHOLE DRILLING

27 CYCL DEF 75.1 Q1 = +0 Q2 = -20.5 Q3 = -1.4

28 CYCL DEF 75.2 Q4 = +0 Q5 = +0.3 Q6 = +2

29 CYCL DEF 75.3 Q7 = +0 Q8 = +150 Q9 = +0

L X-40Y0Z+2 F MAX M13

CALL LBL16   (M8X1.25 TAP 기초 홀)

L Z+100 R0 F MAX M9

TOOL CALL 7 Z S1000 ;(Ø8.5 D/R PT 1/8 TAP 기초 드릴)

1 CYCL DEF 1.0 PECKING

2 CYCL DEF 1.1 PITCH -2

3 CYCL DEF 1.2 DEPTH -29.5

4 CYCL DEF 1.3 PECKG -1.7

5 CYCL DEF 1.4 DWELL 0

6 CYCL DEF 1.5 F130

L X-0Y0Z+2 R0 F MAX M13

 CALL LBL17   (PT 1/8 TAP 기초 홀)

L Z+100 R0 F MAX M9

TOOL CALL 8 Z S2000 ;(Ø5.3 D/R M5X0.8 헬리코일 TAP 기초 드릴가공);

1 CYCL DEF 1.0 PECKING

2 CYCL DEF 1.1 PITCH -2

3 CYCL DEF 1.2 DEPTH -18

4 CYCL DEF 1.3 PECKG -1

5 CYCL DEF 1.4 DWELL 0

6 CYCL DEF 1.5 F200

L X-0Y0Z+2 R0 F MAX M13

 CALL LBL18   (M5X0.8 헬리코일 TAP)

L Z+100 R0 F MAX M9

TOOL CALL 9 Z S1500 ;(Ø9.5 D/R)

1 CYCL DEF 1.0 PECKING

2 CYCL DEF 1.1 PITCH -2

3 CYCL DEF 1.2 DEPTH -36

4 CYCL DEF 1.3 PECKG -1.5

5 CYCL DEF 1.4 DWELL 0

6 CYCL DEF 1.5 F150

L X-0Y0Z+2 R0 F MAX M13

 CALL LBL13   (Ø9.5 D/R THRU)

 CALL LBL15   (Ø10 ±0.004 THRU)

L Z+100 R0 F MAX M9

TOOL CALL 10 Z S1500 ;(Ø10 D/R)

1 CYCL DEF 1.0 PECKING

2 CYCL DEF 1.1 PITCH -2

3 CYCL DEF 1.2 DEPTH -36

4 CYCL DEF 1.3 PECKG -1.5

5 CYCL DEF 1.4 DWELL 0

6 CYCL DEF 1.5 F150

L X-0Y0Z＋2 R0 F MAX M13

 CALL LBL12   (Ø10 D/R THRU)

L Z＋100 R0 F MAX M9

TOOL CALL 11 Z S1500 ;(Ø9.0 D/R- Ø14 C/BORE)

1 CYCL DEF 1.0 PECKING

2 CYCL DEF 1.1 PITCH -2

3 CYCL DEF 1.2 DEPTH -35

4 CYCL DEF 1.3 PECKG -1.3

5 CYCL DEF 1.4 DWELL 0

6 CYCL DEF 1.5 F170

L X-0Y0Z＋2 R0 F MAX M13

 CALL LBL11   (Ø9.0 D/R- Ø14 C/BORE)

L Z＋100 R0 F MAX M9

TOOL CALL 5 Z S5000 ;(Ø4 ROUGH E/M);

CYCL DEF 5.0 CIRCULAR POCKET

CYCL DEF 5.1 PITCH -2

CYCL DEF 5.2 DEPTH -10

CYCL DEF 5.3 PECKG -0.5 F100

CYCL DEF 5.4 RADIUS 7.25

CYCL DEF 5.5 F150 DR＋

27 L X＋0 Y＋0 Z＋2 R0 F2000 M13

CALL LBL11   (Ø9.0 D/R- Ø14 C/BORE)

L Z＋100 R0 F MAX M9

STOP M05; (TAP 가공 전 모따기 작업으로 드릴파손 확인차 멈춤)

TOOL CALL 15 Z S1000 ; (Ø2×90도×Ø16 chamfer e/m(모따기 앤드밀))

26 CYCL DEF 75.0 DEEPHOLE DRILLING

27 CYCL DEF 75.1 Q1＝＋0 Q2＝-3 Q3＝-2

28 CYCL DEF 75.2 Q4＝＋0 Q5＝＋0.3 Q6＝-4

29 CYCL DEF 75.3 Q7＝＋50 Q8＝＋800 Q9＝＋2

L X-40Y0Z＋2 F MAX M13

CALL LBL11   (Ø9.0 D/R- Ø14 C/BORE 모따기 C1 가공)

1 FN 0 : Q2 = -3

1 FN 0 : Q6 = -1.5

CALL LBL12   (Ø10 D/R THRU C0.5 가공)

CALL LBL15 　　(Ø10 ±0.004 THRU)

1 FN 0 : Q2 = -3

1 FN 0 : Q6 = -1.25

CALL LBL13 　　(Ø9.5 D/R THRU C0.5 가공)

CALL LBL17 　　(PT 1/8 TAP)

1 FN 0 : Q2 = -3

1 FN 0 : Q6 = -0.5

CALL LBL16 　　(M8×1.25 TAP C0.5 가공)

1 FN 0 : Q2 = -3

1 FN 0 : Q6 = -0

CALL LBL18 　　(M5×0.8 헬리코일 TAP C0.5 가공)

L Z+100 R0 F MAX M9

TOOL CALL 12 Z S300 ; (M5×0.8 헬리코일 TAP)

7 CYCL DEF 2.0 TAPPING

8 CYCL DEF 2.1 PITCH -2

9 CYCL DEF 2.2 DEPTH -16

10 CYCL DEF 2.3 DWELL 0

11 CYCL DEF 2.4 F240

L X-40Y0Z+2 F MAX M13

CALL LBL18 　　　(M5×0.8 헬리코일 TAP)

L Z+100 R0 F MAX M9

TOOL CALL 13 Z S260 ; (M8×1.25 TAP)

7 CYCL DEF 2.0 TAPPING

8 CYCL DEF 2.1 PITCH -2

9 CYCL DEF 2.2 DEPTH -16.5

10 CYCL DEF 2.3 DWELL 0

11 CYCL DEF 2.4 F325

L X-40Y0Z+2 F MAX M13

CALL LBL16 　　　(M8×1.25 TAP)

L Z+100 R0 F MAX M9

TOOL CALL 14 Z S300 ; (PT 1/8 TAP)

7 CYCL DEF 2.0 TAPPING

8 CYCL DEF 2.1 PITCH -2

9 CYCL DEF 2.2 DEPTH -13

10 CYCL DEF 2.3 DWELL 0

11 CYCL DEF 2.4 F272.13

L X-40Y0Z+2 F MAX M13

CALL LBL17 　　(PT 1/8 TAP)

L Z+100 R0 F MAX M9

STOP M05;(클램프 조임을 약하게 하기 위한 멈춤)

이제 아래부터는 가공품의 변형을 최소화 해서 원하는 공차를 얻기 위해 정삭 작업을 수행하고 홀이 찌그러져 가공되기 때문에 클램프를 정비해야 한다.

TOOL CALL 1 Z S4000 ;(90D CENTER D/R)

1 CYCL DEF 1.0 PECKING

2 CYCL DEF 1.1 PITCH -2

3 CYCL DEF 1.2 DEPTH -2

4 CYCL DEF 1.3 PECKG -2

5 CYCL DEF 1.4 DWELL 0

6 CYCL DEF 1.5 F200

L X-0Y0Z＋2 R0 F MAX M13

 CALL LBL14   (Ø10 ±0.02 THRU)

L Z＋100 R0 F MAX M9

TOOL CALL 9 Z S1500 ;(Ø9.5 D/R 로 리머 작업을 위한 기초 홀 가공)

1 CYCL DEF 1.0 PECKING

2 CYCL DEF 1.1 PITCH -2

3 CYCL DEF 1.2 DEPTH -36

4 CYCL DEF 1.3 PECKG -1.5

5 CYCL DEF 1.4 DWELL 0

6 CYCL DEF 1.5 F150

L X-0Y0Z＋2 R0 F MAX M13

 CALL LBL14   (Ø10 ±0.02 THRU)

L Z＋100 R0 F MAX M9

TOOL CALL 15 Z S3000 ; (Ø2×90도×Ø16 chamfer e/m(모따기 앤드밀) 공구반경＝1.99)

L X-0Y0Z＋2 F MAX M13

CALL LBL1   (Ø45 원 C0.5가공)

1 FN 0 : Q101 = 500

1 FN 0 : Q102 = -1.5

1 FN 0 : Q105 = -1.5

1 FN 0 : Q103 = +46

1 FN 0 : Q107 = +500

13 FN 9 : IF +Q105 EQU +Q106 GOTO LBL 5

1 FN 0 : Q108 = +2   (코너R

1 FN 0 : Q110＝20   (pocket x 치수)

1 FN 0 : Q111＝12   (pocket y 치수)

13 FN 9 : IF +Q105 EQU +Q106 GOTO LBL 21

TOOL CALL 15 Z S3000 DR＋2.51 ;

(반경 값 4.5 값을 맞추기 위한 작업 기존 1.99+2.51)

1 FN 0 : Q102 = -3　(총 절삭 깊이)

1 FN 0 : Q105 = -3　(1회 절입량)

CALL LBL10　(8mm H7 슬롯 C0.5 가공)

1 CYCL DEF 1.0 PECKING

2 CYCL DEF 1.1 PITCH -2

3 CYCL DEF 1.2 DEPTH -3.5

4 CYCL DEF 1.3 PECKG -3.5

5 CYCL DEF 1.4 DWELL 2

6 CYCL DEF 1.5 F800

L X-0Y0Z+2 R0 F MAX M13

 CALL LBL14　(Ø10 ±0.02 THRU C0.5 가공))

L Z+100 R0 F MAX M9

TOOL CALL 16 Z S500;　(Ø10.00 ±0.01 리머)

67 CYCL DEF 74.0 REAMING

68 CYCL DEF 74.1 Q1 = -0 Q2 = -36 Q3 = +0

69 CYCL DEF 74.2 Q4 = +0 Q5 = +400 Q6 = +0

L X-0Y0Z+2 R0 F MAX M13

 CALL LBL14　(Ø10 ±0.02 THRU C0.5 가공)

L Z+100 R0 F MAX M9

TOOL CALL 17 Z S5000;　(Ø6 FINE E/M)

1 FN 0 : Q101 = 500　(절삭이송속도)

1 FN 0 : Q102 = -31　(총 절삭 깊이)

1 FN 0 : Q105 = -31　(1회 절입량)

1 FN 0 : Q103 = 39.8　(Ø40 원 보링 전 가공)

CALL LBL9

13 FN 9 : IF +Q105 EQU +Q106 GOTO LBL 5

1 FN 0 : Q102 = -15　(Ø45 가공 시작 변수로서 총 절삭 깊이)

1 FN 0 : Q105 = -15　(1회 절입량)

1 FN 0 : Q103 = 45.05　(Ø45 원가공 완료)

13 FN 9 : IF +Q105 EQU +Q106 GOTO LBL 5

1 FN 0 : Q102 = -10.03　(8mm H7 슬롯 앤드밀 가공 변수 지정 시작)

1 FN 0 : Q105 = -10.03

CALL LBL10　(8mm H7 슬롯 앤드밀 가공 서브프로그램 호출)

L Z+100 R0 F MAX M9

STOP M00

(위 6파이 정삭 앤드밀로 8mm H7 슬롯가공을 완료하는데 경보정 반경 값은 처음 3.02 정도 가공 여유를 놓고 가공해 보고 나서 블록 게이지나 링 게이지로 끼워맞춤을 보고 반경 값을 조정해서 완료하면 되겠다. 보통 앤드밀의 공차가 0~-0.01까지 돼 있으나 스핀들이나 공구아버 및 콜랫, 앤드밀의 상태 등에 따라 커질 수 있기

때문에 확인 후 한번 가공하고 나서 다시 한번 가공하는 쪽으로 작업을 진행해야 한다. 작은 것은 문제가 안 되지만 커지면 불량이기 때문에 문제가 더 크므로 공구 반경 값을 크게 놓고 작업해야 한다. 그렇기 때문에 위에 STOP M00을 넣었다.

TOOL CALL 18 Z S1200;(Ø40 ±0.01 FINE BORING(정삭 보링바)

79 CYCL DEF 68.0 BORING

80 CYCL DEF 68.1 Q1=+0 Q2=-33 Q3=+2

81 CYCL DEF 68.2 Q4=+0 Q5=+100 Q6=+1

82 CYCL DEF 68.3 Q7=+0.5 Q8=+0.5

L X-0Y0Z+2 R0 F MAX M13

 CALL LBL9   (Ø40, Ø45 원 위치 sub 프로그램)

L Z+100 R0 F MAX M9

TOOL CALL 19 Z S5000;(Ø4 FINE E/M);

(19번에 공구반경 1.995 값이 입력돼 있을 것)

1 FN 0 : Q101=500   (절삭이송속도)

1 FN 0 : Q102=-9.98   (총 절삭 깊이)

1 FN 0 : Q105=-9.98 (1회 절입량)

1 FN 0 : Q107=500   (Z축 이송속도)

1 FN 0 : Q108=2   (코너R

1 FN 0 : Q110=20   (pocket x 치수)

1 FN 0 : Q111=12   (pocket y 치수)

13 FN 9 : IF +Q105 EQU +Q106 GOTO LBL 21

L Z+100 R0 F MAX M9

STOP M00 (FAR SIDE WORK CHANGE);

여기까지 앞면 가공을 완료하였다. 이제부터 뒷면을 절삭하겠다. 하이덴하인에서도 ISO 계열과 같이 뒷면 가공 프로그램을 별도의 번호로 해도 되지만 여기서는 앞면 프로그램에 이어서 바로 나가겠다.

절삭에 앞서 공작물을 X 방향으로 뒤집어 가공하겠다. 여기서 WORK 좌표 세팅과 미러 기능이 필요한데 미러 기능은 메인 프로그램 안에 직접 넣겠다. 프로그램 미러 기능은 반드시 현재 미러 기능이 실행되고 있는지 확인해야 한다. 대부분 프로그램을 멈추고 다시 프로그램을 실행하면 미러 기능이 해제돼 있을 수도 있다. 그렇기 때문에 다음 그림의 우측에 DATUM이나 ROTATION, MIRROR, SCALING 기능들이 실행되고 있는지 꼭 확인해야 한다.

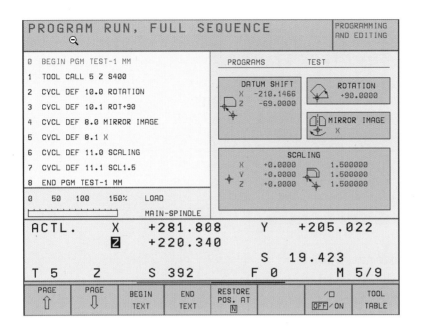

```
PROGRAM RUN, FULL SEQUENCE                    PROGRAMMING
   ⊖                                          AND EDITING

0  BEGIN PGM TEST-1 MM          PROGRAMS      TEST
1  TOOL CALL 5 Z S400
2  CYCL DEF 10.0 ROTATION        DATUM SHIFT      ROTATION
3  CYCL DEF 10.1 ROT+90          X  -210.1466     +90.0000
                                 Z   -69.0000
4  CYCL DEF 8.0 MIRROR IMAGE
5  CYCL DEF 8.1 X                              MIRROR IMAGE
6  CYCL DEF 11.0 SCALING                           X
7  CYCL DEF 11.1 SCL1.5
8  END PGM TEST-1 MM                         SCALING
                                 X  +0.0000      1.500000
0   50  100  150%  LOAD          Y  +0.0000      1.500000
                                 Z  +0.0000      1.500000
                   MAIN-SPINDLE

ACTL.      X   +281.808      Y    +205.022
           Z   +220.340
                                 S    19.423
T 5    Z     S 392      F 0           M 5/9

PAGE   PAGE   BEGIN   END   RESTORE       /□      TOOL
 ⇑      ⇓     TEXT   TEXT   POS. AT     OFF/ON    TABLE
                              N
```

WORK 좌표의 원점은 앞면 작업의 원점과 동일 위치이나 주의할 것은 반드시 인디게이터로 앞면에서 완료한 작업 중 정밀한 면을 기준으로 잡아야 한다. 여기서는 O0009 (Ø40±0.01) 좌표에 먼저 이동하고 스핀들에 인디게이터를 손으로 돌려가며 잡은 다음 원점으로 이동하면 된다.

STOP M00(뒷면 가공);

TOOL CALL 1 Z S4000 ;(90D CENTER D/R)

1 CYCL DEF 1.0 PECKING

2 CYCL DEF 1.1 PITCH -2

3 CYCL DEF 1.2 DEPTH -2.5

4 CYCL DEF 1.3 PECKG -2.5

5 CYCL DEF 1.4 DWELL 0

6 CYCL DEF 1.5 F200

L X-0Y0Z+2 R0 F MAX M13

 CALL LBL22   (뒷면 포켓 형상 센터 폭 32×22로 외곽 2mm 여유)

CALL LBL24   (뒷면 Ø20±0.02 깊이 10±0.02 홀센터)

L Z+100 R0 F MAX M9

(위 포켓여유 2mm는 포켓 가공 매크로 프로그램의 한계로 지정한 절삭 영역만 가공하므로 터지는 부위 쪽, 즉 외곽에 살이 남는다. 따라서 센터의 위치와 포켓 영역을 크게 주어 미절삭돼지 않게 하기 위해서 한 값이다. 하지만 이런 문제는 CAM에서는 크게 문제 되지 않게 프로그램되기 때문에 고민할 필요가 없는 부분이기도 하다.)

TOOL CALL 2 Z S500 ; (Ø15 D/R)

26 CYCL DEF 75.0 DEEPHOLE DRILLING

27 CYCL DEF 75.1 Q1 = +0 Q2 = -11.7 Q3 = -3

28 CYCL DEF 75.2 Q4＝＋0 Q5＝＋0.3 Q6＝＋2

29 CYCL DEF 75.3 Q7＝＋50 Q8＝＋80 Q9＝＋0

L X-40Y0Z＋2 F MAX M13

CALL LBL24　　(뒷면 Ø20±0.02 깊이 10±0.02 홀센터 황삭기초 홀 가공)

L Z＋100 R0 F MAX M9

TOOL CALL 20 Z S3000 ; (Ø8 ROUGHF E/M TR＝4)

;(경보정 번호 보정 값＝4)

CALL LBL24　　　(뒷면 Ø20±0.02 깊이 10±0.02 홀센터)

1 FN 0 : Q101＝500　(절삭이송속도)

1 FN 0 : Q102＝-9.5　(총 절삭 깊이)

1 FN 0 : Q105＝-0.95　(1회 절입량)

1 FN 0 : Q103＝19.5　(Ø20±0.02 깊이 10±0.02 홀센터)

1 FN 0 : Q107＝500　　(z축 이송속도)

13 FN 9 : IF ＋Q105 EQU ＋Q106 GOTO LBL 5

CALL LBL9

1 FN 0 : Q102＝-2.7　(Ø52 가공 시작 변수로서 총 절삭 깊이)

1 FN 0 : Q105＝-0.9　(1회 절입량)

1 FN 0 : Q103＝51.8　(Ø52 원가공 황삭)

13 FN 9 : IF ＋Q105 EQU ＋Q106 GOTO LBL 5

L Z＋100 R0 F MAX M9

TOOL CALL 5 Z S5000 ; (Ø4 ROUGH E/M)

20 CYCL DEF 4.0 POCKET MILLING

21 CYCL DEF 4.1 PITCH -2

22 CYCL DEF 4.2 DEPTH -2.9

23 CYCL DEF 4.3 PECKG -0.58 F500

24 CYCL DEF 4.4 X＋21.5

25 CYCL DEF 4.5 Y＋31.5

26 CYCL DEF 4.6 F500 DR＋ RADIUS 2

27 L X＋0 Y＋0 Z＋2 R0 F2000 M3

CALL LBL22　　(뒷면 포켓 형상 센터 폭 32×22로 외곽 2mm 여유)

1 FN 0 : Q102＝-2.9　(총 절삭 깊이)

1 FN 0 : Q105＝-0.58　(1회 절입량)

13 FN 9 : IF ＋Q105 EQU ＋Q106 GOTO LBL 23

(뒷면 형상 가공)

L Z＋100 R0 F MAX M9

STOP M00

여기까지 뒷면 황삭을 하고 이제 또 클램프를 약하게 조인다. 또한 황삭가공 시와 클램프 조임에 따라 WORK 좌표 원점도 다시 확인하기 위해 인디게이터로 처음 WORK 좌표 세팅한 것과 같이 앞면에서 작업한 정밀홀 센터에 다시 맞춘다. 분명히 바이스 클램프라고 한다면 클램프 세기에 따라 변해 있을 것이다. 뒷면 정삭에 들어간다.

```
TOOL CALL 1 Z S4000 ;(90D CENTER D/R)
1 CYCL DEF 1.0 PECKING
2 CYCL DEF 1.1 PITCH -2
3 CYCL DEF 1.2 DEPTH -2
4 CYCL DEF 1.3 PECKG -2
5 CYCL DEF 1.4 DWELL 2
6 CYCL DEF 1.5 F150
L X-0Y0Z+2 R0 F MAX M13
 CALL LBL25      (뒷면 Ø3±0.01 깊이 8 D 부위 리머가공 기초 홀)
L Z+100 R0 F MAX M9
```
(리머 홀의 위치공차는 리머 가공 전에 0.1~0.2 정도 작은 앤드밀로 가공하지 않는 이상 센터 작업을 어떻게 했느냐에 따라 크게 좌우된다. 위에서는 G82로 사용함으로써 G81보다는 좀 더 위치를 잡기 위한 시간을 주는 것이 좋다.)
```
TOOL CALL 21 Z S4500 ;(Ø2.9 D/R)
1 CYCL DEF 1.0 PECKING
2 CYCL DEF 1.1 PITCH -2
3 CYCL DEF 1.2 DEPTH -9.5
4 CYCL DEF 1.3 PECKG -0.7
5 CYCL DEF 1.4 DWELL 2
6 CYCL DEF 1.5 F150
L X-0Y0Z+2 R0 F MAX M13
 CALL LBL25      (뒷면 Ø3±0.01 깊이 8 D 부위 리머가공 기초 홀)
L Z+100 R0 F MAX M9
TOOL CALL 22 Z S900; (Ø3.00 -0.01 리머);
67 CYCL DEF 74.0 REAMING
68 CYCL DEF 74.1 Q1=-0 Q2=-8.5 Q3=+0
69 CYCL DEF 74.2 Q4=+0 Q5=+400 Q6=+0
L X-0Y0Z+2 R0 F MAX M13
 CALL LBL25      (뒷면 Ø3±0.01 깊이 8 D 부위 리머가공 기초 홀)
L Z+100 R0 F MAX M9
```
(위 리머가공 전에 2.9 드릴로 기초 홀을 마무리 하였는데 이것은 Ø10mm 이하의 리머 작업을 미리 해본 경험을 토대로 작업해야 한다. 왜냐하면 위치 공차나 지름 공차가 위와 같은 공정 순으로 작업을 해도 나오지 않는 기계가 있기 때문이다. 제8장 HOLE 가공에서 리머가공 참조)
```
TOOL CALL 23 Z S5000 ;(Ø8 FINE E/M TR=4);
;(경보정 번호 보정 값=4)
 CALL LBL24      (뒷면 Ø20±0.02 깊이 10±0.02 홀센터)
```

1 FN 0 : Q101=500   (절삭이송속도)

1 FN 0 : Q102=-10   (총 절삭 깊이)

1 FN 0 : Q105=-10   (1회 절입량)

1 FN 0 : Q103=19.9   (Ø20±0.02 깊이 10±0.02 홀센터)

1 FN 0 : Q107=500   (z축 이송속도)

13 FN 9 : IF +Q105 EQU +Q106 GOTO LBL 5

CALL LBL9

1 FN 0 : Q102=-3   (총 절삭 깊이)

1 FN 0 : Q105=-3   (1회 절입량)

1 FN 0 : Q103=52.05   (Ø52 원가공 정삭으로 도면 홀 치수 맞춤가공)

1 FN 0 : Q107=500   (z축 이송속도)

13 FN 9 : IF +Q105 EQU +Q106 GOTO LBL 5

L Z+100 R0 F MAX M9

STOP M00

(위의 Ø20±0.02 깊이 10±0.02 홀의 깊이공차를 위 앤드밀로 맞추어야 한다. 깊이공차 측정을 위해 M00을 넣었음)

TOOL CALL 19 Z S5000 ;(Ø4 FINE E/M)

(공구반경 1.995 값이 입력돼 있을 것)

20 CYCL DEF 4.0 POCKET MILLING

21 CYCL DEF 4.1 PITCH -2

22 CYCL DEF 4.2 DEPTH -3

23 CYCL DEF 4.3 PECKG -3 F500

24 CYCL DEF 4.4 X+22

25 CYCL DEF 4.5 Y+32

26 CYCL DEF 4.6 F500 DR+ RADIUS 2

27 L X+0 Y+0 Z+2 R0 F2000 M3

CALL LBL22   (뒷면 포켓 형상 센터 폭 32×22로 외곽 2mm 여유)

1 FN 0 : Q102=-3   (총 절삭 깊이)

1 FN 0 : Q105=-3   (1회 절입량)

13 FN 9 : IF +Q105 EQU +Q106 GOTO LBL 23

(뒷면 형상 가공)

L Z+100 R0 F MAX M9

TOOL CALL 15 Z S3000 ;(Ø2×90도×Ø16 chamfer e/m(모따기 앤드밀))

;(공구반경 1.99 값이 입력돼 있을 것)

CALL LBL24   (뒷면 Ø20±0.02 깊이 10±0.02 홀센터)

1 FN 0 : Q101=500   (절삭이송속도)

1 FN 0 : Q102=-1.5   (총 절삭 깊이)

1 FN 0 : Q105=-1.5   (1회 절입량)

1 FN 0 : Q103=21   (뒷면 Ø20±0.02 10±0.02 홀센터 C0.5 가공)

1 FN 0 : Q107＝500   (z축 이송속도)

13 FN 9 : IF ＋Q105 EQU ＋Q106 GOTO LBL 5

CALL LBL9

1 FN 0 : Q103＝53   (Ø52 원가공 C0.5)

13 FN 9 : IF ＋Q105 EQU ＋Q106 GOTO LBL 5

13 FN 9 : IF ＋Q105 EQU ＋Q106 GOTO LBL 23

26 CYCL DEF 75.0 DEEPHOLE DRILLING

27 CYCL DEF 75.1 Q1＝＋0 Q2＝-1.5 Q3＝-1.5

28 CYCL DEF 75.2 Q4＝＋0 Q5＝＋0.3 Q6＝-2.5

29 CYCL DEF 75.3 Q7＝＋50 Q8＝＋800 Q9＝＋0

CALL LBL11   (Ø9.0 D/R- Ø14 C/BORE 모따기 C0.5 가공)

1 FN 0 : Q6＝-3 (1회 절입량)

CALL LBL12   (Ø10 D/R THRU C0.5 가공)

CALL LBL15   (Ø10 ±0.004 THRU)

1 FN 0 : Q6＝-2.75 (1회 절입량)

CALL LBL13   (Ø9.5 D/R THRU C0.5 가공)

CALL LBL17   (PT 1/8 TAP)

L Z＋100 R0 F MAX M9

TOOL CALL 24 Z S1500 ;(Ø20±0.01 정삭 보링바)

79 CYCL DEF 68.0 BORING

80 CYCL DEF 68.1 Q1＝＋0 Q2＝-9.9 Q3＝＋2

81 CYCL DEF 68.2 Q4＝＋0 Q5＝＋100 Q6＝＋1

82 CYCL DEF 68.3 Q7＝＋0.5 Q8＝＋0.5

L X-0Y0Z＋2 R0 F MAX M13

 CALL LBL24   (뒷면 Ø20±0.02 깊이 10±0.02 홀센터)

L Z＋100 R0 F MAX M9

END PGM 00000001 MM

LBL5   (원 가공 서브프로그램)

(LBL5 CIRCULAR POKET Q-)

FN 4 : Q103 ＝ Q103 DIV 2

1 FN 0 : ＋Q106 ＝ ＋Q105

L Z1

L Z＋Q106 FQ107

3 L IX＋Q103 RL FQ101

4 CC IX-Q103 IY＋0

5 C IX＋0 IY＋0 DR＋

6 L IX-Q103 R0 F500

2 FN 1 : +Q106 = +Q106 + +Q105

L Z50 R0

LBL0

LBL 9; (Ø40, Ø45원 위치 sub 프로그램)

L X-27.028 Y28.569 M99

LBL 0

(위의 M99가 있어야 드릴사이클이건 기타 사이클 명령이 실행된다. M99가 없으면 그냥 위치로만 이동하고 사이클 명령은 실행되지 않는다. 만약 M99 없이 실행시키려면 위치로 이동 후 다음 블록에 CYCL CALL이라는 명령어를 넣어줘야 한다.)

LBL 10; (8mm H7 슬롯 앤드밀 가공 프로그램)

L X-100.117 Y-4.0 R0 FMAX

1 FN 0 : +Q106 = +Q105

L Z2

L Z+Q106 F1000

L X-99.117 RL

L Y40.0 F+Q103

CC X-100.117 Y+40

C X-103.117 Y+40 DR+

L Y+0.0

CC X-101.117 Y+0.0

C X-101.117 Y-2 DR+

L X-100.117

L Z2 R0

2 FN 1 : +Q106 = +Q106 + +Q105

LBL0

LBL 11; (Ø9.0 D/R- Ø14 C/BORE)

L X-76.85 Y69.75 M99

L X-69.68 Y18.58 M99

L X-55.92 Y44.75 M99

LBL 0

LBL 12 ; (Ø10 D/R THRU)

L X-137.45 Y55.74 M99

LBL 0

LBL 13; (Ø9.5 D/R THRU)

LX-99.52 Y59.28 M99

L X-125.03 Y68.07 M99

LBL 0

LBL 14 ; (Ø10 ±0.02 THRU)

L X-88.25 Y32.09 M99

LBL 0

LBL 15 ; (Ø10 ±0.004 THRU)

L X-12.458 Y67.515 M99

LBL 0

LBL 16 ; (M8X1.25 TAP)

L X-127.91 Y46.09 M99

L X-136.18 Y25 M99

L X-124.81 Y14.88 M99

LBL 0

LBL 17 ; (PT 1/8 TAP)

L X-139.59 Y5.92 M99

LBL 0

LBL 18 ; (M5X0.8 헬리코일 TAP)

L X-143.729 Y75.55 M99

LBL 0

LBL 19 ; (L포켓 부위 센터 작업)

L X-33.733 Y68.78 M99

LBL 0

LBL 20 (L포켓 부위 외곽 4곳 HOLE)

L X-43.733 Y62.78 M99

L Y74.78 M99

L X-23.733 Y62.78 M99

L Y74.78 M99

LBL 0

LBL 21 ; (L포켓 윤곽가공)

FN 4 : Q110 = Q110 DIV 2

FN 4 : Q111 = Q111 DIV 2

1 FN 0 : +Q106 = +Q105

L Z2 FMAX

L Z+Q106 F+Q107

L IX+Q110 IY0 F+Q101 RL

L IY+Q111

RND Q+108

L IX-Q110

RND Q+108

L IY-#111

RND Q+108

L IX+Q110 R#108

RND Q+108

L IY+Q111

L IX-Q110 Y0 R0

L Z2 R0

2 FN 1 : +Q106 = +Q106 + +Q105

LBL0

LBL 22; (뒷면 포켓 형상 센터 폭 32×22로 외곽 2mm 여유)

L X-141.0 Y14.0 M99

LBL 0

LBL 23; (뒷면 형상 가공)

L X-155.95 Y34.025 RO FMAX

1 FN 0 : +Q106 = +Q105

L Z2

L Z+Q106 F#107

L Y+36.95 RR F#101

L X-154.95

CC X-154.95 Y+32

C X-150 Y+32 DR-

CC X-148 Y+32

C X-148 Y+30 DR+

L X-132

CC X-132 Y+28

C X-130 Y+28 DR-

L Y+2

CC X-128 Y+2

C X-128 Y+0.0 DR+

CC X-128 Y-4.95

C X-123.05 Y-4.95 DR-

L Y-5.95

L X-125.975 R0

L Z2 R0

2 FN 1 : +Q106 = +Q106 + +Q105

LBL0

LBL 24; (뒷면 Ø20±0.02 깊이 10±0.02 홀센터)

L X-47.693 Y69.285 M99

LBL 0

LBL 25 ; (뒷면 Ø3±0.01 깊이 8 D부위 홀)

L X-107.295 Y18.871 M99

L X-88.967 Y47.489 M99

L X-121.604 Y43.309 M99

LBL 0

가공 방법과
know- how

Computer Numerical Control

1. 바이스(Vase) 작업

2. 크기와 수량에 따른 클램프 및 가공 방법

3. HOLE 가공

4. 나사가공

5. ENDMILL(앤드밀) 작업과 경보정

6. 문자가공

7. 소재에 따른 가공 방법

8. 후공정이 있을 때의 가공 방법

9. 오면가공기 작업

10. 평면도&평행도&직각도 맞추는 방법들

11. 척(Chuck) 작업

12. 인서트 커터(Insert Cutter) 공구

13. 여러 가지 알아두기

CHAPTER 8

가공 방법과 know-how

현장에서 필요한 기본적인 작업 방법 위주로 알아보고 같은 공정 작업이지만 작업환경에 따라서 다양한 방법들을 알아보고 노하우에 대해 설명했다.

1 바이스(Vase) 작업

바이스는 MCT 작업이나 밀링작업뿐만 아니라 공작물을 고정하는 어떤 공작기계라도 많이 사용된다. 바이스의 여러 가지 작업에 대해 알아보자. 바이스의 종류에 대해서는 제3장 공작물 고정 방법을 참조 바란다.

1 바이스 고정 및 기계와 평행 맞추기

① 바이스 클램프 도구를 준비하여 약간 조여 준다.

그림에서 노란색 클램프 높이 받침 계단 블록(노란색)과 파란색의 쫌판(누름) 블록을 준비하여 볼트로 고정하는데, 완전히 조이지 말고 충격을 주면 움직이게 약간 조여 준다. (나중에 정확히 바이스 기준면을 맞추기 위함) 참고로 바이스 고정 클램프는 바이스 구매 시 같이 온다. 전용 클램프로 누르는 것이 좋다.

바이스의 위치는 현재와 같이 기준면이 X축과 나란히 있는데 작업에 따라서는 Y축과 나란히 놓아도 상관없다(보통 수평식 밀링 및 보링기에서 많이 사용).

② 바이스의 평행도 및 직각도 맞추기

인디게이터를 드릴척이나 앤드밀 콜릿척에 끼우고 바이스 기준면에 바늘을 갖다 댄 후 아래 그림의 빨간색 면과 나란한 기계의 축(그림에서는 X축을 움직임)을 움직여(화살표 방향으로) 평행하도록 바이스를 약간씩 툭툭 치면서 평행을 맞춘다

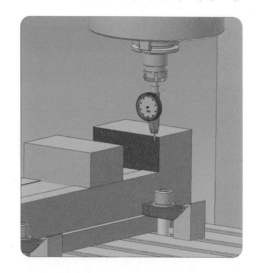

인디게이터 바늘이 0.002mm 이상 움직이지 않으면 잘 맞추어진 것이다. 그런 다음 위 그림에서 살짝(약하게) 조인 볼트를 세게 조여 바이스가 움직이지 않게 단단히 고정시킨다.

※ 바이스 기준면 : 기준면(아래 그림에서 빨간색)은 바이스를 조일 때 이동하지 않는 물림면을 바이스 기준면이라 한다.

X축 기준대는 특별히 정해져 있는 것은 아니다. 작업자에 따라서 각각 고정시킬 수 있으며, 움직이지만 않으면 무엇이든 사용 가능하다.

③ 공작물 X좌표 고정대 클램프하기

위 그림에서 보면 바이스 기준면(빨간색) 부위는 이제 클램프를 해서 고정되므로 Y치수는 세팅치수가 일정하다. 그러나 X축으로는 공작물을 물릴 때마다 놓는 위치에 따라 좌표가 변하므로 X축 방향도 기준대를 고정해 줘야 한다. 아래 그림에서 황금색, 보라색, 갈색의 것들이다. 그런데 꼭 이것으로 안 해도 된다.

그림으로 봐서는 좀 밀리기 쉬울 것처럼 보인다. 따라서 작업에 따라 작업자가 편하다고 생각되는 고정대를 사용해도 된다.

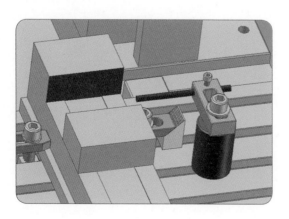

☑ 공작물 6각 면취 작업하기

작은 공작물이든 큰 공작물이든 모두가 평행 및 직각이 돼 있는 상태에서 머시닝 센터 작업이 수월하다. 보통 이 6각 면취 작업은 소형 공작물 가공에서는 중요하며 건축으로 말하자면 기초를 세우는 것과 같이 밀링 작업의 기본이면서도 중요한 작업이라 하겠다.

① 직각 작업의 순서(1번)

아래 그림에서 순서를 보면 맨 처음 넓은 면을 면취 작업해야 한다. 그러나 넓은 면을 작업하기 어려우면 굳이 넓은 면부터 하지 않아도 된다. 중요한 것은 처음에는 Face Cutter로 면의 거친 부분이나 자연 면만 제거하도록 한다. 왜냐하면 그림과는 달리 처음 소재는 직각이 잡아지지 않은 상태라면 물리는 면적이 일정하지 않고 가공되지 않은 소재일 경우 울퉁불퉁한 면이 있어 절입량이 많으면 공작물이 가공되면서 움직이기 때문이다.

다음 노란색의 공작물 윗면 1번을(그림과 같이 1번 표시 면) 면취 작업한다. 바이스 맨 윗면보다 공작물이 올라오게 밑에 평행 블록(빨간색)을 대준다. 이 평행 블록은 밀링에서 바이스 작업 시 주로 사용하는 것이다. 따라서 다양한 높이로 미리 준비해 두는 것이 좋다.

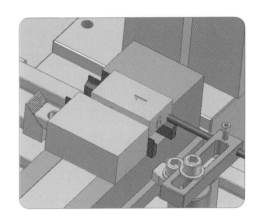

② 직각 작업의 순서(2번)

위에서 1번 작업한 면을 이제는 바이스 기준면으로 가게 하면서 2번 면을 면취 작업한다. 공작물의 높이가 높으면 그림과 같이 평형 받침대가 필요 없으므로 대지 않아도 된다.

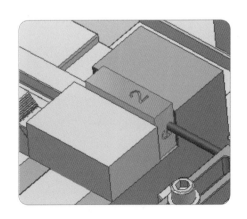

③ 직각 작업의 순서(3번)

3번도 2번과 마찬가지로 1번에 작업한 면(1번 면)이 바이스 기준 면으로 가게 하면서 3번 면을 면취 작업한다.

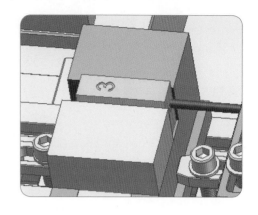

④ 직각 작업의 순서(4번)

이제는 2번 면과 3번 면 중 아무 면이나 바이스 기준 면으로 해서 4번 면을 가공한다. 물론 공작물의 높이가 낮으므로 평행 받침대를 다시 1번 작업할 때처럼 받친다. (높이에 따라서 받침대가 필요 없을 수 있다.)

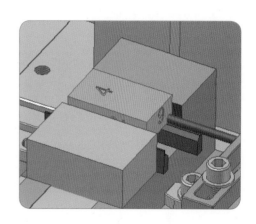

⑤ 직각 작업의 순서(5번)

2번 작업한 면을 이제는 바이스 기준 면으로 가게 하면서 5, 7번 면을 면취 작업한다. 다음 그림에서 공작물에 검은 화살표 방향의 직각도 중 3번 면 쪽에 직각도는 나올 수가 없다. 여기서는 5, 7번 면과 2번의 직각도만 맞추면 된다. 따라서 이 5번 면은 3번 면 쪽에 화살표 표시의 직각도를 맞추기 위해 다시 7번째에 가공해야 한다.

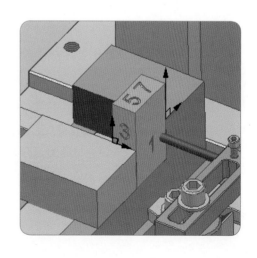

⑥ 직각 작업의 순서(6번)

5번, 7번 면이 밑으로 가게 하며 1번이나 4번 면이 바이스 기준으로 가게 한 다음 작업한다.

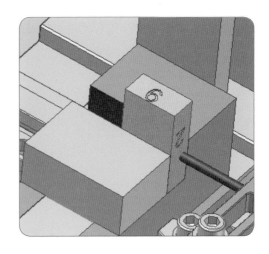

⑦ 직각 작업의 순서(7번)

직각 작업의 5번째에서 2번이나 3번을 바이스 기준 면에 가게 했지만 여기서는 이제 맞추지 못한 직각도(5번)만 맞추면 되므로 1번이나 4번을 기준 면으로 가게 한다.

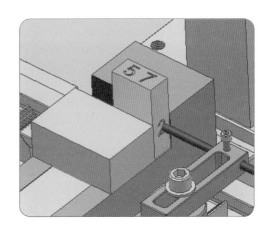

이로써 6각 작업은 마무리되었다. 이 직각 작업은 바이스 기준 면의 직각도와 평행도가 잘 나와야 하므로 먼저 바이스를 잘 맞춘 다음 작업해야 한다. 또한 5번, 7번이나 6번 면은 두께가 얇으면 2번이나 3번이 바이스 기준 면으로 오게 해놓고 다음 그림과 같이 Y축이 화살표 방향으로 이동하며 앤드밀 작업을 해도 된다. 하지만 두께가 두껍고 절삭량이 많으면 적절하지 않고 직각도와 평행도가 정밀하게 나오기는 어렵다.

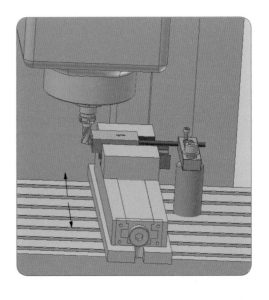

5번, 7번이나 6번 같이 면의 높이가 높아 바이스 작업으로 위험하다고 판단되면 다음과 같이 수평식 머시닝 센터나 수평 밀링이나 보링기를 이용해 면취 작업을 하면 좋다.

아래 그림과 같이 TABLE이 화살표 방향으로 이동하면서 작업한다.

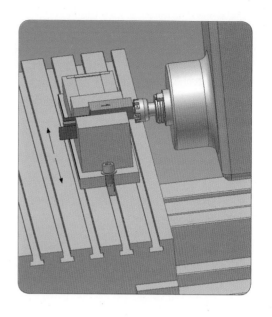

❸ 바이스 작업 시 주의 사항

① HOLE이 있는 공작물 조이기

바이스 작업에 있어 공작물의 크기에 비해 가공 hole의 크기가 1/5 이상으로 클 경우 공작물을 물릴 때 찌그러지지 않도록 알맞게 조여야 한다. hole의 내경 공차가 일반 공차인 경우는 별 문제가 되지 않지만 정밀 공차인 경우 아무리 정삭보링바를 잘 맞추었다 하더라도 세게 조여 작업 후 꺼내면 찌그러져 가공되고 공차도 벗어난다.

다음 공작물을 가공한다고 하자.

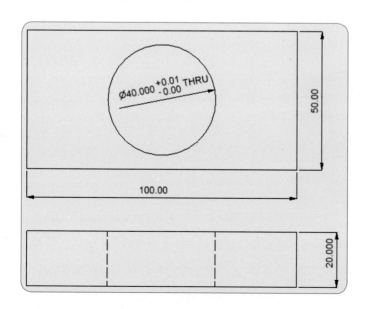

위와 같은 제품 보링 작업을 바이스로 한다면 바이스 조임량에 따라 공작물이 찌그러져 공차가 나올 수 있고 벗어날 수 있다. 우선 보링 황삭할 때는 공작물이 움직이지 않도록 세게 조인다. 그 다음 정삭 작업 시 바이스를 살짝 조여 공작물의 변형이 없게 해야 한다. 이 방법은 가장 일반적이지만 바이스의 직각도나 평행도, 또는 기준면에 변형이 가지 않은 상태라는 조건에서만 원하는 공차를 얻을 수 있다.

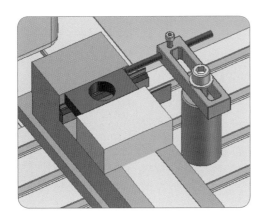

이런 방법이 불편하다고 하면 다음 그림과 같이 하면 한 번의 조임으로 황삭 및 정삭가공을 할 수 있다. 치구(그림에서 노란색)를 만들어 대거나 다른 블록을 댄다. 하지만 수량이 적거나 단발성이면 치구를 만드는 것도 일이 되기 때문에 아무 치구나 이용할 수 있는 것으로 하면 된다.

아래와 같이 물림 단면적을 적게 하되 그 면적은 hole 위치로부터 가능하면 멀리 떨어지게 하여 그림에서 보면 화살표 방향만 힘을 받게 한다. 물론 이 방법도 바이스 기준면이 정밀하게 평행이 나와야 하며 직각이 나온다는 조건에서만 가능할 것이다.

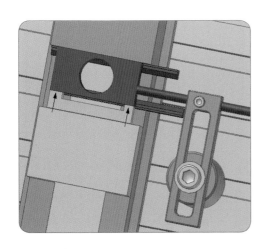

위와 같이 바이스를 작업하는 경우를 설명하였고 마그네트 테이블에 부착하거나 볼트로 클램프해서 작업해도 바이스보다 더 쉽게 원하는 공차를 맞출 수 있기 때문에 상황에 따른 클램프 방법을 구사하는 것도 현장 작업자의 몫이다.

② 가공 깊이와 공차에 따른 고정

도면을 보고 작업자는 WORK 좌표의 원점을 어디에 둘지 또는 제품을 어떻게 클램프 할지를 생각하게 된다. 앞쪽에서 프로그램 작성 시 일반적인 방법은 도면의 x0y0 점과 똑같이 WORK 좌표를 잡고 제품 방향도 도면의 평면도와 비슷하게 클램프해야 된다고 말한 바 있다.

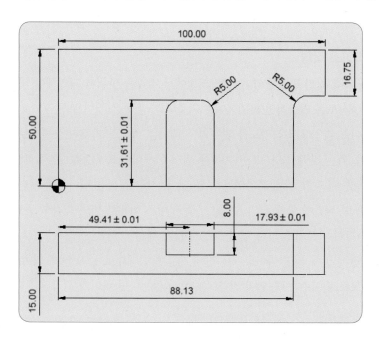

하지만 위 도면은 바이스 작업 시 공차와 깊이에 신경을 써야 하므로 도면의 제품 방향과는 다르게 바이스에 물려야 한다. 기계 가공의 핵심은 어떤 제품이건 정밀하게 도면대로 가공하느냐에 있다. 따라서 도면에서 31.61±0.01과 49.41±0.01을 맞추기 위해 이 기준들은 모두 기준아대에 닿도록 해야 한다. 또 깊이(8mm)가공과 16.75에 R5.0 가공절단 작업을 해야 하므로 다음과 같이 물려야 한다.

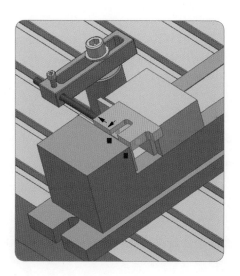

위 그림에서 도면 공차 ±0.01을 맞추기 위해 화살표 방향, 즉 변하지 않는 쪽으로 도면에서 공차의 기준면 x 방향 및 y 방향이 가게 방향을 정해야 하며, 절단 작업을 위해 공작물의 하늘색 부분이 바이스의 빨간색 면보다 더 나와야 가공 시 바이스와 공구의 충돌을 피할 수 있고 절단 작업이 가능하다. 또한 평행 블록의 높이는 포켓 깊이 8mm를 가공하기 위해 바이스 기준면 쪽 군청색 면보다 공작물의 8mm가공 면(연두색)을 높게 해야 한다.

③ 직각 공차를 더 좋게 하는 바이스 작업

바이스 작업 시 앵글이라든가 직각 작업이 요구되며, 제작과정에서 직각을 맞춰서 작업해야 다음 공정에 문제가 없는 제품들이 있다. 보통 일반적인 파워바이스 기준이 가장 높은 것이 보통 60mm 정도인데, 이보다 높은 제품의 바이스 작업에서 직각도를 맞추기 위해서는 바이스 기준면을 별도로 높게 해서 맞춤 제작한 평행 블록을 쓰는 것이 좋다. 또한 이것을 밀어주는 바이스 이동부 쪽은 기준면과 높이가 비슷한 일반 사각 블록을 대고 그 뒤에 환봉이나 구를 댄 후 사각 블록을 밀어주게 되면 힘받는 부분이 그대로 바이스 기준 면 직각에 붙게끔 밀 수 있다. 즉 바이스 이동부 면의 직각도 중요한데 대부분 밀어주는 쪽의 면이 직각이 나오지 않거나 면이 고르지 않기 때문에 위로, 아래로, 좌로, 우로 기울어진다. 이렇게 기울어지면서 밀게 되면 바이스 기준면에 제품면이 제대로 붙지 않게 되며, 이로 인해서 직각도가 떨어지게 되므로 밀어주는 쪽 면이 직각이 나오지 않는다면 바이스 직각면에 최대한 균일하게 밀어줄 필요가 있다.

그래서 아래와 같이 직접 제품을 밀어주는 면은 사각면으로 휘어지거나 찌그러지지 않는 단단한 블록을 대지만 이 블록을 밀어주는 것은 환봉이나 구, 즉 선이나 점으로 밀 수 있다면 좀 더 나은 클램프가 된다.

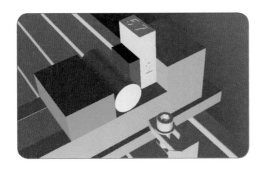

위와 같은 경우 제품(노란색)을 직접 바이스 면으로(바이스 이동부→초록색) 밀지 않고 환봉이나 사각블록(파란색)을 대주기 때문에 직각이 훨씬 잘 나온다. 즉 위 그림으로 설명하자면 파란색과 노란색 제품이 닿는 면은 직각도가 잘 나오면 바이스 이동부(녹색)로 그냥 밀어도 되지만 직각도가 나오지 않는다면 밀어도 바이스 기준면과 노란색 제품의 접촉은 정확히 잘 붙지 않기 때문에 환봉을 대서 기울어진 것을 환봉이 조절하는 기능이 되어서 기준면에 제품이 잘 붙게 된다. 이런 원리로 봉이나 점을 이용하여 밀어주어 직각도를 맞추는 것이다.

④ 바이스 기타 사항

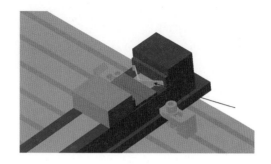

① 스프링 사용

바이스 작업 시 평행 블록(아대)을 대고 그 평행 블록 위에 공작물을 놓고 가공할 때 아래 그림과 같이 스프링(그림에서 노란 색상 파트)을 대는 경우에 대해 설명하겠다.

스프링을 사용하면 아래와 같이 두 가지 이점이 있다.

㉠ 대량 양산 작업 시 칩 청소에 용이하다.

보통 제품을 탈부착 하기 전 칩 청소를 할 때 에어를 사용하게 되면 에어 바람으로 인해 평행 블록이 움직이고 넘어지게 된다. 이때 다시 평행 블록을 위치시킬 때는 시간이 낭비되게 되는데, 스프링을 사용하면 스프링이 평행 블록을 밀어주면서 움직이지 않게 하기 때문에 이런 불편함을 줄일 수 있다.

㉡ 진동으로 인한 평행 블록의 움직임을 방지한다.

절삭을 할 때 어떤 경우에는 진동이나 떨림이 발생하여 평행 블록이 움직이게 된다. 잘못되면 공작물을 받치지 못하고 빠져나가게 되면서 불량이 발생할 수 있다. 이런 진동이나 떨림으로부터 평행 블록의 움직임을 최소화 할 수 있다.

㉢ 스프링 사용을 하지 말아야 할 때

정밀 작업할 때, 즉 정밀 평면도(0.02 이하)를 스프링을 끼운 상태로 하게 되면 평행 블록의 움직임을 감지하지 못해 평면의 불량을 감지하지 못할 수도 있기 때문에 가급적 정밀 작업 시에는 사용하지 않도록 한다. 평행 블록의 움직임에 따라 평탄도를 체크할 필요가 있기 때문이다. 물론 스프링을 잘 사용하면 이런 것은 문제가 안 될 수도 있다.

② 병렬 사용

공작물이 클 경우에 대해 위와 같이 바이스의 기준면을 동일하게 인디게이터로 맞추고 사용하면 효과적인 가공을 할 수 있을 것이다. 참고로 그림에서 누르는 클램프는 좀 구식이지만 요즘 바이스 전용 고정클램프는 심플하므로 참고하기 바란다.

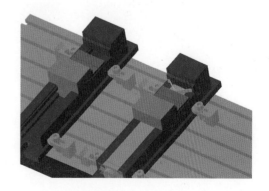

③ 바이스 세워서 사용

사각바의 길이가 200~300mm 정도 되고 세워서 사이드 작업할 때 고정 바이스에 추가 바이스를 물려서 물은 바이스로 작업을 할 경우도 있다. 이것은 길이가 좀 긴 것이나 좀 더 높이 부분을 많이 물어서 가공할 때나 길이가 긴 것의 사이드 작업 시 직각을 좀 더 정밀하게 잡기 위해서 세워서 작업하게 된다.

④ 바이스 기준 블록과 밀착 블록의 용도에 따른 제작 사용

위 그림에서 화살표 지시쪽 탭을 이용하여 좀 더 크고 높게 밀착 블록을 맞춤형으로 제작하여 장착하여 사용할 수 있다. 아니면 위 그림처럼 보통 50~60 높이보다 더 높은 제품가공을 위해서 블록(녹색 화살표 지시) 자체를 제작해서 사용하는 경우도 있고, 원형물을 전문적으로 가공하기 위해 V홈을 내서 원형물이 바이스를 물리는 데 센터링이 효과적으로 되게끔 블록을 제작하는 경우도 있다.

⑤ 평행 블록(페러럴 블록, 제품 받침 블록)의 용도에 따른 제작 사용

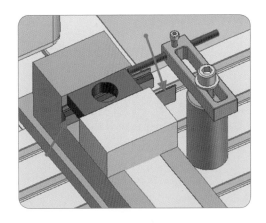

위 그림에서 녹색 화살표 지시의 갈색 블록이 평행 블록이다. 평행이라고 해서 영어로 parallel(페러럴)인데, 보통 기성품을 사용하지만 대부분 기술자들이라면 제작해서 사용하는 경우가 많다. 즉 기성품에 없는 치수의 블록을 제작해서 효과적으로 사용한다. 보통 S45C로 제작해서 침탄열처리하고 연마해서 사용하면 된다. 제작해서 사용하는 치수는 보통 기성품에 없는 치수인데 제품에 따라서 단차에 대한 평행을 맞추기 위해서 서로 다른 치수의 받침을 할 경우가 발생된다. 저자는 0.5 정도의 공차 차이가 발생되는 제품에 대해 제작해서 사용했다. 또한 기성품 블록을 보면 대개 짝수 치수로 나오는데 홀수 치수가 필요한 경우도 있고 소수 첫째 점 단위의 블록도 제작할 필요가 있어서 제작했다. 이것은 제품의 용도에 맞게 제작하는 것이 좋다. 대부분 평행 블록이 8T나 10T인데 산업현장에서는 1.5~5T도 많이 사용되기 때문에 적절히 제작해서 사용하는 것도 상당한 효과를 발휘한다.

⑥ 바이스 기준면에서 홀거리 공차 맞추기

3축에서 앞면 뒷면 작업이 완료되면 보통 사이드 작업을 하게 된다. side 리머홀을 작업하는 경우가 있다. 사이드 리머홀 작업의 경우 보통은 바이스에 세워서 하게 되는데, 항상 기본적인 것은 바이스가 한 개이든 여러 개이든 바이스 기준면이 기계 X축이나 Y축에 평행도나 직각도가 0.01 안쪽으로 나와야 웬만한 정밀 작업을 할 수 있다.

바이스 정밀도가 나온다는 가정하에 바이스를 물리는 양을 균일하게 조여 주어야 한다. 바이스가 여러 개일 때 특히 균일한 조임량으로 해야 홀거리가 잘 나온다.

㉠ 제품을 바이스에 물리고 인디게이터로 정밀도 확인하기

바이스에 물고 처음부터 외곽을 작업하면서 가공한다면 굳이 인디게이터로 홀거리 공차 기준면의 평행도를 체크할 필요는 없다. 하지만 가공된 제품면을 기준으로 다시 물려서 홀거리 공차를 맞춘다면 바이스에 물고 인디게이터로 홀 기준면의 평행도나 직각도를 먼저 확인해서 0.01 안으로 맞추거나 가공 스펙보다 정밀한 정밀도를 맞추고 작업을 해야 원하는 작업이 된다.

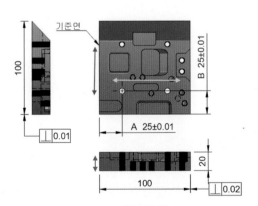

위에서 첫째로 파란색 양쪽 화살표 방향으로 축을 움직여 인디게이터로 확인한다. 물론 바이스 기준면 크기 안에 들어오면 굳이 볼 필요는 없지만 크기가 큰 판재라고 가정한다면 여러 개의 바이스를 물었을 때나 바이스 조임량에 따라 달라질 수 있고 높이 솟은 치수에 따라 세게 클램프 하는 것에 따라 직각이 달라질 수 있어서 크기가 큰 제품일수록 반드시 확인한다. 두 번째로 위 그림에서 빨간색 양쪽 화살표 방향, 즉 Z 방향이 되겠다. 이 방향으로 축을 움직여 인디게이터로 확인해서 제품면을 확인한다.

빨간색 화살표도 길이에 따라서 홀 거리공차에 영향을 준다. 특히 이 직각 정밀도가 중요한 것이 조립 시에 핀이 들어가지 않거나 살짝만 들어가서 안 들어 가는 원인이 되고, 들어갔다고 하더라도 상대 부품과 밀착이 잘 되지 않는 트러블이 발생할 수 있는 부분이다.

빨간색과 연관성이 있는 노란색 양쪽 화살표 방향으로도 인디게이터를 확인해서 평행도나 평탄도를 확인할 필요가 있다. 앞의 제품은 크게 영향이 없겠지만 만약 소재 두께가 20이 아니고 10T 이하이거나 위 폭 치수가 100이 아니고 100 이상이라고 한다면 분명히 바이스 조임에 따라 제품이 휘게 되고 이 노란색 화살표 방향의 정밀도에 문제가 있을 수 있기 때문이다.

ⓒ 아큐센터로 기준점 잡기

위 인디게이터로 확인 작업이 끝났으면 이제 아큐센터로 X,Y 기준점을 잡는다. 즉 워크좌표를 잡는 작업을 한다.

프로그램을 작성할 때도 홀 공차 기준면에 X, Y, 제로점을 잡아야 한다. 이 점은 정밀공차일수록 확인을 해야 한다. 0.03 이하라고 한다면 바이스로 제품 교체를 해서 가공한다면 반드시 확인해야 한다. 일정한 힘으로 고정을 한다면 모르겠는데 그게 아니라면 반드시 아큐로 확인할 필요가 있다. 특히 높이가 높거나 판재의 경우 물리는 힘과 높이에 따라 기준점이 달라질 수 있기 때문에 확인한다.

2 크기와 수량에 따른 클램프 및 가공 방법

공작물의 크기에 따른 가공 방법과 치공구를 이용해 클램프 하는 방법에 대해 알아보자. 앞에서 제3장의 2.가공 TOOL 선정과 CLAMP에서 클램프 하는 것을 조금 다루었지만 여기서는 주로 치공구를 이용해 클램프 하는 것을 공부하기로 하자. 이것은 상당히 광범위하면서 방법은 여러 가지이며 포괄적이다. 책에서 모두 다루기엔 광범위하며 작업자의 아이디어나 작업 방법에 따라 천차 만별이기 때문이다. 여기에서는 기본이 될만한 방법만 다루기로 하자.

◼ 소형 공작물 작업 방법

㉮ 6각 작업은 바이스에서 클램프 되는 밑면만 남기고 될 수 있으면 완료해야 한다.

소형 공작물 6각 작업은 바이스에 물려 가공할 수 있는 것을 제외하고 대체로 한 번 클램프로 4각이나 5각 작업을 하도록 한다.

㉴ 대량 소형 공작물일 경우 한 번 클램프로 여러 개를 작업할 수 있도록 소재 크기를 계획한다.

이것은 대량일 경우 소재 크기를 도면의 제품 크기로 맞추기 위해 비슷한 모양으로 절단하면 6각 작업을 일일이 해야 하므로 번거롭고 많은 시간이 소요된다. 그래서 한 소재로 여러 개의 제품을 한 판에 많이 가공해서 절단하거나 손으로 분리할 수 있도록 사이즈를 정해야 한다.

① 소형 공작물의 클램프와 가공

소형 공작물은 주로 바이스에 물려 작업한다. 하지만 공작물 모양이 바이스에 물려 가공하기 어려운 것이나, 바이스 물림에 의해 공작물에 변형이 가든지, 공차에 문제가 있든지, 절단 작업에 문제가 있든지, 아니면 대량생산일 경우 하나 하나 바이스에 물려서 가공하면 클램프 하는 시간이나 세팅 등 가공 시간이 몇 배로 더 걸릴 경우가 발생한다.

- 각재로 개별 절단해 바이스를 이용하는 것
- 판재로 여러 개의 수량을 탭(tap) 구멍과 핀 구멍을 이용해 볼트로 고정하는 법

위 2가지 방법이 있다. 제품에 따라서는 2가지 방법을 병행해서 작업해야 하는 것도 있다. 그러나 개별 절단하고 바이스에 물려 작업한다고 해서 꼭 1개씩만 작업하는 것은 아니다. 바이스 폭에 가능한 개의 소재 크기로 절단해서 여러 개를 가공할 수도 있다.

다음 도면을 보고 클램프 및 가공 방법을 통해 위에서 나온 방법을 이해하도록 하자.

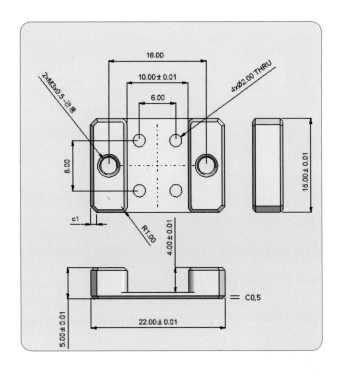

위 도면의 제품과 같이 크기가 22×15×5t인 소형의 공작물 1000개를 가공한다고 하자.

물론 이런 작은 것도 바이스만을 이용해 작업할 수 있다. 바이스로 하자면 먼저 6각 면취 작업을 해야한다. 그런 다음 머시닝 센터에서 작업해야 한다. 그러나 상기와 같이 개수가 1000개나 되는 것을 일일이 6각 면취 작업을 해서 외곽 사이즈를 맞추는 것도 쉬운 일은 아니다. 또 위 도면의 외곽을 보면 공차가 있다.

이 소형 작업은 아래의 그림과 같이 작업하도록 한다.

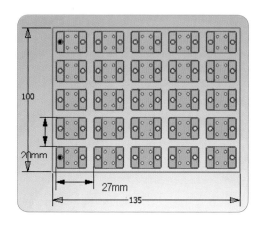

위 그림은 가공이 다 끝난 상태이다. 가공 순서를 알아보자.

㉮ 아래 그림과 같이 소재의 크기 100×135×5t(5~6t)를 준비해 바이스에 물린다.

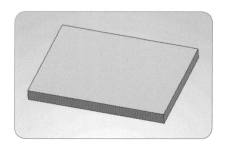

㉯ 아래 그림과 센터 드릴–드릴(관통)–탭 작업(관통) 한 다음 모따기(C0.5)를 하기 위해 Island(아이슬랜드), 즉 제품 외곽 형상을 앤드밀로 가공한다.

도면과 같이 포켓 깊이는 모따기가 C0.5이므로 깊이 Z−0.5까지만 가공한 다음 모따기 공구로 모따기 한다. 여러 개 가공이므로 G52 로컬좌표를 써서 가공한다.

⑭ 앞면 작업에서 작업한 탭구멍을 이용해 제품을 볼트로 치구에 고정하고 가공한다.

치구는 탭 구멍과 똑같은 위치에 구멍을 뚫고 밑에서 볼트로 제품을 조인 다음, 치구를 바이스에 물린다든지 아니면 치구 자체도 다른 또 하나의 고정판에 볼트로 고정한다.

아래 그림은 뒷면 가공을 완료한 상태이다.

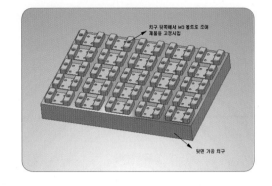

아래는 다른 알루미늄 6061 제품인데 소재 한 판에 6개를 동시에 판 작업으로 1차를 완료한 제품이다. 보통 1차는 판 작업을 하고 손으로 제품이 분리되게끔 한 다음 2차에서는 뒷면 작업이 있으므로 바이스에서 외곽 챔퍼 및 뒷면 작업을 하고 마무리한 제품이다. 제품 간 클램프 볼트 위치는 외곽 형상가공에 간섭이 없고 클램프 볼트와 간섭이 없고 또한 앤드밀 지름을 감안하여 제품 간의 피치를 결정하고 제품 개수를 합한 값의 판재소재 크기를 결정한다.

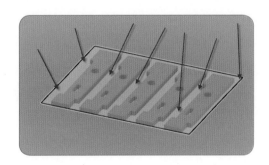

위 제품을 보면 하나씩 바이스에서 작업할 수 있지만 판 작업을 통해서 여러 개를 동시에 작업하고 무인가동을 최대한 할 수 있도록 했다. 그림의 화살표는 제품 클램프 볼트자리인데 볼트자리가 너무 많다 보니 클램프 시간이 많이 소요되어서 중간 화살표, 즉 제품하고 연관이 없는 위치만 체결하고 마무리했다.

제품외곽 황삭 작업은 스티커 아래 면에 0.1 정도 깊이를 감안하고 제품 두께에서 0.4 정도, 즉 10t 라고 한다면 9.6 내려가서 완료한 다음 제품 외관의 모따기를 전체 작업하고 나서 외곽정삭은 9.75 정도 들어가서 제품외곽 앤드밀 작업 시 떨림이 발생하지 않도록 하고, 이렇게 1차 가공이 마무리되면 손으로 제품이 분리될 수 있도록 했으며 뒷면에서 모따기로 마무리가 가능한 최대한의 깊이까지 가공한 것이다.

앤드밀의 정삭 여유는 최대한 적게 남겨야 한다. 한쪽 측벽으로 0.03~0.06 정도만 남겨서 제품을 직접 클램프하지 않아서 오는 떨림 문제, 즉 외곽정삭 작업 시 떨림으로 인한 면조도가 나빠지지 않도록 한다.

② 판재 공작물의 클램프와 가공 방법 및 사항

반도체 장비의 플레이트, 즉 판재 부품 작업은 대체로 알루미늄 판재가 대부분이다. 물론 스틸판재도 있지만 알루미늄판재 AL5052, AL6061 등을 많이 사용한다. 이런 판재가공품의 가공 방법은 대체로 다음과 같은 순서에 의해서 한다.

㉠ 소재 준비

판재는 대부분 두께가 기성품으로 나오는 판재를 사용하므로 판재의 면 절삭을 하는 경우는 극히 드물다. 제품 사이즈보다 가로, 세로 각각 8~10mm 정도 크게 소재를 주문한다. 물론 제품 자체에 클램프가 마땅하지 않으면 소재 사이즈를 좀 더 크게 해서 제품 외곽에 클램프 할 공간까지의 소재 크기를 주문할 경우도 있다.

㉡ 프로그램

주로 판재를 가공하는 MCT의 경우 테이블 위에 두께 20~30T 정도의 알루미늄 판재를 올려서 기본 베이스 판으로 사용한다. 이 베이스 판에 클램프할 탭이나 위치고정 리머홀, 그리고 공작물 소재를 클램프할 자리를 소재 크기보다 1mm 정도 약간 크게 소재 안착 라인을 깊이 −0.05~0.1 정도 모따기 앤드밀로 금긋기를 해서 위치를 식별할 수 있게 프로그램 한다. 먼저 제품가공 프로그램을 작성하고 제품 도면상에 제품 구멍이나 기타 스크랩 부분에 볼트홀 클램프나 누름 클램프를 할 위치에 탭이나 금긋기 프로그램을 추가해서 작성한다.

그래서 보통 프로그램은 크게 1. 지그판재 가공프로그램, 2. 볼트 클램프 전, 3. 볼트 클램프 후 가공프로그램 등으로 나누어서 작성한다.

이때 가공 WORK 좌표와 가공한 볼트홀이나 리머홀의 경우는 좌표와 위치점을 계속 업데이트해서 관리하는 것이 베이스 판 작업에 유리하다. 왜냐하면 기존에 사용한 볼트홀을 다른 제품의 판재 작업 시 다시 활용할 수 있기 때문이다. 그리고 될 수 있으면 신규로 계속 JIG홀을 가공하는 것보다 기존 홀을 사용하여 작업하는 것이 베이스 판 교체 시기를 길게 할 수 있기 때문이다. 하지만 공동으로 여러 장비에서 1차, 2차 가공을 하는 경우에는 동일한 위치로 맞춰야 한다.

㉢ 기계 베이스 판 가공

평탄도가 정밀한 제품가공의 경우 먼저 베이스 판 윗면을 절입량 0.01~0.03 정도 주고 면이 나오게 가공한다. 다음 누름 클램프나 볼트 클램프 탭구멍가공이나 판재의 위치 소재 크기만큼 사각형 금긋기 작업을 한다.

㉣ 소재 장착

소재가 안착될 위치, 즉 소재 위치 금긋기 작업이 된 부분에 소재를 올려 놓는다. 물론 소재를 올려 놓기 전에 베이스 판의 칩 청소나 소재 판 자체에 이물질이나 모서리 부분을 완벽하게 제거한다.

ⓟ 판재 클램프 작업

누름 클램프는 보통 50×20×8T 정도 크기의 클램프로 제품 외곽을 누른 다음 제품에 볼트로 클램프할 위치에 볼트가 들어갈 구멍을 작업하고 미리 가공한 볼트홀에 체결한다. 위 클램프 작업은 가공 중에 M00을 걸어서 더 추가하면서 작업할 수도 있다.

판재가공 제품 중에 밴딩이나 평면도가 중요한 제품의 경우 면을 절삭해서 가공해야 되는 경우에는 1차 면 절삭은 측면에만 밀리지 않도록 클램프로 대주기만 하고, 누르는 클램프는 하지 않고 기준면을 가공한다. 현장에서는 무부하로 한다고 얘기한다.

③ 판재 공작물의 주의 사항

㉠ 단차 발생주의

8T 이하의 판재의 경우 가공상의 형상이나 절삭 부분에 따라 정삭가공 시 떨림으로 인한 단차 발생이 될 수 있으므로 가능한 가공 면이 넓을 경우는 동일한 앤드밀로 정삭 작업을 마무리하는 것이 좋다. 보통 넓은 면이나 코너R이 작은 부분에는 다중공구를 사용하여 코너R이 작은 부분을 처리하는데, 공구 세팅부터 동일한 길이 측정이 되고 제품이 떨지 않아야 다중공구를 사용하더라도 단차 발생이 되지 않는다.

㉡ 볼트홀 탭의 파손주의

두께가 15T 이상의 판재에 볼팅을 할 경우는 탭구멍에 칩이 들어가 있으면 볼팅 시 탭 파손의 원인이 된다. 이때는 탭 기초 홀 크기보다 작은 드릴로 구멍을 다시 한번 가공해서(빠르게) 칩을 배출할 프로그램을 별도로 추가한다.

㉢ 칩 청소 및 판재의 BURR 제거 철저히 하기

판재를 기계에 클램프 할 때 주의할 것은 칩이 밑에 끼지 않도록 청소를 철저히 하고 판재가 테이블에 붙는 면은 오일스톤으로 문질러서 면상에 튀어나온 부분이나 판재 소재 절단 시에 발생하는 모서리 BURR를 반드시 제거하도록 한다. 에어 샌드 바이브레터(돌돌이, 에어광택기) 등을 이용해서 돌출부나 모서리 burr를 한 번에 제거하는 것도 좋은 방법이다.

② 대형 공작물의 클램프와 가공

바이스에 공작물을 고정하지 못하는 대형 공작물은 기계 장비의 몸체나 뼈대를 주로 이루는 부품이다. 그래서 주로 클램프 방식은 누르거나 볼트로 조여서 가공한다. 누르는 것만으론 완벽한 고정이 되지 못하므로 측면 사방에서 볼트로 밀어서 공작물이 움직이지 않게 하는 것이 이상적이다.

① 대형 공작물 작업의 안전사항

㉮ 공작물을 들거나, 뒤집거나, 이동할 때 안전사고가 나지 않도록 해야 한다.

주로 와이어나 로프 및 아이볼트를 이용하는 호이스트(hoist)를 사용한다. 특히 공작물을 뒤집거나 이동할 때는 꼭 공작물의 무게를 충분히 견딜 수 있는 와이어나 로프 및 아이볼트의 규격을 살펴보아야 하고, 공작물의 무게가 한쪽으로 쏠리지 않도록 살짝 들어보고 어느 쪽으로 공작물이 기울어지는지 확인한 다음 들기에 적당한 곳을 들어야 한다.

㉯ 클램프할 때 기계와 클램프 도구 및 공작물이 충돌하지 않도록 고정한다.

대형 공작물은 한 번 클램프 해서 G17평면만 가공할 수도 있고 오면가공이나 4축, 5축 지원이 되는 공작기계에서는 G18, G19평면도 가공할 수 있으므로 클램프의 위치나 기계와의 간섭 등을 고려해야 한다.

㉰ 프로그램을 작성할 때 불량 발생이 되지 않도록 신중해야 한다.

대형 공작물의 경우 소재 값, 가공 시간 등이 중소형 공작물에 비해 높기 때문에 그만큼 도면의 가공 부분을 완벽히 이해하고 신중하게 가공해야 한다.

㉱ 이동 및 클램프 횟수를 최소화 한다.

대형이므로 공작물을 호이스트로 들어서 클램프 하는데 시간이 걸리고 또 클램프 위치를 잡는 것도 시간이 소요된다.

대형일수록 공작물의 원 소재 가격이 비싸다. 특히 전체의 형상을 가공하기보다는 부품 간의 조립되는 조립 부위나 사용 부위만 가공하는 주물품의 공작물이 대부분이다. 또한 대부분을 가공해야 하는 것도 있다.

② 대형 공작물의 제품 고정(클램프)

㉠ 클램프 블록 사용 시 장점

㉮ 클램프를 편리하고 쉽게 하기 위해서 사용한다.

기계의 TABLE만 가지고는 사방에서나 원하는 위치에서 볼트를 이용해 조이거나 누를 수 없다.

㉯ 설비와 공구 및 공작물의 충돌이나 높이의 한계를 극복할 수 있다.

㉰ 공작물을 올려놓는 TABLE을 보호하기 위함이다.

㉡ 클램프 블록의 제작 및 설치사항

- A : 테이블에 블록을 볼트로 고정할 수 있도록 구멍을 뚫는다. (M20볼트 구멍)
- B,C : C부위만 막지 않도록 용접해서 나중에 누름 클램프를 이용하지 못할 공작물 가공 시 터진 부위로 볼트를 넣고 B부위 구멍에 공작물 밑쪽 탭이 오도록 해서 고정할 수 있게 한다. (Ø50)
- D : E와 같이 누름 클램프를 이용하기 위해선 블록에 D와 같이 탭구멍을 많이 해 놓으면 좋다.

(M16)

- E : 누름클램프(150×50×25T)
- F : G의 조임클램프 블록을 이용하기 위해서 4방 측면에도 탭을 해 놓는다. (M16)
- G : 조임클램프(100×80×20T)
- H : 조임볼트 (M16)
- J : 블록의 높이는 오면가공기 어태치먼트 부착 시 어태치먼트와 테이블 윗면의 간섭이 없도록 높이를 맞추고 연마하도록 한다. (블록 전체 크기 250×250×200T)

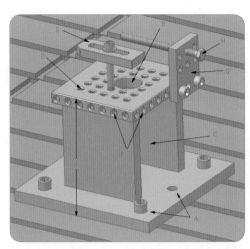

※ 참고 : 위 클램프 블록의 제작은 가공하고자 하는 공작물에 따라 각 회사마다 다르게 용도에 맞게 제작하면 된다.

③ 대형 공작물의 클램프 순서와 공정 순서

대형 공작물을 주로 가공하는 오면가공기를 예로 들어 설명하겠다.

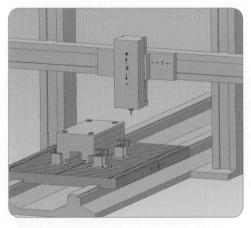

※ 준비물 : 하이트 게이지(300~1000mm) 금속자, 클램프 블록 및 도구(스페너, L렌치, 볼트, 키홈너트 등)

ⓐ 1차 공정

1공정에서는 주로 다음 공정을 생각하여 가공하거나 클램프 해야 한다. 공작물의 가공이 전혀 되지 않은 상태이므로 클램프 하는 자체가 불안정하고 클램프 하면 공작물에 변형이 가기 쉬우므로 정밀한 가공은 피한다. (단, 1공정 자체에서 가공이 끝나는 것은 예외로 하겠다.) 누름 클램프 및 옆쪽에서 공작물을 밀어주는 조임 클램프를 대부분 사용하게 된다. 또 될 수 있으면 2공정 작업을 해야 되는 제품은 2공정에서 가공을 많이 할 수 있도록 1공정에서는 2공정에서 클램프를 쉽게 하기 위한 가공이나 필요한 부위만 가공한다.

㉮ 클램프 블록을 기계 TABLE에 올려 놓고 공작물을 누르거나 조일 수 있는 위치에 블록을 고정시킨다. 그리고 나서 블록에 조임블록을 고정시킨다. (공작물 크기도 봐야 한다.)

※ 참고 : 블록을 고정시킬 때 기계 TABLE 사양을 참조해서 거리(홈 간격)를 알고 TABLE 홈을 이용해서 홈에 키를 꽂아 철자로 홈과 클램프 블록의 거리를 일정하게 맞춘다.

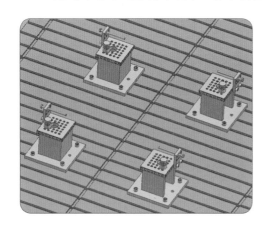

㉯ 호이스트를 이용해서 공작물을 들어 클램프 블록 윗면에 공작물을 올려 놓고 하이트 게이지(청록색 및 갈색(이동부))로 공작물의 4방의 높이(아래 그림의 노란색 4곳)를 일정하게 맞춘다. 맞출 때는 철판을 깔거나 다 사용한 두꺼운 사포를 공작물 바닥에 끼워 넣는다. (호이스트로 공작물을 들었다가 내렸다 하면서 높이를 맞춤) 높이를 맞추면 호이스트 밧줄이나 체인을 풀어 놓는다. 공작물의 높이를 맞추고 내렸을 때 밑에 괸 철판이나 사포가 빠지는지 확인해서 빠지면 더 괴거나 뜬 쪽 대각 방향의 밑을 더 괸다.

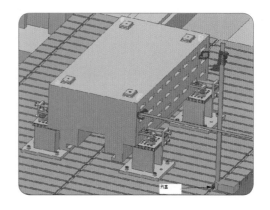

㉤ 높이를 다 맞추면 기계 이동축과 공작물이 평행하도록 줄자(연두색)와 하이트 게이지를 이용하여 위 그림의 파란색으로 칠한 2곳의 거리를 같게 하면 평행해진다. 맞출 때는 조임 볼트를 밀거나 풀어서 맞춘다. 아래 그림의 키홈(빨간색)을 X축 테이블의 홈에 끼우고 하이트 게이지를 키홈에 밀착시켜서 거리를 잰다. 공작물의 길이는 X방향으로 길고 Y방향으로 짧으니 긴 쪽의 평행만 맞추면 된다.

㉥ 아래 그림과 같이 X방향은 평행을 보지 않아도 된다. 이미 위에서 Y방향의 평행을 맞추었기 때문에 공작물의 평행은 이동축과 평행하게 되었다. X방향은 하이트 게이지에서 공작물까지의 거리만 알도록 하자. 공작물을 클램프 하고 처음에 WORK 좌표를 잡을 때 철자의 눈금을 적어 놓았다가 똑같은 공작물을 클램프했을 때 비교해서 벗어난 치수만큼 전체 옵셋(X축)을 보정해 주면 WORK 좌표를 다시 잡지 않아도 되기 때문이다. Z축이나 Y축의 거리도 마찬가지이다. 일정하게 못 맞춘다 할지라도 전체 옵셋에서 보정해 주면 되니까 군이 처음 공작물의 WORK 좌표를 잡았던 거리에 꼭 맞출 필요는 없다. 이런 방법들은 대량 가공이나 세팅 시간을 줄이는 데 편리하다.

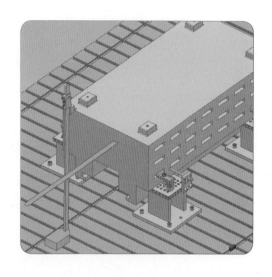

㉦ 마지막으로 2공정 작업할 때 기준면들이 되는 Z축 기준면, X축 기준면, Y축 기준면이 가공되었는지 확인하고 이런 기준면을 작업할 때는 누름 클램프를 어느 정도 풀어주어야 한다. 정삭하고 나서 클램프를 해제하면 공작물의 변형이 발생하지 않아야 하기 때문이다.

Ⓛ 2차 공정

1공정 면과 탭구멍을 이용해 클램프 하고 최대한 가공할 수 있는 부분은 가공해서 마무리할 수 있게 클램프 및 프로그램 한다. (5면을 한 번에 가공할 수 있게 한다.) 5면 가공기에서는 2공정 할 때 거의 모든 부분을 가공한다. 또 제품 품질에 영향을 많이 미치므로 신중하게 작업해야 한다.

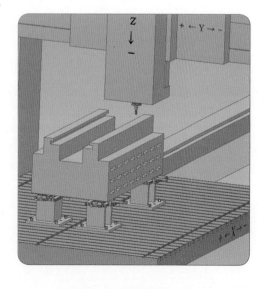

㉮ 클램프 블록의 B부위 홀이 1공정 때 TAB 가공한 구멍에 올 수 있도록 거리를 맞추고 블록을 고정한다.

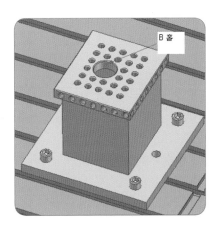

㉯ 클램프 블록에 밀대 블록이나 볼트를 4개 블록에 모두 고정한다.

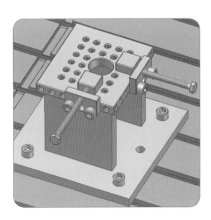

㉰ 공작물을 올려 놓는다.

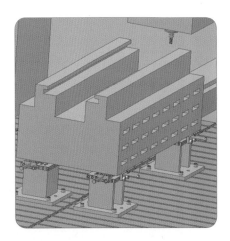

㉣ 미리 1차 공정 때 X축이나 Y축 기준면을 가공했으면 클램프 블록에 기준면을 부착가공하든지 인디게이터로 축과의 평행을 맞추든지 해서 1차 공정 가공 면을 밀착시킨다. 모든 기준면에 아래 그림과 같이 두께 테이프나 철심을 대서 밀착 후에 빠지는지 확인한다.

두께 테잎이나 철심을 미리 블럭 윗면에 놓아 1공정 가공면과의 밀착을 체크

X축이나 Y축 같은 경우는 빠지면 조금 더 조여 밀착시키면 되지만 제품 바닥에 놓은 것 중 어느 한쪽이 빠지면 1차 공정 때 공작물이 뒤틀리거나 변형이 갔으므로 1공정 면과 상관이 없다면 조금 더 고여주고, 상관이 있으면 기준면을 다시 가공해야 한다. 정밀공차별로 틈에 넣을 수 있게 아래와 같이 상품으로 나온 것이 있다. 두께 게이지(Thickness Gauge) 또는 필러 게이지(Feeler Gauge)이다.

위 그림의 두께(녹색 화살표)는 0.05인데 0.01~0.3까지 0.01 단위로 다양한 두께에 폭(파란색 화살표)이 12mm(위 사진)나 또는 50mm 이상 되는 것도 있다. 위 두께 게이지는 바이스 작업의 틈에 사용되고 부품 조립에 사용되기도 한다.

위에서 와셔(갈색)와 볼트를 이용하여 밑에서 조인다. 그림과 같이 렌치볼트로 조이는 것보다는 육각볼트가 편리할 수도 있다. (화살표 방향)

2차 공정과 같이 대형 공작물은 가공을 편리하게 하기 위해서 이 공작물이 제품이 되어 기능상 이상이 발생하지 않을 경우 공작물에 탭을 내고 그 탭자리에 볼트로 당겨서 고정할 수 있다. 소형 공작물 뒷면 작업 시 제품의 탭 자리를 이용해 치구판 뒷쪽에서 조인 방법을 쓰면 된다. 여기서는 치구판을 쓰지 않고 전문적인 블록을 만들도록 한다.

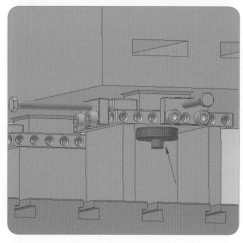

⓷ 판재 제품의 SIDE HOLE 가공의 여러 개 VISE 작업

아래와 같이 두께가 얇고 폭이 바이스를 물어도 가공 시 떨리는 판재나 Y축 센터점이 바이스 물림에 따라 0.1 내외로 변동이 있는 가공품에 대해서 L클램프나 U클램프를 사용해서 윗면의 벌어짐을 방지하기 위해 사용한다.

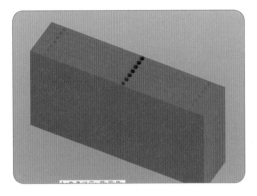
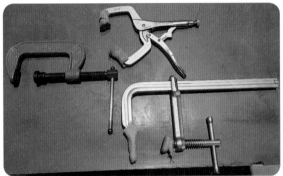

위와 같이 여러 개의 판재 가공품은 보통 바이스 물리는 높이보다 높기 때문에 길이에 맞게 몇 개의 바이스를 개별적으로 조이고 나면 바이스 기준면 Y0 면 세팅좌표가 바이스 조임과 판재의 밴딩 정도에 따라 바뀌게 되므로 항상 인디게이터로 X축 이동하여 평행을 보고 제품의 Y축 0점을 확인하고 물릴 때마다 달라지면 다시 세팅해야 한다. 또한 판재를 그대로 활용할 경우 두께가 도면 치수보다 크거나 작기 때문에 평행을 보고 나서 아큐센터로 총 합쳐진 두께를 파악한 뒤에 CAM이나 프로그램 시 총 두께에서 제품 수량을 나눈 값으로 이동해서 가공해야 한다. 예를 들어 알루미늄 판재 20T를 면을 치지 않고 그대로 사이드 작업할 경우 두께는 20.1~20.23 등 다양하다. 따라서 롯트성의 두께 공차를 가지고 있기 때문에 여러 개를 물고 작업할 경우 이동피치는 기계에서 아큐센터로 측정한 두께 값으로 피치 이동하여 가공해야 한다. 예를 들어, 두께가 20.22인 판재를 7개 물어 동시에 가공하고자 할 때 20.22*7=141.54가 나와야 하는데 바이스 물림양 및 밴딩에 따라 141.54가 더 나올 수 있다. 그럴 때는 더 나온 값을 수량으로 나눠야 한다. 그리고 워크좌표 공통 시프 값이 0.22가 더 두껍다면 절반인 0.11 값, 즉 −0.11 값을 넣어 주어야 한다. 물론 Y0점은 제품 맨 앞쪽에서 아큐센터로 잡는다. 절대 바이스 기준면 Y0점으로 그냥 잡으면 안 되고 제품 면에 대고 다시 잡아야 정확한 작업이 진행될 것이다.

3 HOLE(구멍) 가공

머시닝 센터에서 가장 많이 하는 작업 중에 하나이다. 어떤 종류의 구멍가공이 있는지 알아보고 가공하는 방법을 익히도록 하자. 대부분의 가공물 hole의 용도는 볼트 자리나 축이나 핀(pin)이 들어가는 자리로 활용된다.

1 센터 드릴(Drill)

보통 드릴가공 전에 반드시 작업하는 것이 센터 찍는 작업이다. 주의할 것은 센터 작업 시 센터가 흔들리면 홀 간 거리공차에 불량이 발생할 수 있다. 그래서 센터 작업은 흔들리지 않는 돌출 크기에 맞게 공구 돌출 설정을 할 필요가 있다. 센터 드릴이 흔들리면 드릴 작업도 문제가 발생된다. 즉 센터 드릴 작업은 드릴 작업의 기초 작업이므로 가능하면 최대한 흔들리지 않게 고정하는 것이 중요하다.

① 알루미늄 소재의 센터 드릴 작업

알루미늄의 경우 하이스 재질의 센터 드릴 공구를 사용한다. 보통 90도 공구를 사용한다. 회전수는 보통 5000rpm~6500rpm 정도에 피드 250~450 정도로 한다. 센터를 찍을 때 최대경에 burr가 발생된다면 가공이송속도에 비해 회전수가 낮기 때문에 발생하는 문제이므로 회전수를 올리는 것이 해결 방법이다.

② 스틸 소재의 센터 드릴 작업

스틸의 경우도 하이스 재질의 센터 드릴 공구를 사용하지만 보통 90도와 118도 공구를 사용한다. 회전수는 보통 900rpm~1200rpm 정도에 피드 70~120 정도로 한다. 센터를 찍을 때 최대경에 burr가 발생된다면 가공이송속도에 비해 회전수가 높기 때문에 발생하는 문제이므로 회전수를 내리는 것이 해결 방법이다.

③ 합금강 소재의 센터 드릴 작업

합금강의 경우는 초경 재질의 센터 드릴 공구를 사용하지만 보통 90도와 118도 공구를 사용한다.

④ 센터 드릴의 고정

센터 드릴은 보통 8파이 이상 드릴이 아닌 전용 센터 드릴 공구를 사용한다. 드릴은 트위스트 날부로 인해 흔들릴 수 있기 때문이다. 요즘은 공구 회사에서 전용 센터 드릴을 구매해서 사용한다.

㉠ 콜렛척에 고정하라

센터 드릴이 휘어져서 들어가면 아무리 좋은 드릴이라도 휘게 마련이고 이것은 홀 간 거리공차나 기준면에 대한 거리공차가 벗어난다. 따라서 센터 드릴은 드릴척에 꽂아서는 안 된다. 반드시 콜렛에 꽂아야 하며 어쩔 수 없는 경우를 제외하고서는 될 수 있으면 짧은 길이로 돌출하는 것이 좋다.

② 드릴(Drill)

구멍 작업의 가장 기초 작업이다. 집을 건축할 때 기초를 먼저하고 그 위에 집을 짓듯이 모든 구멍가공에서 거의 대부분 드릴가공을 먼저 하고 작업을 한다. 아래의 정밀보링, 리밍, 탭, 카운터 보링, 스폿페이싱, 카운터 싱킹 작업을 기초 작업으로 보면 된다. 그러나 드릴가공을 하기 전에 반드시 센터 드릴 작업을 먼저 한다는 것을 잊지 말자.

① 드릴의 정밀도

드릴은 마모되면 보통 진입하는 쪽의 밑날 끝부분과 밑날 지름부가 마모되기 때문에 전동숫돌이나 공구연삭기에서 재연삭하여 다시 사용한다.

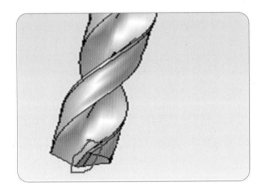

그런데 연삭을 잘못하면 공구지름보다 가공된 후의 공작물 지름이 크게 나오는 경우가 있다.

③ 정밀보링

주로 축(Axis)이나 샤프트(Shaft), 스핀들(Spindle), 베어링을 끼우기 위해 정밀 보링한다. 이 경우 보링바로 작업을 해야 한다. 앤드밀은 될 수 있으면 정밀 보링 공구로 추천하지 않는다.

구멍의 동심 및 진원도가 잘 나오지 않을 뿐더러 앤드밀이 들어가는 깊이에 따라 공차가 달라지기 때문이다. 예를 들어 앤드밀 공차가 ±0.003인 Ø20 앤드밀이 있다고 하자. 또한 제품에 Ø20 ±0.003의 홀이 있다고 한다면 위 앤드밀로 홀 공차를 맞출 수 있다고 생각하면 큰 오산이다. 물론 절삭 조건이나 환경이 우연하게 잘 맞아서 나올 수 있을 수도 있겠지만 거의 드물다. 왜냐하면 첫 번째는 기계의 정밀도가 변수이다. 머시닝 센터의 수직도, 평형도, 스핀들 정도가 문제가 된다. 두 번째는 공구이다. 앤드밀 아버의 편심 정도, 앤드밀 콜렛의 공차 변수가 존재한다. 때문에 이러한 문제들에서보다 많이 제약을 받지 않는 보링바로 홀 공차를 맞추어야 한다. 물론 단차가 있어 베어링을 끼워 넣는 구멍(깊이공차 있음)이라고 하면 구멍축에 대한 바닥의 직각도가 잘 나와야 하기 위해서 단차 면은 보통 정삭 보링바 하기 전에 앤드밀로 원호가공을 해서 미리 맞춰 놓고 최종 정삭 보링바로는 홀 지름 공차만 맞추게 하는 것이 방법이다. 또한 황삭을 한 뒤에도 모따기를 하는 것이 보링공차를 맞추는 데 유리할 것이다.

정밀보링은 홀의 위치공차 및 홀의 진원도 및 진직도가 필요한 경우에 실시하며 특별하지 않으면 보통 위치공차가 ±0.01 이상이고 지름 10mm 이하일 때는 리밍 작업을 하고 지름이 10mm 이상일 때만 보링 작업을 한다. 물론 Ø10mm 이하의 정밀 보링바도 나오긴 하지만 이 경우는 지그 그라인딩(막히거나 단차가 있는 홀가공) 기계나 와이어 커팅기(관통 홀의 가공)로 작업하는 경우가 대부분이다. 제품의 중요도에 따라서 작업을 결정하기 바란다. 지름이 10mm 이상일 경우에도 위치공차가 ±0.03이 넘어가고 단순 샤프트 조립과 정지 핀(pin) 삽입 용도의 홀이라면 리밍 작업도 가능하겠다.

황삭 보링이나 정삭 보링바의 보링팁을 잘 조절하여 원하는 지름과 홀 공차를 맞추는 것이 중요한데, 일단 버니어로 보링바 아버 외경측과 팁을 재어서 근접하게 보링팁을 고정시킨다. 다음 툴프리셋터 (제4장 참조)로 측정하고 0.1 정도 가공홀 지름보다 적게 맞춘 후 고정한다. 왜냐하면 툴 프리셋터가 정밀하다면 바로 맞추어서 해도 되겠지만 그렇지 못하기 때문이다. 요즘은 머시닝 센터 안에 레이저 공구 길이, 경 측정기를 장착하여 공구를 회전시켜 맞추기 때문에 이를 이용하면 한 번에 원하는 공차를 얻기도 하겠지만 이런 장치가 없다면 저자와 같은 방법으로 하면 된다. 이제 툴 프리셋터로 길이 및 경을 어느 정도 근접하게 맞추었으면 가공홀로 테이블을 이동한 후 스핀들을 회전시켜서 핸들로 가공홀을 깊이 1~2mm 절삭해 본다. 보통 1~2mm 구간은 모따기를 해도 되는 부분이 많기 때문에 이렇게 조금 가공해 보고 실린더 게이지로 측정해 보면서 보링바를 맞추는 방법을 사용한다. 직접 제품에 하는 것보다 제품으로 사용하지 않는 소재가 있다면 미리 위와 같은 방법을 통하여 가공해 보고 보링바를 맞춰 놓는 것이 가장 적절한 방법이기도 하다. 그래서 정밀보링하는 정삭보링바는 대개 바이트 1날로 사용한다. 왜냐하면 2날로 정확한 구멍 치수를 맞추기 어렵기 때문이다.

G76 기능에서 축의 SHIFT 방향을 확인하는 방법은 깊이를 공작물에서 벗어나게 프로그램 한 뒤 위 사이클을 실행시키고 빠지는(shift) 것을 확인하는 방법으로 하면 된다. 그래서 빠지게(shift) 되는 방향의 반대 방향에 보링팁이 오게 고정하거나 아버를 끼우면 된다.

※ 대개 공구 메이커에서 주축 정위치 기능을 사용하도록 스핀들의 키와 공구의 키홈 및 바이트 팁의 방향이 일직선이거나 180도, 즉 정반대 방향으로 제작된다. 만약 아래 그림과 같이 일체형이 아닌 앤드밀 아버에 끼워서 사용하는 것은 아버(Arbor)의 키홈과 바이트 팁이 일직선상에 오도록 툴링할 때 보링바를 고정해야 한다는 점을 반드시 숙지하길 바란다.

※ 보링깊이에 깊이공차가 있다면 앤드밀로 맞춰야 한다. (제2장 G76 기능 참조) 정삭보링바는 구멍의 지름공차를 맞추는 데 쓰이도록 만들어져 있다. 따라서 바닥공차를 맞추기 위해 Z축으로 절삭 부하를 받게 되면 지름공차를 세팅한 것이 미세하게 변하거나 수명에 영향이 있다. 이것은 보링팁이 Z−50까지 직접 닿으면 부하가 생겨 보링바를 정밀하게 맞추어 놓은 상태에 무리를 가할 수 있고 공차가 벗어날 수 있게 되기에 부하를 받지 않도록 다 내려가지 않게 하는 것이 좋다.

단차가 있는 보링은 보통 앤드밀로 어느 정도 정삭 하게끔 바닥을 평탄하게 절삭하며 최종 보링 깊이보다 약간 더 들어가면 좋다. 만약 깊이가 중요하고 바닥 평면도가 중요하다면 앤드밀로 바닥을 별도로 정삭한 다음 정삭보링해야 한다. 주로 이런 바닥공차가 있는 곳의 정밀 hole은 베어링을 넣기 위한 hole인 경우가 많다. 그래서 깊이는 가능하면 앤드밀로 맞추고 정삭보링바가 바닥에 닿지 않게 하는 것이 보링바 관리에 좋다.

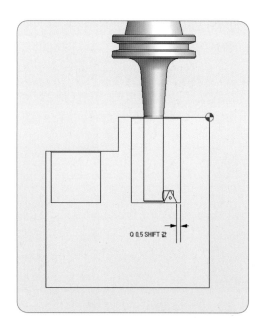

위 그림에서 Q0.5는 X+쪽으로 바이트 팁과 보링면을 떨어지게 해 빠져나올 때 보링면이 긁히지 않기 위한 값이다.

4 드릴 작업과 리머, 보링의 차이점

드릴 작업과 보링 작업은 구멍을 가공한다는 점에서는 같다. 하지만 아래와 같은 가공 방법에서 코드를 구분하여 사용할 필요가 있다.

① 정밀도의 차이

드릴가공으로 정밀도를 맞출 수 있지만 한계가 있다. 즉 드릴가공은 공구가 잘 휘어지므로 절삭가공 시 구멍가공이 휘어져서 가공될 소지가 다분하다. 하지만 보링공구는 휘지 않기 때문에 평면에 대한 직각도가 기계의 Z축 직각도 대로 가공된다.

구멍가공 방법	직각도 상태	진원도 상태
보링	우수	우수
리머	보통	우수
드릴	낮음	보통

② 가공 방법의 차이

드릴가공은 대부분 Z축의 이동만으로 가공을 하지만 보링 작업에 필요한 기능, 즉 주축 오리엔테이션, 보링팁과 공작물의 긁힘(스크래치) 방지를 위한 오리엔테이션 방향에 맞춘 축의 이동 및 후퇴 기능이 있다. 보링 사이클은 보통 3가지 이상의 고정 사이클이 있다.

어떤 구멍가공이든 먼저 기초 드릴을 작업하는 것이 좋다. 앤드밀로 램프가공을 해서 기초 홀이나 구멍가공을 할 수 있지만 가장 좋은 방법은 드릴가공으로 기초 드릴을 가공하고 이어 앤드밀이나 보링으로 구멍을 좀 더 정밀하게 작업하는 것이 일반적이다.

㉠ 리머(Reaming) 작업

리머 공구를 이용하여 작업하는 것으로 보통 Ø30mm 이하의 정밀 홀 공차 0.01 및 위치공차 0.01 이상의 홀 가공에 많이 사용된다. 특히 보링 작업보다 홀 공차를 맞추기에 편리하다. 왜냐하면 리머공구는 가공하고자 하는 홀 지름과 공차대로 제작되어야만 하고 홀 공차에 맞게끔 제작을 의뢰하기 때문이다. 작업자는 원하는 리머공구의 지름과 공차를 공구 제작사에 의뢰하면 된다. 보링바로는 Ø8mm 이하의 지름은 가공하기 힘들고 또 이런 보링바를 제작하는 회사가 드물다. 그렇기 때문에 이런 부분에서 다소 편리한 리머 작업을 하게 된다. 만약 도면에 8파이 이하 정밀보링을 원할 때 관통홀이라고 하

면 와이어 가공, 막힌 홀이라면 지그보링머신을 이용하여 가공해야 한다. 이 와이어나 지그보링은 공차 0.005 정도는 기본적으로 맞추기 때문이다. 보통 리머 작업의 순서는 ㉠ 센터 드릴 작업▶㉡ 기초 드릴 작업▶㉢ 정밀 위치 공차를 얻기 위한 홀 작업▶㉣ 리머 작업 순으로 한다. 보통 홀의 위치공차(거리공차)가 0.02 이상이거나 정해지지 않는다면 ㉢ 작업을 생략한다. 그러나 홀 위치공차가 0.02~0.006 정도라고 한다면 기초 드릴 작업 후 휘지 않는 앤드밀로 G81 드릴가공처럼 홀 가공을 하거나 원호가공을 한 다음 리머 작업을 해야 원하는 홀 위치공차를 맞출 수 있다.

물론 제품에 리머가공을 하기 전에 제품이 아닌 공작물에 리머가공을 해보면 기계의 상태나 센터 드릴의 상태에 따라서 위 ㉢ 작업을 생략하거나 추가해야 한다. 중요한 것은 작업자가 제품에 정밀가공을 하기에 앞서 공구 상태나 기계의 상태를 아는 것이 중요하다. 기계나 공구의 상태를 알기 위해서 위와 같이 제품이 아닌 공작물에 가공을 해보는 것도 요령이라 하겠다. 대부분 위 앤드밀은 앤드밀 날장이 0.5~1mm만 남기며 홀 지름도 0.1~0.15 정도 빠지게 제작해야 한다. 이런 앤드밀은 대부분 특수공구 제작사나 기타 제작사에서 한다. 그러나 Ø6mm 이상의 지름이라고 한다면 위와 같은 앤드밀로 제작하는 것보다 일반 앤드밀로 원호 보간(G02－G03)을 이용해서 근접하게 홀을 맞추는 방법이 더 실효성이 있다.

보통 8파이 이상 되는 정밀홀 중에서 스틸같이 깊이가 20mm 이상일 경우는 리머 종류를 선택할 때 초경으로 하고 공차 날 부위가 끝에서 10mm 정도만 있는 것으로 해야 리머가공 시 절삭 부하로 인한 리머의 파손을 방지할 수 있다. 보통 날당이송은 0.05~0.08 정도로 하고 앤드밀 원호가공으로 해서 리머기초 홀을 가공한다면 스틸이나 서스 재질의 경우 리머 가공 여유를 편측 0.01~0.04 정도만 해서 리머가공 시의 절삭 부하를 최소화 시켜야 리머의 공구 파손을 방지하며 툴라이프를 향상시킬 수 있다.

리머깊이는 리머날 끝의 진입각이 반드시 있게 마련인데 진입각의 각도 길이만큼 더 들어가야 한다. 단 깊이공차가 주어져 있다면 앤드밀로 맞추고 진입각이 최소인 리머로 사용해야 한다. 그러나 대부분의 리머 홀은 용도가 정지핀(dwell pin) 자리나 축 끼워맞춤용, 금형의 이젝트 핀홀이기 때문에 깊이공차를 맞추어 설계하는 것은 일반적인 설계라고 볼 수 없다. 만약 베어링이 삽입되는 단차라면 얘기는 달라진다.

리머공구 재질로는 고속도강(하이스), 초경 그 외 재질들이 있다. 리머를 오래 사용하다 보면 진입 부위에서 목부 쪽으로 지름이 점점 커지는 현상이 발생할 수 있으므로 확인해야 한다. 왜냐하면 주로 날끝 부위에서 절삭되면서 타고 들어가므로 마모가 날끝 쪽에서 이루어져 점점 목부 쪽으로 영향을 미치기 때문이다. 요즘은 리머가 날끝에서 날장이 1~5mm 미만으로 날끝 부위만 사용하게 만들기 때문에 위와 같은 영향에서 제약을 덜 받는다.

ⓒ 탭(Tapping) 작업

수나사 볼트를 체결하기 위해 제품에 주로 탭을 낸다. 탭 공구는 공구 회사에서 표준 폼으로 만들어진 것을 사용하면 되나 특수한 경우 탭을 공구 제작업체에 의뢰해 만들어 작업할 수 있다.

탭 기초 홀 작업에서 탭의 파손을 방지하기 위해서 보통 미터나사의 경우 탭 지름에서 피치를 뺀 것이 기초 홀의 지름이지만 재질이나 탭 깊이에 따라서 지름에서 0.1~0.4까지도 크게 해서 가공해야 탭 파손을 방지할 수 있다. 이것은 탭 품질에 따라서 A급~C급 나사로 가공해야 할지 결정해야 한다.

보통 MCT에서 탭은 미터나사탭, 관용테이퍼 나사, 헬리코일탭 작업을 한다. 만약 탭 작업을 할 때 스틸의 경우 열처리를 해야 한다면 반드시 열처리 전에 tap 작업을 마무리 해야 한다. 열처리를 하면 대부분의 경도에서 tap이나 기초 드릴 가공이 잘 되지 않고 공구가 마모되거나 파손되기 때문이다.

ⓒ 카운터 보어 작업

카운터 보링의 주 목적은 렌치볼트의 머리 부분이 제품에 묻힐 수 있도록 하기 위함이다. 기계부품 간의 연결이나 고정을 목적으로 하는 작업인데 보통 센터→드릴→앤드밀 가공으로 마무리한다. 물론 카운터 보어 공구를 이용해서 작업하기도 한다.

ⓒ 스폿페이싱(Spot Facing) 작업

스폿페이싱은 보통 센터→드릴→앤드밀 가공으로 마무리한다. 구멍이 뚫려있다면 앤드밀로만 마무리한다.

ⓒ 카운터 싱킹(Counter Sinking) 작업

카운터 싱킹 작업은 접시머리 볼트의 체결 자리를 가공하는 것으로 체결 시 볼트 맨 윗면이 제품 윗면보다 올라오면 안 되게 깊이를 체크해야 한다. 보통 M8 접시머리 이하의 볼트 체결에 사용된다. 가공 후 해당 접시머리 볼트를 끼워서 깊이를 체크한다. 센터→드릴→ 모따기 공구로 작업을 마무리한다.

ⓒ 단차가 있는 HOLE 가공의 WORK 좌표와 프로그램 작업

아래는 제3장 WORK 좌표 설정 위치에 따라 Z축 좌표 값이 어떻게 바뀌는지 프로그램한 예이다. 보통은 단차가 있는 공작물의 Z 좌표이건 어떤 제품의 공작물 Z 원점은 제품 맨 윗면에 잡는 것이 공구와 공작물의 충돌을 확인하는 데 편리할 수 있다.

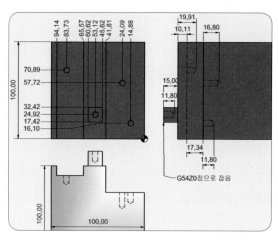
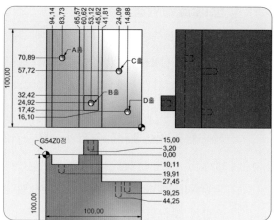

㉮ 위 그림 좌측과 우측의 비교

(CENTER DRILL(SPOT DRILL), M6TAP HOLE 센터 작업만 비교함)

```
(DRILL1)
T1 M06
S3638 M03                          좌측그림
G54
M08                                프로그램
G00 X-83.726 Y70.887
G43 Z15. H01
G00 Z5.
G98 G81 X-83.726 Y70.887 Z-28.31 R-23.11 F437.
G80
X-24.09 Y57.716 Z5.
G81 X-24.09 Y57.716 Z-45.646 R-40.446 F437.
G80
X-53.122 Y24.92 Z5.
G81 X-53.122 Y24.92 Z-3.2 R2. F437.
G80
X-14.877 Y16.1 Z5.
G81 X-14.877 Y16.1 Z-45.646 R-40.446 F437.
G80
Z15.
```

```
(DRILL1)
T1 M06
S3638 M03                          우측그림
G54
M08                                프로그램
G00 X-83.726 Y70.887
G43 Z30. H01
G00 Z20.
G98 G81 X-83.726 Y70.887 Z-13.31 R-8.11 F437.
G80
X-24.09 Y57.716 Z20.
G81 X-24.09 Y57.716 Z-30.646 R-25.446 F437.
G80
X-53.122 Y24.92 Z20.
G81 X-53.122 Y24.92 Z11.8 R17. F437.
G80
X-14.877 Y16.1 Z20.
G81 X-14.877 Y16.1 Z-30.646 R-25.446 F437.
G80
Z30.
```

위 프로그램 좌측과 우측을 비교하면 Z 가공 깊이와 R점만 다르다. 물론 CAM을 사용해서 가공할 것이라면 확인할 필요는 없지만 수동 프로그램의 경우는 좌측의 Z0점을 잡는 것이 계산하기나 보기에 이해가 빠를 것이다.

5 소형 장홀(장공) 가공의 정밀가공

보통 장홀은 앤드밀로 가공한다. 정밀공차의 장홀의 경우 앤드밀로 윤곽가공을 하거나 슬롯가공을 해서 공차를 맞출 것이다. 여기서 소형 장홀에 대한 정밀공차를 맞추는 방법에 대해 알아보자.

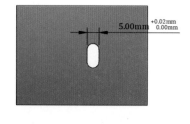

① 평앤드밀로는 준 정삭을 한다.

보통 8파이 이상의 정밀 장홀은 황삭 라핑 앤드밀이나 평앤드밀로 측면에 0.1 이상 정삭 여유를 준다. 더 정밀하게 가공하기 위해서는 정삭 여유를 최대한 적게 주고 정삭가공에 임할 것이다. 하지만 8파이 이하 깊이가 깊은 장홀의 경우 정삭 앤드밀의 휨 때문에 입구 쪽은 공차가 크게 나오고 깊이 방향으로 내려갈수록 작게 나오는 경향이 있다.

따라서 평앤드밀로 최대한 공차에 근접하게 깊이 가공을 한다. 물론 평앤드밀로 해서 원하는 공차가 (전체 깊이 구간) 일정하게 나오면 마무리 가공을 하면 된다. 위 그림에서는 4파이로 황삭, 정삭을 한다. 될 수 있으면 황삭 앤드밀, 정삭 앤드밀을 별도로 하는 것이 좋다.

② 리머로 슬롯가공을 한다.

해당 공차 크기의 리머를 이용하여 앤드밀처럼 슬롯가공으로 마무리하는 방법이 있다. 물론 리머의 날 부위 치수 및 공차는 장홀 깊이에 맞게 일직선상으로 동일해야 한다. 즉 날 부위 지름 치수공차가 길이 방향으로 동일한 리머를 사용해야 한다.

리머로 슬롯가공을 하기 위해서는 최대한 정삭 앤드밀로 가공 여유를 최소화하는 것이 중요하다. 보통 0.03 이하로 리머가공 정삭 여유를 주는 것이 좋다. 그래야 리머가 앤드밀처럼 가공을 할 때 부하로 인한 부러짐을 최소화할 수 있을 것이다. 왜냐하면 리머 자체는 보통 깊이 방향으로만 수직 절삭이 동 목적으로 제작되기 때문에 측면 부하에 약하기 때문이다.

위 그림에서는 5파이에 0~+0.02가 나오는 리머로 가공을 하는데 슬롯가공이나 중심선 가공을 한다.

---

4 나사가공

나사가공에는 어떠한 방법이 있는지 알아보자.

보통 머시닝 센터의 나사가공은 거의 다 암나사(탭)이다. 하지만 특별한 경우에 수나사 작업도 필요할 때가 있다. 기초 구멍의 크기가 Ø50mm 이상일 경우는 탭으로 하지 않고 나사 바이트로 가공한다. 왜냐하면 스핀들 부하 및 TAP의 파손이 발생하기 때문이다.

1 암나사(탭)

머시닝 센터에서는 거의 90% 이상이 TAP(탭)가공이다. 그러므로 이 작업은 중요하며, 다음과 같이 작업한다.

㉮ 센터 드릴로 탭 기초 드릴가공할 때 드릴 중심이 흔들리지 않게 작업되도록 처음 구멍 위치만 찍는 작업을 한다.

㉯ 센터 드릴로 찍은 자리를 드릴로 가공하고자 하는 깊이까지 가공한다.

드릴 가공은 탭 깊이보다 드릴 날의 여유각 높이(아래 그림의 A 값)만큼 더 깊이 가공하도록 한다. 이렇게 하면 탭 부러짐이 덜하다. 특히 머시닝 센터 작업 이후 열처리가 되는 제품은 탭 가공 후 볼트를 끼워 보고 탭의 깊이나 나사산의 마모를 확인해야 한다. 볼트가 잘 돌아 들어가고 너무 좌우로 흔들리지 않으며 원하는 깊이까지 들어가는지 꼭 확인해야 한다.

왜냐하면 열처리 후에 탭 가공을 하려면 머시닝 센터에서 하지 못하고 사람이 수동으로 돌려서 하던지 경도가 높은 것은 방전탭을 내야 하는 일이 발생하기 때문이다.

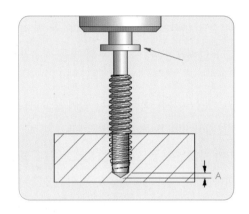

㉰ 기초 드릴가공을 한다.

보통 미터나사는 미터나사 지름에서 피치를 뺀 지름을 기초 드릴 직경으로 보고 드릴 가공 후에 탭을 낸다. (M5×0.8 피치의 기초 드릴 직경＝Ø4.3) 그러나 공작물 소재의 경도라든지 체결 정도에 따라 아래와 같이 드릴경을 조정해서 작업한다.

보통 M5의 경우 기초 드릴의 직경은 4.2이다 이것을 1급 나사로 가공한다고 보면 된다. 하지만 공작물의 경도가 높을 때는 4.2보다 더 큰 4.3이나 4.4로 가공해야 될 경우도 발생된다. 이러한 나사가공을 1급이 아닌 2급, 또는 3급 나사가공이라고 보면 된다. 이러한 변칙 가공도 있지만 작업자는 부품의 용도나 설계자와 협의 후 적절하게 가공해야 한다. (제3장 나사의 등급 참조)

드릴 깊이를 결정할 때 드릴 절삭 각도가 보통 118도이므로 드릴 반지름만큼 탭 깊이보다 더 들어 가야 한다. 요즘 CAM에서는 자동으로 계산되어 더 들어간다.

정리하면 총 드릴의 깊이는 도면 깊이＋드릴 날 끝각 높이(A)＋탭의 불완전 나사부 길이, 하지만 이렇게 도면 깊이보다 탭의 깊이가 더 들어가는 경우가 있는데, 만약 반대쪽 면에서 드릴 날 꼭지점까지 1mm 이상이 되지 않는 살이 남는다고 가정하면 설계자와 협의해야 하며 구멍이 나면 불량으로 보는 제품도 있기 때문이다.

※ 기초 드릴의 지름을 반드시 확인해서 불량이 나지 않도록 한다. 반드시 탭 지름보다 모든 탭 기초 드릴의 경은 작으니 유념하기 바란다.

※ PT탭(R(테이퍼 수나사, Rc(테이퍼 암나사)) 가공 관련

기초 드릴의 가공 깊이는 도면 깊이를 준수하고 표기되어 있지 않을 경우 PT탭 깊이보다 더 들어 가되 드릴 전단각이 끝나는(드릴 지름과 같다) 위치보다 0.5~1mm 더 들어가야 한다

– 탭 구멍의 모따기를 작업해 준다.

탭 구멍의 모따기는 탭가공 하기 전에 작업을 해야 한다. 왜냐하면 탭이 진입할 때 모따기가 없으 면 삐뚤어져 들어가기 때문에 암나사가 제대로 가공되지 못해서 볼트 체결을 하면 잘 들어가지 않 거나 쏠려서 들어가든지 아니면 흔들거림이 심하게 된다. 그래서 암나사 불량 발생의 원인이 된다. 또한 탭가공 후에 모따기를 하면 나사의 모따기 공구의 마모 상태에 따라 다르겠지만 볼트가 들어 가는 진입점에 모따기 작업 시 burr나 나사가 눌리게 돼서 볼트 체결 시 볼트가 잘 들어가지 않게 된다.

㉑ 절삭칩을 제거해 준다.

기초 드릴이 끝나면 구멍에 드릴가공이나 다른 공구가공 때에 들어간 절삭칩이 있는데 이것을 제거한 다. 수직 머시닝 센터에서는 수평 머시닝 센터와는 달리 드릴가공 후 칩이 그대로 구멍에 들어가 있거 나 가공칩들이 구멍으로 들어가서 칩을 에어로 불어 제거하지 않을 경우에 탭공구 파손의 원인이 되 므로 탭 공구 작업 프로그램 전 M00을 넣어 정지 시켜 칩을 제거하고 탭핑유를 뿌려 탭이 잘 나도록 한다. 만약 위와 같이 M00을 넣어서 탭가공 전에 칩 제거 조치를 하지 못하는 상황이라면 기초 드릴 →탭→기초 드릴→탭, 이런 식으로 탭 기초구멍으로 칩이 들어가는 것을 최소화 한다. 이것은 단지 수직형 MCT에서만이다.

㉒ 탭유를 탭 가공할 구멍에 넣어 준다.

스틸일 경우 보통 탭핑유를 뿌려주고 M5 TAP 이하의 알루미늄 소재의 경우는 WD-40 종류의 방청 제를 뿌려주면 잘 난다. (절삭유 분사가 어려울 때만) 알루미늄을 주로 가공하는 MCT라면 M3 이상은 절삭유로 해도 된다. 주물가공의 경우 특별히 전용 탭유를 사용하지 않아도 된다. 필자도 선배들이 하 는 것을 보고 습동면 폐유를 뿌려 주었다. 스틸, 서스가공의 경우는 반드시 스틸 전용 탭유를 홀에 넣 어 주는 것이 좋다.

㉓ 탭사이클을 사용하여 가공한다.

M8 이하의 탭은 부러지기 쉬우므로 탭 기능 중 "M29 S 값" 이렇게 넣는 Rigid Mode를 꼭 사용한다. (제2장 고정 사이클 중 탭사이클 참조). 반드시 위 M29 리지드 모드를 사용해야 한다. 주축 회전수는 임의로 정하지만 공작물 재질에 맞게 정한다. 그런 다음 정한 값에 피치를 곱해주면 이송속도가 나온 다. (제2장 절삭이송 참조)

가공 깊이는 보통 드릴 가공 깊이보다 최소 드릴각 계산식에서 나오는 A(이전 그림 참조) 값만큼 덜 들어가야 탭 파손을 방지할 수 있다. (계산식 9장 참조)

㉒ 탭의 수명은 공구 제작사에서 나온 시간을 참조하는 것이 일반적이지만 보통 소리나 탭의 날을 봐서 교체해야 되는지 알 수 있다.

탭가공 시 들어갈 때 소리가 거의 나지 않지만 마모되면 구멍으로 들어가면서 절삭할 때 소리가 난다. 진입할 때 기계이송 속도에 맞지 않게 잘 들어가지 않거나 소리가 나거나 탭의 날을 자세히 봐서 약간이라도 이가 나가거나 마모되면 교체해야 된다.

※ 탭가공 중에 기계의 전원이 차단되거나 문제가 발생할 때 멈추면 앞의 그림에서 파란색 화살표 방향의 탈착장치를 위로 올리고 Z축을 핸들 모드로 서서히 올려서 빼면 된다. 그림에는 보이지 않지만 화살표 방향의 윗부분에도 탈착장치가 1개 더 있다. 이것을 이용해도 된다.

① 탭 깊이

㉠ 미터 나사 TAP 가공 깊이

미터 나사탭 공구의 종류에 따라 불완전 나사부의 길이가 다르므로 탭 공구의 불완전 나사부의 길이가 얼마인지 탭공구 제작사의 카탈로그를 확인한 다음 도면의 탭 깊이보다 더 들어가야 한다. 그래서 암나사의 가공 깊이가 도면의 가공 깊이로 맞게 가공되었는지 볼트를 체결하여 깊이를 확인해야 한다.

CAM가공으로 프로그램 한다면 자동으로 드릴의 유효지름까지 더 들어가고 탭 불안전 나사부 길이만큼 자동으로 더 들어가는 경우가 있다. 이 깊이는 꼭 확인해야 한다. 반도체 세정장비 부품에서 판재 부품 가공 시에 탭 깊이부에 관통되면 불량이 발생되는 제품들이 있다. 도면의 탭 깊이대로 가공하기 위해 더 들어가는 경우가 있는데, 이때 불안전 나사부까지 더 들어가면 관통되는 경우 깊이를 조절하고 탭 불안전 나사부가 최소가 되도록 별도로 전동연마공구에서 기성품 TAP 끝부분을 제거하고 탭을 장착할 필요가 있다. 저자는 보통 기성품 탭 끝 뾰족한 부분을 최대한 불안전 나사부가 없는 길이만큼 갈아 내고 사용한다.

만약 AL판재 제품 중에 위와 같이 구멍이 발생하여 불량이 발생할 경우 레이저 용접으로 때울 경우도 있다.

㉡ PT(Rc나사) 나사 TAP 가공 깊이

제3장 144쪽 PT 탭(R탭)을 참조하여 가공하면 된다.

② 탭 파손 시의 조치 방법

드릴 및 탭이 파손되어 구멍에 박혔을 때의 조치 방법은 전동드릴에 탭 무버공구를 끼워 역방향으로 돌려 제거하거나 탭은 보통 HSS이므로 초경 앤드밀로 램프가공해서 제거하거나 방전가공을 해서 파손된 탭을 제거하는 방법이 있다. 초경의 경우 전극가공을 해서 방전가공기로 탭을 제거하거나 재탭을 낸다.

③ 지름이 큰 암나사의 가공 방법

40파이 이상의 암나사(TAP) 가공은 MCT 전용 암나사 공구를 사용한다. 이런 경우 대부분 헬리컬 가공을 한다.

④ TAP 파손의 감지 방법

㉠ 탭 가공 시 소리를 들어라

보통 일반적인 탭 가공 시에는 소리가 나지 않는다. 그러나 탭 공구가 마모되면 깊이 가공 시 약간의 소음이 발생하게 되는데, 이것은 마모로 인한 억지로 가공되는 소리이므로 탭을 새것으로 교체한다.

㉡ 탭공구의 나사산 시작 부위를 체크하라

아래 그림에서 공구의 절삭 시작 부위 날을 잘 관찰해서 약간의 파손이 있는지 확인하라. 즉 이빨이 깨졌는지 확인하고 깨져 있으면 새것으로 교체하라.

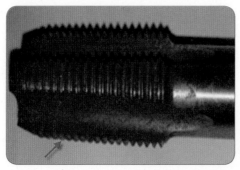

위 사진은 PT탭 그림인데 미터탭도 마찬가지로 이해하면 된다.

㉢ 탭 작업 후 볼트 체결 후 체크 방법

탭 가공 후 해당 볼트를 체결해서 정상적인 방법으로 가공했고 칩 청소를 했는데도 잘 들어가지 않으면 탭이 마모된 상태로 가공된 것이므로 탭을 새것으로 교체한다.

⑤ TAP 가공유

보통 알루미늄은 MCT에서 특별히 탭유를 주입하지 않고 절삭유로 가공한다. 그러나 전용 탭핑유를 가공 시 발라주면 훨씬 탭이 잘 난다. 스틸은 절삭유를 OFF 하고 반드시 스틸용 탭핑유를 탭 구멍에 넣어주고 가공한다. 물론 탭 가공 전에 기초 드릴을 가공했으면 구멍 안의 칩이나 이물질을 반드시 제거하고 탭 작업을 한다.

만약 AL 소재의 TAP 작업을 M00 하지 않고 할 경우에는 가급적 칩이 많이 나오는 황삭가공 전에 센터→드릴→탭 가공을 먼저 할 수도 있다. 또한 탭만 모두 뒤로 빼지 말고 센터 드릴→드릴→탭을 반복적으로 하여 각기 다른 탭가공을 해도 기계를 세우지 않고도 좀 더 칩에 의한 탭 부러짐을 방지할 수 있는 작업 방법이라고 할 것이다.

⑥ 수동 TAP 작업

기계에서 작업을 할 수 없는 부분을 수동 탭핸들을 이용하여 손으로 탭을 내는 작업을 말한다. 대부분 기계에서 내는 작업과 비슷하지만 손으로 힘을 주어 돌려서 내기 때문에 평면에 대한 직각을 잡으면서 탭을 돌려야 한다. 즉 가로, 세로 부위를 정면이나 측면에서 보고 정확한 직각을 잡긴 어렵지만 어느 정도 직각이 되어서 들어가도록 맞춰야 한다. PT탭의 경우 반드시 나사 게이지를 놓고 깊이를 확인하고 직각을 보면서 작업해야 한다.

② 수나사

머시닝 센터에서 수나사는 거의 가공하지 않는다. 왜냐하면 어떤 제품의 특성상 수나사가 필요하면 코어(Core) 형식으로 따로 부품으로 만들어 메인 부품에 조립하는 형태로 사용한다. 그러나 또 필요한 경우도 있으므로 알아보자.

머시닝 센터에서 이러한 나사 가공을 위해서 공구회사에서 제작하는 인서트 홀더나 팁이 있다.

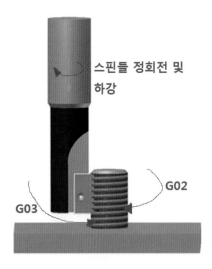

위 그림에서 내경나사(암나사) 작업은 탭의 지름이 보통 Ø40mm가 넘고 탭가공 시 부하가 많이 발생될 경우에 위의 방법을 사용한다.

※ 참고 : 예로 G17평면에서 위의 나사가공을 한다고 할 때 확인할 것은 G17평면이 XY평면이므로 동시에 X축과 Y축만 움직이게 돼 있다. G02,G03으로 원호보간을 하면 Z축이 움직이지 않게 파라미터

를 해놓은 경우가 있다. 만약 프로그램을 맞게 작성했는데도 알람이 발생하면 이 문제이므로 이 파라미터를 변경하고 작업하면 된다. 이것은 주로 헬리컬 가공을 할 때 사용된다. 요즘은 수나사가 아니더라도 구멍가공할 때 램프가공을 많이 하므로 기본적으로 G17평면에서 XYZ 동시 3축 제어를 하게끔 돼 있다. 워낙에 캠 프로그램에서 램프 가공을 선호하고 많이 사용하기 때문이다.

5 ENDMILL(앤드밀) 작업과 경보정

MCT에서 드릴로 구멍가공도 많이 하지만 앤드밀로 형상이나 구멍가공을 많이 한다.

1 공구 선택 기준

어떤 형상가공을 위해 첫째로 신경을 쓰는 부분이 바로 어떤 공구를 사용하며 공구의 지름은 몇 Ø로 할 것인지와 황삭, 정삭을 나눌 것인지를 선택해야 한다.

① 공차에 따른 공구 선택

공차에 따라 앤드밀 공구의 선택과 황삭, 정삭 앤드밀이 달라진다. 일반적인 방법은 황삭 앤드밀(라핑앤드밀) 가공 후 정삭 앤드밀(평앤드밀) 가공을 한다. 관통되는 구멍에서 드릴가공을 하고 바로 정삭앤드밀로 작업할 수도 있다.

㉠ 공차가 있을 때

공차, 즉 홀의 지름, 깊이, 거리 치수의 공차가 있을 때 앤드밀의 사용이 달라지는데, 특히 깊이공차가 있는 것은 앤드밀로 깊이 치수를 맞추는 작업을 반드시 해야 한다. 보링공구나 드릴공구로 깊이를 맞추는 작업이 힘들기 때문이다. 정삭보링공구로 맞출 수도 있지만 이것은 황삭보링이나 황삭 앤드밀가공으로 거의 0.05 이하의 정삭 여유를 남겼을 경우에 한한다. 이 또한 보링공구 인서트의 단면 길이가 깊이 단면보다 클 때의 경우만 해당되고 그 외에는 앤드밀로 깊이공차를 맞추고 보링공구는 지름공차만 맞추게 해야 한다. 결국 이런 경우는 무조건 앤드밀로 가공해야 한다는 것이다. 거리공차가 있을 때도 보링공구나 드릴공구가 하지 못하는 작업일 경우, 예로 드릴 작업으로만 황삭을 하고 리머가공을 할 경우는 거리공차가 나오지 않는다. 왜냐하면 드릴가공으로만 할 때 거리공차가 틀어지는 경우가 허다하기 때문이다. 이럴 때 드릴가공을 하고 앤드밀로 정삭 여유를 남기면서 홀 가공을 하면 정삭 전 홀 거리공차를 잡아주는 역할을 앤드밀이 한다. 공차가 있는 홀의 경우는 앤드밀로 맞출 수 있으면 하면 되지만 대부분 정밀공차는 앤드밀로 맞추는 것보다 리머나 정삭보링바로 맞추는 것이 훨씬 가공 시간이나 정밀도 면에서 우수하다. 즉 앤드밀로 구멍가공의 정밀공차를 맞추는 것이 일반적인 가공 방법은 아니다.

ⓛ 공차가 없을 때

공차가 없을 때, 특히 알루미늄 가공에서 빠른 가공을 위해 드릴가공 후 황삭 앤드밀 가공을 생략하고 바로 정삭 앤드밀로 가공 마무리하는 경우가 많다. 즉 이런 경우는 카운터 보어 작업의 경우가 많고 일반적인 드릴 지름이 가공치수에 맞지 않게 작을 때 드릴가공 후 황삭 앤드밀을 사용하지 않고 정삭 앤드밀로 마무리한다. 홀 지름공차만 있고 깊이나 거리공차가 없을 때는 보통 드릴 작업 후 바로 리머나 정삭보링을 해서 앤드밀 사용을 하지 않는 경우도 있다.

② 가공 영역과 공작물 크기에 따른 공구 선택

가공 영역이라고 한다면 가공 넓이(길이 포함)나 깊이에 따라서 앤드밀을 사용할지 아니면 CUTTER 종류를 사용할지 선택한다. 가공 넓이가 넓다면 앤드밀보다는 인서트 커터를 사용하여 가공하는 것이 훨씬 빠르다. 가공 깊이도 마찬가지이다. 강 재질의 공작물에서 깊이가 30~40 이상 깊이의 넓은 면적이라고 한다면 CUTTER보다는 라핑으로 1~2회 깊이를 나눠서 가공하는 것이 빠를 경우가 있다. 알루미늄 가공에서 넓은 면적은 20파이 이상의 CUTTER로 황삭가공하는 것이 빠르다. 보통 앤드밀 라핑공구는 지름 6~25파이만 사용하기 때문에 6파이 이하는 평앤드밀을 황삭으로 사용하고, 25파이 이상은 라핑 앤드밀이나 평앤드밀을 거의 사용하지 않고 CUTTER로 황삭, 정삭을 할 경우가 많다. 주철가공에서 코너R의 크기가 0.3 이하로 작업을 할 경우 50파이 6날 앤드밀 100파이 완성앤드밀 공구를 사용하는 예외 사항도 있다는 것을 참고 바란다.

③ MCT 스핀들 크기에 따른 공구 선택

스핀들이 BT50이냐 40이냐 30이냐에 따라서도 앤드밀 크기나 사용 여부가 바뀐다. 보통 BT40에서 앤드밀은 20파이까지만 사용하는 것을 권장하고 그 이상 큰 공구를 사용하는 것은 기계 정밀도나 내구성을 유지하고 관리하는 측면에서 본다면 권장하고 싶지 않다.

절입량을 적게 하고 FEED 속도를 빨리 하는 고속가공에서는 앤드밀보다는 CUTTER를 사용해야 한다. 저자가 알루미늄을 가공할 때 라핑 앤드밀은 6~16 파이를 사용하고 그 이하나 이상은 사용하지 않았다. 많은 양의 알루미늄 절삭은 대부분 20파이 이상의 커터로 5~7mm 정도 깊이로 팍팍 쳐내야 한다. 하지만 형상정삭은 16파이 이상의 평앤드밀(정삭 앤드밀)은 20파이까지만 사용하고 사용하였다. 즉 위 공구지름 영역에서 모든 가공을 한다는 얘기이다.

④ 공정에 따른 공구 선택

앤드밀의 진입이 쉽도록 진입점을 드릴로 미리 가공해 두면 앤드밀 깊이 가공 시 앤드밀에 부하를 주지 않고 공구 수명을 연장시키는 효과로 인해 형상가공일지라도 센터 드릴과 드릴가공을 해 주기도 한다.

– Ø6mm 이하의 HSS 황삭(라핑 앤드밀) 앤드밀은 거의 사용하지 않는다.

저자의 경험으로 볼 때 Ø6mm 이하의 황삭용 앤드밀을 사용하여 가공할 경우 라핑 앤드밀은 황삭용으로 사용하지 않고 보통은 2날 평앤드밀로 황삭 작업까지 가공하곤 했다. 왜냐하면 라핑 앤드밀 자체가 홈이 많아서 Ø6mm 이하 라핑 앤드밀의 경우 부하에 취약하기 때문이다.

⑤ 가공 깊이나 코너R 치수에 따른 공구 선택

㉠ 가공 깊이에 따른 공구 선택

가공 깊이가 깊은 부분은 대부분 황삭 앤드밀은 물리는 앤드밀 생크 부위까지 동일한 지름의 공구를 사용하여 생크 부분을 무는데, 15mm 이상을 제외한 길이가 콜렛 단면에서 돌출될 수 있도록 물리고 가공한다. 그렇게 해도 공구가 짧을 때는 리브 가공용 앤드밀을 사용하거나 롱 앤드밀을 사용해야 한다.

㉡ 코너R 치수에 따른 공구 선택

보통 포켓가공이나 윤곽가공에서 오목한 부분의 코너R 크기에 따라 공구를 선택할 수 밖에 없다. 예를 들어 사각코너의 코너R이 2.0이라면 최종 작은 지름의 앤드밀은 4파이 이하를 사용할 수 밖에 없어 제한적이다. 그래서 설계자와 협의해서 이 오목한 코너R을 키울 수 있으면 설계를 변경할 수 있는 한에서 협의하여 변경한다. 변경이 불가하다면 그 코너R로 할 수 밖에 없는데 조립이 목적이라면 코너의 모서리 부분에 원형상을 삽입해서 가공하는 방법도 있다.

※ 가공제품에 따라서 다중공구 가공 기능, 재가공 기능을 사용한다. 즉 코너R이 1.5이고 절삭면적이 넓은 경우에 사용하는데, 주의할 것은 공구 길이 측정과 길이 마모량을 감안한 가공을 해야 단차가 발생되지 않는다. 또한 6t 이하의 판재가공에서는 어쩔 수 없는 경우를 제외하고 될 수 있으면 다중공구 기능(재가공 기능, 잔재처리 기능)을 사용하지 않는 것이 가공 면조도에 좋다. (피쳐캠에서는 다중공구 기능, 마캠에서는 재가공 기능, 에지캠에서도 rest, 즉 잔재처리 기능이다.) 바닥 윤곽을 황삭과 정삭으로 작업할 때 코너R에 따라서도 플렛 앤드밀을 사용할 것인지 불노우즈, 즉 코너R 앤드밀을 사용할 것인지를 선택하게 된다.

⑥ 소재에 따른 공구 선택

㉠ 측면조도나 단차 문제에 따라 선택

스틸 계열의 경우 정삭은 대부분 초경을 사용했다. 하지만 지름이 16파이 날장 50mm, 전장 120 정도의 롱앤드밀일 경우는 초경보다는 HSS 계열의 코팅 정삭 앤드밀로 작업을 했다. 이유는 16파이 초경의 경우 돌출 길이가 80이 넘어가면 떨림으로 인한 날끝 깨짐이 빈번히 발생해서 공구 비용을 감당하기 어렵기 때문이다. 만약 위와 같이 깊이 70mm 이상의 측면가공 시에는 될 수 있으면 초경정삭 앤드밀과 HSS 계열의 정삭 앤드밀을 같은 측면가공에 혼합해 사용할 경우 측면단차가 발생될 수 있음에 주의해야 한다. 그래서 될 수 있으면 한 종류 계열의 정삭 앤드밀을 사용하는 것이 측면 단차 발생을 줄일 수 있다.

ⓒ 바닥 깊이 코너부의 부하량에 따라 선택

스틸 계열 소재의 경우 대부분 형상을 커터로 가공하고 나서 앤드밀로 형상가공을 한다. 물론 깊이가 100mm 이하의 경우이다. 대체적으로 황삭윤곽을 커터로 가공하면 커터 인서트 코너R이 보통 0.8R~2R 정도는 된다. 즉 커터로 황삭 윤곽가공을 한 후 바로 정삭 앤드밀로 작업할 경우 스틸 소재의 경우 정삭 앤드밀 날 끝이 대부분 얼마 지나지 않아 파손된다. 이런 경우는 먼저 바닥깊이 코너R을 황삭 앤드밀로 한 번 윤곽가공하여 제거해 주고 난 다음 초경앤드밀로 정삭을 하는 것이 정삭 앤드밀 수명과 면조도를 향상시킬 수 있다.

② 앤드밀 가공법

밀링 작업의 기본이 되는 앤드밀의 가공 방법에 대해 알아보자.

① 앤드밀을 물리는 방법(앤드밀을 척에 클램프 하는 방법)

앤드밀을 콜릿이나 아버에 물릴 때 날장 윗부분까지만 물려야 한다. 즉 날장 부위는 물지 않아야 한다. 보통 앤드밀은 콜렛에 물려지는데 밀링척이건 ER 콜렛척이건 날장 부위를 물면 콜렛이 손상될 뿐만 아니라 앤드밀을 물고 있는 힘이 없어 빠지거나 공구 파손, 제품 불량이 발생할 수 있다.

위 그림에서 날장 부위는 빨간색 양쪽 화살표 길이이다.

㉠ 사이드락(볼트 고정형) 홀더

앤드밀 지름이 Ø16 이상의 황삭가공을 할 때의 물림 홀더는 아래와 같이 볼트로 조여 주는 것을 사용한다. 주의할 점은 앤드밀 생크 부위에 이 볼트가 잡아 줄 수 있도록 볼트를 조였을 때 생크 부분에 닿는 것을 체크하여 앤드밀 생크 부위를 연마숫돌로 (A숫돌) 갈아 주거나 볼트의 지름보다 약간 크게 홈을 내주어야 한다. 밀링척, 콜렛척도 지름 20파이 이상의 황삭에서는 앤드밀이 빠지기 때문에 아래와 같은 볼트 클램프 홀더를 사용한다. 보통 강력절삭에 사용한다. BT50 정도의 중, 강력절삭에 사용한다.

아래는 볼트 클램프 척의 볼트가 앤드밀을 잘
고정시킬수 있게 앤드밀 생크 부위를 숫돌로
갈아놓은 그림이다.

위 볼트 클램프는 보통 16파이 이상 앤드밀의 황삭용, 중삭용에 사용하는데 16파이 이상이면서 콜
렛에 물리는 길이가 20mm 이하이면 작업 중 빠질 확률이 높기 때문에 위의 볼트 클램프 척을 사
용한다.

참고로 위와 같이 사용하는데 앤드밀이 가공 중 파손될 경우는 삽입된 부위가 잘 빠지지 않고 클램
프 볼트도 잘 풀리지 않는다. 이때는 뒤의 풀스터드 볼트를 푼 후 그 안쪽 길이 조절 볼트를 빼내고
10파이(홀더 안쪽 무드볼트 파이보다 지름이 작은 봉) 정도 되는 봉을 풀스터드 볼트 방향 쪽에서
넣으면 앤드밀 맨 뒷 생크부 단면이 닿는데, 이때 힘껏 망치로 봉을 때리면 부러진 앤드밀 생크부
가 앞으로 전진할 것이다. 이때 다시 한번 홀더 클램프 볼트를 풀면 잘 풀린다. 너무 세게 쳐서 앞
쪽으로 많이 나가면 볼트가 안 풀릴 수 있으므로 부러진 단면에서 다시 반대쪽으로 쳐서 볼트를 풀
어보면 될 것이다.

클램프 볼트를 잠그고 풀 때는 사각이나 원형 파이프로 L렌치를 넣어 조이거나 풀면 힘이 적게 들
면서 쉽게 작업하기에 편리하다.

ⓛ 유압 홀더

사이드락처럼 볼트로 조이는 것 같지만 볼트를
돌리면 유압에 의해서 고정되는 유압홀더도 편
리하다.

위 그림과 같이 앤드밀 생크 파이에 직접 물리는 방법과 밀링콜렛을 넣고 2차로 밀링콜렛에 앤드밀을 꽂아서 사용하는 방법도 있다.

ⓒ 콜렛에 물리는 방법

지름이 16파이 이하로 작거나 앤드밀의 정삭가공, 즉 정밀한 가공을 하려면 반드시 콜릿 척을 사용해야 한다. 요즘 공구들은 공구 제작회사에서 회전에 대한 밸런스(balance)를 맞추어 나오는 경우가 많다.

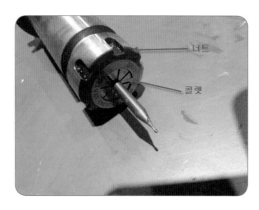

위 콜렛 선택에서 중요한 것은 밀링척 콜렛은 앤드밀을 물리는 길이가 15mm 이상되어야 한다. 3부분이 물어주니까 ER콜렛보다는 파지력이 떨어진다. 12파이 이하 앤드밀은 최소 15mm 이상 물리는 길이를 확보하도록 한다. 그게 안 되면 날장이나 생크가 긴 앤드밀을 사용해야 한다. 왜냐하면 앤드밀이 서서히 빠져서 깊이 불량이 발생되기 때문이다.

ⓓ 앤드밀 고정의 중요 사항

콜렛이나 사이드 락 및 유압척에 앤드밀을 고정한다. 가장 중요한 것은 가공 중에 앤드밀이 빠지지 않아야 한다는 것이다. 또한 앤드밀을 고정한 홀더를 회전시켰을 때 편심져서 회전되면 안 된다. 이것은 콜렛 부분이나 물리는 부분이 파손되거나 충격을 받아 손상됐을 때 편심져서 회전된다. 이 증상은 제품 가공 후 확인할 수 있는데 잔재가공(재가공), 즉 다중 공구경을 사용하여 코너가 좁은 측면을 가공 완료할 때 측면 치수가 고르지 않고 편심된 앤드밀의 경우 더 측벽을 가공해서 면조도나 치수 및 공차 불량이 발생된다. 그래서 초정밀 가공에서는 앤드밀을 고정시키고 스핀들을 회전시켜 앤드밀 생크 부위에 인디게이터를 대고 편심량을 미리 체크해 보는 방법이 있다. 기본적으로 눈으로 확인한다. 대부분 보면 앤드밀이 부러질 때 콜렛에 문제가 발생되기 때문에 위와 같은 현상이 일어나는데 콜렛을 새것으로 교체하면 해결된다. 또는 풀스터드 볼트가 풀려서 나타나는 현상도 있는데 확인해야 한다. 또한 콜렛의 상태가 좋지 않아서 회전 시에 편심돼서 회전하게 되는데 이것 역시 잘 체크해야 불량이 발생되지 않는다.

② 형상관통 시의 앞면과 뒷면의 앤드밀 깊이 결정 방법

형상을 관통시킬 때 앞면 작업의 앤드밀 깊이와 뒷면 작업의 앤드밀 깊이를 결정해야 한다. 작업 결정의 포인트는 다음과 같다.

㉠ 첫째 가공하는 면에서 깊이를 가공하는 방법을 선택하라

뒷면 가공에서는 주로 모따기만 한다면 앞면에서는 뒷면 모따기 크기의 깊이만 남겨놓고 깊이를 가공하는 것이 좋다.

만약 소재의 두께가 10mm이고 관통되는 형상 부위의 모따기가 0.5mm라고 한다면 앞면 형상가공의 깊이를 9.6mm까지 가공한다. 그러나 이 가공 깊이를 결정할 때 앤드밀의 날장이 두께가공을 충분히 완료하고도 남는 길이일 때 해야 되고 그러한 앤드밀의 지름을 선택해야 한다. 아래 화살표 지시 부위는 형상관통 부위이다. 제6장에서 나온 사각가공의 예.

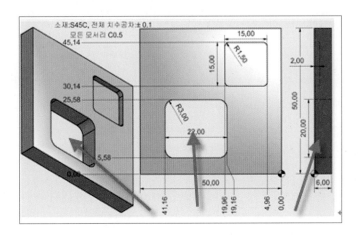

소재 두께가 6mm이고 앤드밀 지름이 Ø6mm, 날장이 12mm 정도 되어서 앞면 가공에서 형상가공 깊이를 5.6mm 정도 가공한 다음에 뒷면에서 모따기 0.5mm 가공하면 형상 조각(scrap)이 자연적으로 아래로 떨어지거나 분리 및 제거되게 가공하였다.

㉡ 뒷면 가공을 할 게 없고 앞면에서 모두 마무리한다고 하면 앞면 가공에서 제품 두께보다 더 가공 깊이를 넣는다.

만약 뒷면 모따기 작업을 하지 않거나 뒷면 가공에서 모따기만 남았을 경우 수동으로(줄이나 모따기 공구로 사람이 직접 작업) 할 경우가 있다. 이때는 앞면 가공에서 모두 가공 깊이를 넣어 관통시킨다. 이때 주의할 것은 클램프 방법인데 클램프 방법이 소재와 바닥 면을 밀착시킨 상태라고 한다면 깊이를 제품 두께보다 1mm 미만의 벗어난 가공 깊이를 넣는다. 물론 소재를 지탱해 주는 바닥이 머시닝 센터 X축 배드면이 아닌 치구에 클램프 한 상태이어야 한다. (8장 크기와 수량에 따른 클램프 방법 참조)

© 앤드밀의 날장에 따라 결정한다.

앤드밀의 날장보더 더 깊이를 가공해야 한다 하더라도 앤드밀 날장에 한해 1회 절입량을 결정한다. 당연히 앤드밀 날장보다 절입량을 더 주면 안 된다(예외 사항도 있음). 또한 관통형상의 경우 어느 한쪽에서 관통해서 측면가공을 마무리하는 것이 좋지만 그렇지 못할 경우는 단차가 최소화 되도록 어느 한쪽에서 제품 두께보다 0.1~0.2, 즉 모따기 양만 남기고 깊이를 내리는 것이 낫다.

③ 황삭 절삭 깊이(절입량)

절삭 깊이는 보통 앤드밀 직경의 1/4을 넘으면 쉽게 부러진다. 그렇다고 위의 1/4을 넘기면 안 된다는 것은 아니다. 가공 방법에 따라서 또한 CAM 기능에 따라서(에지캠의 웨이브폼이나 피쳐캠의 보텍스 기능) 앤드밀의 직경보다 1.3배 더 1회 깊이 값을 주는 대신 측면절삭량을 앤드밀의 2~5%만 주고 측면 고속가공을 하는 경우도 있다. 측면 값을 적게 주는 대신에 날당이송은 대부분 0.1~0.14 정도 주면 좋다. (날당이송 계산식과 가공 깊이는 제9장을 참조 바란다.)

㉠ 포켓가공, 장홀가공

깊이는 적게 하고 여러 번 가공하는 것은 포켓가공과 장홀가공에 가장 바람직하다. 즉 외곽에서 치고 들어올 수 없는 포켓 형식의 윤곽이나 깊이 가공에는 가공절입량을 최소로 여러 번 반복가공을 하면서 깊이가공하는 것이 좋다.

㉡ 측면가공, 외곽형상가공

측면의 절입량은 일반적인 가공에서는 앤드밀 직경의 1/2(절반)을 넘으면 좋지 않다. 이 측면 절입량 또한 여러 번 나누어서 가공하는 것이 이상적이다. 커터는 깊이 방향으로 여러 번 나누어서 형상을 가공해야 효율적인 반면, 앤드밀은 깊이 방향(다음 그림의 녹색 화살표)으로 한 번에 내리고 최대한 측면을 여러 번 가공하는 것이 효율적이다. 요즘 CAM 프로그램은 다음 그림의 우측과 같이 측면의 절입량을 넣을 수 있고 치고 빠지는 형태의 R곡선을 그리며 진입, 진퇴를 반복하면서 절삭하므로 부하로 인한 공구의 부러짐을 최소화하며 깊이 방향을 최대한 한 번에 가공한다. 퓨전 360 CAM의 어뎁티브 클리어링, 피쳐캠의 사이드 기능의 스텝오버 값(다음 그림의 파란색 화살표)을 조정하거나 보텍스 기능을 사용하는 것과 에지캠에서는 웨이브폼 기능을 사용하면, 스틸가공에서는 깊이를 한 번에 많이 가공하는 대신 측면절입량을 앤드밀 직경의 3~7%만 주고 고속가공하면 공구 수명 및 장시간의 가공에도 앤드밀의 마모가 적다.

이런 기능은 수동 프로그램 작성으로는 거의 불가능하다. 즉 3D 곡면가공과 CAM을 이용하지 않고서는 거의 불가능한 절삭가공이다. 그래서 이런 기능이 CAM의 효과나 효율을 보는 대표적인 한 부분이다. 만약 사람이 프로그램을 작성한다면 아마 우측과 같은 홈가공의 진입진퇴는 2번에 걸쳐서 가공하던지 아님 매크로 변수를 사용하여 여러 번 깊이 방향으로 가공할 것이다. 물론 위 CAM

기능의 측면절입량과 가공 형태의 방법을 사용하지 않고 효율적인 방법으로 하려면 소재 자체를 아예 모든 형상을 1mm 이하로 형상화(단조, 3D프린팅, 압출 등)하고 윤곽가공만으로 마무리한다면 위와 같은 CAM 기능보다는 훨씬 빠른 가공이 될 수 있다. 물론 소품종 대량생산에서는 이와 같이 한다. 참고로 위 CAM 기능은 스틸가공에서 효율적이며 소재의 재질이나 형태에 따라서 다를 수 있다. 알루미늄은 보통 위 기능을 사용하지 않고 한 번에 라핑 앤드밀로 황삭 포켓이나 윤곽가공 하는 것이 효율적이다.

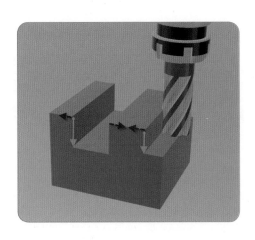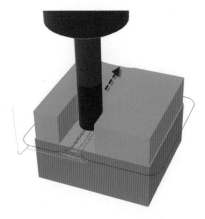

④ 하향절삭 방법

상향절삭(Conventional Cutting)과 하향절삭(Climb Cutting)으로 나눈다. 특히 정밀가공 분야에서는 하향 절삭을 하는 경우가 90% 이상이라고 보면 된다.

㉠ 하향절삭의 이해

대부분의 부품가공은 하향절삭을 하게 된다. 상향절삭보다는 공구의 수명과 공작물의 표면 거칠기를 좋게 하기 때문이며 공차 부분도 상향절삭보다는 더 잘 나온다. 특히 앤드밀 작업은 대부분 하향으로 해야 공구의 수명, 측면조도, 공차 부분을 만족할 수 있다. 다음은 하향 절삭을 그림으로 표현했다.

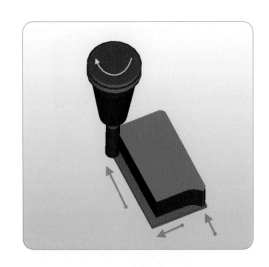

즉 공구의 진행 방향이 공구를 뒤따라가듯이 보게 되면 스핀들은 시계방향으로 회전하는데 공구와 공작물의 절삭은 공구의 우측에서 이뤄진다. 그리고 경보정은 공구의 좌측으로 공구 반경만큼 이동해서 작업한다.

이런 방향은 경보정에서는 G41 보정이 하향절삭 보정된다.

ⓛ 하향절삭의 장점

㉮ 정밀공차를 맞출 때 절삭 부하로 인한 공차 변화가 적어 맞추는 데 안정적이다.

㉯ 절삭면이 매끄럽고 깨끗하다. 특히 앤드밀 측면조도가 우수하다.

㉰ 공구 마모가 적다. 상향보다는 공구와 공작물의 마찰이 적어 공구 수명이 상향보다는 좋다.

ⓒ 하향절삭의 단점

㉮ 절삭 부하가 상향보다는 높다. 그래서 클램프를 단단히 하지 않으면 공작물이 가공 중에 움직일 수 있으며 이로 인해 공구의 파손이 올 수 있다.

㉯ 칩 배출이 잘 안되면 공구 파손이 빨리 올 수 있다.

⑤ **상향절삭 방법**

㉠ 상향절삭의 이해

절단 작업을 할 때 사용하면 좋다. 긴 봉이나 프로파일 등 절삭 부하로 인한 떨림이 있는 소재의 길이를 맞출 때 하향보다는 절삭 부하가 적어 사용된다. 상향을 사용하면 절단 작업 시 떨림이나 절단되어지는 스크랩의 2차 충돌로 인한 공구 파손을 최소화 할 수 있는 장점이 있다.

다음은 상향절삭을 그림으로 표현했다.

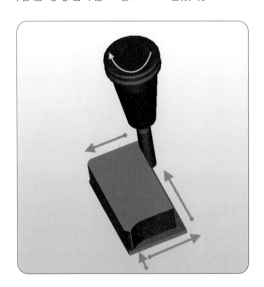

즉 공구의 진행 방향이 공구를 뒤따라가듯이 보게 되면 스핀들은 시계방향으로 회전하는데 공구와 공작물의 절삭은 공구의 좌측에서 이뤄진다. 그리고 경보정은 공구의 우측으로 공구 반경만큼 이동해서 작업한다.

이런 방향은 경보정에서는 G42 보정이 상향절삭 보정된다.

ⓛ **상향절삭의 장점**

㉮ 절삭 부하가 적어 떨림이 하향보다는 상대적으로 적어 절단 작업에 유리하다.

㉯ 칩 배출이 좋다.

ⓒ **상향절삭의 단점**

㉮ 측면 면조도가 하향보다는 좋지 않다.

㉯ 공구의 수명이 하향보다는 좋지 않다.

⑥ 앤드밀 관리

㉠ **정삭 앤드밀의 교체 시기**

정삭 앤드밀은 주로 공차를 맞추는 데 사용한다. 어떤 평앤드밀로 깊이 8mm에 홈 공차를 맞추는 작업을 한다고 하자. 이 앤드밀을 계속해서 사용하여 SKD 11의 재질인 공작물을 2시간 이상 가공했고 중간에 홈을 측정한 결과 공구가 약간 마모되어 경보정 치수에서 0.01을 보정했다고 하자. 그러면 이 정삭용 앤드밀은 바닥날 부위에서 위로 8mm 되는 부위까지는 마모가 된 상태이다. 그래서 만약 또다시 이 앤드밀을 깊이가 10mm 되는 홈의 정삭가공을 한다고 하면 이 정삭 홈의 측벽은 공작물의 윗면에서 깊이 −2mm 되는 부위에 0.005단차가 발생하게 되어 정삭면으로써 불량이 되게 된다. 물론 홈의 넓이 공차가 ±0.02이면 상관 없겠지만 공차가 ±0.005일 때는 문제가 발생된다. 저자도 반도체 전극가공을 하면서 TAPER 앤드밀로 깊이가 다른 측벽을 가공할 때는 마모를 항상 체크했다.

앞에 이 앤드밀을 가지고 측면 정삭가공을 하고 후에 깊이가 다른 홈이나 외곽 프로파일링을 하게 되면 외곽 측벽가공 면에 미세한 줄이 가게 되어 다시 작업을 하는 경우가 종종 발생하게 된다. 이와 같은 경우를 없애기 위해 대체적으로 모든 앤드밀로 깊이 가공했던 깊이 치수 및 마모된 경 치수를 관리해야지만 좀 더 정밀한 작업을 할 수 있다.

밀링에서 가장 이상적인 조도를 얻을 수 있는 것이 정삭 앤드밀의 측면 조도이다. 이것은 평면연삭을 하는 수준은 못돼지만 거의 준하는 면조도를 얻을 수 있다.

㉡ **황삭 앤드밀의 교체 시기**

라핑 앤드밀이나 기타 황삭용 앤드밀의 교체 시기는 날 부위를 보면 마모된 부분을 육안으로 확인할 수 있는데, 특히 옆날이나 밑날의 마모 상태를 확인하여 교체해야 한다.

⑦ 앤드밀 공구 보정

㉠ 공차 보정과 CAM 프로그램

예를 들어 폭 공차가 +0.01~0.02라면 미리 측벽 여유량에 0.0075 값을 적용시킨다. 깊이공차도 프로그램을 작성할 때 공차의 중간 값만큼 적용시킨다. 예를 들어 깊이공차가 +0.01~0.02라면 깊이 치수에 +0.015를 해준다. 즉 프로그램 시에 미리 CAM 설정에 저장한다.

모의 가공에서는 정상적인 모습으로 가공된 것처럼 보였지만 실제 가공했을 때 가공 범위를 벗어나 파먹은 경우가 있었다. 이 상황은 정삭 앤드밀로 재가공 설정이 돼있고 공구 경보정을 사용한 가공이었는데, 실제로 공구 경보정에서 진입과 진퇴가 모의 가공에 비해 잘못된 모습으로 나올 확률이 없지는 않는다. 그래서 이 가공에서는 공구 경보정을 사용하지 않고 가공했을 때 정상적인 가공이 되었다.

㉡ 중복 보정(Wear 보정)

이 보정 값은 주로 공차 값(보통 0~±0.05)만 입력한다. .

보통은 CAM가공에서 중복보정을 사용하는 것이 좋다. 즉 프로그램 작성 때 공구 반지름만큼 벗어난 경로로 프로그램 작성되는 방법이다. 이 경우 G41, G42를 사용하게 되는데 공구 보정량, 즉 옵셋 값 반경 부분 입력은 정상적인 경우라면 0 값이다. 도면에서 공차가 주어지는데 프로그램 작성 때 미리 공차를 감안한 프로그램을 하는 방법이다. 즉 측벽 여유 값에 미리 공차 절반 값을 적용해준다. 보통 CAM에서 앤드밀 공차 적용 값은 공차의 중간 값을 입력해 준다.

㉢ 컨트롤러 보정(Control)

이 보정 값은 주로 앤드밀의 반지름 값을 입력한다. 수동 프로그램에서 가장 많이 사용하는 방법이다. CAM가공에서 G41, G42의 보정을 사용하는 또 다른 방법 중에 도형치수 그대로의 선을 따라서 가공하게끔 NC 코드를 생성시켜주는 보정이다. 이 보정은 주로 하나의 윤곽프로그램을 SUB 프로그램으로 짜놓고 이 프로그램을 이용하여 동일한 가공 부위를 2~3개의 다른 공구를 이용하여 가공할 때 사용된다. 반도체 금형 PKG 전극가공의 경우 각도 앤드밀 가공 후 동일한 프로그램으로 공구만 바꿔서 윗면 R을 가공하거나 모따기할 때 주로 사용하는데, 주의할 점은 프로그램 진입 진퇴 시 R 진입, 진퇴 때 정해주는 R 값이 공구R 값보다 작으면 진입, 진퇴 시 경보정 알람이 발생할 수 있다.

㉣ 컴퓨터 보정

각도 앤드밀이나 3차원 가공 시 코너R 값들은 CAM에서 대부분 각도나 코너R 값을 입력해 주면 자동으로 CAM 프로그램에서 보정해서 프로그램이 출력된다. 또한 재가공, 즉 잔삭가공 기능도 마찬가지인데 잔삭가공에서 중요한 것은 툴 길이 측정 시에 측정 편차가 발생되면 평면 상에 단차가 발생되므로 편차가 발생되지 않도록 공구 길이 측정 시 최소 0.01 이하가 되게끔 한다. 이 보정은 공구경보정 코드가 사용되지 않는다.

❸ 소재에 따른 앤드밀 종류

① 가공물 소재에 따른 앤드밀 종류

앤드밀의 종류에는 여러 가지가 있다. 대표적으로 소재에 따라 스틸, 서스와 알루미늄 재질로 나뉜다.

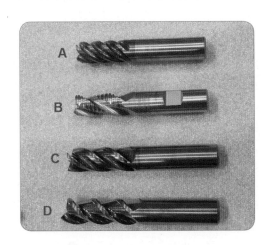

위 그림에서 A : 스틸(SUS) 가공용 라핑 앤드밀(황삭 전용 앤드밀), B : 알루미늄 라핑 앤드밀(황삭 전용), C : 스틸(SUS) 정삭 앤드밀 4날(황삭도 가능), D : 알루미늄 전용 정삭 앤드밀(중삭 겸용)

㉠ 알루미늄(ALU) 가공용 앤드밀

알루미늄 가공용은 스틸 가공용에 비해 상대적으로 날이 날카롭고 여유각이 크다. 그리고 대부분 코팅이 무색에 가깝다. 알루미늄 가공용으로 스틸가공을 하면 금방 마모되거나 부러지기 쉽다. 하지만 AL 가공 특성상 칩 배출이 좋고 칩이 공구에 달라붙는 성질이 적어 전용 공구를 사용한다.

㉡ 스틸 가공용 앤드밀

대부분의 스틸이나 서스가공에 광범위하게 사용한다. 종류도 다양하고 특히 코팅에 따라서 차이가 많이 난다.

㉢ SUS(스테인리스) 가공용 앤드밀

서스 가공용 전용으로 나오는 공구가 있다. 이 공구는 특수 소재에도 잘 사용되며 일반적인 스틸 가공에도 공용으로 사용한다. 보통은 스틸 공구와 겸용으로 사용하기도 하지만 전용 공구를 사용하는 것이 좋다.

4 형상에 따른 앤드밀 종류

앤드밀 형상의 종류는 다양하다. 다음과 같이 알아보자.

① 평앤드밀

가장 일반적인 앤드밀로 날수는 보통 2~6날까지 다양하다.

앤드밀의 재질은 하이스(HSS)와 초경으로 크게 나누어진다. 겉으로 보기에는 하이스나 초경 재질이 잘 구분되지 않지만 무게에 있어 초경이 2배 정도 무겁다. 또한 색깔이 하이스에 비해 약간 회색을 띤다. 요즘은 대개 고속 고능률 가공을 많이 필요로 하기 때문에 초경 위주로 사용되고 있다. 용도에 따라 앤드밀의 코팅 및 소재 재질도 많이 다르다.

스테인리스 가공용(서스(SUS) 가공), 열처리강 가공용(HRC 20~65), 비철(알루미늄, 동) 가공용, 그래파이트(흑연전극)용 등으로 나누어진다.

저자가 사용한 최소 앤드밀 지름은 Ø0.3이었다. 지름이 작아서 특수 스핀들을 사용하였고 최대 RPM은 40000이었다. 고주파 스핀들 중에는 90,000RPM도 있다. 전 세계 유명한 공구 제작 회사들은 마이크로 앤드밀 및 드릴을 제작하고 있다.

위 그림에서 날 부위가 검은 색을 띤 것은 코팅을 한것이다.

㉠ 사용 방법

대개 이런 유형의 앤드밀은 정삭용으로 많이 사용된다.

트위스트 형식(날부 꽈배기 모양) 및 앤드밀 소재 재질도 피삭재(공작물)의 재질에 따라 적절한 선택이 필요하다. 열처리된 제품을 가공할 때는 HRC 60 이상 견딜 수 있는 공구를 선택해야 한다. 이 열처리 된 제품가공에 있어 특히 주의할 점은 다이아몬드 코팅이나 다이아몬드 공구는 맞지 않다. 그러나 비철이나 그래파이트(흑연) 가공에서는 다이아몬드 공구 및 다이아몬드 코팅 공구가 수명에서 일반 앤드밀보다 10배 이상 월등하게 차이 나는 것을 경험했다. 보편적으로 3날 이상은 칩배출이 잘 되지 않아 황,중삭으로는 사용하지 않으며 면을 내거나 공차를 맞출 때 사용하는 정삭용으로 많이 사용한다.

ⓛ 세팅 방법

앤드밀 정삭용은 주로 공구의 반경 값을 옵셋 값(Offset)에 입력한다. 중복 보정을 하면 0값이다. 앞에서 언급한 것처럼 공구 제작회사에서 나오는 앤드밀은 예를 들어 Ø4 앤드밀이라고 하자면 Ø4 ±0.01~0.015의 공차가 들어가 있으므로 반 값, 즉 2mm를 넣으면 원하는 공차를 얻을 수 없다. 그래서 가장 이상적인 방법은 공구를 물린 상태에서 기계에서 레이저 측정장치로 길이 및 경을 자동 측정하는 것이 이상적이지만 이 장치가 없다면 앤드밀을 홀더에 끼우기 전에 마이크로 스코프(현미경)로 측정하여 입력해야 한다. 또는 약간 비정상적인 방법이지만 외경 마이크로미터로 앤드밀의 외경을 측정해도 된다. 그러나 이 방법은 앤드밀 날 부위를 손상시킬 수 있으므로 권장하지 않는다.

ⓒ 깊이 부위 가공(수동 프로그램의 경우)

아래와 같은 제품을 가공한다고 하자.

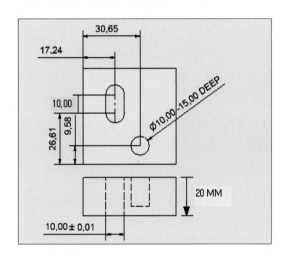

먼저 처음부터 앤드밀로 가공하면 될 수도 있다. 하지만 여러 번 나누어 가공해야 되고 장홀 부위의 10.00±0.01을 맞추기 위해서는 마지막에 정삭 앤드밀로 장홀 형상 프로파일을 별도로 작성해야 한다.

다음과 같은 순서로 작업하면 된다.

먼저 센터 드릴로 작업 후에 드릴로 X17.24 Y26.61을 관통하고 X30.65 Y9.58 부위 가공을 깊이 14.5 정도로 가공해 놓는다. 드릴은 Ø9.5로 작업하면 될 것이다. 이렇게 하는 이유는 앤드밀로 깊이 가공을 할 경우 공구의 마모나 파손이 심하다. 물론 밑날 부위가 가공되어야 하므로 깊이쪽 가공이 가능한 2날 앤드밀을 사용할 것이지만 될 수 있으면 앤드밀이 깊이 방향으로 들어갈 부위를 드릴가공 해주면 앤드밀 작업 시 쉽게 깊이 가공 및 측면 가공을 할 수 있다. 장홀 부위는 깊이 방향 진입 포인트(X17.24 Y26.61)만 드릴로 가공해 준다. 이것은 CAM 작업 시에 기능 명칭이 보통은 프리드릴, 즉 앤드밀 진입 위치를 드릴로 가공해 줌으로써 앤드밀 깊이 절삭에 따른 부담감을 제거하는 작업이라고 보면 된다. 그런 다음 Ø10 2날 앤드밀로 X30.65 Y9.58 부위 가공을 깊이 15.0으로 도면 요구 깊이를 맞추어 마무리하고 장홀 부위는 폭 공차 10.00±0.01을 맞추기 위해서 아래와 같은 프로파일 프로그램을 작성한다. (단 앤드밀 정삭 공구의 지름은 8mm로 하자.)

시작점 및 끝점

```
O0001
N1 G49 G80 G40
N2 G91 G28 X0 Y0 Z0
N3 T30 M06
N4 S1000 M03
N5 G90 G54 G00 X17.24 Y26.61
N6 G90 G43 Z.3 H30 M08
N7 G01 Z-20.5 F400.
N8 G91 G41 D50 X5. Y0 Z0
N9 Y10.
```

```
N10 G03 X-10. I-5. J0
N11 G01 Y-10.
N12 G03 X10. I5. J0
N13 G40 G01 X-5. Y0 Z0
N14 G90 G00 Z2. M09
N15 G91 G28 Z0
N16 G28 X0 Y0
N17 M30
```

물론 위 프로그램 작성은 정삭 앤드밀을 기준으로 작성했다.

하지만 황삭 앤드밀의 경우 한 번에 장홀을 깊이 20mm를 가공하면 공구가 부러지므로 여러 번 나누어 작업할 수밖에 없다. 그래서 다음과 같이 매크로 변수 및 프로그램을 이용한다.

```
O0001  (메인 : 장홀 황삭 프로그램만)
T05 M06
S1000 M03
G90 G54 G00 X0 Y0
G90 G43 Z3 H05 M08
#100=22
#101=600
#102=-22
#105=-2
M98P0002
G49G80Z400M09
G91G28Z0M06
M30
```

```
O0002     (프로파일 서브(SUB) 프로그램)
G90 G54 G00 X17.24 Y26.61
#106=#105
G90 Z2
WHILE[#106GE#102]DO1
G90 G01 Z#106 F500
G91 G41 D#100 X5. Y0
Y10. F#101
G03 X-10. I-5. J0
G01 Y-10.
G03 X10. I5. J0
G40 G01 X-5. Y0 Z0
#106=[#106+#105]
END1
G90 G0 Z30
M99
```

② 볼앤드밀

3차원 형상이나 2.5D 형상가공의 대표적인 앤드밀로서 사용 범위가 광범위하다. Ø8 이하로 주로 초경 일체형 볼앤드밀을 사용하고 그 이상 지름에서는 인서트형 볼앤드밀(우측 그림)을 사용하는 것이 경제적이다. 물론 측면조도를 중시하고 깊이가 볼앤드밀 반지름 이상 깊이의 측면까지 면조도를 요구하는 제품의 경우는 인서트형을 사용해서는 안 된다. 초경 볼앤드밀을 사용하되 날장 길이가 측면 가공 깊이보다 긴 볼앤드밀을 사용하는 것이 면조도에 좋다. 인서트형은 볼인서트와 코너R 인서트 겸용으로 사용하기 때문에 경제적이다.

㉠ 사용 방법

저자는 1.5Ø 볼앤드밀로는 문자 가공을 주로 했고 그 외 많은 형상가공에 사용했다. 볼앤드밀을 사용할 수밖에 없는 것은 평면이 아닌 굴곡이 바닥면에 있을 때 사용한다. 또한 바닥면이 R, 즉 라운드 처리된 제품가공에 사용된다.

볼앤드밀은 반드시 황삭용으로는 사용하지 않기를 바란다. 즉 중삭용이나 정삭용으로 사용되는 것이 효과적이다. 황삭은 고이송 커터나 기타 커터나 라핑 앤드밀 등으로 빠르게 절삭해 내고 CAM에서 잔재 처리 기능이나 중삭, 정삭 기능을 이용해 가공하는 것이 효과적이고 경제적이다.

㉡ 세팅 방법

평앤드밀과 마찬가지로 세팅하면 된다. 보통 볼앤드밀은 곡면 형상가공에 주로 사용하므로 CAM 공구 설정에서 볼앤드밀로 설정한다.

③ 코너R 앤드밀(불노우즈 앤드밀, 코너래디우스 앤드밀)

평앤드밀과 거의 비슷하지만 날끝에 라운드돼 있다. 그래서 이 앤드밀은 평면뿐만 아니라 평면에 구배진 형상이나 곡면가공에도 널리 사용된다.

보통 평앤드밀에 코너R 0.1~0.5까지 적용되나 그 외에 0.5 이상 적용된 앤드밀도 있다. 이 앤드밀도 8파이 이상에서는 인서트 코너R 커터 앤드밀을 사용하는 것이 효과적이고 경제적이다.

코너**R**

ⓒ 사용 방법

　직각 부분 코너가 라운딩 처리 됐거나 평면이면서 구배진 형상이나 곡면 2.5D, 3D 가공에 효과적이다. 또한 코너R이 크면 상대적으로 공구 수명이 향상된다. 물론 절삭 부하는 올라간다.

ⓔ 세팅 방법

　평앤드밀과 마찬가지로 세팅하지만 이 앤드밀 또한 곡면가공에 사용되므로 CAM 프로그램 공구 설정에서 반드시 코너R 값을 넣어 준다.

④ 황삭 앤드밀(라핑 앤드밀)

　아래 앤드밀은 황삭용이다. 날 부위가 칩 배출이 잘 되도록 나선형이며, 보통 4날 이상이다. 보통 라핑(Roughing) 앤드밀의 재질은 HSS(하이스 : 고속도 공구강)이다. 그래서 보통 강(Steel) 작업에 사용되고 알루미늄이나 비철에는 초경 재질도 생산되고 있다. 참고로 끝단 형상이 볼앤드밀로 되어 있는 것도 있다.

　위 그림에서 위쪽 라핑은 스틸과 서스용이며, 아래쪽은 알루미늄용 라핑 앤드밀이다.

　황삭 앤드밀, 즉 라핑 앤드밀의 경우 나선형으로 돼있다. 이것은 앤드밀이 측면으로 치고 나갈 때 앤드밀의 측면이 계속해서 절삭면에 닿아서 가공되면 공구 마모가 빨리 일어나고 칩 배출이 되지 않아 파손되는 것을 방지하기 위해서 이런 형태로 제작한 것이라고 보면 된다. 하지만 이러한 황삭 앤드밀의 장점을 CAM가공에서 보완한 것이 앞서 언급한 498쪽의 내용이다.

　다음은 라핑 앤드밀의 단점이다. 라핑은 나선형으로 돼있다 보니 깊이가공할 때는 제품 클램프가 잘 되어 있지 않으면 깊이가공 시에 앤드밀 나선형에 볼트 나사처럼 딸려 올라와서 제품이나 앤드밀이

튀거나 파손될 경우가 있다. 그래서 웬만하면 라핑 앤드밀로는 깊이가공을 하지 않아야 된다. 모든 앤드밀 깊이가공이 그렇지만 하더라도 딸려 올라오는 것을 방지하기 위해 램프가공으로 깊이 방향으로 들어가 돼 램프 각도와 1회 절삭 깊이 값을 최소화하는 것이 좋다.

㉠ 사용 방법

현재까지 6파이 이상부터 알루미늄 가공과 스틸, 서스 가공에 황삭 라핑 앤드밀을 사용한다. 그 이하 앤드밀은 일반 평앤드밀로 조금씩 여러 번 깊이를 나누어 가공하는 형태로 황삭가공을 마무리한다. 물론 6파이 이상에서도 라핑앤드밀 대신 평앤드밀로 황삭을 가공하는 경우도 있다. 알루미늄 가공에서는 6~16파이까지만 라핑 앤드밀을 사용하고 그 이상은 커터로 하는 것이 효율적이다. 6파이 이하는 평앤드밀로 황삭가공 처리를 한다.

일반적인 길이의 라핑 앤드밀의 길이 방향 절입량은 지름의 1/3 정도만 넣는 것이 안정적이다. 측면 절입량은 지름의 1/2이 적당하다.

㉡ 세팅 방법

황삭 가공은 보통 정삭 여유를 0.1 이상 주어야 한다. 경우에 따라서는 0.3까지 주어야 하는 경우도 있다. 황삭가공에서도 스핀들 부하가 20% 이상 된다고 생각되면 0.2 이상은 주어야 정삭가공 시에 정삭 면에 문제가 발생되지 않을 것이다. 왜냐하면 황삭가공에서는 설비 정도나 부하에 따라 의도치 않게 밀리거나 더 절삭될 경우가 발생되기 때문이다.

⑤ 테이퍼 앤드밀(TAPER 앤드밀, 각도 앤드밀)

주로 반도체 전극가공에 많이 사용되는데 제작해서 사용한다. 물론 표준으로 나오는 경우도 있다. 많이 사용하는 각도는 표준으로 제작돼 있고 주문 제작에 비해 저렴할 것이다.

재질은 초경을 많이 사용하며 용도에 따라서는 코팅을 해서 사용한다. 제작하는 공구는 반도체 전극가공인 경우에 정밀하게 제작하는 회사를 알아봐야 한다.

㉠ 사용 방법

가공 형상에서 단순히 2.5D, 즉 각도가공이 있는 곳에 사용된다. 물론 CAM에서 2.5D나 3D 가공을 적용해서 할 수 있지만 각도 앤드밀로 가공하는 것이 깔끔하고 시간이 훨씬 적게 걸리는 경우가 많기 때문에 이 공구를 사용한다. 즉 이런 구배진 부분이나 테이퍼 가공은 CAM을 이용해 쉽게 할 수 있지만 대부분 이런 경우는 면조도나 시간이 상당히 걸리는 경우가 있어 각도 앤드밀을 선택하는 경우가 많다. 단 주의할 것은 내측 형상의 경우 각도 앤드밀 특성상 하단부 가공된 R 크기와 상단부 가공된 R 크기가 각도와 깊이 치수만큼 차이가 난다는 것이다. 이것은 도면에 준해서 사용해야 한다.

CAM에서 자동 계산되는 경우도 있지만 그렇지 않을 경우는 대부분 Z방향으로 좀 더 깊이를 넣어 주어야 하는데, 더 넣어준 깊이와 각도의 탄젠트 양만큼 공구 경보정을 해줘야 하는 경우가 많다. 이 사항은 각도 앤드밀 사용 시 가장 주의해야 될 사항 중의 하나이다. 길이는 공구 끝을 넣어 준다.

⑥ 리브 앤드밀(리브 앤드밀, 롱넥 앤드밀)

깊은 홈이나 앤드밀 지름의 3배 이상의 깊이가 되는 형상을 가공하기 위해 사용한다. 일반 표준 앤드밀로는 깊은 홈 가공이 어렵다. 리브 앤드밀은 실제 절삭날 부위(ØD)의 길이(ℓ)가 짧고 날 부위 뒷부분 생크지름(Ød1)이 날 부위 지름보다 0.1~0.2 정도 작고, 앤드밀 특성상 이 부위가 홈 없는 생크로 되어 있고 탄력이 있어 깊은 홈 가공 시에 부러짐이 덜하다.

ⓗ 사용 방법

날 부위가 짧아서 여러 번 가공해야 하므로 절입량과 비슷한 깊이 부분, 즉 깊은 홈의 가공 면 측벽에 단차(0.01~0.025 아래 그림 빨간색 참조)가 발생될 경우가 있다. 그러므로 단차를 없애기 위해서는 최종적으로 날 부위가 긴 롱 앤드밀로 정삭을 해주는 것이 좋다.

리브가공 특성상 지름에 비해 길이가 보통 최소 3배 이상 되므로 절입량을 공구경의 1/8 정도를 황삭가공 깊이 절입량으로 하고 정삭은 공구경의 1/3로 한다.

ⓛ 세팅 방법

평앤드밀과 같다. 단 깊이 절입량만 위와 같이 하면 된다.

⑦ 볼앤드밀(BALL 앤드밀, 볼노우즈 앤드밀)

㉠ 사용 방법

볼앤드밀은 주로 3차원 형상가공에 많이 사용한다.

기하학적 곡면 가공에 사용된다. 또한 파이 1.5는 글자 마킹 작업에 좋다. 볼앤드밀을 사용하는 것은 주로 3차원 형상가공의 코너R 형상을 가공하거나 복잡한 형상 가공을 하기 위해서 사용한다. 대부분 불노우즈로 작업하지만 도면 특성상 볼앤드밀이나 볼커터로 작업하기도 한다.

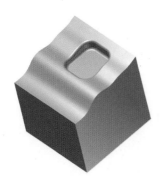

㉡ 세팅 방법

평앤드밀과 같지만 CAM 프로그램을 설정할 때 공구 R 값을 넣어 준다.

⑧ 각도 앤드밀&테이퍼 볼앤드밀(테이퍼 앤드밀, TAPER BALL)

㉠ 사용 방법

각도 앤드밀은 반도체 금형 전극 가공을 할 때 가장 많이 사용했던 것 같다. 반도체 PKG 형상 각도가 3도~55도까지 다양하기 때문이다. 일반적인 가공에서는 모따기 45도 앤드밀을 많이 사용한다. 공구업체들도 대부분 많이 사용하는 각도에 대해서는 기성품 제작을 하기 때문에 이런 경우는 기성품을 사용하여 가공하면 된다. 하지만 특수한 경우는 제작업체에 의뢰하거나 대량으로 사용할 경우 메이저 업체에 특수 발주를 줘서 구입하는 방법도 좋다.

㉡ 세팅 방법

CAM을 사용한다면 각도 앤드밀의 각도에 대한 지름의 크기를 자동 계산해서 사용하면 된다. 하지만 그렇지 않을 경우는 깊이에 따른 각도의 탄젠트 값만큼 공구 경 옵셋 값에 넣어 주어야 할 것이다. (제9장 참조)

⑨ 스페셜(Special) 앤드밀

스페셜 앤드밀은 말 그대로 다양하거나 기성품으로 나온 앤드밀로 가공하기 난해한 특별한 형상을 가공하기 위해 제작해서 사용한다. 표준도 없으며 꼭 어떻게 만들어 사용해야 된다는 것도 없다. 작업자에 따라 다르지만 능숙한 작업자라면 이 부분을 잘 이용할 것이다.

⑦ 사용 방법

아래와 같은 도면의 제품을 가공한다고 하자.

외곽 전체가 공차가 있으며 내경 또한 공차가 있고 단차 역시 공차가 있다. 이 가공을 앤드밀 몇 개와 R 앤드밀을 각각 사용할 경우 원하는 공차를 쉽게 맞출 수 없다.

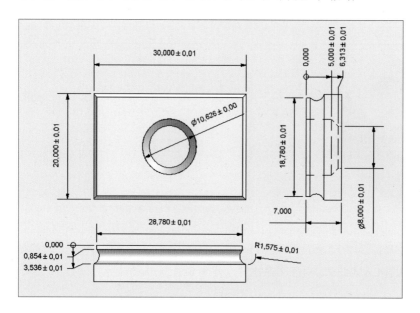

위와 같은 작업을 쉽게 하기 위해서 아래와 같이 형상 및 형상공차(단차공차)에 맞는 앤드밀을 제작해서 황삭, 정삭을 하면 쉽게 작업할 수 있다.

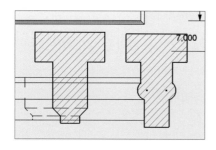

위의 빗금 친 부분이 공구 형상이다. 공작물의 형상과 똑같이 만들고 지름은 작업할 때 떨지 않도록 선택해서 제작 의뢰를 한다. 물론 이런 방법은 스페셜 공구 제작 업체의 가공 정밀도에 영향을 받겠지만 ±0.01을 맞추는 데는 그리 어렵지 않을 것이다.

그러나 이 제품이 대량생산이 아니고 단발성에 그친다면 공구 제작비용이나 여러 가지 측면을 고려 해서 공구를 제작하거나 아니면 제작하지 않고 여러 개의 앤드밀을 사용해서 맞출 것인지는 선택해야 한다.

ⓛ 세팅 방법

세팅 방법도 대부분 표준이 없다. 다만 길이는 대부분 공구 끝을 기준으로 할 것이다. 외경은 최대
경을 외경으로 반경 값을 넣어주면 대부분 작업하는 데 문제가 발생되지 않을 것이다.

⑩ **롱앤드밀**

롱앤드밀은 보통 앤드밀 가공 지름(경)보다 4배 이상 날
장이 긴 앤드밀을 롱앤드밀이라고 말할 수 있다. 생크가
길던지 날장이 긴 앤드밀인데, 보통 날장이 긴 앤드밀을
롱앤드밀이라고 부른다.

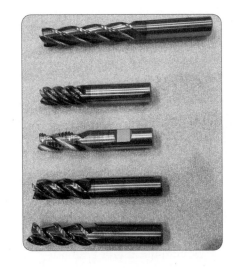

위 그림에서 가장 위의 긴 앤드밀이 롱앤드밀이다. 생크나 목부가 긴 앤드밀은 리브앤드밀이나 롱넥
앤드밀이라 부른다.

㉠ **사용 방법**

절입량의 경우 가공 길이에 따라 다르겠지만 보통 앤드밀은 가공 지름의 1/4이나 1/3 정도가 1회
절입량이지만 롱앤드밀의 경우는 1~2% 정도로 해서 가공하는 것이 좋다.

ⓛ **세팅 방법**

일반 평앤드밀과 동일한 방법으로 하면 된다. 다만 염두에 두어야 할 것은 측면조도나 공차가 있다
면 측면가공 횟수와 길이에 따라서 표준 공구처럼 공차가 나오지 않는다는 것을 주의하여 공구경
보정 값을 줘야 한다. 보통 길이나 절삭 부하에 따라서 측면 쪽이 밀려서 가공될 수 있기 때문에 공
차 차이 값만큼 보정했다고 해서 공차가 동일하게 나오지 않기 때문에 동일한 조건으로 맞추는 것
이 노하우일 것이다.

예를 들어 동일한 조건이라고 하면 측면이나 깊이의 절삭여유, 절입량 절삭 횟수, 회전수, 절삭
속도, 앤드밀 마모도, 앤드밀 수명(툴라이프), 앤드밀 종류, 가공 소재, 열처리 경도, 표면처리
조건, 칩 배출 조건, 절삭유, 온도 등 절삭가공에 영향을 미치는 모든 조건들이 동일해야 한다
는 것이다.

5 앤드밀 가공의 여러 사항

① 앤드밀 진입점과 진출점에 대해서

앤드밀 가공을 할 때 측면가공의 시작점과 끝점이 같을 경우는 측벽에 줄이 가서 측면조도가 불량해진다. 따라서 위와 같은 것을 방지하기 위해 다음과 같은 방법을 사용한다.

㉠ 스텝오버 값

앤드밀의 진입점과 진출점이 같다면 그 측벽에 앤드밀 날 부위 길이만큼, 공구 반경만큼 자국이 발생될 확률이 높다. 따라서 서로 겹치는 점에서 좀 더 벗어날 필요가 있다. 이때 설정하는 값이 스텝오버량이다. 즉 지나치는 길이 값을 넣어줄 필요가 있다. CAM에서도 리드인, 리드아웃 값이 그것이다.

㉡ R 값으로 진입과 진출하기

또한 위와 같이 스텝오버를 주거나 진입 시 원호로 진입하여 원호로 빠져나오면 측면조도가 한결 좋아진다.

㉢ 모서리로 진입과 진출하기

대부분 부품가공의 경우 모서리 모따기를 주게 된다. 따라서 이 모따기 점을 이용해서 진입과 진출을 하면 앤드밀 측면 자국이 발생되지 않는다. 물론 모서리도 마찬가지이다.

㉣ 깊이 부하가 발생되지 않는 구간으로 진입과 진출하기

앤드밀은 깊이가공, 즉 밑날 부위로 깊이 들어가면서 가공하는 것이 약하기 때문에 될 수 있으면 깊이가공 부하가 발생되지 않는 부위로 깊이 내려가도록 진입점을 설정할 필요가 있다. 어쩔 수 없는 경우는 램프가공으로 들어가야 한다. 보통 램프가공은 앤드밀 측면절삭속도의 50% 정도로 하고, 램프 각도는 3~5도가 좋다.

② 깊은 장홀가공

폭이 2mm인 장홀이 아래와 같이 있다. 공차는 +0.1이다. 따라서 아래 장홀은 2파이 리브가공용 앤드밀로 작업했다.

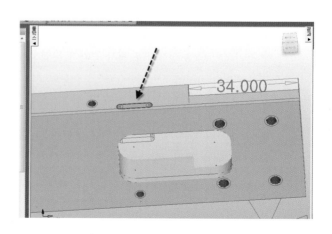

깊이가 15mm 정도인데 보통은 양쪽에 프리드릴로 가공하고 나서 하는 것이 원칙이지만 프리드릴이 버티지 못한다고 한다면 사용하지 않는 것이 오히려 불량 발생을 예방할 수도 있다. 저자는 프리드릴을 사용하지 않고 리브앤드밀로만 가공 완료했다.

SUS 조건														
TOOL	공구	스핀들	피드값 X,Y	피드값 (Z)	날수	날당 이송	절삭 속도	매분 회전수	공구 지름	검증	Z깊이	가공 형태	공구 규격	1회 절입량
ENDMILL	2EM-RIB	7000	250	170	2	0.018				0	15		2파이 RIB-20L 프리드릴사용않	0.02

③ 앤드밀로 형상절단가공 시 주의 사항

아래 그림에서 외곽형상가공 시 자동 절단되어 생기는 SCRAP의 경우 두께가 10 T일 때 황삭 앤드밀을 10mm 내리고 가공하면서 떨어지게 된다. 그리고 정삭가공을 하게 되는데 정삭 앤드밀이 나오기 전에 이런 SCRAP을 제거해 주어야 정삭 앤드밀 가공 시 공구 파손 방지 및 스크랩과 공구의 충돌과정에서 발생할 수 있는 외관 찍힘 문제를 방지할 수 있다.

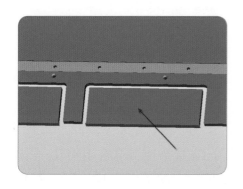

황삭할 때는 큰 문제가 발생되지 않을 것이다. 황삭 절단 후 황삭 앤드밀이 절단된 단면을 다시 절삭하지 않는 이상 말이다. 왜냐하면 황삭 시는 어떻게든 최종 절단될 끝점까지 스크랩이 붙어있기 때문이다. 하지만 정삭은 다르다. 황삭 시 절단된 형상을 지나가기 때문에 스크랩이 정삭 앤드밀과 충돌해서 어떻게 될지 예상되지 않기 때문에 불안하다. 물론 스크랩을 볼트로 고정하면 상관없다.

*앤드밀로 형상가공이나 프로파일 내측 가공 시 필독

앤드밀은 보통 콜렛에 꽂아 사용한다. 그런데 가공 후 원하는 치수공차가 안 나오는 경우가 있다. 보통 내측가공의 경우 오히려 치수가 커지거나 면조도가 안 좋을 때는 대부분 콜렛이 앤드밀을 제대로 고정하고 있지 않기 때문일 경우가 많다. 콜렛을 상태가 좋은 것으로 교체해서 확인할 필요가 있다. ER 콜렛이든 밀링척 콜렛이든 앤드밀을 회전시키면서 인디게이터를 앤드밀 섕크부에 대면 편심되는 양을 볼 수 있다. 한 번은 아버 회전외경에, 한 번은 앤드밀 섕크부에 대고 회전시켜서 인디게이터 바늘의 변화를 볼 필요가 있다. 이렇게 해도 나오지 않는다면 앤드밀 고정 섕크부가 콜렛이 제대로 고정되지 않아 진동으로 인한 것일 수 있다. 즉 섕크부가 10mm 길이 이하로 콜렛에 물려있거나 콜렛 입구부가 미세한 damage를 받아서 고정이 정확히 안될 경우라고 보면 된다. 그 외에는 고정척을 변경해야 한다.

CAM가공 시 형상가공에서 가공 부위 내외경을 가공할 때 헬리컬 가공처럼 가공 길이에 따라 다르겠지만 가공 형상, 특히 장공이나 내경원호의 경우 가공직선 길이가 공구 지름의 6배가 넘지 않는다면 공구 지름의 1~3% 정도만 깊이 절입량으로 하고 가공해야 좋다.

콜렛사항은 제3장 공구의 CLAMP를 참조하기 바란다.

④ 앤드밀의 절삭이송

보통 앤드밀의 날당이송은 면조도에 따라 달라지지만 정삭의 경우 0.1 이하로 해야 측면조도가 좋다. 참고로 측면 면조도가 좋지 않으면 날당이송을 줄여야 한다. 날당이송을 정상적으로 했는데도 측면조도가 좋지 않은 것은 조작반의 절삭이송 이송% 레버가 100%로 되어 있는지 확인하고 홀더의 편심이나 떨림, 앤드밀의 떨림, 설비의 떨림 등을 자세히 체크해야 한다.

6 문자가공

1 정의

금속가공에서 빼놓을 수 없는 것이 문자 조각이다. 머시닝 센터에서는 주로 공정을 줄이기 위해 하지만 보통 레이저 마킹이나 전용 조각기가 주로 처리한다. 머시닝 센터에서는 보통 음각(파내는 것) 조각을 주로 하는데 용도는 제품 번호 및 부품 제작회사의 로고 및 부품 번호를 주로 조각한다. 금형에서는 양각도 가공한다.

2 가공 방법

이 조각은 주로 음각 가공이며 CAM에서 프로그램해서 하는 경우가 대부분이지만 CNC 컨트롤러에서 지원하는 것도 있다. (CAM 문자 조각 가공편 참조)

보통 깊이는 0.1~0.3이 적당하며 조각할 때 사용하는 공구는 특별히 정해진 것은 없고 보통 TAPER 앤드밀 15~30도 사이의 것으로 밑날 부분은 볼앤드밀처럼 하면 좋다. 또 1.0~1.5 볼앤드밀(R0.5~0.75)이나 6파이 챔퍼 앤드밀 공구를 사용해도 된다. 챔퍼 공구를 사용할 때는 소재가 알루미늄급 정도일 때 사용하고 S45C 정도는 1.5파이 볼앤드밀을 사용하고 BURR가 나오지 않게 한다.

글자 가공에서 경보정 값을 주지 말고 작업하고 가공 깊이나 공구 마모에 따라 글자 품질에 많은 영향을 미치므로 처음 작업 시는 깊이를 최소한으로 넣고(보통 0.05mm) 작업한 다음 품질을 보고 다시 깊이를 조정하여 완료한다. CAM에서 글자 폭과 넓이에 따라 포켓가공을 하던지 형상만 따라가는 프로파일 가공을 하던지 선택한다.

7 소재에 따른 가공 방법

소재에 따라 가공 방법이 다르며 소재 특성을 파악하지 않고 가공하면 불량이 발생할 수 있다.

① MC나일론

MC나일론은 딱딱한 플라스틱을 가공한다고 보면 되는데 알루미늄 가공 조건과 거의 비슷하다. 알루미늄과는 달리 소재 떨림이 약 4배 정도 심하며 보통 바이스 작업이나 판 작업 시 외곽 양쪽 끝단 면취나 외곽 가공 시 클램프를 하는데, 공작물에 떨림이 없어야 면절삭 때 떨지 않는다. 특히 바이스 작업 시 소재 끝단을 잘 물어줘야 한다.

플라스틱 가공이라고 절입량을 많이 넣어서는 안 된다. 왜냐하면 클램프를 잘해도 절입량이 많으면 뜨거나 떨림으로 불량이 발생되거나 밴딩이 많이 갈 수 있기 때문에 오히려 알루미늄 가공과 비슷하게 하되 Face 커팅은 알루미늄 절입량의 70%만 주는 것이 좋다. 오히려 Face 커팅을 잘하면 밴딩 같은 것이 좋아질 수도 있다.

② 아세탈

MC나일론과 거의 비슷하나 경도가 조금 더 세고 용도는 다양하지만 약품 부식에 강하다. MC나일론처럼 가공하면 된다.

③ 우레탄

우레탄은 MC나일론보다 유연성이 좋다. MC나일론 절입량이나 절삭속도는 절반에 가깝게 놓아야 한다. 연노란색이나 검은색도 있다.

④ 알루미늄

초경 공구나 하이스 공구 모두 사용 가능하나 초경 공구를 권장한다.

6파이 이상부터의 황삭 앤드밀은 라핑 앤드밀을 사용하는 것이 좋다. 라핑 앤드밀의 절입량은 공구 지름의 1/3 정도가 가장 이상적이며 지름의 절반도 가능하다. 정삭 앤드밀로 측면 절삭 시 절입량을 앤드밀 날장까지 거의 한 번에 내려도 되지만 측벽 떨림이 발생된다면 나눠서 작업한다. 보통 2회 반복 가공을 하고 원호보간하여 홀의 정밀공차를 맞추는 작업이라면 3~4회 측면 반복가공을 하는 것도 괜찮다.

바이스 작업 시 무는 양은 3mm 정도이다. 소재를 주문할 때 제품 두께, 즉 바이스에 무는 쪽은 4mm 정도 크게 하고 가로 세로는 양쪽 3mm 이상 크게 하여 한 번에 제품 두께 부분까지 깊이 가공을 해서 외곽 가공을 마무리하는 것이 이상적이다. 2차 가공은 뒤집어서 두께 치수와 공차만 맞추면 된다. 바이스는 보통 각재를 시켜서 작업하는 것이 저렴하며 바이스 작업 시 바이스 기준면에서 소재가 얼마나 뜨는 지 확인하고, 뜬다면 사포나 얇은 판으로 대주고 바이스를 클램프 해야 밴딩이 덜 일어난다. 스파이크 바 이스의 경우는 고일 필요가 없다.

⑤ SUS(스테인리스 스틸)

보통 일반 45C 가공과 거의 비슷하게 작업하면 되는데 스핀들 회전수는 S45C 작업 조건의 70~80% 정도만 놓으면 되고, 질긴 성질 때문에 45C가공의 절삭날 여유각보다는 더 큰 여유각이 되어야 하며, 130% 이상 되는 것이 좋다. 특히 면절삭의 Face Cutter에서 차이가 두드러지는데 인서트의 밑날 여유 각과 밑쪽 생크의 여유각이 적으면 커터 밑쪽에 늘어 붙어서 과절삭으로 인한 2차 불량이 발생되는 경 우가 생긴다. 그래서 스핀들 회전수와 인서트 밑쪽 여유각이 S45C보다 큰 것이 좋다. Face 커터 인서트 의 여유각도 130% 정도 되고 생크 부위도 인서트 밑날 부위에서 1mm 정도 들어가서 제품 절삭 시 닿지 않는 공구를 선택하는 것이 좋을 것이다. 보통 코너R은 0.3 이상의 커터 인서트를 사용하는 것이 좋다. SUS 전용 인서트 공구가 나오므로 이것을 사용하는 것이 좋다.

⑥ 주철가공

일반 45C 가공 기준에서 스핀들은 50%만 주는 것이 좋으며 가공속도 FEED는 120% 빨리 주는 것이 좋 다. 주철 특성상 칩은 가루로 되는 경향이 있어 절삭유를 사용하지 않고 가공할 수 있다면 사용하지 않 는 것이 설비절삭유 순환이나 설비 보호에 좋을 것이지만 절삭유 여과 장치가 좋다고 한다면 주철가공 시 발생되는 미세분진을 생각한다면 절삭유로 발생을 차단하는 것도 괜찮다. 주철의 주물품의 표면은 특 별하지 않으면 Face 커터로 절삭해 내는 것이 공구 절약의 지름길이다. 앤드밀로는 감당이 되지 않는다. 주철 주물의 표면은 경도가 상당하기 때문에 특별하지 않으면 면절삭은 경도가 강한 표면층을 제거하기 위해 1mm 이상 쳐 내는 것이 좋다.

⑦ S45C 가공

보통 톱으로 절단한 소재를 가공한다. 만약 톱으로 절단하지 않고 산소로 절단할 경우에는 표피층의 약 2~15mm까지 열처리가 되어서 열처리 업체에서 제대로 소둔처리를 하지 않을 경우 하이스 앤드밀 같 은 경우는 공구 수명이 1/4 이하로 줄어들거나 앤드밀 파손의 원인이 된다. 그래서 부득이 산소나 플라 즈마로 절단한 소재라면 표피층을 절삭해 버리는 면취 작업(Face Cutter 사용)을 하거나 열처리 집에 서 소둔처리를 해서 열처리된 경화부를 풀어 주어야 한다. 경험한 바에 의하면 산소로 절단한 것은 Face Cut을 5mm 이상 해야 한다. 그러므로 될 수 있으면 톱 절단이나 워터젯으로 절단한 소재로 가공 하는 것이 좋다.

8 후공정이 있을 때의 가공 방법

가공 도면을 보면 머시닝 센터에서 작업하고 난 다음 후공정(열처리, 연삭, 지그보링, 와이어커팅, 방전가공, 레이저 마킹)을 거쳐 다시 머시닝 센터에서 정삭하고 마무리하는 제품이 있거나, 후공정에서 마무리하는 제품들이 있다. 보통 열처리 제품에서 대부분이 후공정에서 마무리하고 열처리 하지 않는 알루미늄 제품, 전극가공, 동가공 등 머시닝 센터에서 마무리하기 편리한 제품들은 머시닝 센터에서 마무리한다. 한 제품에 숙달된 작업자가 아니라면 후공정 작업자들과 상의하여 작업하는 것이 가장 이상적이다.

아래는 후공정이 있을 때 어떻게 작업하는지 알아보자.

▣ 후공정 작업 여유량(가공 여유량)

금형 제품의 경우 열처리 후 제품 표면을 연삭하는 경우가 많은데 제품 외곽이나 형상은 0.3mm 남겨야 한다. 또한 열처리 후 남은 후공정 양을 최소화하기 위해 다시 머시닝 센터에서 작업하는 경우도 있는데, 이 경우는 0.05mm까지 남기는 경우도 있다. 특별히 도면에 표시되지 않는 한 형상이나 거리공차가 0.05mm 이상 되는 것은 대부분 머시닝 센터에서 작업하고 끝낸다.

① 열처리하고 막힌 구멍의 가공 여유량

구멍의 바닥 깊이공차가 없는 경우 JIG보링을 하는데 거리공차나 HOLE 공차가 0.01mm 이하의 막힌 구멍에서 면조도가 거칠지 않게 하려 할 때 JOG 보링을 한다. 금형의 PIN 자리를 정밀 가공할 때나 축과 슬라이드 되는 구멍을 가공할 때 한다. 이것의 여유량은 보통 편측 0.1mm 정도 남긴다. 왜냐하면 열처리를 하게 되면 비틀림과 열 변형으로 인해 변형이 생길 수 있어서이다.

다른 한편으로 바닥 여유량인데, 이것은 제품 용도에 따라서 다르다. 하지만 JIG 가공공구인 휠이 바닥에 닿으면 휠이 파손되므로 오히려 더 깊이 들어가야 될 경우도 있다. 이런 문제점이 있을 경우 설계자&JIG 작업자와 상의 후 가공한다.

② 열처리하고 터진 구멍의 가공 여유량

이런 구멍도 JIG보링을 하기도 하지만 와이어 EDM을 하는 경우도 많다. 알루미늄의 경우 주로 와이어 EDM을 하는 경우가 많은데, 예를 들어 Ø20mm ±0.005의 경우 머시닝 센터에서는 얼마를 남길까? 답은 와이어만 쉽게 들어갈 수 있고 Ø3mm~19.5mm는 드릴로 뻥 뚫어 놓으면 된다.

③ 열처리 후 방전가공(EDM)의 가공 여유량

방전가공도 다른 후공정과 마찬가지로 가공 여유를 남긴다. 약간 주의할 것은 방전가공의 경우 면의 조도(거칠기)를 중시하기 때문에 이 거칠기를 낼 수 있을 정도의 가공 여유량을 생각하면 되는데, 이 경우 보통 머시닝 센터에서 0.1mm 이하로 남길 경우에만 주의하면 된다.

❷ 후공정 클램프를 감안한 가공 여유

연삭, 방전, 와이어, 지그 그라인딩 공정들은 제품에 따라서 머시닝 센터에서 제품대로 가공해 버리면 위 공정에서는 제품을 가공하기에 난해한 경우가 발생할 수 있다.

예를 들어 MCT 가공을 마친 후 열처리 하고 정밀 보링 및 연삭, EDM해야 하는 아래와 같은 제품의 경우를 생각해 볼 수 있다.

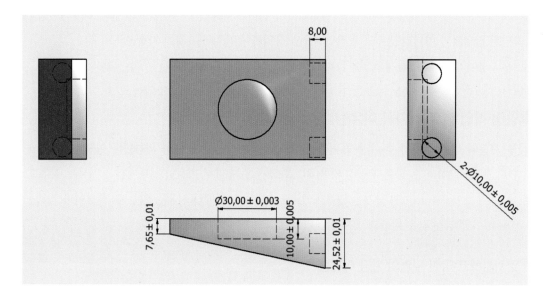

위 제품에서 구배진 부분을 모두 가공해 버리면 뒷공정에서는 클램프 하기가 어렵게 된다. 따라서 아래 녹색으로 표시한 부분과 같이 턱을 조금 남겨 놓는다면 좀 더 쉽게 할 수 있을 것이다. 이 턱진 부분은 최종 연삭, 와이어에서 처리하면 될 것이다.

물론 위와 같이 하지 않고 구배를 생각한 치구를 제작해서 할 수 있을 것이다.

③ 열처리 공정 시 열 변형을 고려한 가공

가공 소재에 따라서 열 변형이 일정한 값을 가지는 소재들이 있다. ASP23 소재를 가공할 경우 도면 HOLE 위치 치수에 0.999를 곱한 거리치수를 좌표로 해서 가공하였다. 보통 이런 경우 위치 좌표에 하나하나 곱하지 않고 축 자체를 스케일 기능을 사용하여 가공하면 된다.

이 외에도 외곽치수가 얼마나 늘어나고 줄어드는지 파악하여 가공해야 할 소재들이 있으므로 참고하여 후공정 가공 여유를 남겨 놓아야 한다.

④ 열처리 후 연삭가공이 있을 때

아래와 같이 연삭가공하라는 기호가 있다면

머시닝 센터에서 면을 가공하고 그 가공 면을 연삭으로 마무리 하라는 것이다.

만약 위와 같이 머시닝 센터 가공 후 연삭을 해야 한다면 작업 공수를 줄이기 위해 머시닝 센터에서 얼마까지 면조도를 내야 하는지 알아보고 작업하면 좋을 것이다. 아무리 머시닝 센터 가공으로 면정삭을 해도 연삭면만큼 정밀도나 표면조도를 얻기는 힘들다. 물론 MCT에 특수 연마숫돌을 장착해서 가공하지 않는 이상은 말이다.

연삭하는 면인데 머시닝 센터에서 면조도를 내기 위해 이송속도나 회전수에 신경 쓸 필요는 없다. 가장 중요한 것은 연삭가공 여유를 가만하여 머시닝 센터 작업에서 면을 내야 한다. 보통 연삭여유는 한쪽으로 0.1~0.15 정도 연삭가공 여유를 준다.

---

9 **오면가공기 작업**

① 평면에 따른 길이 보정 사용 예

공작물을 최대로 가공할 수 있는 평면은 최대 5면이다.

다음과 같이 G17평면, G18평면(+방향), G18평면(−방향), G19평면(+방향), G19평면(−방향)들로서 공작물과 테이블이 밀착된 평면만 제외하면 최대 5개의 평면이다. 즉 가공 영역으로 나눈다면 G17(XY평면), G18(XZ평면), G19(ZY평면)이다.

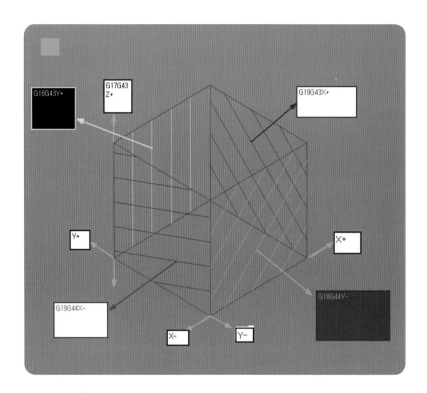

아래표는 평면에 대한 공구 길이 보정의 사용 예이다.

	G43 보정 사용 축	보정연산	사용 예
G17평면	Z축	+	G17G90G43H01Z50;
G18평면(+방면)	Y축	+	G18G90G43H01Y50;
G19평면(+방면)	X축	+	G19G90G43H01X50;

	G44 보정 사용 축	보정연산	사용 예
G18평면(−방면)	Y축	−	G18G90G44H01Y−50;
G19평면(−방면)	X축	−	G19G90G44H01X−50;

② G44의 사용 예

아래 작성한 프로그램은 G44의 특성상 오면 가공기에서 주로 사용하므로 이 장비에서 사용할 수 있는 프로그램으로 설명하기로 한다. 작업에 앞서 공구 OFFSET 번호 5번에 공구 길이가 미리 입력돼 있어야 한다.

```
O0001;
M700;      (제4축 어태치먼트 부착)
M54;
T05M06;
```

G00G18G40G49G80; (G18평면이므로 공구보정 축은 Y축이 된다.)

M55; (G18평면 공구 바닥이 Y+쪽으로 마주보게 4축 어태치먼트 방향 전환)

G90G56Z0W0; (오면가공기에서는 W축이 있어 높은 공작물 가공 시 사용한다.)

G44H05Y-50S5000M03; (공구 OFFSET번호 5번에 들어있는 치수만큼 Y- 쪽으로 보정)

X-50Z-100;

G01Y+10F100;

G00G49Y-400; (Y축으로 길이 보정했으므로 Y축으로 빠지면서 해제한다.)

X100Z0W0; (공구 교환을 하기 위해 공작물의 간섭이 없는 안전한 곳으로 축 이동)

T01;

M54; (4축 어태치먼트 공구를 교환할 수 있는 방향 전환)

M06;

M30;

이번에는 앞에서 작업한 쪽의 반대 방향, 즉 G18평면+쪽에서 작업하기로 한다. 이 경우에는 G43을 사용한다.

O0001;

M700; (어태치먼트 부착)

M54;

T05M06;

G00G18G40G49G80;

M58; (G18평면 공구 바닥이 Y-쪽으로 마주보게 4축 어태치먼트 방향 전환)

G90G58Z0W0; (오면가공기에서는 W축이 있어 높은 공작물 가공 시 사용)

G43H05Y+50S5000M03; (공구 OFFSET번호 5번에 들어있는 치수만큼 Y+보정)

X-50Z-100;

G01Y-10F100;

G00G49Y+400; (Y축으로 길이 보정했으므로 Y+축으로 빠지면서 해제한다.)

X100Z0W0; (공작물을 안전하게 축이 벗어난 후 어태치먼트 방향 전환 및 공구 교환)

T01;

M54; (4축 어태치먼트 공구를 교환할 수 있는 방향 전환)

M06;

M30;

※상기 M06코드 이외에 M코드는 각 기계 메이커마다 다름을 주의 바란다.

---

10 평면도&평행도&직각도 맞추는 방법들

1 평면도&평행도&직각도의 연관성

MCT(밀링 작업)의 기본 작업은 평면도와 직각도가 기본적으로 나와야 한다. 물론 정밀도의 차이가 있지만 항상 평면도와 평행도 및 직각도를 기본으로 맞춘다는 개념을 가지고 작업해야 한다. 그렇지 않으면 기준면에 대한 거리공차나 치수가 나오지 않고 불량이 발생되기 때문이다.

① 평면도와 평행도와 직각도의 관계

평면도를 잘 맞추는 것은 기본적으로 평행도와 직각도의 정밀도에 영향을 준다. 이 장 1. 바이스 작업에서 6각 작업 방법과 홀거리 공차 맞추기에 대해 알아봤지만 한 면의 평면도가 나오지 않으면 평행도나 직각도가 나오지 않기 때문이다.

평면도는 한 면에 대한 평평한 정밀도이다. 이 정밀도가 나와 주려면 평행도나 밴딩(평행도나 평탄의 굴곡)이 없어야 평면에 대한 면의 굴곡 없이 평면도의 정밀도가 나온다. 도면에서 보면

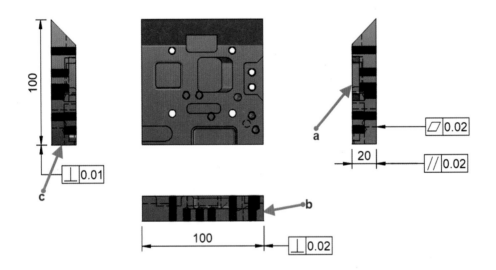

위와 같이 평면도, 평행도, 직각도 공차가 주어진다. 물론 위와 같은 공차가 주어지지 않아도 기본적으로 MCT(밀링) 작업은 위 3가지 공차를 기본적으로 나오게 가공하는 것이 일반적인 가공인데, 위와 같이 공차 스펙이 정해질 경우 위 스펙에 맞게 좀 더 정밀한 가공을 해야 한다.

㉠ 평면도가 미치는 영향

평면도가 직각도나 평행도 및 밴딩가는 것에 상당한 영향을 미친다.

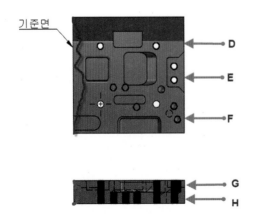

앞 그림은 평면도 설명에 대해 확대해서 표현한 그림이다. 위 기준면의 파란색처럼 평면도가 나오지 않을 때 발생되는 문제는 D,E,F에서 힘을 가하면 상대적으로 E 부분쪽으로 쉽게 밀리게 돼있다. E부위의 반대면, 즉 기준면이 좀 움푹 들어갔다고 보면 그 부위가 밀리면서 제품이 휘게 돼있다. 그래서 524쪽 그림 정면도의 치수 100에 대한 평행도가 나올 수 없다. 물론 소재 재질이나 소재 크기에 따라 차이가 나겠지만 인디게이터로 확인할 필요가 있다. 또한 이 파란색 평면도 면에 탭을 내고 볼트로 상대 부품을 조립한다고 가정하면 제대로 된 정밀도를 얻기가 어렵다. 빨간색 표시부 평면도도 힘을 받는 부위가 달라서 그림 b화살표의 직각도에 영향을 준다. 또한 위 상태에서 G부위나 H부위 어느 부분에 더 힘이 실리냐에 따라서 맨 위 그림의 노란색 평행도, 즉 치수 20mm에 대한 평행도가 나오지 않고 제품이 휘어지는 것에 영향을 주기 때문이다.

ⓒ 직각도가 미치는 영향

524쪽 그림에서 b에 대한 직각도가 나오지 않을 경우에 미는 힘에 따라서 a면의 평탄도와 평행도가 나오지 않는다. 반대로 a의 평행도나 평탄도가 나오지 않을 경우 b에 대한 직각도가 나오지 않는 것이다.

② 평면도(평탄도) 맞추는 방법

다음은 평면도 맞추는 방법들을 세부적으로 다뤄보자.

① 기준면 작업을 가장 먼저 하라

정밀한 제품가공을 하기 위해서는 바이스에 물릴 제품이든 base에 고정할 판재 제품이든지 가장 먼저 기준면 가공을 하고 들어 가는 것이 좋다.

㉠ 바이스 기준면 작업

대부분의 기준면은 Face Cutter로 면 절삭 작업을 해서 기준면에 대한 평면도나 특히 밴딩잡는 것에 초점을 맞추어 작업하는 것이 중요하다. 바이스 기준면 가공의 첫 번째 기준면 절삭 작업은 작업 형태에 따라 기준면 1차 내지 2차 작업까지 있을 수 있다. 보통 2차까지 간다고 보면 되는데, 1차 작업은 바이스 기준면에 닿는 면이 제품 기준면 1차 작업으로 해야 한다. 왜냐하면 바이스 자체가 바이스 기준면 쪽으로 제품 면을 밀어 주어 작업하는 클램프 형태이기 때문에 여기에서 오는 제품의 휘어짐이 있기 때문이다. 이것을 1차적으로 해결하고 나서 1차 작업한 제품 기준면을 바이스 기준면에 밀착시키고 2차 작업으로 넘어가야 원하는 평행도, 직각도, 평면도, 밴딩을 잡을 수 있다.

㉡ 바이스 작업의 1차 제품 기준면 작업의 중요사항 1번

1차 기준면 작업의 가장 중요한 사항은 최대한 휘어짐 없이 소재 자체의 형태로 가공을 해야 한다는 것이다. 즉 제품 두께, 폭, 소재 직각도가 나오는 대로 최대한 살려서 기준면 작업을 해야 한다.

예를 들어 길이가 긴 제품의 경우 길이 양쪽 끝과 중간 지점의 높이를 확인해서 가능한 양쪽 길이 끝부분이 균일하게 절삭될 수 있도록 높이를 맞추어 기준면을 작업하는 것이 중요하다. 만약 길이 양쪽 끝 소재 두께가 테이퍼 지게 차이가 난다면 양쪽 높이를 똑같이 맞추는 것보다 양쪽 끝 소재 폭 치수와 제품 치수 차이 값의 절반 값에서 면만 살짝 고루 나오게 끔만 작업하는 것이 낫다.

© 바이스 작업의 1차 제품 기준면 작업의 중요사항 2번

1차 기준면 가공에서 2번째로 중요한 사항은 1차 기준면 작업에도 어쩔 수 없이 바이스를 조여서 가공해야 하는데, 이때 바이스 기준면에 밀착되는 소재 기준면이 고른 쪽을 기준면 방향으로 해야 한다. 그리고 최대한 밴딩가지 않게 밀착해야 하는데, 예를 들어 여러 개의 바이스를 병렬로 해서 긴 제품을 가공할 경우는 소재 기준면이 바이스 여러 개 기준면 중에 기준면에 붙지 않을 수 있는 제품기준면 부위가 있는데, 붙지 않는 기준면에 사포나 기타 틈을 메꿀 수 있는 얇은 철판을 대고 밀착시키는 것이 중요하다. 즉 밴딩가지 않게 밀착시켜서 가공하는 것이 중요한다. 메꿀 수 없으면 힘을 주는 것보다는 밀리지 않게 지지만 할 수 있도록 바이스를 최소한의 토크로 조여야 한다. 보통 기준면은 면만 나오게 절입량을 최소화 해서 가공하기 때문에 큰 토크로 필요 이상으로 바이스를 조일 필요가 없다. 즉 떨리거나 제품이 바이스에서 이탈되거나 움직이지만 않게 해서 가공하는 것이 중요하다.

② 바이스 작업의 2차 제품 기준면 작업의 중요사항 1번

가장 중요한 1차 기준면 가공 작업을 완료하면 바로 본 작업에 들어가거나 1차 기준면만 작업한 것으로는 바닥 기준이 제대로 받쳐주지 못할 경우 2차 기준면 작업을 해야 한다.

2차 기준면 작업의 중요사항은 반드시 1차 제품 기준면을 바이스 기준면에 밀착시켜서 작업해야 한다. 또한 보통 2차 제품 기준면은 넓은 면을 가공하고 이 제품 기준면을 바닥 기준면으로 삼는데 절대로 바이스를 세게 물거나 바닥에 닿을 정도로 망치질을 하면 안 된다. 망치질을 하지 않고 바이스를 물리는 세기도 최대한 가공 중에 제품만 움직이지 않게 약하게 조여야 한다.

1차 제품 기준면을 정상적으로 가공했다고 가정한다면 바이스 기준면과 제품 기준면의 밀착이 힘을 가하지 않고도 틈이 없이 닿을 것이다. 만약 힘을 가함이 없이 밀착했는데 틈이 보인다면 1차 기준면 작업을 다시 해야 한다.

이 상태에서 평면 수평을 잡는데 분명히 제품 바닥면은 미가공 상태이기 때문에 밑면이 고르지 않아서 받침 블록에 닿거나 닿지 않는 부분이 있다. 보통 사각 제품이기 때문에 대각 방향으로 닿거나 닿지 않을 수 있는데, 저자는 이 사각 소재라도 3점 지지를 해서 2차 기준면을 가공했다. 즉 아래 그림과 같이 공작물(소재) 길이 방향으로 휘어지거나 눌려지지 않는 구간을 정해서 2개의 블록을 놓고 다른 한쪽은 1개의 블록을 중앙에 놓고 작업하는 것이다.

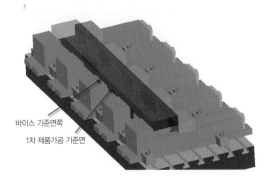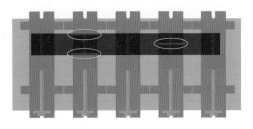

바이스 기준면쪽
1차 제품가공 기준면

위 그림의 기다란 직사각형 소재의 2차 기준면 작업에서 바이스가 5개 있지만 아래 그림에서 제품을 최대한 휘어지지 않게 지지해줄 3부분(노란색 타원 표시)에만 파란색 평행 블록을 받쳤다. 이렇게 받친 이유는 소재 상태에서는 정확한 레벨을 잡기 어렵고 4각 부분으로 받치면 대각 방향으로 한쪽이 뜨기 때문이다. 보통은 이런 방법으로 수평을 잡고 가공하면 무난한 기준면 가공을 할 수 있다. 평행 블록이든 어떤 받침이든지 반드시 2개는 양쪽 끝면 쪽에, 1개는 중앙 쪽에 받쳐야 한다. 그래야 기본적인 레벨을 무난히 잡을 수 있다.

대형 공작물도 1차는 무조건 위와 같이 3점 지지해서 수준을 잡고 움직이지 않게 고정한 다음 가공할 때 눌리거나 휘어지거나 진동이 발생되는 부분만 구간구간 살짝 받쳐 주기만 하면 된다. 기본 레벨 수준은 3점 지지이며, 이 3점 지지만큼은 처음 맞춰 놓은 것이 움직이지 않고 변하지 않게 해야 한다.

② 가공된 면을 바이스 기준면으로 삼고 본 가공에 들어 가라

위와 같이 제품 기준면을 가공했으면 이 가공된 면이 바이스 기준면에 밀착돼야 하며, 또한 2차 제품 가공 기준, 즉 제품 바닥 기준면이 되어 평행 블록 위에 올려져 가공해야 밴딩 없이 가공될 것이다. 아래 그림과 같이 한다.

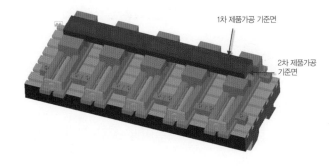

1차 제품가공 기준면

2차 제품가공
기준면

즉 위 그림에서 1차 기준면은 바이스 기준면에 밀착시키고 2차 기준면은 바닥으로 해서 평행 블록에 밀착되도록 한다. 여기서 주의할 것은 2차 가공 기준면은 반드시 어느 한쪽이 뜨지 않게 가공해야 하며 가공 후 반드시 대형 정반에서 확인하는 것이 좋다. 1차 가공 기준면도 반드시 뜨는 부분이 없는지 정반에서 확인한 후 2차 가공에 들어가야 한다.

1차, 2차 기준면들은 반드시 밴딩이나 뜨는 부분이 없이 가공해야 되며 완벽하게 마무리 한 상태에서 본 가공에 들어가야 나중에 문제가 크게 발생되어서 오히려 재가공 시간이 더 걸리는 문제가 발생되지 않는다.

11 척(Chuck) 작업

보통 척은 선반가공(원형물 가공)에서 가장 많이 사용하는데 MCT나 밀링 기타 작업에서 원형물을 고정하고 작업할 때는 척만한 클램프 JIG가 없기 때문이다.

1 기본적인 척 고정 작업

MCT에서 기본적으로 판재 위에 먼저 척을 고정한다. 보통 45C 열처리한 판을 제작해서 척을 고정한다. 척을 고정할 때 선반의 면판에 고정하 듯 원형센터링 부품을 장착하는 것이 좋다. 선반에서 면판을 원형으로 한다면 MCT나 밀링에서는 사각으로 제작하는 것이 좋다. 사각으로 면판을 제작하면 바이스에 장착하든지 베이스에 장착하든지 어떤 방법으로 장착하더라도 편리하다.

2 가공 방법

원형 제품은 제품의 모양과 공차에 따라 달라지지만 대부분 선반가공을 완료한 후 MCT 작업을 하고 마무리하는 경우가 있다. 따라서 원형센터에 정확히 X,Y 영점을 잡아야 한다. 또한 척 조에 제품이 찍히거나 손상가지 않도록 해야 되는 제품도 있어서 조에 스크래치나 찍힘 방지를 위한 테이프를 붙이고 작업하는 것도 있다. 아니면 조 자체를 개조해서 아세탈이나 MC 나일론을 조 대용으로 사용할 수도 있다.

3 주의 사항

① 제품의 찌그러짐에 주의해야 한다.

제품의 모양이나 두께, 조의 세기에 따라 찌그러질 경우가 있으니 확인해야 한다. 바이스 조이는 양이나 척 조이는 양이나 비슷한 관계이다.

② 평탄도를 확인한다.

마찬가지로 평면도를 확인하여 클램프 시에 뜨거나 평탄도에 문제가 발생되는 여부도 체크한다.

③ 척 조에 공구 간섭이 있는지 확인한다.

공구가 척이나 척조에 충돌하는지 또는 드릴 관통의 경우 관통 시에 척이나 조에 간섭이 없는지 확인하여 내경측을 물을지 외경측을 물을지 결정한다.

12 인서트 커터(Insert Cutter) 공구

인서트 커터 공구는 절삭가공에서 빼놓을 수 없는 공구이다. 광범위 윤곽 황삭 가공이라든지 형상 작업, 평면 면정삭 등 10파이 이상의 앤드밀을 대체할 수 있는 공구가 바로 인서트 커터 공구이다. 요즘은 아주 다양하고 정밀하면서도 고속가공이 가능한 공구들이 개발되어 나와 있다.

1 커터 적용가공 부위

모든 가공에 적용할 수 있지만 경험적으로 볼 때 8파이 앤드밀 이상 사용 가능한 윤곽가공이나 형상가공 등에 적용하는 것이 효과적이다. 아직까지는 8파이 이하는 앤드밀로 가공하는 것이 좋다. 보통 황삭이나 중삭가공에 커터가 많이 사용되고 정삭은 앤드밀 사용이 많은데, 앤드밀 커터의 경우 정삭 앤드밀을 대체해서 사용하기도 한다.

2 커터의 황삭 가공

황삭 가공에서 보통 황삭용 인서트 팁이 전용으로 나오는데 대부분 코너R이 0.8 이상이어야 한다. 코너 R이 0.8 이하가 되면 황삭에는 적합하지 않다. 왜냐하면 잘 깨지기 때문이다. 즉 코너R 크기에 따라 깊이 값을 줘야 하고 칩 브레이커 효과가 달라지기 때문이다.

또한 황삭가공은 보통 0.2~1mm 정도 깊이를 넣고 빠른 절삭이송으로 해서 마무리하는 것이 공구나 설비나 변형에 여러 가지로 유리하다. 스텝오버량은 보통 공구지름의 50~70%를 주는 것이 좋다.

① 절입량은 1.5mm를 넘기지 마라

예를 들어 가공 방식은 BT50에서 33파이 고이송 커터를 사용하여 1회 절입량 1mm를 주었다. 이렇게 하면 느릴거라 생각할 수 있는데 대신 피드를 5000mm/min으로 주었다. 즉 절입량이 적은 대신 절삭피드를 빨리 해서 가공하는 것이 좋았다. BT40에서는 BT50 MCT 가공 깊이의 50~70%까지 1회 절입량을 적게 줘야 한다.

또한 커터 길이는 커터 경의 4배 크기의 돌출 길이까지는 추천의 100% 깊이로 줄 수 있지만 그 이상의 돌출 길이는 공구 지름만큼씩 길어질 때마다 추천 절삭 깊이의 1/4만큼씩 줄어든 1회 절입량을 설정해 줘야 인서트의 수명을 유지시킬 수 있을 것이다.

아래는 33파이 고이송 커터 사진이다.

㉠ 외곽가공보다는 포켓가공의 절삭 깊이를 작게 하라

수평형 MCT에서는 칩 배출이 좋기 때문에 크게 문제되지 않겠지만 수직형 MCT의 경우 칩 배출이 잘 되지 않기 때문에 외곽 깊이 1회 절입량 값의 절반 정도만 놓고 포켓가공이나 내측 가공을 해야 공구 수명이 좋다.

㉡ 코너R에 따른 외곽, 내측 형상의 재작업

보통 황삭커터의 경우 공구 수명 문제로 코너R이 0.8 이상을 사용하기 때문에 제품 외각형상바닥 코너에 공구R 크기만큼 미가공 부분이 발생된다. 따라서 이 발생된 미가공 양을 제거하기 위해 정삭 전에 한 번 윤곽만 가공할 필요가 있다. 그래야 정삭 앤드밀의 공구 수명에 좋다.

② 절삭 방향은 바깥에서 가공을 시작해서 점점 안쪽으로 진입하라

커터나 앤드밀은 Z 방향 가공이 약하다. 즉 측면가공이 강점이기 때문에 될 수 있으면 가공 방법을 외곽쪽부터 가공해서 점점 형상에 가까워지는 가공으로 작업해야 한다. 물론 포켓의 형상은 어쩔 수 없이 램프로 돌면서 깊이 가공을 해야 한다.

③ 칩 배출이 안 되는 수직 MCT에서의 포켓황삭가공

보통 수직 MCT의 경우 커터의 황삭 포켓가공은 커터 지름의 2배 이상의 깊이가공을 할 때 절삭된 칩이 빠져 나가지 않고 커터 공구의 생크 부분과 마찰을 일으키며 달라 붙거나 절삭 시 부하를 주게 되어 공구 파손을 가져 온다. (단 고압절삭유나 주축관통절삭유 타입은 예외)

이때 공구 지름의 절삭 깊이까지 가공하고 그 이상의 깊이부터는 같은 형상의 깊이 가공이라고 하더라도 측면 정삭 여유를 한쪽에 3mm씩 주어 깊이가공을 하고 공구 지름의 2배까지 한다. 즉 공구 지름의 2배 깊이마다 공구 생크부와 칩의 간섭이 없게 3mm씩 띄워 주면서 포켓의 황삭 1차 가공을 마무리한다. 이후 칩을 제거하고 위 황삭 1차 작업에서 남았던 부분을 가공한다.

위의 그림에서 녹색 타원형 표시부, 즉 공구 생크 부분이 포켓 내부에 남아 있는 칩과의 트러블로 인해 공구 파손의 원인이 된다.

④ 커터 절삭지름과 생크지름의 관계

커터날부의 지름보다 생크지름이 1mm 정도 작은 것을 구입해야 깊은 깊이가공에 유리하다. 동일하면 깊은 가공에서 생크 부분이 계속 닿기 때문에 마찰과 부하로 인한 공구 파손 및 설비 정밀도에 악영향을 끼친다. 보통 16파이 생크이면 날부는 17파이짜리 커터를, 20파이 생크에는 21파이 커터날경을 선택하고, 32파이 생크는 33파이 날경의 스펙을 가진 커터를 구입하는 것이 좋다. 그래서 황삭이든지 정삭이든지 날 부위 지름이 생크 지름보다 큰 것을 구입하는 것이 여러모로 좋다.

❸ 정삭 가공사용 방법

인서트로 정삭 앤드밀을 대신하는 것은 앤드밀 커터이다. 보통은 다양하게 나와 있지만 앤드밀만큼 날장이 나오지 않기 때문에 측면 직선구간, 즉 공구 경이 나오는 날장 길이가 얼마인지 인서트 재원을 확인하여 가공 깊이를 줘야 한다.

① 정삭 앤드밀 인서트 커터의 선택

다음과 같이 어떤 경우에 앤드밀 커터를 사용하는지 결정하는 것이 중요하다.

㉠ 공구비용 절감을 위해서

보통 면조도에 크게 문제되지 않거나 공구비용을 저렴하게 해서 제품단가를 맞춘다고 가정하면 앤드밀 커터를 정삭 앤드밀로 대체해서 가공하면 좋다. 특히 볼앤드밀 인서트 커터나 불노우즈(코너 R) 앤드밀 커터의 경우 동급 일반 정삭 앤드밀을 사용하는 것보다 훨씬 경제적이다.

ⓒ 코너R이 5 R 이상이면서 깊이가 깊은 가공의 경우

보통 앤드밀 커터는 10파이 이상의 것을 많이 사용한다. 그 이하는 정삭 앤드밀로 마무리한다. 초경 정삭 앤드밀 가격이 12파이 이상부터는 앤드밀 커터 인서트의 3배 이상이 되기 때문에 원가 절감을 위해서 사용하는 경우가 있다. 또한 가공 깊이에 따라 달라지겠지만 10파이 이상의 앤드밀 커터 길이는 보통 표준 정삭 앤드밀 전장보다 2배 이상 길기 때문에 깊은 깊이 가공에서 롱앤드밀을 대체해서 효과를 볼 수 있다.

ⓒ 공구 교체가 빈번한 양산제품 가공의 경우

일반 앤드밀은 인서트 앤드밀에 비해 공구 교체 시간이 더 소요된다. 또한 작업자의 숙련이 필요하지만 인서트 앤드밀의 경우 인서트만 교체하기 때문에 별도의 길이 측정을 다시 할 필요가 없다. 물론 공구 생크 파손이 되지 않는 조건에서 말이다.

② 정삭 앤드밀 커터의 가공 조건

1회 절입량은 보통 동급 초경 앤드밀보다 훨씬 작다. 인서트 날길이만큼만 넣어야 하는 제약조건이 있다. 가공 회전수는 초경앤드밀의 약 1.3배~1.7배 이상 올리는 것이 좋다.

③ 정삭 FACE 커터의 가공 조건

알루미늄 Face Cutter 정삭용 인서트를 사용하며 대체적으로 정삭 여유를 0.15 이하로 해야 한다. 또한 커터에 여러 날을 모두 체결하는 것보다 1개만 끼우고 나머지는 빈 채로 로케이터를 잠그고 가공하면 훨씬 면조도가 좋으며 스크래치가 발생되지 않는다.

80파이 커터의 경우 1날 기준 알루미늄은 3000rpm에 F1000 정도가 적당했다. 스틸의 경우는 800rpm에 F600이 적당했다. 물론 인서트는 재질에 맞는 인서트를 사용해야 한다.

ⓐ 앤드밀로 커버하지 못하는 면적은 FACE 커터로 작업하라

앤드밀로 여러 번 가공을 하게 되면 평면에 스텝오버로 인한 경계라인이 생기게 된다. 따라서 제품 면이 깔끔하게 보이지 않고 보기에 좋지 않을 뿐아니라 경계라인에 미세한 단차가 발생되기 때문에 공차에도 문제가 발생된다. 따라서 이런 면적을 한 번에 가공할 수 있는 크기의 Face 커터를 사용해 가공하는 것이 좋다.

ⓑ 정삭 FACE CUTTER 가공 시 진동이 없게 하라

정삭 Face 커터 가공 시에 주의할 사항은 MCT 기계 진동이 없게 해야 스크래치가 발생되지 않는다. 특히 가공 시에 공구를 대기 시키면 수직형 MCT의 경우 진동이 스핀들로 그대로 전달되어서 알루미늄 가공 시에는 공구메거진 쪽의 움직임으로 인한 진동이 제품 면에 그대로 전달되어 스크래치가 발생되므로 공구 대기를 삭제하는 것이 낫다.

또한 제품 자체의 클램프 문제로 제품을 제대로 잡아주지 못하면 떨림이 발생되는데 최대한 떨지 않게 클램프를 하고 난 뒤에 정삭 Face Cut 작업을 해야 면이 떨림이나 스크래치 없이 깨끗하게 나온다.

ⓒ FACE CUTTER 면의 측면은 앤드밀로 마무리 하라

Face Cutter Insert의 경우 최소 코너R이 0.3 이상으로 측부와 바닥의 코너부는 최소R이 남아 있기 때문에 조립이나 설계 의도에 문제가 있을 수 있다. 따라서 코너부가 항상 0.2 R 이하가 되게 하려면 마지막 측면은 0.005~0.01 정도 깊이를 올려서 정삭 앤드밀로 한 번 가공해 주면 측면의 R 처리를 할 수 있다.

ⓓ 정삭 FACE CUTTER의 인서트 선정 시 주의 사항

보통 정삭용 인서트 커터 코너R은 최소 코너R의 인서트를 사용하고 공구 수명이 긴 인서트를 사용하는 것이 면 조도에 좋다. 밑날 직선 면적이 넓고 코너R이 크면 그만큼 부하가 더 발생되고 면조도에는 좋지 않다.

13 여러 가지 알아두기

1 HSS 탭(기계탭)이 파손될 경우, 예를 들어 M4이면 3파이 4날 스틸가공용 앤드밀로 회전수 7000, 피드 100, 헬리컬 Z 이송 값은 램프 1회전당 0.01로 내려가게끔 해서 램프가공 하면서 부러진 하이스 탭을 제거한다.

2 반드시 리지드 기능을 적용해(M29 M코드) TAP 작업을 수행한다.

3 Face Cutter 작업 시 제품 떨림으로 인한 소리 발생 시에 회선수를 줄여본다. 가공 중에는 스핀들 회전수 퍼센트 제어 키를 돌려본다.

4 사상 및 후처리 참고 사항

① **사상**

MCT 작업 이외에 가공 기술자라면 알아두어야 할 부분이다. 물론 MCT 작업으로 완벽한 가공제품이 만들어지면 더없이 좋겠지만 그렇지 못한 부분도 있다. 특히 단발성 임가공 제품의 경우에 더욱 사상 도구를 사용해서 품질을 맞추어야 하는 경우가 발생될 것이다.

ㄱ 에어 센더기 및 공구(에어 광택기, 에어 바비브레이터)

에어 센더기는 AL제품, 스틸제품 할 것 없이 광택을 내거나 스크래치를 제거할 때 사용한다. AL 가
공품의 후처리가 W-ANODIGING일 경우 스크래치 발생이나 조도 문제가 될 경우 사용한다. 하지
만 알루미늄 부품가공의 경우 표면처리가 E-NI(이앤아이), 즉 무전해 니켈도금 처리를 하는 것은 오
직 앤드밀이나 Face 커터로 면을 내야 한다. 광이 나지 않는다고 샌더기로 하면 안 된다.

위의 찍찍이로 고정할 때 공구 본체부 찍찍이도 교환 가능한 것으로 구입하는 것이 좋다.

ㄴ 초경 로터리바&에어공구 장착용 사상 도구, 전동디스크 그라인더

에어 사상기에 장착하여 사용하는 초경 로터리바는 디버링용(BURR 제거용)으로 다양한 형상의
로터리바가 있다. 절삭 공구판매점이나 철물점에 있는 공구들이다.

ㄷ 모따기 사상용, 디버링 칼

일반적인 제품의 모서리를 수동으로 모따기할 때 사용한다.

위 사상칼은 알루미늄이나 스틸 등 광범위하게 사용한다.

ⓔ 백 홀면취

드릴가공 후 반대쪽 면의 면취를 작업하기 곤란할 때 수동으로 작업한다.

수동 공구(파이별로 있음)

MCT콜렛이나 홀더에 끼워 자동 홀면취를 하거나 전동공구에 장착해 수동으로도 할 수 있다. (파이별로 구비)

아래는 적용 부위 제품 그림이다.

  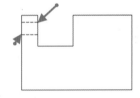 

ⓜ 줄

사상 도구에서 빼놓을 수 없는 것이 줄이다. 줄은 크게 일반 줄과 다이아몬드 줄이 있다. 일반 줄은 열처리 안된 제품에 사용하고 다이아몬드 줄은 특수강과 열처리된 제품 사상에 좋다.

 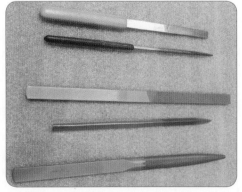

위 줄 종류에는 평줄, 반원줄, 삼각줄 등이 있고 황목, 중목 세목 등 거칠기별로도 다양하게 있다.

ⓑ 샌딩처리

제품 전체를 한 번에 BURR나 기타 미세한 스크래치, 단차를 없애는 가장 좋은 방법은 샌딩처리를 하는 것이다. 샌딩에도 거칠기에 따라 여러 가지 샌딩 가루가 있다.

② 후처리

후처리 시 무전해 니켈도금(E-NI)은 작업 완료 시 표면이 경화되어 열처리된 것처럼 단단하다. 또한 이 무전해 니켈도금은 스크래치나 샌딩을 하지 않는 것을 기본으로 한다. 하지만 어쩔 수 없는 경우에 한해 특히 강이나 주철의 경우는 샌딩처리를 하고 이 작업을 한다.

5 NC 데이터 입출력

① 프로그램 입출력

보통 입력은 READ(읽기), 출력은 PUNCH, WRITE(쓰기)인데 예전 기계에서 출력이 PUNCH로 돼 있는 이유는 프로그램 입출력을 천공테이프, 즉 종이로 구멍을 뚫어서 프로그램 입출력을 했던 때가 있기 때문이다.

요즘은 DNC 프로그램을 많이 사용한다. 그 중 심코 에디터인데, CNC 기계에 따라서는 기계로 프로그램을 보낼 때는 먼저 기계 편집 모드에서 입력하고자 하는 번호를 치고 READ를 누른 다음 DNC 프로그램에서 파일을 보내는 방법이 있는데 기계에 따라서 차이가 있을 수 있다. 이 입출력 방법은 RS-232C 방식인데 MDI 설정에서 입출력 설정 번호(I/O CHANNEL)는 1값으로 한다.

② 메모리 카드&데이터 서버 프로그램 호출가공

보통 CNC 자체 메모리 용량은 대부분이 0.5MB(메가바이트, 512KB) 용량도 안되다보니 프로그램 용량에 따라서 CF카드나 USB를 꽂아서 가공한다. CF카드에 NC 프로그램을 넣고 M198 P0001을 메인 프로그램에서 실행시키면 CF카드나 NC 데이터 서버에 들어있는 O0001번이 호출된다. 단점은 프로그램을 건너뛸 수 없는 것이다. 이 문제는 메모리에 들어있는 프로그램을 별도 편집해서 하면 된다. CF카드는 MDI 모드의 세팅설정 모드에서 IO 기능의 세팅 번호는 4번이다. 데이터 서버, 즉 LAN선을 이용한 데이터 전송 설정은 5번이고, USB 메모리 설정은 17번이다.

물론 메인 프로그램은 편집 모드에서 작성한 다음 메인 프로그램 내용은 M198 P0001만 작성하면 된다. 메인 프로그램은 호출하는 프로그램 번호와 중복되지 않게 한다. 이 기능은 물론 피드홀드(Feed Hold), 싱글 블록(Single Block), MO1(Optional Stop) 등은 사용 가능하다.

데이터 서버나 DNC 프로그램이 되지 않을 경우에 CF카드나 USB를 사용할 수 있는 컨트롤러에서는 CNC 메모리로 데이터를 불러올 수 있기도 하다.

③ 리모트 가공(REMOTE, RM, T)

DNC 프로그램에서 프로그램을 보내면서 가공하는 방법이다. 기계 리모트 모드가 있는 설비에서 가능하다. 먼저 DNC 프로그램에서 파일을 보낸 다음 기계에서 리모트 모드로 놓고 사이클 스타트 버튼을 누르면 프로그램을 컴퓨터에서 보내면서 가공이 되는 방법이다.

또는 반대로 리모트 모드에서 사이클 스타트 버튼을 누를 때 오른쪽 하단의 LSK가 깜박거리면 컴퓨터의 DNC 프로그램에서 SEND 버튼을 누르면 된다. 맨 처음 프로그램을 확인하기 위해서 기계에서는 싱글 블록을 실행시키고 확인되면 싱글 블록을 해제한다. 이런 경우는 컴퓨터가 꺼지지 않도록 주의해야 하며, PC(Desktop Computer, Laptop Computer) 화면보호기 기능이나 절전모드 기능들을 설정하지 않도록 한다. 이 기능은 물론 피드홀드 싱글 블록, MO1 등은 사용 가능하다.

단점은 M198과 같이 프로그램을 중간에서 시작할 수 없고 건너뛸 수 없다. (프로그램 종류에 따라 지원 가능)

④ CF메모리 카드를 이용한 TAPE 모드 가공

536쪽 ②의 설정과 유사하지만 AUTO 모드에서 M198 기능이 지원되지 않는 컨트롤러에서 이와 같은 방법으로 용량이 큰 프로그램 가공을 한다. 먼저 536쪽 ②와 같이 MDI 설정을 4번으로 변경한다.

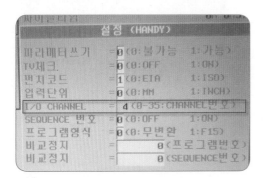

다음 모드를 TAPE 모드로 전환한다.

다음 장치 변경을 한다.

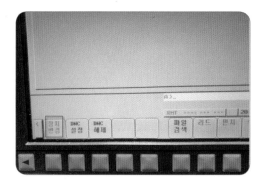

다음 장치 변경에서 메모리 카드를 선택한다.

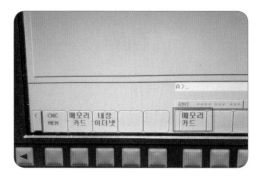

메모리 카드로 선택하면 아래와 같이 메모리 카드에 들어있는 프로그램이 보인다.

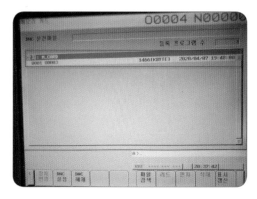

물론 메모리 카드에 프로그램을 넣을 때 확장자 없이 파일명을 O0003(번호는 1~7999번까지 아무거나)으로 하며, 반드시 확장자가 없게 한다. 화면이 보이지 않을 경우는 표시 갱신을 누른다.

위 화면에서 위와 같이 보이면 아래 기능키 DNC 설정 버튼을 누른다. 누르면 위 프로그램 번호 0001(프로그램 순번), O0003(프로그램 번호,프로그램명), 화면이 D 0001 O0003으로 DNC 설정했다는 표시가 되면서 CF카드 안의 프로그램을 실행할 준비가 완료된다. 이때 사이클 스타트 버튼을 누르면 M198과 같이 TAPE 모드에서 프로그램이 실행된다.

6 공구 길이 연장 방법

밀링 작업이든 선반 작업이든 표준으로 나와 있는 공구나 특수 공구 외에도 가공제품에 따라서는 길이를 250mm 이상해야 가공할 수 있는 제품들이 있다. 센터, 드릴, 탭, 카운터 보어 등이 대표적일 것이다. 특히 카운터 보어나 탭 작업을 하다 보면 길이에 맞는 공구가 없어 난감할 때가 있다. 이럴 경우는 보통 열처리 안된 연마봉을 길이에 맞게 절단이나 가공한 다음 공구를 끼워서 고정하고 이 연마봉을 물려서 가공하면 해결되는 경우가 많이 있다. 물론 이런 경우는 범용 선반에서 작업한다. 이런 작업들을 보면 가공기술자들은 범용 밀링, 범용 선반, 용접 등은 기본적으로 어느 정도 작업할 수 있는 실력을 키우는 게 좋다. 이런 실력들은 산업현장에서 요긴하게 적용될 수 있기 때문이다.

① 센터, 드릴 연장 방법

보통 끼우려는 공구의 생크 직경보다 최소 편측 1.5mm 큰 연마봉 직경을 선택하고 연마봉 단면가공을 한 다음 센터나 드릴의 생크가 삽입될 수 있도록 가공하고 연마봉 외경에 탭을 내서 무드 볼트로 고정한다. 공구의 생크 부분은 무드 볼트가 닿는 부위만 평편하게 숫돌로 갈아서 절삭 부하가 발생했을 때 헛돌지 않게 자리 파기를 해주어야 한다.

② 카운터 보어 연장 방법

카운터 보어 공구의 생크 직경은 대부분 카운터 보어 절삭 직경보다 최소 편측 1.5mm는 작기 때문에 봉에 장착하기가 수월하다. ①같은 방법으로 한다.

③ 탭 공구 연장 방법

카운터 보어 공구나 센터, 드릴과 같은 방법으로 연장할 수도 있지만 M10 이상에서는 회전 부하량이 커지기 때문에 보통 연장봉의 양끝 쪽을 탭 고정 어댑터에 끼울 수 있게 4각으로 가공해서 탭 척에 끼우는 방법이 좋다.

7 한 방향 가공법

① 한 방향 가공의 중요성

정밀가공에서의 가공 방향(진행 방향)은 상당히 중요하다. 위에서 하향절삭과 상향절삭에 대해서 알아봤는데 이 절삭 방향에 따라 정밀공차를 맞출 수 있느냐, 없느냐가 결정된다. 즉 하향절삭은 공구와 공작물이 서로 밀어내면서 가공하므로 공작물이 덜 절삭되는 효과가 있고, 상향은 서로 당기면서 절삭하는 효과가 있어 공작물이 더 절삭되는 효과가 있다.

또한 볼 스크루의 백래시 양에서도 차이가 있다. 리니어 스케일이 장착되지 아니한 기계에서의 한 방향 가공 기능 G60을 사용하는 것도 이런 이유에서이다.

위 그림을 예로 들어보면 X0에서 X300으로 이동한다고 하자. 리니어 스케일 없이 정밀 위치제어를 위해 G60 기능을 사용한다고 하고 G60에서 사용하는 Shift량이 파라미터상 1mm라고 한다면 처음 X0에서 X300까지 가는 것이 아니고 X0에서 X301까지 간 다음 다시 X301에서 X300으로 이동한다. 이와 같은 이동 형태를 한 방향 위치제어라고 한다. 이렇게 위치제어를 하면 백래시 양이 위치 결정에 적용되지 않고 가공하게 되므로 보다 정밀한 위치 가공을 할 수 있다. 물론 이런 백래시 양이 0.002 이하라고 한다면 상관이 없다. 만약 X450에서 X300으로 테이블이 이동한다고 가정한다면 G60을 사용해도 기계적으로는 Shift 하지 않는다. 왜냐하면 shift 방향 설정에 따라 기능이 적용되기 때문이다.

8 불량 발생을 줄이기 위한 사전 확인

저자가 기계 가공 일을 20년 넘게 했지만 그래도 불량이 발생한다. 물론 반복적인 작업, 양산 작업에서는 불량이 나올 수 있는 확률이 적어지는 것은 사실이다. 하지만 몸의 상태, 스트레스, 잡생각, 가공환경(공구 상태, 클램프 상태, 절삭유 상태, 칩처리 상태 등) 등 주변환경의 영향으로 불량이 발생할 수 있다. 특히 임가공 업계에서 일하게 되면 늘 하던 작업을 하는 것이 아니기 때문에 불량 확률이 더 높다.

불량을 줄일 수 있는 가장 좋은 방법은 많은 훈련과 시간이 필요하다고 본다. 즉 반복되는 세팅 작업, 프로그램 작성, 가공, 다양한 공구 사용 등 반복되는 경험과 오랜 숙련 등이 불량 확률을 줄이는 방법 중에 하나이다.

① 불량을 줄이는 사전 확인 사항들

1. 소재 재질과 크기는 도면의 제품 재질과 크기에 맞게 준비 됐는지 확인한다.

2. 프로그램은 잘 작성돼 있는가?

도면 스펙에 맞게 작성, 제품 소재 재질에 맞게 작성, 클램프 상태에 맞게 작성, 클램프 순서에 맞게 작성, 가공 정밀도에 맞게 작성, 공구 상태에 맞게 작성, 모의 가공 확인, 모따기 크기, 가공 깊이, 면조도, 공구와 제품과의 충돌, 공구와 클램프와의 충돌 확인

3. 공작물 고정(클램프)은 제대로 돼 있는가?

가공부하로 인한 가공 중 제품 움직임, 정밀공차를 맞추기 위한 평면도, 평행도, 직각도, 밴딩 상태 확인, 바이스 유압, 누름 클램프의 조임 상태, 프로그램한 제품의 방향과 실제 고정한 제품의 방향 확인

4. 좌표는 제대로 세팅되었는가 확인한다.

x,y,z 기준면에 대한 밀착 상태, 공통 좌표계의 시프트 치수와 부호(+,−), 위치가 프로그램 좌표와 맞는지 확인

5. 공구의 OFFSET 값은 제대로 입력돼 있는가?

공구메거진 번호와 프로그램 보정 번호가 맞는지, 길이 보정 값이 제대로 들어갔는지, 경보정 값이 제대로 들어갔는지의 확인

6. 공구는 가공품의 재질에 맞게 구분하여 장착돼 있는가?

스틸 공구, 알루미늄 공구 등 가공품 소재 재질에 맞게 장착됐는지 여부

7. 공구는 도면 스펙과 프로그램과 가공 정도에 맞게 장착돼 있는가?

공구의 돌출 길이, 공구 회전 시 흔들림 여부, 공구 각도(센터 드릴 각도, 각도 앤드밀 각도), 날장 길이, 날 상태(마모 상태, 깨짐 상태 등)

8. TAP과 기초 드릴의 지름과 깊이는 제대로 프로그램돼 있는가?

기초 드릴 지름, 탭의 규격, 기초 드릴이 탭 깊이보다 2mm 이상 깊은지 확인

9. 절삭에 영향을 주는 요소들이 제대로 적절한지 확인한다.

절삭유 상태(절삭유 농도, 분사 각도, 분사 압력), 칩처리 상태

② 불량을 줄이는 사후 확인 사항들

도면 스펙에 따라 가공제품이 제대로 절삭 가공됐는지 가공 중이나 가공 후에 반드시 확인한다.

아래 사항에서 주로 체크해 보는 사항들이 있다.

1. 면조도가 도면 스펙에 적절히 가공됐는지 확인한다.

측면, 평면조도, 스크래치, 찍힘, 공구 마모로 인한 단차 발생 등을 확인한다.

2. 형상치수와 정밀도를 확인한다.

　폭, 깊이, 거리치수 및 형상치수와 공차가 도면에 맞게 가공됐는지 측정기를 사용하여 확인,
　평면도, 평행도, 직각도, 밴딩 확인, 구멍의 관통, 비관통 치수 확인

3. 형상의 위치와 수량이 맞는지 확인한다.

　형상의 위치, 구멍의 위치와 수량이 제대로 가공됐는지의 여부

4. TAP(탭) 구멍 확인

　게이지나 규격 볼트를 끼워서 도면 깊이에 맞게 가공됐는지 확인하고 나사를 체결할 때의 흔들
　림 여부를 확인한다. 접시머리 볼트의 경우 카운터 싱크 깊이 확인)

5. 후공정을 고려한 가공이 적절한지 확인

　열처리 후 공차 변형, 연삭여유 및 형상 등 후공정에 문제가 되는지의 여부를 확인한다.

③ 불량이 될 수 있는 작업들과 대책

절삭가공을 하다 보면 가장 난감한 것이 도면 스펙은 이런데 절삭가공은 스펙을 넘을 수밖에 없는 것이 있다. 또한 조립제품의 경우 기능상이나 외관상 문제가 되지 않는 경우라도 불량 처리하는 애매한 상황들이 있다. 이런 경우들을 한 번 살펴보자.

㉠ 도면의 탭 깊이와 가공상 탭 깊이의 차이

부품가공에서 가장 많이 발생되는 문제 중에 도면 스펙의 탭 깊이를 가공하기 위해서는 M3의 경우 기초 드릴을 탭 깊이보다 최소 1.5mm 더 들어가야 한다. 이런 경우 경험이 없으면 확인해야 하고 설계자와 협의해야 하는 loss들이 발생한다. 부품가공의 경우는 대부분 다음과 같이 가공한다.

㉮ 터지지 않게 하는 조건으로 도면 탭 깊이를 최대한 맞춰라.

알루미늄 판재의 경우 최소 반대면 살을 0.7~1mm 이상 남겨야 한다. 판재의 두께가 10T인데 도면의 M4탭 깊이가 8mm인 경우 기초 드릴은 최소 3mm 이상 더 깊이 가공해야 하는데, 제품이 터져서 기밀을 요하는 제품의 경우 불량일 수 있다. 따라서 이런 경우는 설계자와 협의하여 탭 깊이를 조정해야 한다. 저자의 경험상 이런 경우는 기초 드릴을 9.2까지 내리고 탭을 7.5mm 정도 내렸다. 실제 이렇게 할 경우 탭의 불완전 나사부 길이 때문에 볼트가 8mm 정도 들어가지 않을 수도 있다. 이러한 문제는 반드시 설계자와 협의해야 한다.

㉯ 기능상 문제가 안될 경우는 최대한 탭이 부러지지 않게 하라.

기능상 문제가 안될 경우 기초 드릴 깊이를 최대한 더 넣어서 탭의 부러짐으로 인한 불량을 방지하라.

ⓛ 맞창날 경우에 대한 대책

평면상에 구멍과 side 상의 구멍이 서로 만나는 경우에 사전 협의해야 한다. 아래의 경우는 설계상 맞창은 아니지만 가공상에는 기초 드릴을 더 가공해야 하므로 맞창이 난다. 이런 경우는 임의로 가공해서는 안 되고 반드시 협의해서 임의가공으로 인한 불량을 방지해야 한다.

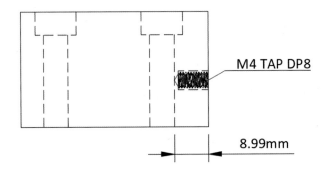

ⓒ 표면의 흠이나 거칠기 처리에 대한 주의 사항

가공을 하다보면 사포나 수세미를 댈 경우가 있다. 화이트 아노다이징의 경우가 그런데 반광의 경우는 대지 않는 것이 좋으나 어쩔 수 없는 경우는 전체적으로 면이 티가 나지 않게 대야 한다. 한 예로 블랙 아노다이징 반광 제품의 경우 찍힘된 부분만 수세미를 했는데 그 부위만 미세하게 티가 나서 불량 처리된 경우가 있었다.

ⓔ 표면 후처리에 대한 정밀공차 문제

알루미늄 제품은 보통 White-Anodize(W-Anodizeing), Black-Anodize, Silver-Anodize, E-NI(무전해 니켈도금), 레이던트 등 보통 표면에 산화피막을 해서 강도나 부식을 강화한다. 여기서 레이던트의 경우는 후처리 업체에서 문제가 될 경우 한쪽에 0.025 정도 피막이 두껍게 될 수 있기 때문에 홀 공차의 경우 후처리를 감안한 가공을 해야 한다.

ⓜ Bending(밴딩) 문제

절삭가공을 하면서 판재나 각재의 경우 길이나 폭이 보통 100mm 이상이며, 25t 이하의 가공제품이나 25t 이상 200mm 이상의 폭이나 길이의 알루미늄이나 스틸의 경우 소재 자체 밴딩이나 절삭가공에서 오는 밴딩이 있을 수 있다. 이 밴딩을 최소화하기 위한 사전 점검이나 작업들을 해야지만 완가공했을 때 밴딩을 최소화 할 수 있게 된다. 다음은 밴딩을 최소화하는 작업들이다.

㉮ 바이스 기준면 쪽은 제품 전면이 닿는지 확인해라

바이스를 여러 개 고정하여 길이가 긴 공작물을 작업할 때 주로 각재를 사용하고 각재 중에서도 밴딩이 적은 소재를 사용해야 한다. 만약 그러지 못할 경우는 바이스 기준면에 닿는 소재면을 살짝 가공해서 기준면에 닿는 소재면이 바이스를 조이지 않았을 때 고루 닿아야 한다. 바이스를 조여서 강제로 닿게 하면 나중에 절삭가공 후 바이스를 풀었을 때 밴딩이 가버린다.

바이스 작업은 기준면 가공이 가장 중요하다. 소재 바닥 지지는 될 수 있으면 3점 지지를 해서 바이스를 조이고 망치로 때리는 일이 없도록 해야 한다. 즉 1차 작업은 될 수 있으면 망치질을 하지 않아야 한다. 또 형상 특성상 절삭가공에서 오는 어쩔 수 없는 가공밴딩이 있을 때는 프레스기나 기타 누르는 기계나 장치를 이용해서 밴딩을 잡아야 한다. 이런 작업들은 실제 경험과 경력이 요구된다. 아무리 프로그램을 잘 짜고 공구를 잘 사용하여 가공한다고 할 지라도 밴딩을 잡지 못하면 오랜 경력도 허무해 질 수 있기 때문이다.

㉯ 판재의 밴딩 관련 작업 사항

판재의 경우도 소재 자체 밴딩이 최소로 된 것을 사용하고 그러지 못할 경우는 최대한 바닥에 붙게끔 사포질이나 밀착 시켜서 가공해야 한다. 최대한 공구 직경이 작은 것을 사용해서 절삭가공에서 오는 밴딩을 최소화시켜야 한다. 가공 후에 밴딩이 발생될 경우는 앞서 설명한 대로 밴딩을 잡아야 한다. 수동으로 밴딩을 잡을 때 밑에 받치는 구간의 길이는 대개 150mm~200mm 이하일 경우가 많다. 아래 제품은 특이한 경우에 속했다. 제품 형상 자체에 따라 누르는 위치가 달라지기도 한다. (두께 12mm AL5052이다.)

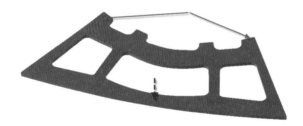

위 제품의 경우 중간 파란색 화살표 부분을 눌렀을 때 빨간색 양 끝부분이 내려 갔다. 보통 중간 부분을 누르면 양쪽이 뜨는 상황이 발생되는데 이 제품은 그렇지 않았다.

㉻ 찍힘 문제

제품을 클램프 도구의 접촉면에 밀착시킬 때 칩이 끼거나 돌출부가 제품과 밀착되면서 찍히거나 눌림현상이 발생된다. 또한 제품의 이동상에도 제품끼리나 기타 접촉부에 부딪쳐서 찍히는 경우가 있다. 이 경우 기능상으로 문제가 없다고 하더라도 대부분 불량으로 처리된다. 따라서 클램프 접촉면은 항상 이물질이 붙어있지 않도록 깨끗하게 해야 한다. 양산 공장의 경우 에어착좌나 에어블로우 기능으로 제품이 클램프 접촉면에 밀착될 때, 에어로 이물질을 제거하거나 MCT 경우 제품보다 연한 재질을 접촉패드로 해서 사용하기도 한다.

ⓢ **녹 문제**

하절기에 특히 S45C나 베어링강의 경우 녹 발생과의 전쟁이 시작된다.

⑨ 금속제품의 열박음

특히 구멍에 축을 박을 때 대형 공작물의 경우와 프레스나 기타 압입으로 되지 않을 때 열처리 업체에 해당 제품을 가져가서 열박음을 한다. 주로 내경제품의 내측 구경을 열처리하여 크게 한 다음 축을 넣는 형태로 해서 삽입하고 식히면 원래대로 되돌아가서 빠지지 않게 되는 박음 방법 중에 하나다. 이것은 고속가공기의 열박음 공구와 비슷한 원리이다. 프레스로 누르지 않고 망치질 하지 않아도 쉽게 제품 박음을 할 수 있다.

⑩ 품질 문제는 공유하라

모든 절삭가공에서의 품질에 관한 사항은 항상 최우선 순위가 됐다. 특히 MCT, CNC 선반의 양산가공에 있어서 생산라인에서 사소한 문제라고 판단했던 것이 납품처나 고객에게는 큰 문제로 대두될 수 있기 때문이다.

예를 들어 미세한 단차, 스크래치(흠집), 찍힘, 탭구멍의 흔들림&깊이, HOLE 공차, 밴딩 정도, 진원도, 직각도, 동심도, 평탄도, 표면 처리 후 미세한 변색 및 부분적 색깔의 티가 나는 문제, 표면 처리 후의 공차 변형 문제 등 여러 가지가 있겠지만 항상 완제품이나 초품, 중품, 말품의 품질이 특이하게 다르거나 이상한 것은 혼자만 보고 판단해서는 안 된다.

또한 현장관리자라면 현장에서 일어나는 사소한 문제에도 주의 깊게 봐야 한다. 이러한 약간 이상한 것, 사소한 것들까지도 반드시 품질부서와 공유하는 것이 좋고 확인을 해야 하며, 이상 발생 시 생산을 중단하고 납품처까지 품질에 문제가 없는지를 확인한 다음에 작업 진행을 해야 한다. 만약 간과하고 생산했을 때는 더 큰 손실을 당할 수 있기 때문이다.

CHAPTER

9

머시닝 센터 작업의
이것저것

Computer Numerical Control

1. 가공환경 조건

2. 시스템 설정&Parameter(파라미터)

3. 기계 점검, Alarm&Error

4. 계산식

5. 품질 인증&작업장 안전사항

CHAPTER 9

머시닝 센터 작업의 이것저것

머시닝 센터 작업에 영향을 미치는 가공 조건들 그리고 기계 성능 및 프로그램의 기능을 제어하는 파라미터와 알람에 대한 대처 방법을 알아보고 작업할 때에 필요한 여러 가지 계산 공식을 배우기로 하자. 이상적인 가공은 아래와 같다.

− 제품 도면이나 스펙, 사용 용도에 맞는 가공
− 공작물의 변형이나 균열이 없는 가공
− 공구의 파손이나 마모가 없는 가공
− 가공 시간이 짧은 가공
− 가공 기계에 부하나 파손을 주지 않는 가공

1 가공환경 조건

1 절삭유

금속 절삭 가공을 할 때 공구에 뿌려 주는 액체이다. 절삭유는 다음과 같은 역할을 한다.

㉠ 윤활 작용

공구가 금속을 절삭하면 금속 칩(chip)이 발생된다. 이 칩이 공구에 의해 절삭될 때 공구 날 부위와 칩 배출 홈을 따라 마찰이 발생하여 분리되거나 빠져 나간다. 절삭유는 이 마찰을 감소시키는 윤활 작용을 한다. 그래서 절삭 표면을 매끈하게 하며 칩으로 인한 가공 면의 긁힘(scratch, 스크래치) 현상을 방지한다.

㉡ 냉각 작용

공구가 금속을 절삭할 때 발생하는 열을 절삭유가 빼앗아 가져가므로 온도 상승을 막아 준다. 그래서 공작물의 열에 의한 변형을 방지해 준다. 또한 공구의 마모 진행을 늦추어 공구 수명을 연장시키는 역할도 한다고 볼 수 있다.

ⓒ 세척 작용

칩이 배출됨과 동시에 절삭유를 분사하기 때문에 공작물 표면이나 칩을 씻어 내는 작용을 한다.

② 절삭유의 조건

㉠ 인체에 해롭지 않아야 한다.

절삭가공이 끝나면 대부분 에어로 불어서 절삭유와 칩을 털어내거나 청소하는데, 그때 공기 중에 절삭유 분진이 날아다녀 호흡기나 피부에 미세량이 묻게 된다. 인체에 해로운 정도를 확인하고 구입한다.

㉡ 기계나 공작물에 녹이나 부식이 발생하지 않아야 한다.

절삭유의 농도를 잘 맞추어도 절삭유가 좋지 않거나 맞지 않으면 기계나 절삭된 제품에 녹이 슬게 된다. 절삭유 원액과 물을 얼마의 비율로 해야 되며, 농도를 얼마로 해야 절삭유의 성능을 최대로 발휘할 것인지 절삭유 메이커에 알아봐야 한다. (제4장 농도측정기 참조)

③ 절삭유의 분류

① 수용성 절삭유

물에 절삭유 원액을 타서 사용하되 물과 절삭유 원액의 비율을 잘 맞추어 사용해야 한다. 주의할 점은 절삭유 원액에 물을 타지 않도록 한다. 그러면 용해가 잘 되지 않는다. 또 강제로 섞지 않도록 하는 것이 이상적이다. 왜냐하면 절삭유가 곰팡이와 섞는 것을 촉진시키기 때문이다. 장점은 사용하기에 편리하며 비수용성에 비해 가격이 저렴하다고 볼 수 있다. 단점은 절삭유의 농도나 공작물의 재질에 맞지 않게 선정할 경우 기계나 공작물의 녹이나 부식을 유발할 수 있다는 것이다.

② 비수용성 절삭유

물을 타지 않고 절삭유액을 그대로 사용한다. 장점은 거의 기름 성분이라 녹이나 부식을 걱정할 필요가 없다. 단점은 수용성에 비해 가격이 비싸며 절삭유를 교체하는 데 수용성에 비해 기름 성분이 많아서 지저분해지기 쉽다. 또 냉각 작용도 수용성에 비해 떨어진다. 방전가공유는 비수용성에 포함된다. 또한 전용 필터나 전용 냉각기를 설치하는 것이 좋다.

③ 미스트(mist) 오일(오일 미스트)

극소량의 오일을 에어와 같이 분사하는 방식이며 오일 미스트 장치에 사용하는 오일은 별도로 판매되고 있다. 주로 고속가공기나 난삭재 절삭 시 사용된다.

④ 기타 절삭 시 사용하는 것

절삭유에 속하진 않지만 절삭 시에 에어(air)를 사용하여 가공한다. 보통 에어와 절삭유를 같이 나오게 하거나 에어와 미스트 오일이 그것이다. 또한 탭을 낼 경우에는 전용 탭유를 사용하는 것이 좋다. 그래서 스틸 재질에 탭을 낼 경우에는 반드시 스틸 전용 탭핑유를 수동으로 구멍부에 주입해 주는 것이 좋다.

④ 절삭유의 온도 관리

물 chiller(칠러)나 오일 chiller, 에어(air) chiller 등 수용성 절삭유나 비수용성 절삭유의 온도 상승을 방지하거나 냉각시키는 작용을 한다. 절삭유 탱크에 온도 센서를 붙여서 절삭유가 절삭할 때 열을 흡수하면 절삭유 탱크의 온도를 측정하여 작동하는 원리다. 초정밀 0.02 공차 이하 가공의 머시닝 센터라면 필수적으로 사용하는 것이 정밀공차 가공에 효과적이다.

⑤ 현장 온도 관리

머시닝 센터가 작업하는 데 공장 실내 온도는 15도~25도를 유지하는 것이 좋다. 이 온도를 벗어나면 정밀 가공하는 데 지장이 있다. 머시닝 센터뿐만 아니라 모든 가공 기계들은 위의 온도에서 작업해야만 최상의 작업 조건(사람의 신체리듬, 금속의 열 변형)을 가질 수 있다고 생각한다.

⑥ 머시닝 센터의 워밍업(warming-up)

기계를 가동한지 하루가 지나면 기계 각 축의 미끄럼 면에서 습동면유가 흘러 빠져 나가게 된다. 물론 그리스로 자동 공급되는 MCT도 있다. 베드면의 유막층, 스핀들유의 윤활작용, 유압유의 순환작용 등을 좀 더 정상에 가깝도록 하는 것이 가공할 때의 정밀도에 영향을 미친다. 이 유막층이 미세한 공차오차를 만들기도 한다. 또 가공실내온도가 낮아지면 습동유의 점도 변화로 인해 기계 습동면(베드면)의 미끄럼 작용이 둔화된다. 주축 스핀들의 경우도 마찬가지이다. 그래서 워밍업은 주로 겨울철에 하는 것이 보통이다. 하지만 장시간 기계 가동을 중지했다가 다시 가동시킬 경우에 워밍업을 해주면 좋다. 보통 워밍업의 주축 RPM은 300 정도가 적당하고 이송속도는 분당 500mm 정도 해주면 된다. 물론 위의 회전속도나 이송속도의 규정된 바는 없다.

머시닝 센터의 습동면유는 오일탱크에 채우면 정해진 시간마다 자동으로 각 축의 베드면으로 주입된다. 고속가공기의 경우 워밍업은 기계 메이커에서 제공하는 경우가 많은데 스핀들 워밍업과 이 스핀들 열 변형을 고려한 워밍업을 하기 때문일 것이다.

⑦ 머시닝 센터 설치에 따른 조건

머시닝 센터를 설치하고자 하면 크기에 따라 기계 메이커에서 요구하는 기준이 있다. 여기서는 일반적인 것만 알아보자.

① 설치 바닥의 조건

- 설치되는 바닥은 머시닝 센터의 무게를 충분히 견딜 수 있어야 한다.
- 설치되는 바닥은 진동과 변형이 없어야 한다. 보통 지면(땅)에 공작 기계들은 설치하여야 한다.
- 설치되는 바닥 공간은 원하는 작업을 할 수 있는 여유 공간이 있어야 한다. 예를 들어 크레인이나 지게차로 공작물을 이동시키며 올려놓는다고 하면 이와 같은 장비들이 충분히 이동될 수 있는 공간이 필요하다. 또한 추후에 발생할 수 있는 장비 고장 수리에 필요한 작업 공간, 이동공간이 확보되어야 한다.

② 항온 항습 조건

- 실내 온도 및 습도가 적당해야 한다. 온도와 습도가 너무 낮거나 높으면 기계 고장의 원인이 되며 작업자의 능률을 저하시킨다. 또한 가공 정밀도에 영향을 미친다.
- 물, air, 전원 공급이 용이해야 한다. 물은 수용성 절삭유를 사용할 때 사용하기에 편리하게 공급 위치가 돼 있어야 하며, air 공급은 필수로 사용되기 때문에 일정한 압력이 제공되어야 한다. 즉 에어 콤퓨레샤가 적당한 압력을 내야 하고 또한 전원 공급이 안정적인 공장이면 더 좋을 것이다. 이 전원 공급이 불안하고 서지 전류, 순간 정전 등 전원 공급이 불안하지 않아야 머시닝 센터나 모든 공작기계의 고장 원인을 방지 및 차단할 수 있다.
- 먼지 발생이 적은 곳에 설치한다. 기계의 고장 원인 중에 하나인 먼지가 적거나 이를 제거하는 집진 시설이 갖추어져 있어야 한다.

⑧ 녹 발생 방지 조건

하절기 고온 다습한 조건에서와 환절기 온도의 변화에서 발생될 수 있는 것이 바로 녹이며, 양산가공에서 가장 큰 적이 바로 녹이다. 완벽하게 가공하고 난 후 보관을 잘못해 녹이 생겨 제품을 폐기하게 되는 경우가 발생될 수 있다.

다음은 최소한의 녹 발생 방지에 대해 알아보자.

① 항온&항습이 되어야 한다.

앞서 설명한 것처럼 가공환경에서 중요한 것은 항온 항습이다. 온도 변화에 따른 가공 및 측정 공차가 달라짐과 동시에 녹이 발생되는데, 제품 가공단계에서부터 보관까지의 모든 환경에서 항온 항습 조건이 녹 발생 방지 역할을 한다.

② 절삭유 농도 및 교체주기를 관리해야 한다.

절삭유의 농도는 제품의 후처리 과정에 따라서 다르겠지만 보통 9~14%로 하는 것이 좋다. 농도가 너무 낮으면 녹 발생이 쉽게 되고 농도가 너무 높으면 세척이나 기타 측정하는 데 끈적거려 문제가 된다. 또한 세척 없이 곧바로 열처리 공정으로 가는 제품이라면 문제가 되는 경우가 있다.

> **여기서 잠깐!**
>
> 절삭유 농도가 높아 수용성 절삭유에 물을 추가 투입해서 농도를 맞추는 데 주의해야 될 사항이 있다. 절삭유가 오래되어 부폐하거나 이물질이 많이 투입된 설비에서는 절삭유 원액과 물의 비율에 상관없이 농도가 높게 나올 수 있다. 따라서 절삭유 교체주기를 정해서 정기적으로 절삭유를 교체해야 한다. 보통 하절기에는 최소 2달에 한 번 정도는 가공설비 내 절삭유를 모두 빼내어 절삭유 탱크를 청소하고 깨끗이 한 다음 새 절삭유를 넣는 방법이 녹 발생을 방지하는데 도움이 된다. 항온, 항습이 안 되고 녹 때문에 납품 문제가 발생되는 작업환경에서는 하절기는 보통 1달에 1회 정도는 절삭유 교체가 필요할 것이다. 또한 절삭유의 부유물을 제거하는 오일스키머를 장착해서 계속적으로 절삭유의 부유물을 제거해 주는 것도 좋은 방법이다.

③ 세척제 및 방청유 농도 및 교체주기 및 온도를 관리해야 한다.

보통 세척제는 물을 혼입하지 않지만 세척 온도에 따라서 녹이 발생할 수 있다. 이런 세척제는 히팅기를 설치하여 온도를 적절하게 한 후 세척하기도 한다. 또한 오랜 세척으로 인해 이물질이 많이 함유된 세척제로 제품을 세척하면 녹 발생의 원인이 되기도 해서 세척제의 교체주기를 정해서 관리해야 한다. 방청유도 마찬가지겠지만 온도관리가 안 되는 환경일수록 수용성 방청유를 사용하지 않는 것이 현명하다. 물론 방청유의 농도도 후처리나 납품 시 문제가 되는지도 확인해야 한다.

④ 선입선출(先入先出)을 지켜라.

먼저 가공된 제품이 먼저 출고되거나 납품되어야 한다. 이 선입선출관리는 공정관리자에게는 상당히 중요한 사항이다. 즉 반가공 상태지만 녹 발생 방지 조건을 하지 않고 장시간 공정대기나 납품대기를 하면 녹이 발생되기 때문이다. 가공업체에서는 문제가 되지 않았지만 납품처에서 보관을 잘못하고 선입선출을 잘못하여 녹이 발생되는 경우가 있다.

⑤ 계획생산을 해야 된다.

위 선입선출과 관계가 있는 것이 계획생산이다. 즉 납품처에서 요구하는 수준의 정량 생산을 해야 한다. 납품수량보다 생산수량이 많으면 그만큼 별도 보관해야 하고 이 보관환경이 좋지 않으면 녹이 발생되기 때문이다. 공정이동도 마찬가지이다.

⑨ 제품 포장 시 주의 사항

가공제품을 납품할 때 납품처에서 별도로 2차 가공이나 열처리를 하지 않는 경우 AL제품은 포장 시 알코올을 사용한다. 표면 후처리가 돼있는 AL제품의 경우는 별도로 사용하지 않는다. S45C나 베어링

강 등 철 제품의 경우는 방청유, 방청제를 제품에 도포하여 포장한다.

양산제품이 납품처에서 열처리를 할 경우에 문제가 되는 부분 중에 하나가 방청유의 농도가 높거나 절삭유의 농도가 높았을 때 끈적거림으로 인한 측정오차 발생 및 열처리 시 문제가 발생되는 경우도 있다. 또한 공장 환경에 따라서 이물질이 들어갈 수 있어서 문제가 되는 경우도 있다. 양산제품의 경우 방향성이 있는 제품, 즉 규격화된 포장용기에 담아 납품업체에서 로보트나 자동화 설비에 그대로 적용될 경우에는 제품 포장 시 앞 뒤 구분과 방향성에 매우 신경써야 한다. 또한 납품처로 이동 중에 스크래치나 찍힘, 눌림이 발생하지 않게 해야 한다.

2 시스템 설정&Parameter(파라미터)

머시닝 센터가 공작기계 메이커에서 만들어 질 때 마지막에 설정해 주는 것이 시스템 설정과 파라미터이다. 이것은 특별한 경우가 아니고서는 작업자가 설정할 필요가 거의 없으며 또 잘못되더라도 공작기계회사에 서비스를 요청하는 것이 바람직하다. 왜냐하면 시스템 설정과 파라미터에서 기계의 성능이나 기능 및 옵션 사양 등 여러 가지를 제어하기 때문이다. 이 정보는 프로그램으로 백업해서 보관해야 된다. 그래서 만약 설정 값들이 변하거나 삭제될 경우에 보관한 데이터를 입력하면 기계 구입 당시의 설정 값들을 보전할 수 있기 때문이다. 오퍼레이터 경우는 시스템 설정을 할 때 항상 교육을 받은 사람이 하거나 MCT 제작사에서 해야 한다.

1 정의

매개 변수이며 컴퓨터 프로그램에서 개개의 작업에 적용되는 DATA를 설정한다. 공작기계에서의 파라미터는 기계의 제어 명령들을 설정한다. 이 DATA들은 서보 모터를 제어하는 명령을 비롯하여 머시닝 센터가 가지고 있는 전 기능들을 제어하는 DATA이다.

DATA 입력은 대부분 0과 1을 입력하는 bit 형식부터 Byte 축형, word, 자연수 등을 파라미터 번호에 입력한다.

① 표시화면

㉠ 시스템 설정과 파라미터 표시화면

MDI 모드에서 파라미터 쓰기를 1로 변경하면 파라미터나 시스템 설정을 변경할 수 있다. 또는 별도의 암호를 입력해야 한다. 변경 후 전원을 off-on 해야 되는 경우도 있다. (아래는 화낙 컨트롤러 화면임)

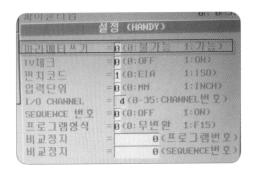

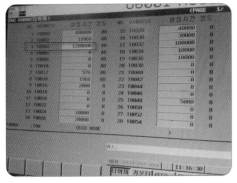

ⓛ 지멘스 시스템 설정과 파라미터 표시화면

아래와 같이 설정을 누르는데 설정에 앞서 암호를 입력해야 한다. 여기서는 기계 관리자 모드와 사용자 모드로 구분하여 들어간다. 변경 후 전원을 off-on 해야 되는 경우도 있다.

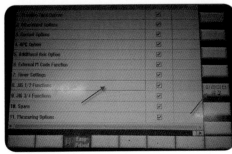

② 제어 부분

제어 부분은 많이 있지만 작업자가 참고해야 될 사항 몇 가지만 살펴 보기로 하자.
물론 제어 부분은 해당 기계 메이커에서 변경해야 됨을 원칙으로 한다.

㉠ 피치(pitch) 오차 보정 파라미터

예를 들어 X축에 한해서 피치 오차를 검사한다고 하자. 프로그램으로 X0 Y0에서 X100 Y0으로
이동 시켰을 때 과연 정확하게 100.000mm만큼 이동했는지는 측정해 봐야 한다. 축을 이동시켜
주는 볼 스크루는 장시간 사용할 경우 변형과 마모가 발생된다. 또한 기계가 노후되면 프로그램은
100.000을 지령했어도 99.970mm만큼 이동할 수도 있고 100.02만큼 이동할 수 있는 문제가 있
다. 맞지 않을 경우에 피치 오차 보정 관련 수리를 의뢰한다.

㉡ Setting 관계의 파라미터

㉮ 특정 프로그램 번호대의 프로그램 편집 제어

프로그램 번호 O8000~O9999의 프로그램을 편집하거나 CRT 화면에 표시 여부를 제어할 수
있게 설정한다. 대부분 9000번대의 프로그램 번호는 옵션사양 프로그램이나 한 번 작성 후 거의
바꿀 필요가 없어 장기적으로 관리할 프로그램에 주로 사용한다.

이 번호대의 프로그램은 프로그램 실행을 CRT 화면에 보일 수도 있고 보이지 않게 할 수도 있
다. 또 위의 번호대가 아니더라도 프로그램 편집을 함부로 할 수 없게 LOCK 설정을 할 수 있다.

㉯ 미러(Mirror) Image, 스켈링(Scaling) 설정

파라미터에서 미러 기능과 스켈링(확대 축소가공) 유무를 설정한다. 또한 스켈링 비율 값을 설정
한다. (제2장 미러, 스케일 가공 참조) 이 비율 설정 값은 해당 컨트롤러 파라미터 DATA를 참조
바란다.

㉰ 프로그램 Sequence 번호 설정

프로그램을 편집하면 프로그램 줄마다 N 번호를 자동으로 넣을 수 있게 하거나 넣지 않게 설정
할 수 있다.

㉱ Single Block(싱글 블록) 정지 설정

매크로 프로그램, 고정 Cycle, 특정 번호대의 프로그램에서 싱글 블록 유무를 설정한다.

㉲ 프로그램 작성 시 수치 단위의 설정

보통 Metric 단위이나(mm) 인치 단위로 설정 가능하다.

③ 고정 Cycle 관계 설정

㉠ 깊이가공의 후퇴량 설정 관련

드릴 고정 사이클 기능에서 G73, G83의 D 값(깊이 방향 가공 후 뒤로 후퇴량)을 설정한다. 보통은 이 후퇴량이 0.5~1로 설정되나 적게 할 경우 그만큼 가공속도는 빨라진다.

㉡ G76, G87 정삭보링 사이클 관련 설정 파라미터

X축이 팁과 보링면을 약간 떨어지게 (Q0.5) 이동한 후 급속으로 빠져 나온다.

여기에서 Q = X축 증분치로 이동한다는 것이다. 상기 Q 값은 필요에 따라 X축이든 Y축이든 Z축(G18, G19평면)이든 기계파라메타상에서 어느 축 어느 방향(x+, x-, y+, y-, Z+, Z-)으로도 조작 변경이 가능하게 되어 있다. 작업자는 Parameter(NO.0002, 메이커에 따라 다를 수 있음)를 설정한 것을 어느 방향으로 Shift 하는지 인지하고 작업에 임해야 한다. Q 값은 항상 + 값으로 넣어야 한다. 위 파라미터 번호는 각 메이커마다 다를 수 있고 기계 메이커마다 Q 값이 아닌 IJK를 쓸 수도 있다. 위 모든 파라미터 관련 사항은 임의로 조작하거나 변경해서는 안 되고, 기계 메이커에 문의해야 한다.

④ 프로그램 관계 설정

㉠ 소수점 설정 부분

프로그램에서 수치 중 정수는 소수점을 찍을지 그렇지 않을지 여부를 결정한다.

㉡ 머시닝 센터 전원 투입 시 Clear 상태

기계 전원을 투입하면 작업에 필요한 기본적인 코드를 자동으로 어떤 코드들이 실행될 것인지 설정한다. 자동운전에서 프로그램 체크 부분 화면에는 현재 기계의 어떤 코드들이 실행되고 있는지 알 수 있다. 기계 전원을 투입하면 자동으로 파라미터에서 설정한 코드들이 표시된다. 한 가지 예를 든다면 항상 G17평면만 사용하는 기계라면 이 설정 값을 G17평면으로 설정한다. 그 밖의 G00~G03 G54~G59(WORK 좌표), G90~G91, G43~G49, H, S, T 코드 등이다.

또한 RESET 버튼을 누르면 좌표계가 항상 G54로 되거나 아니면 현재 실행된 좌표계를 그대로 인식한다든지 파라미터 설정에 따라 변경할 수 있다.

⑤ CRT 화면의 색깔 설정 및 다국어 설정

CRT 표시 화면의 색깔 및 언어를 설정한다. 또 가공 시뮬레이션 Graphic Display의 절삭이송의 색깔, 급속이송의 색깔을 다르게 해서 식별하기 좋게 설정할 수 있다.

⑥ CNC 데이터 입출력 설정

DNC 프로그램을 보면 보통 RS-232-C, RS-422의 설정이나 기본적인 전송속도(Baud Rate) 및

Stop Bit를 설정한다. 머시닝 센터도 여기에 맞추든지 아니면 머시닝 센터에 DNC 프로그램을 맞추든지 해서 서로 설정 값이 맞아야 데이터 입출력이 가능하다.

⑦ 한 방향 위치 결정 관계

리니어 스케일이 부착돼서 이동할 때마다 거리 오차를 보정해 주는 기계나 리니어 모터로 제어하는 기계라면 문제가 없지만 그렇지 않은 머시닝 센터라면 볼 스크류나 서보 모터의 미세 백래시(backlash) 량을 보정할 방법으로 G60 코드를 사용한다. 이것은 한 방향으로만 위치를 이동하여 가공한다. 이 기능을 사용할 때의 Approach 량과 방향도 파라미터에서 설정한다.

저자는 예전 1990년대 MCT를 사용해서 정밀 보링의 좌표 이동 시에 사용했지만 요즘 MCT는 서보 모터나 리니어 스케일의 정밀도 향상으로 거의 사용하지 않는다.

⑧ 이송속도 관계(유지, 보수자 설정)

프로그램을 작성할 때 급속이송 지령을 G00으로만 하고 특별히 이송속도를 정해주지 않는 것은 급속이송 속도가 파라미터에 정해져 있기 때문이다. 각 축의 급속이송 속도를 별도로 정해 줄 수 있다. 이 급속이송 속도는 컨트롤러나 서보 모터 사양에 따라 다를 것이다.

이 급속 이동 형태도 세부적으로 파라미터에서 세팅한다. 2축 이상 지령 시 동시에 똑같은 속도로 이동할 것인지 아님 종점까지 같은 속도는 아니지만 동시에 도착할지를 정해준다.

⑨ 이송속도 단위 설정

대한민국에서나 일본 도면을 보면 보통 치수 단위를 mm를 사용한다. 머시닝 센터에서도 mm 단위를 사용하는데 이송속도도 mm/min 단위를 사용한다. 두 가지가 있는데 mm로 할 것인지 아님 inch로 할 것인지를 파라미터에서 설정해 준다. 기본 값은 mm이다.

⑩ 프로그램 입출력 관련 파라미터

RS-232C(시리얼 통신)나 DNC 설정 등 프로그램 입출력에 관련하여 설정하는 파라미터가 있다. 요즘은 이더넷 카드를 활용하여 데이터 서버로 IP 주소를 설정하여 기존 통신보다 빠른 속도로 송수신을 하는 시대가 되었다. 보통 입출력 전송속도나 에러 체크 설정 등 전송에 관련된 설정을 한다.

㉠ 설정 방법

RS-232C 같은 경우는 컴퓨터와 통신 프로그램(DNC), 기계 파라미터, 즉 3부분이 똑같이 설정돼 있어야 한다. 컨트롤러 사양에 따라서 가장 안정적인 전송속도를 설정해야 한다. (제3장 프로그램 입출력, 제5장 EDIT 조작 참조)

세세한 부분은 각 장비 Maker를 참조하기 바란다.

ⓒ 입출력(프로그램 송수신) 관련 문제

M198을 사용하여 프로그램을 수신하면서 가공할 때 공구 교환 위치에 코멘트를 넣을 때가 많다. _1 이런 식으로 길게 코멘트를 작성하거나 ( )를 입력할 때 (는 괄호 닫기를 빼고 넣으면 M198 가공 시 M01도 스킵해 버리는 문제가 있다. 또한 프로그램의 선두에 영문자 O 대신 한글이 오거나) 특수문자를 사용할 경우 자동으로 다음 공구로 이동하게 된다.

⑪ **여러 가지 설정**

위 설정 이외에 현장 관리자나 오퍼레이터가 알아야 할 몇 가지 사항들이 있다.

ⓐ 급유 시간 설정

기계장치에 급유되는 습동유나 그리스의 윤활제가 일정 시간동안 주유되거나 일정 시간 동안 주유되지 않게 타이머를 설정한다.

ⓑ 리미트 설정

리미트는 보통 크게 2가지로 볼 수 있다. 기계적인 리미트와 소프트적인 리미트이다. 기계적인 리미트는 각 축의 끝 쪽에 설치하여 더 이상 범위를 벗어나지 못하게 리미트 스위치를 설치하여 감지되면 기계에 알람을 띄운다. 소프트적인 리미트는 시스템 설정이나 파라미터에 값을 설정하여 놓고 기계 좌표나 제2, 제3원점에서 어느 정도 위치이면 알람을 발생시킨다. 즉 원점에서 +쪽과 - 방향의 범위를 각각 설정한다.

ⓒ feed hold 설정

고정 사이클 중에 정밀보링이나 탭 작업의 경우 피드홀드를 작업 중에 실행했을 때 문제가 발생되는 작업들은 설정에 따라 초기점 복귀나 R점 복귀 후에 실행되도록 설정한다.

3 기계 점검 및 Alarm&Error

머시닝 센터를 사용함에 있어 기계의 고장을 미리 막고 수명과 성능을 유지하기 위해 해야 할 일들과 작업 중에 대체적으로 발생하는 Alarm&Error에 대한 것을 알아보자.

1 기계 정밀도 점검

대부분 공작기계가 그렇듯이 가공 부하 및 충돌, 급유 문제, 반복되는 동작에서의 변형 및 충격, 온도 변화에 대한 변화, 지형, 지반 변화 등에 의해서 처음 사용할 때의 정밀도가 유지되는 것이 어렵다. 그중에서 기계 충돌과 지형 지반 변화로 인한 레벨 변화인데 사람은 누구나 실수가 있기 마련이다. 저자도 머시닝 센터를 배워가는 과정에 여러 번 기계 충돌이 있었다.

대부분 WORK 좌표 중에 Z축 설정 값 및 NC 프로그램을 잘못 작성하거나 공구 세팅 값을 잘못 입력하고 또 공구 길이 보정 G43이나 G44가 해제된 것을 모르고 작업할 경우이다. 기계가 충돌하면 기계 구입 당시의 정밀도가 벗어나기 마련이다.

① 스핀들의 동심도

먼저 아래와 같이 스핀들 테스트 봉 아버를 스핀들에 꽂고 다관절 마그네틱 스탠드에 인디게이터를 장착한 후 스핀들을 손으로 돌릴 수 있도록 MDI에서 회전수만 1000RPM 이상 지령한 다음(실제로 회전시키면 안됨) 수동으로 전환하고 이 스핀들 테스트 봉을 천천히 돌려본다. 그러면 스핀들의 동심도를 알 수 있다.

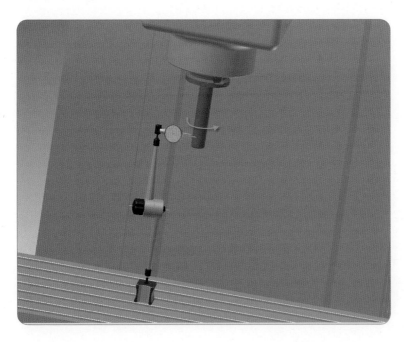

② 각 축의 직각도

Z축의 직각도가 커질 때 정밀보링하면 제품의 윗면에 대한 구멍의 직각이 나오지 않는다. 각 축의 직각도를 보기 전에 수직 MCT의 경우 xy 테이블의 레벨을 수준기로 보는 것이 먼저 선행되어야 한다. 대부분 X,Y직각도는 잘 나오나 기계 충돌이 누적되면 Z축의 직각도 변형이 심하다.

아래와 같이 Z축의 직각도를 측정한다.

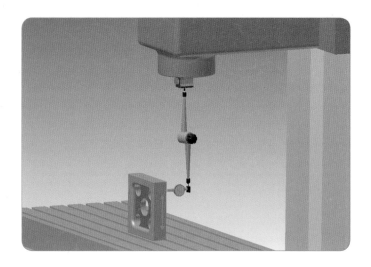

위의 평행 블록을 테이블 위에 올려 놓은 다음 그림의 화살표 방향으로 Z축을 움직여 본다.
이것에 앞서 먼저 X축의 평행도를 아래와 같이 본 다음 위 직각도를 봐야 한다.

화살표 방향으로 양방향 X축을 움직여 테이블의 평면도를 체크해 본다. 그런 다음 Z축의 직각도를 봐
야 한다. 윗면 X방향의 차이 값과 측면 Z방향의 차이 값을 빼면 직각도가 얼마나 달라졌는지 확인할
수 있다. 또한 X축의 평면도를 봤으면 마찬가지로 Y축도 아래와 같이 본다.

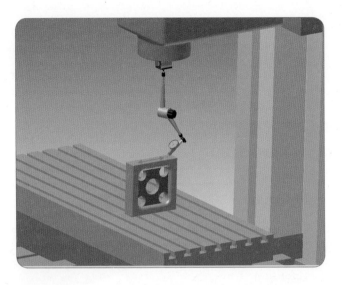

X축과 Y축도 측정 블록을 눕혀 놓고 인디게이터를 측면(50mm)에 대고 Z축처럼 직각도를 확인하는 방법으로 3축 모두 직각도와 평행도, 평면도(평탄도)를 확인할 수 있다.

② 피치 오차

볼스크루의 마모로 인한 것, 축의 충돌로 인한 것 등 프로그램 지령 치수만큼 이동한 것과 실제 축이 이동한 값과의 차이가 발생할 수도 있다. 따라서 위치 정밀도를 요하는 부품을 주로 가공 하는데, 만약 원하는 공차가 나오지 않는다면 피치 마스터로 위치 정밀도를 체크하는 것이 필요하다. 그러나 이 측정기가 없다면 간단하게 거리 값을 정하고 정삭 보링바로 정밀 hole 2개를 가공하면 알 수 있다. 되도록 hole 간 거리를 멀리 하는 것이 측정하는 데 도움이 될 것이다. 요즘은 대부분 레이저 측정기기로 접촉식 측정기기들을 대체하고 있다. 보통 기계 메이커나 장비수리 업체에서 측정 및 오차보정 수리를 한다.

③ 레벨 조정

머시닝 센터를 구입해서 지정한 위치에 설치할 때나 공장 레이아웃 변경으로 인해 기계의 위치를 변경할 때 다음 그림의 수준기로 먼저 수평을 잡는다. 물론 기계도비업체나 기계수리업체에 맡겨도 된다. 기계의 밑쪽에는 수평을 잡을 수 있는 레벨 볼트가 여러 개 있다. 수준기(아래 그림)를 테이블(공작물을 올려놓는)에 놓은 다음 수평을 잡고 인디게이터를 Z축에 고정시켜 바늘을 테이블에 대고 테이블을 움직여가며 정밀하게 잡아야 한다. 물론 수

준기로만 잡으면 기계의 각 축은 조립 당시에 평행도나 직각도는 잡아지게 되지만 기계의 사양마다 다르므로 체크할 필요가 있다.

이 레벨은 기계를 설치할 때나 위치를 변경할 때만 잡는다. 그림의 수준기도 있지만 각도와 공차를 디지털로 나타내는 레벨 체크기도 있다.

④ 일상 점검

일상 점검은 정말 중요하다. 품질 보증 인증에 관해서도 설비 점검표는 반드시 해야 될 사항이 됐다.

㉠ 습동면유 주입 여부

공작기계 축의 이동면은 보통 스크레핑이나 연삭을 한 면, 또는 LM가이드 면이다. 이러한 습동면이나 슬라이드 면은 주로 높은 정밀도를 유지하고 공작기계의 충돌 당시 충격을 흡수하기 위하여 타가이드를 부착한다. 또 LM가이드를 채택해서 이동하는 이동면도 연삭을 한 면이다.

이러한 공작기계의 습동면이나 슬라이드면, 마찰면은 대부분 윤활유가 몇 분마다 자동으로 주입되게 만든다. 하지만 나쁜 습동유를 사용할 경우에 가끔 오일 필터가 막혀 습동유가 자동으로 주입되지 않을 경우가 발생한다. 그러므로 기계를 계속 가동했을 때 며칠마다 습동유를 보충하는지 체크하고 또 각 축의 슬라이드 면이 보인다면 오일이 묻어 있는지 확인할 필요가 있다. 만약 오일이 주입되지 않은 채 계속 기계를 가동할 경우 심각한 정밀도 저하 및 기계 파손의 원인이 된다.

공작기계에서 자동으로 주입되는 윤활유 이외에 모든 움직이는 마찰면은 수시로 체크하여 오일이나 그리스를 발라주어야 한다. 또 특별히 스핀들유나 기계유를 사용하는 머시닝 센터도 주입 여부를 확인해야 한다.

㉡ 특이한 소음 발생 여부

기계의 특이한 소음은 곧 기계 상태에 문제가 있다는 것을 알려 주는 신호이다. 일상점검에서 구입 당시의 가동 소리와 현재 가동 시에 발생하는 소음을 식별해둘 필요가 있다.

ⓒ 유압유 및 이동 마찰 부위 체크

습동면이나 슬라이드면 이외의 공작기계의 주요 ATC, AWC, APC 등과 같이 유압유를 별도로 사용하는 M/C도 있으므로 확인해 주어야 한다. 이동부의 마찰 부위 및 기계 부품 간의 마찰을 체크하여 오일을 주입해야 되는지 아니면 그리스를 발라 주어야 되는지 확인할 필요가 있다.

ⓔ 전장 박스(box) 필터 먼지 여부

머시닝 센터의 전기, 전자장치 회로기판 및 여러 가지 서보 모터 제어 드라이브 등 전기, 전자 장치들은 대부분 장비 옆이나 뒷쪽에 box 형태로 설치돼 있다. 이 전장 box의 온도는 기계가 가동 중에 온도가 상승하게 된다. 그래서 대부분 fan 장치를 달아서 통풍이 잘되게 하는데 여기에 먼지를 걸러주는 필터가 있다. 이 필터에 먼지가 쌓이지 않게 주기적으로 청소를 해주어야 한다.

② Alarm&Error

기계의 일반적인 알람은 보통 오일 부족, 에어 압력 부족 등이다. 이런 경우에 현장에서 어떻게 대처해야 하는지 알아보자.

① LUB 알람

Lubricant low 알람은 말 그대로 습동면유(습동유)가 바닥이라는 것이다. 최소 한계선 아래로 떨어지면 알람이 발생된다. 습동유를 넣고 몇 초 뒤에 알람이 자동으로 해제되거나 머신 리셋키나 자판 위에 리셋 부분이 있다. 머신 리셋은 자동운전이 알람으로 멈춘 상태에서 누르는 것이고 기타 가동 정지 상태에서는 리셋을 누르면 된다.

습동면유는 X,Y,Z축의 LM 부위와 마찰부, 볼스크루 부분에 파라미터로 시간 설정이 되어져 자동 급유된다. 어떤 공작기계는 습동유 대신 그리스(grease)로 윤활작용을 하는 기계도 있다.

② 에어압력 저하 알람(Air Pressure Down)

에어 컴퓨레셔의 문제로 인해 에어 압력이 적정 수준 이하로 떨어지면 알람이 발생한다.

③ 프로그램 에러

ⓐ 프로그램 입력 에러

프로그램을 컴퓨터에서 RS232C나 서버로 보낼 때 보통 프로그램에 한글이 들어가서 알람이 발생되는 경우도 있다. 또한 ()에 별도의 ()가 이중으로 들어가는 경우에도 알람이 발생한다. 즉 ([ ]) 이런 경우나 (( ) 이런 경우도 알람이 발생한다.

프로그램 입력 후에는 반드시 맨 끝 M30까지 들어갔는지 확인해야 한다. 그리고 O0001, 즉 맨 앞은 영이 아니고 영문자 O이다.

ⓒ 리지드 탭핑 무한반복 에러

```
G17G54X0Y0G43H01Z50.M3S500 M29S500 ;
```

위와 같이 한 블록, 즉 한 ;(이오비) 안에 M코드가 2개 이상 들어가면 알람이 발생된다.
M29S500 이런 식으로 리지드 탭핑은 단독으로 블록화되어야 한다. 그렇지 않으면 탭 작업을 계속
반복하는 에러가 발생된다. 리지드 탭핑 에러뿐만 아니라 한 블록에 M코드가 2개 이상 들어가서는
안 된다.

④ ATC 알람

ATC 알람은 보통 공구 교체 중에 알람 버튼을 누르거나 정전이 발생될 때 에러가 발생된다. 해결은
조작 매뉴얼에 나와 있으므로 조작 매뉴얼에 따라 작동시켜 해제한다.

해제시킬 때 될 수 있으면 ATC 그리퍼 핀을 눌러서 공구 홀더 2개를 ARM에서 빼놓고 하는 것이 좋
다. 또한 정상적인 조작으로 되지 않을 때가 있는데, 이런 경우는 ATC 모터를 수동으로 돌려서 해제
하는 방법도 있다.

⑤ Axis Over Trouble 에러

수동으로 각 축을 이동시킬 때 실수로 이동 범위를 넘기면서까지 이동 버튼을 누르거나 핸들을 돌리
는 경우에 발생된다. 이런 경우는 이동한계 범위 내로 이동 시키고 리셋 버튼을 누른다. 만약 심한 트
러블이 발생되면 강제로 이동시킬 수 있는 기능 버튼을 누르고 이동해야 되는 경우도 있다.

⑥ 기계 원점 복귀를 실행하지 않았을 때 발생하는 알람

요즘 MCT들은 대부분 기계 전원 off 후 다시 켤 때 기계 원점 복귀를 하지 않아도 원점의 위치를 기
억해서 이동한다. 하지만 년식이 좀 된 기계들은 수동 기계 원점 복귀를 하지 않으면 자동운전이 되지
않고 축이 빠르게 움직이지 않거나 거의 움직이지 않게 된다. 이런 경우는 수동 기계 원점 복귀를 실
시 해야 한다. 보통 메시지는 All Axis return to reference이다.

⑦ 기타 트러블 사항

ⓐ 절삭유가 나오지 않는 문제

절삭유 필터가 막혀 모터에서 직접적으로 빨아들이는 탱크 부위에 순간적으로 절삭유가 없어서 일
어나는 현상이다. 이때 공기의 유입으로 인해 절삭유 필터를 청소하고 절삭유를 on해도 나오지 않
을 경우가 있는데, 이때는 공기가 유입되어 그런 상황이 발생되므로 주축 쪽의 절삭유 분사 밸브를
최대한 잠그고 절삭유와 공기가 동시에 빠져 나올 수 있는 만큼만 밸브를 조금 열고 계속 절삭유를
on 시키면 30분~1시간 후에 정상적으로 나온다.

4 계산식

기계가공에 있어 작업자는 삼각함수 계산이 필요할 때가 있다. 물론 CAD, CAM을 할 수 있다면 계산하지 않고 쉽게 그려서 치수 값을 구할 수 있어 편리하다. 함수 계산식이 여러 가지 있지만 보통 머시닝 센터(밀링) 작업의 계산은 각도 사인, 코사인, 탄젠트 값에 사칙연산(더하기, 빼기, 곱하기, 나누기)만 하면 2D나 2.5D 가공에 필요한 계산을 할 수 있다.

그 밖에 공구 절삭식 및 작업에 필요한 계산식을 알아보자.

1 삼각형 계산식

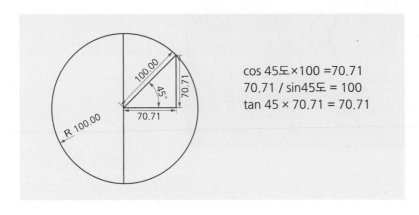

cos 45도×100 =70.71
70.71 / sin45도 = 100
tan 45 × 70.71 = 70.71

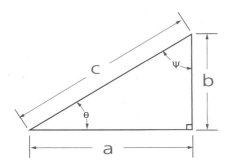

읽는 소리 참고 : θ=세타, ψ=프사이

위의 세타와 프사이는 저자가 임의로 정한 각도 기호이므로 참고만 하기 바란다.

① 계산 공식

절삭 가공에 필요한 삼각 계산 공식의 대부분은 위의 그림과 같이 직각 삼각형에서 θ 값과 각 변의 길이가 변하는 유형이다.

계산식에서 θ각도를 항상 염두에 두고 계산하면 편리하다. 대부분 θ각도가 가장 작은 각도이며, 변의 크기는 c>a>b로 된 유형의 계산을 염두에 두고 생각하면 된다.

SIN a = A/C

COS a = B/C

TAN a = A/B = SIN a/COS a

이므로 HEIDENHAIN에서 역 함수는 다음 그림의 각도 a+90이다.

다음에서 30도, 60도, 90도 삼각형 내각의 예이다. 변의 길이는 각각 다음과 같다.

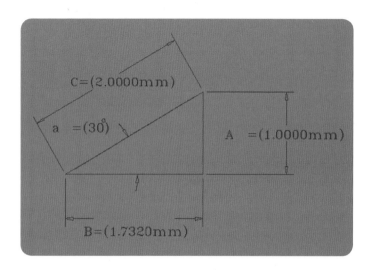

위 그림에서

$$\csc\theta = \frac{b}{c}, \ \sec\theta = \frac{a}{c}, \ \cot\theta = \frac{b}{a}$$

다음 각도의 직각삼각형을 보자.

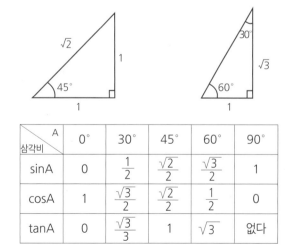

1) y = sin x, y = cos x의 그래프

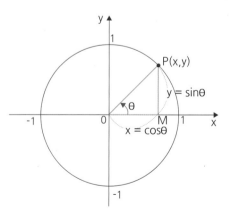

삼각비 \ A	0°	30°	45°	60°	90°
sinA	0	$\frac{1}{2}$	$\frac{\sqrt{2}}{2}$	$\frac{\sqrt{3}}{2}$	1
cosA	1	$\frac{\sqrt{3}}{2}$	$\frac{\sqrt{2}}{2}$	$\frac{1}{2}$	0
tanA	0	$\frac{\sqrt{3}}{3}$	1	$\sqrt{3}$	없다

㉠ 역수관계

전자계산기를 보면

csc θ(코시컨트) 표기는 sin⁻¹ 로 돼있고 이것은 sin θ의 역이다.

sec θ(시컨트) 표기는 cos⁻¹ 로 돼있고 이것은 cos θ의 역이다.

tan θ(코탄젠트) 표기는 tan⁻¹ 로 돼있다. 이것은 tan θ의 역이다.

$$\csc\theta = \frac{1}{\sin\theta}, \ \sec\theta = \frac{1}{\cos\theta}, \ \cot\theta = \frac{1}{\tan\theta}$$

㉡ 상제관계

$$\tan\theta = \frac{\sin\theta}{\cos\theta}, \ \cot\theta = \frac{\cos\theta}{\sin\theta}$$

$$a = c \times \cos\theta, \ a = b \div \tan\theta, \ a = \sqrt{c^2 - b^2}$$

$$b = a \times \tan\theta, \ b = c \times \sin\theta, \ b = c \times \cos\Psi, \ b = \sqrt{c^2 - a^2}$$

$$c = \sqrt{a^2 + b^2}, \ c = b \div \sin\theta, \ c = a \div \sin\Psi$$

② 삼각함수 예제

㉠ 볼트 홀 등분 치수 구하기

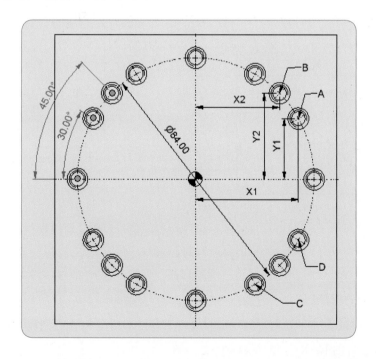

위 그림에서 X1, Y1과 X2, Y2를 구하면 위 그림의 모든 탭홀의 좌표 치수가 나온다.

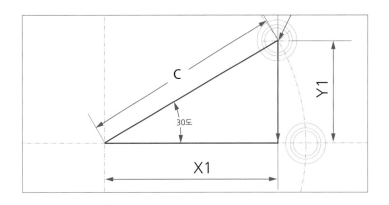

위 그림에서 먼저 X1, Y1을 구해보면 도면에 등분홀 원주가 Ø84로 나와 있으므로

C＝Ø84/2＝42이다. 또 각도 θ＝30도이므로

a＝c×cos θ라는 식을 이용하여

X1＝42×cos 30＝36.373

다음은 b＝c×sin θ 식을 이용하여 Y1을 구하면

Y1＝42×sin 30＝21

∴ X1＝36.373 Y1＝21

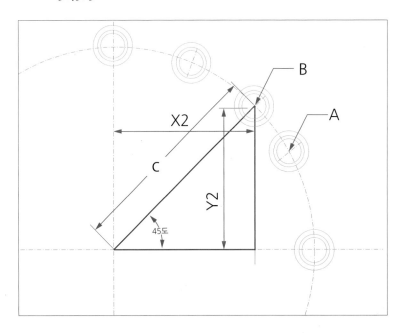

위 그림에서 X2, Y2를 구해보면

도면에 등분홀 원주가 Ø84로 나와 있으므로 C＝Ø84/2＝42이다. 또 각도 θ＝45도이므로

a＝c×cos θ라는 식을 이용하여 X1＝42×cos 45＝29.698

다음은 $b = c \times \sin \theta$ 식을 이용하여 Y1을 구하면

$Y1 = 42 \times \sin 45 = 29.698$

$\therefore X2 = 29.698 \quad Y2 = 29.698$

θ 값이 45도일 때는 X2와 Y2의 값이 같다는 것을 알 수 있다.

위와 같이 X1, Y1, X2, Y2만 알면 위의 도면 그림의 모든 좌표 치수가 나온다.

ⓒ 더브테일 각도 계산

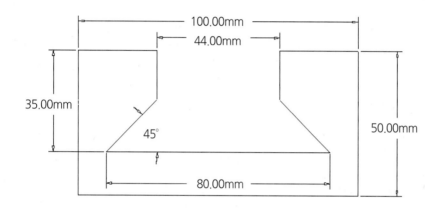

위와 같은 도면의 더브테일 홈을 가공하고 난 후 45도 각도 부위의 80.00mm가 치수에 맞게 가공되었는지 측정할 필요가 있다. 이 측정은 핀을 이용하거나 측정 치구를 이용할 수 있다. 2가지 방법 모두 똑같은 원리이다.

다음에서는 핀을 이용하는 측정을 하기로 하자.

먼저 아래 그림과 같이 지름과 지름에 대한 공차가 똑같은 핀을 각도 부위에 끼운다. 이 핀의 지름은 측정하는 데 불편함이 없고 2개 모두 공차가 똑같이 나오면 좋다.

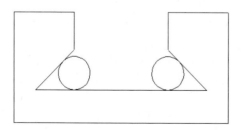

다음으로 내측 마이크로미터나 버니어 캘리퍼스로 아래 그림의 X 치수를 측정한다.

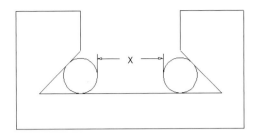

위와 같이 하는 것은 아래 그림과 같이 S 값을 얻기 위함이다.

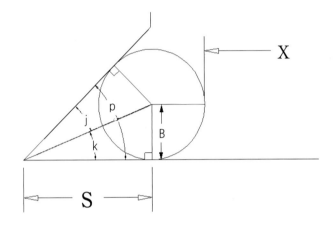

위 그림에서 각도 P는 위 예시 도면에 45도라고 표기 돼있어 알 수 있고, B는 측정 핀의 반지름이므로 B 값은 당연히 핀의 반지름이다. 중요한 것은 j와 k의 각도 크기가 같다는 것이다.

항상 $\angle j = \angle k$이고, $\angle j = \dfrac{\angle p}{2}$ 이다. 그렇다면 위의 도면 그림에서 측정할 때 사용하는 핀의 지름을 Ø15라고 하고 S 값을 구하면

$$S = \frac{7.5}{\tan 22.5}, \quad S = 18.106$$

위 도면에서 80mm를 측정하려면 (S+7.5(측정 핀의 반지름))※2+X를 측정하고 더브테일 공구의 옵셋 값을 변경하여 공차를 맞출 수 있다.

그렇다면 도면과 같이 더브테일 가공을 해서 X 부위를 측정하였더니 28.7이 측정되었다고 하자. 80mm를 맞추기 위해서 더브테일 공구 OFFSET 량을 얼마나 보정해 줘야 하나?

$(80-(2(18.106+7.5)+28.7))/2 = 0.044$

즉 더브테일 가공 한쪽으로 0.044씩 더 가공해야 원하는 80mm가 된다.

③ 절삭에 관한 계산

밀링공정의 절삭 조건은 아래와 같은 항목에 따라 결정된다.

ㄱ 매분 회전수(rpm)

ㄴ 절삭속도(m/min)

ㄷ 날당이송(mm/1날)(드릴(drill)의 경우는 회전당 이송량)

위 3가지 항목에서 ㄱ~ㄷ의 순서를 이용하여 최적의 조건을 잡아야 한다.

대체적으로 매분 회전수를 구하려면 가공하고자 하는 공작물의 경도나 재질을 파악하고 공구의 재질을 파악하여 최적의 절삭속도(m/min)를 미리 작업자가 알아놓고 이 절삭속도 값을 가지고 매분 회전수(rpm)를 구하는 순서로 작업하면 되겠다. 절삭속도와 회전수를 정했으면 날당이송을 알아야 머시닝 센터 작업을 할 수 있는 FEED 값을 구하게 된다.

그러나 ㄴ매분 회전수(rpm)를 정하는데 있어 문제가 있다. 사용하고자 하는 공구의 적절한 회전수보다 보유하고 있는 머시닝 센터가 주축 최고 속도의 한계를 가지고 있기 때문이다. 예를 들어 10000rpm 밖에 나오지 않는 주축이라면 이 회전수에 대한 절삭속도 이상을 내지 못하기 때문이다.

이러한 경우는 먼저 매분 회전수를 구하고 저자가 경험을 토대로 작성한 날당이송 값을 참고하여 FEED 값을 구하면 된다.

이 날당이송은 공구 지름의 변화에 따라 일정하게 변한다. 날당이송도 작업자가 임의로 정하는 것보다 여러 경험자들의 의해 적절한 값들을 참고한다. (날당이송에서 참고)

이렇게 위의 3가지를 파악하고 작업에 임하는 것이 좋다. 물론 자주 사용하는 공구의 경우 회전수, 이송속도, 절입량, 절삭 깊이 등을 정해 놓고 사용하면 편리하다. 앤드밀 작업의 경우 다음 사항을 참고하기 바란다.

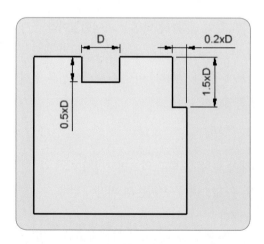

▶ 공구경의 절반 값 이상의 절삭 깊이를 넣지 않는다. (위 그림에서 0.5×D)

▶ 공구의 날장은 공구경의 3배를 넘지 않는 선에서 선택한다.

▶ 대체적으로 깊은 절삭 깊이는 공구경의 1/10 수준의 절삭 깊이를 주어 여러 번 나누어 가공 완료하는 것이 이상적이다.

▶ 측부 절입량은 공구경의 0.2배 깊이는 공구경의 1.5배를 한다. (위 그림 참조, 재질에 따라 다름)

⊙ 절삭속도 계산식

절삭속도(m/min)가 무엇인지 쉽게 말하자면 공구의 원주속도라고 말할 수 있다.

밀링으로 보면 앤드밀이 회전하여 공작물 표면을 달리는 속도라고 보면 이해가 빠를 것이다. 이것은 선반 작업에서 쉽게 이해할 수 있다. 선반은 공작물을 회전시키고 바이트 1날이 지름을 절삭하면서 나간다. 선반 작업으로 본다면 바이트가 공작물의 원주(일감의 원둘레)를 달리는 속도로 보면 된다. 가장 먼저 절삭속도를 계산할 때 가공물의 경도에 따른 공구메이커의 추천 절삭속도가 나올 것이고, 이 절삭속도(대부분 머시닝 센터는(밀링) 주축 회전수를 결정할 때 사용)를 참조하여 다음으로 앤드밀의 날당이송을 계산한다. 드릴은 회전당 이송 값으로 한다. 또한 열처리된(Hrc 50 이상) 공작물일 경우 초경 이상의 공구를 사용해야지 하이스(고속도강)를 사용하지 않는다.

⊙ 앤드밀의 절삭 조건

- 가공 깊이나 가공 넓이는 앤드밀 경의 1/3을 넘지 않는다. 절삭 진입하는 구간은 절삭속도의 60% 이하로 줄여 준다.
- 측면의 면조도를 내기 위해서는 하향절삭을 하는 것이 좋다. (G41 공구좌측보정)
- 구멍가공을 많이 해야 하는 경우 1차로 드릴 작업을 하고 앤드밀 작업을 해야 한다. 앤드밀은 구멍가공 전문 공구가 아니라 측면이나 형상절삭 전문으로 만들어졌기 때문에 수직 방향, 즉 앤드밀 밑날은 큰 힘을 받는 경우 드릴보다 파손이 쉽다.
- 황삭 작업을 하는 경우 황삭 앤드밀(스파이럴형, 라핑 앤드밀)을 사용하되 이 라핑 앤드밀은 깊이 방향 진입은 가급적 사전에 드릴 작업으로 완료한 후에 진입하는 것이 좋다. 황삭 앤드밀은 측면이나 전면을 치고 나가는 데 유리하지만 깊이 방향가공하면 스파이럴형이라 나사 가공과 같이 회전수피치가 돼버려 공작물이 탈착되거나 공작물과 기계 주축과 충돌이 발생할 수 있다.
- 앤드밀의 날끝이 R로 돼있는 앤드밀이 마모에 좀 더 강하다. 이 플렛 R 앤드밀을 선택할 때 깊이부 단면의 코너R의 스펙치수를 확인하여 작업한다.

⊙ 드릴의 절삭 조건

- 반드시 센터 드릴로 포인트를 찍고 작업해야 한다. 그렇지 않으면 가공위치나 깊이가 들어갈수록 휘어져서 들어가 정밀한 위치공차를 낼 수 없으며 공구 파손의 원인이 된다.
- 1회 절입량은 드릴 지름의 1/10을 넘지 않는다.
- 드릴 지름의 3배 이상의 깊이는 G83 기능을 사용해 칩 배출을 원활하게 해야 드릴 파손이 적다. 즉 1회 절입량만큼 절삭하고 구멍에서 완전히 빠져나온 다음 다시 가공 깊이만큼 들어가는 조건으로 해야 한다. 보통 1회 절입량을 보면 AL은 6파이 이하는 지름의 1/3만 절입량으로 놓고 6파이 이상은 모두 2mm 정도만 고정해서 넣는다. 스틸 계열도 위와 같이 하면 된다.
- 안전여유량은 드릴 지름의 1/10 이상이 적당하다. 즉 1회 절입하고 뒤로 후퇴한 후 다시 절삭하

기 위해 들어갈 때 피삭재 가공 면과 충돌하지 않는 여유량을 말한다.

- 드릴로 수직 방향의 직각도를 잡는 가공이나 측면가공은 하지 않는다. 왜냐하면 드릴은 포인트 가 나있지 않으면 휘어지기 때문이다.

- 구멍이 가공하려는 지름보다 작게 가공되어 있는 상태라면 웬만하면 드릴로 가공하지 않고 앤드 밀로 가공하거나 보링바로 보링 작업을 하는 것이 낫다. 옆날만 작업되는 조건이기 때문에 공차 가 드릴 지름보다 커지지 않고 지름에 딱 맞게 가공되기 때문에 마모가 심하다.

ⓔ 리머 절삭 조건

- 리머 작업 시 정삭 여유지름량은 리머지름의 1/20로 해야 한다.

- 정밀한 위치를 요하는 작업은 반드시 앤드밀이나 황삭보링 작업하여 정삭 여유량을 남기는 작업 을 해야 한다. 드릴로 남겨도 되나 드릴은 정밀한 위치 공차가 나오지 않을 수 있다. (위치정밀도 0.05mm 이하 작업)

- 드릴절삭 조건과 거의 동일하나 중요한 것은 리머의 날수가 많은 만큼 절삭속도나 회전수가 달 라진다는 것을 고려해서 작업 조건을 결정해야 한다. 드릴절삭 조건과 비교하여 상대적으로 회 전속도는 느리게, 절삭속도는 빠르게 작업해야 한다.

② 절삭속도를 결정하는 주된 요인

- 피삭재(공작물)의 재질에 따라 결정
- 공구의 재질
- 절입량(깊이 절입량, 측부 절입량)
- 공구 길이나 지름

③ 절삭에 관한 계산식

① 절삭속도

절삭 조건에 있어 절삭속도는 가공 면의 조도나 앤드밀의 수명에 큰 영향을 미친다.

이 절삭속도는 단순히 아래와 같은 계산식으로 구해지는 것이 아니고 여러 번의 실험 과정을 거쳐 공 구 메이커나 절삭학을 연구하는 사람들에 의해 각 공작물의 재질과 공구의 재질에 적합한 절삭속도 가 만들어졌다. 그러나 저자는 이런 것을 배제하고 현장에서 적절하게 사용했던 data를 추천하는 바이다.

$\pi = 3.14$, $D =$ 공구직경($N =$ 매분 회전수(R.P.M = 분당 돌아가는 회전수))

$$V(m/min) = \frac{\pi DN}{1000}$$

공구 날수도 영향을 받으므로 (앤드밀 작업과 Face Cutter) 아래와 같이 계산한다.

$$Z = 날수 \qquad V = \frac{\pi(D \times Z)N}{1000}$$

밀링가공의 앤드밀 절삭에서 절삭속도는 피삭재 재질이 변하지 않고 공구의 재질도 변하지 않는다는 조건이라면 공구의 지름(공구경) 변화에 상관없이 일정하다.

저자가 경험해서 산출한 절삭속도는 다음과 같다.

※ 단 앤드밀의 재질은 일반 초경앤드밀을 기준으로 작성했으며, 날수는 2날을 기준으로 한다. 또한 절삭 깊이는 공구경의 절반을 넘지 않게 했으며, 공구날부 길이는 공구경의 3배를 넘지 않게 했을 때다.

	HRC 20~30	HRC 30~48	HRC 48~58	HRC 58~62
강	160~190(m/min)	90~130(m/min)	60~100(m/min)	20~50(m/min)
알루미늄	200~400(m/min)			
그래파이트(흑연)	400~800(m/min)			
주철(cast iron)	150~200(m/min)			
스테인리스(sus)	40~80(m/min)			

※ 선반의 경우 조도에 따라 회전당 이송을 결정한다. 곧 회전당 이송은 밀링의 날당(fz) 이송과 같다고 보면 된다.

계산 순서 : 1.절삭속도(경험)에 대한 회전수를 구하고 이 회전수에 대한 2.주어진 날당이송 값을 구하면 된다.

② 매분 회전수 계산식

매분 회전수는 머시닝 센터에서는 주축 회전수이다. (rpm : rev/min)

절삭속도에서 언급했듯이 보유하고 있는 머시닝 센터의 주축 최고 속도를 가만해 절삭속도를 줄여 주어야 한다. 보유하고 있는 머시닝 센터의 주축 최고속도의 90%이하 속도로 작업해야 한다. 보통 절삭속도는 공구회사에서 추천 절삭속도를 제공해 주므로 이 값을 대입하여 주축 회전수를 구하면 된다.

$\pi = 3.141$, D = 공구지름(피삭재 외경(선반의 경우)), V = 절삭속도(m/min)

$$N = \frac{1000\,V}{\pi D}$$

③ 날당이송과 가공 깊이 계산식

머시닝 센터의 절삭가공 계산에서 많이 사용하며 절삭속도를 모른다 할지라도 이 날당이송과 가공 깊이 및 회전수를 알고 있으면 대부분의 가공 계산은 해결된다.

날당이송은 밀링 앤드밀이나 커터가 1회전할 때 1날당 몇 mm를 절삭하며 이동하느냐이다. 이것은 회전당 이송에 날수를 곱하는 것이 된다. 결국은 1날만 있다면 회전당 이송이 되는 셈이다. 밀링에서의 날당이송은 큰 의미를 갖는다. 가공 면의 조도나 공구 파손에 큰 영향을 주기 때문이다. 그래서 앞서 나온 주축 회전수를 구했으면 이 N 값을 토대로 날당이송이 얼마나 되는지 계산해 볼 필요가 있다.

단위는 mm/1날을 사용한다. 최종적으로 이 날당이송 값을 알아야 가공할 수 있는 FEED 값이 나온다.

fz = 날당이송(mm/1날), N = 매분 회전수, Z = 날수 f = 분당이송률(mm/min)

$$f_Z = \frac{f}{ZN}$$

저자는 보통 아래와 같이 1회 절삭 깊이(절입량)를 주었다. 날당이송 값과 가공 깊이는 상당한 관계가 있기 때문이다.

가공 소재(황삭용)		일반 가공 및 고속 가공의 절입량 공식
스틸(강)	일반	(지름/4)/(날장/지름)
	고속	(지름/8)/(날장/지름)
흑연	일반	(지름/1.33)/(날장/지름)
	고속	(지름/2.66)/(날장/지름)
알루미늄	일반	(지름/2)/(날장/지름)
	고속	(지름/4)/(날장/지름)

예를 들어 Ø4 평앤드밀의 날장이 8mm라고 했을 때의 황삭 절삭의 가공 깊이 산출식은 아래와 같다.

가공 소재(황삭용)		일반 가공 및 고속 가공의 절입량 공식	1회 가공 깊이
스틸(강)	일반	(4/4)/(8/4)	0.5mm
	고속	(4/8)/(8/4)	0.25
흑연	일반	(4/1.33)/(8/4)	약 1.5mm
	고속	(4/2.66)/(8/4)	0.75mm
알루미늄	일반	(4/2)/(8/4)	약 1mm
	고속	(4/4)/(8/4)	0.5mm

아래는 초경 표준 앤드밀에 관한 추천 날당이송 값이다. 표준 앤드밀의 날장은 지름의 약 2배의 날장 길이를 표준으로 삼았다.

공작물 재질	공구 지름	일반 가공 날당이송	고속 가공 날당이송
스틸(강)	Ø5~Ø20	황삭=0.04~0.06 황삭라핑=0.05~0.1 정삭=0.05~0.08 인서트 황정삭=0.3~0.6	일반 가공과 날당이송은 동일함. 주축 회전수와 절삭속도만 달라짐.
알루미늄		황삭=0.07~0.1 황삭라핑=0.1~0.15 정삭=0.05~0.08 인서트 황정삭=0.3~0.6	
주철 (cast iron)		황삭=0.05~0.08 황삭라핑=0.06~0.12 정삭=0.05~0.08 인서트 황정삭=0.3~0.6	
그래파이트 (흑연)		황삭0.15~0.2 정삭 0.05~0.08 인서트 황정삭=0.3~0.6	

V=절삭속도(m/min), N=매분 회전수, D=공작물 직경, F=회전당 이송률(mm/rev)

f=분당이송률 (mm/min), L=총 절삭 깊이(가공 길이), T=가공 시간, fx=날당이송, Z=날수

f=F×N, fx=f/(Z×N), fx=F/날수, F=f/N, T=(L×60/f)/60 (원주 경우 L=3.14×D)

fx(1날 날당이송)=F(1날 회전당 이송)

– 앤드밀 깊이 방향 이송속도

보통 앤드밀의 측면 가공 이송이 결정되면 이 측면 절삭이송의 1/2~1/3 값을 준다. 예를 들어 앤드밀 측면 이송이 300mm/min이라면 100~150mm/min이 된다.

④ 회전당 이송 계산식

회전당 이송은 머시닝 센터 작업에서는 드릴절삭 조건에 적용되며 주로 선반 기계의 절삭이송과 비슷하다고 보면 된다. 드릴 1회전 시 1날의 가공 깊이는 얼마나 들어가는가를 알 수 있으며, 이것을 머시닝 센터에 적용하기 위해서는 회전당 이송을 분당이송으로 바꾸어서 적용하면 된다. 공구 메이커의 카탈로그에 적용된 것은 회전당 이송이므로 분당이송으로 변환해서 적용하면 된다.

F=회전당 이송률(mm/rev), N=매분 회전수, f=분당이송률 (mm/min)

$$F = \frac{f}{N}$$

∴ 회전당 이송을 분당이송으로 바꾸면 f=F×N

4 형상에 관한 계산식

형상에 관한 계산식에는 여러 형태가 있지만 대체적으로 많이 사용하는 계산식을 알아보자.

① 각도, 각도 오목R 계산

아래와 같이 각도에 R가공을 하기 위해서는 각도 값을 적용한 반경 값을 계산해 주어야 한다. 이 계산 유형은 주로 반도체 금형 전극 가공 시에 사용된 계산이다. 여기서는 전극 깊이여유에 따른 값 계산은 생략한다.

위 그림의 세부적인 치수를 보면 아래와 같다.

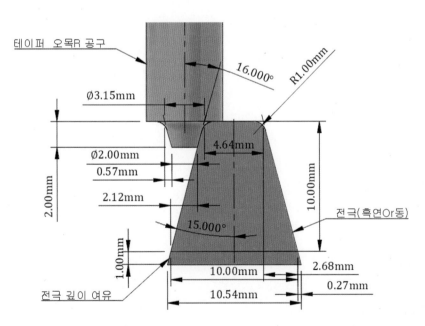

아일랜드 가공 형상 폭 : 10mm, 높이 10mm, 각도 15도 맨 위쪽 모서리 R1.0, 공구사항 : 16도 테이퍼 오목 R1.0 공구, 테이퍼 높이 2mm, 코너R 1.0

위 그림에서 먼저 폭이 10mm를 일반 평앤드밀로 맞춘 다음 각도 앤드밀로 가공하면 맨 위의 R 가공을 해야 한다. 물론 위와 같은 가공 형상을 아예 3차원 가공으로 완료하면 되지만 면조도와 가공 시간을 따져 보면 테이퍼 공구와 오목R을 사용하는 것이 양산가공에서는 매우 효과적이다.

위의 공구 사항대로 공구가 준비됐으면 오목R 공구 옵셋 값을 다음과 같이 계산해서 입력해야 한다. 참고로 위 테이퍼 오목R 공구 각도는 제품 측면에 닿지 않기 위해 보통 1~2도는 크게 해야 한다.

㉠ 제품 각도 계산

위 그림에서 치수 값 2.68을 먼저 구하면 아래와 같다.

높이*tan 각도, 즉 10*tan(15)＝2.67949, 약 2.68이 나온다.

㉡ 공구 각도 계산

위 그림에서 치수 값 0.57을 구하면 아래와 같다.

높이*tan 각도, 즉 2*tan(16)＝0.57349 약 0.57이 나온다.

㉢ 테이퍼 오목R 공구 OFFSET 번호에 계산 값 입력

테이퍼 오목R 프로그램은 각도 앤드밀 프로그램과 동일한 프로그램으로 하면 된다. 그러나 옵셋 값은 아래와 같이 위에서 계산한 값을 보정해 주어야 한다.

위 2가지 계산 값, 즉 2.68과 0.57이 나왔는데 공구 반경 값에는 2.679－0.573＝2.106

위 그림에 표기한 대로 약 2.11이 된다. 그래서 공구 반경 값에 －2.11 값을 해줘야 원하는 R가공을 할 수 있다. 물론 깊이는 1.99 정도로 하고 공구 기본 지름은 2파이로 프로그램 해야 한다.

② 모따기 계산

요즘은 CAM가공이 보편화 돼서 CAM 설정에서 모따기 공구의 깊이와 모따기 양만 입력하면 자동 계산된다. 즉 모따기 형상의 맨 윗면 절대 값 치수 입력, 모따기 크기, 깊이 아래로 모따기 끝나는 측면, 즉 프로그램 형상 측면에서 모따기 공구의 끝의 더 내려가는 깊이 양을 입력만 해주면 CAM가공에서는 자동으로 프로그램되고 이에 따른 시뮬레이션까지 확인할 수 있어 수동 프로그램 및 수동계산 오류로 인한 모따기 가공 불량을 방지할 수 있다. 그림 개념을 알아 보도록 하자.

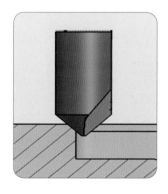

모따기 작업은 대부분 형상가공을 완료한 다음 형상의 날카로운 모서리를 제거하거나 부품 결합 시에 잘 결합할 수 있도록 안내 역할을 하기도 한다. 공작물 가공을 마치고 장비에서 unclamp 한 다음 모따기만 전문적으로 작업하는 공구를 사용하거나 작업자가 수동으로 작업하기도 하지만 가장 좋은 방법은 될 수 있으면 머시닝 센터로 마무리하는 것이 깔끔하다.

위 모따기 가공은 대체로 아래와 같은 그림의 형태이다.

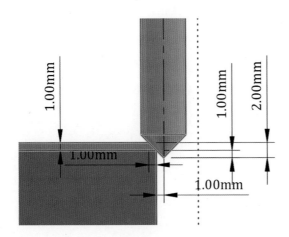

모따기 크기 : C1 각도 45도, 모따기 공구 규격 : 끝날, 지름 : 0, 생크 지름 6 한쪽 각도 : 45도, 가공 깊이 : 모따기 끝나는 선에서 1mm 더 깊이 설정한다.

㉠ 모따기 공구 각도 계산

위 그림에서 모따기 깊이 값은 Z0 점에서 모따기 크기에 +최소 0.2 이상 값을 더해서 깊이를 넣어 주어야 단차가 발생되지 않는데, 위 그림에서는 1mm 더 깊이 값을 넣어준 그림이다.

따라서 아래와 같이 모따기 공구의 offset 값을 계산하면

$1*\tan(45)=1$이다. 공구 밑날 반경은 0이기 때문에 $1+0=1$, 즉 모따기 공구의 offset 번호에 공구반경 보정량에 +1mm를 넣어준다. (단 위 프로그램은 CAM 프로그램이 아닌 형상가공프로그램을 그대로 활용한 수동 프로그램의 경우이다.)

③ 밑날 지름이 있는 모따기 계산

㉠ 공구 지름과 깊이의 관계

모든 형상의 모따기 프로그램을 별도로 작성하는 일은 거의 없다. 앤드밀 가공이나 구멍가공에 사용한 프로그램을 모따기 공구의 반경이나 깊이만 변경하여 사용하면 되기 때문이다.

모따기 공구의 반경 값을 결정하는 기준은 크게 2가지가 있다.

㉮ 가공 형상의 최소 R 값과 같거나 작아야 한다.

가공 형상을 통틀어 최소 R 값을 알고 있다면 이 R 값보다 모따기 공구의 반경 값이 같거나 작아야

모따기 가공 시 반경R의 에러가 발생하지 않는다. 물론 공구 경보정을 사용하지 않으면 에러가 발생되지 않지만 모따기 크기가 도면 스펙에 맞지 않을 것이다. 예를 들어 가공하고자 하는 가공 형상을 통틀어 가장 작은 R이 2mm라고 도면에 표기됐다면 모따기 공구의 offset 화면에 반경 값은 max 2mm이거나 2mm 이하이어야 한다. 그렇지 않으면 공구반경이 가공반경보다 크다는 메시지가 뜨면서 에러가 발생될 것이며 가공하지 못하는 결과가 된다.

④ 모따기 공구의 마모나 파손이 적은 깊이를 선택해야 한다.

모따기 공구는 끝이 뾰족하게 최소 Ø0.~ 이상부터 사용하게 되는데 모따기 가공 깊이를 작게 내리면 모따기 공구의 반경은 작아지므로 공구의 마모나 파손의 원인이 발생하게 된다. 따라서 가공 형상의 최소 R보다 같거나 작으면서 최대한 깊이를 많이 넣어서 모따기 작업하는 것이 좋다.

ⓒ 공구 지름과 깊이의 계산

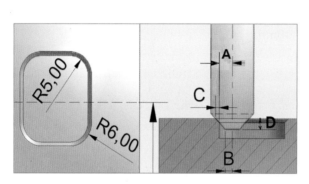 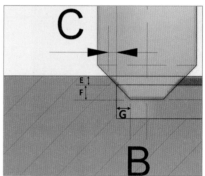

(단 아래 계산은 윤곽프로그램을 모따기 프로그램으로 사용하는 경우이다.)

위 모따기 크기는 C1이다. 왜냐하면 기본 형상R이 5mm이고 모따기 C1을 했더니 R5 부위가 R6으로 되었기 때문이다.

공구의 규격은 Ø2(공구밑날지름)×45도(한쪽 각도)×Ø12(생크지름)이다.

모따기 계산식은 크게 2가지 방법으로 계산할 수 있다.

㉮ 모따기 공구의 offset 반경 값을 정하여 놓고 계산하는 방법

A 값을 정해 놓고 계산하는 방법으로 위 예제에서 최소 반경은 R5이다. 따라서 A 값이 5mm 이하가 되어야 한다.

$$((A-B)+(C/\tan \theta))/\tan \theta = D$$

A : OFFSET 화면에 입력할 반경 값

설명 : A의 값은 모따기를 가공할 수 있는 모따기 공구의 반경 값이 된다.

이 값이 모따기 공구의 반경 값이 되기 때문에 모따기 가공 전에 공구 OFFSET 화면의 반경 값에 입력해야 한다.

B : 공구밑날 반경

설명 : 공구 끝의 반경 값이다.

C : 모따기 값

설명 : 도면에 주어진 모따기 크기 값이다.

D : 모따기 가공 깊이 값

설명 : 모따기 앤드밀의 가공 깊이 값이다.

이제 위 예제의 D 값을 구해보자. 먼저 A 값을 4.9mm로 정해놓고 공구 offset 화면에 반경 값 4.9를 입력했다고 가정하자.

$((4.9-1)+(1/\tan 45))/\tan 45 = 4.9$

따라서 모따기 앤드밀의 가공 깊이는 4.9mm이다.

$\tan \theta$: 모따기 각도(모따기 공구 한쪽 각도)

아래와 같다.

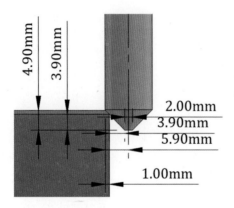

㉯ F 값(아래 그림 참조 G 값과 동일)을 정해 놓고 계산하는 방법

모따기에서 아래 그림의 F 값, 즉 가공되지 않는 측벽과 모따기 앤드밀 공구 끝과의 여유량을 얼마로 할 것인지 결정할 필요가 있다. 이것은 공구 마모나 파손과 밀접한 관계가 있다.

보통 F 값은 45도 기준으로 정삭 가공 전 모따기 작업이라면 최소한 0.5mm 이상 띄우고 작업해야 한다. F를 정해 놓고 작업하는 모따기 계산식은 아래와 같다.

위 예제에서 최소 반경은 R5이다. 따라서 (F+B) 값이 최소R 값인 5mm 이하가 되어야 한다. 즉 (F+B)≦5(형상 중에서 최소R) 무조건 공구 반경 값은 형상 최소R보다 작아야 한다.

$(C/\tan \theta) = E$

$(G/\tan \theta) = F$

$E+F=D$(모따기 앤드밀 가공 깊이 값)

이제 위 예제의 D 값을 구해보자. 먼저 G 값을 0.6mm로 정하고 B 값이 1mm인 모따기 공구를 사용했다면 A 값은 당연히 1.6mm이다. 따라서 offset 화면의 모따기 공구반경 값 1.6mm를 입력한다. 그리고 나서 이제 모따기 프로그램에서 가공 깊이를 구하면 아래와 같다.

$(1/\tan 45) = 1$

$(0.6/\tan 45) = 0.6$

그러므로 1+0.6=1.6(모따기 앤드밀 가공 반경 값)

따라서 모따기 앤드밀의 가공 깊이와 반경은 동일하게 1.6mm이다.

아래 그림은 C1과 F 값=0.6일 때의 그림이다.

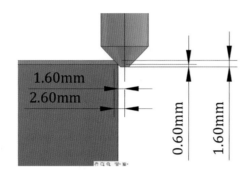

(만약 C크기가 0.5라고 가정한다면 E 값이 0.5이므로 반경 값과 깊이 값은 1.1이다.)

④ 모따기 앤드밀의 절입량

모따기 가공에서 C1.5 이상 가공할 경우에는 깊이를 나누어 가공해야 한다. 그렇지 않을 경우 모따기 공구 형상에 따른 부하량이 많기 때문에 공구 마모 및 파손과 가공 면의 조도가 나오지 않는 원인이 된다. 반도체 장비 부품의 일반 모따기는 보통 C0.2이다. 특별히 도면에 지시하지 않지만 보통 0.2 정도로 하면 된다. 물론 도면의 지시 값이 있으면 도면에 따르면 된다. 금형부품의 모따기는 별도 지시 외에는 하지 않는 것이 원칙이다. 특히 금형의 형상 부위는 도면 형상대로 가공해야 하며 모따기는 지시 외에는 절대로 하지 않는 것이 원칙이다. 보통 모따기 절입량은 모따기 값+1mm이다. 즉 C0.5이면 가공 깊이는 1.5이다.

⑤ 모따기 가공 깊이에 제한이 있는 가공

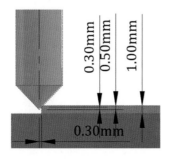

위와 같이 단차 깊이가 1mm이고 모따기 C0.2라고 할 때 단차 깊이가 1mm로 제한이 있기 때문에 가공 깊이를 0.2~0.7 정도만 더 넣어야 한다. 즉 모따기 양+(0.2~0.7)로 0.9가 넘지 않아야 단차 바닥면에 모따기 앤드밀 끝날이 닿지 않게 가공할 수 있다. 보통 이런 경우 모따기 깊이를 생각 없이 넣어서 불량이 발생되는 경우가 있다. 이 깊이 값은 CAM가공이라도 잘못 입력하면 불량이 나기 마련이다. 위에서 경보정 값 0.3 깊이는 0.5로 계산한 결과이다.

물론 CAM에서 모따기 크기는 0.2이고 더 들어가는 깊이는 0.3 값을 입력하면 위와 같은 가공이 될 것이다. 실제 CAM의 출력 프로그램의 깊이 값은 0.5로 출력될 것이다.

⑥ 외곽 단차 모따기 가공(하단 모따기)

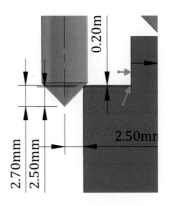

위와 같이 외곽에 단차가 있는 경우는 최대한 녹색 화살표 단차 부근까지 공구가 닿지 않고 최대한 모따기를 해야 가공 후 사상하는 일이 없기 때문이다. 3D CAM에서는 모따기 크기와 깊이, 즉 위의 2.5를 넣어주면 되지만 수동 프로그램은 계산 값을 넣어 주어야 한다.

보통 위와 같이 단차에 최대한 모따기를 하려면 모따기 공구 절삭날 최대경의 반경에서 (모따기 양+(0.3)) 빼준다. 위에서 밑날 파이는 0이고 생크 6파이에 90도 모따기 공구라고 하면 3-(0.2(모따기 크기)+0.3)=2.5, 즉 더 넣어 주는 깊이는 2.5이다. 프로그램 깊이는 2.7로 출력될 것이다. 측벽은 측벽치수에서 생크 반경만큼 덜 가야 공구 생크가 측벽에 닿지 않고 최대한 모따기를 할 수 있다. 2D CAM에서는 진출을 -3mm로 해준다.

⑦ 드릴 가공 깊이의 계산

보통 드릴각을 118도로 보고 드릴 가공 깊이에 대한 탭의 가공 깊이를 설정할 필요가 있다.

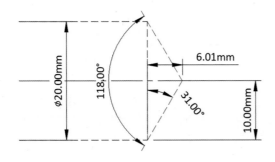

드릴지름에 대한 탭 깊이	
지름	탭깊이 조정값
1	0.30
2	0.60
3	0.90
4	1.20
5	1.50
6	1.80
7	2.10
8	2.40
9	2.70
10	3.00
11	3.30
12	3.61
13	3.91
14	4.21
15	4.51
16	4.81
17	5.11
18	5.41
19	5.71
20	6.01

tan(31)*드릴 반지름=6.01, 즉 20파이 드릴로 기초 드릴을 가공한 경우 탭 깊이는 6.01만큼 덜 들어가야 한다. 참고로 엑셀에서 뽑을 때는 TAN(라디안)으로 계산되어지므로 1라디안은 TAN(0.017453*31도)=0.6008, 그러므로 0.6008*(드릴 지름/2)=탭이 덜 들어가는 깊이가 나온다. 쉽게 대략적으로 드릴 지름에 0.3을 곱하면 바로 나온다.

예를 들어 M6 TAP DP10을 내기 위해 탭의 불안전 나사부 길이가 2mm라고 한다면 드릴 깊이는 보통 10+2+1.5=13.5mm를 내려가야 하고 탭 깊이는 13.5-1.5=12mm이다.

5 금속의 열 변형을 고려한 가공식

특수한 재질의 소재는 열처리 가공을 하면 늘어나거나 줄어드는 경우가 있다. 저자가 가공했던 ASP23이라는 소재는 열 변형을 고려하여 0.999를 각 포인트마다 곱한 위치를 HOLE 가공 위치 포인트로 설정했다. 아니면 스케일을 0.999를 X,Y축에 적용했었다. 이와 같이 열처리 후 열 변형이 일어나는 소재를 파악한 후에 위와 같은 방법을 적용해야 한다.

선반가공의 S45C 경우 연삭을 하지 않고 열처리만 하고 사용할 때 공차치수는 '지름*0.9992'로 가공하면 열처리 후 원하는 근접치수를 얻을 수 있다.

6 소재비 계산

보통 가공 공작물 소재비는 소재 재질 비중과 무게로 산출했다. 즉 소재 1kg당 가격이 계산되는데 무게는 3D CAD상으로는 쉽게 알아낼 수 있다. 보통 현장에서는 저울을 이용하여 무게를 알아내고 이 무게에 kg당 가격을 곱해서 산출했다. 무게를 잴 수 없으면 다음과 같이 무게를 구하는 공식을 사용한다.

① 사각재의 무게 계산식

(가로*세로*높이)* 비중 (단위mm)

예를 들어 철(Steel), S45C, SKD 등 비중을 7.87로 하고 가로＝158mm, 세로＝110mm, 높이 ＝35mm라고 하면 (158*110*35)*0.00000787＝4.787, 약 4.8kg이 나온다.

같은 크기를 알루미늄으로 계산하면, 즉 비중만 바꿔서 하면 아래와 같다.

(158*110*35)*0.00000271＝1.65, 약 1.65kg이 나온다.

② 환봉재의 무게 계산식

단면적(원의 면적)*길이*비중(단위 mm)

즉 원의 면적은 반지름*반지름*3.14이므로

예를 들어 철(Steel), S45C, SKD 등 비중을 7.87로 하고 지름＝158mm, 길이＝35mm라고 하면 (79*79*3.14)*35*0.00000787＝5.4, 약 5.4kg이 나온다.

같은 크기를 알루미늄으로 계산하면, 즉 비중만 바꿔서 하면 아래와 같다.

(79*79*3.14)*35*0.00000271＝1.858, 약 1.86kg이 나온다.

7 진수 계산법

보통 파라미터는 2진수로 되어있다. 0비트~7비트, 0~8, 0~32비트 등 컨트롤러 사양에 따라 각각 다르 다. 때에 따라서 10진수와 2진수를 서로 바꾸는 것은 알아둘 필요가 있다. 보통은 아래와 같이 기본적으 로 컴퓨터에서 계산되므로 별도로 나열하지 않겠다.

아래는 Dec(십진수) 7을 2진수로 변환한 결과이다.

 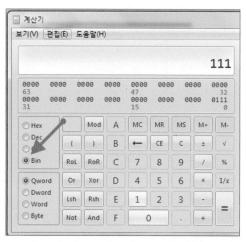

5 품질 인증& 작업장 안전사항

서비스 품질 우수기업(SQ) 인증, 즉 고객사 품질기준과 품질인증 명칭에 따라 이름이 달라지겠지만 SQ인 증을 중요시 하는 수주처를 둔 납품 업체에서는 중요한 사항이다. 고객사에서 SQ인증 심사를 한다면 다음 과 같이 관리를 해야 하며, 여기에 따라서 평소에 관리하는 습관이 들어야 한다.

1 품질인증

품질인증에 필요한 여러 가지 사항 중에 기본적으로 관리해야 될 사항에 대해서 알아보자.

① 3정

정품을, 정량만큼만 담고, 정위치에 놓는 것을 말한다.

㉠ 정품

규격에 맞는 소재나 부품을 사용하는 것을 말한다.

㉡ 정량

수량이나 용량을 정해진 양만큼만 담는 것을 말한다.

㉢ 정위치

소재나 제품, 반제품을 정해진 위치에 놓는 것을 말한다. 그래서 현장 이동라인에 노란색으로 이동 구역 및 대차 대기 구역 등을 식별하도록 표시하기도 한다.

② 5행(5S)

정리(Seiri), 정돈(Seidon), 청소(Seisoh), 청결(Seiketsu), 습관화(Shitsuke)의 5가지 방법을 말하는 데, 일본어 발음의 알파벳 표기 첫 글자가 모두 S이기 때문에 5S라고도 불린다.

㉠ 정리(Seiri)

필요한 것과 불필요한 것을 구분하여 필요한 것만 놔두고 불필요한 것은 폐기한다.

㉡ 정돈(Seidon)

필요한 물건은 필요할 때 편리하게 사용할 수 있도록 명시하고 보관하는 것을 말한다.

㉢ 청소(Seisoh)

쓸고 닦는 일을 말한다. 칩이나 절삭유, 오일, 오염물질, 작업 시 발생하는 폐기물을 쓸어내고 닦아 낸다.

ⓔ 청결(Seiketsu)

청소뿐만 아니라 정리정돈된 상태를 계속 유지하고 좀 더 위생적으로 만드는 행동을 말한다.

ⓜ 습관화(Shitsuke)

3정5S를 늘 생활화하라는 것이다.

③ 설비점검표 관리

설비점검표 관리는 SQ 인증 시 매우 중요하다. 따라서 설비명, 호기별로 매일 체크하고 관리되어야 할 부분 중에 하나다.

㉠ 각종 압력게이지를 보고 체크한다.

공작기계의 경우 각종 유압, 공압 압력 체크를 한다. 설비 메인 유압탱크의 압력, 클램프 및 척의 압력 등을 체크한다. 또한 진공척의 공압력, 공압게이지의 범위 내 체크를 실시해야 한다. 유공압 게이지의 경우 압력은 최소 최대 지시선 범위 내에 있어야 한다.

㉡ 오일의 유량계 상한선, 하한선을 체크한다.

습동유나 유압유, 냉각유(수) 등 각종 기름 주입량 표시선의 상하한선을 벗어나지 않게 한다.

㉢ 설비의 정상작동 유무를 체크한다.

이상소음&진동이나 모터의 회전 등이 정상적인지를 체크한다.

㉣ 각종 필터류의 교체나 청소를 체크한다.

교체나 청소주기를 정해서 매주나 매일 체크하게 한다.

㉤ 누유, 누수, 누설 등의 상태를 체크한다.

정상적인 배출구 외에 흘러나오는 기름, 물, 에어, 그리고 누전을 체크한다.

㉥ 툴카운터, 툴라이프의 관리여부를 체크한다.

툴카운터나 툴라이프 관리를 통해 공구의 파손 방지 관리를 한다.

㉦ 절삭유에 대한 농도, 교체주기, 유량, 청결도를 체크 관리한다.

제품의 녹 방지를 위한 절삭유 농도 관리 및 교체주기와 청결도 관리를 체크 관리한다.

㉧ 설비 고장 시 설비 수리업체명과 연락처를 기입하기도 한다.

설비의 고장은 생산 차질로 이어지고 생산업체뿐 아니라 납품처에도 문제가 발생되기 때문에 설비 수리 내역관리도 별도 문서로 관리되어야 한다.

ⓩ 설비 점검 항목의 표시 사진 및 설비 사진 부착관리

위 설비 점검 항목을 눈으로 식별이 잘 될 수 있도록 점검 항목 사진을 부착하고 회사에 따라 마이 머신 관리를 통해 담당자 사진이나 설비에 대한 애착을 가지고 관리한다.

④ 소재 관련 시트나 발주서 등을 관리한다.

소재의 밀시트, 발주서를 작성하여 보관한다. 또한 소재 입고 시 체크사항에 체크하고 검사자 확인사 항에 서명한다. 소재의 문제는 대량의 크레임을 발생시킬 수 있는 문제이기 때문에 관련된 문서를 잘 관리해야 한다.

⑤ 공정이동표, 현품표 등을 관리한다.

3정5S의 3정에 관련된 것이기도 하고 공정 간 제품 생산일정 및 선입선출 관련 검증에 필요한 표이다.

⑥ 자주검사 체크시트 및 공정검사 관리를 해야 한다.

품질검사원이나 작업자의 자주검사 체크시트를 각 공정 중요 측정장치에 부착하고 관리한다. 또한 공 정검사 체크 문서를 관리해서 공정에 대한 검사가 관리되어야 한다.

⑦ 유류 종류에 따른 MSDS 자료 준비

각종 유류에 대한 MSDS 자료를 유류구매 업체로부터 받아서 유류 보관장소에 비치하고 문서로도 가 지고 있어야 한다.

⑧ 치공구를 관리해야 한다

각종 치공구에 대한 식별표 및 치공구 관리표에 적정재고 등을 관리한다. 치공구나 JIG류의 관리는 양 산공장에서의 생산과 연관성이 있으므로 관리되는 항목이다.

⑨ 관리계획서 관리

관리계획서는 보통 품질부서에서 관리하며, 이 관리계획서에 모든 내용대로 관리되어야 하며, 문서도 맞춰줘야 한다.

⑩ 체크마스터 관리와 풀프로브 관리

체크마스터는 크게 OK, NG로 나뉘며, 이 중에서도 관리공차의 경우 공차 범위의 상한, 하한 체크마 스터가 있어야 한다. 또한 공정 마지막에서 검사하는 장치들도 이런 마스터 투입 시 제대로 판정되는 지에 대한 판정오류 체크도 관리되어야 할 사항이다.

❷ 작업장 안전사항

대부분의 산업현장은 사고로부터 노출되어 있다. 이런 환경속에서 건강을 유지하면서 일하는 것은 매우 중요하다. 건강은 곧 일하는 사람에게는 재산이기 때문이다. 그리고 건강할수록 일의 능률이 더 좋을 수 있기 때문이다. 또한 개인이나 회사에 손실이 발생하지 않는다.

① 절삭유로부터의 보호

MCT를 작업하다보면 제품의 탈부착, 칩, 절삭유를 제거해야 한다. 맨손으로 하게 될 경우 대부분 손가락에 절삭유가 장시간 묻어 있으면 피부 트러블이 발생될 경우가 높다. 그래서 보통 안쪽은 비닐이나 고무장갑을, 겉은 미끄러지지 않도록 면장갑을 착용하는 것이 손 보호에 좋다. 물론 절삭유 문제가 없고 면장갑만 착용할 수 있으면 더욱 좋다.

② 기관지 보호

절삭유를 불어내거나 가공 중 스핀들 회전에 의한 절삭유 분진이 발생된다. 따라서 마스크를 필히 착용하고 작업하는 것이 좋다. 또한 공장 안에 집진 시설이나 환기 시설을 설치해서 될 수 있으면 쾌적한 공기를 만들어 주는 것이 작업능률에 효과가 있고 가장 중요한 신체건강을 유지하는 데 필수 조건이 된다.

③ 안전용품 착용

산업현장은 사고가 날 수 있다. 그래서 작업복을 입고 안전화를 신어야 한다. 작업복도 지퍼나 단추를 확실히 잠그고 작업해야 하며 안전화도 신을 구겨 신거나 끈을 풀어서 신으면 안 된다. 저자는 실제 다친 사람을 봤고 본인도 다쳐 봤다. 크게 다치지 않아서 다행이지만 언제나 위험에 노출된다는 것은 사실이다. 특히 3정5행이 안 되는 작업장일수록 사고가 더 발생될 수 있다.

㉠ 작업복 착용

작업복을 입는 것은 당연하다. 다친 사람들을 보면 작업복을 입지 않거나 입어도 대충 입었을 때 사고난 것을 볼 수 있었다. 끈이나 옷감이 늘어져 있으면 회전되는 공구나 기계에 말려서 크게 다치거나 죽을 수 있기 때문이다. 또한 작업복이 아닌 일반 면이나 울 소재의 경우 칩이 옷감에 묻어서 떨어지지 않고 나중에 몸에 찔리거나 박힐 수 있기 때문이다.

㉡ 안전화 착용

안전화도 반드시 착용해야 한다. MCT 작업장의 경우 바닥에 기름이나 절삭유 등 미끄러운 기름 성분이나 물이 있을 수 있기에 넘어져서 다치거나 뾰족한 모서리에 머리를 찧어서 뇌진탕으로 크게 다치거나 죽을 수 있다. 또한 제품이 낙하하여 발등을 찍거나 발가락을 찍을 수 있기 때문이다.

ⓒ 안전모 착용

보통 머시닝 센터나 CNC 선반 작업의 경우는 안전모를 착용하지 않지만 현장에 따라서 달라질 수 있다. 특히 머시닝 센터에서 다치는 경우는 스핀들에 뾰족한 공구가 있는데, 그 아래로 제품을 측정하거나 제품 탈부착을 하거나 청소를 할 때 스핀들 바로 아래서 머리를 들다가 뾰족한 곳에 찔리는 사고가 발생되기 쉽다. 항상 스핀들에서 떨어져 작업을 할 수 있도록 한다. 스핀들 주위에서 떨어진 물건을 줍거나 청소하거나 공작물 세팅을 할 때는 잠시 공구를 빼놓고 작업하는 것이 현명하다.

④ 크레인(호이스트) 사용 안전사항

크레인은 대형 머시닝 센터나 기계가공에서 빼놓을 수 없는 도구이다. 무거운 중량물의 경우 여러 가지 방법으로 공작물을 들어 올린다. 보통 들어 올리는 작업이 약간 불안하다 싶으면 지면에서 5cm 미만으로 약간 들어 올려 상하 버튼을 스텝 동작으로 눌러 봐서 공작물이 떨어지지 않는지 확인하는 방법도 필요하다.

㉠ 영구자석 사용

보통 자석에 붙는 소재의 경우 영구자석을 사용하는 것이 편리하다. 영구자석은 레버를 ON 위치에 놓을 때는 반드시 풀리지 않는 안전장치로 된 것을 사용해야 한다. 즉 ON 쪽으로 갈 때 수동버튼을 누르지 않으면 OFF 쪽으로 가는 것을 기계적으로 방지하는 장치가 반드시 있는 것을 사용한다. 그리고 사용할 수 있는 최대 무게가 몇 톤인지 반드시 파악해서 사용해야 한다. 공작물의 경우 칩이 마그네틱과 공작물 접촉면에 붙어서 밀착력을 떨어뜨려 위험한 상황이 발생할 수 있으므로 항상 접촉부는 칩이나 이물질이 붙지 않도록 해야 한다.

㉡ 크레인바(슬링바), 벨트 사용

보통 자석에 붙지 않는 소재의 경우 슬링바를 사용하는데 대형 제품을 뒤집을 경우나 들어 올릴 경우 이 역시 슬링바의 들어 올릴 수 있는 최대 무게를 항상 숙지해야 한다. 또한 날카로운 부분은 모따기를 하고 접촉시켜야 한다. 자세한 사항은 메이커를 참조하기 바란다. 대형 제품을 슬링바로 뒤집을 때는 크레인 위치에 따라서 달라진다는 것을 명심하고 내려가는 위치에 손이나 발이 끼지 않도록 한다.

㉢ 드럼 리프트 도구 사용

드럼통을 들 때는 아래와 같은 도구를 사용한다.

⑤ 지게차 사용 안전사항

물건을 들고 이동할 때는 높이에 제한이 되지 않는 한 높이 들고 이동하지 않아야 하며, 급출발이나 급정지를 하지 않아야 한다. 또한 실내나 실외든 규정속도로 움직여야 한다. 지게차의 발은 스틸로 돼 있어 같은 스틸 계열의 공작물을 들어올릴 경우 각도에 따라 미끄러질 수 있으므로 주의해야 한다. 또한 뒷바퀴가 뜰 정도로 무거운 것은 들지 않도록 하며 다리발 안쪽으로 최대한 받쳐서 올리도록 해야 한다. 충전지게차의 경우 증류수 보충도 필요하다. 지게차의 경우 자격증 소지자에 한해 운전해야 한다.

⑥ 물건을 손으로 들 때의 주의 사항

물건을 들 때는 절대 허리만 구부려서 들지 말고 허리는 그대로인 상태에서 무릎만 구부려서 펴는 식으로 물건을 들어 올려야 한다. 대형 MCT의 경우 계단식 발판을 사용하여 설비에 오르락 내리락 할 수 있다. 이때 절삭유나 습동유로 인해서 바닥이 미끄러워 넘어질 경우가 있다. 항상 넘어지지 않게 안정적인 상태로 물건을 들고 이동한다.

⑦ 회전체나 컨베이어 기구의 주의 사항

회전하는 전동 숫돌이나, 범용 선반, 컨베이어 벨트, 절단기 등 회전하는 공구나 도구를 사용하거나 교체할 때는 항상 전원을 off 하고 작업해야 한다. 예를 들어 작업 시 장갑은 손을 보호하기 위해서 착용한다. 하지만 회전체, 즉 전동숫돌이나 선반공작기계에서 제품을 만질 때 회전하고 있는데 만지는 경우나 전동숫돌로 공구를 연마하는데 숫돌 가까이 장갑을 착용하고 연마할 경우는 매우 위험하다. 장갑이 숫돌에 말리거나, 선반같은 경우는 제품에 장갑이 말려서 손까지 절단될 수 있기 때문이다.

절단기의 경우도 톱날을 청소하거나 높이를 조정하려고 할 때는 반드시 off 하고 톱날이 멈춘 다음에 교체하거나 조정해야 한다. 회전체는 1차로 착용한 장갑이 말리면서 손까지 끌고 들어가기 때문에 매우 위험하다. 이런 경우는 장갑을 벗고 안전하게 한 다음에 작업해야 한다. 컨베이어의 경우나 칩스크루 등도 가까이서 작업하거나 물건이 떨어져서 주을 때도 항상 완전히 멈춘 다음 작업해야 한다.

CHAPTER

10

MCT 가공과
여러 가지 가공법

Computer Numerical Control

1. 형상 전극가공의 기본사항

2. 반도체 금형 전극가공

3. 사출금형 전극가공

4. MCT와 와이어, 슈퍼드릴 방전가공

5. MCT와 기타 가공기

MCT 가공과 여러 가지 가공법

MCT 가공에서 빼놓을 수 없는 가공이 바로 방전 전극 가공이다.

EDM Electrode(전극) Cut 소재는 크게 흑연가공과 동가공으로 구분한다. MCT 가공으로 할 수 없는 형상가공을 하는 방전가공은 MCT에서 전극 가공을 하거나 와이어 방전의 경우는 와이어가 진입할 구 멍만 뚫어 주면 된다. 방전가공기는 전극을 공구처럼 장착해 사용한다. 전극가공은 방전기의 절삭공 구를 가공한다고 보면 된다. 와이어 방전기의 와이어 전극은 줄로 된 전극이며 지름이 0.15~0.4 정도 의 비철금속선(구리합금, 황동합금)으로 돼있다. 전극 형상방전의 경우는 금속과 전극의 전기적 스파 크를 이용해 대부분 Z축이 상하 이동을 하면서 금속을 녹이며 전극 형상대로 가공한다. 물론 형상공 차를 맞추기 위해서 ORB, 즉 XY로 양방향으로 이동하여 형상공차를 맞춘다. 와이어 방전의 경우도 와이어 전극이 금속을 녹이지만 X,Y 치수대로 형상을 이동하면서 가공한다. 이 외에도 레이저 가공, 워터젯 가공 등이 있다.

1 형상전극 가공의 기본사항

☐ 형상전극 방전 가공의 필요성

① 형상 및 내측 코너R의 크기에 따른 MCT 공구지름의 한계

MCT 가공의 한계는 바로 내측 코너R 가공인데 앤드밀 가공 특성상 내측형상(포켓 종류) 가공의 경우 코너R이 생기며, 그 코너R이 0에 가까워질수록 가공 시간이 많이 소요되며 소재 재질에 따라서 가공 이 어려워진다. 즉 보통 공구지름이 Ø1.5 이하가 되면 스핀들 회전수가 최소 6000 이상이 되어야 절 삭하게 되며 0파이에 가까워질수록 회전수는 올라가야 한다. 즉 0.1파이씩 줄어들수록 회전수는 최소 200RPM씩 증가해야 될 것이다. 물론 소재나 가공 깊이에 따라 달라질 수 있지만 내측 형상가공을 완 벽하게 코너R 0.3 이하나 직각으로 가공하기에는 비용과 시간이 많이 소요된다. 예를 들어 코너R0.2 라고 한다면 최소 0.4파이 앤드밀로 가공을 해야 하는데, 보통 스틸가공의 경우 최소 15,000RPM이 되어야 한다.

이렇게 되면 고속가공기, 즉 스핀들 회전수가 15,000RPM이 넘는 것으로 구매해야 되고, 공구도 소재에 따라서 달라지겠지만 최소경을 사용해야 하는데 공구 파손이 상당할 것이다. 이렇게 되면 가공원가가 상승되며 가공 시간과 공구 비용이 증가하게 되어서 비효율적이며, 고비용의 절삭가공이 된다. 이 때문에 내측 코너R이 0.5 이하이며 스틸가공을 할 때는 방전가공을 하는 것이 효율적이다. 특히 난삭재를 사용하는 금형류 부품에서는 더더욱 그렇다.

아래와 같은 포켓 제품(왼쪽)을 가공하려 할 때 머시닝 센터(밀링)로는 오른쪽 그림의 화살표 부위와 같이 코너 부위를 제대로 가공할 수 없다. 왜냐하면 앤드밀이 원이기 때문이다. 따라서 3군데가 공구 반경만큼 코너에 R(라운드)이 되기 때문이다.

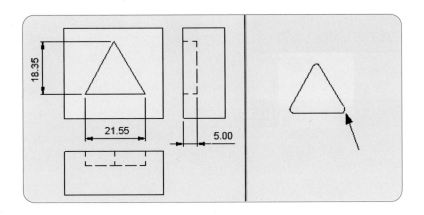

② 소재나 열처리에 따른 회전 절삭공구의 한계

앤드밀 공구 중에 열처리 경도(HRC) 60 이상을 가공하는 공구가 있지만 공구의 마모가 많이 되며 제품 가격에 비해 공구 소모 비용이 많이 든다. 또한 하이스 소재나 초경 소재 제품의 경우 앤드밀로는 가공하지 못하는 한계가 있다. 방전가공은 전극만 만들면 이런 열처리 된 제품이나 초경제품을 가공할 수 있기 때문이다.

② 방전 가공해야 될 작업 구분

① 형상에 따라서 필요한 경우

가장 많이 전극가공하는 분야는 바로 금형가공이다. 보통 반도체 몰드금형은 CAVITY(제품 성형 부위) 가공에서 가장 많이 가공하고 런너 및 포토 블록 등 사출 성형시키는 부분에서 방전가공 부위가 많다. 또한 포켓 코너R과 3차원 형상에서 앤드밀로 나올 수 없는 형상을 가공한다. 물론 요즘은 3D 프린터로 절삭가공이나 금형 제작 없이 만들어 내는 시대가 되었지만 아직까지는 정밀가공 분야에서는 한계가 있는 것 같다. 좀 더 발전해야 되지 않을까 생각한다.

아래 2가지 포켓가공 형상에서 코너 R0.2 이하는 가공하기가 어렵다. 또한 아래로 구배 지면서 135도로 내려가는 구배가공은 이 또한 앤드밀 형상 때문에 나올 수가 없다. 이런 경우는 방전가공을 할 수밖에 없다.

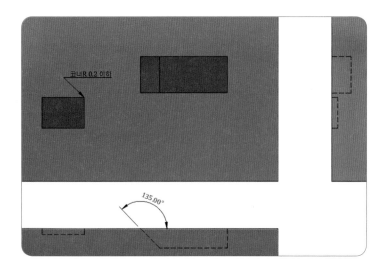

즉 전극의 모양대로 방전가공이 되기 때문에 머시닝 센터 작업자는 도면 형상의 반대 형상을 전극가공하면 된다.

② 면조도 지시가 있는 경우

반도체 몰드 금형에서 CAVITY의 경우는 특별히 방전가공 조도가 지시돼 있다. 일반 사출금형과는 달리 스펙이 까다로운 것이 반도체 금형이다. 이 조도를 내기 위해서라도 MCT에서 반대 형상의 전극을 만들고 이 전극을 방전기에 장착해서 방전가공을 해야 한다. 방전면의 조도는 조도가 좋을수록 방전가공 시간이 길어진다.

※참고 : 방전 면조도(표면 거칠기)는 제3장 131쪽 VDI 표면 거칠기 참조

③ 난삭재의 경우

제품 가공 소재 중에 초경이나 세라믹 등 난삭재가 있다. 특히 하이스 소재나 초경 소재의 경우는 가공하기 매우 어렵다. 초경의 경우는 가공 자체가 어렵기 때문에 방전가공을 한다. 또한 가공 후 열처리 해서 정삭을 하는 소재의 경우 열처리 한 후의 경도가 HRC 60 이상일 경우는 일반 앤드밀로 가공하기가 어려워진다. 이런 경우도 방전가공을 사용한다.

3 전극 소재

전극의 소재로는 주로 단조동(쾌삭동, 인발동), 구리 텅스텐 합금 CUW(CU+W), 그래파이트(흑연) 등이 사용된다.

① 흑연전극(Graphite Electrode)

전극형상 방전에서 가장 많이 사용하는 소재이다. 전극 마모는 동전극에 비해서 크지만 전극가공 속도나 방전가공 속도가 빠른 효과가 있었다. 보통 저자가 일할 때에는 미국산 전극 소재를 많이 사용했었다. 이 전극 소재는 황삭용, 중삭용, 정삭용에 따라 가격의 차이가 있었다. 정삭용의 경우는 황삭, 중삭용의 2배까지 가격 차이가 있었다. 물론 제품과 메이커에 따라서 달라질 것이다. 단점은 잘 깨지기 쉽기 때문에 절삭속도와 깊이 및 취급 시 주의해야 한다.

② 동(구리, CU) 전극

흑연전극 다음으로 많이 사용한다. 보통 리브가공용으로 깊은 사각형의 형상가공에 사용된다. 구매업체에 따라서는 많이 사용하는 규격대로 치수 절단 및 가공해서 판매한다.

동전극은 순수한 동 소재에 전기적 성질과 절삭성을 좋게 하기 위해 여러 가지 합금을 한 합금동 소재가 나온다.

③ CU+W 합금동

동 30%와 텅스텐 70%로 합금한 일명 동탄 소재이다. 저자가 일할 때는 보통 초경게이트 방전가공 전극 소재로 사용했었다. 금형에서 초경은 수지가 투입되는 입구(게이트) 부분, 즉 마모가 많이 일어나는 부분을 초경 소재로 하는데, 초경 소재를 완벽하게 가공할 MCT공구는 구하기 어렵거나 고단가이기 때문에 방전가공을 한다. 흑연으로 초경 소재를 가공하는 경우 동이 포함된 흑연 소재를 사용했고 대부분 동탄(동+텅스텐) 전극을 사용했다.

④ 기타 전극 소재

우리가 알고 있는 여러 가지 전기적 성질이 비슷한 소재를 전극 소재로 활용한다.

위에서 언급한 소재 이외에도 사용하는 소재들이 있다.

4 전극 소재의 고정 방법

전극 소재를 가공하고 가공된 전극을 가지고 방전 작업을 하기 위해서는 세팅이 편리해야 된다. 즉 가공하거나 이용하기 쉽게 전극 소재를 고정하는 JIG가 있어야 한다. 전기가 잘 통하는 JIG 소재를 사용하는데 보통 스틸을 이용한다. 중요한 것은 고정한 전극 소재가 가공 중에 절대 움직이지 않게 고정하는 것이다. 또한 얼마남지 않아 더 이상 사용이 어려운 남은 전극 소재를 스틸 JIG에서 분리해 낼 때도 편리한 방법으로 고정해야 한다. 그리고 가장 중요한 것은 여러 가지 전극을 가공하거나 이용할 때는 세팅의 편리성이 확보되어야 한다. 일정한 세팅 방법, 즉 매번 WORK 좌표 세팅을 하지 않게 일정한 세팅포인트를 확보할 수 있는 JIG가 필요하다.

① 본드로 고정하는 방법

반도체 금형전극은 보통 스틸 연마 블록에 본드로 고정해서 사용했다. 이 방법은 붙일 때는 편리하지만 다 사용된 전극을 바꿀 때 떼어 내기 불편했다. 보통 Face Cutter로 스틸 블록 0.05 정도 띄우고 가공하면 대부분 떨어지지만 추천 방법은 아니다.

② 볼트로 고정하는 방법

전극 소재에 탭을 내어 볼트로 고정하는 방법이다. 물론 스틸 블록은 밑면에 카운터 구멍을 내서 전극 탭구멍에 볼트를 체결한다. 또는 전극 소재 아래쪽 측면의 스틸 블록에 탭을 내어 볼트로 밀어서 고정하기도 한다.

③ 쐐기 형태의 고정

CNC 선반에서 사각 공구홀더(생크)를 고정하는 방법과 비슷한 방법으로 고정할 수 있다.

④ 누름 클램프를 이용하는 방법

전극 밑면부 측면에 홈을 파거나 구멍을 내서 이 홈과 구멍을 이용하여 고정하는 방법이 있다.

5 전극의 좌표 세팅 방법과 조건

전극의 가공 XY 포인트는 단순히 아무렇게나 잡으면 전극가공기나 방전가공 시에 매우 불편해지고 세팅 LOSS 타임이 발생된다.

① 동일한 규격의 부착 JIG를 활용하라

부착 JIG는 가로 ,세로, 높이, 그리고 X,Y 포인트 점이 동일한 JIG를 활용하는 것이 가장 좋은 부착 지그이다. 모든 가공 소재를 고정하는 방법도 마찬가지이다. 즉 WORK 좌표 세팅을 매번 하지 않는 것이 최상의 JIG 규격이다.

② 항상 형상의 중심에 WORK XY좌표의 영점을 잡아라

어떤 형상이든지 모든 형상의 중심에 좌표 0점을 잡고 가공하면 편리해진다. 이것은 전극 부착 JIG의 중심점과 형상의 중심점이 같아야 한다는 것이다. 이렇게 해야만 나중에 MCT에서 전극 재가공이나 방전기에서 전극 세팅이 훨씬 쉬워진다. 또는 세팅할 필요가 없게 된다. 물론 Z점만 차이가 있겠지만 Z점도 쉽게 옵셋 값만 입력하면 세팅할 필요 없이 바로 가공에 임할 수 있다.

③ 전문적인 세팅 JIG의 활용 및 자동 제품 교체 시스템

JIG 전문 제작업체에서 나오는 JIG를 활용하는 방법도 있다. 보통 방전기의 경우 전문적인 JIG제작사에서 나오는 기본 지그를 사용하는데, 전극가공기도 이 지그를 사용하면 전극 세팅이나 방전가공의 세팅 시에 매우 편리하다.

④ 마그네틱 지그 활용

마그네틱 척 지그를 이용한 스틸 JIG 고정과 가공이 있다. 하지만 정밀한 위치 포인트 점을 얻기에는 한계가 있고 WORK 세팅이 불편할 수 있다.

2 반도체 금형 전극가공

반도체 금형 전극가공은 저자가 10년 정도 작업을 진행했었다. 여기서는 간단하고 기본적인 가공에 대해 알아보자.

1 CAVITY BLOCK PKG 가공

반도체 금형 부품 중에 하나인 CAVITY 부품의 PKG가공에 대해서 알아보자

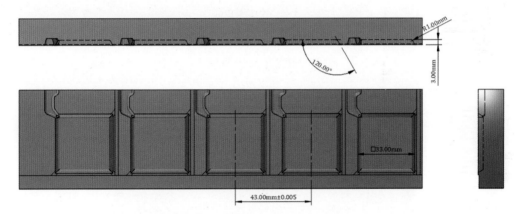

위 PKG 개수는 5EA, 크기는 33mm 정사각형, 각도는 30도, 깊이는 3mm, 바닥코너 R1.0이다. 먼저 아래와 같이 비슷한 크기의 황삭, 중삭, 정삭의 전극을 준비한다.

① 전극 준비

먼저 PKG 5EA를 한 번에 가공할 수 있는 크기의 전극을 평행 블록에 고정한다.

위 방법은 단순히 스틸 블록에 본드로 전극(파란색 표시)을 붙인 것인데, 요즘은 이런 방법보다 좀 더 쉽게 부착 및 분리할 수 있는 방법을 사용해야 한다.

② 프로그램 작성

다음 그림과 같은 사항에 맞는 프로그램을 작성한다.

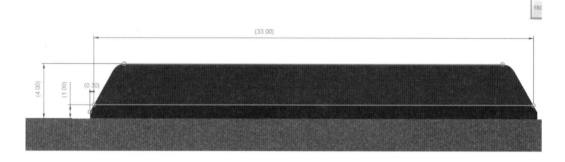

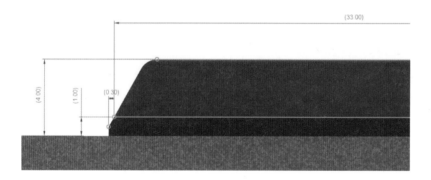

㉠ 아일랜드 가공 깊이

먼저 황삭 아일랜드 깊이는 PKG 전극 깊이+1=4mm로 한다. PKG 깊이에 1mm 더 들어가는 것은 방전 불꽃에 영향을 받지 않는 범위가 보통 0.5 이상인데 안전하게 1mm 정도 더 깊이 들어간다. 보통 30도이므로 많은 양의 동일한 부품을 방전가공해야 한다면 1mm가 아니라 1mm 이상을 가공하면 나중에 재사용할 경우에 황삭은 하지 않아도 되기 때문이다.

㉡ PKG 형상가공 정삭 여유

방전황삭, 방전중삭, 방전정삭의 3개의 방전 전극을 별도로 만들어야 하는데, 보통 아일랜드 측면의 MCT 가공의 정삭 여유는 황삭, 중삭, 정삭 상관없이 동일하게 준다. 보통은 0.1~0.5까지 여유를 주는데 여기서는 30도이므로 0.3 정도 여유를 주겠다. 앞 그림에서 0.3 치수는 각도가 크면 클수록 값을 크게 해서 전극 마모로 인한 단차가 발생되지 않으며, 전극 재사용 시에 마모된 부위만 가공할 때 마모로 인한 PKG 형상라인이 온전하게 가공될 수 있다.

ⓒ 전극 황삭가공

PKG 형상의 아일랜드 황삭가공은 보통 윗면을 FACE 커터로 날린 다음 4파이 흑연가공용 앤드밀로 가공했었다. 아일랜드와 형상 정삭 여유는 한쪽 측면 양 0.3만 남기고 깊이 4mm로 가공하는데 보통 1mm 정도 절입량을 준다.

ⓔ 각도 프로파일 형상가공

아일랜드 형상의 프로파일 형상은 PKG 크기를 그대로 해서 프로그램한다. 즉 PKG 크기 33×33의 정사각형 형상 5ea인데 피치 43으로 해서 작성한다. 먼저 30도 앤드밀로 각도 작업을 하는데 15도 이상의 PKG 전극에서 정삭은 항상 두 번 반복 가공하는 것을 잊지 말자. 각도의 깊이는 황삭 4mm에서 깊이, 즉 바닥날이 닿지 않게 0.2 정도 띄운 치수 3.8mm인데, 이것은 PKG 깊이 치수 3mm에서 0.8 정도 더 들어갔으므로 황삭 0.35, 중삭은 0.25, 정삭은 0.15 정도 경보정에서 마이너스 보정 값을 주고 여기서 0.8 정도 깊이 들어간 치수의 측면 여유를 더 줘야 하기 때문에 경보정 옵셋 값을 이 방전 GAP 치수에서 빼야 한다.

0.8*tan30도=0.461이고, 만약 각도 테이퍼 공구 밑날 지름이 0.5파이라면 0.461+0.25=0.711이다. (제9장 577쪽 형상에 관한 계산식 참조)

황삭 옵셋 값=0.35-0.711, 중삭 옵셋 값=0.25-0.711, 정삭 옵셋 값 0.15-0.711로 해서 각도 앤드밀 반경 옵셋 값에 입력해야 한다. 만약 CAM에서 미리 중복보정 0.5파이로 프로그램했다면 방전 GAP에서 0.461만 빼면 된다. 그러나 수동 프로그램 작성과 CAM 프로그램의 컨트롤러 보정을 했다면 0.711을 빼야 된다.

여기서 참고로 황삭, 중삭, 정삭은 방전기 orb 양이다. 즉 방전가공은 z방향만 가공하는 것이 아니라 위 황삭, 중삭, 정삭의 각 GAP만큼 x, y축이 원호 형태를 그리면서 움직인다. 전극가공의 경우 위 황삭, 중삭, 정삭의 옵셋 값은 달라지므로 공구 옵셋 값에는 변하지 않는 0.461 값을 넣고 황, 중, 정삭의 GAP만 프로그램에서 빼는 형식으로 프로그램 하면 편리하다. CAM 프로그램에서는 측면가공 여유에서 빼서 황삭, 중삭, 정삭의 프로그램을 별도로 출력해서 사용하면 되고, 수동 프로그램으로 작성할 경우 ISO코드의 컨트롤러에서는 G10 기능을 이용하든지 하이덴하인에서는 DR- 기능을 이용해서 동일한 프로그램이라면 반경 옵셋 값을 자동으로 프로그램에서 빼주는 기능을 이용하면 편리하다.

ⓜ **바닥R 프로파일 형상가공**

도면의 PKG 깊이부 바닥R은 전극으로 봤을 때 맨 윗면 모서리 R인데 이 프로그램은 위 각도 프로파일 형상가공의 프로그램을 그대로 활용한다. 별도로 작성해도 되고 편리한 대로 하면 된다. 단위 각도 프로파일 형상가공 프로그램을 이용한다면 공구 R 옵셋 값을 조정해서 사용해야 한다. 제9장에서 각도 오목R 공구의 계산식 값을 참고하고 방전 GAP에서 빼면 된다.

먼저 전극 30도에 대한 깊이 3mm 각도 계산을 하면 높이*tan 각도, 즉 3*tan(30)=1.732이 나온다.

이제 오목R 공구 자체 계산을 해야 하는데, 만약 오목R공구 밑날지름이 0.3파이이고 32도에 밑날에서 1R이 끝나는 단까지의 높이가 1.5mm라고 가정한다면 높이*tan 각도, 즉 1.5*tan(32)=0.937이 나온다.

위 2가지 계산 값, 즉 1.732와 0.937이 나왔는데 공구 반경 값에는 1.732-0.937=0.795 즉 공구 R 값에는 0.795를 넣어야 하는데 앞서 각도 앤드밀과 마찬가지로 수동 및 컨트롤러 보정으로 해서 프로그램했다면 0.795+0.15(공구 밑날반경)=0.945를 옵셋 값에 입력하고 0.3파이에 대한 중복보정으로 프로그램 했다면 0.795만 넣으면 된다. (제9장 577쪽 형상에 관한 계산식 참조)

황삭 옵셋 값=0.35-0.795, 중삭 옵셋 값=0.25-0.795, 정삭 옵셋 값=0.15-0.795로 해서 오목R 반경옵셋 값으로 보정해야 한다.

③ 전극가공

프로그램과 공구 준비가 완료됐으면 세팅하고 작업한다. 다음과 같은 가공 조건이 되어야 한다.

ⓖ **전극 클램프**

전극을 고정하는 방법은 여러 가지가 있다. 주로 마그네틱 척에 고정하든지 전용 JIG회사에서 제작한 클램프 지그를 사용하는 방법으로 고정하든지 중요한 것은 전극가공 시에 움직이지 않아야 한다. 또한 평면도가 잘 나와야 한다. 그리고 밴딩이 가지 않는 것으로 전극을 고정해야 한다.

그래서 전극가공에 고정하는 방법과 전극 윗면 연삭에 고정하는 방법, 그리고 방전가공에 고정하는 방법이 동일해야 전극의 평면도를 유지하거나 정밀할 수 있다. 반도체 PKG 전극의 평면도는 0.01 이내로 작업해야 하기 때문에 전극 클램프 방법은 매우 중요하다. 또한 고정은 간편하게 하는 방법으로 해야 한다.

ⓛ **WORK 좌표 세팅**

반도체 전극가공도 다른 가공과 마찬가지로 세팅을 단순화하는 것이 효율을 낸다. 그래서 매번 세팅하지 않게 만드는 것이 중요하다. 그리고 방전기 세팅까지 고려하여 XY세팅은 대체적으로 전극 고정 블록의 중심에 정확히 맞추는 것이 좋다. 그래야 방전기에서도 별도로 세팅 없이 작업할 수 있어서 효율적이다.

ⓒ 공구 준비

동가공과 흑연가공은 상반된 소재이다. 따라서 흑연 전용 공구나 동가공 전용 공구들을 사용하는 것이 좋다. 동가공에서는 크게 차이가 없지만 흑연가공에서는 일반 초경앤드밀을 사용할 경우 마모가 심하게 온다. 마모가 돼서 공구의 코팅이 벗겨지면 보통 공구 수명의 50% 정도로 급속히 떨어진다. 따라서 저자는 흑연가공용 공구는 대부분 다이아몬드 코팅한 것을 사용한다. 요즘은 흑연가공 전용 공구를 구매할 수 있다. 물론 반도체 금형 전극 가공에서 아직도 가장 많이 사용하는 각도 앤드밀과 오목R 앤드밀의 경우는 주문제작이 많다.

④ **전극 윗면 연삭**

위와 같이 전극가공을 완료했다면 전극 윗면을 평면연삭기에 놓고 연삭을 한다. 보통 GC 숫돌로 면을 내는데 MCT 가공 Face Cutter 회전 자국이 남지 않도록 한다. 방전가공을 하면 그 자국이 그대로 가공돼서 보여지게 되므로 반드시 PKG의 경우 전극 윗면 연삭을 한다. 그래서 보통 전극 윗면여유는 0.02~0.1 정도 연삭여유를 남겨 놓아야 한다. 전극 윗면 연삭할 때의 전극 고정 방법은 전극가공 및 방전가공 할 때의 방법과 동일한 조건으로 고정하여 연삭하는 것이 중요하다. 그래야 평면도가 잘 나온다.

㉠ 전극 윗면 황삭 연삭

A숫돌(입자가 거친 황삭가공용)로 보통 0.03 정도만 남겨놓고 전극 윗면 황삭연삭을 한다.

㉡ 전극 윗면 정삭 연삭

GC숫돌(입자가 고운 정삭가공용)로 전극의 오목R 맨 윗면 단차나 스크래치가 남지 않을 정도로 전극 윗면 정삭연삭을 한다.

⑤ **전극 가공 시 발생되는 문제에 대한 대책**

전극가공에서 발생되는 문제에 대해 알아보자.

㉠ 흑연전극의 깨짐 문제 대책

아일랜드 형상 폭이 1.5mm 이하가 되면 흑연전극의 경우 깨져서 다시 작업해야 되는 문제가 발생된다. 이때는 전극 가공 여유를 0.5 정도 주고 정삭 시에 여러 번 나누어 작업하는 것이 좋다. 그리고 공구의 진입, 진퇴 시에는 살이 약한 부분에서 하는 것은 깨짐의 원인이 될 수 있기 때문에 살이 어느 정도 버텨주는 구간에서 공구의 진입, 진퇴를 하는 것이 좋다. 또한 도면 형상 스펙과 방전가공 작업 시에 문제가 발생되지 않는다면 윤곽형상 대부분의 모서리에 최대한 줄 수 있는 R을 임의로 주는 것이 깨짐현상을 방지하는 방법 중에 하나이다.

ⓛ 각도 앤드밀의 진입, 진퇴 문제

보통 모서리 구간에서 진입 진퇴를 하되 접선으로 들어가서 접선으로 나오는 기능을 사용하는 것이 깔끔하다. 일반 MCT 가공도 마찬가지겠지만 면조도에 영향을 덜 받는 구간의 모서리 부분으로 진입진퇴를 하는 것이 좋다.

ⓒ 경보정 공구 최소R 문제

반도체 전극의 경우 최소R로 인한 공구 경보정 에러가 빈번히 발생된다. 따라서 컨트롤러 보정보다는 중복 보정을 사용하는 것이 코너R을 돌 때 좀 더 에러가 발생되지 않으며, 이것보다는 아예 CAM을 이용해서 작업한다면 경보정 자체를 사용하지 않는 것이 좋다. 물론 이런 경우에는 프로그램을 별도로 모두 생성해야 되는 번거로움이 있다. 즉 황삭용, 중삭용, 정삭용 3개의 프로그램을 별도로 구분해서 가공해야 한다. 또한 앤드밀 밑날 지름에 따라서 계산할 때 최소R을 고려한 공구를 선정할 필요가 있다. 그래서 대부분 각도가 큰 각도 앤드밀이나 각도 오목R 앤드밀의 경우 밑날을 최대한 작은 파이로 제작하는 것이 좋다. 15도 이하의 경우는 밑날을 작게 하면 앤드밀이 휘거나 부러질 확률이 높기 때문에 최소R에 문제가 없는 경우는 되도록 0.5파이 이상을 사용하는 것이 좋다.

ⓔ 측면 단차나 조도 문제

동일한 공구로 작업하다보면 깊이에 따라서 측면에 미세한 단차가 발생될 경우가 높다. 따라서 투영기로 전극 측정을 할 때 측면 단차가 발생되지 않는지 반드시 확인해야 한다. 단차가 질 경우는 보통 0.01 이상 지기 때문에 가공 정밀도에 문제가 발생된다. 또한 마모로 인한 측면조도가 좋지 않을 경우 도면 면조도 스펙에 맞지 않는 방전가공이 될 수 있으므로 방전 작업자와 협의해서 가공하는 것이 좋다.

ⓜ 정밀도 문제

반도체 금형 전극가공 공정의 경우 방전가공의 정밀도와 품질을 결정하는 중요한 공정이 되기 때문에 MCT의 가공 정밀도가 도면 스펙보다 잘 나오는 전극가공기를 구입하고 유지관리 하는 것이 중요하다. 보통 진동이나 위치공차(거리공차)나 평면도, 평행도, 직각도가 나오지 않으면 반도체 PKG 전극가공에 정밀도 문제가 발생되기 때문이다.

⑥ 흑연전극 환경 대책

㉠ 흑연전극 분진 대책

그래파이트(흑연) 전극 가공 시 나오는 전극 분진은 대단히 위험하다. 따라서 흑연전극을 절삭하는 설비, 즉 전극가공기, 연삭기는 모두 집진기를 설치해야 작업장과 작업자를 흑연분진으로부터 보호하며 유해한 공기를 차단 시킬 수 있다. 습식가공이라도 가공 시에 절삭유를 벗어나서 나오는 미세한 분진이 있기 때문에 집진기를 설치하는 것이 좋다.

ⓒ 흑연전극 스크랩 및 가루처리 대책

전극가공기는 습식과 건식가공 중에 건식가공이 좋지만 건식가공의 경우 분진에 대한 상당한 대책을 세우지 않으면 안 된다. 저자는 습식, 즉 절삭유를 분사하면서 가공을 했는데, 이 절삭유와 섞여 절삭유 탱크로 들어가서 쌓이는 전극 가루를 잘 처리하지 않으면 절삭유 탱크가 전극 가루로 인해 막히거나 모터 고장의 원인이 된다. 따라서 습식의 경우 원심분리기를 별도로 설치해서 자동으로 전극 가루를 처리했다.

3 사출금형 전극가공

사출금형에서도 마찬가지로 MCT 가공으로 마무리할 수 있다면 직접 금형을 MCT 가공으로 완료하면 된다. 그러나 이 역시 제품 형상에 따라 MCT 가공으로 하지 못할 경우는 방전가공을 해야 하는 경우가 있다. 따라서 형상방전의 경우는 대부분 MCT로 전극가공을 한다. 전극가공 방법은 반도체 금형과 마찬가지로 작업하면 되는데, 전극 크기에 따라서 전극 탈부착 방법이 달라질 수 있으므로 상황에 맞게 작업하면 된다.

1 가공 개념

보통은 가전제품의 플라스틱 사출금형의 방전가공이 대부분이다. 그 외 생활용품, 자동차 내장품, 전기, 전자제품의 사출금형의 방전가공에 필요한 전극가공을 한다. 보통 반도체 금형 방전가공이나 사출금형 방전가공 모두 동일하겠지만 가공된 전극을 재사용하는 경우가 있다. 동일한 형상의 경우 깊이만 낮추어서 여러 번 사용할 수 있으므로 전극 재사용에 따른 세팅 방법의 표준화와 프로그램의 관리가 필요하다.

① 전극 가공 세부 사항

반도체 전극가공은 보통 깊이 10mm 이하의 형상만 가공하고 제작공구를 주로 사용한다면, 사출금형의 전극가공은 크기가 다양하지만 대체적으로 일반적인 표준 공구를 사용하여 가공하는 경우가 대부분이다. 또한 금형의 정밀도 반도체 금형의 전극 정밀도보다는 낮기 때문에 평면도와 평행도, 직각도는 일반적인 수준으로 하면 될 것이다. 절삭 조건도 반도체 흑연전극가공과 동일한 조건으로 하면 된다. 흑연전극 소재도 반도체 금형 전극 소재보다는 저렴한 소재를 사용하는 경우가 많다.

㉠ 스파크(Spark)를 감안해 전체 형상의 깊이를 1~5mm 정도는 더 가공해 준다.

위의 삼각형 그림에서 깊이가 5mm인데 이 삼각형의 크기 정도면 깊이를 1mm 정도 더 가공해 준다. 물론 이 전극을 계속해서 사용한다고 가정하면 깊이를 최대한 깊게 가공해서 윗면만 날려서 여러 번 재사용하는 방법도 있다.

아래 그림은 위의 삼각형의 전극을 가공한 그림이다.

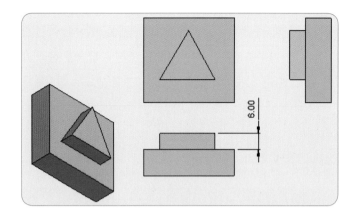

위의 그림 치수와 같이 제품의 깊이는 5mm이나 전극의 island 깊이는 6mm까지 가공해야 스파크로 인한 제품 윗면의 손상을 막을 수 있다.

ⓛ 방전 orb만큼의 GAP을 뺀 황삭, 중삭, 정삭의 전극을 만들어야 한다.

　방전 가공은 그냥 상하로 움직여서 가공하는 것이 아니라 스파크의 강약을 조절하여 X축과 Y축이 원호를 그리며 움직인다(ORB). 그러면서 조도와 제품 허용공차를 맞추므로 방전 작업자가 원하는 측면 GAP을 전극 작업자는 빼주어야 한다. (Z축 방향의 높이 GAP은 특별한 경우가 아니면 거의 필요하지 않다.)

프로그램을 도면의 치수대로 작성하고 방전 가공자가 요구하는 GAP은 경보정을 이용해서 공구 옵셋(offset)을 빼면 된다. 예로 정삭 GAP 0.1만 방전 가공자가 빼 달라고 하면 공구 옵셋 화면에서 해당 프로파일 가공을 하는 공구의 반경 값에서 −0.05를 하면 되는 것이다.

Ø 4 ENDMILL로 위 삼각형 모양의 프로파일을 경보정을 사용하여 돌릴 경우 옵셋 값은 2mm인데, GAP을 빼야 하므로 1.95mm가 되는 것이다. 중복보정의 경우는 −0.05로 옵셋 값을 입력하면 될 것이다. 그러나 앤드밀 공구도 제작할 때 허용공차가 있으므로 1.95mm나 0.05를 입력했다고 해서 GAP이 정밀하게 −0.1이 빠지는 것이 아니므로 정확한 앤드밀 공차를 확인한 후 offset 값을 입력해야 원하는 공차를 얻을 수 있다. 물론 반드시 측정기로 확인하고 추가 보정한다.

※ 꼭 황삭, 중삭, 정삭의 3개의 전극이 필요한 것은 아니므로 방전 작업자와 상의한 후 전극을 가공해야 한다.

ⓒ 제품의 방향과 반대의 방향대로 가공해야 된다.

전극과 방전가공할 제품이 서로 마주치며 가공된다. 서로 마주치는 면은 반대가 된다. 그래서 전극가공은 항상 방전가공할 형상을 뒤집었을 때의 형상을 가공해 주면 된다.

아래 그림의 제품을 가공하려 한다. 이 제품에서 방전 가공 부위는 회색 부위이다.

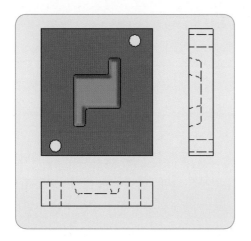

아래 그림은 위 제품의 전극을 만든 그림이다. 위에서의 hole은 방전가공이 아니므로 전극가공할 필요는 없다.

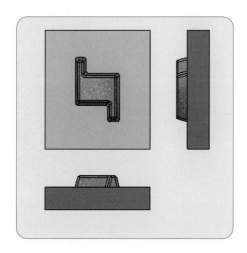

㉣ 방전 탭 가공을 위한 전극

보통 초경제품이나 열처리 가공품에 탭을 내는 경우에 방전가공 TAP을 내기 위한 전극을 만들게 된다. 예를 들어 M4×0.7 탭을 내기 위한 전극을 만든다고 하면 수나사의 지름은 탭 기초 홀에서 0.2~0.5mm 정도 작게 지름을 가공한 뒤 여기에 0.7피치 가공을 하면 된다.

지름을 작게 만드는 이유는 탭을 원호가공을 하듯 xy 축을 동시에 움직여 가공하기 때문에 전극이 기초 홀에 들어가거나 움직일 수 있는 최소한의 공간을 만들기 위해서이다. 보통 방전 가공을 위한 수나사 전극가공은 선반 작업을 하는 것이 훨씬 경제적이다.

그 외 슈퍼드릴이나 방전가공기의 경우는 MCT에서 가공 중 부러진 탭을 제거하기도 한다.

4 MCT와 와이어, 슈퍼드릴 방전가공

MCT 가공으로 할 수 없는 형상이나 작업들이 있는데 그런 작업들이 가능한 방전기 중에 와이어 방전기와
슈퍼드릴 방전기가 있다.

1 와이어 방전 가공 개념

와이어 방전기는 와이어 0.15~0.5파이로 된 비철금속 선이 계속 수직으로 투입되고 이동하면서 방전가
공을 하는 것이다. 즉 와이어 전극과 금속재료가 서로 전기적 스파크를 일으켜 와이어 지름만큼 금속을
태우며 형상을 가공하는 원리이다. 물론 처음 와이어 줄이 가공품을 통과할 수 있는 관통 구멍과 관통 형
상이 있어야 작업이 가능한 설비이다. 따라서 이 가공 기초 구멍은 드릴머신, 밀링, MCT, 슈퍼드릴에서
구멍을 뚫어 주어야 와이어 작업이 가능하다. 그래서 보통 와이어 업체에서는 슈퍼드릴 가공기를 보유하
고 있다.

① 와이어 방전 가공 부위

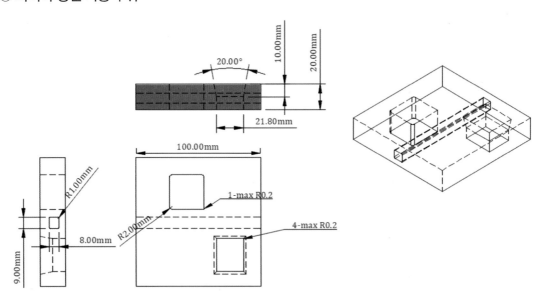

위 가공 형상들은 형상이 관통돼 있다.

㉠ 코너R이 앤드밀 지름으로 가공하기 어려운 경우

상기 그림에서 코너 MAX R0.2는 MCT에서 마무리한다면 0.4파이 앤드밀로 가공해야 한다. 물론
처음부터 0.4파이로 가공하는 것은 아니지만 어쨌든 코너R0.2 이하로 되기 위해서는 마지막 공구
는 파이 0.4 이하가 되어야 한다. 가공 경험자라면 0.4파이가 깊이 20mm를 가공하기에는 상당한

시간과 공구가 많이 소요될 것이라고 생각할 것이다.

또한 절반씩 나누어 가공한다고 하더라도 측벽의 단차를 정확하게 가공하여 발생시키지 않게 하기란 상당히 까다롭다. 이런 경우 와이어 가공으로 마무리한다. 또한 편측 10도 부위도 와이어 가공으로 마무리할 수 있는 부분이다.

ⓒ 코너R이 작고 깊이가 깊은 관통 가공 형상

앞선 그림에서 좌측면도를 보게 되면 코너R1.0에 깊이가 100mm이다. 이것은 MCT로 가공할 수도 있는데 MCT에서 가공하는 것보다는 와이어 방전기에서 가공하는 것이 더 효율적이다.

측벽단차 문제나 가공 시간이 많이 소요되기 때문이다. 물론 이 제품 재질이 알루미늄이면 도전해 볼만 하지만 양쪽으로 깊이를 나누어 가공한다고 했을 때 정확한 가공 위치로 해야 겹치는 깊이 부분에서 단차가 발생되지 않으며, 가공하는 데 상당한 시간이 소요되기 때문에 와이어 단가와 MCT 단가를 따져 보고 선택해야 한다. 즉 어느 쪽이 품질 좋고 비용이 적게 들어가는지를 파악하여 결정한다.

② 와이어 방전 기초 홀 가공

와이어 방전기를 가지고 임가공을 하는 업체들은 대부분 슈퍼드릴을 가지고 있을 수 있다. 이유는 와이어 가공을 하기 위해서는 처음 와이어가 통과할 기초 구멍이 필요하기 때문이다. 그래서 MCT 가공에서 와이어 방전가공을 후공정으로 해야 될 경우는 MCT 가공 시에 와이어 방전 기초 홀을 작업하는 것이 좋다.

㉠ 대부분 사각이나 형상 중심에 기초 홀을 작업하라

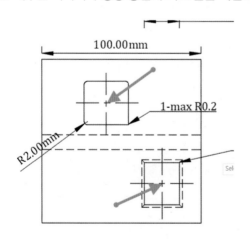

위 그림에서 화살표 지시쪽, 즉 사각 센터에 와이어 가공 진입 기초 홀 드릴 작업을 하는 것이 좋다. 기초 드릴은 보통 와이어 줄이 잘 통과할 수 있는 크기로 작업하면 된다. 주로 메거진에 준비된 아무 드릴이나 가공을 빨리 할 수 있는 드릴로 하면 된다. 물론 제품 형상에 간섭이 없는 한도 내에서는 모두 가능하다.

ⓛ 와이어 형상라인에서 떨어져서 가공하라

아래와 같이 사각 형상이 작은데 깊이가 깊은 구멍일 경우 MCT공정으로 보면 기초 드릴 지름을 크게 하는 것이 가공성이 좋은데, 그렇다고 큰 지름의 드릴을 사용하면 제품형상을 간섭하거나 와이어 가공에 문제가 되기 때문에 너무 가까이 닿는 지름의 드릴을 사용하지 않는 것이 좋다.

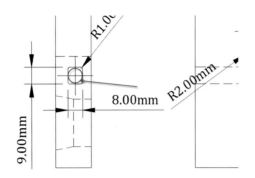

위 그림은 기초 홀이 8파이인 드릴로 작업한 그림인데 위와 같이 하면 안 된다.

왜냐하면 어차피 와이어 가공을 할 거라면 와이어가 지나갈 때 와이어 줄이 가공부하로 인해 한쪽으로 쏠리지 않게 양면이 지탱해 주는 것이 좋기 때문에 Ø4~6.3파이 드릴 중에서 큰 드릴로 선택해서 하는 것이 좋다. 물론 깊이가 100이므로 한쪽에서 모두 가공하는 것이 제일 좋은 방법이지만 양쪽에서 기초 홀을 나누어 가공하는 것도 괜찮다. 물론 세팅시간이 더 소요되는 것은 감안해야 한다.

ⓒ 기초 홀 위치를 공통적으로 통일시켜라

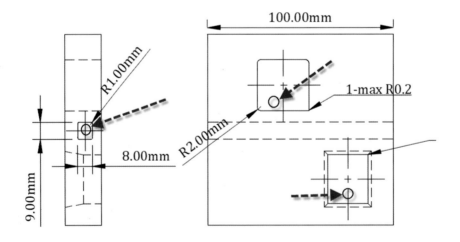

위의 화살표 지시원이 기초 홀 작업 위치를 표시했다. 하지만 이런 식으로 아무렇게나 기초 홀을 작업하면 와이어 가공자는 혼란스럽다. 왜냐하면 와이어 방전기 작업도 여러 개의 형상을 가공하는데 헷갈리지 않게 진입점을 프로그램해주고 자동으로 진입할 수 있게 해야 하기 때문에 기초 홀의 센터점 위치를 일정하게 할 필요가 있는데, 위와 같이 작업하면 센터점을 파악하고 정해주는 게 번거롭기 때문이다. 그래서 보통은 센터에 가공하든지 아니면 아래 그림과 같이 센터에서 와이어 가공 형상까지 거리가 길다면 각 형상에서 일정한 간격으로 떨어지게 통일시켜주는 것이 와이어 프로그램하는 데 좋을 것이다.

아래는 X 방향으로는 센터라인에, Y 방향으로는 와이어 형상라인에서 기초 홀 외경이 1mm 정도 떨어진 거리에 3개의 홀을 가공했다. 이렇게 센터점을 일정하게 주는 것이 편리하다.

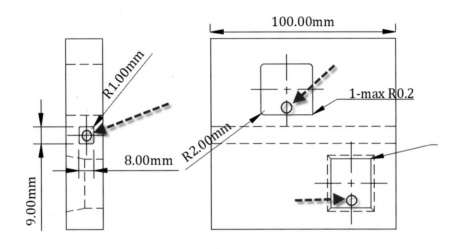

② 슈퍼드릴 방전 가공 개념

와이어 방전기는 관통된 형상의 가공을 하는 것이지만 만약 관통이 되지 않는 미세 홀을 작업해야 하는 경우가 있다. 이런 경우는 와이어 방전기는 불가능하고 형상방전도 거의 가공하기가 어렵기 때문에 슈퍼드릴 방전기를 이용하여 가공한다.

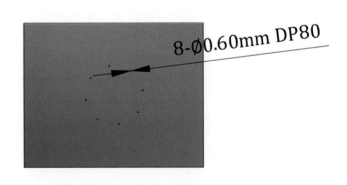

① 슈퍼드릴 방전 가공 부위

위와 같이 구멍 지름이 4mm 이하로 작고 깊이가 깊은 구멍을 가공할 때 일반 MCT에서 드릴가공으로는 감당하기 어렵다. 따라서 전기만 통한다면 슈퍼드릴 방전기로 가공하는 것이 효율적이다. 또한 가공 시간도 훨씬 빠르다.

② 슈퍼드릴 방전의 정밀도와 가공성

슈퍼드릴가공기마다 차이가 있겠지만 가공할 수 있는 가장 작은 파이의 직경이 0.03 정도라고 들었다. 엄청난 기술력이다. 또한 슈퍼드릴도 MCT처럼 ATC 장치가 있어 자동으로 전극을 교환하기도 하고 MCT처럼 프로그램해서 작업하므로 CNC 슈퍼드릴가공기도 매우 효율적이다.

5 MCT와 기타 가공기

MCT 가공으로 할 수 있으나 비효율적인 작업에서 그 대체 가공 방법 중에 톱 절단, 산소 절단, 레이저 형상 절단, 플라즈마 형상 절단, 워터젯 형상 절단 가공기를 말할 수 있다. 물론 절삭가공의 정도는 없다. 즉 위 가공기들은 보통 황삭가공을 하고 정삭은 MCT로 하는 경우가 있다. 이와 반대의 작업을 할 수도 있다. 큰 개념은 정밀도의 차이라고 보는데 대부분 MCT가 정삭 작업에 적절하다.

1 절단기

밀링가공품이나 선반가공품들은 기본적으로 직경 및 길이, 두께 등 0.5~8mm 정도의 절삭여유가 있는 소재를 가지고 작업을 시작하는 것이 효율적이고 가공 시간이 단축된다.

가장 먼저 시작하는 작업이 바로 절단가공이다. 밀링, 선반, CNC 선반, MCT 등으로 절단 및 가공을 할 수는 있지만 어느 정도의 여유만 가지고 바로 정밀가공을 할 수 있게 효율적인 작업을 하기 위해서는 먼저 전용 절단기로 소재를 절단하는 것이 효율적이기 때문이다.

왜냐하면 CNC 선반이나 MCT의 경우는 정밀가공 0.1 이하의 정밀도 가공을 하는 설비들로 봐야 하기 때문에 시간이 많이 소요되고 단순한 절단 작업을 하는 것이라면 전용 절단기에서 하는 것이 원가절감, 설비 유지 관리에 도움이 되기 때문이다. 아무리 CNC 선반, MCT로 가공을 한다 해도 어떤 가공에 특화된 전용 가공설비의 효율과 비교될 수 없기 때문이다.

① 톱 절단기(톱기계)

톱날을 장착해서 봉재나 각재를 절단한다. 절단 능력은 절단기에 따라서 1~3M까지 절단 가능하다고 한다. 즉 수직이든 수평이든 절단 작업을 할 수 있고 각도 절단도 가능하다고 한다. 그래서 보통 MCT에서 작업을 할 때 가장 적절한 소재 절단 중에 하나가 톱기계 절단이라고 생각한다. 왜냐하면 톱날 가공은 절단 표면에 열을 가하여 절단하지 않는 방법이기 때문에 절단 작업 시 발생하는 열로 인해 절단면이 열처리 되는 문제가 거의 없기 때문이다.

ㄱ **톱기계의 절단 정밀도**

톱기계의 공차는 보통 1~5까지의 공차를 본다. 크기와 소재 재질과 가공상태에 따라 다르겠지만, 1mm 이하의 정밀도는 어렵다. 그래서 보통 소재 업체들은 절단 후 면취까지 해서 소재 규격을 0.1mm까지 맞추게 되는데, 소재를 사용하는 입장에서 원가를 따져 보고 절단만 할 것인지 면취까지 할 것인지를 결정해서 소재 구매를 해야 한다.

② 레이저 가공기

판금, 용접 제품들의 대부분이 레이저 가공을 많이 한다. 보통 철판 두께 0.1~30mm까지의 다양한 형상절단가공을 할 수 있기 때문이다. 코너R의 최소R은 보통 0.3 이상으로 알고 있다.

ㄱ **레이저 가공기의 장단점**

보통 윤곽 형상 정밀도는 0.2~0.5 사이이므로 이것을 감안하여 MCT 가공과 연계해서 가공을 하면 효율적이다. 즉 철판의 경우 위 레이저 가공기가 어느 정도 황삭 윤곽을 가공하는 것이 MCT에서 형상윤곽가공 황삭을 하는 것보다 빠르기 때문이다. 레이저가공에서 황삭을, MCT에서 정삭을 하는 것도 좋은 방법 중에 하나다. 레이저 가공기의 단점을 말하자면 절단면이 불꽃 반응으로 인해 열처리 경화되어 MCT 공구 파손의 원인이 될 수 있기 때문이다.

③ 플라즈마 가공기

산소화염 절단기라고도 한다. 레이저 절단 두께보다 보통 100mm 이상 더 두꺼운 소재의 절단 및 형상 절단을 한다. 레이저에 비해서 형상 정밀도는 더 떨어진다. 또한 불꽃 반응과 열처리 경화 정도가 더 심하여 절단면의 가공에 MCT 공구의 파손 정도가 더 심하다.

④ 워터젯 가공기

이것은 말 그대로 물을 금속에 초고압으로 쏘아서 금속을 윤곽 절단하는 방법이다. 정밀도는 레이저 가공기와 비슷하다고 한다. 두께 절단 능력은 플라즈마와 비슷하다고 알려져 있다. 단 레이저 가공보다는 단가가 좀 높다고 알려져 있으나 열 변형이 없고 열처리가 되지 않아 워터젯 가공 후에 MCT 가공하기에는 수월하다. 그래서 워터젯으로 어느 정도 황삭 윤곽가공을 하고 MCT로 가공하면 빠를 수 있다.

⑤ 선반(CNC 선반)

밀링(MCT)만큼 산업현장에서, 특히 절삭가공에서 많이 사용되는 공작기계는 선반이다. 원형물을 가공하는 공작기계 중에 선반만한 게 또 있을까? 원형물 절삭가공에 최적화된 선반(CNC 선반) 가공과 밀링가공 연관성은 날로 증가되고 있다. 실제 선반 가공 후 MCT 가공

으로 완료하는 제품들이 있고 MCT 가공 후 선반 가공하는 제품들도 있다. 위 그림에서 원형가공, 즉 선반가공으로 완료되는 부분은 모두 완료하고 나서 MCT 가공으로 넘어가면 된다. 즉 1차는 선반가공 → 2차 MCT 가공으로 완료할 수 있는 부품이다.

만약 위 가공이 공차가 있는 열처리 제품이라고 한다면

'1차 CNC 선반 황삭가공 → 2차 MCT 황삭가공 → 3차 열처리 → 4차 CNC 선반 정삭가공 → 5차 MCT 정삭가공'같이 열처리가 들어가면 공정이 더 늘어난다. 물론 열처리의 경도에 따라 다를 수 있다.

⑥ 복합가공기

선반 작업과 밀링 작업, 즉 CNC 선반과 MCT 작업을 할 수 있는 가공기가 복합기이다. 물론 연삭이나 기타 공정이 추가된 복합기도 있겠지만 여기서는 선반과 밀링 작업을 하나의 기계에서 할 수 있는 것을 말한다. 위 그림에서 CNC 선반하고 공정 이동해서 MCT 가공을 하는 부품들은 주로 복합기에서 한번에 가공한다. 복합기에서 해야 될 제품을 결정할 때 가장 중요한 부분은 CNC 선반 작업과 MCT 작업을 같은 공간에서 하고 클램프나 세팅 시간을 단축하고 클램프가 간편한 제품이어야 하며, 정밀도가 요구되는 제품을 하려 할 때 효과를 발휘할 수 있다. 복합기 가공을 결정할 때 또 하나 고려해야 할 조건이 있다. 공정별로 따지면 복합기 내에서 선반 작업할 때는 회전하기 때문에 밀링 작업을 할 수 없기 때문이다.

즉 공정별로 나눠서 생각한다면 CNC 선반 작업 시 MCT 작업은 하지 못하고 쉬고 있고, MCT 작업 할 때는 CNC 선반 작업을 하지 못하고 쉬고 있는 셈이 되어 공정별로 따지면 비효율적이기 때문이다. 그래서 양산가공에서는 분업화 해서 각각의 공작기계에서 하는 것이 빠르고 효율적이고, 다품종 소량 생산에서는 복합기가 효율적일 것이다. 물론 양산가공에서라도 클램프나 제품의 이동 등으로 loss가 심하다면 복합기로 하는 것도 나쁘진 않다.

⑦ 기어가공기

주로 선반가공 후 기어 이를 가공하는데 MCT로 할 수는 있지만 전용 장비인 기어가공기로 하는 것이 가장 효율적이다.

⑧ 연삭기&지그 그라인더

연삭기는 MCT보다 정밀한 가공을 하기 위해서 별도 공정을 두고 작업을 한다. 연삭기의 종류는 여러 가지가 있겠지만 보통 평면연삭기, 성형연삭기, 프로파일 연삭기, 공구연삭기 등 종류별로 다양하게 나와 있다. 연삭기는 숫돌의 회전으로 연삭을 하기 때문에 가공 소재에 따른 숫돌의 선택과 가공 방법이 매우 중요하다. MCT 이후 공정의 연삭 공정은 대부분, 평면연마나 평면의 단차연마 등 밀링가공에 비슷한 공정 형태인데, MCT에서 할 수 없는 정밀하고 열처리된 제품가공에 사용된다.

지그 그라인더는 막힌 구멍의 핀홀 정밀 공차를 연삭한다.

기계&컴퓨터응용 가공 관련 기술자격 시험 문제

(밀링&머시닝 센터, CAM 부문)

Computer Numerical Control

1. 필기 예상 문제

2. 실기 예상 문제

1 필기 예상 문제

머시닝 센터에 관한 자격증은 컴퓨터응용밀링기능사와 컴퓨터응용가공산업기사, 기계가공기능장이다. 자격증은 모든 기본적인 평가 자료로 사용되는 사항이므로 이 책을 통해 취득하는 데 도움이 되길 바란다.

01 보조 기능 M01의 의미는?

① 프로그램 정지
② 선택적 프로그램 정지
③ 프로그램 종료
④ 프로그램 종료 및 rewind

해설 ①=M00, ③=M02, ④=M30

02 정보처리 지령에 의하여 CNC 공작기계를 움직이는 기구는?

① MPG
② MDI
③ RS−232C
④ 서보 모터

해설 • MPG : 수동 펄스 발생기(Manual Pulse Generator)
• MDI : 수동 데이터 입력 (Manual Data Input)
• RS−232C : 컴퓨터나 디스켓의 NC 프로그램을 CNC 기계로 입출력 해주는 DNC 전송장치

03 CNC 밀링에서 미터나사 탭가공을 하려고 할 때 기초원 드릴구멍은 얼마로 해야 하는가?

① D=M−P
② D=M−2P
③ D=P/M
④ D=M/P

해설 미터나사의 외경에서 피치를 빼면 된다.

04 CNC 밀링에서 M8X1.25 미터나사 탭가공을 하려고 한다. 회전수를 S400으로 할 때 이송속도는 얼마로 해야 하는가?

① 500
② 515
③ 510
④ 490

해설 피치를 회전수에 곱하면 된다.

05 NC의 절삭 제어 방법이 아닌 것은 무엇인가?

① 직선 절삭제어
② 윤곽 절삭제어
③ 곡면 절삭제어
④ 위치 결정 제어

해설 제어 방법에는 위치 결정, 직선 절삭, 윤곽 절삭 등이 있다.

정답 ○ 01 ② 02 ④ 03 ① 04 ① 05 ③

06 CNC 머시닝 센터에서 평면 지정 코드가 아닌 것은?

① G17　　　　　　② G18
③ G19　　　　　　④ G90

> **해설** G17＝XY(YX) 평면, G18＝ZX(XZ) 평면,
> G19＝YZ(ZY) 평면, G90＝절대 좌표

07 NC의 발달 과정을 바르게 나타낸 순서는?

1.FMS　　2.CNC　　3. NC　　4.DNC

① 1 → 3 → 2 → 4
② 3 → 2 → 1 → 4
③ 2 → 1 → 4 → 3
④ 3 → 2 → 4 → 1

> **해설** 수치 제어(Numerical Control)의 발달 과정은
> NC → CNC → DNC → FMS

08 여러 대의 NC장치 공작기계를 1대의 컴퓨터에서 제어하는 시스템은?

① FMS　　　　　　② CNC
③ NC　　　　　　　④ DNC

> **해설** • FMS(Flexible Manufacturing System) : 유연화 생산 시스템이며 다품종 소량생산 체제에서도 가공 공정을 쉽게 변화 시킬 수 있다.
> • CNC(Computer Numerical Control) : NC 장치에 자동공구 교환장치(ATC)나 자동 팔레트 교환장치(APC)를 할 수 있으며, 여러 종류의 가공을 복합적으로 할 수 있도록 NC보다 1단계 발전한 것이다.
> • NC : 수치 제어(Numerical Control)의 약자이며 범용 공작기계에 수치제어 장치만 해서 단순 제어하는 것이다.

09 컴퓨터의 중앙처리장치라 불리며 컴퓨터 전체 동작을 제어하고 실행에 옮기도록 하는 것은?

① CPU　　　　　　② ROM
③ RAM　　　　　　④ 속도제어

> **해설** • ROM : 고정기억장치(Read Only Memory)라 불리며 단순히 읽기만 할 수 있는 정보기억장치
> • RAM : 등속 호출 기억장치(Random Access Memory)라 불리며 읽기 및 쓰기가 가능한 정보기억장치
> • 속도제어 : NC 장치의 위치 검출기에서 속도 되먹임(Feed Back)을 해서 모터의 속도가 지령속도 값이 되도록 해주는 제어

10 윤곽 절삭제어의 보간 방식이 아닌 것은?

① DDA 방식　　　　② MIT 방식
③ 수열 방식　　　　④ 대수 연산 방식

> **해설** • DDA 방식 : Digital Differential Analyzer(계수형 미분해석기)의 약자로 NC 프로세스 레지스터에 적분변수 증가량이 가산을 계속하여 overflow가 발생하고 pulse가 나타나서 구동하는 방식이라고 한다.
> • MIT 방식 : X축이나 Y축의 균등 이동을 시키기 위해 2진법 승산기를 사용해서 얻어지는 펄스를 이용한 것이라 한다.
> • 대수 연산방식 : X 방향, Y 방향으로만 이동을 한정하고 계단식으로 이동하여 근사 값에 접근하는 방식이라고 한다.

11 NC 기계의 적합한 생산 방식은 무엇인가?

① 단품종 대량생산
② 다품종 소량생산
③ 다품종 대량생산
④ 단품종 소량생산

> **해설** 단품종 대량생산은 전용 가공기에서 적합하다.

정답 　06 ④　07 ④　08 ④　09 ①　10 ③　11 ②

12 서보기구의 위치 검출 방법에 따른 분류에서 정밀도가 낮아 대부분의 공작기계에 사용하지 않는 방식은?

① 하이브리드 서보 방식

② 폐쇄회로 방식

③ 반폐쇄회로 방식

④ 개방회로 방식

해설 • 하이브리드 서보 방식 : 반폐쇄회로 방식과 폐쇄회로 방식을 절충하여 대형 공작기계와 같이 강성을 충분히 높일 수 없는 기계에 적합하며 높은 정밀도를 얻을 수 있다.
• 폐쇄회로 방식 : 기계의 TABLE에서 리니어 스케일로 이동량을 직접 검출하여 피드백 시키는 방식
• 반폐쇄회로 방식 : 모터의 축이나 볼스크류의 회전 각도로 위치 검출
• 개방회로 방식 : 감지기에서 위치를 검출하여 비교적 정밀도가 낮아 거의 채택되지 않는 방식

13 서보 모터의 움직임을 전기적인 신호로 표시하는 장치는?

① 서보 기구　　　② 펄스

③ 위치검출기　　　④ 리졸버

해설 리졸버(resolve) : 서보 모터 안의 코일의 상대 각도에 따라 회전각을 검출하는 피드백 장치

14 서보 모터의 회전을 직선 움직임으로 바꾸어 주는 역할을 하는 것은?

① 레크

② 피니언

③ 볼스크루(ball screw)

④ 리드 스크루

15 NC에서 사용하는 서보 모터의 형태는?

① 펄스형 서보 모터

② 디지털형 서보 모터

③ DC형 서보 모터

④ 주파수형 서보 모터

16 서보 기구로 보내지는 신호의 형태는?

① 자기장　　　② 주파수

③ 전류　　　　④ 펄스

17 일반적으로 CNC 공작기계에서 가장 많이 사용하는 서보 기구는?

① 개방회로 방식

② 반폐쇄회로 방식

③ 폐쇄회로 방식

④ 하이브리드 서보 방식

18 서보 모터에서 검출된 위치의 오차량을 보정해 주는 회로는?

① 개방회로　　　② 비교회로

③ 기억회로　　　④ 펄스회로

19 DC 서보 모터의 구동장치는?

① 다이오드 방식　　　② 주파수 방식

③ 트랜지스터 방식　　　④ 펄스 방식

해설 구동장치에는 사이리스터(thyristory) 방식과 트랜지스터 방식의 2가지가 있다.

20 펄스열의 펄스 속도는 NC 공작기계의 무엇을 결정하는가?

① 이송량　　　　② 이송속도(feed)

③ 주축 회전수　　　④ 정밀도

정답 **12** ④　**13** ④　**14** ③　**15** ①　**16** ④　**17** ②　**18** ②　**19** ③　**20** ①

21 2개 이상의 논리 변수를 논리적으로 곱하는 연산은 무엇인가?

① AND 연산　　　　② OR 연산

③ NOR 연산　　　　④ NAND 연산

> **해설** • AND 연산=논리곱
> • OR 연산=논리합
> • NAND 연산=부정 논리곱
> • NOR 연산 =부정 논리합
> • XOR 연산=배타적 논리합
> • NOT 연산=부정 연산

22 최소 입력 단위가 0.001mm이며 X 값이 52.5일 때 정수 지령은?

① 52.5　　　　　　② 525

③ 5250　　　　　　④ 52500

> **해설** 입력 단위가 0.001이면 1000을 X 값에 곱해 준다.

23 NC기계에서 수치 지령은 어떤 진수를 사용하는가?

① 2진수　　　　　　② 8진수

③ 16진수　　　　　④ 32진수

24 10진수 36을 2진수로 바르게 계산한 것은?

① 110100　　　　　② 111000

③ 101000　　　　　④ 100100

> **해설** 36을 2로 계속 나누어 점선 부위의 맨 아래쪽 1부터 오른쪽 위로 읽으면 36의 2진수는 100100이다.
>
>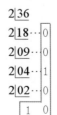

25 2진수 01111110을 10진수로 바르게 나타낸 것은?

① 123　　　　　　　② 124

③ 125　　　　　　　④ 126

> **해설** 다음과 같은 계산으로 얻을 수 있다.
>
> $0×2^7+1×2^6+1×2^5+1×2^4+1×2^3+1×2^2+1×2^1+0×2^0 =126$

26 NC 프로그램의 이송 기호는 어느 것인가?

① F　　　　　　　　② S

③ M　　　　　　　　④ H

27 NC 테이프 채널에서 천공테이프의 짝수와 홀수의 간단한 판독을 하여 기계의 오동작을 미연에 방지하는 것은 어느 것인가?

① 패리티 체크(Parity Check)

② Rewind

③ NC 테이프 검사

④ RS–232C

> **해설** 페리티 체크는 천공테이프 구멍의 이상 유무를 미연에 방지하여 프로그램의 오동작으로 인한 사고를 없앨 수 있다. 과거의 NC기계들은 이 천공테이프로 프로그램을 입출력했으나 요즘은 거의 사용하지 않고 있다.
> • TIA 코드(미국 전기국) : 캐릭터당 구멍의 합이 홀수
> • ISO 코드(국제 표준 규격) : 캐릭터당 구멍의 합이 짝수

28 프로그램 코드에서 휴지 기능에 사용되는 철자는?

① R　　　　　　　　② J

③ X　　　　　　　　④ W

> **해설** 철자 P와 X가 많이 사용된다. P1000이면 1초이며, X1도 1초로 본다.

정답 21 ① 　22 ④ 　23 ① 　24 ④ 　25 ④ 　26 ① 　27 ① 　28 ③

29 프로그램 작성에 주축 회전 기능을 나타내는 영문자는?

① M   ② T
③ S   ④ F

> **해설** M=보조 기능, T=공구 기능, F=이송 기능 (FEED로 동물에게 먹이를 주다라고 할 때의 FEED와 같다.

30 프로그램의 지령 시 한 블록을 의미하는 단어는 무엇인가?

① END   ② EOB
③ ENF   ④ EON

> **해설** 컨트롤러마다 블록의 표현은 약간씩 차이가 있으나 대체적으로 EOB, CR, NL, LF로 쓰여진다.

31 수동으로 데이터를 입력하고 간단한 프로그램을 작성하여 실행하는 것은?

① MPG   ② EDIT
③ MDI   ④ TAPE

> **해설** • MPG(Manual Pulse Generator) : 수동 펄스 발생기
> • EDIT : Auto(Cycle 실행) 모드에서 사용하는 프로그램을 편집한다.
> • MDI(Manual Data Input) : 수동 데이터 입력의 약자로써 간단한 프로그램을 작성하여 시작하지만 한 블록 실행 시마다 Cycle Start 버튼을 눌러주어야 하며, 어떤 컨트롤러는 실행 후 곧바로 프로그램이 삭제된다. 대체적으로 이 MDI에서 프로그램 작성 이외에 파라미터 편집이나 기타 편집을 할 수 있도록 되어 있는 경우도 있다.
> • TAPE : 과거의 천공테이프를 읽어 들이면서 가공하는 모드이지만 요즘은 저장된 메모리 카드 내의 프로그램을 실행하여 가공하는 것과 컴퓨터와 연결하여 금형가공 프로그램 같이 대용량의 프로그램을 보내면서 곧바로 가공하는 방법으로 사용되고 있는 모드이다.

32 NC 공작기계의 지령 후 이동 시 가장 주의해야 될 것은?

① 열변위   ② 진동
③ 소리   ④ 충돌

33 프로그램 블록 선두에 / 를 넣어 그 블록만 선택하여 실행되지 않고 다음 블록으로 뛰어 넘어가는 기능은?

① Single Block(싱글 블록)
② Optional Skip(옵셔널 스킵)
③ Optional Stop(옵셔널 스톱)
④ Dry Run(드라이 런)

> **해설** • Single Block(싱글 블록) : 프로그램을 한 블록씩 실행하게 하며 주로 test 가공 때에 많이 활용하여 잘못된 프로그램 작성을 확인할 때 사용된다.
> • Optional Skip(옵셔널 스킵) : 예를 들어 / M00 ; 라고 프로그램을 작성하고 Optional Skip 버튼을 ON 시키면 M00은 실행되지 않고 다음 블록으로 넘어간다.
> • Optional Stop(옵셔널 스톱) : M01 ; 라고 프로그램을 작성하고 Optional Stop 버튼을 ON 시키면 M01 실행 블록에서 기계가 일시 정지한다.
> • Dry Run(드라이 런) : 프로그램 작성을 확인할 때 사용되며 ON 시 평면 지령에 따라 G17평면의 경우 X축과 Y축이 빠르게 움직이므로 확인을 빨리 할 수 있다. 하지만 축이 빨리 움직이므로 주의해야 한다.

34 프로그램을 작성할 때 제일 선두에 있어 프로그램을 출발시키거나 되감기를 정지시키는 기호는?

① ;   ② %
③ /   ④ #

35 NC 공작기계의 가공프로그램에서 한 블록씩 동작하는 싱글 블록 기능이 있다. 다음 예제 프로그램에서 밑줄 친 부분의 표현이 한 블록을 의미하는 것은?

```
%
O0001------------②
G01 X0Y0G43Z10.S3000M3; ------------①
G00 Y20.; --------------④
G01Y10F500; -----------③
G91G28Z0;
M30;
```

① G코드 1개
② O0001 프로그램 전체
③ 철자나 숫자 1개
④ 한 열

36 CAD에서 대표적인 모델링 종류가 아닌 것은?

① 그래픽(graphic) 모델링
② 솔리드(solid) 모델링
③ 서페이스(surface) 모델링
④ 와이어 프레임(wire frame) 모델링

[해설] • 서페이스(surface) 모델링 : 선과 선들을 곡면(그물망)으로 생성해 주는 모델링이다. 복잡한 형상을 만들 때 사용된다. 단점은 제품 소재의 무게나 최적 등 물성치를 알 수 없고 제품의 표면만 보여주며 안쪽은 빈 공간으로 돼있다. 최근에는 서페이스 모델링을 솔리드 모델링으로 변환이 가능하다.
• 솔리드(solid) 모델링 : 3차원 형상을 생성하면서도 설계 데이터가 그대로 제품과 똑같은 형상이나 무게, 최적 등 물성치가 똑같은 데이터를 얻으며, 최근에 많이 사용하는 모델링으로서 CAM에서도 이 모델링으로 할 경우 생산성을 높일 수 있다.

• 와이어 프레임(wire frame) 모델링 : 제품의 형상에서 면은 생성하지 못하고 선만 생성한다고 보면 된다.

37 다음 중 급속이송만 되는 코드는 무엇인가?

① G00
② G01
③ G02
④ G03

[해설] • G00 : 별도로 FEED 값을 주지 않으며 기계 파라미터에 세팅된 급속이송 속도로 이동한다.
• G01 : 절삭 직선 보간으로 FEED 값을 프로그램으로 지정해 준다.
• G02 : 시계 방향 원호 보간으로 FEED 값을 지령하고 원호를 가공할 때 사용한다.
• G03 : G02와 같은 기능이지만 반시계 방향으로 원호를 가공한다.

38 다음 휴지 기능 코드는 무엇인가?

① M08
② G04
③ T05
④ G90

[해설] • M08 : 가공 중에 절삭유를 나오게 하는 보조 기능이다.
• G04 : 프로그램 지령 일정 시간 동안 각 축의 이동이 멈춘다.
• T05 : M06 전에 공구 대기를 시키는 공구 기능이며, M06을 지령하면 5번 공구가 교환된다.
• G90 : 프로그램 모든 축 지령 좌표를 절대 좌표로 해주는 절대 좌표 코드이다.
• G10 공구보정 기능에서도 G91은 증분 값으로 보정되며 G90은 절대 값으로 공구 보정을 한다.

39 아래는 보조(SUB) 프로그램이다. ( )안에 들어가야 할 것으로 보조 프로그램의 맨 끝부분에 들어갈 명령어는 무엇인가?

```
O1012;
G90 X100.234;
Y10;
( );
```

① M98   ② G99

③ M99   ④ G98

해설 M98=보조 프로그램 호출, G99=고정 사이클 R점 복귀, M99=보조 프로그램 끝 지령, G98=고정 사이클 초기점 복귀

40 머시닝 센터에서 M5XP0.8 TAP을 가공하려고 한다. 탭의 회전수를 S600으로 했다면 이송속도는 얼마로 정해 줘야 하는가?

① 400   ② 480

③ 500   ④ 580

해설 회전수를 정했으면 이송속도는 회전수*피치이다.

41 머시닝 센터에서 직경이 Ø10인 초경 앤드밀을 이용하여 SKD11을 가공하고자 한다. 주축의 회전수를 구하여라. (단 SKD11의 절삭속도는 40)

① 974RPM   ② 1074RPM

③ 1174RPM   ④ 1274RPM

해설 $N = \dfrac{1000V}{\pi D} = \dfrac{1000 \times 40}{3.14 \times 10}$

42 CNC 머시닝 센터에서 공구 교환을 하거나 주축 정위치 정지를 할 때에 해당하는 M코드는?

① M08   ② M99

③ M05   ④ M19

해설 M08은 절삭유 ON 기능, M99는 보조 프로그램 끝부분의 메인 프로그램 호출, M05는 주축 정지

43 밀링가공에서 날수가 2날인 앤드밀로 700rpm의 회전수를 정하고 길이 100mm인 S45C강을 절삭하려 한다. 알맞은 이송속도를 구하여라. (단 날당이송량은 f=0.04mm/tooth이다.)

① 8mm/min   ② 0.56mm/min

③ 56mm/min   ④ 800mm/min

해설 이송속도=날수*날당이송량*회전수이다.

44 CNC 머시닝 센터에서 공구 길이 보정과 관련이 없는 것은?

① G41   ② G49

③ G44   ④ G43

해설 G41은 공구 경보정 좌측이다.

45 NC 프로그램에서 고정 사이클을 취소하는 기능은?

① G80   ② G83

③ G98   ④ G99

해설 G83은 팩드릴 사이클, G98은 초기점 이동, G99는 R점 이동

46 다음 보조 기능 M코드 중에 Optional STop(선택 정지) 코드는?

① M19   ② M30

③ M03   ④ M01

해설 M19=주축 회전 방향 정위치 정지, M30=프로그램 끝 및 처음으로 되돌림, M03=주축 시계 방향 회전

정답 ● 39 ③   40 ②   41 ④   42 ④   43 ③   44 ①   45 ①   46 ④

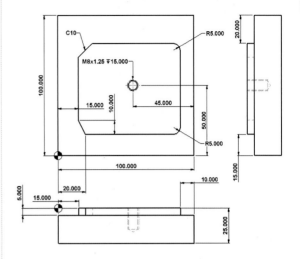

47 다음 보조 기능 M코드 중에 공구 교환 명령 코드는?

① M19　　　　　② M30

③ M06　　　　　④ M01

48 다음 G코드에서 Y, Z 축이 평면인 것은?

① G17　　　　　② G18

③ G19　　　　　④ G20

해설 G17=X,Y평면, G18=X,Z평면

49 다음 G코드에서 탭(오른나사) 사이클은 무엇인가?

① G74　　　　　② G80

③ G81　　　　　④ G84

해설 G74탭(왼나사, 역탭핑 사이클), G80=고정 사이클 해제, G81=스폿 드릴사이클

50 다음 G코드에서 앤드밀 경보정 해제 코드는 무엇인가?

① G40　　　　　② G41

③ G42　　　　　④ G43

해설 G41=공구 왼쪽으로 보정, G42=공구 오른쪽으로 보정, G43=공구 길이+쪽 보정

※ 아래 그림의 작성한 프로그램을 보고 괄호 안에 적당한 것을 고르시오. (51번~70번까지)

```
N0010 O0001
N0020 G40 G49 G80
N0030 T01 (10EM)
N0040 M06
N0050 G54 X+0.0 Y+0.0
N0060 S1500 (51번)
N0070 G0 X-6.274 Y0.466
N0080 G43 Z5.0 (52번) M8
N0090 Z0.3 F600.0
N0100 G1 Z-5.0
N0110 (53번) X20.559 Y13.882 D33
N0120 X15.0 Y25.0
N0130 Y70.0
N0140 X25.0 Y80.0
N0150 X85.0
N0160 (54번) X90.0 Y75.0 (55번) J-5.0
F750.0
N0170 (56번) Y20.0 F600.0
N0180 G2 X85.0 Y15.0 I-5.0 (57번) F750.0
N0190 G1 X18.75 F600.0
N0200 (58번) Y-15.0
N0210 G0 Z5.0
N0220 (59번) G28 G00 Z+0.0
N0230 T02 (Ø20 CENTER ENDMILL)
N0240 M06
N0250 G90 S2000 M3
N0260 G0 X55.0 Y50.0
N0270 G43 Z5.0 H02 M8
```

정답 **47** ③　**48** ③　**49** ④　**50** ①

N0280 (60번) G81 Z-1.0 R5.0 F150
N0290 (61번)
N0300 M9
N0310 M5
N0320 G91 G28 G00 Z+0.0
N0330 T03 ((62번) DRILL)
N0340 M06
N0350 T04 M01
N0360 G90 (63번) S2865 M3
N0370 G0 X55.0 Y50.0
N0380 G43 Z30.0 H03 M8
N0390 G98 G81 Z-20 R5.0 F572.96
N0400 G80
N0410 M9
N0420 M5
N0430 G91 G28 G00 Z+0.0
N0440 (65번) (M8X1.25 TAP)
N0450 M06
N0460 G90 S450 M3
N0470 G0 X55.0 Y50.0
N0480 G43 Z5.0 (66번) M8
N0490 G99 G84 Z-15 R5.0 F(67번)
N0500 G80
N0510 M9
N0520 M5
N0530 G00 G91 G28 Z+0.0
N0540 G91 G28 Y+0.0
N0550 (68번)

51 다음 중 (51번)에 맞는 프로그램을 고르시오.

① M04   ② M03

③ M05   ④ M01

해설 M04는 스핀들 역회전, M05는 스핀들 정지, M01은 옵셔널 스톱
앤드밀 가공을 하기 위해서는 스핀들이 시계회전 방향으로 회전해야 한다.

52 다음 중 (52번)에 맞는 프로그램을 고르시오.

① H01   ② F2000

③ G0   ④ G1

해설 G43이 나왔으므로 공구 길이를 보정할 옵셋 번호와 함께 H코드를 사용한다.
프로그램에서 T01을 대기했으므로 H01로 사용했다.

53 다음 중 (53번)에 맞는 프로그램을 고르시오.

① G42   ② G40

③ G4   ④ G44

해설 M04는 스핀들 역회전, M05는 스핀들 정지, M01은 옵셔널 스톱
앤드밀 가공을 하기 위해서는 스핀들이 시계회전 방향으로 회전해야 한다.

54 다음 중 (54번)에 맞는 프로그램을 고르시오.

① G3   ② G2

③ G4   ④ G1

해설 G03=반시계 방향 회전 원호보간, G02=시계방향 회전 원호보간, G04=휴지 기능, G01=직선보간

55 다음 중 (55번)에 맞는 프로그램을 고르시오.

① I0.0   ② I-5.0

③ I-0.0   ④ I+5.0

IJK는 원호보간 XYZ 증분지령 코드로 시작점이 원호의 센터점에서 어느 쪽에 있느냐를 나타낸다.

56 다음 중 (56번)에 맞는 프로그램을 고르시오.

① G0   ② G2

③ G3   ④ G1

57 다음 중 (57번)에 맞는 프로그램을 고르시오.

① J-5.0   ② J0.0

③ J+5.0   ④ J-0.0

정답 ▶ **51** ②   **52** ①   **53** ③   **54** ②   **55** ①   **56** ④   **57** ②

58 다음 중 (58번)에 맞는 프로그램을 고르시오.

① G40 ② G80
③ G43 ④ D33

해설 N0110번에서 경보정을 사용했고 N0240에서 다른 공구로 교체하므로 경보정 해제코드가 들어간다.

59 다음 중 (59번)에 맞는 프로그램을 고르시오.

① G40 ② G80
③ G91 ④ G90

해설 G28 기계 좌표 원점 복귀는 필히 G91 증분 코드를 사용한다.

60 다음 중 (60번)에 맞는 프로그램을 고르시오.

① G49 ② G99
③ G91 ④ G92

해설 바로 다음 코드가 고정 사이클이므로 초기점 복귀 및 R점 복귀를 지령해 줘야 한다.

61 다음 중 (61번)에 맞는 프로그램을 고르시오.

① G98 ② G00
③ G80 ④ G40

해설 고정 사이클 다음에는 무조건 고정 사이클 해제가 들어가야 다음에 공구 교환을 할 수 있다. 고정 사이클은 G00 코드로 돼있으므로 G00을 사용할 필요가 없다.

62 다음 중 (62번)에 맞는 공구 직경을 고르시오.

① Ø5.8 ② Ø4.8
③ Ø7.8 ④ Ø6.8

해설 N0440 시퀀스 번호에 M8X1.25 TAP이 가공되므로 8−1.25=6.750이나 절삭성을 좋게 하기 위해 0.05mm 큰 Ø6.8 드릴을 사용한다. 공작물 재질에 따라서는 7.0드릴을 사용할 수 있다.

63 다음 중 (63번)에 들어갈 수 없는 프로그램을 고르시오.

① G54 ② G55
③ G56 ④ G52

해설 기본적인 WORK 좌표는 G54~G59까지로 모두 똑같이 사용할 수도 있고 아닐 수도 있다. 이것은 작업에 편리성을 따져서 사용하면 된다. G52는 로컬 좌표계로 항상 뒤에 XYZ 축을 지령해 줘야 한다.

64 N0390 시퀀스 넘버 블록의 가공을 끝냈다면 Z 축의 위치는?

① Z30.0 ② Z−5.0
③ Z5.0 ④ Z−20

해설 N0390 시퀀스 넘버 블록에 G98 초기점 복귀를 사용했으므로 이전 Z축 높이인 30.0으로 복귀한다.

65 다음 중 (65번)에서 가공상태를 일시적으로 확인하려 한다. 선택적으로 정지하는 M코드로 적당한 것은?

① M01 ② M99
③ M00 ④ M30

해설 • M99는 서브프로그램 끝에 꼭 사용하는 코드로 메인 프로그램 호출을 한다.
• M00은 실행하면 무조건 프로그램이 그 상태에서 멈춰서 각 축의 이동이 멈춘다.
• M30은 프로그램 끝부분에 사용해서 프로그램 가장 끝에 사용하여 프로그램 선두로 다시 되돌아가며 대부분의 실행 및 명령들이 해제된다.

66 다음 중 (66번)에 맞는 프로그램을 고르시오.

① D04 ② K04
③ H04 ④ L04

정답 58 ① 59 ③ 60 ② 61 ③ 62 ④ 63 ④ 64 ① 65 ① 66 ③

해설 D는 Diametter로 경을 의미하므로 경보정에 사용되고 H는 Height 높이를 뜻한다고 보면되므로 공구 길이 보정 코드로는 H 코드가 일반적이다. K, L은 주로 고정 사이클의 반복횟수 코드, K는 원호보간 Z축 증분지령 코드로 사용된다.

67 다음 중 (67번)에 맞는 이송속도는 얼마인가?

① 385.0　　　　② 675.0

③ 585.0　　　　④ 785.0

해설 TAPPING 이송속도는 회전수가 정해졌으므로 '회전수X피치'이다.

68 다음 중 (68번)에서 프로그램의 끝에 넣은 M코드 중 가장 알맞은 것은?

① M03　　　　② M09

③ M08　　　　④ M30

69 N0130 시퀀스 넘버 블록만 G91 증분 좌표를 사용한다고 가정할 때 맞는 프로그램을 고르시오.

① G91 Y45.　　② G91 Y55.

③ G91 Y65.　　④ G91 Y70.

해설 N0120 X15.0 Y25.0

N0130 Y70.0　(절대 좌표가 70.0이므로 70.0-25.0=45이다.

N0140 X25.0 Y80.0

70 위 프로그램을 보면 다음 중 어느 평면에서 작업한 것인가?

① G20　　　　② G19

③ G18　　　　④ G17

해설 XY 평면상에서 가공이 이루어지고 있으므로 G17 평면이다. N0020 시퀀스 번호에 G17을 추가하는 것이 좋다.

71 다음 전극재료 중 전극 소모비가 가장 크지만 머시닝 센터에서의 전극가공 작업이 탁월한 것은?

① 그래파이트　　② CU-W

③ Au-W　　　　④ 황동

해설 그래파이트(graphite : 흑연)는 방전에서의 전극 소모비는 많지만 가공성은 뛰어나 머시닝 센터에서 방전 전극가공을 하는데 가공 시간을 다른 전극재료보다 단축시킬 수 있다.

72 머시닝 센터에서 작업이 불가능한 것은?

① 태핑 작업　　② 보링 작업

③ EDM 가공　　④ 드릴 작업

해설 EDM 가공은 와이어나 전극방전 가공이다.

73 모따기 각도는 일반적으로 얼마인가?

① 20도　　　　② 45도

③ 30도　　　　④ 50도

해설 모따기를 하는 이유는 날카로운 모서리를 없애 주어 사람이 취급할 때 다치지 않게 하는 것과 조립상에서 끼워맞춤의 용도 때문에 한다. 일반적인 모따기 각도는 45도이나 용도에 따라서는 다르게 할 수 있다.

※ 다음 도면과 이 도면에 맞는 프로그램의 빈칸의 문제를 풀이하시오. (74번~80번까지)

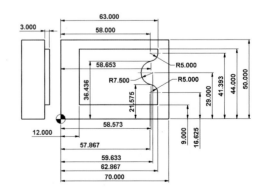

N0020 O0001 N0030 G40 G49 G80 G17 N0040 T01 (10 EM) N0050 M06 N0060 G54 X+0.0 Y+0.0 N0070 T01 M01 N0080 S2000 M3 N0090 G0 X12.0 Y69.0 N0100 G43 Z5.0 H01 M8 N0110 Z0.3 F400.0 N0120 G1 Z-3.0 N0130 (74번) Y44.0 D33 N0140 X63.0 N0150 Y41.393	N0160 G2 X58.653 Y36.436 (75번) J0.0 F500.0 N0170 (76번) X52.133 Y29.0 I0.98 J-7.436 F300.0 N0180 X58.573 Y21.575 I7.5 J0.0 N0190 G2 X62.867 Y16.625 I-0.707 J-4.95 F500 N0200 (77번) Y9.0 F400.0 N0210 X12.0 N0220 Y44.0 N0230 G40 Y69.0 N0240 G0 Z5.0 N0250 M09 N0260 M05 N0270 G00 G91 (G28) Z+0.0 N0280 G91 G28 Y+0.0 N0290 M30

74 다음 중 (74번)에 맞는 프로그램을 고르시오.

① G41   ② G42

③ G02   ④ G03

해설 뒤에 경보정 옵셋번호 D코드가 들어가므로 경보정 코드를 넣어 줘야 한다. 그리고 가공 경로를 보면 G41 왼쪽 경보정을 사용한다는 것을 알 수 있다.

75 다음 중에 (75번)에 맞는 프로그램을 고르시오.

① I-0   ② I-5.0

③ I+5.0   ④ I-10.0

해설 IJK는 현재 원호가공을 하려고 하는 시작위치가 센터에서 어느 방향에 있다는 것을 알려주는 것이다. 앞에 나오는 G2 X58.653

Y36.436에서 XY축의 좌표들은 원호가공의 종점을 알려 주어야 하기 때문에 입력된다.

76 다음 중 (76번)에 맞는 프로그램을 고르시오.

① G1   ② G2

③ G0   ④ G3

해설 N0170번부터는 원호 회전방향이 반대가 된다.

77 다음 중 (77번)에 맞는 프로그램을 고르시오.

① G1   ② G2

③ G0   ④ G3

해설 앞에서 G02, G03을 계속 사용했기 때문에 별도로 직선보간 코드를 넣어줘야 한다.

78 다음 중 (78번)에 맞는 프로그램을 고르시오.

① G17   ② G28

③ G54   ④ G55

해설 G91 다음에 Z0가 나와서 원점 복귀를 하려고 하면 무조건 G28이다.

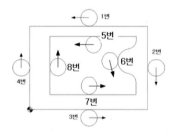

79 78번 그림에서 공구의 화살표 방향이 G42 경보정을 사용한다면 맞는 방향을 모두 고르시오.

① 1번, 2번   ② 1번, 3번

③ 2번, 4번   ④ 3번, 2번

해설 공구 진행 방향의 뒤쪽에서 공구 진행 방향을 볼 때 오른쪽이면 G42, 왼쪽이면 G41이다.

정답 74 ①   75 ②   76 ④   77 ①   78 ②   79 ②

80 78번 그림에서 공구의 화살표 방향이 G42 경보정을 사용한다면 맞는 방향을 모두 고르시오.

① 5번, 6번   ② 6번, 7번
③ 7번, 8번   ④ 8번, 6번

81 연삭 숫돌의 3요소가 아닌 것은?

① 입도   ② 기공
③ 연삭입자   ④ 결합제

82 범용선반 작업에서 척에 물릴 수 없는 것을 가공할 때 사용하는 것은?

① 방진구   ② 심압대
③ 새들   ④ 면판

해설 방진구는 긴 공작물 작업 시 떨림을 방지해주고, 심압대는 공작물을 센터링할 때 사용하며 새들은 선반의 이동 축을 가리킨다.

83 파이프(pipe)의 테이퍼(taper) 나사를 표기한 것으로 바른 것은?

① PS 3/8   ② PT 3/8
③ TW 3/8   ④ PF 3/8

해설 PS와 PF는 거의 같은 규격으로 파이프 평행 나사이다.

84 열처리에서 취성을 감소시키고 인성을 증가시키는 것은 무엇인가?

① 뜨임   ② 담금질
③ 불림   ④ 풀림

해설 담금질은 강도와 경도를 증가시키는 것이고 불림은 결정 조직 균일화, 풀림은 재질을 연하게 한다.

85 기계장비에서 변형이 적고 가격이 저렴하여 주로 몸체나 대형 메인 부품으로 활용하는 철강 재료는?

① 알루미늄   ② ASP23
③ S45C   ④ 주철

해설 주철은 단조나 주조하기에 편리하며 일단 형태가 되면 변형이 다른 철강재료보다 적다.

86 절삭유의 작용으로 볼 수 없는 것은?

① 냉각작용   ② 광택작용
③ 윤활작용   ④ 세척작용

87 수용성 절삭유에 대해 틀린 설명은?

① 절삭유 원액과 물을 혼합하여 사용한다.
② 비수용성에 비해 세척작용이 우수하다.
③ 비수용성에 비해 공작물에 부식이나 녹이 잘 슬지 않는다.
④ 비수용성에 비해 청결하다.

해설 수용성은 물과 혼합하므로 비수용성에 비해 상대적으로 부식이나 녹이 슬 경우가 높다.

88 머시닝 센터 작업에서 드릴가공을 하기 전에 꼭 하는 것은 무엇인가?

① 센터 앤드밀(센터 드릴) 작업
② 앤드밀 작업
③ 보링 작업
④ 탭 작업

해설 드릴가공 시 드릴 자체만의 가공은 정확한 위치에 이동해서 작업한다 해도 드릴가공 초기에 드릴 끝이 정확한 센터 작업을 못하고 휘어져 들어가므로 반드시 센터 작업을 한다.

정답 80 ④   81 ②   82 ④   83 ②   84 ①   85 ④   86 ②   87 ③   88 ①

89 측정물을 정반 위에 올려놓고 높이를 측정하거나 금긋기를 할 때 사용하는 것은?

① 마이크로미터　　　② 버니어 캘리퍼스
③ 하이트 게이지　　　④ 다이얼 게이지

> **해설** 마이크로미터는 주로 내, 외경이나 두께를 측정하며, 측정 단위는 0.01mm로 버니어 캘리퍼스보다 정밀하다. 다이얼 게이지는 높이나 선반에서 편심을 측정하는 데 용이하다.

90 정밀한 위치와 진원도의 구멍을 가공하려고 한다. 가장 적절한 공구는 무엇인가?

① 드릴　　　　　　② 앤드밀
③ 보링바　　　　　④ 탭

> **해설** 드릴이나 앤드밀로는 정밀한 구멍을 가공할 수 없다.

91 정밀한 위치와 진원도의 구멍을 머시닝 센터가 아닌 다른 가공 기계에서 가공하려고 한다. 가장 적절한 기계는 무엇인가? (단, 구멍 지름은 Ø3mm 이상이고 깊이가 5mm인 막힌 구멍이다.)

① 와이어 방전기
② 방전기
③ 슈퍼드릴 머신
④ 지그 그라인더 머신

> **해설** 구멍 안에 단차가 없고 뚫린 구멍이라면 와이어 방전기가 적당하나 문제의 조건에서는 지그 그라인더 머신이 가장 적절하다.

92 수치제어에서 수치를 지령할 수 있는 수의 조합 형태는?

① 2진법　　　　　② 16진법
③ 8진법　　　　　④ 10진법

93 하중(load)의 종류 중 재료를 축선 방향으로 늘어나게 하려는 하중은?

① 압축 하중　　　　② 인장 하중
③ 비틀림 하중　　　④ 휨 하중

94 백래시(Backlash)가 거의 없어 수치제어 공작기계에 주로 사용하는 것은?

① 삼각 나사　　　　② 사다리꼴 나사
③ 미터 나사　　　　④ 볼 스크루

95 다음 작업 중에 안전에 위험이 있어 장갑을 착용하지 말아야 할 상황은 어느 것인가?

① 드릴머신에서 사람이 직접 공작물을 잡고 구멍을 뚫고 있다.
② 방전가공기에서 전극을 교체하고 있다.
③ 와이어 방전기에서 제품을 교체하려 한다.
④ 머시닝 센터에서 제품을 교체하려 한다.

> **해설** 드릴 머신에서의 장갑 착용은 드릴공구가 회전하고 있으면 장갑을 벗고 작업을 해야 장갑이 드릴에 말려 손이 다치는 사고를 예방한다.

96 다음 작업 중에 안전에 위험이 있다고 생각되는 것은?

① 연삭에서 정밀한 면을 내기 위해 절삭 깊이를 미세하게 넣고 작업하고 있다.
② 머시닝 센터 작동 중에 작업 프로그램을 작성하고 있다.
③ 40kg의 공작물을 혼자서 바이스에 올려 작업을 하려 한다.
④ CNC 선반에서 나사 가공을 하고 있다.

> **해설** 무거운 공작물은 다른 도구(크레인, 지게차)를 이용하여 바이스에 올려야 한다.

정답 ▶ 89 ③ 　 90 ③ 　 91 ④ 　 92 ① 　 93 ② 　 94 ④ 　 95 ① 　 96 ③

97 다음 중 모터 동력 전달 장치로 맞지 않는 것은?

① 기어　　　　　② 체인
③ 고무 벨트　　　④ 캠(cam)

캠은 미끄럼 면의 접촉으로 운동을 전달한다.

※ 아래의 그림을 보고 명칭이 맞는 답을 고르시오.
　(98~100번까지)

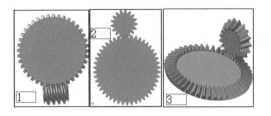

98 1번 기어의 명칭으로 맞는 것은?

① 베벨 기어　　　　② 웜기어
③ 스파이럴 기어　　④ 스퍼 기어

99 2번 기어의 명칭으로 맞는 것은?

① 베벨 기어　　　　② 스크루 기어
③ 스파이럴 기어　　④ 스퍼 기어

100 3번 기어의 명칭으로 맞는 것은?

① 베벨 기어　　　　② 스크루 기어
③ 스파이럴 기어　　④ 인터널 기어

101 면이 고르지 못한 공작물 면(특히 주물 면)에 너트 또는 볼트 머리와 접촉하는 면을 고르게 하기 위하여 하는 작업을 무엇이라 하는가

① 스폿 페이싱(spot facing)
② 카운터 보링(counter boring)

③ 카운터 싱킹(counter sinking)
④ 리밍(reaming)

102 드릴 작업을 완료하고 원하는 홀 공차를 얻기 위해 머시닝 센터에서 작업하는 것은?

① 탭핑(tapping)
② 카운터 보링(counter boring)
③ 카운터 싱킹(counter sinking)
④ 리밍(reaming)

103 렌치볼트의 볼트 머리가 튀어 나오지 않고 가공품에 묻히게 하기 위한 작업은?

① 탭핑(tapping)
② 카운터 보링(counter boring)
③ 카운터 싱킹(counter sinking)
④ 보링(boring)

해설 카운터 싱킹은 접시머리 나사의 머리 부분을 묻히게 하기 위하여 자리를 파주는 것이다.

104 아래 그림에서 도면 작성을 할 때 3각 도시법으로 맞는 것은?

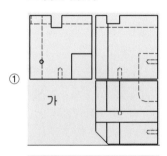

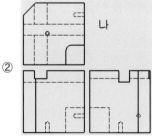

정답 **97** ④　**98** ②　**99** ④　**100** ①　**101** ①　**102** ④　**103** ②　**104** ④

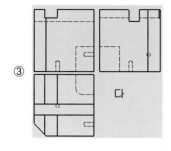

③ 　　다

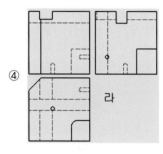

④ 　　라

해설 3각 도시법은 먼저 평면도를 정하면 이것을 기준으로 좌측도, 우측도, 정면도를 작성하는 데, 보는 방법도 먼저 교차되는(상하좌우) 그림을 평면도로 보고 이것을 기준으로 좌측, 우측, 정측에서 봤을 때의 모습을 도면에 작성하는 것이다. (제3장 도면 이해 참조)

105 아래 그림 마이크로미터의 치수를 읽어서 맞는 치수를 고르시오.

① 12.565mm 　　② 12.10mm

다. 6.625mm 　　④ 6.125mm

해설 먼저 슬리브 눈금을 읽고 그 다음 딤블의 눈금을 읽어서 합하면 된다. (제4장 참조)

106 아래 그림 버니어 캘리퍼스의 치수를 읽어서 맞는 치수를 고르시오.

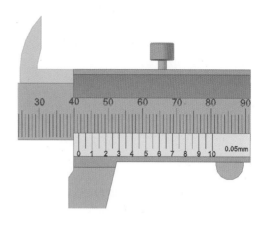

① 4.14mm 　　② 4.4mm

③ 41.4mm 　　④ 40.4mm

107 G02나 G03의 원호보간을 사용하여 원호를 가공 중이다. 이송 축인 X축 Z축이 움직인다면 다음 중 어느 평면코드를 지령하고 가공하는 것인가?

① G17평면 　　② G18 평면

③ G19평면 　　④ G20 평면

해설 G17 =XY(YX) 평면, G18 =ZX(XZ) 평면, G19=YZ(ZY) 평면

108 오면가공기에서 공구 길이 보정을 할 때 −쪽으로 보정하는 코드로 맞는 것은?

① G41 　　② G42

③ G43 　　④ G44

해설 G18평면이나 G19평면에서 공구 길이 보정을 −쪽으로 하는 코드는 G44이다.

정답 105 ③ 　 106 ③ 　 107 ② 　 108 ④

109 아래 형상 기호에서 평행도를 나타낸 것은?

① //   ② □

③ ▱   ④ ⊕

> 해설 ① 평행도, ② 정사각형, ③ 평면도,
> ④ 위치도

110 절삭 저항의 3분력에 들지 않는 것은?

① 이송분력   ② 횡분력

③ 배분력   ④ 주분력

> 해설 • 이송분력 : 이송 방향의 분력
> • 배분력 : 절삭 깊이 방향의 분력
> • 주분력 : 절삭 운동 방향(회전 방향)의 분력

111 배관의 탭을 선정할 때 기름이나 물이 새어 나오지 못하도록 설계하려면 어떤 탭이 가장 적당한가?

① 미터탭   ② 헬리코일 탭

③ PT탭   ④ 특수탭

> 해설 PT탭은 배관에서 기밀용으로 가장 적당하다.
> (제3장 참조)

112 머시닝 센터에서 자동 공구 교환 장치는?

① APC   ② ATC

③ AFC   ④ AAC

> 해설 ATC는(Automatic Tool Changer)의 약자이다.

113 머시닝 센터에서 자동 공구 교환 장치를 위해서 공구 홀더 테이퍼 부에 체결하는 볼트는?

① 풀 스터드 볼트   ② 인치볼트

③ 가는 나사 볼트   ④ 사각볼트

> 해설

풀 스터드 볼트

114 선반 작업에서 모양이 불규칙하거나 원통축의 편심 작업을 하기에 적당한 척은 무엇인가?

① 콜릿척   ② 단동척

③ 연동척   ④ 마그네틱 척

> 해설 단동척은 4개의 조를 개별적으로 움직일 수 있어 모양이 불규칙한 공작물을 고정하는 데 가장 적합하고 또한 편심 작업을 하기에 좋다.

115 연삭 숫돌을 장시간 사용하면 입자의 무딤이 오고 가공성이 떨어져 다음의 어떤 작업을 해주면 가공성이 좋아진다. 다음 중 어떤 작업인가?

① 트리밍   ② 라운딩

③ 드레싱   ④ 리밍

> 해설 드레싱은 주로 다이아몬드나 기타 드레싱 공구로 숫돌의 무딘 입자를 제거해 주어 숫돌의 절삭성을 좋게 해준다. 밀링이나 선반의 바이트가 마모되면 숫돌로 연삭 작업하는 것과 동일한 형태의 작업이다.

116 CNC 공작기계의 전원을 키고 가장 먼저 해주어야 하는 것은?

① 공작물 좌표계 설정

② 공구 교환

③ 워밍업

④ 기계 원점 복귀

정답 **109** ① **110** ② **111** ③ **112** ② **113** ① **114** ② **115** ③ **116** ④

해설 대부분의 CNC 공작기계의 전원을 켜면 먼저 기계 원점을 잡아야 NC 장치는 각 축의(XYZ)의 위치를 인식할 수 있게 된다.

117 볼스크루의 마모 문제를 해결하기 위해 최근 많이 채용되며, 마그네틱 자력을 이용한 제어 방식은?

① 타가이드 방식　　② 미터나사 방식

③ 리니어 모터 방식　　④ 볼베어링 방식

해설 리니어 모터는 볼스크루를 사용하지 않고 전자석과 LM가이드를 이용하여 제어하므로 제어속도가 빠르고 마모로 인한 정밀도 저하가 크게 발생하지 않는다.

정답 **117** ③

① 실기 유형

실기 문제에서 가공 도면의 형상은 별로 어렵지 않으며, 프로파일(윤곽 가공)과 구멍이 대부분이다. 가공물의 재질은 경화 플라스틱이나 알루미늄을 가지고 작업한다.

실기 순서는 다음과 같다.

감독관이 도면 배포 → 가공할 프로그램을 A4 용지에 수기 작성 → 작성한 프로그램을 가지고 머시닝 센터로 가서 수동 입력 → 공작물을 감독관에게 받은 후 바이스에 클램프 → 공구 수동 교체(앤드밀) → WORK 좌표 세팅 → 프로파일 가공(앤드밀) → 드릴공구 수동 교체 → 드릴가공 → 가공물 줄로 모따기 → 가공한 공작물과 프로그램을 작성한 A4 용지에 수검자 이름을 적어서 감독관에 제출

② 프로그램을 작성할 가공 부위 유형

㉠ 제품의 외곽은 프로그램을 작성하지 않는다.

실기 시험 시 공작물을 받으면 먼저 버니어 캘리퍼스로 도면의 나온 외곽 치수(두께 포함)를 재봐서 도면과 맞는지 확인한다. 대부분 공작물의 외곽은 맞춰 나오므로 작업할 필요가 없을 것이다.

㉡ 단차 부위의 프로파일 가공 프로그램 작성

작업할 부위는 단차 부위의 프로파일 작업이다. 프로파일 작업에는 각도 및 R 형상이 나온다.

㉢ Hole(구멍)을 드릴이나 앤드밀로 가공할 프로그램 작성

구멍은 보통 드릴가공하면 되나 구멍에 깊이가 정해지고 직각 단차를 가공해야 한다면 드릴가공 후에 앤드밀 작업을 한다.

㉣ 프로파일 가공 후에 모따기는 줄을 이용하거나 하지 않는다.

기업체 현장에서는 모따기도 프로그램으로 처리하는 경우가 많으나 실기시험은 모따기 작업의 프로그램을 따로 작성할 필요가 없다. 모따기를 해야 한다면 공작물 가공을 다 마친 후 기계에서 꺼낸 후에 줄을 이용해서 한다. 그러나 대부분 모따기는 안 해도 된다.

위와 같은 순서로 실기를 본다.

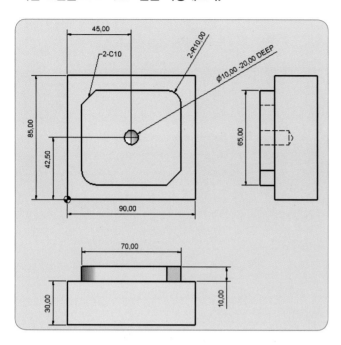

예제 1

다음 도면을 보고 프로그램을 작성해보자.

1 프로그램 작성

프로그램 작성에 앞서 대략 가공된 형상을 머릿속으로 그려본다. 그리고 가장 중요한 것은 반드시 도면에 XYZ의 원점이 표시되어 있다면 그 기준점으로 모든 좌표 치수가 나와야 하며 프로그램을 작성해야 한다. 대부분의 시험이 공작물 좌표, 즉 프로그램 좌표가 정해질 것이다. 도면이 프로그램 작성하기에 치수가 잘 뽑아질 수도 아닐 수도 있으므로 계산기로 프로그램에 앞서 필요한 부분의 원점에서의 치수를 도면에 연필로 적어놓고 프로그램을 작성하는 것이 편리할 것이다.

```
O00001
G80G49G40G90G54G17
G0 X91.0 Y42.0 S3000 M3
G43 Z5.0 H01 M8
Z0.3 F800.0
G1 Z-10.0
G41 X80.0 D33
Y20.0
X70.0 Y10.0
X20.0
```

```
G2 X10.0 Y20.0 R10.0 F500.0
G1 Y65.0 F400.0
X20.0 Y75.0
X70.0
G2 X80.0 Y65.0 R10.0 F500.0
G1 Y42.0 F400.0
G40 X87.5
G0 Z5.0
G91 G28 Z0 M09
T02;
M06;
M00 (CENTER DRILL)
G90 S3000 M3
G0 X45.0 Y42.5
G43 Z2.0 H02 M7
G99 G81 Z-1.7 R2.0 F100.0
G80
G91 G28 Z0
T03;
M06;
M00 (Ø10 DRILL)
G90 S3000 M3
G0 X45.0 Y42.5
G43 Z2.0 H03 M7
G99 G83 Z-20 K0 Q2 R2.0 F150
G80
G91 G28 Z0
M30
```

위의 프로그램은 정석대로 하려한 것이지만 위와 같이 하지 않아도 된다. 다음과 같이 센터 드릴 작업을 뺀 프로그램으로 좀 더 간단히 해보자. C 기능도 꼭짓점만 지령하여 간단히 할 수 있지만 파라미터 설정에 따라 오동작할 수 있으므로 여기서는 생략하겠다.

실제로 센터 드릴은 드릴가공 홀의 위치를 정밀히 잡을 때 사용한다. 하지만 컴퓨터 응용 밀링 시험에서는 드릴 가공에 대한 기본적인 프로그래밍과 가공만 보기 때문에 하지 않아도 된다. 그래서 프로그램 작성은 될 수 있으면 아래와 같이 작성하여 제출하고 머시닝 센터에 입력하여 가공하기 쉽고 편하게 수정하여 작업해도 되고, 드릴같은 경우 구멍이 하나이면 프로그램 입력 시간을 아끼기 위해 넣지 않고 핸들로 작업해서 마무리 해도 된다.

```
O0001
G80G49G40G90G54G17
G0 X91.0 Y42.0 S3000 M3
G43 Z5.0 H01 M8
Z0.3 F800.0
G1 Z-10.0
G41 X80.0 D33
Y20.0
X70.0 Y10.0
X20.0
G2 X10.0 Y20.0 R10.0 F500.0
G1 Y65.0 F400.0
X20.0 Y75.0
X70.0
G2 X80.0 Y65.0 R10.0 F500.0
G1 Y42.0 F400.0
G40 X87.5
G0 Z5.0
G91 G28 Z0 M09
T02;
M06;
M00 (Ø10 DRILL)
G90 S3000 M3
G0 X45.0 Y42.5
G43 Z2.0 H02 M7
G99 G83 Z-20 K0 Q2 R2.0 F150
G80
G91 G28 Z0
M30
```

② 프로그램 입력

작성한 프로그램을 조작판 모드에서 EDIT를 이용하여 입력한다. 입력은 DNC 전송이 아닌 손으로 입력한다. 제3장 가공프로그램 편집 및 입출력과 제5장 EDIT 모드 상세 설명을 참조 바란다.

※ 주의 : 앤드밀 프로그램에서 Z-10을 바로 넣지 말고 Z-0.001 정도로 넣어서 공구 장착 후 한 번 가공해 보고 그 다음 Z-10을 넣는 것이 좋다. 왜냐하면 프로그램 작성과 오타로 인해 불량이 발생하여 불합격 처리가 되기 때문이다.

❸ 공구 준비 및 공작물 클램프 좌표 세팅

● 공구 준비

시험장에 미리 2개의 공구가 준비돼 있을 것이다. Ø10 앤드밀과 Ø10 드릴을 버니어로 지름이 맞는지 확인한다. 공구 옵셋화면에 공구 길이는 1번, 2번 모두 0으로 넣는다. 1번 앤드밀만 공구 반경 값으로 5mm를 입력한다. 왜냐하면 공구가 많아야 2개 정도 들어가므로 공구 길이를 측정할 필요가 없다. 먼저 앤드밀이 장착된 아버를 스핀들에 손으로 꽂는다.

● 공작물 클램프

시험 감독관에게 가공제품을 받으면 바이스로 물리기 전에 버니어로 도면의 외곽 치수와 제품의 외곽 치수가 맞는지 확인한다. 대략 0.1 안에 공차로 맞춰져 있을 것이다.

이제 제품을 바이스에 물린다. 물릴 때 앤드밀 가공이 Z-10이므로 평행 블록 선정 시 바이스 윗면에서 제품이 11mm 이상 튀어나오게 물려야 한다. 제8장의 바이스 작업과 같이 X 축에 기준대를 댈 필요는 없다. 하지만 바이스 끝 쪽에 손으로 평행 블록을 대고 X 축 방향으로 밀어서 평행대에 닿게 한다음 클램프 한다면 혹시 실수로 제품을 바이스에서 빼낼 때 X축 WORK 좌표를 다시 잡아야 하는 번거로움은 없을 것이다. 하지만 손으로 댄 것이기 때문에 쏠린 양은 확인하여 보정해 줘야 한다.

❹ 좌표 세팅

● Z축 세팅

HANDLE 모드로(제5장 참조) 전환한 다음 Z 값을 - 방향으로 돌려서 앤드밀 바닥날이 공작물 바로 위로 가게 한다. HANDLE 모드에서 움직이는 양을 0.01씩 움직이는 X10으로 하고, 종이를 조금 찢어서 앤드밀이 종이에 닿아 종이가 잘 움직이지 않을 때까지 서서히 내린다. 종이가 잘 움직이지 않으면 보통 앤드밀이 제품의 윗면에서 Z+0.1 정도 떠 있으므로 이 지점 Z 값의 기계 좌표를 G54에 그대로 넣는다. (제5장 참조)

예를 들어 Z-350이라면 -0.1의 종이 두께를 더해야 하므로 Z-350.1을 입력한다. 위의 수치는 예를 들은 수치이므로 참조 바란다.

● XY축 세팅

제5장 WORK 좌표 잡기를 참조하나 아큐센터(터치봉)가 없을 것이다. 그러므로 MDI에서 S2000 M3; 실행 다음 스핀들을 멈춘 후 손으로 스핀들을 돌릴 수 있게 한다. 제5장과 같은 방법으로 하되 Z축 잡듯이 종이를 끼우고 Ø10 앤드밀이 장착된 스핀들을 돌려가며 핸들로 서서히 각 포인트를 잡는다. 제품 외곽공차가 0.1 안에 들어오면 G54 센터 부근에서 XY 각 축 한 면씩만 상대좌표 0으로 만들고 앤드밀 반경에 종이 두께 0.1 정도 더 들어온 위치의 기계 좌표를 G54 좌표에 입력한다.

5 제품(공작물) 가공

※ 주의 : 급속이송 비율은 25%로 놓아서 혹시 모를 좌표 설정 실수로 인한 기계 충돌을 차단할 수 있도록 한다. 또한 AUTO 모드 가공 시 프로그램 체크 화면으로 꼭 전환하여 프로그램에서 지령한 치수와 남은 거리 등을 실체 공작물과 공구와의 대략적인 치수를 확인하여 작업을 수행한다.

● Ø10 앤드밀 가공

도면의 Z축 깊이가공이 −10mm인데 한 번 프로그램 점검 차원에서 Z+0.1 정도로 넣고 AUTO MODE에 놓은 후 CYCLE START 버튼을 눌러 모의 가공을 한다. 프로그램 문제 없이 앤드밀 가공이 되면 이제는 Z−0.05 정도 넣고 가공을 해본다.

그리고 버니어로 도면의 치수와 가공한 제품의 치수가 맞는지 확인한다. 만약 WORK 좌표가 잘못 잡아져 센터가 쏠리거나 깊이가 맞지 않으면 00좌표계에다 XY 각 축은 쏠린 값의 반 값을 반대 방향 부호와 함께 입력한다. 깊이가 맞지 않으면 그 값을 Z좌표에 그대로 넣는다.

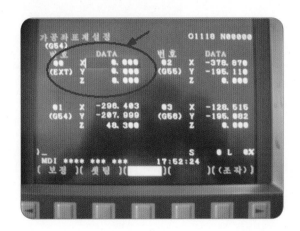

이제 좌표계 점검과 도면 치수와 가공된 치수 및 프로그램 점검이 완료되면 편집 모드로 가서 도면 깊이대로 Z−10으로 수정한 후 AUTO 모드 전환 후 앤드밀 가공을 완료한다.

※ 주의
위 그림과 같이 Ø10 앤드밀 가공이 완료된다 하더라도 4곳(빨간 원 표시)에 잔재가 남아 있다. 그래서 드릴로 바꾸기 전에 반드시 제거하고 공구 교환을 하기 바란다. 그래서 AUTO 모드에서 싱글 모드로 놓고 아래와 같이 프로그램을 다시 실행하고 핸들 모드로 해서 XY 축만 이동하여 잔재를 없애기 바란다.

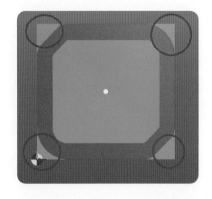

```
O0001
G80G49G40G90G54G17
G0 X91.0 Y42.0 S3000 M3
G43 Z5.0 H01 M8
Z0.3 F800.0
G1 Z-10.0
```

위와 같이 프로그램을 실행하지 않고 핸들 모드로 원하는 위치로 가서 해도 된다.
또 다른 방법은 앤드밀 작업을 처음부터 끝까지 실행하는데 경보정 값, 즉 공구 반경을 5mm에서 11mm로 변경 입력하고 가공한다면 아래와 같이 잔재는 없어질 것이다.

● Ø10 드릴 가공

리셋키를 눌러 앤드밀 가공에서 사용한 경보정을 취소한다. Z 축을 원점 복귀 시킨 후 T02 M06으로 공구 교환을 한다.
이제 공구가 바뀌었으므로 Z축만 WORK를 다시 잡는다. 앤드밀 잡는 방법과 같이 한다. 편집 모드로 가서 드릴 가공부터 커서를 이동한 후 AUTO 모드로 전환 후 가공한다. 참고로 드릴가공은 도면 위치에 이동시켜서 핸들로 정해진 깊이만큼 가공해도 된다.

● 마무리

바이스에서 제품을 빼내기 전에 도면 치수와 가공된 치수를 확인한다. 확인이 끝나면 제품을 꺼낸 후 가공된 부위를 줄로 모따기 한다.
아래는 가공 완료된 제품이다.

제품과 프로그램이 작성된 시험지를 가지고 감독관에게 주면 시험이 끝난다.

예제 2

예제 2와 예제 3은 프로그램과 기타 주의 사항만 작성하고 공구 세팅이나 좌표 세팅은 예제 1번과 같이 하면
된다. 다음 도면을 보고 프로그램을 작성해보자.

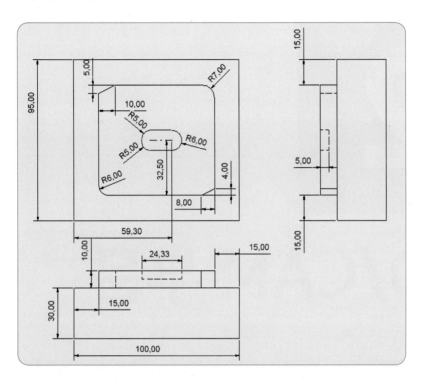

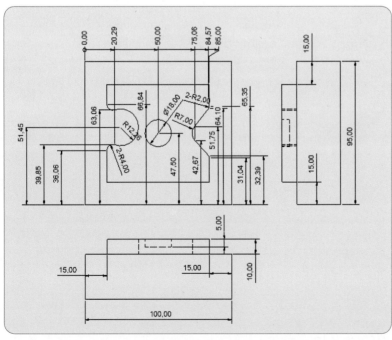

PART 2

CAD/CAM 부문

CAD, CAM 정의

Computer Numerical Control

1. CAD란 무엇인가
2. CAM이란 무엇인가
3. CAD, CAM 구매 조건

CAD, CAM 정의

CAD, CAM은 산업현장에서 없어서는 안될 존재 가치가 되었다. 컴퓨터의 발달로 인해 다양한 종류와 기능을 가진 CAD, CAM이 등장하고 있다. 과거의 기술자는 오랜 경험과 감각으로 대부분의 작업을 했다고 한다면 이제는 현장 감각과 함께 이런 소프트웨어를 현장에 잘 접목시키고 이용하여 생산에 좀 더 효과적으로 활용하는 기술자를 필요로 하고 있다.

이 장에서 소개하는 CAD, CAM은 기계 부분에 사용되는 것에 한정하고 저자가 사용하거나 접해본 것만을 다루므로 그 외에 다양한 종류의 CAD, CAM이 있다는 것을 염두에 두기 바란다.

회사마다 프로세서(process)는 여러 가지다. 어떤 order를 만들기 위해 '영업→설계(기계, 전기, 전자)→가공&구매→조립(전기, 전자, 기계)→시운전&품질 확인-납품' 순으로 대부분 비슷하나 이러한 작업들이 전산화가 되어 있는 회사와 그렇지 않은 회사와의 차이는 크다고 할 수 있다. 이러한 전산화는 사무뿐만 아니라 제조에서도 볼 수 있다. 지금은 CAD, CAM의 발달로 영업과 설계가 하나가 되어 USER가 요구하는 제품을 시뮬레이션, 해석을 통해 가상으로 '설계- 시험가공- 조립- 가동'을 할 수 있는 시스템이 갖추어져 있다.

그동안 이런 프로세스를 적용하기에는 중소기업에서는 부담스러워했지만 정부의 지원 정책과 해당 소프트웨어의 파격적인 가격 때문에 그 부담이 많이 사라졌다. 요즘 CAD, CAM 소프트웨어 가격은 예전에 비해 1년 단위로 계약을 하면서 큰 부담 없이 몇십만 원에 1년 라이선스를 주는 경우도 있다.

1 CAD란 무엇인가

1 정의

CAD란 Computer-Aided Design으로서 컴퓨터를 이용한 디자인(설계, 그리기)을 하는 것을 CAD(캐드)라고 한다. CAD가 없던 시기에는 사람이 그리는 도구, 즉 컴퍼스나 자와 여러 가지 도형을 그리는 것들을 이용하여 종이에 수작업으로 그려서 도면을 완성하였다. 하지만 CAD의 등장으로 이런 수작업은 없어지고 컴퓨터에서 정확하게 디자인되고, 이 디자인 데이터 또한 파일로 남겨져 도면 훼손이 된다고 하더라도 다시 출력만 하면 되고 또 수정할 부분이 있어도 쉽게 수정할 수 있게 되었다.

지금의 CAD는 과거의 CAD와 달리 디자인뿐만 아니라 조립 및 해석, 그리고 시뮬레이션 및 절삭가공 등 여러 가지 기능을 추가하여 실제 현장에서 작업을 하지 않아도 컴퓨터에서 미리 작업을 진행하는 것과 같은 상황을 만들어서 일어날 수 있는 문제점을 미리 알 수 있다. 불량이라든지 조립의 간섭 체크, 조립 완성했을 때의 제품 무게, 간섭 체크, 무빙 체크 등 제품 생산에 있어 시행착오의 손해를 미리 체크해 볼 수 있기에 납기, 마케팅, 원가계산 등을 실제 제품을 만들지 않고도 미리 파악할 수 있고 체크하는데 도움이 된다.

기계, 전기, 전자, 애니메이션 등 전 산업에 걸쳐서 CAD를 이용하고 있고 요즘은 가정과 직장 구분 없이 CAD가 활용되고 있는 추세이다. 기계 분야에서 세부적으로는 금형, 제품&부품 디자인, 판금, 배관, 용접, 절단, 절곡을 위한 설계 및 모델링, 도면 작성, 가공 등 기계 분야 CAD의 모든 부분에 이용된다. 전기 분야는 전장설계 분야(하네스)에 주로 이용되며 기존에 오토캐드로 전장 설계하는 부분을 이제는 입체화 시켜서 설계하고 있다. 전장 box 설계 마그네틱 배치, 배선용 차단기, 서보드라이브, IO링크, PLC 등 전장박스 설계를 입체화 시켜서 실물처럼 설계할 수 있도록 지원되고 있고 장비에도 실제 전선을 연결해서 보다 세밀한 전선 배치라든지, 공압솔밸브, 센서 등의 배치라든지 이런 전기장치에 대한 전반적인 전장설계가 될 수 있도록 사용하는 추세이다. 아마 앞으로는 PLC 프로그램까지 가능할 거라 예상해 본다. 전자 분야는 퓨전 360의 경우 PCB 설계 수준으로 이미 되어 있고 앞으로 점점 더 영역이 넓혀지리라 생각된다.

2 CAD의 종류

CAD로는 CADian(국산), 시마트론, CATIA, PRO-ENGINEER, Unigraphics, I-DEAS, Solid works, 지브러쉬, Inventor, AUTOCAD, 퓨전 360, 라이노 등이 있다. 그 외에 많은 CAD들이 있다. 물론 위 CAD 프로그램 중에서는 종합적인 CAD, CAM, CAE 등이 통합된 것도 있다.

이 책에서 CAD 프로그램은 주로 퓨전 360을 다룰 것이다. 2D나 3D CAD에 몇 가지 종류가 있지만 디자인 방법, 모델링 방법들은 대부분 비슷하기 때문에 어떤 프로그램을 선택하여 집중적으로 익힌 다음 다른 프로그램도 접근하면 배우고 사용하는 데 크게 문제가 없으리라 생각된다.

① 2D CAD와 3D CAD 비교

CAD 종류에는 크게 2D(2차원) CAD와 3D(3차원) CAD로 나눌 수 있다. 물론 2D CAD 중에는 기본적인 형상에 대해서는 3D화하는 기능도 있다. 2D와 3D의 차이를 말한다면 2D는 말 그대로 2차원, 즉 X, Y 값으로만 도형들을 표현한다면, 3D는 2차원에 Z축이 더하여서 입체감을 주어 실제 제품과 동일한 형태로 디자인하는 CAD이다. 우리나라는 2000년대 이전까지만 해도 금형업체 외에는 2D 설계를 많이 했지만 2000년 이후에 대부분 장비업체, 부품업체들까지도 3D CAD 사용이 확대되었다.

○ 3D CAD의 장점

3D CAD는 제품과 거의 동일한 형태로 디자인할 수 있어서 제품 제작 시 불량 제작의 오류를 적게 하는 게 장점이다. 또한 사전에 모의 조립을 할 수 있어서 실제 제품을 조립하는 과정에서 발생하는 설계 MISS나 오류들을 미리 체크해 볼 수 있다. 또한 절삭가공에서는 3D 모델 파일을 직접 이용하면 2D 도면을 보고 가공할 때 실수를 하는 앞면과 뒷면 형상, 좌측과 우측의 혼동 등을 방지할 수 있고 공구와 공작물의 충돌, 과부하 등을 미리 체크할 수 있어서 좋다. 또한 제품의 무게를 바로 알 수 있다.

아래 그림은 3D CAD의 모델링 파일인데 만약 2D CAD나 CAM을 이용하여 가공한다면 특히 Z값 치수의 계산이나 입력하기가 까다롭고 잘못 입력으로 인해 불량이 발생되고 기계 충돌이나 공구의 파손 손실을 입을 수 있다.

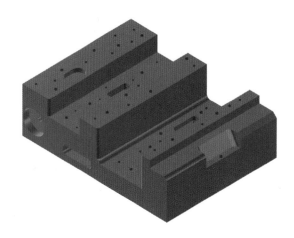

즉 3D CAD로 작업한 모델링 파일을 직접 CAM에서 불러오거나 그 상태에서 CAM 가공을 하면 모든 치수 정보가 바로 자동으로 입력되고 파악되기 때문에 오류 없이 빠른 제품 가공을 할 수 있게 되는 것이다. 즉 R점을 일일이 확인할 필요가 없게 되는 것이다.

예를 들어 위와 같은 제품가공을 2D CAD에서 작업한 파일만을 가지고 CAM에서 가공한다면 같은 홀 정보는 인식할 수 있지만 같은 지름의 홀이라도 단차가 2~3군데 차이가 나기 때문에 단차에 대한 홀로 구분해서 가공해야 한다.

저자는 보안상의 이유로 3D로 작업한 부품 설계도를 임가공 업체에 줄 때는 2D 파일로 변환해서 주거나 받을 때가 있었다. 그래서 2D CAD 파일을 다시 3D 모델링을 해서 CAM에서 모델링 파일을 불러와 작업하면 모델링 파일이 잘못되지 않는 한 위와 같은 불편한 작업을 하지 않는다. 가장 이상적인 것은 3D CAD 파일을 곧바로 받는 것이라고 할 수 있다.

2 CAM이란 무엇인가

1 정의

CAM이란 Computer-Aided Manufacture으로서 컴퓨터를 이용한 제조(생산, 만들기)를 하는 것을 CAM(캠)이라고 한다. CAM이 없던 시기에 기계 쪽 가공 분야만 가지고 얘기한다면 CNC는 가공 프로그램을 사람 대신 수동으로 작성해 주지 못한다. 사람은 2D 프로그램으로 웬만한 것은 작성할지 몰라도 2.5D나 기하학적 형상의 3D 프로그램을 작성하진 못한다. 또한 도면을 보고 프로그램을 직접 생각해서 G코드나 M코드, 수치 등을 직접 계산하고 생각하여 프로그램을 수동 작성해서 CNC에 입력하고 가공하였다. 이런 수동적인 작업들은 CAM이 보편화되면서 이제는 CAD 파일이나 모델링 파일을 이용하거나 직접 CAM 자체의 디자인 기능을 이용하여 자동으로 CAD선이나 모델링을 클릭만으로도 NC 프로그램을 생성시켜주는 CAM이 이제는 보편화 되고 있는 추세이다. 즉 사람의 계산 실수나 빠르기의 한계를 단순히 보완하는 수단뿐만 아니라 이제는 NC 프로그래밍 시간을 단축해 주고 또 최적화된 가공 시간과 방법을 CAM에서 출력되는 시대가 보편화되어 가고 있다.

기계 분야의 CAM은 MCT, CNC 선반, 와이어, 판금, 레이저 가공 등 CNC 장치를 이용하는 대부분의 공작기계에 널리 사용되고 있다.

요즘은 퓨전 360처럼 한 프로그램으로 CAD, CAM, CAE까지 모두 되면서 가격은 연간 몇십만 원 밖에 되지 않는 프로그램이 점점 더 시장을 넓혀 가고 있다. 즉 CAD, CAM 시장도 대형화, 통합솔루션화가 되어 가고 있고 실제 오토캐드사(퓨전 360, 인벤터, 파워밀, 피쳐캠, 3D MAX, 마야 등 대다수 CAD CAM, 애니메이션, 건축시장을 확대하고 있음), NX-UG(지멘스PLM), 다쏘(카티아, 솔리드 웍스), 헥사곤(비지, 워크NC, 에지켐) 등이 기존 시장과 앞으로의 시장을 재편할 것이라 생각된다.

② CAM의 종류

CAM으로는 마스터캠, 에지캠, 스피드 캠(국산), 파워밀, 퓨전 360, UG CAM, 피쳐캠, 하이퍼밀, 워크 NC 등 많은 CAM이 있다. 이 책에서는 주로 퓨전 360 CAM과 피쳐캠(Ver2021 평가판)을 다룰 것이다. CAD와 마찬가지로 CAM 프로그램도 한 가지를 제대로 익히고 배운다면 대부분 CAM 프로그램 방식이나 가공 방법들은 비슷하기 때문에 다른 프로그램을 접근하거나 배울 때에 쉽게 적응하게 되고 배울 수 있게 될 것이다.

① 2D CAM과 3D CAM 비교

CAM 종류에서 크게 2D(2차원) CAM과 3D(3차원) CAM으로 나눌 수 있다. 물론 2.5D CAM도 있지만 요즘은 보통 3D CAM과 5축(다축) CAM으로도 나눌 수 있다. 2D와 3D CAM의 차이를 말한다면 2D CAM은 말 그대로 2차원, 즉 X, Y 값으로 표현된 도형들을 이용하는데 특히 Z값의 깊이 값을 직접 입력해줘야 하는 번거로움이 있다. 이렇게 조금 불편한 NC프로그램을 생성한다면 3D는 모델링과 공구만 선택하면 자동으로 X, Y, Z축 NC 좌표값들이 출력되며 절삭가공을 할 수 있게 된다. 또한 2D CAM의 가장 큰 단점은 다축가공에서 요구되는 여러 평면에서의 NC프로그램 생성과 시뮬레이션 기능이 현저히 떨어진다.

㉠ 3D CAM의 장점

3D CAM은 제품과 거의 동일한 형태로 제조(가공)할 수 있어서 제품 제작 시 불량 제작의 오류를 적게 하는게 장점이다. 또한 사전에 모의 가공을 할 수 있어서 실제 제품을 가공하는 과정에서 발생하는 과절삭이나 공구 부하, 공구 돌출 길이의 장착 실수로 오는 공구 홀더와 제품 간의 충돌을 미리 체크해 볼 수 있다.

무엇보다도 위에서 언급한 Z점을 자동으로 계산하여 입력되므로 수동 입력해줄 필요가 없다. 즉 복잡하고 기하학적인 곡면 작업들을 간단한 설정으로 가공할 수 있어서 2D CAM에서는 불가능한 복잡한 곡면가공들을 무난하게 할 수 있다는 것이 장점이다. 5축이나 다축에서의 3D 가공에서는 공구와 클램프 지그의 간섭 체크, 충돌 등을 미리 체크할 수도 있고 지그나 클램핑 도구까지 넣어서 실제 기계에 장착한 것같은 상태로 시뮬레이션을 해 볼 수 있다.

3 CAD, CAM 구매 조건

CAD, CAM의 구입에 있어 아래의 사항이 적절한 지를 검토한 후에 구입하는 것이 좋다.

⬛ 지속적인 기술 지원과 솔루션이 가능한 것을 구입하라

CAD, CAM을 구입하는 유형은 크게 2가지이다. 신규 구매 아니면 기존에 구매하고 버전이 너무 차이가 나고 현재 사용하는 컴퓨터 OS에 맞지 않아서 최신 버전으로 재구매 하는 경우일 것이다. CAD, CAM도 마찬가지로 현재까지는 완전한 자동 프로그램이 아니다. 즉 MCT 작업자나 프로그래머가 어느 정도는 프로그램을 운용할 능력이 있어야 한다. 대부분 CAD, CAM을 신규로 구매하는 업체는 운용 능력이 떨어질 수 밖에 없다. 물론 기존 사용경력자를 채용한 경우는 그렇지 않을 수도 있지만 말이다. 기존에 사용한 경력자라도 지속적인 기술 지원을 해주는 CAD, CAM이어야 효과를 극대화할 수 있을 것이다. 특히 CAD, CAM을 사용하는 업체는 다품종 소량생산 위주의 가공업체에서 효과가 클 것이다. 이런 경우 항상 사용하는 가공 방법이 있을 것이고 신규 제품의 경우 기존 방법으로는 어려운 상황이 올 수 있기 때문에 이런 경우 기술 지원이 절실히 필요할 것이다. 저자뿐만 아니고 저자에게 처음 CAD, CAM을 접하게 해 준 선배분들도 대체적으로 이 기술 지원, 솔루션 등을 더 구매가치로 보고 있는 경우도 있다.

② 보편적으로 많이 사용하는 것을 구입하라

CAD, CAM 시장에 널리 사용되고 있는 것을 구매하는 것이 효과적이다. 물론 널리 사용한다고 해서 그것이 자기 회사의 제품가공에 있어 완벽하게 적용되는 것은 아니다. 그러나 널리 사용되는 프로그램은 그만큼 이유가 있기 때문이다. 저자가 당시 EDGE CAM을 회사에서 구매했을 때가 2000년도이다. 반도체 전극가공에 적용하기 위해서 정말 고생을 많이 했다. 지나고 나니 동시대에 마스터 캠이 있었는데 당시 마스터 캠의 위력이 상당했다는 것을 차후에 접해보니 알게 됐다. 왜냐하면 지금도 임가공 시장에서 마캠 9.1이 널리 사용되고 있기 때문이다. 2D, 3D 할 것 없이 유연하게 사용하는 것을 보니 당시에 참 잘 만들었다는 생각이다. 물론 에지캠도 좋긴 하지만 사용자가 많다는 것은 그만큼 다른 것에 비해서 적용하기 편하고 나으니까 사용하는 유저가 많다고 볼 수 있을 것이다.

③ 가성비를 따져라

요즘 CAD, CAM시장에 불고 있는 바람 중에 하나가 1년 단위 라이선스다. 일시적으로 큰 돈을 지불하여 구매하는 것보다 전체적인 기능을 사용하면서도 저렴한 가격으로 사용하는 전략을 CAD, CAM 업체에서 접근하고 있다. 소비자의 입장에서는 대체적으로는 좋은 반응이다.

④ CAD와 CAM의 기능이 통합된 것을 구입하라

CAM 작업을 하다 보면 CAD의 필요성이 절로 느껴진다. 3D 가공에서 CAM 기능만 돼있으면 불편한 것들이 있다. 왜냐하면 가공을 하다 보면 모델링을 별도로 수정하거나 변경하는 상황이 발생되기 때문이다. 또한 단순한 3축 가공과 달리 4축 가공과 5축 등 다축가공에서는 CAD의 조립 기능도 필요하기 때문이다. 과거 CAM 프로그램에서 CAD 기능들이 있었지만 복잡한 모델링은 하기 어렵게 되어 있었다. 따라서 CAD 기능이 잘 되면서도 2D, 3D 가공을 무난하게 할 수 있는 CAD, CAM이어야 효과적이다. 요즘 AUTODESK사에서 나오는 퓨전 360이 그 중에 하나라고 보면 좋을 것이다. 예전에는 CAM 프로그램이 대체적으로 CAD 기능이 약해서 전문적인 CAD 프로그램으로 모델링을 한 다음에 링크 프로그램으로 CAM에 파일을 불러와 작업하는 방식으로 했지만 요즘은 설계 및 모델링해서 바로 CAM 기능으로 넘어오고 필요할 땐 다시 CAD 기능으로 전환하면서 가공한 부분까지 단면으로 확인하는 등 통합 솔루션 프로그램이 나오고 있는 추세이다.

5 모의가공(시뮬레이션)이 정확히 표현되며 편리해야 한다.

불량과 기계 충돌, 공구 파손 등을 직접 가공하지 않고 미리 모의가공을 통해서 확인할 수 있는데, 이 기능은 이제 선택이 아닌 필수 기능으로 자리잡았다. 즉 단순한 기능을 넘어서 모의가공이 실제 가공과 똑같이 보여져야 위와 같은 문제점을 가공 전에 잡아낼 수 있고 수정할 수 있어서 그만큼 불량과 손실을 없앨 수 있다. 피쳐캠의 경우 이 시뮬레이션을 하지 않으면 NC 코드 생성 자체가 되지 않는다. 요즘은 과거와는 달리 아예 공작 기계나 바이스, 톰스톤, 클램프 지그, 복합기, 5축 등을 CAM으로 모델링 파일을 불러오거나 모델링해서 전체적인 가공지그와 제품 교체 등 가공 시뮬레이션을 보여 주어 클램프 지그의 간섭이나 충돌 등도 미리 체크해 볼 수 있다.

6 밀링, 선반 와이어 등 다양한 공작기계를 지원하는 것을 선택하라

공작기계에서 가장 많이 사용하는 종류가 바로 밀링, 선반이다. 따라서 두 종류의 공작기계에 보편적으로 지원하는 기능이 뛰어나다는 것을 주목해야 한다. 보통은 CAM 업체 인력이 밀링과 선반, 즉 MCT, CNC 선반 두 가지를 모두 완벽하게 기술 지원하는 것은 드물다. 현장에서 CAD, CAM 운용자도 또한 마찬가지이다. 저자가 MCT, CNC 선반을 직접 가공하면서 현장에서 느낀 것은 가공 기술자는 MCT, CNC 선반을 모두 다룰 수 있으면 그만큼 능력 발휘를 할 수 있고, 그 업체가 임가공 업체이면 현장 관리자로서 회사에 기여하는 부분이 클 것이다.

밀링, 선반 외에 와이어 커팅기, 레이저 가공기, 3D프린트 등 종합 CAM 프로그램에서는 대부분 위 유형의 공작기계나 가공기를 지원하고 있다. 물론 CAM이 공작기계에만 국한된 것은 아니다. 기계, 전기, 전자를 모두 통합하는 프로그램들이 나오고 있다. 그것도 아주 전문적인 기능을 갖추고 가격 파괴까지 ...

7 기타 고려사항

위에서는 구매 시 큰 틀에서 얘기했지만 다음 사항도 검토해야 한다.

① 공구목록이나 공구 관리가 쉬운 것이 좋다.

공구의 편집이나 공구의 형상, 특수 공구 등록이 쉬운 것이 좋다. 특수 공구 형상을 등록하기 편하고 그 형상대로 공구를 설정하고 가공했을 때 원하는 가공프로그램을 출력할 수 있는 CAM이어야 한다. 그리고 한 번 등록된 공구를 다시 다른 제품에서 사용하기 편리해야 한다. 보통은 소재 재질에 맞게 스핀들과 회전수 정보가 들어가는 공구 리스트를 파일화하고 작성해서 불러오는 데 편리해야 한다.

② 포스트 프로세스의 편집 기능이 쉬워야 한다.

회사마다 MCT 기계가 동일하다면 상관 없지만 다르다면 그 기계나 작업에 최적인 포스트 프로세스를 설정할 필요가 있다. 또한 신규 MCT를 도입한다면 그 기계에 맞게 설정하는 데 문제가 없어야 한다.

③ 가공 설정의 이동, 복사, 붙여넣기, 선택 관리가 쉬워야 한다.

가공 유형을 보면 대부분 비슷한 유형으로 가공을 한다. 즉 가공 방법 자체가 대부분 유형별로 비슷한 설정을 한다. 센터, 드릴, 탭, 윤곽가공, 곡면가공, 포켓가공, 카운터보어, 카운터 싱크, 슬롯가공, 문자가공 등 대부분이 어떤 가공제품이 오든지 매번 비슷한 설정을 하기 때문에 보통은 이런 유형들을 저장하고 다시 불러와서 사용하는 경우가 많다. 그래서 이런 템플릿 기능 설정을 관리하기 쉬워야 한다. 다른 제품을 가공할 때 앞서 설정해 놓은 설정 방법을 그대로 불러와서 가공체인이나 커브, 가공 곡면, 체크 곡면만 바꿔 주거나 추가 시키면 빠른 NC코드 출력이 되기 때문이다. 3D CAM의 경우 아예 비슷한 유형의 것이라면 템플릿 자체도 바꿔줄 필요 없이 모델링 파일만 바꿔주면 자동 인식해서 리제너레이터 기능만 하면 알아서 NC프로그램이 생성되기도 한다.

가공 초기 설정도 저장 및 불러오기가 편리해야 한다. 에지캠의 경우 모델링을 이용하여 가공하는 경우 비슷한 형상이면 기존 가공 유형대로 자동으로 인식해서 NC프로그램을 별도로 작성하는 일이 없다. 퓨전 360도 그렇다. 피쳐캠의 경우는 AFR이 있어서 모델링 파일을 불러와서 자동으로 프로그램을 해주는데, 원하는 완벽한 가공 설정을 하진 못하지만 대체적으로 사용하는 데 편리하다.

④ 공작물 설정이 편리해야 한다.

요즘 CAM들은 공작물 설정을 제대로 하지 않으면 가공이 안 되게 돼 있을 정도로 실제 가공상태와 동일한 조건을 설정해 주어야 하는데, 이러한 공작물 설정에 있어 자유자재로 설정하기 편리해야 한다.

⑤ 가공좌표 설정이 쉬워야 한다.

가공원점을 잡는 좌표 설정이 편리하고 쉬워야 프로그램 작성 시간이 단축될 수 있다. 특히 다축 가공에서는 각 좌표의 연관성 때문에 좌표 설정도 편리해야 된다. 예전에는 보통 1개의 가공좌표계만 사용하였으나 요즘은 여러 좌표계를 사용하여 5면 가공, 5축 가공이나 기타 수평(호리젠탈) MCT 가공에 편리하게 설정하도록 돼 있다.

⑥ NC코드나 M코드 문자 등을 쉽게 삽입 가능하면 좋다.

프로그램 작성에서 코멘트나 기타 코드를 넣어줄 필요가 있고 이것이 나중에도 그대로 활용할 수 있도록 한 번 입력한 것이 자동으로 다시 출력될 수 있게 만들어진 프로그램이 좋다.

⑦ 치수 측정이나 표시 기능이 심플한 것이 좋다.

CAM에서든지 CAD에서도 도면 치수 표기나 CAM 설정화면에서도 마찬가지로 치수 기입과 출력이 잘 되는 CAD, CAM이 좋다.

퓨전 360(fusion 360) CAD/CAM

 Computer Numerical Control

1. 퓨전 360(fusion 360) 디자인

2. 도면 만들기

3. Fusion 360 CAM

● 본문 내용 외의 Fusion 360(퓨전 360)에 대한 전반적인 사용 방법을 저자의 자세한 동영상 강의로 학습하세요.

퓨전 360(fusion 360) CAD/CAM

CAD 명령어는 대부분 CAD 프로그램과 CAM 프로그램들이 공통적인 기능을 보유하고 있다. 특히 디자인 기능에 대해서 절삭가공 입장에서 본다면 3D는 3D CAD 프로그램에서 작업하여 CAM 프로그램으로 모델 링 파일을 불러와 가공 설정해서 작업하는 것이 수월하다.

그 외에 2차원 CAD 명령어는 전용 CAD 프로그램이나 CAM 프로그램이나 모두 비슷한 기능을 가지고 있 기 때문에 혹시 수주처에서 2D 도면 파일(DWG, DXF 등)을 주고 가공하는 부품업계라면 2D 파일을 불러 와서 가공하는 것이 효율적이지만 때론 CAM 자체에 CAD 기능으로 처리하는 것이 빠르다. 퓨삼은 CAD뿐 만 아니라 CAM 기능도 상당히 우수해서 기존 CAD, CAM 시장의 변화를 이끌 것이다. 여기서는 가공에 필 요한 기본적인 CAD 기능만 다룬다. 자세한 사항은 웹사이트를 참조하기 바란다.

1 　퓨전 360(fusion 360) 디자인

■ 스케치 모드와 사각 형상 디자인

CAD, CAM에서 가장 공통적인 사항은 스케치 모드이다. 이 스케치 모드에서 기본적인 도형들을 만 들고 편집한다. 즉 2차원 형상들은 이 스케치 모드에서 주로 만들며 스케치 모드를 빠져나가서 스케 치한 도형을 3차원 형상화 한다. 아래부터는 MCT(밀링)의 가장 기본 형상이 되는 사각 형상을 가지 고 익히도록 한다.

① 퓨삼(퓨전 360, Fusion 360) 스케치 모드

아래의 그림처럼 처음 퓨삼을 실행하면 화면이 나오 는데, 화살표 지시 아이콘에 +기호를 눌러 Create Sketch(스케치 생성)를 실행한다. 즉 2D 도형을 스케치 할 수 있는 화면으로 들어가게 되면 가장 먼저 Origin을 활성화 시켜서 스케치 평면을 선택해야 한다.

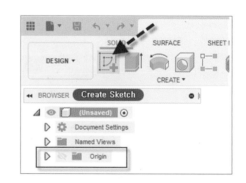

아래 그림처럼 크게는 3개의 평면이 존재하는데 XY평면, XZ평면, YZ평면이다. 즉 평면을 선택해야 그 평면에 스케치를 하는 것이다. 예를 들어 주로 사용하는 XY평면을 선택했다면 X축과 Y축의 좌표에 도형을 그린다고 보면 되는 것이다. XY평면은 가장 기본이 되는 평면이다. 이 XY평면에서 스케치를 하고 3차원, 즉 Z축으로 형상을 돌출시키고 나면 이제는 XY평면만 있는 게 아니라 추가로 XZ평면, YZ평면이 형성되는 것이다. 물론 처음부터 평면을 XZ나 YZ 중에 하나를 선택해서 스케치를 해도 무방하지만 개념은 동일하다. 즉 MCT G코드로 말하자면

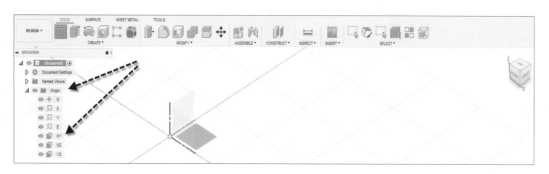

G17(XY평면에서 가공), G18(XZ평면에서의 가공), G19(YZ평면에서의 가공)인 것을 앞에서 배웠듯이 캐드도 마찬가지이다. 예를 들어 부품 디자인을할 때 큰 틀에서 보면 사각과 원호형상이다. 이제 이 스케치 평면을 설명하기 위해 먼저 XY평면(G17평면)에서 스케치하고 어떻게 XZ, YZ 평면이 생성되는지를 간단히 보겠다.

먼저 위 스케치 모드에서 평면을 XY평면으로 선택한다. 선택하면 아래와 같이 자동으로 화면이 전환된다. 아래 그림에서 중앙색 X+는 빨간색, 초록색은 Y+이고 X0Y0의 포지션도 된다.

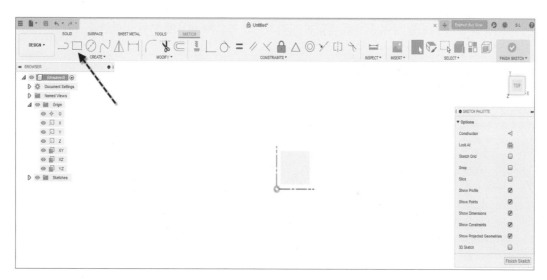

스케치를 할 수 있게 자동으로 필요한 아이콘들이 보여지는데 여기서 사각형 아이콘을 선택한다. 선택하면 아래 그림에서와 같이 화면 우측에 사각형을 그리는데, 3가지 방법으로 그릴 수 있게 선택할 수 있게 된다.

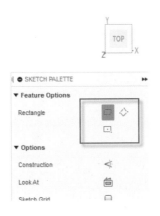

맨 위 좌측처럼 2개의 점을 마우스로 찍어서 대략 그리는 방식(가장 많이 사용)과 바로 우측에 3개의 포인트가 있는 상태에서 3개 포인트를 마우스로 찍어서 사각형을 그리는 방식과 아래 아이콘 기능처럼 사각 중심점과 사각 크기를 정하여 그리는 방법을 선택하여 그릴 수 있다.

여기서는 아무것도 없는 상태이므로 좌측 맨 위 방법으로 그리겠다. 좌표, 즉 XY평면이니까 X좌표 치수, Y좌표 치수를 굳이 불필요하게 입력해서 처음부터 정확하게 그릴 필요는 없다. 왜냐하면 대충 사각형을 그리고 사각의 가로세로 치수를 부여하면 되고, 사각의 꼭짓점이든 센터점이든 간에 상관없이 이동이나 복사시킬 수 있기 때문에 대충 사각형 형상만 치수와 좌표에 구분 없이 2점을 찍어서 그리면 된다. 사각 두 점을 아무 곳에나 찍어서 그렸으면 아래와 같이 CREATE부 화살표가 지시하는 치수 아이콘을 눌러 치수를 넣어주는데, 정확한 사각치수를 가로와 세로에 모두 입력한다.

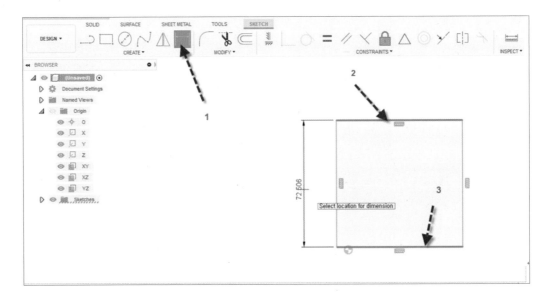

위 2번과 3번의 순서는 바꾸어도 상관없다. 보통 라인의 중간 부분을 선택해 준다. 끝점을 선택하면 가로나 세로나 끝점 부분만 치수가 변경되고 평행이 되지 않는 경우도 있어서다.

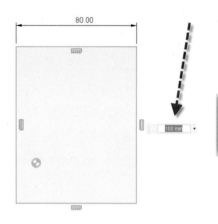

치수를 잘못 입력하거나 변경하려면 치수를 더블 클릭하여 크기를 변경하거나 수정할 수 있다.
아래와 같이 홈을 누르면 등각 뷰가 되면서 화면의 도형이나 솔리드 모델을 모니터 중앙으로 자동으로 오게끔 한다.

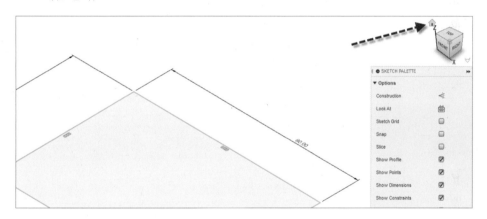

사각형 스케치가 끝났으면 이제 솔리드를 만들기 위해서 스케치 모드를 (우측 상단의 FINISH SKETCH) 눌러 종료한다.

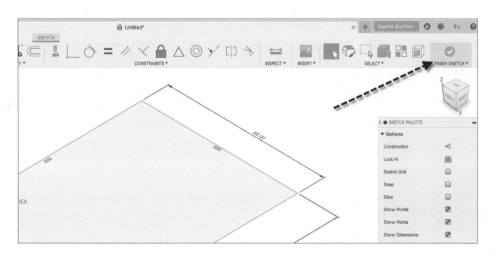

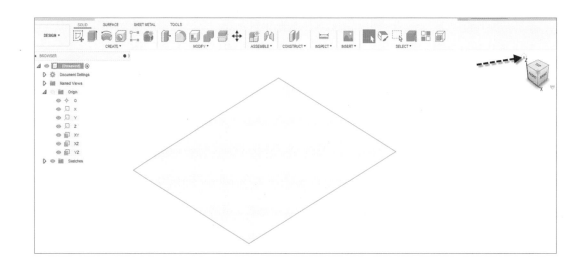

② 퓨삼(퓨전 360, Fusion 360) 3차원 디자인 SOLID(솔리드) 모드

위에서 스케치 모드를 종료하면 아래와 같이 3차원 형상을 디자인할 수 있는 모드로 들어간다.

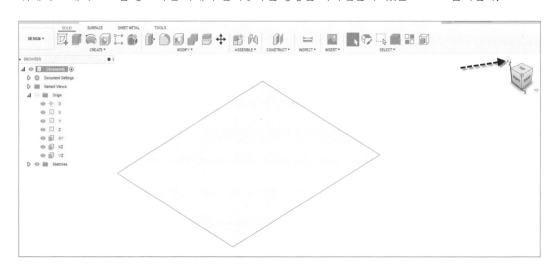

아래에서 1번 돌출 아이콘을 누르면 이제부터는 3차원 형상을 만드는 것이 된다. 퓨삼에서는 크게 3가지의 모델링 방법이 있다. 즉 SOLID 모델링(Create Form 포함), SUFACE 모델링, SHEET METAL(판금) 모델링이 있는데, 각각 전문적인 모델링 방법에 따른 기능을 조합하여 원하는 모델링을 쉽고 편하게 할 수 있게 돼 있다. 이제 이 기본 스케치 도형을 가지고 솔리드 형상을 만들 것인데, 스케치 도형이 솔리드 모드에서의 돌출 기능(Extrude)을 사용함으로써 2D에서 3D가 된다.

여기서는 SOLID 모델링으로 해 보겠다. 이 솔리드 모델링은 항상 스케치 도형의 선들이 모두 이어져야 만들 수 있다는 것을 염두에 두기 바란다. 만약 연결되지 않은 선이 있으면 돌출을 할 수 없기 때문에 이 경우에는 선을 연결해 주거나 SUFACE 모델링으로 하면 된다. (끊어진 선을 찾아내주는 기능은 아래 그림 참조)

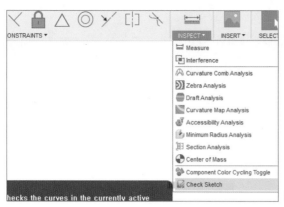

checks the curves in the currently active

(무료제공 앱, 퓨전 360 앱에서 다운로드해야 함)

이제 솔리드 모델링에서 가장 기본적인 돌출 명령을 해 보겠다. 아래의 돌출 명령을 누르면(1번)

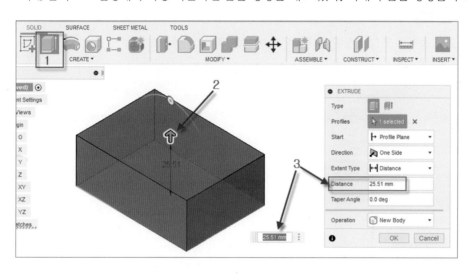

2번과 3번은 아무 쪽이나 치수를 입력해도 상관없다. 돌출높이 치수를 입력해 준다. – 부호를 넣으면 밑으로 돌출된다. 치수를 입력하면 아래와 같이 기본적인 사각형 3D 솔리드 형상이 만들어진다.

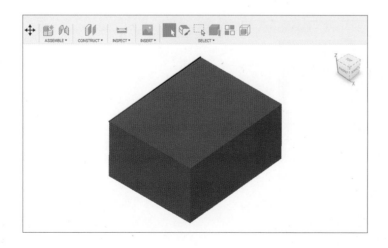

이런 식으로 밀링 부품이면 사각형을 가장 먼저 그리고 돌출시켜서 세부적인 평면이나 모서리를 선택해서 그리면 되고, 선반 부품이면 원을 그린 다음 돌출시켜서 선반 부품을 그리면 된다. 솔리드를 수정 편집하려면 아래와 같이 좌측의 레이어나 하단 타임라인의 해당 아이콘을 더블 클릭하면 수정할 수 있게 된다.

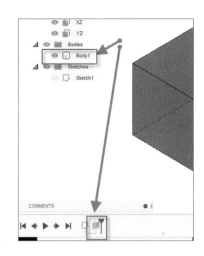

③ 마우스 기본 기능

스케치 모드나 솔리드 모드나 상관없이 마우스 기능은 똑같다. 마우스 기능의 기본 설정은 우측 맨 위쪽의 계정→Preference→General에서 5가지 유형을 선택할 수 있다.

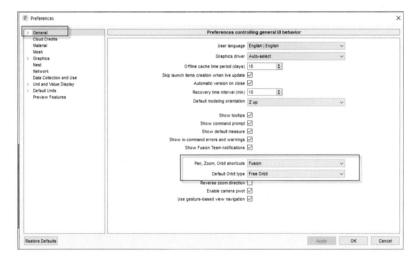

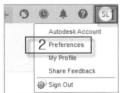

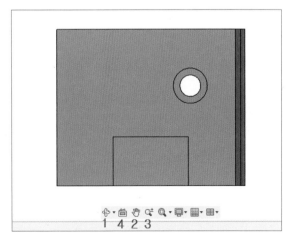

퓨삼에서 마우스와 키보드 사용 방법 중 생성한 솔리드 바디를 회전(1번, orbit)하거나 돌려 볼 때는 Shift키를 누른 상태에서 동시에 마우스 중간 버튼을 누른 상태에서 마우스를 움직인다. (1번) 또한 사방으로 움직이는 pen 기능(2번)은 마우스 중간 버튼을 누른 상태에서 마우스를 움직인다. 그리고 확대 축소(3번)는 중간 버튼을 위로 굴리면 축소, 아래로 굴리면 확대된다. 4번은 솔리드 형상에서 어떤 면이든 그 면만 top view를 하고자 하면 먼저 면을 선택하고 이 기능 버튼을 누르면 그 면만 위에서 볼 수 있게 이동된다.

㉠ PAN 기능

마우스 가운데 버튼을 누른 채로 도형이나 솔리드 형상을 이동시킬 수 있다. 이 이동은 정확한 치수 이동이 아닌 단순한 보기 이동이다. 화면 중앙 하단부에 손바닥 모양의 아이콘이 있지만 이걸 누르고 실행시키는 것은 불편하므로 그냥 마우스 중간 버튼을 누른 상태에서 마우스를 이동하면 화면을 움직이기 편리하다.

㉡ ZOOM 기능

줌(zoom) 기능도 마우스 중간 버튼 휠을 굴리면 크거나 작아지게 하는 기능이다.

㉢ 회전(Orbit) 기능

회전하면서 보는 기능도 Shift 키를 누른 상태에서 마우스 중간 버튼을 누르고 마우스를 움직이면 디자인 모델을 회전하면서 볼 수 있다.

㉣ 마우스 오른쪽 끝 버튼 기능

오른쪽 끝 버튼을 누르면 웬만한 기능들을 실행시킬 수 있게 기능들이 보여진다.

㉤ 마우스 왼쪽 첫째 버튼

도형이나 솔리드를 드래그해서 선택할 때 사용하는 선택 기능을 하는 버튼이다.

④ 생성된 솔리드 형상의 편집

돌출할 때 각도를 넣어서 해보겠다. 우선 돌출된 솔리드 형상을 편집하여 추가로 측면 구배를 주거나 편집한다. 아래 화면의 타임라인 1번 화살표 지시의 솔리드 모양 아이콘을 더블 클릭하면 방금 전 돌출한 형상을 편집할 수 있게 된다.

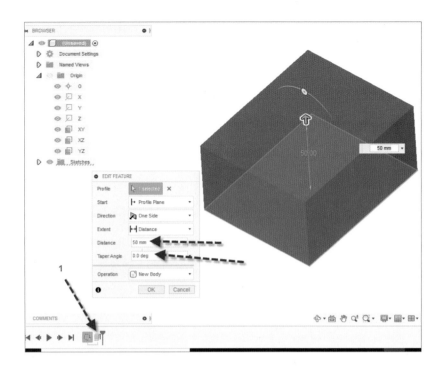

아래는 −20도 Taper Angle을 넣은 것이다. 한쪽 측면들이 −20도씩 기울어지면서 높이 50만큼 돌출시킨 화면이다. 이 각도 옵션은 4면 측면 모두가 동일하게 −20도 기울어진다.

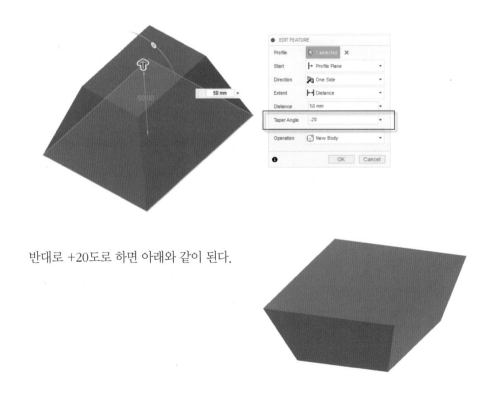

반대로 +20도로 하면 아래와 같이 된다.

위 기능은 솔리드 생성과 함께 하는 각도 주기이고 한쪽 면만 할 때는 뒤에 설명하는 Modify→Draft 기능에서 설명하겠다.

⑤ 솔리드 형상의 수정 작업

그려진 솔리드 형상을 수정하는 작업을 하기 위해서는 MODIFY 기능을 이용해서 수정 작업을 한다. 즉 MODIFY 기능들은 3차원 형상이 기본적으로 만들어진 다음에 사용할 수 있는 기능들이다. 다음 그림과 같이 MODIFY 메뉴바를 누른다.

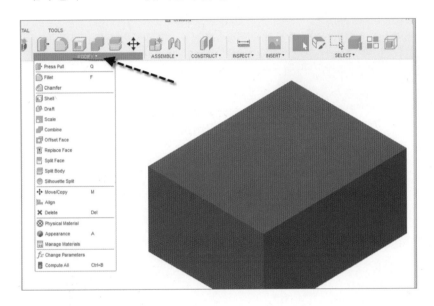

㉠ DRAFT 및 챔퍼(CHAMFER) 기능으로 면 각도 주기

만약 위 솔리드를 부분적으로 면의 각도를 주고 측면을 서로 다르게 각도를 주려면 우선 각도 없이 돌출한 다음 DRAFT 기능이나 CHAMFER 기능으로 측면 구배를 준다. 즉 면의 기울기(면의 각도)를 주는 기능이다. 퓨삼이나 인벤터에서는 면 기울기가 DRAFT 기능이다.

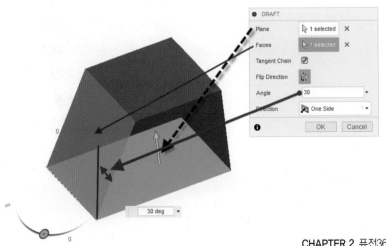

DRAFT(면구배 주는 기능)를 살펴보면 먼저 면 기울기의 기준이 되는 면, 즉 Plane(각도의 기준이 될 면)을 선택하는데 솔리드 바디를 돌려서 아래면을 선택한다. 그리고 기울기 방향이 되는 흰색 화살표(파란색 점선) 방향을 마우스로 클릭해서 위로 바꿔 준다. 다음 구배(기울기) 시킬 면(검은색 화살표 지시의 파란색 면)이 되는 설정의 Faces를 선택한다. 각도는 30도로 설정할건데, 이 30도 는 분홍색 양쪽 화살표로 지시한 크기이다. 다 설정됐으면 ok를 누른다. 이런 방법으로 면 기울기 (구배)가 필요한 면을 추가로 선택해서 작업한다.

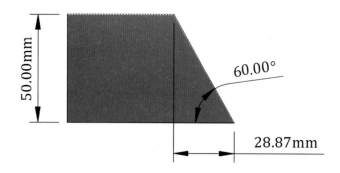

실제 위와 같이 그려지는데 이것을 챔퍼 기능을 사용하여 할 수도 있지만 번거롭다. 왜냐하면 위 치수에서 높이 50과 28.87을 먼저 알고 있어야 하기 때문이다.

아래와 같이 챔퍼 기능으로 해보면 먼저 해당 모서리를 선택한다.

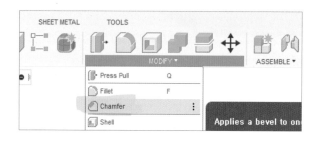

이해를 돕기 위해 반대쪽 모서리 를 선택하겠다.

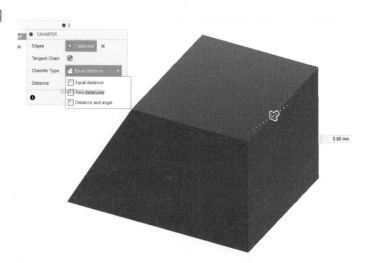

챔퍼 기능에는 3가지 유형이 있는데 모서리를 기준으로 양쪽 거리가 같은 타입(Equal distance)
과 모서리를 기준으로 거리가 다른 챔퍼(Two distances), 마지막으로 거리와 각도를 넣어서 챔퍼
모델링을 하는 (Distance and angle) 방법이 있는데, 여기서는 2개의 거리를 알고 있으므로 Two
distances로 하려면 아래와 같이 2개의 치수를 입력해 준다.

먼저 위 그림과 같이 모서리를 선택하고 아래와 같이 2개의 치수 값을 입력한다.

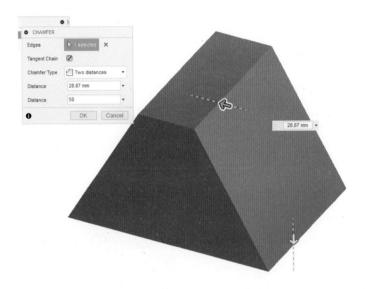

그러면 위와 같이 Draft 기능처럼 구배를 줄 수 있다. 여기서 알 수 있는 것은 디자인은 위와 같이
어렵게 해서는 안 된다. 가장 효율적이고 쉬운 방법의 기능을 선택해서 사용해야 된다는 걸 느낄
수 있다. 구배를 주는 방법에는 크게 2가지 방법이 있지만 Draft를 사용하게 되면 굳이 치수 값을
알 필요가 없기 때문에 Draft를 사용하는 편이 훨씬 빠르다. 그래서 챔퍼 기능은 단순하게 모서리
만 간단하게 처리할 때 사용하는 것이 낫다. 챔퍼는 보통 모서리를 기준으로 챔퍼 크기나(도면C 크
기), 각도나 치수를 알고 있을 때 사용한다.

위 그림에서 좌측 구배는 Draft 기능을 이용했고, 우측은 Chamfer 기능을 이용해서 작업했다. 만
약 위와 같이 작업하지 않고 측면에서 스케치로 미리 각도 형상을 그리고 돌출을 하는 방법으로 디
자인 해도 동일한 형상을 만들 수 있다. 아래와 같이 해보자. 먼저 위 2가지 방법으로 만든 것을 지
우기 위해 타임라인에서 Draft와 Chamfer 작업한 것을 선택해서 삭제하겠다.

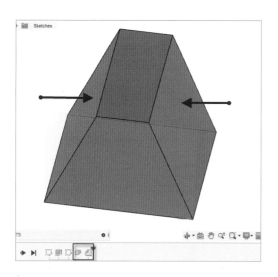

그러면 아래와 같이 돌출했던 과정까지만 남게 되면서 아래와 같이 모델링이 변한다.

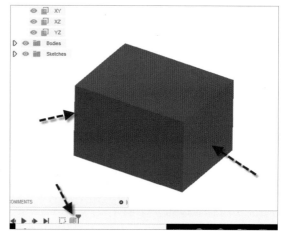

이제 위 그림에서 보이는 정면을 선택해서 스케치한다. 먼저 정면 스케치를 추가하기 위해 아래와 같이 스케치 면을 선택한다. 마우스로 스케치 추가(1번)를 누른 다음 스케치를 추가할 면을 선택(2번)한다.

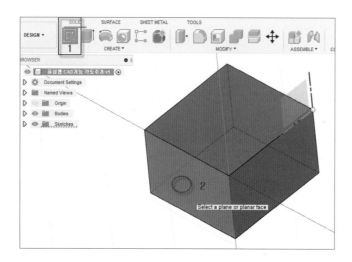

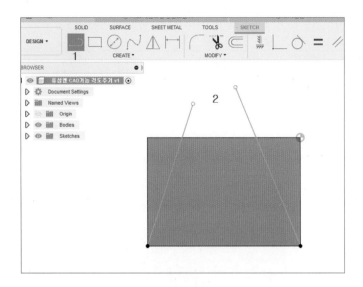

위와 같이 라인을 그릴 때 하단 모서리 점(검은색 점)은 정확하게 찍고 라인은 대략적인 선만 그린다. 그리고 다음 그림과 같이 각도 치수를 부여한다. 여기까지는 대략적인 각도 치수이므로 정확한 각도 치수를 입력하기 위해 치수를 더블 클릭해서 정확한 각도 치수 값을 입력해 준다.

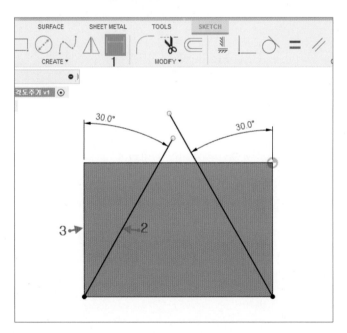

위 그림에서 먼저 각도 치수를 넣기 위해 치수 입력 아이콘을 누르고(1번) 다음 라인(선)을 선택하고 3번째로 기준이 되는 솔리드 모델의 선을 선택해서 각도 치수를 생성시킨다. 생성된 각도 치수가 정확하게 30도가 되지 않으므로 각도 치수를 더블 클릭해서 30도로 맞춰 준다. 위와 같은 방법으로 우측도 각도 치수를 입력하고 스케치 모드를 마친다.

아래와 같이 돌출(EXTRUDE) 기능을 선택하는데 번호 순서대로 선택과 설정을 한다.

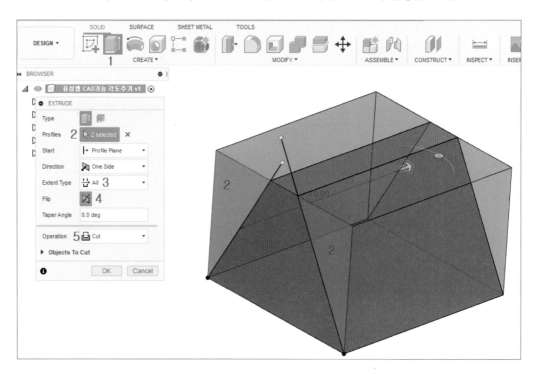

위 그림에서 1번 돌출 기능을 선택한 다음 2번 Profile 면을 선택한다. 마우스를 돌출될 2번 면 2개 면에 이동하면 자동으로 돌출될 면이 빨간색으로 활성화 되는데, 이때 활성화 되는 모양이 맞으면 선택한다. 3번은 깊이나 길이에 상관없이 모두 돌출시키려 할 때 All을 선택하고 4번은 역방향일 경우 선택해 준다. 5번은 돌출은 하지만 솔리드 면을 제거하면서 돌출하려고 하기 때문에 cut, 즉 잘라내기 기능을 사용했다. 모든 설정이 제대로 선택이나 설정되면 ok 버튼이 활성화되는데 ok를 누르면 아래와 같이 디자인된다. 여기서 ok 버튼이 활성화되지 않으면 설정이나 선택에 뭔가 문제가 있기 때문에 안 되는 것이므로 바꿔 줘야 한다.

위와 같이 결과만 놓고 보면 Draft나 chamfer 기능을 사용해서 했던 것과 동일한 결과물을 얻는데, 앞서 설명한 것처럼 디자인 방법과 기능은 여러 가지인데 어떤 것이 쉽고 빠르고 나중에 편집하기 쉬운 것인가를 여러 기능을 사용해 보고 익히는 것이 중요하다.

ⓒ 필렛(코너R, FILLET) 작업

모서리 R을 주는 작업이다. 먼저 그려진 솔리드 모델의 모서리를 선택해서 원하는 크기의 필렛을 준다.

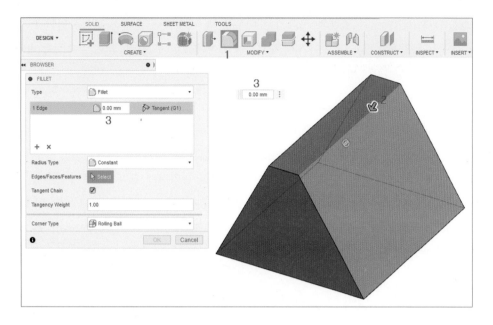

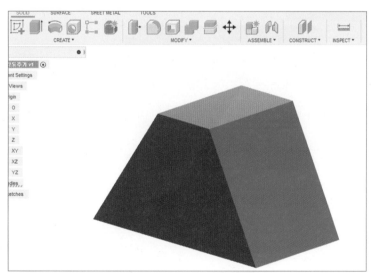

먼저 MODIFY에서 FILLET 아이콘을 누르고(1번), 작업하고자 하는 모서리를 선택하고(2번) 필렛 값을 입력(3번)한다.

보통 3D 디자인에서는 필렛과 모따기는 대부분 맨 마지막에 추가하거나 작업한다. 3D 형상 BODY를 먼저 만든 다음 이 BODY에 세부적인 홀이나 모따기, 필렛, 각도 주기 등을 작업하는 것이 기본적인 3D 디자인 방법의 순서이다.

ⓒ Press Pull 작업과 Offset Face 기능

이 기능은 솔리드 형상이 만들어진 상태에서 다시 스케치 모드로 가서 도형을 그리지 않고 바로 돌출 기능을 쉽게 편집한다고 보면 되는데, 솔리드 형상을 늘리거나 축소시키는 기능이다.

스케일 기능처럼 전체를 늘리거나 축소시키는 것이 아니라 면의 선택 부분만 연장하거나 축소하는 기능이다. Offsetface 기능과 비슷할 수도 있겠지만 offsetface는 지정 면뿐만 아니라 지정된 면 주위의 연결된 면도 스케일 기능 같이 확대 축소가 되기 때문에 Press Pull과는 동일한 부분도 있지만 다르다.

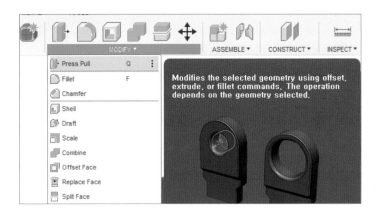

아래 모델링의 필렛 부분을 통해 Press Pull과 Offset Face 기능의 차이를 보겠다. 먼저 좌측 첫 번째는 수정 전 원본 모델링, 중간은 Press Pull 수정 과정, 맨 우측은 Offset Face 수정 과정을 보인 것이다.

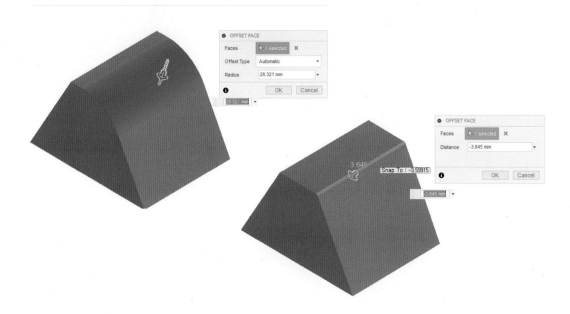

⑥ 솔리드 형상 이동 복사 PATTERN

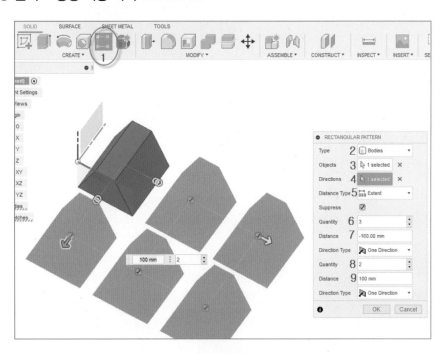

위와 같이 동일한 모델링이 일정한 간격으로 여러 개일 경우에 1개의 BODY만 완전하게 그린 다음 패턴 기능을 이용하여 여러 개를 일정한 피치대로 이동 복사할 수 있다.

퓨전 360은 면이나 피쳐, 바디, 컴포넌트(조립품) 등 몇 가지를 선택해서 이동 복사할 수 있다.

2번 설정은 복사를 하는 개체가 전체 바디를 선택할 것인지 아니면 다른 부분을 선택할 것인지 세부 선택 구분을 해준다. 3번은 1개의 개체만 복사하기 위해 선택되었다는 것을 나타내고, 4번은 복사할 방향을 선택해 준다. 대부분 모서리를 선택한다. 5번은 피치(복사거리)를 어떤 방식으로 정할 것인지를 선택해 준다.

⑦ 스케일(SCALE) 기능

스케치나 솔리드 형상을 확대하거나 축소시킬 수 있다. 아래는 기존 솔리드 형상을 2배 스케일한 것이다.

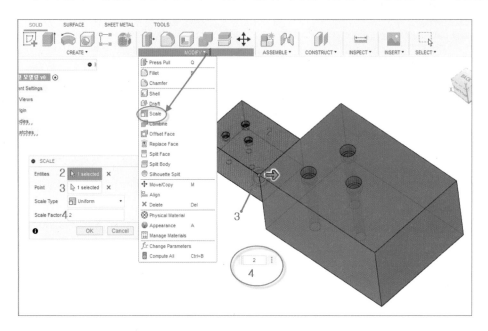

위 그림에서 먼저 스케일 기능을 선택(1번)한 다음 스케일한 원본 솔리드 형상을 선택(2번)한다. 다음 확대 축소 기준점(3번의 꼭짓점)을 지정해 준다. 그리고 2배 확대를 하기 위해 2를 적었다. (4번) 만약 절반으로 축소하려면 0.5를 넣으면 된다.

스케치 모드에서도 위와 동일한 기능으로 스케치 도형들을 확대, 축소시킬 수 있다.

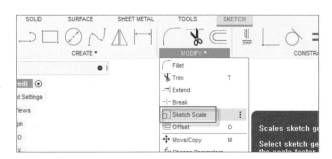

참고로 DWG나 DXF 파일을 불러와서 활용할 경우 가장 먼저 할 작업은 도면의 치수 크기와 실제 도형 크기의 비율이 1:1로 맞는지 확인하는 작업, 즉 스케일을 확인해야 한다. 그래서 맞지 않으면 비율을 맞춰야 한다.

② 스케치 모드와 원형 디자인

부품에서 사각 형상과 크게 나누는 형상은 원형의 부품이다. 주로 선반가공품이 되는데 선반가공품뿐만 아니라 밀링(MCT) 공구도 원형 형상이 많기 때문에 원형 형상을 어떻게 3D 디자인 하는지 알아보자.

① 퓨삼(fusion 360) 스케치 모드에서의 원형 형상 그리기

원형 형상을 그리는 방법은 크게 2가지로 나눈다. 즉 원형 형상의 축 중심으로 한쪽만 스케치를 해서 회전 돌출하는 방법과 원의 돌출을 단계별로 해 나가면서 솔리드 형상을 연결해 나가는 방법이 있다. 가장 간단하게 2단 선반 부품을 아래와 같이 모델링 하는 방법을 알아보겠다.

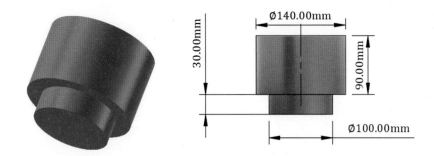

㉠ 축 중심으로 회전 돌출하는 방법

축 부품의 중심선에서 절반, 즉 한쪽만 스케치하여 회전 돌출해서 만드는 방법이다. 먼저 스케치 모드에서 모두 연결된 반쪽 형상을 아래와 같이 스케치한다.

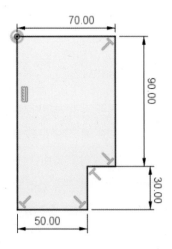

스케치는 아래와 같이 대략 그린다. 퓨삼은 선을 그릴 때 현재 그리는 치수를 보여 주기 때문에 대략 그려도 근사값의 치수로 그릴 수 있다.

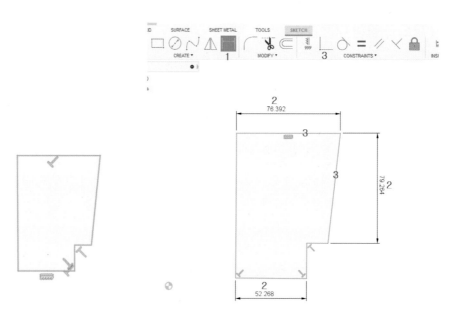

위 그림에서 좌측과 같이 대략적인 스케치로 도형을 그린 다음 우측과 같이 치수를 부여하고(1번, 2번) 다음 3번의 2개 선을 선택하고 구속 조건 중에 직각 구속 조건을 주어서 원하고자 하는 스케치 형상대로 만든다. 다른 방법으로는 아래와 같이 있는 상태에서 먼저 직각 구속 조건을 모두 주어도 된다.

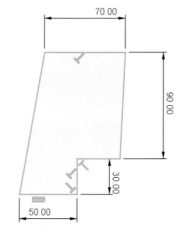

위 그림은 치수만 부여하고 직각 구속 조건을 주지 않았기 때문에 위와 같이 보인다. 따라서 위와 같이 대략적인 선을 그린 다음에는 직각구속 조건을 주어야 한다. 그릴 때 직각 구속 조건이나 기타 구속 조건들이 선을 똑바로 그리면 자동으로 주어지기도 하나 그러지 않고 최대한 자동 구속 조건을 무시하고 스케치 하면 위와 같이 별도로 구속 조건을 주어야 한다. 이 구속 조건도 삭제가 가능하다. 구속 조건 표시를 선택해서 지우면 구속 조건이 해제되어 자유자재로 움직일 수 있다. 스케치를 마무리했으면 스케치 모드를 종료하고 솔리드 기능 모드를 다음과 같이 사용한다.

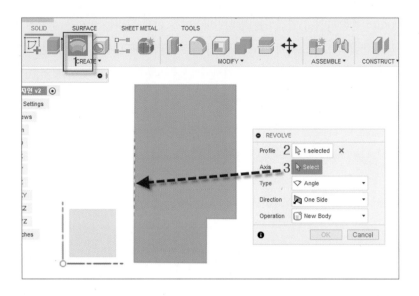

위와 같이 Revolve(1번 아이콘) 기능을 선택하고 2번 프로파일(Profile)을 선택(마우스를 갖다 대면 자동 선택된 연결된 선은 활성화 돼서 보임)한 다음 회전축(Axis)을 선택(3번)하고서 ok를 누르면 된다. 위 기능 중에 마지막 operation 선택에서 New Body는 독립된 개별 형상을 만들면서 생성시키는 것이고, Join은 형상은 만들되 기존 body에 합쳐서 기존 body로 되면서 만드는 것이고, cut은 절단이나 형상을 돌출 크기만큼 없애면서(절단이나 삭제) 만드는 것이고, Intersect는 교차되는 부분, 즉 중첩되는 부분 형상만 남기고 기존 형상은 제거되면서 만드는 기능이다.

ⓒ 원의 돌출을 연결해 나가는 방법

원의 지름만 그린 다음 솔리드 돌출을 해서 단계별로 연결해 나가는 방법이 있다. 스케치 파일, 즉 2D CAD 파일을 불러와서 그리는 경우가 아니라면 이 방법이 좀 편리할 수 있다.

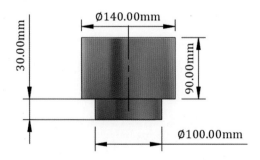

즉 먼저 100파이 원을 스케치하고 종료한 다음 30mm 크기로 돌출시켜서 솔리드를 생성시킨 다음 솔리드 단면에 스케치를 생성하고 스케치 모드에서 140파이 원을 그려서 스케치 종료 후 다시 솔

리드 모드에서 90mm 돌출시켜서 연결하는 방식이다. 이제 실제 그리는 방법을 순차적으로 알아보자. 이번에는 원을 대략적으로 그리지 않고 그릴 때 바로 정확하게 100을 입력해 보도록 한다. 먼저 스케치를 추가(1번)하고 스케치할 평면을 정하기 위해 스케치 평면을 보이게 하고(2번) 스케치 평면을 선택한다. (3번) 보통 XY평면을 선택한다.

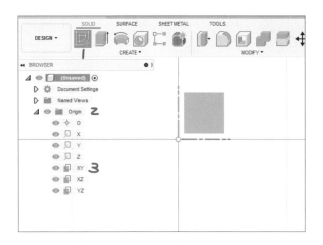

다음 그림과 같이 원을 그리기 위해 원 모양을 선택하고(1번) 마우스로 아무 위치나 원의 중심점을 찍는다. (2번) 그리고 원의 크기를 정하기 위해 원의 중심에서 바깥쪽으로 마우스를 끌면 원의 치수를 입력할 수 있는데, 이때 마우스 포인터를 중심점 외곽으로 끌면 원의 크기 치수가 움직임에 따라 바뀌면서 지름 크기를 입력할 수 있는 입력창이 활성화 되는데 100 치수를 입력(3번)하면 된다.

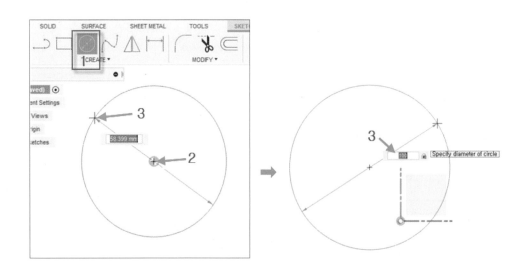

위 58.399 치수 입력란이 파랗게 활성화되고 마우스 움직임에 따라 치수 변화가 있는데 무시하고 그냥 오른쪽 그림과 같이 키보드로 100을 입력하면 된다.

그런 다음 아래와 같이 FINISH SKETCH를 눌러 스케치 모드를 빠져나간다. (스케치 모드 종료)

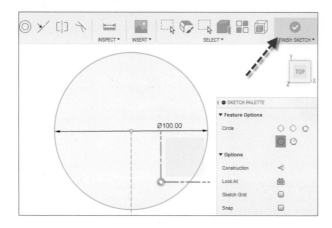

다음 그림과 같이 돌출되는 것을 쉽게 보기 위해 보는 방향을 홈 화면으로 눌러서 바꾼다(1번), 퓨전 홈 뷰(view) 화면은 등각 뷰이다.

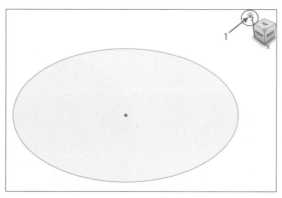

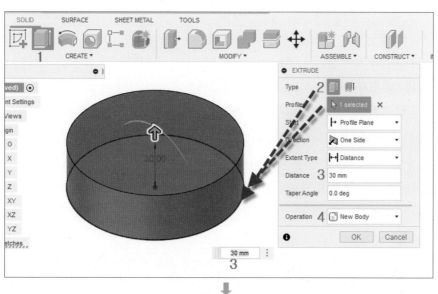

원을 솔리드로 만들기 위해서 돌출 기능을 선택(1번)하고 돌출될 프로파일 형상을 선택한 다음(2번) 치수 30을 입력한다. (3번) 물론 신규 body(4번)로 선택하고 ok 버튼을 누르면 아래와 같이 1단계 솔리드 원이 생성된다. (오른쪽 그림)

이제 2단계 원 지름 140에 길이 90mm를 그리기 위해 먼저 생성된 지름 100파이의 한쪽 단면을 다음 그림과 같이 추가(1번) 하고 스케치 평면으로 선택(2번) 한다.

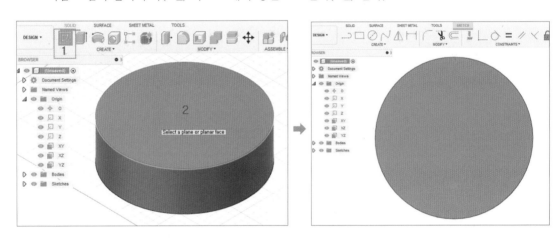

위 오른쪽 그림과 같이 솔리드 면을 선택하면 이 면이 스케치 평면으로 되고 선택한 솔리드 면에 스케치할 수 있도록 스케치 모드로 넘어간다. 다음 그림과 같이 원 스케치 아이콘을 선택(1번)한 다음 선택 옵션인 원의 센터를 찍고 그리는 원으로 선택(2번인데 자동 선택되어짐)한다. 우측 circle 옵션 사항에 5가지 그리는 방법 화면이 나타나는데 이 옵션에서 편리한 것을 선택하여 그리면 된다. 5가지 중에 사분점을 알 때 그리는 방법, 3개의 직선 접선이 있을 때 그리는 방법, 2개의 접선이 있고 그 사이에 원의 지름이 정해질 때 그리는 방법 등 5가지 방법 중에 선택해서 그리면 된다. 여기서는 가장 기본이 되는 자동으로 선택되어진 원의 센터를 정하고 지름을 정하는 방법(2번)으로 원을 그리겠다.

원의 센터 부근으로 마우스 화살표 포인터를 가져가면 초록색 작은 원이 활성화되면서 원의 센터 점을 찍을 수 있다. (3번)

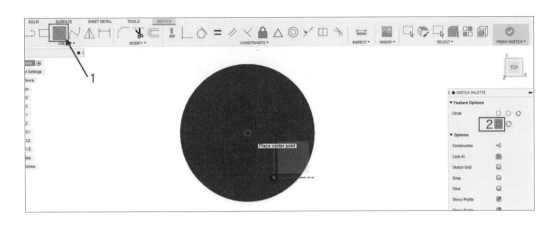

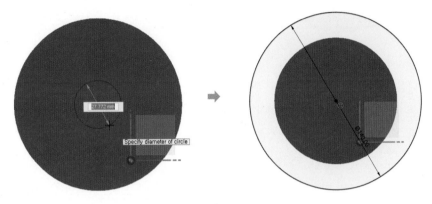

위 그림과 같이 원의 센터점을 찍고 센터 외곽으로 마우스를 움직이면 치수 입력창이 활성화 되는 데, 바로 키보드로 140을 입력하면 오른쪽 그림과 같이 된다. 지름 140 원이 그려진다.

앞서 설명한 것처럼 스케치 모드 종료 후 홈뷰를 누르고 솔리드 돌출 기능을 눌러서 먼저 돌출할 스케치 형상(2번)을 선택해야 하는데, 2개의 스케치 활성화 단면을 선택해야 한다. 즉 2-1과 2-2 를 선택한다.

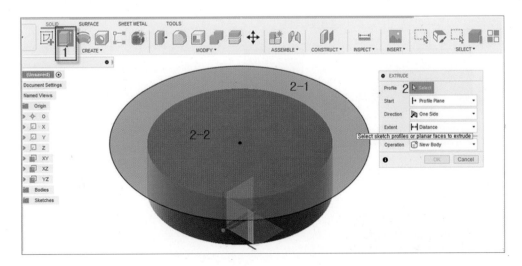

그러면 다음 2와 같이 profile 선택에 2select이라고 되고 2개 단면, 즉 140mm 원 단면적이 모두 선택된다.

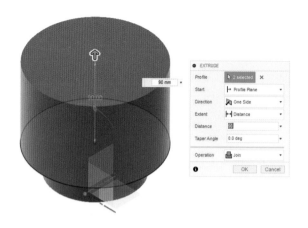

그런 다음 돌출길이 90을 입력하고 위 그림과 같이 operation을 Join으로 선택하면 솔리드 body가 기존 바디에 90mm가 연결되면서 하나의 body로 생성된다. 즉 위와 같은 디자인 방법으로 하는 것이 좀 쉬울 수도 있겠다.

위에서 살펴본 2가지 방법, 즉 673쪽(㉠)과 675쪽(㉡)에서 설명한 방법이 있는데, 2D 도면을 불러와서 할 경우는 1번 방법이, 그냥 처음부터 그려서 만들 때는 2번 방법이 좋을 것 같다.

③ 홀(구멍, hole) 디자인

구멍 종류의 모델링은 기본적으로 솔리드 body가 있는 상태에서 추가되는 것이 대부분이다. 즉 카운터 구멍, 드릴 구멍, tap 구멍 등이다.

아래 홀이 있는 사각형 제품 디자인을 해보겠다.

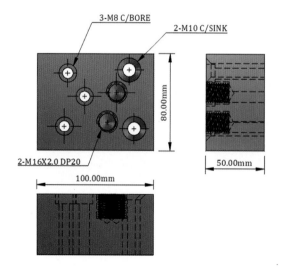

① 홀 디자인 이전에 솔리드 바디를 생성시켜라

부품 형상이나 어떤 제품이든지 구멍 디자인은 바디 모델링이 돼있는 상태에서 추가하는 개념으로 디자인한다. 또한 실제 가공제작 순서도 모델링 순서와 동일하다.

다음과 같이 앞서 배운 방식으로 사각형을 그린다.

② 홀이 생성될 스케치 면에 포인터를 찍어라

인벤터 CAD도 마찬가지이고 대부분 3D CAD 프로그램이 그렇지만 홀을 그리는 방법은 크게 2가지인데, 그 중 포인트를 스케치 평면에 찍고 홀 디자인 기능을 이용하는 것이다.

다음과 같다. 스케치 모드에서 점을 찍어야 한다.

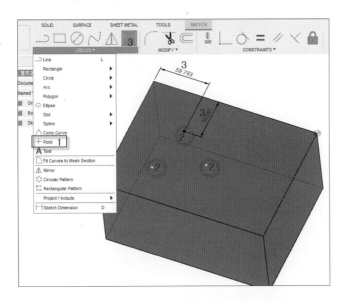

먼저 솔리드의 홀이 생성될 FACE(평면)를 스케치 면으로 선택한 다음 스케치 모드에서 그 면 위에 CREATE 기능에서 Point, 즉 점을 찍는 기능을 선택(1번)하여 대략적인 위치에 홀이 생성될 기초점을 찍는다. (2번) 그리고 치수 입력 기능 아이콘을 눌러서 정확한 거리 치수를 입력(3번)한다. 다음 그림 처럼 스케치 모드를 빠져 나가서

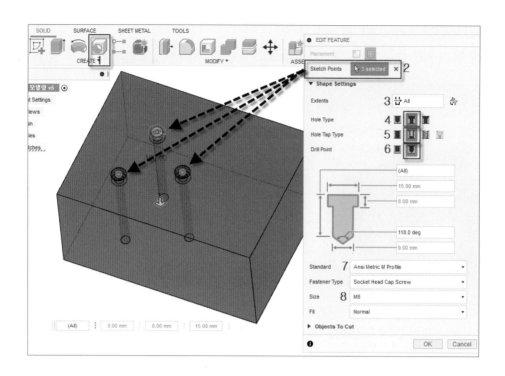

위 그림에서 홀피쳐 생성 아이콘을 클릭하고 스케치에서 찍었던 포인트 3개를 선택한다. (2번) 카운터 보어(렌치볼트 삽입홀)로 디자인할 것이므로 Extents를 모두 관통(3번)인 All로 선택한 다음 홀 타입을 '카운터 보어'로 선택(4번)하고 Hole Tap Type을 'Clearance'로 해서 크기별로 정리된 카운터 보

어를 확인(8번)하여 선택한다. (5번) 만약 'Clearance'로 선택하지 않으면 규격 치수를 일일이 입력해 줘야 하므로 규격 카운터 보어를 디자인할 경우는 반드시 'Clearance'를 선택해서 자동으로 세부 크기가 들어갈 수 있게 하는 것이 편리하다. 그리고 관통을 선택해서 의미 없지만 드릴 끝 모양을 선택해 준다. 카운터 크기는 미터나사의 M Profile을 선택하고 카운터 보어 크기는 M8을 선택(8번)한다. 이런 방식으로 위 4번 Hole Type 3가지 유형을 바꿔서 드릴, 탭, 접시머리 볼트홀의 홀들을 디자인한다.

참고로 위 그림의 노란색 Modeled를 체크할 경우 2D CAD 파일을 내보내기한 후 CAM에서 불러올 때 2D 원 인식을 못할 수 있다.

여러 가지 구멍 형상이 있겠지만 위와 같이 자주 부품 디자인에 사용하는 홀 유형 외에는 별도로 원을 그려서 돌출로 해서 그려야 된다. 그러나 한 가지 알아야 할 것은 퓨삼은 도면을 그릴 때 인벤터 CAD의 경우처럼 치수 부여 시 홀 디자인 기능을 이용해서 디자인한 홀의 도면 작성 시 치수를 부여하는데 디자인 홀 정보를 그대로 가지고 올 수 있기 때문에 카운터 보어나, 탭, 카운터 싱크 등은 별도로 기입하지 않아도 한 번 클릭으로 같은 홀들은 설정값을 한 번에 인식해서 수량 파악까지도 가능해진다. 이 기능은 HOLE TABLE 기능이고 기본적인 홀 정보를 자동 표시해 주기도 한다. 그래서 스케치에서 포인트를 찍을 때 될 수 있으면 동일한 홀들은 동일한 스케치 생성 때 모두 포인트를 찍어서 홀 디자인을 하는 것이 좋다. 그래야 생성된 홀들에 한해서 수량까지도 인식하는 기능이 적용된다. 3D CAM 가공에서는 모델링 파일을 불러올 경우 자동 홀 인식을 해서 편리하게 가공할 수 있다. 즉 동일한 크기와 유형의 구멍일지라도 깊이가 다르게 디자인한 것까지 3D CAM에서는 자동 인식하게 된다.

그래서 요즘은 2D 가공보다는 3D 가공을 하려는 이유가 바로 이런 기능 때문이다. 3D로 가공하기 위해서는 3D 디자인된 부품 파일을 불러오거나 3D 모델링을 해서 가공해야 하는 번거로움도 있다. 또한 수주처에서 도면만 받아서 3D 가공하기 위해 별도로 모델링 하는 과정에서 모델링을 잘못하게 되면 그대로 가공되어서 제품 불량까지도 이어지는 문제가 있다.

하지만 3D CAM 가공은 이처럼 자동인식 기능이 좋기 때문에 선호한다. 홀 크기나 깊이, 홀 유형, 돌출 깊이, 장홀이나 곡면 등 자동으로 인식해서 절삭 깊이나 공구지름 선정을 자동으로 선택하고 인식하는 기능 때문에 편리하기도 하고 실수로 잘못 기입하는 문제 때문에 불량이 발생되는 것을 방지한다.

④ 작업 평면, 데이텀(기준), CONSTRUCT(구조, 건설, 세움)

기본적으로 제공하는 평면 XY, YZ, ZX 외에 디자인을 하다 보면 스케치할 평면, 중심축, 기준점 등을 원하는 위치에 자유롭게 만들어야 할 필요가 생기게 된다. 이때 사용하는 기능이 바로 퓨전 360에서는 CONSTRUCT 메뉴이다.

① 로프트 디자인 기능과 offset 작업 평면 생성의 연관성

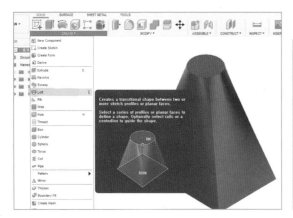

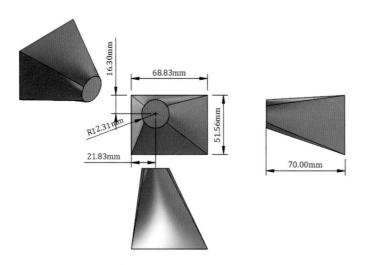

위의 로프트(Loft) 기능으로 위와 같은 서로 다른 형태의 도형을 자연스럽게 연결하면서 3D 형상을 만들 수 있다. 이 디자인을 하려면 높이가 다른 작업 평면을 생성시켜야 한다. 즉 평면도 상에는 XY 좌표가 한 기준점이지만 높이가 위와 같이 70mm 정도 차이가 나야 하기 때문에 높이 70mm 차이 나는 각각의 스케치 평면을 만들고 이 스케치 평면 아래쪽은 사각형을, 70mm 위쪽 스케치 평면에는 원을 그려서 로프트 기능을 사용하면 위와 같이 만들어진다. 다음에서 세부적 순서를 알아보자.

㉠ 먼저 도형 한쪽 스케치를 해라

원이든지 사각형이든 어떤 쪽이든지 결정하여 먼저 스케치를 한다. 여기서는 사각형부터 하겠다.

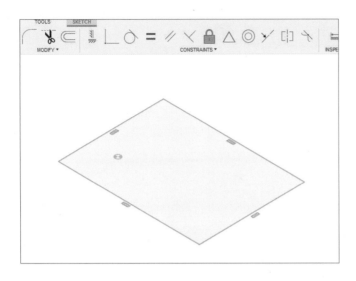

위 그림의 좌측과 같이 스케치 평면을 정하고 사각형을 그린 다음 스케치를 종료한다.

ⓛ 두 번째 도형 스케치를 하기 위해 작업 평면을 생성한다.

다음과 같이 솔리드 생성 모드에서 CONSTRUCT→ Offset Plane 기능을 선택하여 사각형이 그려진 평면에서 위쪽으로 70mm 떨어진 거리에 작업 평면을 생성시킨다.

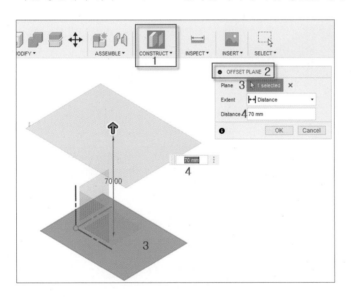

위 그림과 같이 OFFSET PLANE을 선택하고(1번, 2번) 기준이 될 평면을 선택하는데 사각형이 그려졌으므로 사각형을 선택(3번)하면 사각형이 그려진 기준 평면이 선택된다. (3번) 다음 위로 70mm 지점에 새로운 작업 평면을 생성시킨다. (4번)

아래와 같이 잘 보이지 않지만 핑크색 작업 평면이 새롭게 만들어진다.

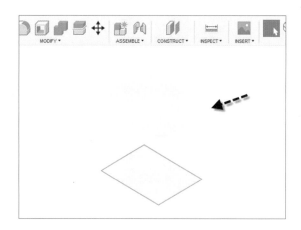

ⓒ 두 번째 원 도형을 생성시켜서 로프트 디자인 완성

이제 기존 사각 도형 위쪽 70mm에 새롭게 생성된 작업 평면에 원을 그리려면 아래와 같이 스케치를 생성(1번)시키기 위해 70mm 위에 생성된 작업 평면을 선택(2번)한다.

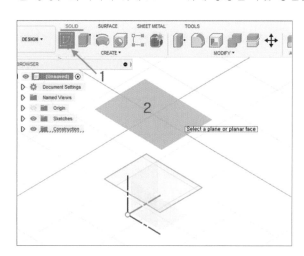

위 그림과 같이 2번을 선택하면 스케치 평면이 되면서 스케치 모드로 들어간다.

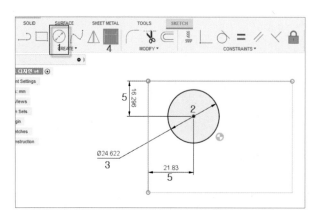

먼저 원을 그리기 위해 1번 아이콘을 선택해서 기존 사각 도형 안에 중심점 부근에 마우스 포인터를 찍고 바깥쪽으로 마우스를 이동하면서 원을 그린다. 원 치수에 24.62(치수 입력란에 12.31 * 2 해도 됨)를 입력하여 원의 지름을 맞춘다. 그리고 거리 치수를 정확하게 부여하기 위해 치수 입력 아이콘을 누른다. (4번) 사각 선과 원의 중심 포인터를 각각 찍어서 거리를 정확하게 도면과 같이 입력한다. (5번) 원을 그렸으면 스케치 모드를 종료한다. 홈 화면뷰를 누르면 아래와 같은 화면(좌측)이 나온다.

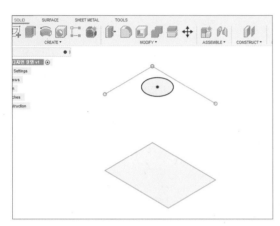
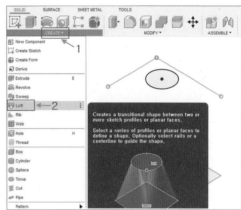

이제 위 우측 그림처럼 로프트(Loft)를 실행시켜서 로프트 디자인을 설정한다.

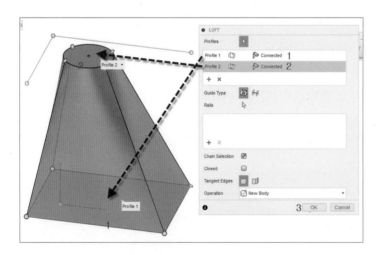

먼저 2개의 프로파일 도형을 선택해야 하는데 먼저 사각 도형을 마우스로 선택한다. (1번) 다음 원 도형을 선택한다. (2번) 그러면 위 그림과 같이 로프트된 형상을 보게 되는데 맞으면 ok 버튼을 누른다. (3번)

ⓔ 경로(Rails)가 있는 로프트 디자인 방법

아래와 같이 앞서 디자인한 로프트 도면을 참고하여 사각형 센터점과 원의 센터점을 잇는 센터 라인(경로가 될 선)을 그려야 하는데, 측면도를 스케치 평면으로 해서 그린 다음 이 센터 라인을 경로로 가지는 아래와 같은 로프트 기능을 사용해 보겠다.

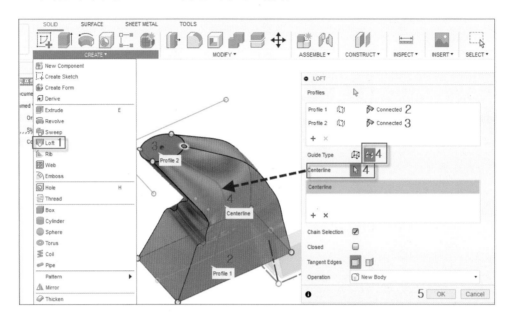

먼저 앞서 설명한 대로 사각형과 원을 서로 다른 작업 평면에 그린다. 단 사각형 스케치를 편집하여 위 로프트가 완성된 sample 그림과 같이 센터점을 찍을 수 있게 중간점에 라인을 긋는다. 라인을 긋기 위해 기존 스케치를 편집해야 하는데, 위 그림 좌측 하단의 타임라인의 스케치를 마우스 포인터를 대고(1번) 마우스 맨 오른쪽 버튼을 눌러 Edit Sketch(2번)를 누른다. 또는 좌측 상단의 스케치 레이어를 동일하게 마우스 포인터를 대고 마우스 맨 오른쪽 버튼을 눌러 Edit Sketch(2번)를 누른다.

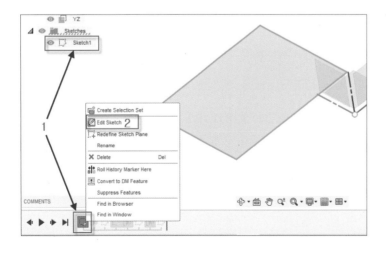

위 그림과 같이 2개 라인을 그릴 필요 없이 다음 그림과 같이 센터점만 인식할 수 있게 라인 1개만 그려도 되는데, 라인 스케치를 선택(1번)하고 중간점 두 곳을 선택(2번)하면 3번과 같이 라인이 그려진다.

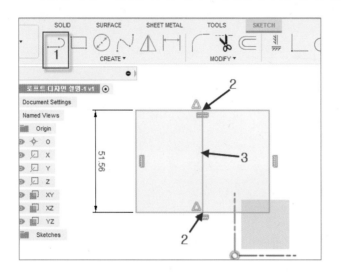

이제 로프트 기능의 설정 중에 센터라인을 그리기 위해 스케치 평면을 만드는데 센터라인의 끝점, 즉 사각형의 센터와 원의 센터가 동일한 작업 평면에 존재하지 않기 때문에 스케치 평면을 잡는데 아래와 같이 평면의 기준점이 없고 원과 사각의 직각평면이 되는 측면 방향인 XZ나 YZ 평면 중에 1개를 선택해서 한다. 여기에서는 다음 그림과 같이 스케치를 추가(1번)하고 XZ 평면을 선택한다. (2번)

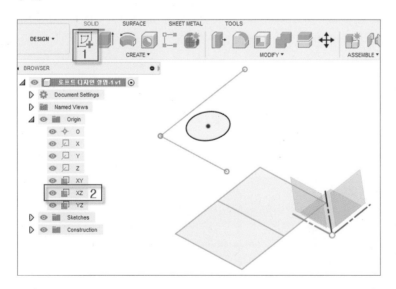

다음 그림과 같이 센터라인을 그리는데 센터라인이 동일한 스케치 평면이 아니기 때문에 이럴 때는 아래와 같이 스케치 라인을 그리기 전에 먼저 3D Sketch 기능을 체크한다. (1번)

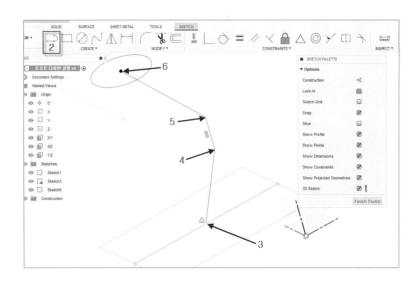

3D Sketch는 위와 같이 동일 스케치 평면이 아닌 곳에 도형을 그릴 때 사용되며 위치가 x, y, z점을 가지고 있는 점이나 도형을 그릴 때 사용된다. 다음 직선을 그리는데 먼저 사각형 중간선의 중간점을 찍고(3번) 4번과 5번을 찍어 선을 그리고 마지막으로 원의 센터점을 찍어서 선 그리기를 종료한다.

다음 4번, 5번 점같이 선이 꺾이는 점에는 별도의 프로파일을 생성시켜야 로프트 기능이 되는데, 여기서는 그 프로파일 대신 코너R을 주어서 로프트 기능 센터라인을 만들 것이므로 이 꺾이는 4번과 5번 점에 아래와 같이 스케치 fillet을 준다. 먼저 스케치 필렛을 선택(1번)한 다음 모서리가 만나는 점을 연결하는 두 선 중에 2번 선을 선택하여 반경값을 입력하는 치수 입력란이 생성되면 치수를 입력한다. 위와 같은 방법으로 3번도 한다.

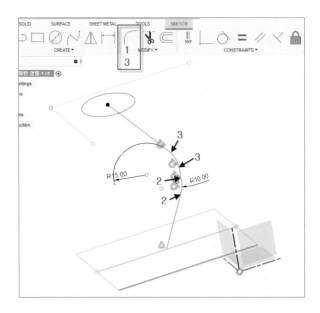

스케치를 종료하고 다음과 같이 로프트를 실행시킨다.

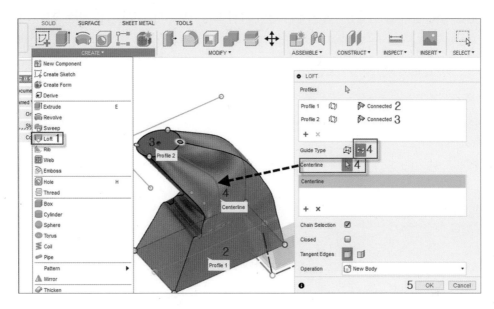

먼저 로프트 기능을 선택(1번)한 다음 사각 프로파일과(2번) 원 프로파일(3번)을 마우스로 선택한다. 다음 2번과 3번 중간을 서로 연결시킨 선을 선택(4번)하여 Guide Type을 센터라인으로 선택한다. 여기서 센터라인이 아닌 Rails로 선택하면 로프트 기능이 실행되지 않는다. 왜냐하면 이 기능은 꺾이는 점이 위치하는 평면에 아래와 같이 별도의 프로파일이 있어야 실행된다. 다음과 같다.

먼저 마지막 센터라인의 스케치를 다음 그림과 같이 편집하여 중간에 fillet을 없애고(필렛을 선택하여 키보드의 Delete 키를 누른다) 선을 연장(Extend)하고 fillet을 주기 전 꼭짓점 상태로 다시 만든다.

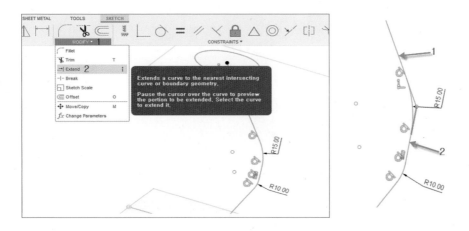

스케치 수정(Modify) 메뉴에서(좌측 1번) Extend를 선택(2번)해서 연장할 선 주위에 마우스 포인터를 갖다 대면 자동 선택되는데, 우측 1번과 2번을 선택하면 빨간색으로 만나는 지점이 자동으로

활성화 될 때 마우스 왼쪽 버튼으로 연장할 선을 눌러 주면 연장된다.

선을 잘못 눌러 더 연장된다면 다음과 같이 가위 모양, 즉 Trim 기능(다음 좌측 그림의 1번)을 이용하여 마우스 포인터를 잘릴 선에 갖다 대면 빨간색 활성화되면서 포인터를 선에 누르면 다음 우측 그림과 같이 잘라진다.

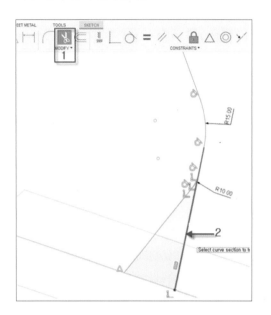
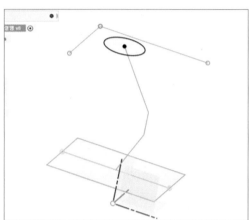

다음 기존의 스케치들을 모두 활성화한다. 즉 보이게 만든다. 안 보이면 아래와 같이 좌측 레이어에서 눈 모양을 번갈아 눌러보면(위 우측 그림의 녹색 타원 부위) 보이거나 안 보인다.

이제 이 기존 필렛 처리한 꼭짓점 2곳에 작업 평면을 만들고 스케치하기 위해 오프셋 평면을 만드는 방법으로 꼭짓점 2곳에 각각 작업 평면을 다음과 같이 만든다.

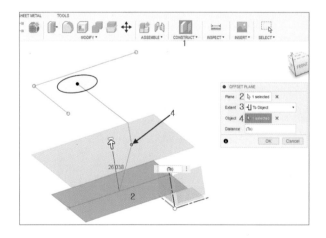

먼저 작업 평면을 만드는 기능 메뉴 중에 OFFSET PLANE(오프셋 플랜)을 선택(1번)한 다음 오프셋시킬 기준이 되는 작업 평면을 선택하는데, 기존에 만들어진 사각 도형 스케치 평면이나 원 스케

치 평면 중에 아무거나 선택할 수 있다. 여기서는 사각 도형 작업 평면을 선택(2번)하고 오프셋 거리를 설정하기보다 거리를 몰라도 쉽게 마우스 포인터로 선택할 수 있는 To Object로 설정(3번)해서 꼭짓점을 마우스로 찍어 To Object를 선택한다(4번). ok를 누르면 아래와 같이 작업 평면이 만들어진다.

여기서 잠깐!

작업 평면을 만든 것이 잘 보이지 않으므로 아래와 같이 바탕화면 효과를 변경하겠다. 디스플레이 환경의 Photo Booth로 체크해 주면 바탕화면 색이 변하면서 작업 평면이 잘 보인다.

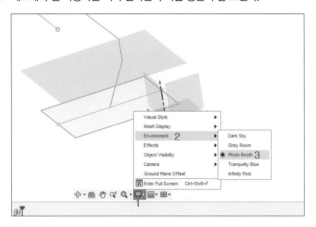

이제 만든 작업 평면에 스케치를 하기 위해 아래와 같이 스케치 추가를 누르고 꼭짓점에 만든 작업 평면을 선택한다.

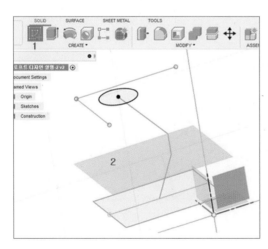
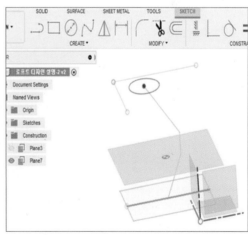

위 그림에서 2번 작업 평면, 즉 스케치 평면을 선택하면 우측 그림과 같이 스케치 모드 기능들이 나타난다.

새로 그리는 도형들이 기존 사각형이나 원을 기준으로 치수가 도면에 부여된 것으로 간주해서 그릴 것인데, 이렇게 그릴 경우에는 기존 사각 도형을 현재 작업할 평면에 투영하여 참고하면 작업이 편리하기 때문에 아래와 같이 새로 만든 작업 평면에 기존 사각 형상을 Project 기능을 이용하여 형상투영하겠다.

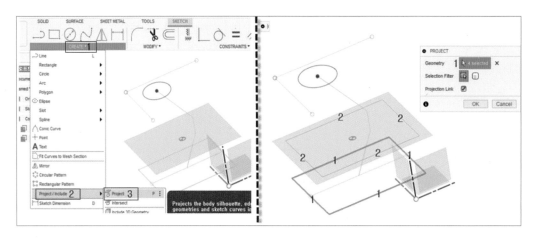

위 그림 좌측에서 순서와 같이 Project를 선택하고 우측 그림과 같이 기존 사각 도형 4개의 선을 선택(1번)하면 2번과 같이 꼭짓점 작업 평면에 라인이 투영되어 그려진다.

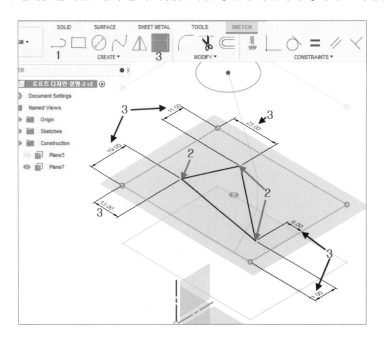

위와 같이 삼각형을 그리는데 먼저 라인 그리는 기능을 선택(1번)하고 대략적으로 삼각형을 위와 같이 그린 다음(2번) 기존 사각형에서 떨어진 거리를 정확하게 입력(3번)하여 삼각형 그리기를 완료한다.

앞서 배운 작업 평면을 이제 원 바로 아래 꼭짓점에 아래와 같이 추가 생성한다.

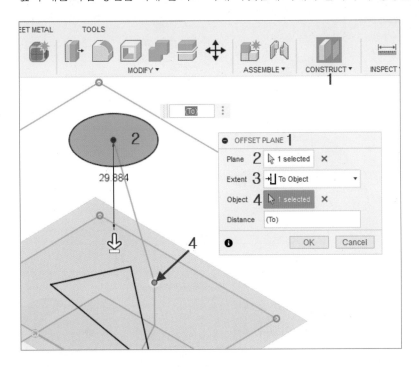

또한 만들어진 스케치 평면에 원을 투영하여 원 센터에 기준한 슬롯을 스케치하겠다.

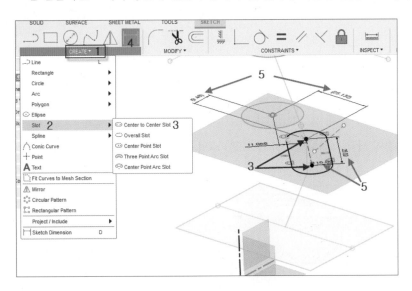

먼저 위 그림에서 1~3번까지 슬롯디자인 기능을 선택한 다음 슬롯의 센터점을 찍고 대략적으로 슬롯을 그린 다음 정확하게 치수를 부여한다. (4~5번)

이제 스케치를 마무리하고 다시 로프트 기능을 수행한다. (아래 1~2번)

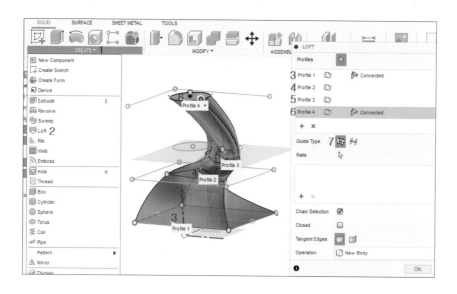

위 그림에서 먼저 순차적으로 프로파일을 선택한다. (3~6번) 그리고 7번의 Rails을 선택한다. ok를 누르면 아래와 같이 만들어진다.

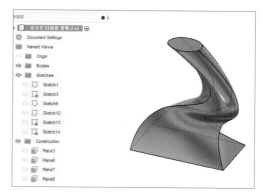

② 스웹(SWEEP) 디자인 기능과 offset 작업 평면 생성의 연관성

스웹 디자인 기능도 프로파일과 경로(Path)가 서로 같은 평면에 존재하지 않게 스케치하여 생성해야 한다. 먼저 다음과 같이 사각 스케치를 하고 (1~2번) 스냅 기능(중간점, 끝점, 사분점 등을 활성화시킴)에 체크하고 이것을 이용하여 사각형 중간에 중간선을 그린다. (3번) 이후 스케치 모드를 종료한다.

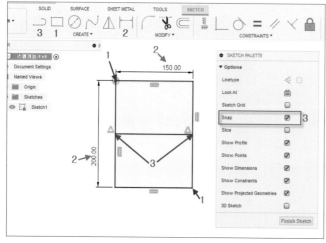

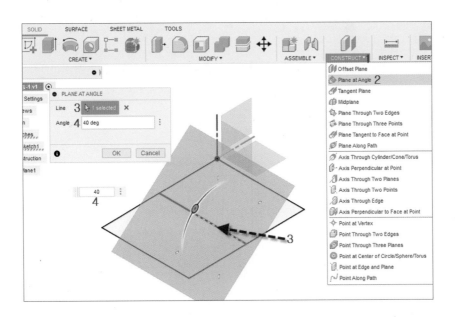

이제 이 사각형과 40도로 기울어진 작업 평면을 만드는데, 먼저 각도를 주어 작업 평면을 만들어야 하기 때문에 Plane at Angle(2번)을 선택하고 기준이 되는 선(3번)을 정해주고 각도를 넣어 준다. (4번) 그러면 앞서 만든 사각형에 40도로 기울어진 작업 평면(스케치 평면)이 완성된다.

다음 그림과 같이 40도로 기울어진 작업 평면(스케치 평면)에 스케치를 하기 위해 스케치를 추가(1번) 하고 스케치 평면으로 정할 작업 평면을 선택(2번, 40도 기울어진 평면)한다.

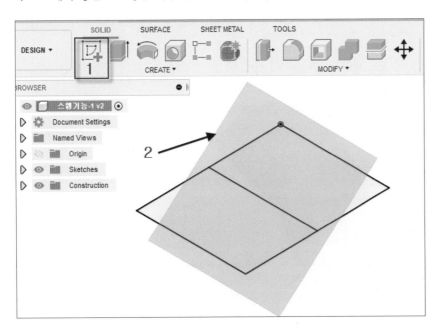

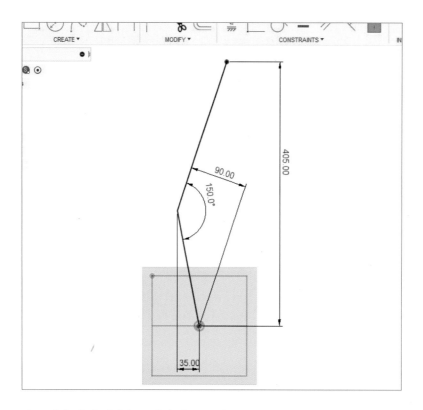

위 그림과 같이 라인을 스케치 하고 스케치 모드를 종료한다. 다음 그림과 같이 Sweep 기능을 선택하고(1~2번) 프로파일 형상에 사각형 스케치를 선택한다. 중간에 라인이 그려져서 2개로 나눠지기 때문에 2개 모두 선택한다. (3번) 다음으로 프로파일 경로(Path, 4번)를 선택하고 ok를 누르면 된다.

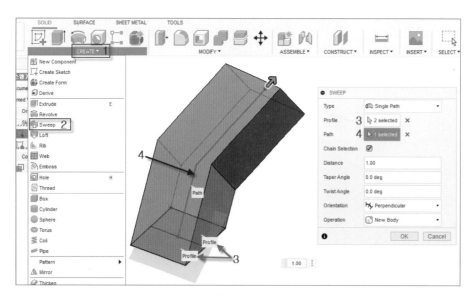

다음 그림을 보고 좀 더 부연 설명을 하겠다.

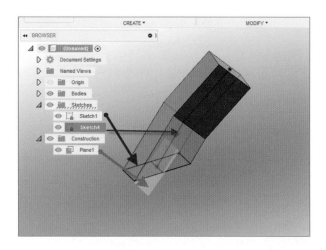

참고로 위 스케치 번호는 순서에 의해서 자동으로 정해지는데 스케치를 생성했다가 지우면 다음 번호로 자동 생성되는 것이다. 여기서 스케치 1번에서 바로 4번이 나온 것을 보면 저자가 2개의 스케치(스케치 2번, 스케치 3번)를 잘못 생성시켜서 지웠기 때문에 그런 것이다.

먼저 Sketch1(스케치 1번, 파란색 화살표)은 사각형을 그리고 중간에 라인을 그렸다. 이 중간에 그린 라인을 이용해서 40도로 기울어진 작업 평면(스케치 평면)을 생성(Plane1, 녹색 화살표)시켰고, 이 생성시킨 스케치 평면에 스웹경로(Path, 빨간색 화살표)에 해당하는 라인(Sketch4번)을 그렸다.

⑤ MODIFY(수정)

3D 모델링에서 대부분 body를 만들어 놓고 수정 편집을 한다. 앞서 챔퍼나 필렛 외에 다른 기능을 알아보자.

① 스플릿(Split) 기능

솔리드를 부분적으로나 어떠한 프로파일 형상으로 분할(나누기)할 때 사용한다. 특히 표면이 곡면으로 된 일정하지 않은 면, 형상 부분의 부분 편집을 할 때 유용한 기능이다.

위 그림에서 1번과 같이 스플릿 기능을 사용하면 부분 분할을 할 수 있고 이 분할된 부분만 선택하여 바디를 수정, 편집할 수 있게 된다.

먼저 원기둥 디자인을 한다. 다음 그림과 같이 탄젠트 작업 평면(1~2번)을 만든다. 즉 원기둥 둘레의 접선각도에 해당하는 작업 평면(3번)을 만든다.

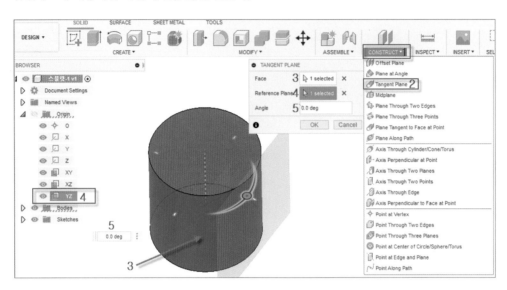

다음 그림과 같이 위에서 만든 작업 평면을 10mm 정도 띄워서 만든 오프셋 평면(1~3번)을 만든다.

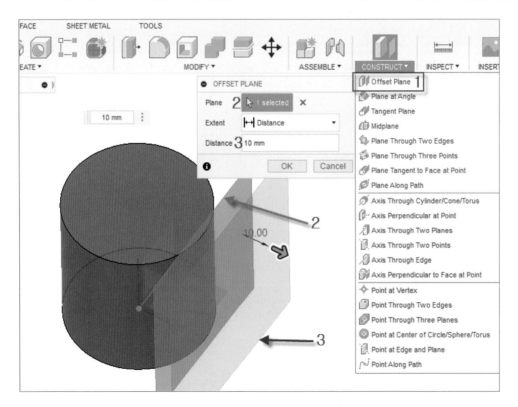

다음 그림과 같이 위 오프셋 평면에 생성된 작업 평면에 다음과 같이 스케치를 추가한다. (1~2번) 그리고 우측 그림과 같이 원을 스케치한다.

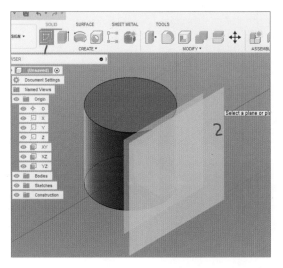 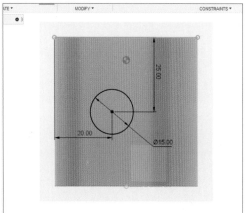

이제 이 스케치의 원 모양으로 기존 Solid Body를 분할하기 위해 다음과 같이 Split Face(1~2번)를 선택하고 분할할 객체를 선택(3번)한 다음 분할 형상을 선택(4번)한다. 보이는 그대로 투영시키듯 하기 위해서 Split Type을 Along Vector로 선택하고 ok를 누른다.

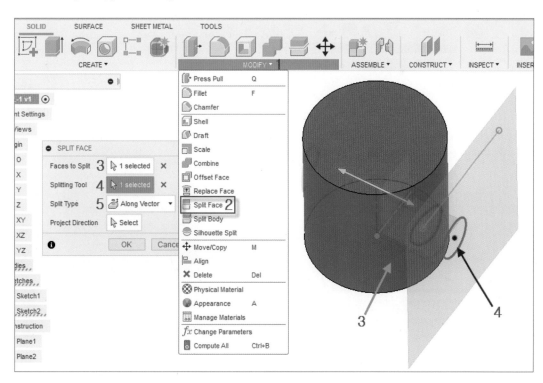

이제 다음 그림과 같이 분할된 body 표면을 가지고 편집에 들어가기 위해서 불필요하게 보이는 작업
평면을 안 보이게 하기 위해 눈같이 생긴 것(녹색 타원)을 한 번 더 눌러서 비활성화 시킨다.(숨김 기능)

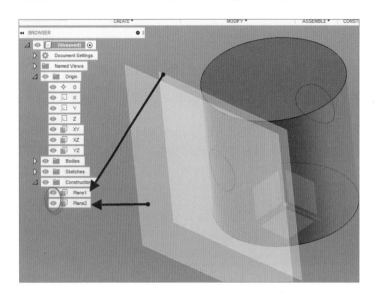

다음 그림과 같이 Offset Face를 이용해서 원 모양의 분할된 body만 표면에서 1mm 들어가게 아래
와 같이 편집할 수 있다.

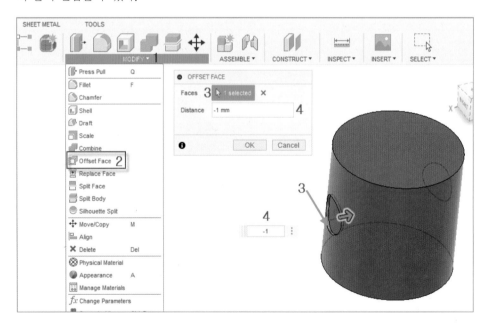

물론 퓨삼에서는 돌출로도 위에서 한 것처럼 표면 디자인을 할 수 있지만 body는 분할되지 않는다. 다음 그림과 같다.

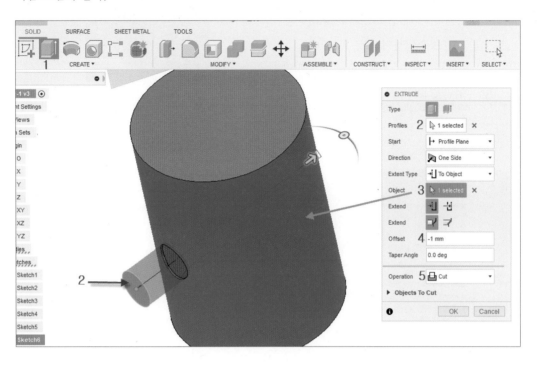

⑥ 기타 디자인 기능

① 셸(Shell) 기능

솔리드 디자인을 하고 솔리드 외부 형태에서 정해진 간격으로 내부를 빈 공간으로 만들 때 사용한다. 셸 기능은 판금품을 만드는 데 유용하게 사용하기도 한다. 물론 전문적인 판금 기능은 SHEET METAL 메뉴에 있다.

다음 그림과 같이 사각솔리드를 만들고

shell 기능을 선택(1번)한다. 셸 기능을 실행할 솔리
드 한 면을 선택(2번)한 다음 두께를 정해주고 실행
하면 선택한 면 아래쪽으로 두께 5mm만 남기고 내
부가 빈 공간으로 만들어진다.

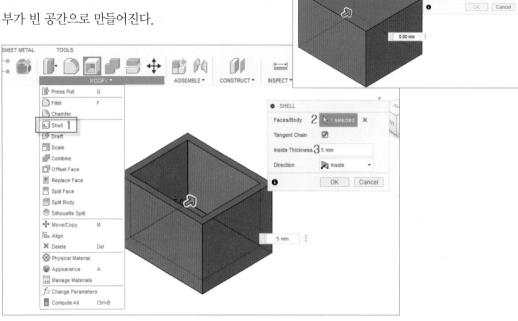

② 미러(Mirror) 기능

스케치나 솔리드 모형 복사 기능 중에 한 축이나 평면을 기준으로 대칭을 만들 때 사용하는 기능이다.
아래는 솔리드 형상을 미러하는 방법이다.

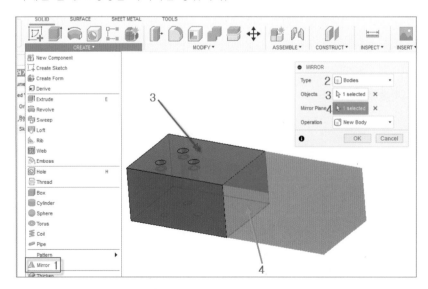

먼저 앞 그림처럼 솔리드 디자인 기능에서 미러 기능을 선택 실행하고(1번) 복사 유형을 바디(몸체)를 선택(2번)하고 미러 생성할 바디를 선택(3번)한 다음 미러 시킬 기준 평면을 선택(4번)한다. 그러면 다음 그림과 같이 4번 선택한 평면을 기준으로 또 하나의 솔리드 바디가 만들어진다.

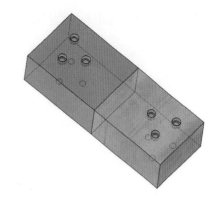

스케치에서도 거의 비슷한 방법으로 하나 스케치에서는 평면이 아닌 기준이 되는 라인을 선택한다.

7 서피스(Surface) 디자인 방식

CAD의 대표적인 디자인 방법 중에 솔리드 모델링 다음으로 많이 사용하는 방식이다. 솔리드가 겉과 안쪽 모두 가득 찬 방식으로 디자인을 한다면 서피스 방식은 겉모양은 솔리드 방식과 같으나 안쪽이 텅 비어 있고 면들로만 디자인 하는 방식이다. 과거 솔리드 방식에서 표현하지 못했던 기하학적인 형상을 바로 이 서피스 방식에서 처리하곤 했으나 최근에는 솔리드 방식으로 웬만한 디자인은 모두 소화하게끔 되어 있고 서피스로 디자인했다고 해도 솔리드로 변환시키고 또는 그 반대로 할 수 있는 기능들이 있다. 보통 자동차 외장 커버의 디자인이나 기타 솔리드로 디자인하기 애매한 경우에 사용한다.

서피스 디자인 방식은 대체적으로 솔리드 방식과 비슷하지만 큰 차이가 있는 것 중에 하나는 터진 부분을 메꾸는 기능인 바로 패치(Patch) 기능과 서피스로 디자인된 형상을 솔리드로 변환하는 Stitch(스티치) 기능이다.

8 FORM 디자인 방식

퓨삼에서는 솔리드 디자인 방식이나 서피스 디자인 방식에서 부족한 디자인 기능을 이 FORM 디자인 기능을 이용해서 자유롭게 한다. 이 기능은 만화 캐릭터 디자인에 많이 사용된다. 좀 더 구체적인 방법은 관련 서적이나 퓨삼 관련 카페, 동영상을 참조하기 바란다.

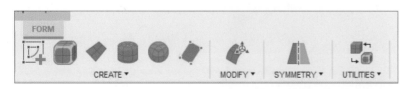

⑨ 판금(Sheet Metal) 디자인 방식

판금 디자인은 전개도나 포밍 등 판금 디자인 나름대로 전문적인 디자인 기능이 필요하다. 따라서 퓨삼은 이러한 판금 디자인 기능이 잘 갖추어져 있다. 좀 더 구체적인 방법은 관련 서적이나 퓨삼 관련 카페, 동영상을 참조하기 바란다.

2 도면 만들기

① 도면 생성

3D CAD에서 도면을 만들기 위해서는 3D로 디자인한 부품 파일을 먼저 만들어야 한다. 보통 스케치를 종료하고 파일을 저장하는데, 퓨삼의 디자인 파일은 f3D 형식으로 온라인, 오프라인 모두 각각 저장할 수 있지만 도면 파일은 아직 온라인으로만 저장된다. 물론 DXF, PDF 형식으로는 ON, OFF-LINE 모두 저장할 수 있다.

다음 솔리드 형상에 대해 도면을 작성해보기로 한다. 먼저 다음 그림과 같이 디자인을 하고 디자인 파일 이름을 '도면1'로 저장한다.

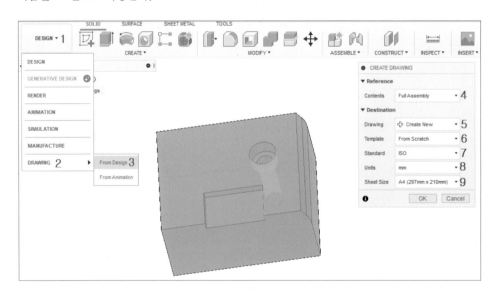

위 그림에서 도면 작성은 Drawing인데 새로운 도면 작성을 선택(2번)하고 형상물이기 때문에 3번을 선

택 후 현재 위 도면1에 디자인의 모든 형상물과 조립품을 할 건지 아니면 개별 선택할 건지에 대해서 모든 형상 조립품을 선택했다. (4번) 새로운 도면 생성이므로 5번 선택 후 기존에 만들어진 도면 작성 유형이 있다면 찾아서 선택하면 되고 없다면 그냥 그림과 같이 선택한다. (5번) 도면 템플릿 타입이 국제 규격이면 ISO를 선택하고(7번) 치수 단위는 mm로 한다(8번). 그리고 도면 크기를 선택한다. 참고로 도면 크기는 보통 A3나 A4로 선택한다.

이 크기는 제품 크기와 상관없다. 대부분의 3D 캐드 기능들이 좋기 때문에 도면 크기나 도면에 나타낼 형상의 크기는 자유롭게 조정 가능하기 때문이다. 위와 같이 하면 아래와 같이 도면 작성 환경으로 자동으로 넘어간다.

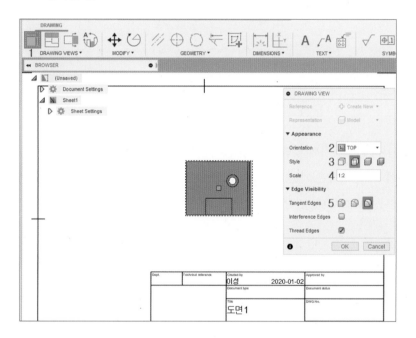

위 그림은 먼저 기본적으로 도면에 나타낼 형상을 선택하는 것인데, 위 디자인을 먼저 선택했기 때문에 1번은 누르지 않아도 된다. 만약 도면환경에서 퓨삼을 시작하고 다른 새로운 제품 도면 작성을 한다면 1번을 눌러야 한다. 제품의 위에서 본 그림을 평면도로 선택(2번)하고 은선이 나타나도록 선택한다. (3번) 그리고 여기서 도면 크기와 공간에 적당하게 제품 크기의 비율을 선택하고(4번) 모서리를 나타낼 유형을 선택(5번)하고 OK를 누르면 위와 같이 기본 제품 뷰가 완성된다. 참고로 보통 한국에서는 3각법(머시닝센터 가공의 제3장 도면 이해 참고)을 사용하기 때문에 다음 기본 설정에서 3각법을 미리 선택해 놓는다. 3각법 설정은 오른쪽 기본 설정 메뉴를 선택하고(1~2번)

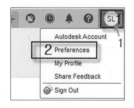

아래와 같이 상세 설정에서 도면 작성 메뉴(1번)의 3각법을 선택(2번)한다.

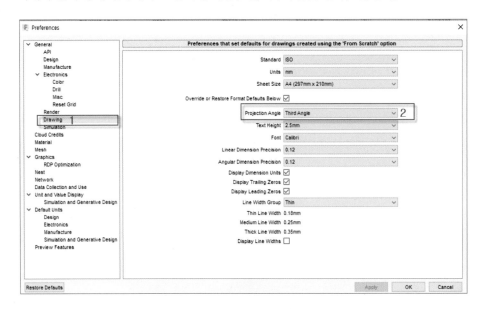

그 밖의 위 사항에서 선형공차나 각도공차의 정밀도 설정, 글자 유형 설정, 인치 또는 미리 설정 등 기본적인 사항들을 먼저 설정해야 된다. 다음은 기본 평면도가 되어 있는 상태에서 측면, 정면, 등각 뷰 등을 클릭만으로 나타내는 기능이다. 3D CAD의 편리한 기능 중에 하나가 바로 이 기능이다. 2D로는 불가능한 기능이 되겠다.

① 투영 뷰(Project View) 생성 기능

앞서 도면 생성과 동시에 기본적인 뷰, 즉 Base View를 생성시켰으면 도면 작성 뷰에서는 이것이 평면 뷰(Top 뷰)로 알면 된다. 이 기본적인 부품 뷰에 이제 추가로 측면, 정면, 등각 등 원하는 뷰를 간단하게 생성시킬 수 있는 기능이 바로 투영 뷰 기능이다.

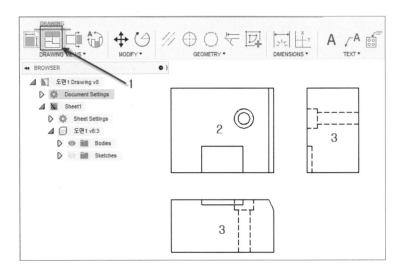

위 그림에서 Projected View(투영된 보기, 1번) 선택 후 Parent View(부모 뷰(Base View, 2번)를 선택하고 원하는 위치로 마우스를 이동하여 마우스 맨 왼쪽키를 누르거나 ENTER 키를 누르면 된다. 그러면 위 그림과 같이 자동으로 우측면도(좌측면도), 정면도, 등각 뷰 등을 볼 수 있다. 2D CAD는 오히려 더 어렵고 능숙해야지만 도면을 그릴 수 있는데, 3D는 기본적인 디자인과 기본적인 지식만 있으면 누구나 쉽게 도면 작성을 할 수 있게 된다.

아래와 같이 기본적인 투영 뷰까지 완성했다. 위 타이틀 블록, 즉 기본 템플릿은 퓨삼에서 제공하는 템플릿이지만 이것 역시 각 회사나 개인의 취향대로 편집하거나 선택할 수 있다.

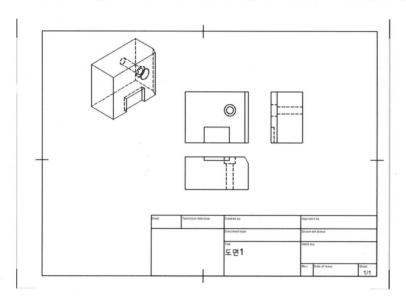

② 치수 생성 기능

㉠ 선형, 원형 치수 생성하기

이제 각 뷰마다 치수를 넣는 것에 대해 알아보겠다.

먼저 간단하게 선만 선택해서 치수를 생성하는 방법은 해 모양 아이콘의 치수 생성이다.

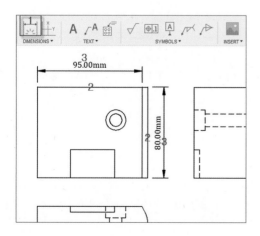

위 기능은 치수를 생성할 선이나 원만 선택하면 마우스의 위치에 따라 자동으로 생성된다.

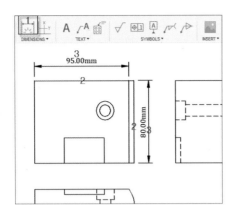

다음 그림은 Line Dimension(선형 치수) 기능으로 선의 범위를 정해주고 치수를 생성하는 기능인데

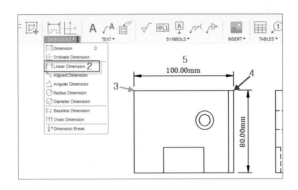

먼저 라인디멘션을 선택(1~2번)하고 선의 한계 범위가 되는 꼭짓점(꼭짓점만 선택할 수 있게 자동 활성화되어짐)을 차례로 선택(3번, 4번)한 다음 원하는 위치로 마우스를 움직여 왼쪽 버튼을 클릭 하면 생성(5번)된다.

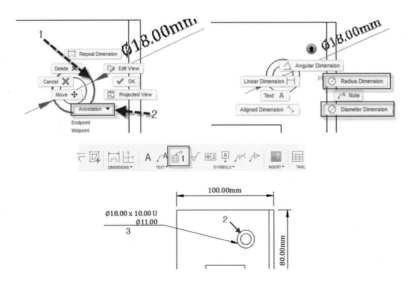

원형 치수의 경우 지름이나 반지름을 선택하여 나타낼 수 있는데, 먼저 해당 원을 선택한 다음 위치를 지정하기 위해 마우스를 움직이고 이때 마우스 오른쪽 버튼을 누르면 위 그림과 같이 Radius(레디우스, 반지름)나 Diameter(다이아미터, 지름)를 선택할 수 있다.

ⓒ 각도 치수 생성하기

각도에 대해 치수를 생성하는 기능으로 어떤 CAD는 각도를 생성하려면 두 선의 각도만큼 벌어진 끝쪽 부분을 선택해야 치수가 생성되는데, 퓨삼은 어느 부분에 상관없이 두 선만 선택하면 된다.
먼저 치수 기능 선택(1번) 후 각도 치수를 선택(2번)하고 각도를 생성시키고자 하는 두 선을 선택(3번, 4번)하고 원하는 위치에 놓으면 된다. (5번)

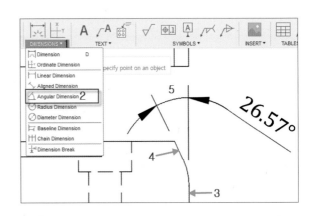

ⓒ 연속 치수 생성하기(1)

기본이 되는 한 치수선인 BASELINE 치수선을 선택하면 그 다음 선택하는 포인트에 대해서 연속해서 BASELINE 치수선과 유형이 비슷한 치수선을 생성한다. 이 기능은 먼저 BASE 치수선이 생성되어져 있어야 한다. 그래서 이 기능을 실행하기 전 먼저 선형 치수 기능을 이용해서 선형치수선부터 생성시켜 놓은 다음에 실행해야 한다.

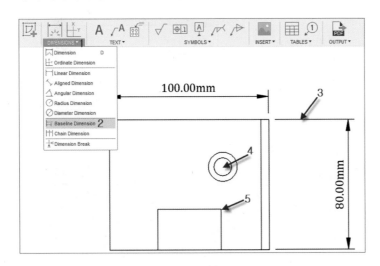

위 그림에서 BASE 치수선 생성 기능을 선택(1~2번)하고 기본 치수선이 될 치수선을 선택(3번)하고 이어서 4~5번의 포인트만 선택한다. 다 됐으면 마우스 오른쪽 버튼을 누르고 OK 코멘트를 누르면 된다. 아래와 같이 연속 치수선이 생성된다.

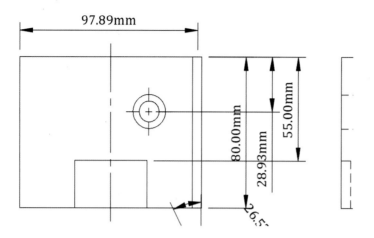

㉣ 연속 치수 생성하기(2)

이번 연속 치수선 생성은 Ordinate(좌표점)대로 치수선을 만들어 놓은 상태(1번2번)에서 이런 형태의 유형을 연속해서 생성시킨 결과가 다음 그림이다.

3번 선택 후 기본 BASELINE 치수선이 되는 0선을 선택(4번)하고 연속 꼭짓점이나 중심점을 선택(5번, 6번)하면 된다.

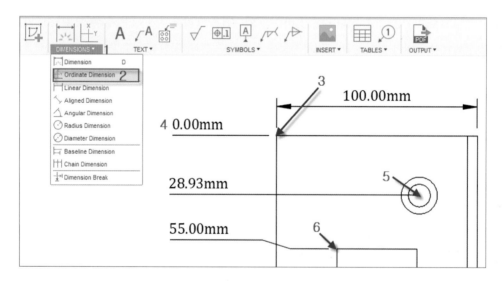

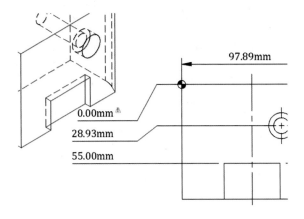

ⓔ 연장선 교차점 치수 생성하기

형상을 디자인하다 보면 각도에 각도가 더해져 선형으로
치수선을 생성시킬 수 없는 아래와 같은 형상에 적용되는
치수 생성 기능이 있다.

앞에서 각도 부위 디자인을 약간 수정한 다음과 같은 형상
이 있다고 하자.

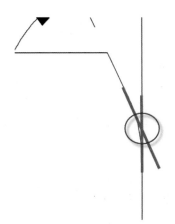

위와 같이 각도선에 R을 주게 되면 위 그림의 파란색 부분의 교차점이 나오지 않아 치수선을 생성
시킬 수 없게 된다. 따라서 위와 같은 연장선상과 만나는 교차점의 치수선을 자동으로 생성시키는
기능이 바로 아래와 같은 기능이다.

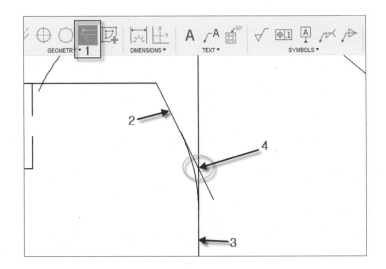

위 그림에서 Edge Extension 아이콘을 누르고(1번) 두 선이 만나는 교차선을 생성하기 위해 해당되는 두 선을 선택하면 (2번, 3번) 4번과 같은 연장선이 자동 생성된다.

ⓑ R치수 생성하기

다음 그림과 같이 R 치수를 생성시킬 수 있다.

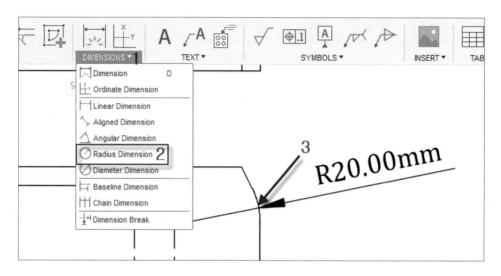

먼저 R 치수 생성 아이콘을 선택(1~2번)한 다음 해당 R선을 선택(3번)하고 원하는 위치에 생성한다.

ⓐ 중심선 생성하기

선과 선 사이의 거리 중심에 선을 표시할 때 사용한다. 다음 그림에서 중심선 그리기를 선택(1번)하고 중심선의 양쪽 끝 선들을 선택(2번, 3번)하면 중심선 4번이 자동 생성된다.

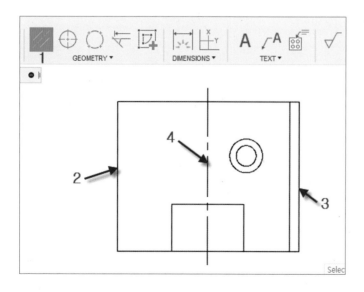

◎ 원의 중심에 수직 중심선 생성하기

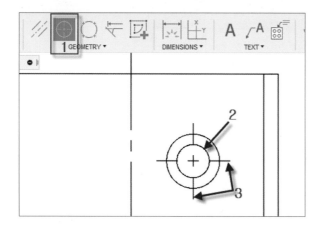

원의 중심 표시선 아이콘을 선택(1번)하고 중심 표시선을 생성시킬 원을 선택(2번)한다.

㉠ 텍스트 지시선 생성

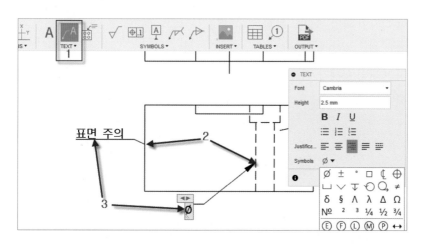

먼저 지시선 텍스트 아이콘을 선택(1번)한 다음 지시할 선이나 점을 선택(2번)하고 문자를 써넣거나 위의 오른쪽과 같이 기호를 선택해서 넣고 마우스 오른쪽 버튼을 누르고 OK를 누른다.

② 디자인 수정에 따른 도면 자동변경 기능

3D CAD의 또 다른 장점 중에 하나가 해당 디자인 파일을 선택해서 도면 파일을 생성할 경우 해당 디자인 파일이 변경되면 자동으로 변경 적용된다.

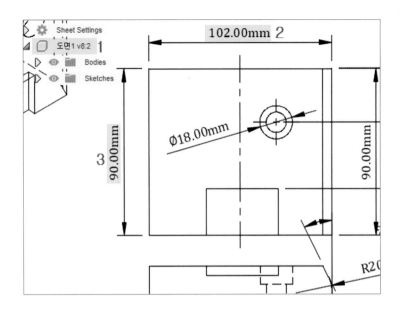

위 그림에서 도면 파일은 디자인 파일 도면1이다. 다음 그림과 같이 디자인 파일 '도면1' 몸체의 스케치를 가로 100, 세로 80으로 변경하고 편집을 종료하면 디자인 파일 몸체가 변경된다. 변경된 파일을 저장해야 한다.

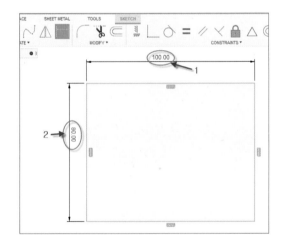

다음과 같이 자동으로 도면 파일도 변경된다.

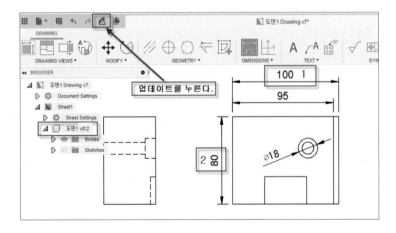

위 기본 디자인 파일이 '도면1' V6 버전으로 자동 변경되면서 위와 같이 1번과 2번 치수 크기가 자동으로 변경된다. 디자인 파일에서 편집하고 저장을 누르면 다음 그림과 같이 연결고리에 주의 표시가 뜨고 활성화 된다. (1번) 1번을 눌러주면 3번과 4번 치수가 자동으로 디자인 파일에 맞게 바뀌진다.

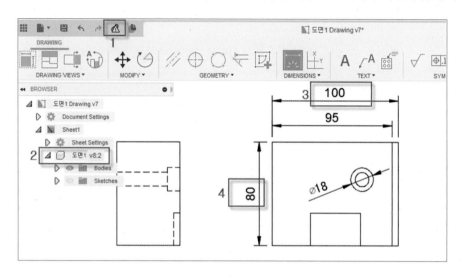

자동으로 변경되는 것은 동일한 모양의 확대, 축소, 이동에 한해 자동으로 도면 치수가 변경되고 형상이 달라진다. 미리 형상에 맞게 치수를 생성시켰으면 이것은 수동 조정하거나 삭제하고 다시 치수선을 생성해야 된다.

③ 여러 가지 기능

지금까지의 퓨삼에 대해 알아본 것은 머시닝 센터나 절삭가공에 필요한 사항들만 알아봤지만 그 외에도 퓨삼은 많은 기능들을 가지고 있다.

① 시뮬레이션(Simulation) 기능

구조 해석을 할 수 있다. 하중, 응력 등을 해석할 수 있다.

② CAM 기능

CAM 기능이 우수하다. 요즘 CAM 프로그램으로도 많이 사용하기 시작하는 추세이다.

③ 전자 CAD 기능

PCB(회로기판) 등 전자 CAD 디자인을 할 수 있다.

④ 애니메이션(Animation) 기능

디자인한 부품이나 캐릭터에 움직임을 주어 미리 구동해 볼 수 있고 동영상으로 만들 수 있다. 그래서 부품 조립의 간섭 체크나 캐릭터의 움직이는 변화를 알 수 있다.

⑤ 렌더(Render) 기능

디자인한 부품이나 캐릭터의 색상을 현실감 있게 줄 수 있고 창조적인 색상으로 변경해 볼 수 있다.

4 파일 불러오기

2D 파일이나 기타 파일을 불러올 수 있다. 흔히 사용하는 DWG, DXF 파일을 불러오거나 기타 CAD 파일을 불러올 수 있다.

① DWG, DXF 파일 내보내기&불러오기

보통 퓨삼에서 모델링이나 추가적인 설계를 할 때 다른 2D CAD 파일 형상을 불러와서 번거로운 스케치 작업을 생략하고 바로 3D 디자인을 한다.

㉠ DWG로 내보내기

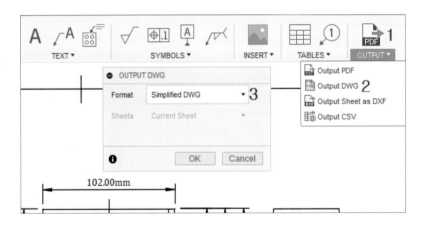

위 그림에서 포맷 형식을 Simplifed DWG로 설정한다.

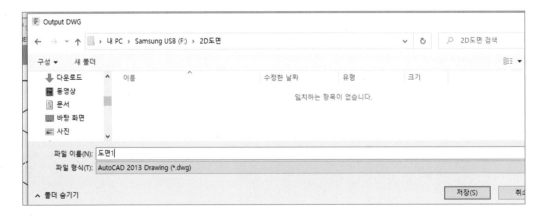

위와 같이 온라인 저장소가 아닌 PC 내에 저장한다.

ⓒ DWG로 불러오기

퓨삼은 DXF로 삽입하거나 불러오기를 추천한다. 다음 그림과 같이 퓨삼디자인 파일이 열려있는 상태에서 불러오는 방법이다.

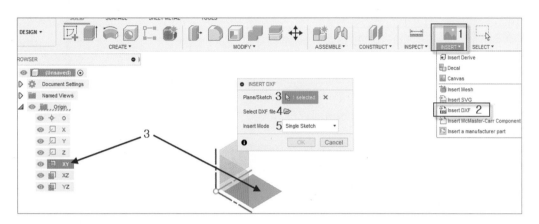

위 그림과 같이 Insert DXF나 선택하거나 아예 다음 그림과 같이 파일을 열 때 선택해서 열기 하는 방법이다.

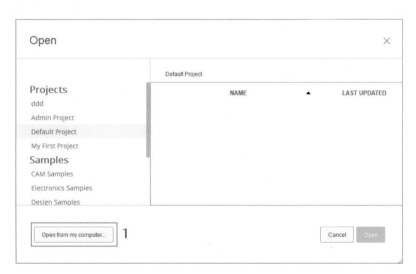

다음 그림과 같이 파일이 오픈(1번)하기까지 기다린다. Open 메시지가 나타나면 Open을 누른다.

그러면 다음 그림과 같이 열린다.

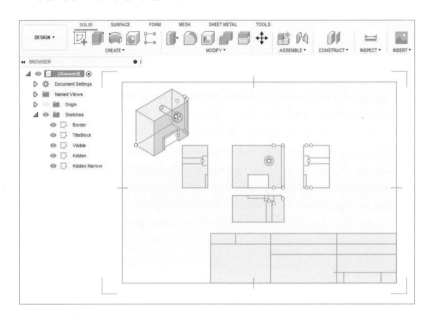

5 불러온 2D 파일 편집하기

2D 파일이나 기타 파일을 불러왔을 때 3D 파일을 2D 변환한 파일 중에는 아래 그림과 같이 같은 평면에 있지 않고 Z축 위치가 각각 있는 경우가 있다. 물론 스케일도 확인하여 변경해 줘야 한다.

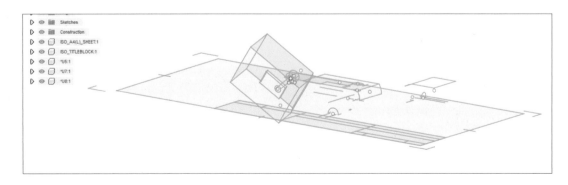

그리고 보통 불러온 파일을 가지고 다시 모델링을 해야 하는데, 정리되지 않으면 새로 모델링 하는 loss 가 발생된다. 이러한 문제를 다음과 같이 알아보고 정리해 보자.

① 새로운 스케치명으로 분류해라

평면도, 정면도, 좌측면도, 우측면도 등 모델링 하는데 불편하지 않게 분류하는 것이 좋다. 이렇게 하기 위해서는 불러온 도형들을 프로젝트(투영) 기능을 사용하여 한꺼번에 투영시킨다.

투영시키기 전에 먼저 작업해야 될 것은 아래와 같이 오프셋 평면 생성 기능을 이용하여 Z축 위치를 모두 한 평면에 투영시킬 수 있는 평면을 새로 만들고 이 만든 평면을 스케치 평면으로 한다. (1번)

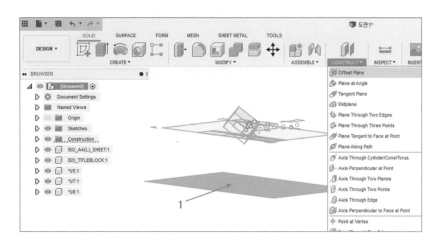

위와 같이 스케치 평면을 만든 다음 위 각각의 선들을 모두 아래와 같이 만든 평면에 투영시킨다. 불러온 도형들은 바디 형태로 인식하기 때문에 프로젝트 기능 중에 아래 기능(3번 Project To Surface) 으로 투영시킨다.

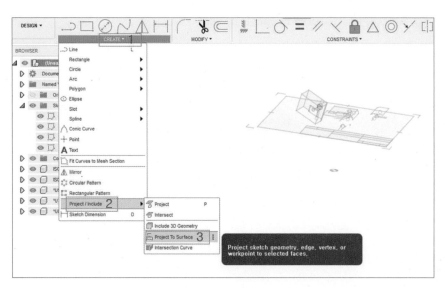

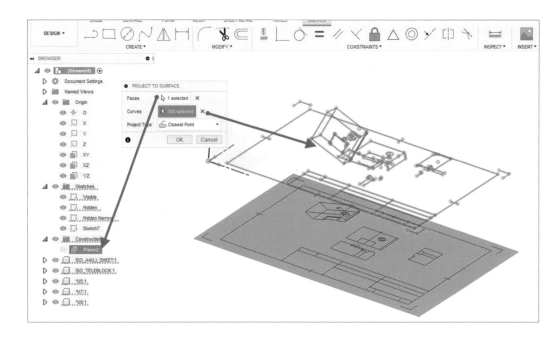

위 그림과 같이 Faces, 즉 평면은 앞서 새로 만든 평면을 선택하고(녹색 화살표 Plane2) 도형들을 모두 선택해 주면 위와 같이 한 스케치 평면(Sketch7)에 모두 생성된다. 생성시키고 나면 불러올 때 자동 생성된 불필요한 스케치와 body로 인식한 모든 선들은 지우거나 숨기기한다. 이렇게 전체적으로 같은 평면에 새롭게 도형들을 스케치했으므로 이제는 위 투영 기능을 이용하고 아래와 같이 새로운 스케치들을 생성시키고 분류한다.

위에서 스케치 글자를 마우스로 클릭하면 위와 같이 이름을 바꿀 수 있다. 그래서 아래와 같이 이제 평면도부터 솔리드 모델링을 할 것이다.

② 전체적인 형상을 나타내는 뷰(View)부터 솔리드화 해라

솔리드 모델링을 할 때는 전체적인 형상을 솔리드화 할 수 있는 뷰 포인트부터 솔리드화 하는 것이 낫다. 따라서 위 예제는 평면도부터 솔리드화 하는 것이 낫다. 그래서 다음과 같이 생성한다.

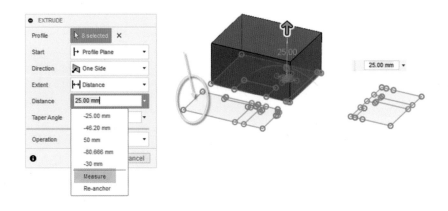

돌출 명령으로 위와 같이 솔리드를 생성시키는데 돌출길이를 모를 때는 Measure를 선택하고, 노란색 선을 선택해서 선의 길이 값을 인식시켜준다. 그러면 보통 +값이 입력되는데 돌출 방향을 보기 편하게 앞쪽에 −부호를 넣어주면 밑으로 돌출된다.

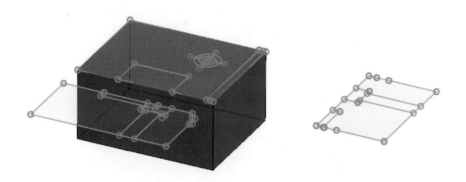

위와 같은 방법으로 아래와 같이 평면도에서 돌출 작업을 최대한 한다. 보통 퓨삼에서 도면을 불러와서 작업할 때 선을 인식하는 것은 돌출 작업이 제일 낫다. 그래서 웬만하면 돌출 작업으로 모델링한다.

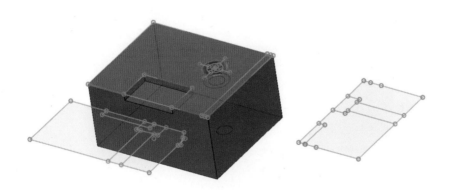

③ 선의 이동보다는 솔리드 바디를 이동 시키면서 모델링 해라

퓨삼에서 위와 같이 투영시켜서 선을 만들었을 때는 선의 이동이 전체적이고 제한적이기 때문에 개별적인 이동, 즉 평면도, 정면도, 좌, 우측면도 등 각각의 뷰 스케치가 서로 독립되게 하기가 불편하다. 이런 경우는 스케치를 Move 하는 것보다는 자유자재로 움직일 수 있는 솔리드 바디를 아래와 같이 MOVE/COPY 기능이나 Align 기능으로 이동 시켜서 모델링 하는 것도 방법이다. 여기서 좀 더 편한 Align 기능을 보면

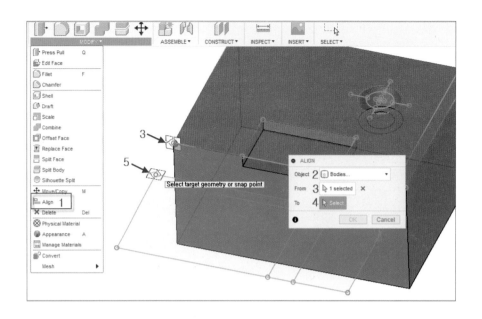

Align 기능 실행 후(1번) 먼저 솔리드 바디이므로 Object를 바디로 선택하고(2번) 옮기려고 하는 솔리드의 꼭짓점을 3번과 같이 선택한다. 선택할 때 선택 방향이 선택하는 방향에 따라 달라지는데 위꼭짓점, 즉 90도 내측 중간 지점으로 마우스 포인트를 대면 그림과 같이 뜬다. 즉 그리면 전체가 to 선택 스케치로 붙는다. 아래와 같다.

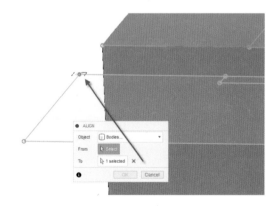

아래와 같이 이동됐으면 ok를 눌러 종료한다.

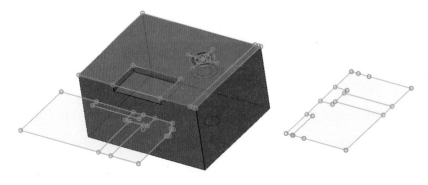

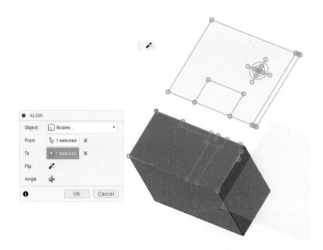

이 방향으로 이동했으니 솔리드 돌출시킬 수 있는 것은 모두 돌출시킨다. 선이 연결 안 되어 돌출되지 않는 것은 외부 영역선을 그리기 위해서 새로 스케치를 만들고 편집해서 한다.

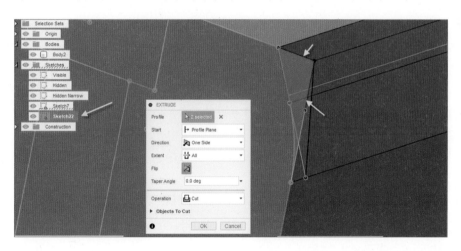

아래와 같이 완료한다.

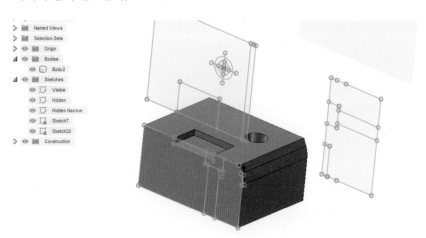

④ 스케치 형상의 이동 및 연결 방법

2D 도면을 불러와서 할 때 위와 같이 정 치수나 크기, 형상으로 불러 들일 때는 위와 같이 간단하게 모델링을 할 수 있다.

(제3장 도면 해독(생략 도시법) 참조)

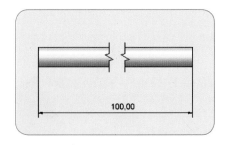

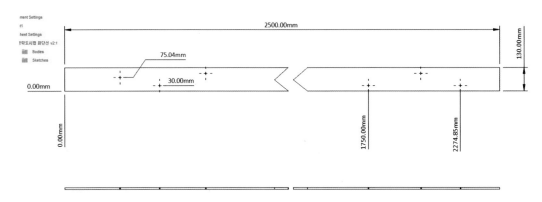

위와 같이 길이가 길어서 생략도시법을 사용하거나 도면 기준좌표에서 홀간 거리를 확인할 때는 절대좌표나 기준 좌표점으로 이동할 필요가 있다.

㉠ 도면의 기준점으로 이동하라

아래와 같이 불러온 2D 도면을 확인하면 보통 도면 생략도시를 했기 때문에 파단 부위 이후로 치수가 맞지 않는다. 따라서 이 부분만 도면 치수로 이동을 해야 하는데, 이런 경우는 먼저 전체를 도면 기준점으로 이동할 필요가 있다.

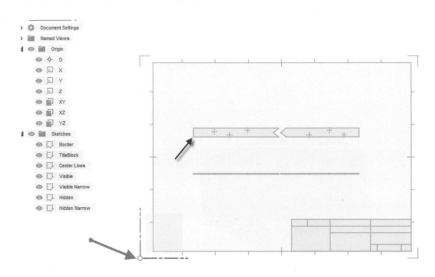

보통 퓨삼은 2D 파일을 불러올 때 스케치 평면이나 디자인 평면을 선택하게 되는데 선택할 때 xy 평면을 선택해야 한다. 이유는 바로 위와 같이 불러온 스케치를 편집할 때 불편하지 않게 하기 위해서다. 물론 편집할 필요가 없을 때는 어떤 평면이든지 상관없다. 위와 같은 경우는 대개 파단 부분 이후로 거리 치수가 도면과 다르게(작게) 나오기 때문에 도면 치수와 맞춰야 한다. 따라서 위 그림의 스케치 평면 상의 절대원점(녹색 화살표)과 도면 치수의 기준점(빨간색 화살표)을 일치시켜서 직접 좌표를 입력하여 이동하는 것이 편리한 방법 중에 하나이다. 위와 같이 불러오면 불필요한 스케치들은 숨기거나 삭제하고 MOVE/COPY 기능을 이용한다.

다음 그림은 디자인, 즉 솔리드 디자인 모드에서 바로 MOVE/COPY 기능(1번)을 이용한 이동이다.

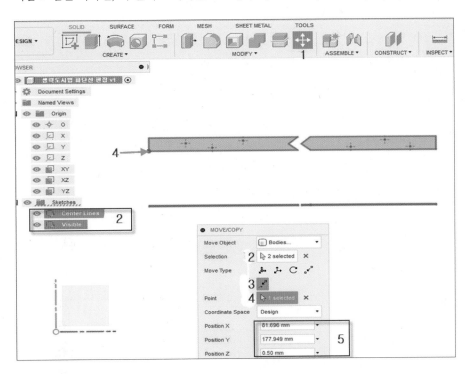

이동/카피 기능을 선택(1번)하고 Ctrl키를 누른 채로 하거나 윈도우로 도형들을 모두 선택한다. (2번) 다음 위 기능 중에 Point to Position을 선택한다. (3번) 그리고 먼저 이동할 도형의 위치, 즉 포인트를 찍어준다. 이때 도면의 기준점을 선택한다. (4번) 4번을 선택하면 위와 같이 4번의 위치 (Position X, Y, Z)가 보여지는데 이 위치를 아래와 같이 0, 0으로 변경하면 된다.

좌표점을 변경했을 때 아래와 같이 이동된 모습을 볼 수 있다.

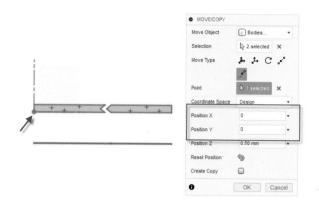

참고로 2D 도면을 불러왔을 때 가장 먼저 스케일을 확인하는 것을 잊지 말자. 아래와 같이
INSPECT 기능을 이용하여 실제 치수와 도면 치수를 비교 확인한다.

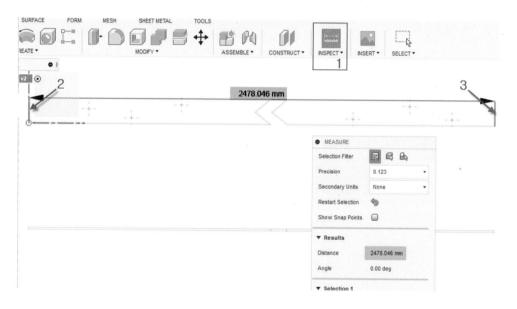

위와 같이 대개 Y치수는 맞고 생략한 X치수만 다르게 나온다. 즉 맞지 않는 파단선 이후의 해당된
스케치 형상만 선택하여 이동하면 된다.

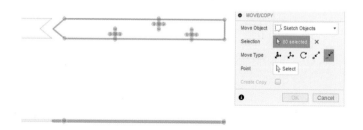

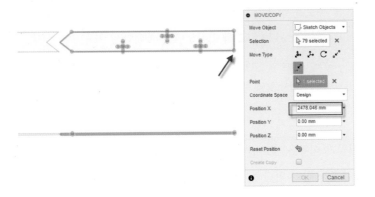

위 그림과 같이 먼저 이동 기준점을 선택하고 선택한 지점의 값을 아래와 같이 도면 치수대로 2500mm로 변경한다.

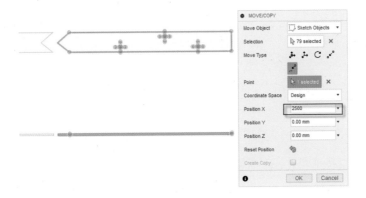

이동 후에 이제는 선을 찍는 것이 아니라 해당 포인트를 찍어서 좌표를 확인하면 아래와 같이 도면 치수대로 정상적으로 옮겨진 것을 확인할 수 있다.

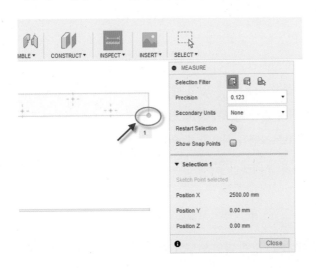

이런 MOVE/COPY 기능을 새로운 스케치를 생성해서 해도 되지만 스케치 평면상에서 할 경우는 객체 선택이나 이동이 제한적일 수 있다. 그래서 2D 도면을 불러와서 이동이나 스케일을 조정할 경우에는 위 3D 디자인 모드에서 대부분 해결하고 나서 불러왔을 때 Z점만 도형들이 많이 다를 경우에만 스케치 모드에서 투영하는 방법으로 변경하면 편리하다.

ⓒ 이동하여 연결하라

위와 같은 방법으로 스케일과 이동을 했으면 이제 솔리드 모델링을 하기 위해 끊어진 선을 연결한다. 디자인 모드에서는 아래와 같이 파단선을 지우지 말고 끊어진 선 꼭짓점끼리 MOVE/COPY 기능으로 연결해 준다.

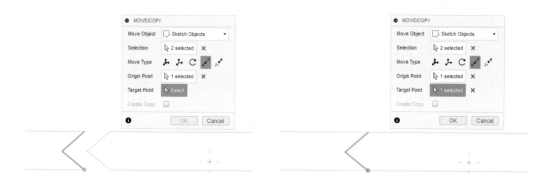

위와 같이 선택하고 연결한 다음에 파단선을 지운다. 왜냐하면 디자인 모드에서는 하나의 연결된 프로파일로 인식하기 때문이다.

3 Fusion 360 CAM

퓨전 360은 디자인뿐만 아니라 기계가공 CAM 기능에서도 가성비가 좋다. 아주 적은 비용으로 기존 메이저급 CAM들의 기본 기능과 고급 기능들을 사용할 수 있기 때문이다. 그래서 기존 CAM의 라이선스 구매 및 유지보수에 부담을 느낀 고객들의 수요가 빠르게 늘고 있다. 퓨전 360 CAM의 대표적인 3D 프린팅을 비롯해 MCT, CNC 선반의 CAM 프로그램을 사용할 수 있다.

이 책에서는 MCT 가공에 필요한 CAM 활용에 대해서 알아보도록 하겠다.

■ 퓨삼 캠 시작하기

디자인 메뉴에서 열기한 2D 도면 파일이나 3D 모델 파일을 열고 다음과 같이 CAM 메뉴로 전환한다.

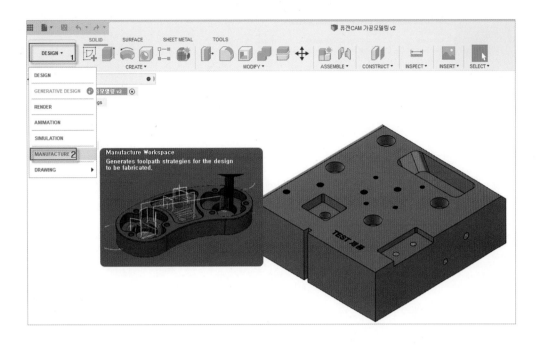

위 그림에서 2번 MANUFACTURE(CAM 메뉴)를 선택하면 아래와 같이 CAM을 설정할 수 있는 화면
으로 모두 바뀐다.

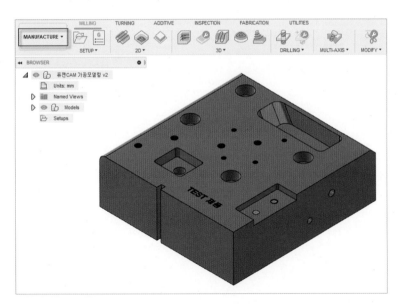

① 화면 설정과 옵션 설정

㉠ 화면 설정

개인적인 취향에 따라 다르게 설정할 수 있다.

ⓒ CAM 화면 설정

아래는 CAM 화면 좌측의 블라우저 화면 설정에 관한 옵션이다. 한 가지 예를 들자면 Show tool
nember 체크 항목(연두색 박스)은 공구 번호 보기 또는 숨기기 하는 옵션이다.

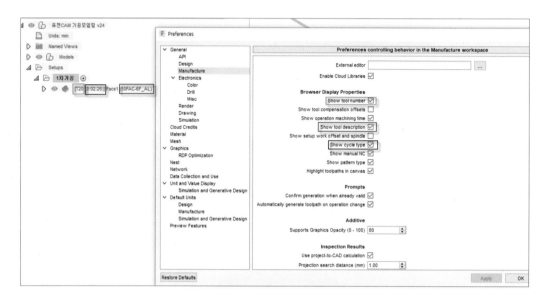

그리고 아래와 같이 기본 치수 단위는 국내에서 많이 사용하는 mm를 선택한다.

2 Setups

퓨삼캠의 Setups에 대해 대략적으로 설명하자면 공정을 분리하는 작업과 이 분리된 공정 각각의 좌표계
의 원점을 잡는 것, 소재의 크기를 설정하는 것, 그리고 마지막으로 프로그램 출력에 관한 설정을 한다.

① WORK 좌표계 잡는 방법

각 축의 가공 기준점, 즉 원점을 잡는 (좌표계) 방법은 크게 두 가지가 있다. 모델박스를 선택하여 각
각의 포인트에 잡는 방법과 공작물(스톡)의 약 26 지점의 포인트에 잡는 방법이다.

여기서는 모델박스로 잡는 방법을 알아보자.

다음 그림과 같이 SETUPS에서 마우스 오른쪽 버튼을 누르고 New Setup을 누른다.

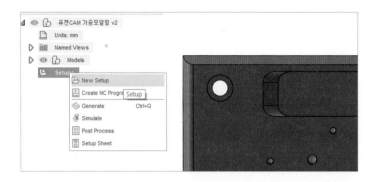

다음 그림과 같이 가장 먼저 11번의 현재 가공하고자 할 BODY가 선택되었는지 확인한다. 여기서는 한 개의 바디로만 가공하기 때문에 자동으로 선택되어져 보이지만 여러 개의 다양한 바디일 경우에는 직접 선택해 주어야 한다. 다음으로 축의 방향을 결정하기 위해서 3번 Select X & Y axes를 선택한다. 다음 그림과 같이 축의 +와 - 방향을 결정하는 것인데

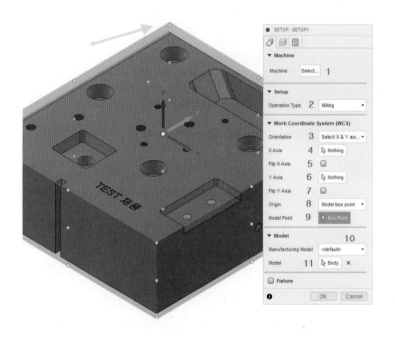

앞선 그림은 현재 자동으로 중앙에 좌표점이 생성된 것이기 때문에 원하는 위치로 다시 잡아야 한다. (퓨삼캠에서는 사용하고자 하는 기능 버튼에 마우스 포인터를 갖다 될 때 기능을 설명해 주는 팝업창이 뜨는데, 이것을 보고 이해하는 데 도움을 받는다.)

위 그림 4번이나 6번을 보면 아직 축을 선택하지 않아서 'Nothing'으로 떠있다. 이제 축이 될 직선을

선택한다. 각 축의 화살표 방향이 + 방향이란 것을 명심하자. 여기서 반드시 알아야 될 것은 직선을
선택한다고 해서 그 직선 근처 좌표점으로 좌표계가 자동으로 잡아지는 것이 아니다. 이 작업은 단지
화살표 방향, 즉 축의 +나 −방향만 결정해 주는 작업이기 때문에 처음 이 작업을 하는 사람들은 X축
직선을 선택하고 Y축 직선을 선택하면 위 그림과 같이 좌표계가 잡고자 하는 점으로 오지 않고 선택
하는 직선에 따라서 생각지 않게 이동할 수 있기 때문에 이럴 경우 당황하거나 마음같이 잡아지지 않
는다고 속상해 할 필요가 없다.

이제 방향을 잡아 보자. 좌표점은 위 그림의 노란색 화살표가 가리키는 점으로 잡을 것이다. 방향도
예제의 그림과 같은 방향이다. 우선 4번의 Nothing 버튼을 누르고 잡고자 하는 방향의 임의의 X축
직선(면)을 선택한다. 아래 그림과 같이 7개의 노란색 지시선의 직선 중에 저자는 A 선을 선택했다.
임의의 노란색 지시선의 직선을 선택해도 된다.

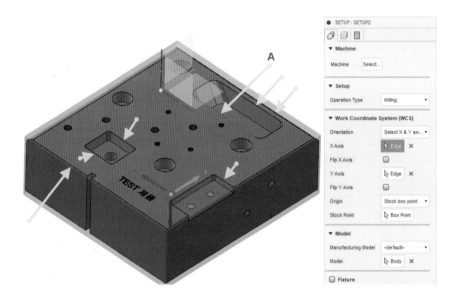

위 그림대로 노란색 지시선 중 A를 선택하면 앞선 그림의 4번 Nothing이 위 그림과 같이 Edge로 변
경된 것을 확인할 수 있다. 하지만 좌표계 X축의 방향이 원하는 방향과 반대 방향, 즉 − 방향을 향하
고 있기 때문에 앞선 그림의 5번 항목(방향전환 기능)을 체크하면 아래와 같이 방향이 전환되는 것을
확인할 수 있다.

같은 방법으로 Y축도 잡는다. 원하는 축의 방향이 잡아졌으면 다음 그림과 같이 8번(Model box

point)을 선택하고 원하는 위치의 모델 박스 포인트 점을 마우스로 찍어서(9번) 좌표점 잡는 것을 마무리한다. 맨 아래 OK 버튼을 누른다.

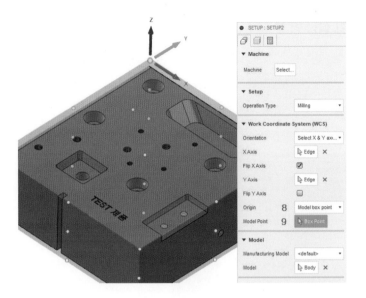

그러면 다음 그림과 같이 SETUP2라는 공정좌표계가 생성된다.

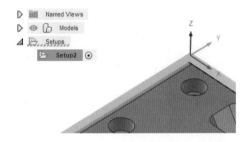

참고로 현재 버전의 퓨삼캠은 위 Setup2를 마우스로 선택할 때만 해당 좌표계가 보이게 하고, 특별히 선택하지 않으면 일반적으로 보이지 않게 돼있다. (개선 요청 상태)

위 그림에서 'Setup2'를 마우스 포인터로 찍으면 이름을 변경할 수 있는데, 이름을 아래와 같이 '1차 가공'이라고 변경해서 구분하기 쉽게 만든다.

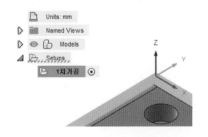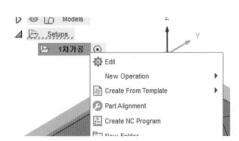

이제 '1차 가공'이라는 셋업명으로 변경됐다. 선택하고 마우스 오른쪽 버튼을 누르면 설정 편집을 하기 위해 Edit를 누른다. 아직 스톡 설정을 하지 않고 빠져 나왔기 때문에 다시 편집한다.

② 스톡(Stock, 소재, 공작물) 크기 설정 방법

Setup 메뉴의 두 번째 메뉴인 스톡 설정 방법에 대해 알아보자.

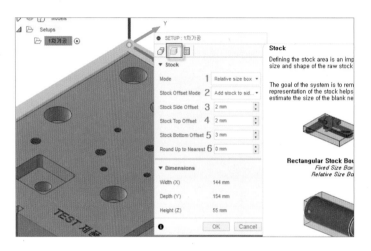

앞 그림과 같이 스톡(Stock) 설정 메뉴 아이콘을 눌러서 소재 크기를 설정하는데, 1번 MODE에서 Relative size box를 선택하면 솔리드 형상을 기준으로 3번(x, y 양방향, 즉 측면 소재 여유, 가로, 세로 여유), 4번(Z0 면 위로 소재 여유), 5번(제품 두께를 뺀 바닥 여유, 보통 바이스에 물려지는 두께)으로 소재의 여유 값을 줄 수 있다. Dimensions은 위와 같이 소재 여유를 주었을 때 크기의 치수를 참고할 수 있도록 보여 주는 치수이다.

1번 MODE 메뉴에서는 다양한 형태의 스톡 설정을 할 수 있도록 준비돼 있다. 참고로 저자는 앞선 그림의 Relative~와 맨 아래 From solid를 많이 사용한다. From solid의 경우는 소재 여유를 주지 않고 솔리드 형상 자체를 그대로 스톡으로 인식하고 가공할 때 사용한다. 이런 경우는 소재 자체가 제품 크기에 맞게 가공되었을 때 주로 사용한다.

③ 포스트 프로세스(Post process, CNC 프로그램 작성) 설정 방법

Setup 메뉴의 세 번째 메뉴인 프로그램 설정 방법에 대해 알아보자.

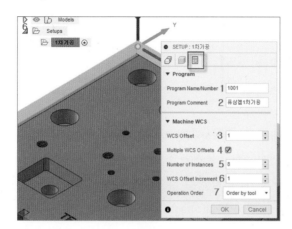

아직은 가공 공구나 방법을 작성하진 않았지만 아래
와 같이 프로그램 출력을 눌렀을 때 영향을 주는 것
이 바로 포스트 프로세서(프로그램 설정 방법)이다.

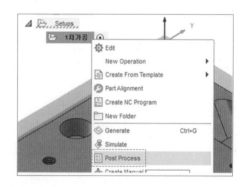

1번은 프로그램 출력 파일명을 입력하며 변경 가능하다. 2번은 출력 파일명 맨 위 선두에 들어가서 이
프로그램이 어떤 제품의 몇 차 공정인지를 써주면 프로그램을 구분하는 데 도움이 되기 때문이다. 3번
은 가장 기본이 되는 G54 좌표로 출력하려면 1 값을 입력한다.

좌표에 대한 번호 부여 순서는 다음과 같다.

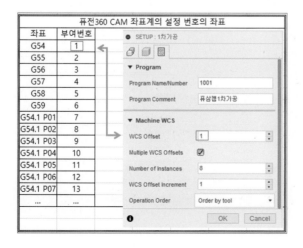

이제 다음 설명부터는 다중 공작물(다중 좌표사용)에 관한 내용인데

위 그림 4번은 다중좌표계를 사용할 때 체크해 주면 다음 5~7번 기능을 사용할 수 있다. 5번은 앞서 설명한 G54순으로 뒤로 8번째 좌표, 즉 G54.1 P02까지 출력될 수 있게 사용한다는 것이다. 6번은 1씩 증가하면서 출력하라는 것이다. 만약 이 값을 2로 주면 G54 다음에 G56 이렇게 2씩 증가하는 좌표계가 출력되는데, 맨 마지막 좌표계는 G54.1 P09가 될 것이다.

이것은 마캠의 평행이동 기능과 동일하다고 보면 된다.

③ 공구 라이브러리

위 MANAGE 메뉴에서 Tool Library 기능은 절삭 공구의 생성, 편집, 등록 등을 쉽게 할 수 있도록 되어 있다.

참고로 저자는 아래와 같이 사용한다. 피쳐캠은 공구통에서 소재의 재질별로 공구를 구분했었다. 퓨삼캠은 별도로 구분하는 것이 없기 때문에 사용자가 만들어서 구별해 사용하면 된다.

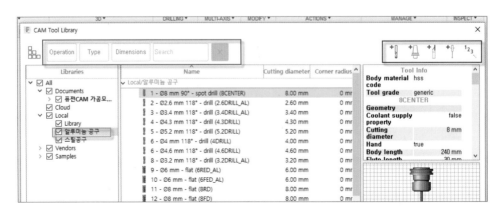

저자는 위 Local 그룹에 알루미늄 공구 라이브러리와 스틸 공구 라이브러리를 새로 추가하여 공구들을 하나씩 등록했다. 물론 다른 사람이 미리 만들어 놓은 공구 라이브러리를 통째로 한꺼번에 입력하거나 본인 것을 다른 사람에게 공유할 수 있도록 출력할 수도 있다.

위 그림에서 빨간색 박스는 공구의 검색 기능이며 연두색 박스, 즉 알루미늄 공구 라이브러리를 선택하면 맨 우측 상단부의 공구 생성 메뉴가 활성화되어서 우측으로 밀링 공구 생성, 밀링홀더, 선반 바이트, 워터젯(플라즈마) 공구나 홀더 순으로 등록할 수 있다.

저자는 공구 이름을 부여할 때 맨 끝에 소재 재질을 넣었다. 그 이유는 동일한 공구 이름으로 알루미늄이나 스틸 공구로 사용하면 헷갈려서 불량이 발생할 수 있기 때문이다. 즉 재질에 맞는 회전수와 이송속도를 사용하기 위해서 소재 재질 이름으로 구별해 준 것이다.

④ 템플릿 라이브러리(Template Library)

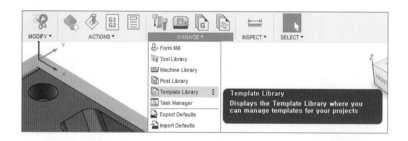

자주 사용하는 가공 방법을 저장해서 불러오거나 내보내기 해서 사용할 수 있다.

템플릿 최초 저장은 아래와 같이 검증된 가공 방법 정의를 setup에서 선택하여 마우스 오른쪽 버튼을 눌러 저장한다. 물론 아직은 가공 방법을 정의하지 않았기 때문에 나타나지 않지만 아래와 같이 가공 방법을 정의했다면 원하는 위치에 저장(Store as Template)할 수 있다.

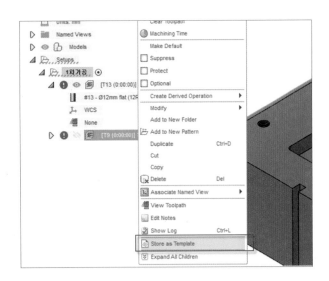

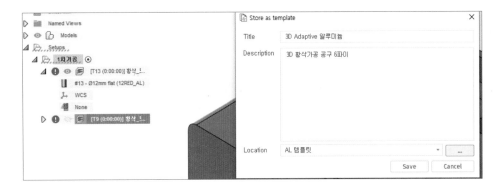

저장된 템플릿을 불러오기 위해서는 아래와 같이 1차 가공이라는 셋업을 선택하고 마우스 오른쪽 버튼을 누르면 선택할 수 있다.

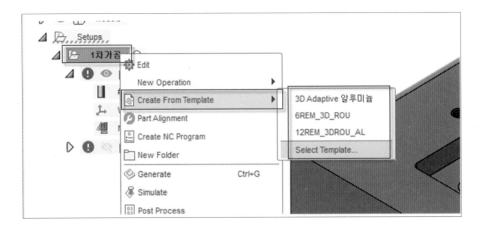

⑤ 포스트 라이브러리(Post Library)

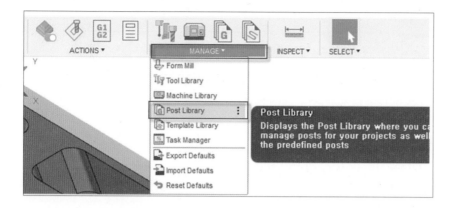

위 그림과 같이 Post Library를 만들 수 있다. 자주 사용하는 NC 콘트롤러 사양의 포스트 프로세스를 저장하여 사용한다. 기본적으로 아래와 같이 퓨삼캠에서 제공하는 것을 토대로 만들 수도 있다.

아래와 같이 검증된 Post를 구별하기 쉽게 저장하여 사용한다. 물론 포스트의 수정은 구입처에서 제공받을 수 있기도 하고, 기존 CAM 포스트를 잘 사용한 사람이라면 수정도 자유롭게 가능할 것이다.

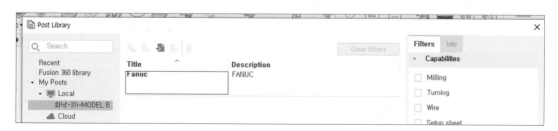

⑥ 가공 정의 선택 방법

MCT 가공에서는 위와 같이 MILLING 가공 정의에서 선택하는데 크게 2D 가공 3D 가공, 그리고 홀가공을 전문으로 하는 DRILLING 가공 방법이 있다. 보통 3D CAM들이 윤곽가공과 포켓가공은 거의 동일한 가공이라도 2D와 3D로 나누고 있다. 이유는 가공물의 유형과 CAD 파일에 따라서 가공 시간과 작업 편리성이 다르기 때문이다.

① 가공 정의 결정 방법

가공 방법을 선택할 때 기준이 다양하기 때문에 어떤 것을 사용해야 가장 좋은지를 고민하게 된다. 저자가 경험한 몇 가지 가공 방법 선택의 노하우를 소개하자면 다음과 같다.

㉠ 2D 가공과 3D 가공의 선택 기준

㉮ 복잡한 형상일 때는 3D 가공을 선택하라.

2D 가공은 Z축이 X나 Y축과 동시에 움직일 수 없고, 동시 3축, 4축, 5축 제어가 되지 않기 때문에 어쩔 수 없이 3D 가공 정의를 선택할 수밖에 없다. 특히 금형 CAVITY 부분은 대부분 3D 황, 정삭가공으로 하는 것이 일반적이다.

㉯ 정밀공차를 맞춰야 하는 단순 형상일수록 2D 가공을 선택하라.

경보정을 사용하여 정밀공차를 부분적으로 정밀도를 맞춰야 하는 형상일수록 2D 가공을 선택해야 한다. 물론 3D 가공도 부분적으로 선택하고 경보정을 사용하여 공차를 맞출 수 있다. 하지만 2D 가공에 비해서 NC 데이터가 길게 나오고 시간이 더 소요되는 단점이 있다.

㉰ 전체적인 부품 형상이 비슷하면서 단발성 제품일 때 3D 가공을 선택하라.

단차와 거리 값만 일부 변경되면서 단품일 때는 3D 가공의 장점을 활용할 필요가 있다. 왜냐하면 임가공에서는 프로그램 작성 시간이 최대한 적어야 다품종 소량생산을 하는데 문제가 발생하지 않는다. 대부분의 3D CAM이 그렇듯이 솔리드 모델을 가지고 3D 가공을 하는데, 위와 같이 부품 형상이 비슷하지만 단차나 거리 값만 다른 제품이 있는 경우에 가공 완료된 CAM파일을 복사해서 기존 솔리드 모델만 변경하면 일일이 체인을 선택하고 가공 정의를 다시 설정해 주지 않아도 자동으로 툴패스를 생성시킬 수 있기 때문이다.

㉱ 2D 가공과 3D 가공을 적절하게 배합하라.

절삭가공 공작물의 형상이 2D와 3D 가공을 반드시 구분해서 해야 할 필요는 없다. 부분적 형상에 따라 2D 가공과 3D 가공을 적절하게 혼합해 사용하게 되면 더 효과적일 수 있다.

ⓒ 구멍가공(Hole)일 때는 드릴(Drilling) 가공을 선택하라

구멍의 깊이가 깊고 공차가 일반공차이며 드릴 지름과 동일한 구멍의 가공에는 다른 어떤 앤드밀이나 공구로도 드릴이나 보링바만큼 절삭성과 공구 수명을 따라올 공구는 없다. 이런 구멍가공에는 DRILLING 가공 정의를 사용하여 가공하는 것이 좋다. 부품가공에서 카운터 보어 가공은 대부분 기초 홀은 드릴가공으로 하고 볼트 머리부 단차가공은 앤드밀로 황, 정삭하는 것이 일반적이다.

ⓒ 소재에 따라 결정하라

경험적으로 보면 가장 중요한 부분일 수 있는데 황삭가공에서 퓨삼캠의 Adaptive 기능, 에지캠의 웨이브폼 기능처럼 스틸, 서스 가공할 때 절삭성을 좋게 하고 공구 수명과 공작물의 변형을 적게 하면서 고속으로 가공하는 기능이 있다. 이런 기능을 알루미늄에 적용하면 완전 꽝이다. 왜냐하면 알루미늄 가공은 라핑 앤드밀로 위와 같은 기능 없이 단순하게 윤곽가공으로 하면 더 빠르기 때문이다. 따라서 아무리 좋은 기능이라고 하더라도 소재에 따라서는 선택 기준이 달라지는 것이다. 이런 부문은 공구의 선택에서도 동일하게 적용된다. 즉 알루미늄 황삭가공하는데 알미늄 전용 라핑 앤드밀을 사용하지 않고 값비싼 스틸, 서스 정삭 앤드밀로 황삭가공 하게 되면 오히려 공구 파손만 오게 되고 부하로 인한 제품 밴딩만 많아지는 결과가 오는 것과 비슷하다고 보면 된다.

ⓔ MCT 사양에 따라 결정하라

MCT 공구홀더의 규격에 따라 가공 정의 선택이 달라질 수 있다. 예를 들어 BT50의 경우 25파이 일반홀을 25파이 드릴로 홀 가공을 완료할 수 있다. 하지만 BT40 크기의 MCT에서는 바로 25파이 드릴로 가공하기가 부담스럽다. 따라서 이런 경우는 작은 드릴로 먼저 홀 가공을 한 후에 앤드밀이나 커터로 25파이를 가공해 나가는 방법을 선택할 것이다. 이처럼 기계 사양에 따라서 어쩔 수 없이 가공 정의 선택을 할 수 밖에 없는 경우가 발생된다. 또한 콘트롤러 사양에 따라서 고속가공을 지원하느냐의 차이도 선택 조건 중에 하나이다.

예를 들어 기계 바디나 홀더 크기는 동일하나 최신 콘트롤러 사양과 15년 전의 콘트롤러 사양이 다른 두 기계에서의 절삭이송의 차이는 다를 것이다. 특히 고속이송에서의 차이는 공구의 수명과 가공 시간을 좌우하는 데 충분한 조건을 가지고 있기 때문이다.

ⓜ CAM 사양에 따라 결정된다.

어떻게 보면 당연한 말이다. CAM 종류에 따라서 기능 지원이 되기도 하고, 되지 않기도 해서 CAM 사양에 따라 우회 방법을 선택할 수밖에 없다. 퓨전 CAM의 현재 2D 가공 방식, 즉 2D CAD 파일을 불러와서 작업할 때 동일 원 인식 기능이 없다. 현재 오토데스크사에 기능 개선을 요청한 상태로 알고 있다.

☑ 가공 정의 설정(가공 공정 설정)

가공에 필요한 공정의 설정에 대해 알아보겠다. 여기서는 임가공 업체 기준으로 CAM 설정을 해 보겠다. 임가공 업체의 경우는 양산 작업이 아니므로 소재 절단만 빼고 처음부터 끝까지 마무리하는 경우가 많다.

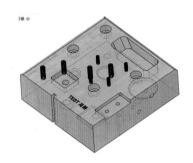

보통 부품가공 작업을 할 경우는 도면을 보고 제품 크기보다 2~8mm 여유 크기로 소재를 주문하고 '윗면 FACE 커팅→ 외곽 및 형상 윤곽 가공→홀가공→정삭 FACE가공→정삭 윤곽 가공→모따기 가공' 같은 형식으로 가공 순서를 정하고 작업한다. 다음 제품을 CAM 프로그램 작성해 보겠다.

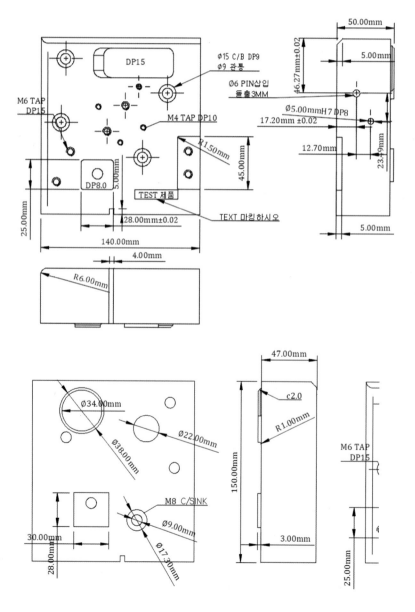

① 면 가공(Face Cutting)

제품의 윗면을 평평하게 만들기 위해서 가공해야 이 가공된 면에 드릴이나 앤드밀 가공을 진행할 수 있다. 따라서 소재 주문 시에 6각 면을 치지 않은 공작물에 가장 먼저 해야 될 가공 공정이 바로 Face 작업이다.

㉠ 면 가공 정의 선택(Face)

다음과 같이 2D 가공 메뉴에서(1번) Face 가공 정의(2번)를 선택한다.

㉡ 공구 선택(Tool)

Face 기능 메뉴에서 가장 먼저 공구를 선택한다. 여기서는 지름50에 6날 Face Cutter로 선택하겠다. (다음 그림 1번) 물론 이 공구는 공구 라이브러리에 공구 이름, 번호, 회전수, 절삭이송속도 등 공구에 관한 모든 사항을 미리 등록해 두는 것이 편리하다.

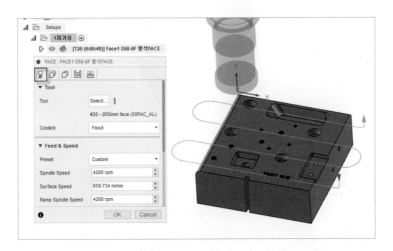

㉢ 가공 영역 선택(Stock Contours)

공구를 선택했으면 두 번째로 어떤 가공 정의이든지 가공할 영역(면, 바디, 홀 등)이나 체인을 선택하게 된다. 하지만 퓨삼캠에서는 굳이 선택하지 않아도 된다. 왜냐하면 이미 좌표계를 잡을 때 가공 대상에 바디를 선택할 때 최상면의 Face 가공면이 자동 인식되기 때문이다.

아래 그림과 같이 가공 영역 선택을 Nothing, 즉 아무것도 선택하지 않아도 자동 가공된다.

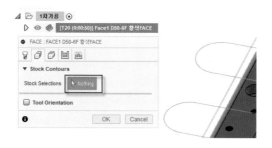

만약 굳이 선택한다면 다음과 같이한다.

제품의 전체적인 윗면을 가공하는 것이기 때문에 최대한 제품의 외각 체인을 선택해야 한다. 퓨삼캠의 가공은 제품 윗면의 체인이든지 밑면의 체인이든지 아무거나 선택해도 상관없다. 이유는 윗면을 모델 TOP으로 지정해 주면 밑면의 체인이라도 모델의 윗면을 가공하기 때문이다. 따라서 여기서의 체인 선택은 단지 제품의 가공 영역만 설정해 주는 결과가 된다.

저자는 다음 그림과 같이 밑면의 체인을 선택했다. (다음 그림 우측) 왜냐하면 윗면 체인을 선택할 수 있지만 터진 포켓이나 모따기와 R이 된 부분 때문에 제품의 최외곽이 자동으로 선택되지 않기 때문이다. (다음 좌측 그림)

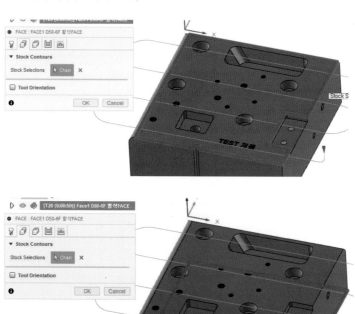

ⓔ 높이값& 깊이값 설정(Heights)

3축 가공이므로 높이 값들은 모두 Z축의 이동 위치를 나타내는데, 공구 교체 전후의 Z축의 급속이
송 높이(1번 50mm)나 절삭가공이 아닌 급속으로 공작물 위로 Z축이 이동할 때의 위치인 안전이
동높이(2번 10mm), 절삭이송을 시작하는 높이(3번 5mm), 가공 시작 높이가 어디인지를 설정해
주는 값(4번)과 절삭 깊이(5번 0mm)의 설정값들이다.

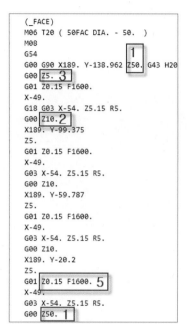

만약 황삭 Face 작업이면서 여러 번 절입량을 나누어서 가공해야 한다면 위 그림의 Top Height의
From은 Stock Top으로 변경해야 한다. 736쪽 스톡(Stock, 소재, 공작물) 크기 설정 방법에서 이
미 제품 윗면의 소재양(절삭할 소재 두께)은 2mm가 있다고 결정했기 때문에 절삭 시작면의 높이
는 Z+2. 기준부터 절입량이 계산된다.

ⓜ 절삭 경로 설정(Passes)

공구의 진입 방향, 진입 형태, 스텝오버값, 절입량, 가공 여유 등을 이 메뉴에서 설정한다. 퓨삼캠
은 설정값의 의미를 모를 때 설정값 입력창에 마우스 포인터를 갖다 대고 있으면 팝업(Popup) 창
이 뜨면서 어떤 의미인지 그림으로 자세히 보여 주어서 궁금한 것이 해결되는 경우가 있으므로 이
도움 기능(Help Function)을 활용하면 편리하다.

다음 그림에서 1번 가공 경로의 공차값을 설정한다. FACE 가공 정의에서는 절삭이송 중에 스플라
인 곡선이 없기 때문에 이 공차 값은 크게 영향이 없지만 진퇴 시에 공차값이 크면 곡선으로 진퇴
하지 않고 직선으로 한다. 기본값은 0.01로 되어 있다. 2번은 X축 방향으로 평행하게 절삭이송을
하는 것이 기준각도 0도이고, 설정각도에 따라서 절삭 진로 방향이 달라진다. 만약 절삭 방향을 Y
방향으로 하고 싶다면 90도로 해야 한다. (팝업 그림 참조)

3번은 진입 시의 안전 진입거리이며 진퇴 시에는 절삭되지 않는 소재 여유가 없도록 경로 연장을 설정해 주는 값으로 양쪽 모두 동일 값으로 설정된다. (경로 연장거리) 여기서는 20mm를 주었지만 반드시 스톡여유량+공구 반경값 이상으로 해야 한다.

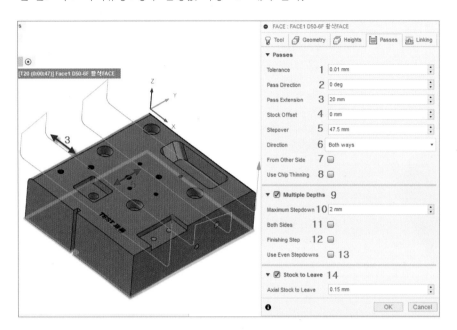

4번은 이미 Setup 스톡 설정에서 XY 양방향 모두 2mm로 설정했지만 여기서는 기존 설정값을 기준으로 하여 소재 크기를 확대 축소할 수 있도록 값을 추가 지정하여서 가공 경로 중에 진입이나 진퇴, 공구 지름에 대한 소재의 처음 부분과 마지막 끝 부분의 겹치는 양을 좀 더 세부적으로 조절할 수 있도록 되어 있다. 5번은 공구 지름에서 공구 코너R 크기의 2배 값을 빼주고 난 값보다 적게 하여 겹치지 않아서 절삭되지 않는 면이 없도록 값을 설정해 준다.

6번은 가공 방식인데 그림과 같이 X축 양방향으로 절삭하면서 이동할 것인지 아니면 한쪽 방향으로만 진입하여 가공할 것인지를 선택해 준다. 7번을 체크하면 절삭의 진입점과 진퇴점을 역전해 준다. 8번은 진입 시에 R을 그리며 진입해서 칩으로 인한 부하를 감소시키는 기능이다.

9번은 절입량을 여러 번 나눠서 가공할 때 체크한다.

10번~13번은 9번을 체크했을 때 나타나는 설정들인데 10번은 1회 절입량 설정이다. 11번을 체크하게 되면 절삭 시점과 끝점 상관없이 양쪽 모두 번갈아 가면서 절삭한다. 절삭이동이 아닌 단순 경로이동 시간을 최소화할 수 있다. 12번은 정삭 FACE 가공 시에 필요한 기능인데 옵션 체크를 하면 정삭의 좀 더 세분화한 절입량과 절삭속도를 별도로 설정할 수 있다.

13번은 절입량의 배분에서 정삭 여유 0.15까지 포함시켜서 배분할지의 여부를 체크한다. 14번은 정삭 여유 값을 설정한다.

ⓗ 비절삭 경로 설정(Linking)

절삭하지 않고 이동하는 구간의 세부 설정을 이 메뉴
(다음 그림 1번)에서 설정한다.

2번의 선택사항은 다음 그림과 같이 대부분 기본값(Preserve rapid movement)을 사용한다. 절삭하지 않는 구간의 이동을 급속으로만 이동할 것인지(기본값) 아니면 세부적으로 비절삭 구간도 이송속도를 지정해 줄 것인지를 제어할 수 있다.

맨 위 기본값 아래부터는 위 그림의 3번 피드값 입력창이 나타나면서 급속이송 속도를 G00만이 아닌 G01로도 지정해 줄 수 있다.

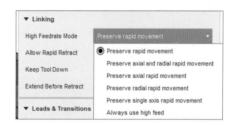

4번의 선택사항은 절삭이송 후에 다른 절삭이송 구간으로 이동할 때 Heights 메뉴 설정의 Feed Height를 무시하고 바로 Retract Height 설정값으로 이동한다는 것이다. 이것을 체크하면 좀 더 사이클 타임을 단축시킬 수 있다.

5번 선택사항은 절삭높이를 변경하지 않고 비절삭 구간을 이동하는 것인데, 만약 Passes에서 절삭 방향을 하향절삭으로 선택했을 때는 기능이 실행되지 않는다. 이 선택사항은 동일 제품이 여러 개일 때와 절삭구간 사이에 클램프나 기타 장애물이 있을 경우나 혹은 공작물의 Z점 높낮이가 다른 경우는 절대 사용하지 않아야 한다. 왜냐하면 절삭 깊이 그대로 다른 절삭구간으로 이동하기 때문에 공구와 공작물, 기타 장애물과 공구의 충돌이 발생할 수 있기 때문이다.

6번 선택사항은 Retract Height 점으로 올라가기 전 절삭구간을 좀 더 연장하는 것인데, 이 값은 Passes 메뉴에서 Pass Extension 값이 공구의 반경값보다 작을 때 공구 반경 값만큼만 더 절삭구간을 연장시키는 기능이다. 만약 Pass Extension 값이 공구 반경보다 큰 값을 입력하면 체크해도 연장되지 않는다.

7번 선택사항은 Z축이 가공 깊이까지 진입할 때 어떻게 진입할 것인지를 설정해 준다. 보통 일반적으로는 가공 깊이까지 곧바로 진입하는 방식을 사용하는데, 이 기능을 해주면 부드럽게 R을 그리며 진입하므로 가속도에 의한 Z축 이동 부담을 덜어 주어 기계 보호의 효과도 있다. 하지만 약간의 가공 시간이 길어지는 단점이 있으므로 선택은 자유이다. 그래서 8번은 7번 기능을 체크했을 때 설정해 주는 R값이다. 9번과 10번은 7번과 8번 설정값처럼 진퇴 시에도 동일하게 적용할 수 있다. 11번은 저자의 설명보다는 퓨전캠에서 제공하는 팝업 그림과 설명을 보면 쉽게 이해될 거라 생각하기 때문에 생략한다.

② 드릴가공(Drill Cutting, Hole Cutting)

위 샘플 제품을 보면 카운터 보어 가공이 있다. 따라서 먼저 구멍 작업을 하고 나서 카운터 보어 단차 가공을 하는 것이 가공 순서이기 때문에 드릴가공 기능을 사용하여 작업한다.

㉠ 드릴 가공 정의 선택(DRILLING)

아래 그림과 같이 Drill을 선택한다.

참고로 Hole Recognition은 구멍가공에 관한 고급 옵션 기능이다. 따라서 추가 구매를 해야 하는 기능이다. 저자도 사용해 보지 않아서 이 책에서는 생략하겠지만 구멍가공을 좀 더 효율적으로 작업할 수 있는 옵션으로 생각된다. 추후 기회가 된다면 카페에서 자세히 다뤄 보도록 하겠다.

㉡ 공구의 지정(Tool Select)

다음 그림과 같이 DRILLING을 선택하면 가공 순서에 드릴가공 레이어가 생성된다. 가장 먼저 구멍가공은 센터 드릴을 사용해야 하므로 센터 드릴을 선택한다.

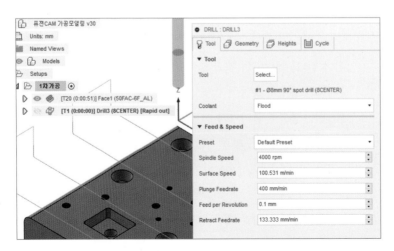

ⓒ 구멍 지정과 가공 순서 선택(Hole & Order Select)

Geometry 메뉴에서는 가공하고자 하는 형상을 선택하는데 다음 그림과 같이 제품이 솔리드이므로 카운터 구멍의 면을 선택한다.

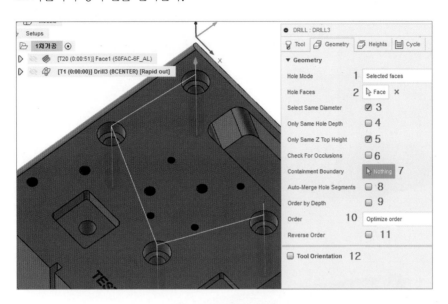

1번을 선택하면 다음 그림과 같이 세부 선택사항이 3가지 있는데 솔리드 모델이 있는 경우는 대부분 Faces를 선택하고 2D 원호 형상을 가공하고자 하는 경우와 기타 솔리드 모델 인식에 어려움이 있는 경우는 Selected points, 즉 원호의 중심점을 이용하여 가공하고, Diameter range는 구멍 지름의 범위를 정하여 범위 안에 들어오는 모든 홀을 자동으로 선택할 수 있도록 하는 기능들이다. 여기서는 Selected faces로 가공할 구멍을 자동으로 찾도록 하겠다.

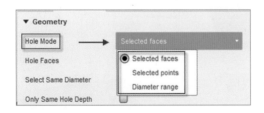

2번은 가공하고자 하는 카운터 홀의 내부 면을 선택하는데 총 4ea의 홀을 전부 선택하는 것이 아니라 하나의 홀만 선택한다.

3번은 2번에서 1개의 선택된 홀에 대해서 같은 지름의 홀을 자동으로 모두 선택하라는 기능이다. 여기서는 4종류의 홀을 모두 센터 작업하기 위해서 4가지 면을 선택한다.

4번은 같은 깊이(관통 포함, 관통부 단차에 따라 다름)의 홀은 모두 자동으로 선택하라는 기능이다. 5번은 홀의 시작 부위 높이가 같은 것들만 선택할 수 있게 하는 기능이다.

6번은 막힌 부분(폐색)을 체크해 주어 구멍이 관통되지 않게 한다. 아래와 같은 예시이다. 즉 중간에 막힌 부분이 있는 동일 지름의 홀을 인식할 때 체크하게 되면 막힌 것을 체크하고 드릴 가공을 하지 않는다. (오른쪽 기능 체크 그림 참조)

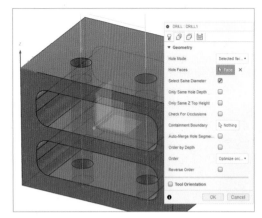 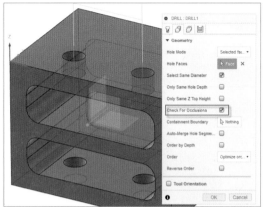

7번은 선택된 홀의 일부를 선택 해제하거나 역으로 전환할 때 사용한다.

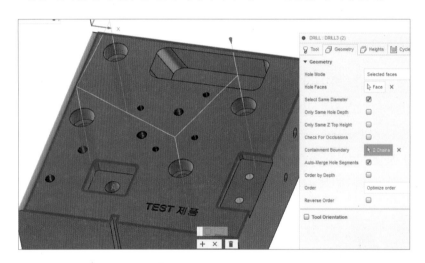

위에서 A홀만 가공하지 않으려면 제품 외곽선을 선택하고 가공 제외할 영역, 즉 A홀 주위의 사각 영역을 선택하면 A홀만 가공 선택에서 해제된다. 만약 역으로 A홀만 가공하려면 아래와 같이 A홀 주위만 체인을 선택해 준다.

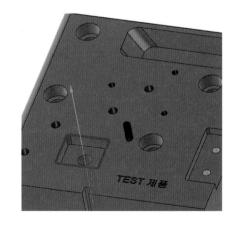

8번은 팝업창에 잘 나와 있듯이 두 개의 홀 정보가 합쳐진 종류의 홀(카운터 보어, 카운터 싱크)은 개별적으로 깊이를 인식하게 된다. 이런 홀들은 가공 순서를 변경했을 때 이 기능 체크를 사용한다. 좀 더 설명하자면 카운터 보어 머리부를 앤드밀로 가공하고 센터나 드릴 작업을 할 때는 제품 맨 윗면부터 들어갈 필요 없이 카운터 가공 깊이까지는 최대한 급속이송으로 할 수 있는데 이런 경우에 옵션 체크를 실행한다. 참고로 아래와 같이 체크 유무에 따라 드릴 R점이 변경된다.

다음 그림의 좌측(체크함)과 우측(체크 안 함)의 R점에 차이가 난다. 물론 이 체크 기능의 실행 여부는 Heights의 Top Height를 Hole top으로 돼 있어야 가능하다.

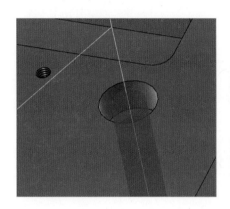 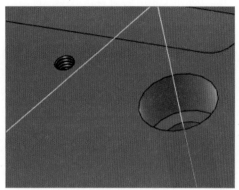

9번은 홀 깊이에 따라 가공 순서가 바뀌게 체크하는 옵션 기능이다.

10번은 팝업 그림에 아주 잘 나와 있듯이 여러 홀이 있을 때 어떤 것부터 가공할 것인지와 그 가공 순서를 유형별로 선택하게 돼 있다. 참고로 가장 빠른 경로 이동 방법은 기본 설정값인 Optimize order이다. 총 4가지의 이동 방법이 있으니 참조 바란다.

11번은 선택한 경로 이동 방법을 역순으로 바꿀 때 체크한다.

12번은 다축 MCT 가공에서 공구의 가공 방향을 바꿀 때 사용한다. 이 책에서는 생략하도록 하겠다.

ㄹ 높이 및 깊이 설정(Heights)

이 메뉴에서는 Z축 이동 지점에 관한 설정을 한다. (단 3축 G17평면의 경우) 그리고 가공 깊이에 관한 세부 설정 메뉴이다.

위 그림에서 1번은 공구 교체 전, 후 급속으로 제품까지 이동하는 높이를 말한다. 2번은 공구의 초기점 복귀 높이로 보면 된다. 즉 제품과 제품 사이, 홀과 홀 사이를 이동할 때 이 높이로 이동하여 다닌다. (머시닝 센터 부분 제2장 5. 고정사이클 부분 참조)

3번은 절삭이송이 시작되는 R점이라고 보면 된다. 4번은 절삭가공이 시작되는 Z점이 어디인지를 인식시켜 주는 설정값이다. 이 센터 작업은 아직 앤드밀 가공 전이므로 무조건 모델 위를 기준점으로 인식시켜 준다. 만약 앤드밀가공을 해서 구멍의 단차부를 가공했다고 한다면 대부분 Hole top으로 할 것이다. 5번은 구멍 깊이를 인식시켜 주는 설정값이다. 센터 작업이지만 4가지 홀을 모두 작업할 것이며 모따기는 하지 않을 것이므로 Model top으로 일률적으로 지정했다. 만약 드릴이나 tap가공의 경우는 Hole bottom으로 대부분 설정할 것이다.

깊이 설정에 대해 좀 더 자세히 알아보면 다음과 같다.

Clearance height	Clearance height 설정값 높이로 이동
Retract height	Retract height 설정값 높이로 이동
Feed height	Feed height 설정값 높이로 이동
Top height	Bottom height 설정값 높이로 이동
Model top	가공할 솔리드 모델 상면까지 이동함
Model bottom	가공할 솔리드 모델 밑면까지 이동함
Stock top	소재 설정 맨 위까지 이동함
Stock bottom	소재 설정 맨 아래 면까지 이동함
Hole top	구멍 상면까지 이동함
Hole bottom	구멍 바닥까지 이동함
Selection	선택한 면이나 선까지 이동함
Origin(absolute)	워크좌표 절댓값 설정값까지 이동함
To chamfer width	모따기 지름 설정값까지 이동함
To chamfer diameter	

6번은 센터에서는 사용하지 않지만 드릴가공의 관통 작업을 하려고 할 때 체크하게 되면 관통할 때 여유 있게 드릴 지름에 대한 끝각을 자동 계산하여 지름부까지 더 깊이 내려가게 하는 기능 옵션이다. 7번은 6번 체크 옵션에 대한 설정값이다.

③ 구멍가공의 고정사이클 방법 선택(Cycle)

위 샘플 제품을 보면 카운터 보어 가공이 있다. 따라서 먼저 구멍 작업을 하고 나서 카운터 보어 단차 가공을 하는 것이 가공 순서이기 때문에 드릴가공 기능을 사용하여 작업한다.

㉠ G81(Drilling- rapid out) 방식 선택(Cycle)

이 메뉴에서는 홀 가공 고정사이클 방식을 선택한다. (머시닝 센터 가공 부분 제2장 5. 고정사이클 참조할 것)

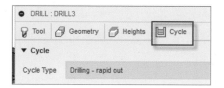

초기점과 R점, 그리고 드릴 깊이 값은 이미 Heights에서 설정했으므로 드릴 사이클 중에서 G81 사이클만 여기서 선택하면 된다. 드릴가공 전 센터 작업 시 많이 사용하는 방법이다. 위 샘플 제품의 카운터 보어 센터 드릴은 위 G81로 가공한다.

ⓒ G82(Counterboring–dwell and rapid out)

휴지 시간만 정해주면 된다. (2초의 예시이다.)

ⓒ Chip breaking–partial retract(사이클 유무 결정형)

아래 1번 사이클 유형은 특별히 고정사이클 코드가 없이 G01과 G00, 휴지 코드로 조합된 형태로 출력된다. 고정사이클로 비교하자면 G73의 이송 형태와 G82의 휴지 시간이 조합된 사이클 기능이 단순히 G01, G00, G04로 출력된다.

이 기능은 이처럼 고정사이클 방식이 아니기 때문에 NC코드 출력 용량이 커지는 단점이 있다. 그래서 특수한 경우가 아니고서는 이런 방식은 거의 사용하지 않는다.

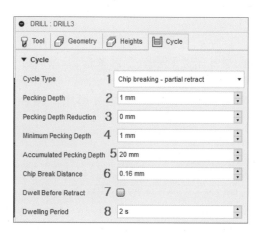

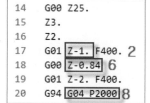

2번과 4번은 1회 절입량(우측 그림 2번 값)이다. 3번은 깊이 들어가면서 설정된 값만큼 1회 절입량이 감소하는 값이다. 5번은 1회 절입량의 누적 깊이 값인데 가공 깊이의 범위 안에서는 G01과

G00의 조합으로 드릴 가공한다. 하지만 범위 밖에서는 고정사이클 가공으로 바뀐다. 단 고정사이클(G73)로 사용하기 위해서는 8번의 휴지 시간은 0값으로 해야 한다. 보통 이 값은 거의 사용하지 않는다. 따라서 1회 절입량보다 일반적으로 크면 된다.

6번은 G73코드로 말하면 칩의 형태를 전단형으로 가공하기 위해서 깊이 가공 후 뒤로 후퇴하는 값이다. 또한 재차 진입할 때 전 깊이에서 이 값을 뺀 값만큼 급속 진입하는 값이기도 하다. (우측 그림 6번값 1−0.16=0.84 참조)이다.

7번은 추후 변경 예정이다. 현재는 버그임. 8번은 휴지 시간으로 단위는 초이다.

앞서 설명한 것처럼 퓨삼캠에서는 이 값의 유, 무에 따라서 고정사이클 출력 유, 무가 결정된다. 기본값은 0이며 고정사이클 중에 휴지 시간이 들어가는 것을 제외하고 값을 0 이상으로 하면 고정사이클 형태로 출력이 안 된다.

ⓔ G83(Deep drilling–full retract)

드릴 직경보다 2배 이상의 깊이가공에서 많이 사용하는 드릴 사이클이다.

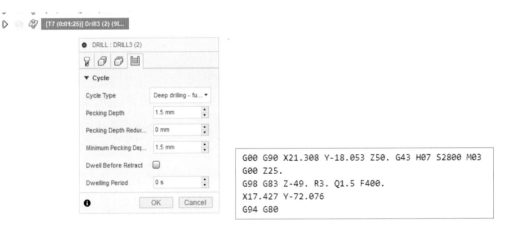

```
G00 G90 X21.308 Y-18.053 Z50. G43 H07 S2800 M03
G00 Z25.
G98 G83 Z-49. R3. Q1.5 F400.
X17.427 Y-72.076
G94 G80
```

ⓜ Break through(사이클 없음)

구멍 관통 깊이 부근에서 가공 조건에 변화를 주어 구멍 관통을 좀 더 효율적으로 하기 위해 사용하는 방법이다.

```
13    G00 G90 X21.308 Y-18.053 Z50. G43 H07 S2800 M03
14    G00 Z25.
15    Z3.
16    G01 Z-40. F400. 1
17    S2000    2
18    Z-49. F200. 3
19    S2800
20    Z3. F400.
21    G00 Z25.
22    X17.427 Y-72.076
```

1번 설정값은 총 깊이(49mm)에서 설정값(9mm)만큼 뺀 깊이까지는 선택한 드릴 공구의 기본 가공 조건으로 가공한다. 이후는 2번 이송속도와 3번 회전수 대로 가공하여 구멍을 관통한다.

ⓗ Guided deep drilling-gun drilling(사이클 없음)

앞서 설명한 Break through와 비슷한 유형이지만 이 기능은 진입부를 좀 더 세부적으로 설정하는 방법이다. 초기 깊이값(10mm)까지는 아래 설정한 조건으로 가공하고 이후부터는 기본드릴 조건으로 가공한다.

ⓐ G84(Tapping)

기본 탭 조건으로 가공한다. 물론 미리 TAP 공구의 나사피치(M6×P1.0)는 등록돼 있어야 한다.

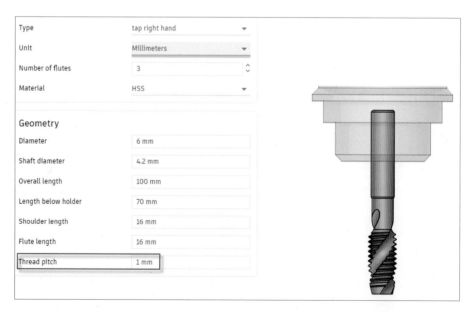

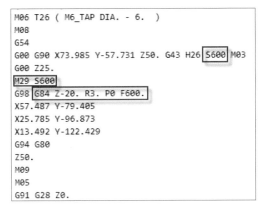

이것은 일반적인 TAP 사이클이다. 즉 절입량이 없는 탭 사이클이다. 좌측 프로그램을 보면 회전수 (600)×피치(1)에 대한 절삭이송 속도(600)가 자동 계산되어 출력된 것을 확인할 수 있다.

◎ G74(Left tapping)

좌나사 탭 가공 기능의 사이클이다.

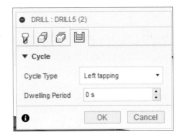

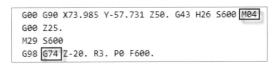

처음 회전 방향은 우측의 프로그램처럼 M04로 역회전을 해야 하며 코드는 G74 역탭핑 사이클이다. 좌나사 탭 가공 방식인 역회전으로 내려가서 정회전으로 올라오는 탭 기능이다.

㉾ G84(Right tapping)

우나사 탭 가공 기능의 사이클이다. G84 일반 탭 기능이다.

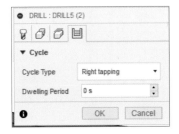

ⓩ G84 기능 + 절입량(Tapping with chip breack)

일반 탭 가공 기능의 사이클과 비슷하지만 절입량을 줄 수 있다. 가공 부하를 줄여서 탭의 파손율을 낮추기 위해 사용하는 방법이다. 많이 사용하는 탭 가공 방법이다.

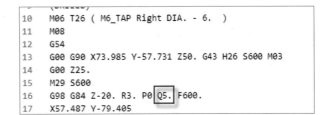

```
10   M06 T26 ( M6_TAP Right DIA. - 6.  )
11   M08
12   G54
13   G00 G90 X73.985 Y-57.731 Z50. G43 H26 S600 M03
14   G00 Z25.
15   M29 S600
16   G98 G84 Z-20. R3. P0 Q5. F600.
17   X57.487 Y-79.405
```

㉠ G85(Reaming-feed out)

리머 작업에서 사용하는 사이클이다.

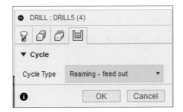

```
G54
G00 G90 X110.916 Y-47.167 Z50. G43 H08 S4800 M03
G00 Z25.
G98 G85 Z-9. R3. F1000.
X89.242 Y-101.514
```

㉣ G89(Boring-dwell and feed out)

백보링(Back boring) 사이클로 사용한다. G87과 거의 비슷하지만 후퇴이송은 주축이 정지한 후 수동이송으로 해야 한다.

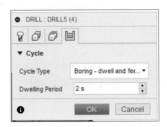

```
G54
G00 G90 X110.916 Y-47.167 Z50. G43 H08 S4800 M03
G00 Z25.
G98 G89 Z-9. R3. P2000 F1000.
X89.242 Y-101.514
```

ⓔ Stop Boring–stop and rapid out(사이클 없음)

깊이까지 가공한 후에 휴지 시간 후 주축 정지하고 급속으로 후퇴하는 기능이다.

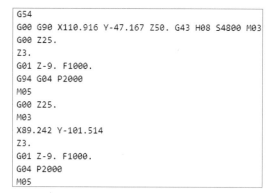

```
G54
G00 G90 X110.916 Y-47.167 Z50. G43 H08 S4800 M03
G00 Z25.
Z3.
G01 Z-9. F1000.
G94 G04 P2000
M05
G00 Z25.
M03
X89.242 Y-101.514
Z3.
G01 Z-9. F1000.
G04 P2000
M05
```

ⓗ G76(Fine boring–shift)

정삭보링 G76 기능의 사이클이다. 0.3의 시프트 값은 0으로 해도 된다.

```
11   G54
12   G00 G90 X110.916 Y-47.167 Z50. G43 H09 S4800 M03
13   G00 Z5.
14   G98 G76 Z-9. R5. P0 Q0.3 F600.
15   X89.242 Y-101.514
```

ⓐ G87(Back boring)

백보링 G87 기능의 사이클이다.

```
11   G54
12   G00 G90 X110.916 Y-47.167 Z50. G43 H09 S4800 M03
13   G00 Z5.
14   G98 G87 Z-9.5 R-9. Q0.3 P0 F600.
15   X89.242 Y-101.514 Z-9.
```

ⓑ Circular pocket milling(사이클 없음)

2D 가공 정의의 Circular 가공에서 간편한 기능만 여기서 활용할 수 있게 한 가공 방법이다. 경보정 유형이 없고 또한 여유 양도 없이 단순히 공구 지름에 대해 홀만 가공하게끔 되어 있다.

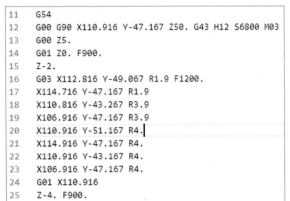

```
11   G54
12   G00 G90 X110.916 Y-47.167 Z50. G43 H12 S6800 M03
13   G00 Z5.
14   G01 Z0. F900.
15   Z-2.
16   G03 X112.816 Y-49.067 R1.9 F1200.
17   X114.716 Y-47.167 R1.9
18   X110.816 Y-43.267 R3.9
19   X106.916 Y-47.167 R3.9
20   X110.916 Y-51.167 R4.
21   X114.916 Y-47.167 R4.
22   X110.916 Y-43.167 R4.
23   X106.916 Y-47.167 R4.
24   G01 X110.916
25   Z-4. F900.
```

(2D 가공의 Circular 가공 참조)

ⓒ Bore milling(사이클 없음)

2D 가공 정의의 Bore 가공에서 간편한 기능만 여기서 활용할 수 있게 한 가공 방법이다. 여기서 알아야 할 것은 아래 설정값 중에 가공할 지름을 입력하는 것이 있는데, 이 메뉴는 디자인되지 않은 카운터 보어 홀을 디자인 수정 없이 임으로 설정하여 수정 가공하기에 편리하다.

```
11   G54
12   G00 G90 X110.916 Y-47.167 Z50. G43 H12 S6800 M03
13   G00 Z5.
14   X114.916
15   G01 Z0. F1200.
16   G03 X110.916 Y-43.167 Z-0.25 R4.
17   X106.916 Y-47.167 Z-0.5 R4.
18   X110.916 Y-51.167 Z-0.75 R4.
19   X114.916 Y-47.167 Z-1. R4.
```

(2D 가공의 Bore 가공 참조)

ⓓ Thread milling(사이클 없음)

2D 가공 정의의 Thread 가공에서 간편한 기능만 여기서 활용할 수 있게 한 가공 방법이다. 여기서 알아야 할 것은 아래 설정값 중에 가공할 지름을 입력하는 것이 있는데, 이 메뉴는 디자인되지 않은 Thread 홀을 디자인 수정 없이 임으로 설정하여 수정 가공하기에 편리하다.

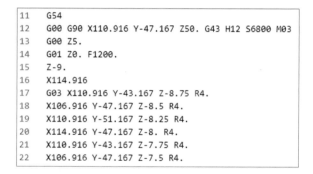

```
11    G54
12    G00 G90 X110.916 Y-47.167 Z50. G43 H12 S6800 M03
13    G00 Z5.
14    G01 Z0. F1200.
15    Z-9.
16    X114.916
17    G03 X110.916 Y-43.167 Z-8.75 R4.
18    X106.916 Y-47.167 Z-8.5 R4.
19    X110.916 Y-51.167 Z-8.25 R4.
20    X114.916 Y-47.167 Z-8. R4.
21    X110.916 Y-43.167 Z-7.75 R4.
22    X106.916 Y-47.167 Z-7.5 R4.
```

(2D 가공의 Thread 가공 참조)

ⓔ 사용자 정의 홀가공(사이클 없음)

사용자가 임으로 만든 사이클 기능을 활용하는 메뉴이다. 사용자에 따라서 너무 다양하고 일반적인 가공에는 거의 사용하지 않기 때문에 자세한 설명은 생략한다.

④ 3D 포켓가공

3D 가공의 포켓가공은 포켓가공 형태의 가공이지만 포켓이든지 아일랜드 작업이든지 특별히 가공 부위를 선택하지 않아도 깊이를 알 필요 없이 편리하게 가공할 수 있다.

㉠ 3D 포켓가공 가공 정의 선택(3D Pocket)

다음과 같이 3D가공 메뉴에서 Pocket Clearing 가공 정의를 선택한다.

㉡ 공구 선택(Face)

샘플 예제의 상면의 모든 포켓 부위를 가공하기 위해서 여기서는 12파이 라핑 앤드밀로 황삭가공을 한다.

㉢ 가공 영역 설정

샘플예제는 이미 셋업 단계에서 가공 모델을 인식해 줬으므로 특별히 솔리드 형상을 선택하지 않아도 가공 부위를 모두 인식하고 있다.

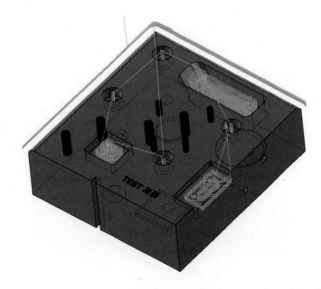

1번: 가공 범위를 정해주는 것으로 전체 스톡 경계 범위, 제품 외형선 범위, 그리고 선택 범위 경계를 정해주는 메뉴이다. 아래는 선택 범위 경계로 선택하여 특정 부분만 가공하는 그림이다.

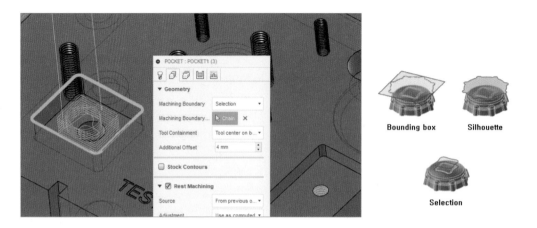

2번: 1번 설정한 가공 범위를 공구의 안쪽, 중심, 바깥쪽으로 해서 가공 영역을 추가로 제한한다.

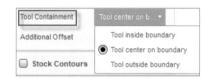

예를 들어 위 1번 예제 그림처럼 선택했어도 Tool outside boundary로 가공 범위 제한을 두면 툴 패스가 생성되지 않는다. 즉 포켓 특성상 안쪽을 가공하는데 하향절삭에 공구 바깥쪽을 가공하라고 제한을 두었기 때문이다.

3번: 1번 선택의 가공 범위를 확장, 축소한다. 즉 솔리드 형상의 외곽 면을 기준으로 어느 정도 벗어난 값을 가공 영역으로 인식하여 가공할 것인지 설정하는 값이다. 중요한 것은 Additional Offset 값은 스톡(Stock)의 설정값과는 상관없다는 것이다. 즉 Setup에서 스톡 여유를 많이 줘도 이 설정값과는 무관하다는 것을 알 필요가 있다. 그래서 아래 표시부까지 여유 있게 가공하기 위해서는 위 설정값을 적절하게 설정한다.

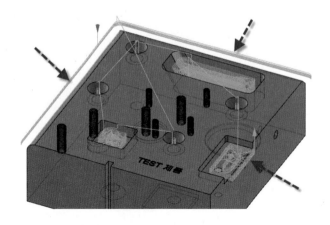

여기서 만약 제품 외곽 면까지 가공하기 위해서는 위 설정값을 공구 지름보다 더 큰 값을 주면 다음 그림과 같이 외곽까지도 가공한다.

4번: 특별히 정해주지 않아도 이미 Setup에서 인식하고 있다. 하지만 범위 안에 아일랜드를 선택했다면 지정해 준다.

5번: 잔삭가공 기능 옵션이다. 지름이 커서 가공하지 못하는 코너 부위를 지름이 작은 공구를 선택했을 때 가공해 주는 기능이다.

6번: 2D Rest machining의 잔삭 기능은 기존 공구의 지름과 코너R 값만 넣는다. 하지만 3D Rest machining은 인식은 2D 잔삭 기능 기본 인식 기능도 포함됐지만 위 Source 메뉴를 보면 대표적으로 많이 사용하는 기능이 From tool로 2D 잔삭 기능과 거의 같고, 그 다음 From previous operation(s)의 인식 기능이 있는데 직전 가공의 정보를 인식해서 잔삭 양이 얼마인지, 직전 공구보다 선택한 작은 공구로 얼마만큼 잔삭할 것인지를 자동으로 계산해서 잔삭가공 툴패스를 생성한다. 물론 직전가공 인식 기능은 가공 정의를 현재 실행할 가공 정의 앞쪽에 있어야 인식할 것이다. 다음과 같은 설정으로 잔삭가공(Rest machining) 작업한 결과이다.

참고로 6번의 Source 메뉴에서 기타 인식 기능은 저자가 확실한 경험이 없기 때문에 언급하진 않지만 위 2가지 기능으로도 충분하다고 생각한다.

7번: Adjustment(조정)에서는 Ignore cusps를 사용하여 깊이 절입량과 공구 코너R 단차층 변화 인식에 대한 것을 무시하는 것이 툴패스 생성을 단축시킬 수 있는 방법이다. 공구의 지름 변화만 인식하게 한다.

8번: 제거할 잔삭 양을 나타낸다. 측면에서부터 얼마인지를 나타내 준다.

9번: 다축가공의 사용이다. 여기서는 생략한다.

10번: BODY 인식이나 FACE 면 인식으로도 가공 부위를 선택한다.

㉣ 가공 높이 및 깊이 설정(Heights)

급속 이동은 대부분 모델 상면(Model Top)을 기준으로 각각의 값들을 설정하면 되고, 가공 깊이는 모델의 아래쪽(Model Bottom)이라고 선택하면 끝이다. 이것이 3D 가공의 매력이다. 만약 2D 가공으로 한다면 각각의 형상 깊이를 선택(퓨전캠의 2D가공도 값을 입력하는 것이 아님)해야 하며, 각각의 가공 정의를 개별적으로 만들어야 하는 번거로움이 있을 것이다.

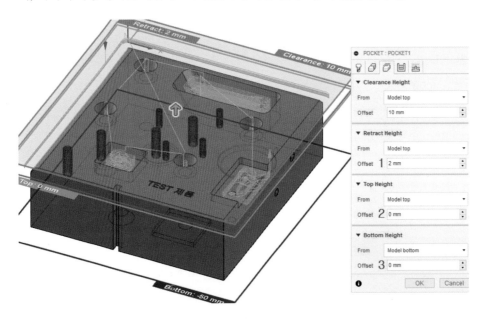

위 설정값 1번은 앤드밀이 가공면에서 가장 가까운 높이로 급속이송으로 이동을 하기 위해서 높이를 설정하는 값이다. 즉 Z2mm에서 포켓의 램프가공이나 기타 절삭이송이 시작되는 높이이다. 실제 이 설정값은 가공 경로 설정(Passes) 메뉴에서의 설정값들에 영향을 미친다.

2번은 가공 시작 기준면인 Z0 점이 어디인지를 알려 주는 것이다. 이 값은 가공 영역에서 '② 가공 영역 설정'하는 것과 같은 의미이다. 만약 이 값을 0.5로 하면 Z0.5면은 모두 아래와 같이 가공해 버린다. 또한 안전 진입 높이인 2mm도 2.5 이상 램프 시작 높이를 더하여 실제 출력될 것이다.

아래와 같이 되어 이 포켓가공으로 하지 않아도 될 면까지 가공하게 된다. 왜냐하면 윗면은 FACE 가공 정의로 하면 훨씬 빠르기 때문에 포켓가공으로 할 이유가 없다.

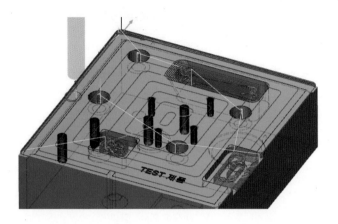

◎ 절삭이송 경로 설정(Passes)

이 메뉴에서는 절삭이송의 세부 경로 설정을 한다.

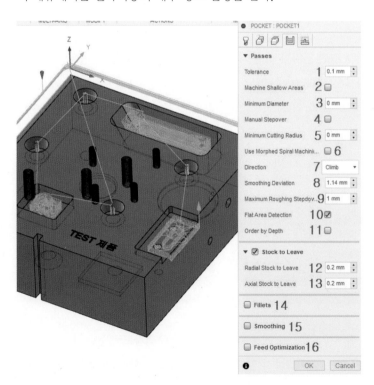

1번은 공구 경로에 대한 공차를 설정한다. 값이 작아질수록 가공 시간과 가공연산이 길어진다.

2번 옵션을 선택하면 깊이가 얕거나(Shallow) 완만한 경사 곡면의 절입량이나 스텝오버량의 가공 경로를 설정할 수 있다. (팝업 설명 그림 참조)

3번은 툴패스의 '지름+공구 반경'이 홀지름보다 클 경우에 포켓가공에 포함된 홀들은 가공하지 않는다. 물론 공구가 홀 지름보다 클 경우에는 가공하지 않지만 공구지름이 가공하지 않아야 될 홀보다 작을 경우 자동으로 가공해 버리는 경우가 있다. 이런 경우에 홀(구멍) 가공 방지를 위해 설정하는 값이 바로 이 값이 된다.

4번은 기본적인 스텝오버 조건 설정 외에 추가로 세밀하게 수동 설정하게끔 설정창이 활성화되면서 설정할 수 있게 하는 옵션이다.

5번은 포켓 코너R이 공구 반경보다 작을 때 코너를 가공하게 되면 코너 부분의 가공 시에 부드럽게 돌아가지 않고 부하를 유발할 수 있다. 따라서 황삭가공의 경우 제품 코너R보다 최소 0.02라도 큰 최소R을 줄 경우 코너링 가공이 좀 더 부드럽게 되며 공구의 파손도 감소한다. 실제 이 최소 R값을 주게 되면 가공 후 코너R 크기도 이 설정값 R이 되어 있다. 따라서 이 가공 설정은 황삭가공에서 주로 사용하게 되며 정삭가공에서는 이 설정값을 최소화 해야 한다.

6번은 가공 경로를 스파이럴 형태의 툴패스로 나올 수 있게 하는 기능이다. (팝업 그림 참조)

7번은 하향절삭과 상향 절삭, 그리고 양방향의 가공 방향을 정해 주는 것이다.

8번도 팝업 그림 설명이 잘 돼있는데 일반적인 가공에는 큰 영향이 없다.

9번은 1회 절입량이다.

10번은 포켓 형상 중에서 평면 단차가 있을 때 이를 감지하여 단차 윗면을 가공할지를 선택해주는 기능이다. 예를 들어 다음 그림과 같이 단차가 있는 포켓가공에서 1회 절입량을 단차 깊이보다 더 줄 경우에 한해서 체크 하는 것과(왼쪽) 하지 않는 것의(오른쪽) 차이점을 확인할 수 있다.

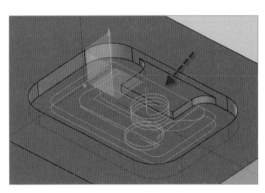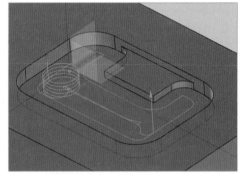

11번도 팝업 그림으로 잘 나와 있듯이 예제 제품 포켓가공 부위가 크게는 4가지, 세부적으로는 7가지의 포켓가공 영역이 있는데 체크하지 않으면 한 부위를 처음부터 가공 깊이까지 완전히 포켓가공을 끝내고 다음 포켓 부위로 넘어가는 형태지만 체크하게 되면 1회 절입량만큼만 7가지 부위를 이동하면서 모두 가공하기 때문에 시간이 더 소요된다.

12번은 형상 부위(X, Y방향)의 한쪽 면으로의 정삭 여유값이다. 즉 형상 측벽으로 0.2씩 남긴 정삭 여유인데 총 0.4를 덜 절삭하는 결과이다. − 값을 넣으면 더 절삭되어서 정삭 여유가 없어지기 때문에 부호에 주의해야 한다.

13번은 Z축 방향의 정삭 여유이다. 즉 깊이부의 남김 양이다.

14번은 모든 모서리나 코너 부위를 임의로 라운드를 주어서 가공하는 기능이다. 황삭가공의 경우 최소 지름 설정값과 비슷한 경우인데 전체적으로 주어지는 돌출부나 오목부 모두 적용되는 값이므로 주의해야 한다. 실제 제품 형상이 나오지 않을 수 있기 때문에 특별한 경우를 제외하고는 사용하지 않는다.

15번을 체크하면 공차값(1mm 이하 설정)에 따라서 가공 형상 라인의 툴패스 출력점들을 줄여 주어 NC 데이터를 줄여 주는 효과가 있다.

아래 그림에서 우측은 기능을 체크하고 공차 값을 0.9로 최대한 설정한 예이다.

```
408    X40.041 Y-27.431 Z-4.071
409    X39.954 Y-27.349 Z-3.9
410    X39.885 Y-27.294 Z-3.71
411    X39.84 Y-27.263 Z-3.508
412    X39.825 Y-27.253 Z-3.3
413    G00 Z10.
414
415    M09
416    M05
417    G91 G28 Z0.
418    G91 G28 Y0.
419    G90 G53 X-2900.
420    M30
421    %
422
```

```
332    X40.091 Y-27.486 Z-4.145
333    X40.041 Y-27.431 Z-4.071
334    X39.954 Y-27.349 Z-3.9
335    X39.885 Y-27.294 Z-3.71
336    X39.84 Y-27.263 Z-3.508
337    X39.825 Y-27.253 Z-3.3
338    G00 Z10.
339
340    M09
341    M05
342    G91 G28 Z0.
343    G91 G28 Y0.
344    G90 G53 X-2900.
345    M30
346    %
347
```

16번은 절삭이송 속도를 아래와 같이 세부적으로 줄여 줄 필요가 있을 때 사용한다. 보통 일반적인 가공에서는 사용하지 않는 기능이다.

ⓑ 이동 경로 설정(Linking)

이 메뉴에서는 절삭 경로가 아닌 이동 경로를 설정한다.

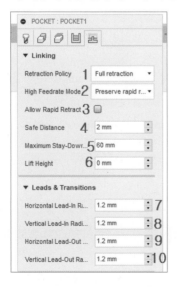

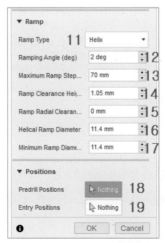

1번: 절삭가공 후 Z점 복귀 이송을 어디로 할 것인가를 정한다.

아래와 같이 크게 3가지 방법이 있는데, 일반적으로는 첫 번째(Full) 복귀 방법을 사용한다.

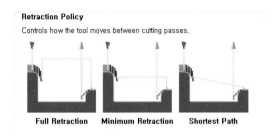

3번째는 다중 공작물에서 사용하면 공구와 공작물의 충돌이 있을 수 있기 때문에 사용하지 않는다.

2번: 다음과 같이 6가지 방법으로 가공 부위(가공 지점) 이동속도를 정하고 있다.

일반적으로 6가지 방법 중에 가장 위 방법(a 방법)을 사용한다.

a: 가장 기본적인 급속 이동 방법이다. Heights 메뉴의 Clearance를 설정한 높이는 모두 급속이송 (G00)으로 이동하며 Linking 메뉴의 Safe Distance의 설정값까지 진입은 절삭이송, 진퇴는 급속 이동(G00)한다.

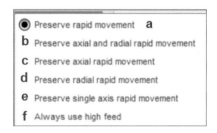

b: 3축에서의 이동은 위 a 설정과 동일하다.

c: Z축 이동은 a나 b와 동일하게 급속 이동(G00)하지만 X, Y축 방향의 급속 이동은 아래 설정한 High Feedrate 속도인 절삭이송속도(G01)로 이동한다. 이 방법은 많이 사용하지 않는다.

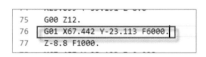

d: 위의 c 설정과 다르게 이 설정은 절삭 후 진퇴 시에 Z축은 High Feedrate 속도인 절삭이송속도(G01)로 이동하고 XY축 이동은 급속이동(G00) 한다.

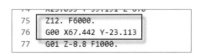

e: G17평면의 3축에서는 c 설정과 동일하다.

f: 공구 교체 후에 Heights 메뉴의 Clearance를 설정한 높이까지만 급속이송(G00)으로 움직이고

이후 모든 진퇴나 절삭 부위 이동은 High Feedrate 속도인 절삭이송속도(G01)로 이동한다.

3번: 기능 체크를 사용하면 Safe Distance의 설정값까지 급속이송(G00)한다.

4번: 절삭하기 직전의 Z 높이값을 설정하는 것으로 말 그대로 안전 높이이다. 이 높이 설정 값은 Passes의 1회 절입량 설정과 관련이 있다. 일반적인 이동 방법으로 하면 1회 설정값보다 크게 해야 설정 에러가 발생하지 않는다.

5번: 기능 체크하면 설정값이 클수록 이동 구간(절삭하지 않고 진입, 진퇴하는 구간)을 최대한 줄여 준다. 이동 구간이 줄어든 만큼 Cycle time도 감소한다. 즉 최대한 절삭이송으로 움직일 수 있는 길이 값을 설정해 주므로 Air cut 시간을 최소화한다. 절삭이송길이 설정값의 범위는 0~1000000000mm이다.

6번: 절삭가공 경로 중에 다른 절삭가공 경로로 이동할 때 Z축이 가공 면에서 뜨는 양을 설정한다. 값이 클수록 사이클 타임이 길어진다. (팝업 그림 참조)

7번: 3축에서 Z방향으로 절삭 깊이로 진입한 후에 평면 상태에서 반지름(R) 값으로 진입할 때 이 반지름 값을 설정한다. (팝업 그림 참조)

8번: 7번 실행 전에 Z방향으로 절삭 깊이로 진입할 때 수직반경(R)으로 진입하는 방법에서 설정하는 반지름 값이다. (팝업 그림 참조)

9번: 7번이 진입 시의 반경값이면 9번은 진퇴 시의 반경값이다. (팝업 그림 참조)

10번: 8번이 진입 시의 반경값이면 10번은 진퇴 시의 반경값이다. (팝업 그림 참조)

11번부터 17번까지는 비절삭 높이에서 절삭 깊이까지 진입하는 방법과 세부 값을 설정한다.

11번: 총 7가지 램프 진입 방법을 선택할 수 있다.

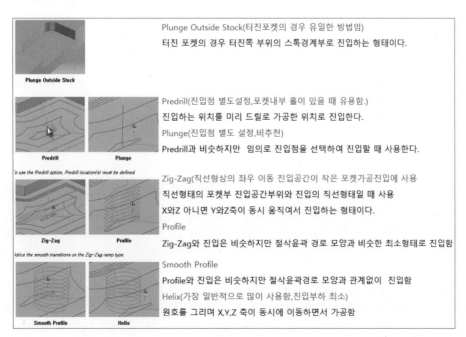

12번: 램프 진입각도이다. 보통 3도 이하로 하면 좋다. 알루미늄은 3도, 스틸은 2도로 주면 좋다.

13번: 최대 램프 스텝다운 값을 제한하는 값이다. 즉 램프 1회당 절입 깊이의 최대값을 제한하는 값을 설정한다.

이 값이 작을수록 프로그램과 가공 시간이 길어지는 단점이 있다. 최대 설정값으로 항상 설정해 놓는 것이 좋다. 어쨌든 12번에서 언급한 램프 각도로 절삭 부하를 제어할 것이기 때문이다. 설정 단위는 0.01~10000000000mm 이상이다.

다음 그림의 좌측은 최대 허용치를 0.2피치로 준 것이고 우측은 100mm로 준 것이다. 물론 램프 각도나 R값에 따라 램프 피치를 최대로 할 수 있는 한계값이 있으므로 아무리 크게 설정한다 해도 우측 그림과 같이 동일한 모양의 툴패스가 나올 것이다.

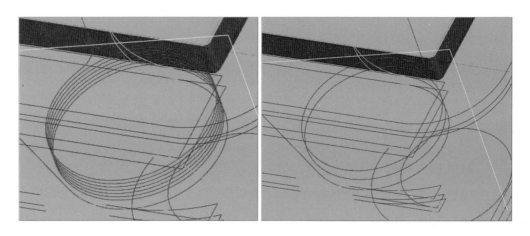

14번: 램프 시작 위치를 절삭면에서 얼마나 위로 띄울 것인가를 정해 준다. 작으면 작을수록 절삭면에서 최대한 가까우므로 프로그램과 가공 시간은 줄어들 수 있지만 너무 작은 값을 주면 절삭면 위에 있는 칩과 공구 날끝의 충돌로 인해 공구 파손의 원인이 된다. 저자의 경험상 절삭칩의 크기보다 크게 주는 것이 좋다. 보통 0.3~5mm 정도로 준다.

15번: 램프 절삭 경로에서 실제 절삭 경로까지의 최소 거리를 설정하는 값이다. 보통 0mm로 하면 된다. 다음 그림의 왼쪽은 0mm를, 오른쪽은 5mm를 준 것이다. 너무 크면 가공 형상에 따라서 절삭 경로가 생성되지 않을 수 있다.

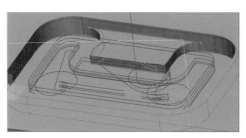 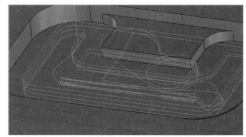

16번: 램프의 직경을 설정한다. (다음 그림 노란색 화살표의 지름)

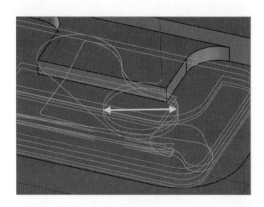

17번: 최소 램프 직경을 설정해 준다. 보통 이 값은 16번 값과 동일하게 적용하면 된다.(최소 직경은 1.524배로 공구 직경보다 커야 램프가공 진입의 의미가 있기 때문이다.)

18번: 프리드릴 위치를 지정해 준다. 즉 포켓가공 전에 드릴가공이 돼 있다면 그 센터점을 지정해 준다.

19번: 진입점을 지정해 준다. 즉 위 진입 방법에서 Plunge로 진입할 때의 위치점을 설정한다. 이런 방법으로 포켓가공 황, 정삭을 마무리한다. Rest machining 기능을 사용하여 정삭할 경우에는 포켓가공 정의로 정삭포켓 하면 된다.

⑤ 윤곽가공(Contour)

윤곽가공은 2D 윤곽가공을 기본 가공 방법으로 하지만 개발품들을 주로 하고 수정이 잦은 현장이라면 3D 윤곽가공을 처음부터 선택하는 것이 좋다. 퓨전의 Contour 기능은 2D와 3D로 나뉘는데 대부분 제품 외곽 형상과 터진포켓 가공, 그리고 어떤 형상이든지 공차를 맞추기 위해 재차 가공할 때 대부분 이 Contour 방법을 사용한다. 즉 제품의 외곽 형상이나 내측의 내측 형상, 곡면 가공할 때 주로 사용하는 기능이다. 피쳐캠과 비교하면 2D 윤곽은 사이드 기능이고, 3D 윤곽가공은 Z레벨 피니싱과 같다고 보면 된다.

2D 윤곽가공에서는 마캠의 윤곽가공이라고 보면 되고 3D 윤곽가공은 퓨전에서는 좀 더 초점이 아일랜드 부위의 3D 외곽가공에 특화돼 있다. 에지캠과 비교했을 때는 3D profiling 기능과 동일하다고 보면 된다.

㉠ 3D 윤곽가공 가공 정의 선택(3D Contour Select)

다음과 같이 3D 가공 메뉴에서 Contour 가공 정의를 선택한다. 이 책 예제품 가공에서는 3D Contour보다는 2D Contour를 해도 되지만 3D 윤곽가공은 기본적으로 2D 윤곽가공을 포함하고 있기 때문에 3D 윤곽가공으로 하겠다.

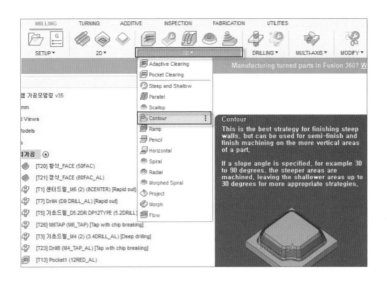

위 그림에도 나와 있듯이 딱 위 그림과 같이 외곽이나 내측 측벽이 테이퍼진(45도~90도) 형상가
공에서 많이 사용한다.

ⓒ 3D 윤곽가공 공구 선택(3D Contour Tool Select)

3D 윤곽가공은 대체적으로 위 샘플 형상에서는 사용할 필요가 없다. 왜냐하면 공구의 선택에서 보
통 불노우즈 앤드밀, 즉 코너 레디우스 앤드밀과 코너 인서트를 사용하여 가공할 것이기 때문이다.
이 예제품은 외곽 수직측벽만 가공할 것이므로 16파이 평앤드밀을 선택했다.

ⓒ 가공 영역 선택(Geometry)

2D 윤곽가공은 절대적으로 가공 체인을 선택해야 하지만 3D 윤곽가공은 2D 윤곽가공을 기본으로 하면
서도 자동으로 가공 부위를 인식해서 가공하는 것이 있기 때문에 특별히 체인을 지정하지 않아도 된다.

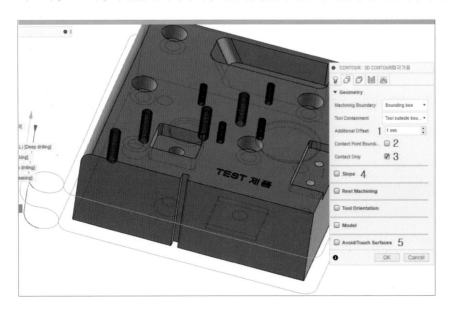

1번: 0이상 값만 입력하면 된다. 즉 조금이라도 제품이 현재 솔리드 Body 측벽부가 가공량이 있다는 것만 인식시켜주는 값이다. 0으로 하면 가공할 양이 없다는 것으로 인식하여 툴패스가 생성되지 않는다.

2번: 3D 형상가공에서 주로 선택하는 옵션이다. 각도 형상이나 곡면 형상의 경우 반드시 체크한다. 공구 코너R과 제품 형상의 가공 계산을 좀 더 실제품과 가깝게 만들도록 계산해주기 때문이다. (팝업 그림 참조) 2D 윤곽가공으로 보면 테이퍼진 형상을 공구 반경 탄젠트 값만큼 더 진입하는 그런 계산을 실행해 주는 기능이라고 보면 된다.

3번: 제품 형상에서 실제 윤곽가공 영역만 가공하도록 선택하는 옵션인데 이 예제품 가공에서는 반드시 체크해야 된다. 체크하지 않으면 1번 값만큼 툴패스를 더 생성시키기 때문에 불필요한 가공 시간이 늘어난다.

4번: 다음 그림 우측 A(각도)의 설정 영역에 걸리는 곡면만 가공한다.

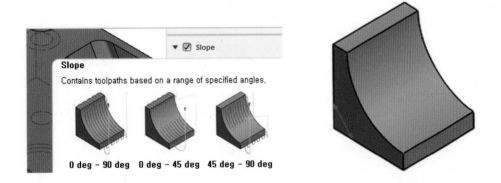

5번: 곡면 및 윤곽가공에서 피쳐캠의 서피스 체크곡면, 마캠의 체크곡면과 같이 가공하지 않아야 할 면을 체크하여 체크한 부분(B)(다음 그림의 하늘색 부분)은 가공하지 않는다.

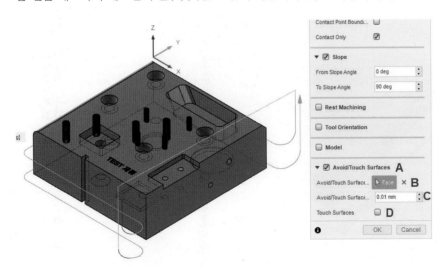

C는 체크한 곡면에서 설정한 값만큼 공구의 접근 거리를 설정한다. 즉 체크한 곡면까지 공구가 닿지 않게 접근하지만 이 닿지 않는 거리값을 설정하는 것이다. 또한 다음과 그림과 같이 역으로 체크한 면만 가공하는 역전 기능(D)도 있다.

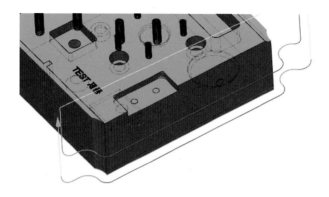

㉣ 가공 높이(깊이) 설정(Heights setting)

가공 높이나 깊이는 앞서 설명한 포켓이나 드릴과 메뉴에 대한 설정값은 동일하기 때문에 자세히는 설명하지 않지만 대략적으로 보통 Clearance나 Retract Height 값들은 대부분 Model top을 기준으로 설정하면 되고 여기서 깊이값 설정(Bottom Height)이 중요한데, Model bottom으로 했다. 제품 두께가 총 50mm이고 다음 그림의 설정값이 −0.1이기 때문에 결국 −50.1 값이다. 물론 이 값은 stock leave값(정삭 여유값)에 따라 달라진다.

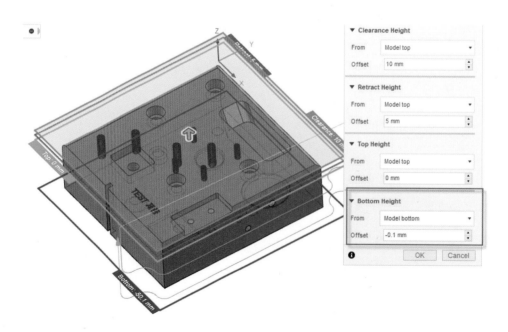

⑩ 절삭 경로 설정(Passes setting)

설명에서 번호가 없는 것은 앞서 설명한 내용과 같다.

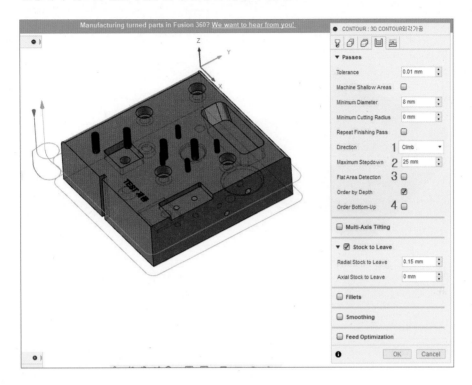

1번: 절삭 방향을 설정한다. A는 하향절삭, B는 상향절삭, C는 양방향 절삭이다.

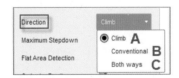

2번: 1회 절입량이다.

3번: 단차면을 검출해서 특별히 1회 절입량과 상관없이 단차면의 툴패스를 생성시킨다.

4번: 보통 위에서 아래로 내려가는 절삭에서 옵션 체크하면 반대로 아래에서 위로 올라가면서 절삭한다. (절삭부하가 큰 황삭가공에서는 체크하지 않는다.)

ⓗ 이동 경로 설정(Linking setting)

설명에서 번호가 없는 것은 앞서 설명한 내용과 같다.

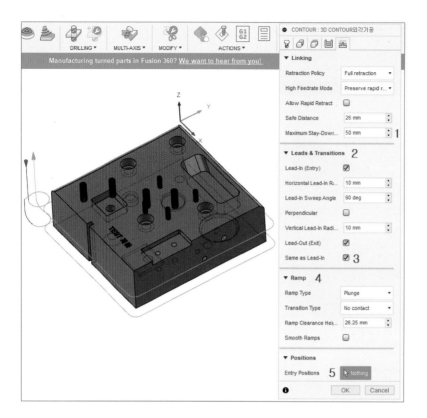

1번: 2번 설정값에 제한을 주는 값이다.

2번: 앞서 포켓에서 설명했지만 진입과 진퇴 값을 설정한다.

3번: 진퇴 설정값이 진입 설정값과 동일할 경우에 체크하면 진퇴 설정값이 진입 설정값과 동일하게 설정된다.

4번: 진입 후 가공 설정 깊이까지 절삭이송으로 진입하는 형태를 설정한다. 포켓에서 설명한 것과 동일하다.

5번: 2번 설정의 진입 위치점을 특별히 지정해 준다. 지정하지 않으면 자동으로 진입점이 정해진다.

지금까지 위와 같이 윤곽가공 설정을 했다. 아래 그림의 절삭여유 값만 변경하여 황, 정삭을 한다. 먼저 윤곽가공 설정한 것을 그대로 동일한 설정을 하려면 마우스 오른쪽 버튼을 누르면 아래 그림처럼 Duplicate 기능을 이용하여 가공 정의를 Copy한다.

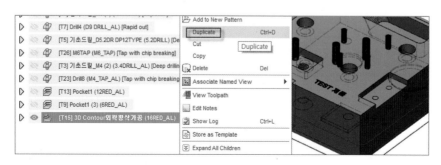

그런 다음 공구와 아래 그림의 절삭여유량만 변경하면 정삭 윤곽가공으로 된다.

⑥ 평면가공(Horizontal cutting)

평면가공을 선택하는 기준에서 가장 중요한 것은 평면 경계를 벗어나는 가공인지 아닌지에 따라서 크게 FACE 가공과 구별해서 사용한다. FACE 가공도 평면가공이긴 하지만 공구 지름이 선택한 가공 설정 범위를 벗어나게 가공하는 것이 주 가공으로 이 평면가공은 설정 범위 안에서만 가공하기 때문에 주로 정삭 작업에 사용되며 황삭 포켓 가공한 영역을 정삭할 때 사용된다. 하지만 Rest machining 기능을 사용하여 정삭할 경우에는 포켓가공 정의로 정삭한다.

㉠ 평면가공 가공 정의 선택(Horizontal Select)

다음과 같이 3D가공 메뉴에서 Horizontal 가공 정의를 선택한다.

위와 같이 처음부터 선택하는 방법이 있지만 기존 설정된 가공 부위를 그대로 활용하면서 가공 정의 방법만 바꾸는 방법으로 하려면 다음 그림과 같이 한다.

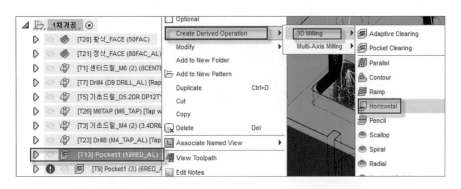

좌측부터 황삭포켓 부위를 다시 한번 정삭으로 가공하려고 하니까 먼저 가공 영역 설정된 것을 활용하기 위해서 앞서 설정한 황삭 포켓을 마우스 오른쪽을 눌러 선택한다. 다음 가공 정의를 포켓(Pocket)에서 평면가공(Horizontal)로 변경하기 위해 평면가공으로 선택한다. 그러면 아래와 같이 평면가공(Horizontal) 가공 정의 방법이 새로 생성된다. 이렇게 생성하는 방법은 기존 설정한 가공 정의의 공구와 가공 설정 영역을 동일하게 사용할 수 있기 때문이다.

ⓛ 공구 선택(Tool select)

기존의 공구는 황삭용이고 지름이 크기 때문에 평면정삭가공의 목적에 맞는 정삭용 공구로 다시 변경한다. 여기서는 6파이 정삭 앤드밀로 변경한다.

ⓒ 가공 영역 선택(Geometry)

이미 기존에 선택한 것을 사용하기 때문에 별도로 설정하지 않는다.

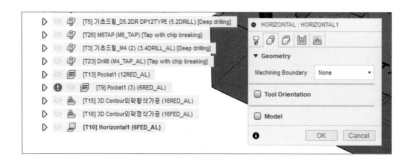

ⓔ 가공 높이(깊이) 설정(Heights setting)

가공 높이나 깊이는 앞서 설명한 포켓이나 드릴과 메뉴에 대한 설정값은 동일하기 때문에 자세히
는 설명하지 않겠다. 가공 깊이도 특별히 정해주지 않고 보통 제품 바닥으로 하면 된다.

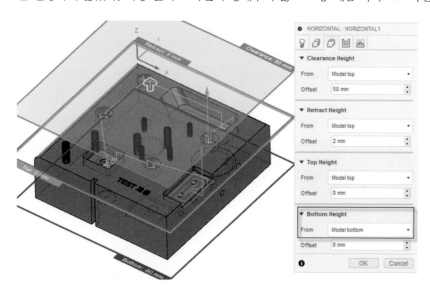

ⓜ 절삭 경로 설정(Passes setting)

설명에서 번호가 없는 것은 앞서 설명한 내용과 같다.

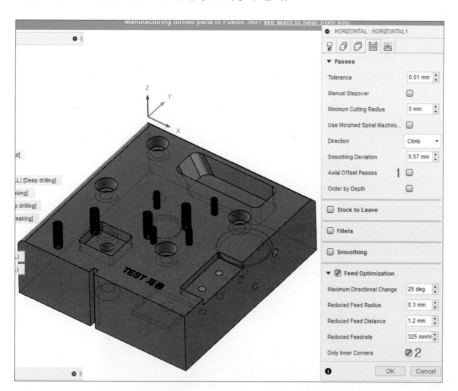

1번: 평면절삭가공과 정삭가공이라고 하더라도 Z축 절입량을 주어 가공할 수 있으므로 이 옵션을 체크해서 설정한다.

2번: 포켓 영역의 코너R 부위 가공의 부하를 조절하기 위해서 옵션을 체크하면 절삭속도가 바로 위의 Reduced Feedrate 속도로 감소(Reduce)한다.

ⓑ 이동 경로 설정(Linking setting)

앞서 설명한 내용과 같다.

⑦ 평행가공(Parallel cutting)

3D 곡면가공의 가장 일반적인 가공 정의 방법이다. 이 가공 정의는 보통 곡면을 따라서 설정된 각도 방향대로 가공하는 방법이다. 이 샘플 제품에서는 포켓부 각도 부위를 가공할 것이다.

ⓐ 평행가공 가공 정의 선택(Parallel Select)

다음과 같이 3D 가공 메뉴에서 Parallel 가공 정의를 선택한다.

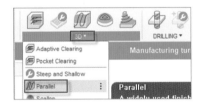

ⓑ 공구 선택(Tool select)

보통 곡면은 볼앤드밀이나 볼노우즈(불노우즈) 앤드밀로 가공하는 것이 일반적이지만 이 샘플 제품의 경우 바닥 형상이 평면이고 바닥코너R(B)이 없기 때문에 평앤드밀로 가공한다. 크기는 형상코너R(A)이 6R이기 때문에 12파이 이하의 평앤드밀을 선택한다. 여기서는 6파이 평앤드밀을 선택했다.

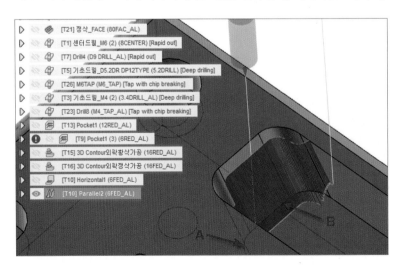

ⓒ 가공 영역 선택(Geometry)

3D 모델이 있는 상태에서의 가공 영역 선택은 쉽다. 보통 이 평행가공을 하려는 곡면을 선택하면
된다.

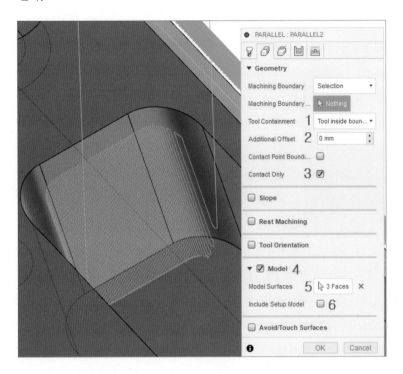

1번: 곡면이 포켓 내부에 있기에 툴패스가 외부로 벗어나지 않는 Tool inside boundary를 선택한다.

2번: 이 옵션값도 포켓 내부 영역만 가공하므로 연장하지 않아야 하므로 0으로 한다.

3번: 선택한 곡면만 가공해야 되므로 선택되지 않는 영역은 가공하지 않아야 하므로 체크한다.

4번: 3D 곡면가공에서는 편리하게 가공 부위만 선택하면 되는데, 이 선택을 하기 위해서 이 옵션
을 체크한다.

5번: 순서에 상관없이 곡면을 선택하는데 여러 곡
면을 한 번에 선택하기 위해서 Shift 키를 누른 상
태에서 다음 그림의 A, B, C를 선택한다.

6번: 솔리드 모델 전체를 선택할 때 이 옵션을 체
크하면 Setup을 설정할 때 선택한 솔리드 모델이
자동으로 인식된다.

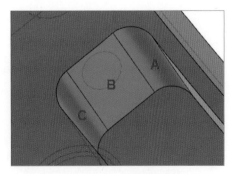

ㄹ 가공 높이(깊이) 설정(Heights setting)

가공 높이나 깊이는 앞서 설명한 포켓이나 드릴과 메뉴에 대한 설정값은 동일하기 때문에 자세히는 설명하지 않겠다. 특별히 다른 점은 다음 그림의 1번 값 설정이다.

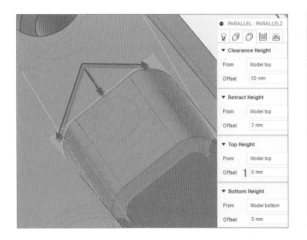
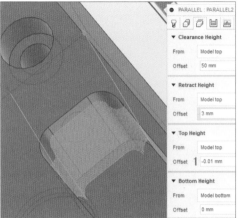

앞선 그림을 보면 1번 값 설정에 따라서 툴패스가 달라지는 것을 확인할 수 있다.

– 1번 값: 선택한 곡면의 절삭 시작 높이를 설정하는 값이다.

– 1번 값이 0~+ 값일 경우: 절삭 시작점을 0평면부터 하라는 것으로 이 경우는 Z0부터 절삭 경로가 생성되기 때문에 불필요한 절삭을 하게 된다. 물론 이 면부터 가공하는 예도 있을 것이다.

– 1번 값이 0 이하 값일 경우: 앤드밀의 형상에 따라 달라지겠지만 위 설정에서 −0.01 면부터 절삭가공 툴패스가 생성되기 때문에 Z0면에 대한 툴패스가 생성되지 않는다. 절삭 깊이(Bottom Height)는 이미 곡면 선택부터 가공 깊이 인식을 하고 있기 때문에 일반적으로 Model bottom으로 설정한다.

ㅁ 절삭 경로 설정(Passes setting)

설명에서 번호가 없는 것은 앞서 설명한 내용과 같다.

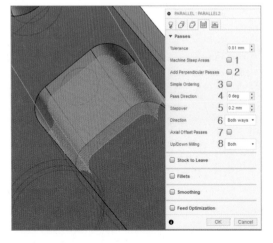

1번: 아래 팝업 그림과 같이 서로 다른 경사면의 가공에서 Stepover 값을 어떻게 줄 것인가를 선택하게 된다. 선택하면 설정값에 따라서 서로 다른 경사면 가공에서 급경사 부위일수록 Step over 량(절삭 간격량)을 작게 하거나, 그 외 부위는 크게 할 수 있다.

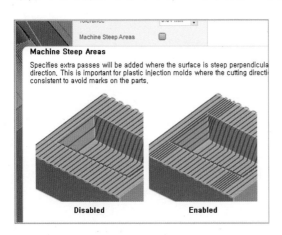

2번: 특별한 경우에 사용하는 옵션이다. 팝업 설명 그림에 잘 나오기 때문에 생략한다.

3번: 인접한 가공 영역을 Step over 값으로 동시에 가공하게 되는데 체크하면 가공 각도에 따라서 가공 영역의 거리가 있어도 동시에 가공하게 Linking 설정이 되므로 가공 시간이 오히려 더 소요되는 단점이 있다. 거의 사용하지 않는다.

아래 그림은 외곽의 R과 모따기를 동시에 평행가공으로 선택하여 45도로 가공한 것인데, 좌측은 이 옵션을 체크한 것이고 오른쪽은 체크하지 않은 결과이다. 체크하면 좌측 그림과 같이 Linking 시간이 과다 소요된다.

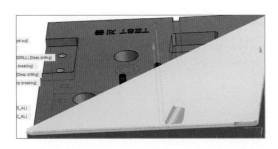 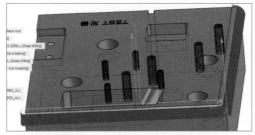

4번: 보통 형상에 따라 각도를 달리하는데 같은 Stepover 값이라도 이 가공절삭 각도를 45도로 주면 면조도가 더 좋아지는 경향이 있다. 기본적으로 X축과 나란한 각도가 0도이다.

5번: 면조도를 결정하는 간격으로 최소 0.01부터인데 보통 평앤드밀은 0.1~0.2 이상, 볼앤드밀은 0.2~0.4 정도 주는데 면조도를 좋게 하려면 이 값을 0에 가깝게 주면 된다. 물론 이 절삭 간격 (피치)이 좁으면 좁을수록 면조도는 좋지만 가공 시간이 오래 걸리고 프로그램 출력 길이도 길어지는 단점이 있다. 이런 부분에서는 고속가공기가 효율이 좋다.

6번: 하향, 상향절삭, 양방향 절삭을 선택하는데 보통 곡면가공 정삭에서는 양방향 절삭을 해도 크게 차이가 없기 때문에 양방향 절삭을 해서 가공 시간을 좀 더 단축할 수 있다.

7번: 앞선 윤곽가공 'ⓜ 절삭경로 설정'에서의 절입량 가공과 동일하다.

8번: 가공을 위에서부터 아래로, 반대로 아래서부터 위로, 아니면 위, 아래로 가공하는 방법을 선택한다.

ⓗ 이동 경로 설정(Linking setting)

앞서 설명한 내용과 같다.

⑧ 조각&문자 가공(Engrave&Text cutting)

MCT에서 문자가공을 할 때 많이 사용하는 가공 정의 방법이다.

ⓙ 조각&문자가공 가공 정의 선택(Engrave&Text Select)

다음과 같이 2D가공 메뉴에서 Engrave 가공 정의를 선택한다.

ⓛ 공구 선택(Tool select)

보통 문자가공은 최대한 작은 지름이나 뾰족한 공구로 작업하는 것이 좋은데 이런 경우는 공구 파손이 잘 되기 때문에 90도 모따기 공구나 1.5파이 볼앤드밀을 이용한다. 이 책에서는 6파이 모따기 공구로 하겠다.

ⓒ 가공 영역 선택(Geometry)

글자 형상을 선택한다.

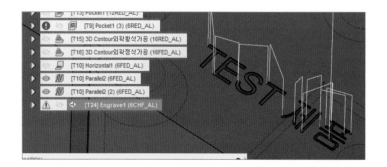

㉣ 가공 높이(깊이) 설정(Heights setting)

깊이는 보통 아래와 같이 설정한다. 글자 가공면에서 −0.3 이

하가 되도록 한다.

㉤ 절삭 경로 설정(Passes setting)

1번: 팝업 그림을 보면 더 쉽게 알 수 있다.

2번: 절입량을 주어서 여러 번 깊이 가공을 할 때 체크하여 설

정한다.

㉥ 이동 경로 설정(Linking setting)

1번: 체크하면 이동 경로를 최소화 하면서 절삭가공한다. 가공 시간이 단축된다.

⑨ 모따기 가공(Chamfer cutting)

퓨전 360의 챔퍼가공은 2D메뉴에 있는 가공 정의 방법이지만 2D, 3D 상관없이 모두 가공한다.

㉠ 모따기 가공 정의 선택(Chamfer mode select)

퓨전의 모따기 가공은 크게 2가지 방법이 있다. 모따기 전

용 가공 정의 방법인 2D Chamfer와 윤곽가공 전용인 2D

Contour에서 모따기 옵션을 사용하는 방법이다.

첫 번째 방법은 2D가공 메뉴에서 모따기 전용 방법인 2D Chamfer(1번) 가공 정의를 선택한다.

2번째 방법은 모따기 가공 전용 정의 방법은 아니지만 내부 코너 부분을 제어하기 위해서 사용하는 방법인 2D Contour에서 모따기 옵션을 사용하는 방법이다.

ⓛ 공구 선택(Tool select)

모따기 공구는 보통 윤곽 크기와 측벽 간섭, 코너 반경 크기에 따라 결정한다. 지름 2~12mm 범위 안에서 주로 사용하며 여기서는 6파이를 사용했다.

ⓒ 가공 영역 선택(Geometry)

이 샘플 제품은 크게 3가지로 챔퍼가공을 나눠서 했다. 챔퍼 깊이 값에 따른 Chamfer Tip offset의 설정(2가지, 2D Chamfer)과 윤곽 형상(1가지, 2D Contour)에 따른 가공 방법이다.

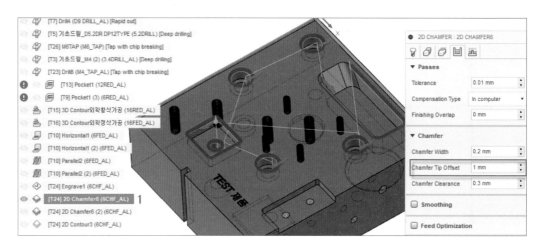

1번: 일반적으로 Tip offset 값을 1mm로 하는데 무난한 형상들을 선택하여 가공했다.

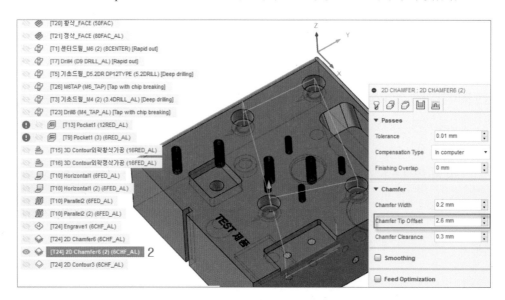

2번: 진입과 진출, 측벽의 간섭 때문에 최대한 6파이이므로 최대 반지름 3mm에서 챔퍼 크기 0.2mm를 빼면 2.8이다. 안전높이 0.2를 더 빼서 2.6mm의 Chamfer Tip Offset 값을 주었다.

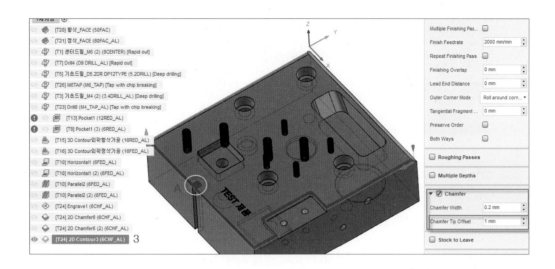

3번: 위 그림과 같이 모따기할 체인을 선택한다. 하지만 위 A 부위는 선택되지 않아야 하는데, 자동 선택되기 때문에 과절삭의 문제가 발생된다. 이와 관련하여 다음 사항을 알아보자.

다음은 2D Contour 가공 정의 방법으로 모따기 가공을 왜 하는지에 대해서 알아보자.

다음 그림에서 체크한 A 부분 때문에 2D Chamfer 기능을 사용하면 그림(좌측)과 같이 과절삭의 문제가 발생된다. 이런 경우에 2D Contour 기능에서 챔퍼오프셋을 사용하여 모따기 가공을 하면 위 그림과 같이 좁은 내측 코너까지 자동으로 체인을 선택하더라도 코너 부위를 제어하면서 다음 그림과 같이 툴패스가 생성되기 때문에 과절삭을 방지할 수 있다.

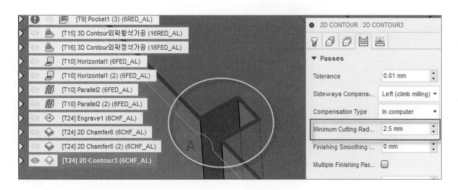

위 그림은 최소 가공 반경값을 2.5로 했을 때의 A 부분 툴패스이다.

다음 그림은 이 반경값을 0으로 설정했을 때의 A 부분 툴패스이다.

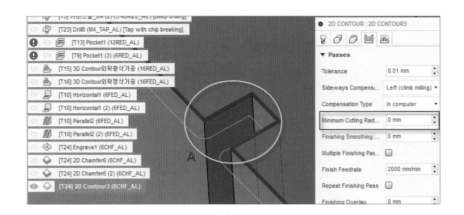

위 그림과 같이 0으로 하면 과절삭이 발생된다. 따라서 2D Contour 가공 정의에서는 이런 최소 가공 반경값을 별도로 설정할 수 있어 이런 종류의 과절삭을 방지할 수 있기 때문에 모따기 가공 정의로도 사용하는 것이다.

ⓔ **가공체인 선택(Geometry Chain Edit)의 편집 기능**

여기서 좀 더 체인 선택 과정에서의 편집 기능에 대해서 알아보자.

㉮ 체인윤곽 형상의 더하기 및 빼기

윤곽 형상을 선택하면 다음 그림과 같이 평행가공에서 이미 가공한 C5 부분까지 선택된다.

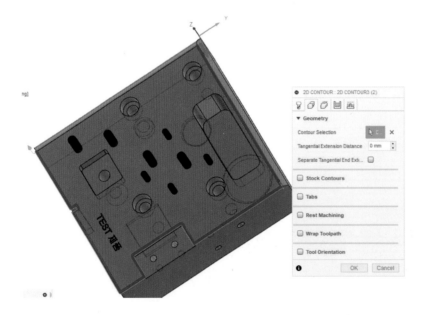

따라서 C5 부분의 윤곽선을 체인에서 빼야 하는데 빼는 방법은 다음과 같다.

자동으로 생성된 체인에 마우스 포인터를 갖다 댄다. 그러면 다음 그림과 같이 체인 색깔이 빨간 색으로 변경된다.

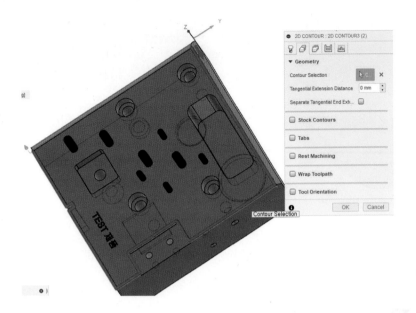

다음 그림과 같이 체인에서 빼고자 하는 선을 클릭하면 아래와 같이 체인색이 하늘색으로 변경되면서 1번과 같이 체인편집 팝업창이 뜬다. 하늘색의 윤곽선은 체인으로 될 수 있는 직전 단계의 색이다.

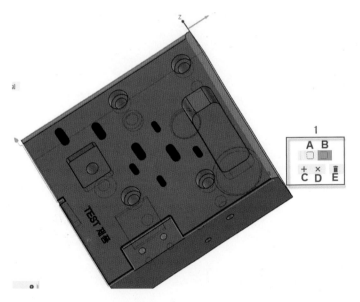

A: 닫힌 체인을 설정한다.

B: 열린체인을 설정한다.

C: 편집한 체인으로 변경하거나 추가한다.

D: 체인편집을 취소한다.

E: 체인을 삭제한다.

아래와 같이 체인을 각각 선택하여 선택하지 않을 선은 검은색으로 될 때가지 클릭해준다. 반대로 체인으로 포함할 윤곽선은 파란색이 될 때까지 선을 클릭해 준다. 참고로 모든 윤곽선을 다 선택하여 파란색으로 만들 필요는 없다. 연결돼 있으면 처음(빨간색 화살표)과 끝선(연두색 화살표)만 파란색으로 만들고 체인 추가 C의 +버튼을 누르면 아래와 같이 기존 선택된 체인이 변경된다. 기존에 선택된 체인이 없으면 추가된다.

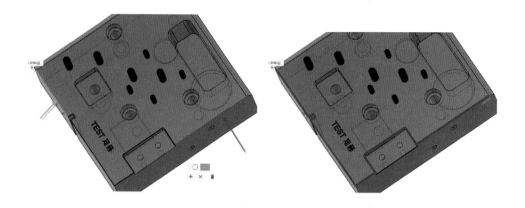

ⓙ 체인 방향 전환하기

다음 그림과 같이 체인 방향을 보여 주는 빨간색 화살표를 마우스 포인터로 한 번 클릭하면 진행
방향이 변경(아래 우측 그림)된다. 단 여기서 착각하지 말 것은 마캠처럼 화살표 방향이 가공 시
작점이 아니라는 것이다. 단순히 앤드밀의 위치가 체인선을 기준으로 안쪽인지 바깥쪽인지와 가
공 진행 방향만 표시하는 화살표이기 때문이다. 우측 그림 화살표는 하향절삭 시에 안쪽으로 가
공 진행하기 때문에 과절삭 불량이 발생된다.

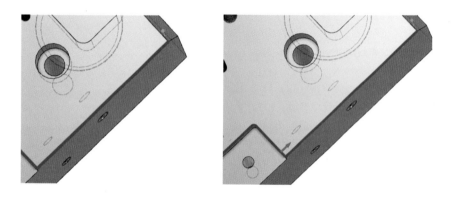

위 우측 그림은 공구 진입 방향이 체인 안쪽, 즉 좌측인데 이것을 상향절삭으로 변경하면 다음과
같다.

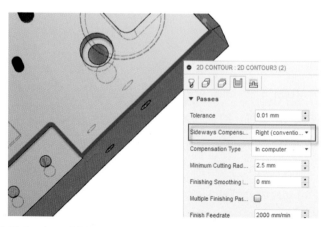

ⓜ 가공 높이(깊이) 설정(Heights setting)

챔퍼(Chamfer) 깊이는 아래와 같이 Heights에서 정하지 않는다. 단 여기서는 선택한 체인 높이를 인식시켜 주기 위해 아래와 같이 설정한다. 즉 깊이는 선택한 체인 높이(Selected contour(s))로 하겠다는 것이다. 어차피 Passes의 Chamfer tip offset에서 설정하기 때문이다.

ⓗ 절삭 경로 설정(Passes setting)

다음과 같이 크게 2가지 가공 정의에 따라서 설정한다.

㉮ 2D Chamfer 가공 정의의 절삭 경로는 다음 그림과 같이 설정한다.

1번: 모따기의 크기를 설정해 준다. C0.2이니까 0.2를 넣었다.

2번: 모따기 끝날 깊이가 모따기 윤곽선에서 얼마나 더 아래로 내려가는지를 설정한다. 이 값은 1번 모따기 크기 +최소0.2 이상 값을 주어야 한다. 보통 1mm를 준다.(팝업 그림 참조)

3번: 모따기와 측벽 간의 안전거리를 설정한다. (팝업 그림 참조)

㉯ 2D Contour 가공 정의의 절삭 경로 설정

다른 설정은 모두 2D나 3D Contour와 동일하고 다음 그림과 같이 모따기 옵션 기능만 체크해서 모따기 관련 설정값을 입력한다.

ⓢ 이동 경로 설정(Linking setting)

기존 가공 정의 설정과 동일하다.

8 모의가공(Simulate)

퓨삼캠에서의 모의가공은 다른 CAM들과 대부분 비슷하지만 Stock 재질을 다양하게 부여할 수 있는 것이 특징이다.

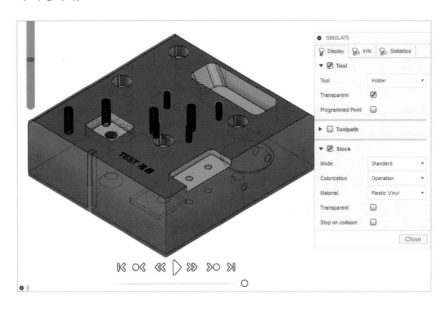

① 모의가공 선택(Simulate Select)

1차 가공 셋업의 모든 가공 정의의 모의가공을 하려면 아래와 같이 Setup명 '1차 가공'에 마우스 포인터를 갖다 대고 마우스 오른쪽 버튼을 누른 후 Simulate 아이콘을 누른다. 또한 Setup이 여러 개일 때 (다음 우측) 모두 선택하려면 Ctrl 키나 Shift 키를 누른 상태에서 먼저 보고 싶은 순서대로 선택한 후에 좌측과 같이 어느 한 Setup명에 마우스 포인터를 대고 마우스 오른쪽을 누르고 Simulate를 선택한다.

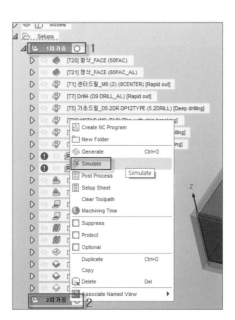

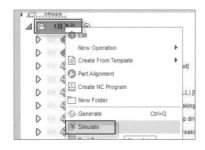

또한 다음 그림과 같이 가공 정의 방법을 개별적으로 선택하거나 보고 싶은 것만 선택해서 모의가공을 실행할 수 있다. 이 순서 역시 먼저 선택한 것부터 실행된다.

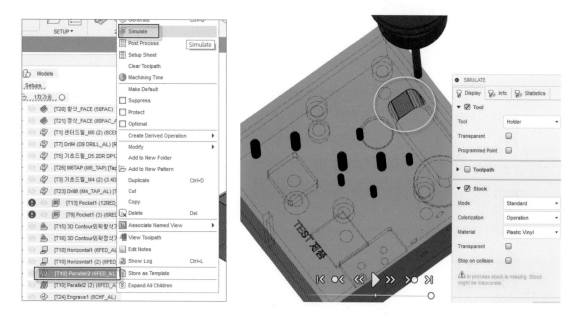

② 모의가공 설정과 실행(Simulate Setting & execute)

다음 그림을 보고 설정과 실행 방법에 대해 알아보자.

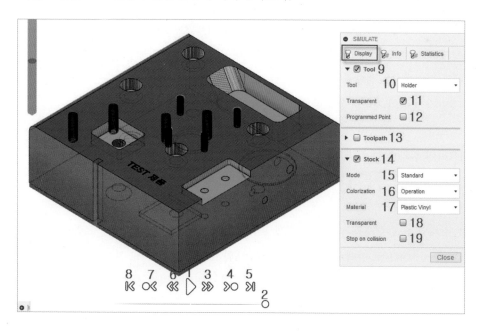

ⓐ 모의가공 실행(Simulate execute)

앞선 그림의 1~8까지가 실행 버튼이다.

1번: 주 실행 버튼(Play)이다.

2번: 실행속도(speed)를 조절한다. 왼쪽부터 오른쪽으로 가면 점점 실행속도가 빨라진다.

3번: 버튼을 누를 때마다 한 동작 한 동작씩(Step by step) 실행해 나간다.

4번: 하나의 가공 정의 방법(one operation)만을 모두 실행한 다음 멈춘다.

5번: 선택한 가공 정의 방법을 모두 끝날 때까지 실행한다. (All operation)

6번: 3번과 반대로 이전 동작으로 한 동작 한 동작 뒤로 실행한다.

7번: 4번과 반대로 하나의 가공 정의 방법 이전으로 되돌린다.

8번: 5번과 반대로 전체를 실행 전으로 되돌린다.

ⓑ 모의가공 화면 설정(Simulate Display setting)

앞선 그림의 9~19까지가 설정 관련 선택 사항이다.

9번: 공구(Tool)를 모의가공에서 화면에 보일 것인지, 아닌지를 선택한다. 체크하면 보인다.

10번: 공구(Tool)를 홀더(날장+돌출길이 포함)까지 보일 것인지, 공구의 돌출길이(날장+생크 포함)까지만 보일 것인지, 공구의 날장만 보일 것인지를 선택한다.

11번: 옵션 체크하면 공구가 투명한 형태로 보인다.

12번: 프로그램된 공구의 포인트를 보일 것인지를 선택한다. 위 3번 옵션 체크 후 사용하면 된다.

13번: 공구의 이동 경로선을 보일 것인지, 아닌지를 선택한다. 체크하면 공구의 툴패스가 보인다. 참고로 12번을 체크하고 포인트를 체크하면 좀 더 공구의 절삭 이동점을 확인하면서 볼 수 있다. 또한 세부 설정에서는 툴패스를 전체적으로 볼 것인지 공구 이동 전, 후, 가공 정의 방법 사용 구간 만 볼 것인지 공구의 지나간 흔적만 꼬리표처럼 보일 것인지를 선택한다.

14번: 소재가 절삭가공하기 전 상태에서 절삭가공하면서 형성되는 모양을 보일 것인지를 선택한다. 체크하면 위와 같이 실제 절삭하는 과정이 보이게 되어 좀 더 실감 있다.

15번: Standard 모드는 소재와 공구의 충돌(Collision)까지 검출하는 기능이 있는데 반해 Fast 모드는 그렇지 않다.

16번: 소재의 절삭 형태를 색으로 어떻게 표현할 것인지를 선택한다. (팝업 그림 참조) 선택 기능 중에 Comparison으로 선택하면 절삭가공한 상태와 모델 상태를 비교 분석한 형태가 색으로 보인 다. 파란색(깎이지 않은 소재 상태), 연두색(일반적인 가공된 상태), 빨간색(부하나 절삭 상태가 불 량한 상태)으로 비교된다.

17번: 소재의 재질을 별도로 부여할 수 있다. 투명한 재질로 선택하면 내부의 보이지 않는 가공 부위까지 가공된 상태를 볼 수 있어서 좋다.

18번: 소재를 투명한 상태로 볼 수 있다.

19번: 공구 홀더나 기타 툴패스 상태에서 공구와 소재 간의 충돌이 발생할 경우 모의가공을 멈출 것인지를 선택한다. 선택하면 충돌감지 시에 멈추게 된다.

③ 모의가공 정보(Simulate information)

다음 Info 메뉴에서는 해당 공구의 정보, 툴패스 이동점 정보, 가공 정의 방법 정보, 충돌정보, 가공 시간(현재 가공 정의 방법만 표시) 등을 볼 수 있다.

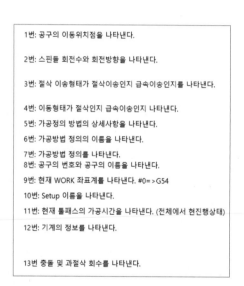

1번: 공구의 이동위치점을 나타낸다.

2번: 스핀들 회전수와 회전방향을 나타낸다.

3번: 절삭 이송형태가 절삭이송인지 급속이송인지를 나타낸다.

4번: 이동형태가 절삭인지 급속이송인지 나타낸다.

5번: 가공정의 방법의 상세사항을 나타낸다.

6번: 가공방법 정의의 이름을 나타낸다.

7번: 가공방법 정의를 나타낸다.

8번: 공구의 번호와 공구의 이름을 나타낸다.

9번: 현재 WORK 좌표계를 나타낸다. #0 = > G54

10번: Setup 이름을 나타낸다.

11번: 현재 툴패스의 가공시간을 나타낸다. (전체에서 현진행상태)

12번: 기계의 정보를 나타낸다.

13번 충돌 및 과절삭 회수를 나타낸다.

④ 모의가공 통계(Simulate statistics)

다음 메뉴에서는 해당 setup에 대한 총 가공 시간, 총 가공 길이, 사용한 가공 정의 방법 수량, 사용한 공구의 총 개수를 간단하게 나타내 준다.

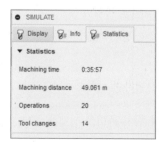

9 NC 데이터 출력(NC코드 생성)(NC Code Output, Post Process)

퓨삼캠에서의 NC코드를 출력(생성)하는 방법을 알아보자. setup 전체의 NC프로그램을 출력하거나 가공 정의 방법의 개별적 출력이 가능하다.

① 포스트 프로세스 선택(Post Process select)

setup 이름에 마우스 포인터를 갖다 대고 마우스 오른쪽 버튼을 누르면 Post Process가 나오는데 아래와 같이 선택한다.

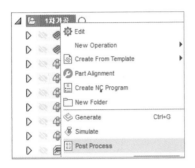

② 포스트 프로세스 설정(Post process setting)

다음 그림을 보고 설정한다.

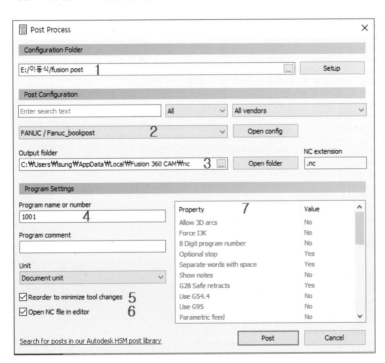

1번: 포스트 프로세스 파일(FANUC/Fanuc_bookpost.cps)의 저장 위치 폴더를 선택해 준다.

2번: 1번 저장 위치에 있는 포스트 프로세스 파일을 선택한다.

3번: NC 데이터가 출력 저장될 위치를 지정한다.

4번: NC 데이터 프로그램 이름을 지정한다.

5번: 공구 교환이 최소화 되도록 NC 데이터가 출력된다. 기본적으로 체크해 놓는다.

6번: NC코드 출력과 동시에 편집기를 실행할지를 선택한다. 기본적으로 체크해 놓는다.

7번: 7번 항목은 NC코드 출력의 세부 설정을 선택한다. 여기서는 일반적이면서 꼭 알아야 할 것만 설명하도록 하겠다.

Property	Value	
Allow 3D arcs	No	
Force IJK	No	
8 Digit program number	No	
Optional stop	Yes	**A**
Separate words with space	Yes	
Show notes	No	
G28 Safe retracts	Yes	**B**
Use G54.4	No	
Use G95	No	
Parametric feed	No	

A: M01을 공구 교체 전에 항상 출력할 것인지를 선택한다. (기본값: YES)

```
28    M05
29    G91 G28 Z0.
30    G91 G28 Y0.
31
32    (_M4 2)
33    M01
34    M06 T3 ( 3.4DRILL_AL DIA. - 3.4  )
35    G54
36    G00 G90 X85.911 Y-41.685 Z50. G43 H
```

B: 공구 교체 전에 항상 G28을 사용하여 Z점 원점복귀할 것인지를 선택한다. 'NO'로 선택하면 아래와 같이 G53을 사용하여 Z점 원점 복귀한다. (기본값: YES)

```
46    Z50.
47    M05
48    G90 G53 G00 Z0.
49
50    (DRILL8)
51    M01
52    M06 T23 ( M4_TAP_AL DIA. - 4.  )
```

C: 원호가공을 R값으로 출력할 것인지 I, J, K로 출력할 것인지를 선택한다. 'NO'로 하면 I, J, K값으로 출력된다. (기본값: YES)

Property	Value	
Use pitch for tapping	No	
Radius arcs	Yes	**C**
Use rigid tapping	Yes	**D**
Use smoothing	No	
Use subroutine cycles	No	
Use subroutine patterns	No	
Use subroutines	No	
Write machine	Yes	
Write tool list	Yes	
Preload tool	Yes	

다음 그림 좌측은 설명 C 선택을 YES로 선택한 것이고, 우측은 NO로 선택한 결과이다.

```
30    X-3.614 Y-3.502 Z2.011           30    X-3.614 Y-3.502 Z2.011
31    G02 X-3.57 Y-3.029 R3.1          31    G02 X-3.57 Y-3.029 I3.1 J-0.048
32    G01 X-3.495 Y-2.585 Z2.01        32    G01 X-3.495 Y-2.585 Z2.01
33    G02 X-3.38 Y-2.127 Z2.009 R3.1   33    G02 X-3.38 Y-2.127 Z2.009 I3.056 J-0.521
34    G01 X-3.233 Y-1.684 Z2.008       34    G01 X-3.233 Y-1.684 Z2.008
```

D: Tap 사이클에서 M29 리지드 탭 기능을 출력할 것인지를 선택한다. (기본값: YES)

```
 9    M06 T23 ( M4_TAP_AL DIA. - 4.  )
10    M08
11    G54
12    G00 G90 X85.911 Y-41.685 Z50. G43 H23 S700 M03
13    G00 Z25.
14    M29 S700
15    G98 G84 Z-13. R5. P0 Q5. F490.
16    X89.834 Y-76.129
```

E: 시퀀스 번호의 증분값을 5단위로 증분한다. (변경 가능)

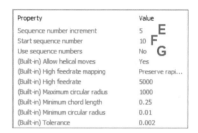

F: 시퀀스 번호의 처음 시작번호를 10번부터 한다는 것이다. (변경 가능)

G: 시퀀스 번호를 출력할지를 선택한다. (보통 데이터 용량에 상관없는 콘트롤러는 출력하는 것이 좋다.) 그 외에 선택 항목이나 설정값들은 소프트 판매 회사에서 기술 지원을 받아 변경하는 것이 좋다. 위와 같이 설정 후 맨 아래 Post 버튼을 누르면 NC코드가 출력된다.

```
 1    %
 2    O1001
 3    (1)
 4    G00 G17 G40 G49 G80 G90
 5    G91 G28 Z0.
 6    G91 G28 Y0.
 7
 8    (_FACE)
 9    M06 T20 ( 50FAC DIA. - 50.  )
10    M08
11    G54
12    G00 G90 X189. Y-138.962 Z61. G43 H20 S4200 M03
13    T21
14    G00 Z6.
15    G01 Z0.15 F1600.
16    X-49.
17    G18 G03 X-54. Z5.15 R5.
18    G00 Z11.
19    X189. Y-99.375
```

🔟 기타 기능 설명

실무에 많이 사용하지 않지만 알아두면 편리하고 유익한 기능을 간단하게 알아보자.

① 패턴가공(Pattern cutting)

퓨삼캠 패턴가공에는 기본적인 직선, 원호, 대칭, 복제, 구성요소 패턴 등이 있다. 이런 패턴가공은 보통 1개의 WORK 좌표계를 사용하여 동일한 가공을 하기 위해서 사용된다.

㉠ 직선패턴(Linear pattern)

보통 직사각형에 두께가 80mm 이하의 제품에 측면 사이드 홀들이 있을 때 동일 제품을 여러 개

바이스에 물어서 가공할 때 주로 사용한다. 두께의 피치대로 여러 개를 동시에 가공할 때 사용하거나 하나의 소재로 여러 개의 제품을 가공할 때 사용한다. 마캠의 평행가공과 동일하지만 1개의 좌표계를 이용한다는 것이 다르다.

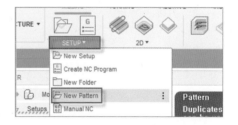

위와 같이 선택하면 아래 그림 우측과 같이 설정창이 나오는데 거리와 방향을 설정하고 나면 맨 아래에 생기게 된다. 하지만 이 Pattern1[Linear]를 맨 위로 올리고 아래의 가공 정의 방법들을 모두 선택해서 이 패턴가공 정의로 끌어다 놓으면 아래 그림과 같이 4개를 가공하는 패턴가공이 된다.

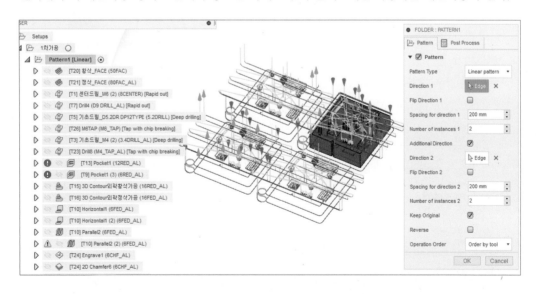

ⓛ 대칭패턴(Mirror pattern)

다음 그림과 같이 터진 포켓 부위 측면을 대칭 평면으로 설정하고 대칭 가공한 모습이다.

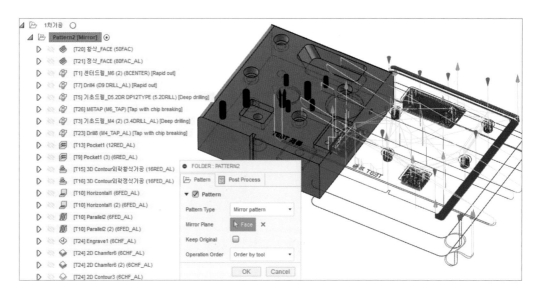

② 수동 NC코드 입력(Manual NC CODE INPUT)

공구 교체 전 수동프로그램에 M00이나 기타 코멘트를 넣을 수 있다.

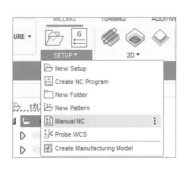

다음과 같은 결과가 나온다.

```
22    X13.492 Y-122.429
23    G80
24    Z46.
25    M00
26    (TAP OIL CHIP CLEAN)
27    M09
28    M05
29    G91 G28 Z0.
30    G91 G28 Y0.
31
32    (M6TAP)
33    M01
34    M06 T26 ( M6_TAP DIA. - 6. )
35    M08
36    G54
37    G00 G90 X129.53 Y-115.58 Z46. G43
```

③ 2D 보어 가공과 2D 원호 가공의 차이와 선택 방법

다음과 같이 퓨삼캠의 보어와 원호가공은 서로 가공 방법이 비슷하여 어떤 것을 사용할지 헷갈린다. Bore가공은 대체적으로 최대한 깊이가공을 마무리하고 다음 원호지름을 맞추는 가공 순서로 가공한다. 원호가공은 정해진 절입량만큼 원호의 지름가공을 모두 완료한 후에 순차적으로 깊이 가공하면서 원가공을 한다. 황, 정삭 모두 이 기능을 사용하며 특히 정밀 공차를 맞춰야 하는 원 가공에 사용하는 것이 좋다. 간단하게 정리하면 일반적으로 기초 드릴을 가공한 원을 가공하려고 하면 보어가공(Bore)을 선택하고 그렇지 않고 막혀 있는 원 가공을 할 경우에는 Circular 가공 정의 방법을 선택한다.

④ Adaptive Clearing 가공 방법 활용

Adaptive Clearing 가공 방법의 가장 큰 장점은 측면 절입량을 주어서 피치로 하여 앤드밀의 절삭 부하를 최소화 하면서도 가공 깊이를 최대로 하고 가공할 수 있는 황삭 가공 방법으로 활용하면 좋다. 물론 아일랜드 황삭 작업에 탁월하다. 보통 스틸가공이나 서스가공에 최적화되어 있다.

이 기능은 피처캠의 보텍스밀 기능과 에지캠의 웨이브폼 밀링과 비슷한 기능이지만 퓨삼캠에서는 기본적인 기능으로 되어 있어서 상당히 매력적이다. 퓨삼캠에서는 이런 기능도 설정에 따라서는 일반적인 황삭가공으로도 변경하여 사용할 수 있다.

다음과 같이 Optimal Load 값을 공구 지름의 약 4~6%로 주고 정삭 앤드밀로 스틸이나 서스 가공을 한다. 여기서는 황삭인데도 정삭 앤드밀을 사용하는 것이 좋다. 물론 아래 설정값은 알루미늄이라서 최대값 가까이 설정한 값(공구 지름 12파이)이다.

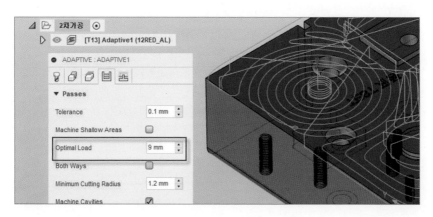

⑤ 황삭 가공 정의 방법들

다음 그림과 같이 2D의 2가지 가공 정의와 3D의 2가지 가공 정의들이 황삭가공에 주로 사용된다. 즉 황삭은 대부분 2D와 3D에서 Adaptive Clearing을 사용하여 아일랜드 황삭을 주로 하고, 포켓황삭은 2D에서는 2D Pocket과 3D에서는 Pocket Clearing을 사용한다.

앞서 설명한 여러 가지 가공 정의 방법을 사용하여 2차 가공과 Side 가공으로 샘플 제품 가공을 마무리한다.

BM (주)도서출판 성안당 04032 서울시 마포구 양화로 127 첨단빌딩 3층(출판기획 R&D센터) TEL_02.3142.0036
10881 경기도 파주시 문발로 112 파주 출판 문화도시(제작 및 물류) TEL_도서:031.950.6300 | 동영상:031.950.6332

CNC 머시닝 센터 MCT 가공
CAD/CAM

2021. 4. 7. 1판 1쇄 인쇄
2021. 4. 15. 1판 1쇄 발행

지은이 | 이성
펴낸이 | 이종춘
펴낸곳 | **BM** ㈜도서출판 **성안당**

주소 | 04032 서울시 마포구 양화로 127 첨단빌딩 3층(출판기획 R&D 센터)
　　　10881 경기도 파주시 문발로 112 파주 출판 문화도시(제작 및 물류)
전화 | 02) 3142-0036
　　　031) 950-6300
팩스 | 031) 955-0510
등록 | 1973. 2. 1. 제406-2005-000046호
출판사 홈페이지 | www.cyber.co.kr
ISBN | 978-89-315-5633-9 (13000)
정가 | 48,000원

저자와의
협의하에
검인생략

이 책을 만든 사람들

책임 | 최옥현
진행 | 최창동
본문 디자인 | 인투
표지 디자인 | 박원석
홍보 | 김계향, 유미나, 서세원
국제부 | 이선민, 조혜란, 김혜숙
마케팅 | 구본철, 차정욱, 나진호, 이동후, 강호묵
마케팅 지원 | 장상범, 박지연
제작 | 김유석

※ 잘못된 책은 바꾸어 드립니다.